MANUAL DE
DIREITO AMBIENTAL

TERENCE TRENNEPOHL

MANUAL DE
DIREITO
AMBIENTAL

12ª edição
2025

- O autor deste livro e a editora empenharam seus melhores esforços para assegurar que as informações e os procedimentos apresentados no texto estejam em acordo com os padrões aceitos à época da publicação, *e todos os dados foram atualizados pelo autor até a data da entrega dos originais à editora.* Entretanto, tendo em conta a evolução das ciências, as atualizações legislativas, as mudanças regulamentares governamentais e o constante fluxo de novas informações sobre os temas que constam do livro, recomendamos enfaticamente que os leitores consultem sempre outras fontes fidedignas, de modo a se certificarem de que as informações contidas no texto estão corretas e de que não houve alterações nas recomendações ou na legislação regulamentadora.

- Data do fechamento do livro: 21/10/2024

- O autor e a editora se empenharam para citar adequadamente e dar o devido crédito a todos os detentores de direitos autorais de qualquer material utilizado neste livro, dispondo-se a possíveis acertos posteriores caso, inadvertida e involuntariamente, a identificação de algum deles tenha sido omitida.

- Direitos exclusivos para a língua portuguesa
  Copyright ©2025 by
  Saraiva Jur, um selo da SRV Editora Ltda.
  Uma editora integrante do GEN | Grupo Editorial Nacional
  Travessa do Ouvidor, 11
  Rio de Janeiro – RJ – 20040-040

- **Atendimento ao cliente:** https://www.editoradodireito.com.br/contato

- Reservados todos os direitos. É proibida a duplicação ou reprodução deste volume, no todo ou em parte, em quaisquer formas ou por quaisquer meios (eletrônico, mecânico, gravação, fotocópia, distribuição pela Internet ou outros), sem permissão, por escrito, da **SRV Editora Ltda.**

- Capa: Tiago Fabiano Dela Rosa
  Diagramação: Join Bureau
  Pintura de capa: Sérgio Ramos – Árvore Azul

- **DADOS INTERNACIONAIS DE CATALOGAÇÃO NA PUBLICAÇÃO (CIP)
  ODILIO HILARIO MOREIRA JUNIOR – CRB-8/9949**

T794m	Trennepohl, Terence
	Manual de direito ambiental / Terence Trennepohl. – 12. ed. – São Paulo, SP: Saraiva Jur, 2025.
	536 p.
	Inclui bibliografia.
	ISBN: 978-85-5362-536-9 (Impresso)
	1. Direito. 2. Direito ambiental. 3. Meio ambiente. 4. Competência. 5. Política Nacional do Meio Ambiente. 6. Zoneamento ambiental. 7. Licenciamento ambiental. 8. Dano ambiental. I. Título.
	CDD 341.347
2024-3917	CDU 34:502.7
	Índices para catálogo sistemático:
	1. Direito ambiental 341.347
	2. Direito ambiental 34:502.7

Eu não tenho filosofia: tenho sentidos...
Se falo na Natureza não é porque saiba o que ela é,
Mas porque a amo, e amo-a por isso,
Porque quem ama nunca sabe o que ama
Nem sabe porque ama, nem o que é amar...
Fernando Pessoa

Ao meu pai, Curt Trennepohl, operador
do direito ambiental, pelo seu exemplo e
perseverança em defesa do meio ambiente.

Prefácio

Habent sua fata libelli
Terenciano Mauro, escritor romano
Século III d.C.

Os livros têm o seu destino, cuja trajetória nem sempre é possível acompanhar.

Eles, porém, cumprem a sua missão, independentemente do grau de repercussão que possam alcançar. Não se avalia o seu mérito pela maior ou menor notoriedade que venham a granjear, mas pelas transformações que causam no espírito humano, nos diferentes segmentos e ambientes socioprofissionais ou socioculturais em que levantam sopros de renovação ou, ainda, nos terrenos onde caem como sementes férteis de ideias.

Este *Manual de Direito Ambiental* atinge mais uma edição, aos cuidados da Saraiva Jur – conhecida e respeitada casa de publicações jurídicas – com importantes atualizações de doutrina e recentes decisões dos nossos Tribunais. É fácil prever que, muito em breve, senão já, será obra de consulta obrigatória de estudantes de Direito Ambiental nas faculdades de todo o país. Por tratar-se de um "Manual", resta evidenciado o caráter didático que tanto valor agrega ao trabalho do Professor Terence Trennepohl.

Na verdade, mais esta edição foi bem cuidada e pensada em função dos estudantes de Direito Ambiental, como "um primeiro encontro agradável com a matéria", assim uma vez me disse o seu ilustre Autor. A estrutura do livro, em seus capítulos de exposição fluente, pinça temas fundamentais do Direito do Ambiente, que o Professor desenvolve com clareza e precisão. Não faltaram, em cada um deles, provocações pertinentes, que levam o estudioso a construir para si próprio o arcabouço da doutrina exposta e a iniciar-se no terreno (por vezes minado) de alternativas práticas. Esses recursos pedagógicos ou didáticos tendem a consolidar os conhecimentos adquiridos e a dar segurança no seu uso.

Aí reside um dos principais méritos do trabalho do professor e doutor Terence Trennepohl. Aliás, Terence teve um mestre em sua vida – o próprio pai e conhecido jurista Curt Trennepohl –, em cuja convivência pôde assimilar conhecimentos e práticas relacionadas ao Direito Ambiental. É daí, com certeza, que o Autor se nutriu com a preocupação amorosa pela Natureza, amor que ele expressou com versos de Fernando

Pessoa no pórtico do livro, e com uma afirmação inicial já no primeiro capítulo. Aliás, essa solicitude perpassa todo o conteúdo do trabalho.

Dentre alguns pontos a salientar, quero referir-me ao destaque conferido a temas como o papel do Ministério Público e do Poder Judiciário, ao Direito Urbanístico e ao Licenciamento Ambiental, bem como aos Crimes e Infrações Administrativas. Não há demérito algum dos outros temas o fato de eu enfatizar esses aqui mencionados, pois a preocupação com o meio ambiente urbano explicita a necessidade premente de acudir às concentrações urbanas cada vez mais desordenadas e preocupantes em nosso País, assim como a necessidade de reverter, de alguma forma, os efeitos deletérios do crescimento econômico que, na pecuária, no agronegócio e na indústria, têm-se manifestado perversos.

Por outro lado, a defesa dos interesses coletivos – particularmente aqueles relacionados com o equilíbrio ecológico e com a qualidade ambiental – determina um estado de vigilância permanente a que a custódia das leis deve prover e que a missão judicante deve consagrar.

Quando a 5ª edição desta obra veio a público, e fiz o seu primeiro Prefácio, seu Autor dedicava-se ao pós-doutorado em Direito Ambiental na celebrada Universidade de Harvard. As distâncias tornavam-se cada vez mais insignificantes neste mundo de comunicações rápidas e eficientes. Aqui ou em Massachusetts, Terence sempre se fez presente com seus pensamentos e suas ações. Esse período tão especial de estudo e de prática na advocacia, tanto nos Estados Unidos, quanto agora, no Brasil, o preparou para uma presença sempre mais profícua nas lides ambientais além de qualquer fronteira.

Naquela ocasião, saber Direito Ambiental era algo muito importante. Nesta, atual, com as constantes mudanças nos cenários globais, não é somente necessário, mas imprescindível.

Agradeço ao amigo e colega Terence Trennepohl a honra que me deu ao confiar-me a incumbência de novamente prefaciar este trabalho valioso. Não foi apenas honra, foi também uma satisfação íntima que me foi proporcionada.

Espero ver, com admiração e alegria, a trajetória deste *Manual de Direito Ambiental* no esclarecimento das mentes e nas tomadas de decisões sábias em prol do meio ambiente no Brasil e do ecossistema do planeta Terra.

São Paulo, outubro de 2024.

Édis Milaré

Nota à 12ª edição

Todo livro tem uma missão, como bem disse o Prof. Édis Milaré, ao prefaciar este livro.

Portanto, este *Manual* também tem a sua.

A primeira edição veio ao mundo no verão de 2006, quando eu era, então, professor de Direito Ambiental na Universidade Federal de Pernambuco. Ali, naquele producente ambiente acadêmico, pude constatar a curiosidade dos alunos em conhecer uma matéria – na época – ainda pouco explorada nas faculdades, muitas vezes merecendo a opção de disciplina eletiva.

Algumas edições depois, alegro-me sobremaneira com a aceitação deste livro na medida em que recebo sugestões de alunos sobre temas e abordagens e, também, a forma como sempre sou bem recebido nas aulas que ministro pelo país.

Desde o início de sua história, a cada edição, tentei tornar mais fácil e didático o contato dos estudantes com o Direito Ambiental.

Nesta 12ª edição, atualizei o conteúdo com nova doutrina, trouxe mais jurisprudência e analisei alguns casos emblemáticos. Também acrescentei novos capítulos, sobre ESG, resolução de conflitos, mineração, bem como alterei a ordem de apresentação do livro, para facilitar sua leitura.

Fico extremamente feliz e renovado a cada edição. Digo isso, pois renovo o texto e a mim mesmo, sabendo que o Direito Ambiental ganha novas dimensões e mais espaço de estudo, em um país cuja legislação busca conciliar desenvolvimento com sustentabilidade ambiental.

Este *Manual* cumprirá a sua missão se, de alguma forma, auxiliar nos debates os novos ou já iniciados estudantes do Direito Ambiental; cumprirá a sua missão se trouxer à mesa discussões sobre um meio ambiente mais equilibrado e sustentável; cumprirá a sua missão se fomentar a paixão pelos temas aqui tratados naqueles que neles se debruçarem.

Havendo isso, estará cumprida a sua missão.

São Paulo, outubro de 2024.

NOTA À 1ª EDIÇÃO

Os assuntos que envolvem o direito ambiental são debatidos ultimamente com maior frequência no meio jurídico e revelam a importância de seu estudo e a necessidade de seu domínio cada vez maior para efeito de concursos públicos, requisitando conhecimentos específicos, tanto de doutrina como de jurisprudência.

Longe de tratar temas polêmicos e sem a pretensão de enfrentar assuntos com a visão e a profundidade tipicamente acadêmicas, a proposta a que se lança neste *Manual* é desenvolver um curso dirigido aos candidatos de concursos, dispensando o afunilamento que o estudo do direito ambiental vem exigindo de quem a ele se dedica, em face da crescente demanda e pesquisa em torno de seus principais institutos.

Esta publicação tem por objeto primário uma análise bastante enxuta e prática das matérias exigidas em concursos públicos, principalmente na órbita federal, como Advogado da União, Procurador Federal, Juiz Federal, entre outros, onde a matéria se mostra imprescindível.

Visitando alguns assuntos bastante recentes, exigidos nas provas dos concursos que foram aqui abordadas, é apreciada a questão das competências ambientais, com a necessária referência quanto à importância do pacto federativo nos assuntos relativos ao meio ambiente.

O trabalho que é lançado ao público foi realizado de um só fôlego, em tempo bastante curto para uma visão mais profunda que certamente mereceriam todos os institutos versados, e que, por certo, exigiria pesquisa mais demorada. Porém, o compromisso foi aceito e veio à tona este pequeno *Manual* para concursos. A expectativa é a de acolhida pelo leitor, aquele que está na direção dos concursos públicos.

Não posso deixar de registrar meu agradecimento à equipe do Juspodivm, pela iniciativa da obra e pelo convite, prontamente aceito.

Boa Viagem/Recife, início de maio de 2006.

Sumário

Prefácio IX
Nota à 12ª edição XI
Nota à 1ª edição XIII

Capítulo I

A proteção do meio ambiente 1
1. A preocupação com a natureza 1
   1.1. Introdução 1
   1.2. O meio ambiente como bem difuso 3
2. As expectativas ambientais para o século XXI 4
3. Classificação didática do meio ambiente 7
   3.1. Meio ambiente natural 7
   3.2. Meio ambiente cultural 8
   3.3. Meio ambiente artificial 10
   3.4. Meio ambiente do trabalho 11
   3.5. Patrimônio genético 12
   3.6. Direito de Antena 13
   3.7. Meio ambiente do clima 14

Capítulo II

Princípios do direito ambiental 17
1. Introdução 17
2. Princípio do Direito Humano Fundamental 20
3. Princípios da Prevenção e da Precaução 22
4. Princípio do Equilíbrio 25
5. Princípio da Responsabilidade 26
6. Princípio do Poluidor-Pagador 28

7. Princípio do Desenvolvimento Sustentável 29
8. Princípio do Limite 31
9. Princípio Democrático 33

Capítulo III

Competências ambientais 37
1. Introdução 37
2. Competências constitucionais 38
    2.1. Fundamentos da ordem federal 38
    2.2. Competências materiais (exclusivas e comuns) e competências legislativas (privativa, concorrente, suplementar e exclusiva) 39
    2.3. Competências municipais 43
    2.4. As diversas competências na Constituição Federal 45
    2.5. A Lei Complementar n. 140, de 8 de dezembro de 2011 49
3. Quadro ilustrativo das competências constitucionais ambientais 51

Capítulo IV

O art. 225 da Constituição Federal 55
1. A importância do art. 225 55
2. A leitura do art. 225 da Constituição Federal 58
3. As partes que compõem o art. 225 59
    3.1. Regra-matriz – o *caput* do artigo 59
    3.2. Os instrumentos de garantia – § 1º 61
    3.3. As determinações particulares – §§ 2º a 7º 63

Capítulo V

A Política Nacional do Meio Ambiente 65
1. O que é a Política Nacional do Meio Ambiente 65
2. Princípios do Programa Nacional do Meio Ambiente 66
3. Objetivos da Política Nacional do Meio Ambiente 67
    3.1. Objetivos gerais 67
    3.2. Objetivos específicos 67
4. Quadro dos princípios da PNMA 68

5.	O Sistema Nacional do Meio Ambiente – SISNAMA	70
	5.1. Origem do SISNAMA	70
	5.2. Órgão superior	71
	5.3. Órgão consultivo e deliberativo	71
	5.4. Órgão central	73
	5.5. Órgãos executores	74
	5.6. Órgãos setoriais	74
	5.7. Órgãos seccionais	74
	5.8. Órgãos locais	75
6.	Os instrumentos da Política Nacional do Meio Ambiente	75
	6.1. Padrões de qualidade ambiental	76
	6.2. Zoneamento ambiental	77
	6.3. Avaliação de impactos ambientais	78
	6.4. Licenciamento ambiental	79
	6.5. Incentivos à produção e instalação de equipamentos e à criação ou absorção de tecnologia, voltados para a melhoria da qualidade ambiental	84
	6.6. Criação de espaços territoriais especialmente protegidos	85
	6.7. Sistema Nacional de Informações sobre o Meio Ambiente	86
	6.8. Cadastro Técnico Federal de atividades e instrumentos de defesa ambiental	88
	6.9. Penalidades disciplinares ou compensatórias ao não cumprimento das medidas necessárias à preservação ou correção de degradação ambiental	88
	6.10. Relatório de Qualidade do Meio Ambiente	89
	6.11. A garantia da prestação de informações relativas ao meio ambiente	89
	6.12. Cadastro Técnico Federal de atividades potencialmente poluidoras e/ou utilizadoras dos recursos ambientais	90
7.	Roteiro resumido de elaboração do EIA/RIMA	93
	7.1. Estudo de Impacto Ambiental	93
	7.2. Relatório de Impacto do Meio Ambiente	95

Capítulo VI

Licenciamento Ambiental 97
1. Considerações preliminares 97
    1.1. O controle das atividades pelo Estado 97
    1.2. O conceito de impacto 100
2. Competência e abrangência do impacto x dominialidade 101
    2.1. As definições da LC n. 140/2011 101
    2.2. A ADI 4.757/DF 111
3. Conceito de licenças ambientais 112
4. Tipos de licenças ambientais 115
5. Definição de competências para licenciar 116
6. Prazos para o licenciamento e sua validade 120
7. A anuência para o licenciamento 122
8. Prorrogação ou renovação das licenças 124
9. Os estudos ambientais para o licenciamento 125
10. Estudo de Impacto Ambiental – EIA e Relatório de Impacto Ambiental – RIMA 127
11. Estudos ambientais simplificados ou específicos 132
12. Regularização ambiental de obras de infraestrutura 134
    12.1. Portaria MMA 421/11 – linhas de transmissão de energia elétrica 135
    12.2. Portaria MMA 422/11 – exploração e produção de petróleo e gás 135
    12.3. Portaria Interministerial 288/13 – Programa de Rodovias Federais Ambientalmente Sustentáveis – PROFAS 136
    12.4. Portaria MMA 289/13 – Regularização ambiental de rodovias federais 137
    12.5. Portaria Interministerial 425/11 – Programa de Regularização de Portos 137
13. Plano de Recuperação de Área Degradada – PRAD 138
14. Análise de risco e programas de monitoramento 138
15. Processo de licenciamento ambiental 139

Capítulo VII

Responsabilidade e dano ambiental 141
1. Introdução 141

2. Dano ambiental – conceito e previsão legal 144
3. Excludentes – caso fortuito e força maior.................................... 147
4. Reparação e recuperação 148
5. Responsabilidade objetiva 149
   5.1. Conceito.. 149
   5.2. Relação de causalidade e dano 152
6. Responsabilidade Administrativa – Subjetiva 154
7. (In)transmissibilidade da multa aos herdeiros de área degradada.......... 155

Capítulo VIII

A Lei n. 9.605/98 – Lei dos Crimes Ambientais............................... 157
1. Alguns aspectos iniciais quanto à Lei dos Crimes Ambientais 157
2. Responsabilidade administrativa, civil e penal............................. 159
   2.1. Disposições gerais... 159
   2.2. A responsabilidade da pessoa jurídica 163
   2.3. Os fundos ambientais 167
      2.3.1. Introdução 167
      2.3.2. O Fundo de Defesa dos Direitos Difusos................... 167
      2.3.3. O Fundo Nacional de Meio Ambiente....................... 168
      2.3.4. O Fundo Amazônia 168
   2.4. A *disregard doctrine* 169
3. Aplicação da pena.. 170
4. Atenuantes, agravantes, causas de diminuição ou aumento da pena ... 172
5. Da apreensão do produto e do instrumento da infração 174
6. Dos crimes contra a fauna... 174
   6.1. Art. 29 da Lei n. 9.605/98... 175
   6.2. Arts. 30 e 31 da Lei n. 9.605/98.. 175
   6.3. Art. 32 da Lei n. 9.605/98... 176
   6.4. Art. 33 da Lei n. 9.605/98... 176
   6.5. Arts. 34 a 36 da Lei n. 9.605/98.. 176
   6.6. Art. 37 da Lei n. 9.605/98... 177
7. Dos crimes contra a flora e as unidades de conservação 177
   7.1. Arts. 38, 38-A e 39 da Lei n. 9.605/98 177
   7.2. Art. 40 da Lei n. 9.605/98... 178
   7.3. Arts. 41 a 48 da Lei n. 9.605/98.. 178
   7.4. Arts. 49 a 53 da Lei n. 9.605/98.. 179

8. Dos crimes de poluição e falta de licenciamento ambiental 180
   8.1. Art. 54 da Lei n. 9.605/98 180
   8.2. Art. 55 da Lei n. 9.605/98 180
   8.3. Art. 56 da Lei n. 9.605/98 181
   8.4. Arts. 60 e 61 da Lei n. 9.605/98 181
9. Dos crimes contra o ordenamento territorial e o patrimônio cultural 182
10. Dos crimes contra a administração ambiental 182
11. Competência para julgar os crimes ambientais 183
12. A ação e o processo penal 185
13. Grupo de Enfrentamento Estratégico aos Ilícitos e Crimes Ambientais – Portaria Normativa AGU n. 149/24 186

Capítulo IX

Infrações administrativas e o Decreto n. 6.514/08 189
1. O Decreto n. 6.514/08 189
2. As infrações administrativas 191
   2.1. Infração administrativa 193
   2.2. Competência para a lavratura do Auto de Infração 195
   2.3. Sanções aplicáveis às infrações administrativas 196
       2.3.1. Advertência 196
       2.3.2. Multas 197
       2.3.3. Conversão de multa simples em serviços de preservação, melhoria e recuperação da qualidade do meio ambiente   197
       2.3.4. Destruição ou inutilização do produto 200
       2.3.5. Suspensão 200
       2.3.6. Embargo de obra ou atividade 200
       2.3.7. Demolição de obra 201
       2.3.8. Restrição de direitos 201
       2.3.9. Destinação de bens e animais apreendidos 202
   2.4. Independência entre as sanções 203
   2.5. Responsabilidade administrativa 204
3. A cooperação internacional e a Medida Provisória n. 2.163/01 204
4. Queima de cana-de-açúcar 205
5. Maus-tratos de animais 207

6. Programa de Conversão de Multas Ambientais emitidas por órgãos e entidades da União integrantes do Sistema Nacional do Meio Ambiente – SISNAMA – Decreto n. 9.760, de 11 de abril de 2019 211
   6.1. O Decreto n. 9.760/19 211
   6.2. Serviços de preservação, melhoria e recuperação do meio ambiente 214
   6.3. Danos decorrentes da infração 227
   6.4. Requerimento da conversão da multa 228
   6.5. Valor da conversão da multa e desconto pela adesão 229
   6.6. Termo de compromisso de conversão da multa 230
   6.7. Publicação do termo de compromisso 230
   6.8. Conversão pleiteada com base em normas anteriores 230
7. Da prescrição 232
8. Da reincidência 233
9. Das alterações do Decreto n. 12.189, de 20 de setembro de 2024 234

Capítulo X

A Lei n. 9.433/97 – Política Nacional de Recursos Hídricos 237
1. Fundamentos e objetivos 237
2. Diretrizes 242
3. Instrumentos 243
4. Sistema Nacional de Gerenciamento de Recursos Hídricos 245
5. Novo Marco Legal do Saneamento Básico 246
6. Conclusões 247

Capítulo XI

Política Nacional de Resíduos Sólidos 249
1. Introdução 249
2. Política Nacional de Resíduos Sólidos (PNRS) 250
3. Responsabilidade compartilhada e logística reversa 253

Capítulo XII

A Lei n. 11.284/06 – Gestão de Florestas Públicas 257
1. Princípios 257

2. Definições legais 258
3. Responsabilidade pelo controle e fiscalização ambiental 260
4. O Serviço Florestal Brasileiro 261
   4.1. Competência 261
   4.2. Estrutura 262

Capítulo XIII

Direito urbanístico 263
1. Introdução 263
2. Constituição Federal e política urbana 265
3. Estatuto da Cidade – Lei n. 10.257/01 268
   3.1. Diretrizes 268
   3.2. Instrumentos 271
4. Algumas figuras jurídicas do Estatuto da Cidade 272
   4.1. Comentários iniciais 272
   4.2. Parcelamento, edificação e utilização compulsórios 272
   4.3. IPTU progressivo 273
   4.4. Desapropriação 273
   4.5. Usucapião especial de imóvel urbano 274
   4.6. Concessão de uso especial para fins de moradia 275
   4.7. Direito de superfície 275
   4.8. Direito de preempção 275
   4.9. Outorga onerosa do direito de construir 276
   4.10. Operações urbanas consorciadas 277
   4.11. Transferência do direito de construir 277
   4.12. Estudo de impacto de vizinhança 277
   4.13. Plano Diretor 278

Capítulo XIV

Código Florestal – Lei n. 12.651/12 281
1. Introdução 281
2. Área de preservação permanente 292
3. Reserva legal 294
   3.1. Considerações iniciais 294
   3.2. Obrigatoriedade de averbação da área de reserva legal 296

4. Supressão de vegetação 299
5. Sanções penais 302
6. Resolução CONAMA n. 302/02 303
7. Ações Diretas de Inconstitucionalidade e Ações de Constitucionalidade contra os dispositivos da Lei n. 12.651/12 305
8. Decreto n. 11.367/23 – institui a Comissão Interministerial Permanente de Prevenção e Controle do Desmatamento e restabelece o Plano de Ação para a Prevenção e Controle do Desmatamento na Amazônia Legal – PPCDAm... 310

Capítulo XV

Sistema Nacional de Unidades de Conservação – SNUC (Lei n. 9.985/00 e Decreto n. 4.340/02) 313
1. Introdução 313
2. Unidades de Proteção Integral (UPI) 315
3. Unidades de Uso Sustentável (UUS) 317
4. A Reserva da Biosfera 320
5. Da criação, gestão e implantação das unidades de conservação (Lei n. 9.985/00 e Decreto n. 4.340/02) 320
6. A compensação ambiental e a ADI 3.378 – o julgamento do Supremo Tribunal Federal 323
7. Os "parques de papel" 326
8. Tabelas com as características das Unidades de Conservação 328

Capítulo XVI

Patrimônio genético e Organismo Geneticamente Modificado – OGM (Lei n. 11.105/05 e Decreto n. 4.680/03) 331
1. Introdução 331
2. Biossegurança 332
   2.1. Conselho Nacional de Biossegurança (CNBS) 332
   2.2. Comissão Técnica Nacional de Biossegurança (CTNBio) 333
   2.3. Comissão Interna de Biossegurança (CIBio) 335
3. Sanções penais 335
4. Decreto n. 4.680/03 e rotulagem 335
5. ADI 3.510/DF 336

Capítulo XVII

O Instituto Brasileiro do Meio Ambiente e dos Recursos Naturais Renováveis – IBAMA e o Instituto Chico Mendes de Conservação da Biodiversidade – ICMBio 339

1. O Instituto Brasileiro do Meio Ambiente e dos Recursos Naturais Renováveis – IBAMA... 339
    1.1. Criação e estrutura.. 339
    1.2. Finalidades 341
2. O Instituto Chico Mendes de Conservação da Biodiversidade – ICMBio ... 344
    2.1. Atribuições... 344
    2.2. Atividade supletiva do IBAMA 346
    2.3. Divisão de receitas 347
    2.4. O SNUC e o ICMBio 347
    2.5. Destinação e aplicação dos recursos de compensação ambiental 348

Capítulo XVIII

Mudanças climáticas 351

1. Introdução às negociações internacionais do clima 351
2. O Fundo Nacional sobre Mudança do Clima (FNMC)........................ 354
3. A Política Nacional sobre Mudança do Clima (PNMC)...................... 356
4. O Acordo de Paris e a Decisão n. 1 da COP-21 359
5. Os casos de litigância climática 361

Capítulo XIX

O Ministério Público e o Poder Judiciário na proteção do meio ambiente ... 365

1. O Ministério Público na defesa do meio ambiente 365
    1.1. As atribuições constitucionais 365
    1.2. Atuação extrajudicial 368
    1.3. Atuação judicial 369
2. A participação do Ministério Público e do Poder Judiciário na defesa do meio ambiente e o posicionamento dos Tribunais 373
3. Acordo de não Persecução Penal.. 376
4. Súmula 613 do Superior Tribunal de Justiça..................................... 378

Capítulo XX

Persecução penal de crimes ambientais – algumas particularidades............. 381
1. Introdução... 381
2. As partes no processo criminal ambiental.. 383
3. A insignificância em crime ambiental 385
4. Da possibilidade de inserção de cláusula de *compliance* em Acordo de não Persecução Penal... 386
5. A prescrição intercorrente em conversão em prestação pecuniária da execução de sentença criminal.. 389
6. Considerações finais... 392

Capítulo XXI

Ação civil pública ambiental.. 395
1. Ação Civil Pública – ACP... 395
   1.1. Legitimados para a propositura da ACP.................................... 396
   1.2. Inquérito civil 397
   1.3. Foro competente 397
   1.4. Litisconsórcio facultativo.. 398

Capítulo XXII

ESG: Novo Instrumento para a sustentabilidade ambiental....................... 401
1. Apontamentos iniciais 401
2. O movimento ESG nas empresas 402
3. ESG e o mercado de carbono.. 404
4. Necessária adesão.. 406
5. ESG e agronegócio... 407
6. Os princípios de ESG nesse contexto... 409
7. Áreas protegidas no Brasil 410
8. O controle de origem dos produtos agropecuários no Brasil.............. 413
9. Considerações finais... 416

Capítulo XXIII

Atividades minerárias.. 417
1. Alguns conceitos... 417

2. Segurança de barragens e a Lei n. 12.334/10 (alterada pela
   Lei n. 14.066/20) 419
3. Os casos de Mariana e Brumadinho.. 421

Capítulo XXIV

Custo ambiental – Obrigações ambientais previstas em normas especiais.... 423
1. Introdução 423
2. Identificação dos impactos ambientais 427
3. A compensação ambiental e o Sistema Nacional de Unidades de Conservação 434
   3.1. Destinação dos recursos da compensação ambiental 442
   3.2. Correção do valor da compensação por meio da Taxa SELIC ... 445
4. Compensação pela supressão de Mata Atlântica 451
5. Compensação por danos a cavidades naturais subterrâneas............... 464
6. Reposição florestal 471
7. A anuência do Município 476
8. Os órgãos intervenientes... 480
9. Manifestação da Fundação Nacional do Índio – FUNAI..................... 487
10. Manifestação do Instituto do Patrimônio Histórico e Cultural – IPHAN 493
11. Manifestação da Fundação Cultural Palmares – FCP......................... 496
12. Manifestação do Ministério da Saúde 497

Referências... 499

Capítulo I

A PROTEÇÃO DO MEIO AMBIENTE

Sumário: 1. A preocupação com a natureza. 1.1. Introdução. 1.2. O meio ambiente como bem difuso. 2. As expectativas ambientais para o século XXI. 3. Classificação didática do meio ambiente. 3.1. Meio ambiente natural. 3.2. Meio ambiente cultural. 3.3. Meio ambiente artificial. 3.4. Meio ambiente do trabalho. 3.5. Patrimônio genético. 3.6. Direito de Antena. 3.7. Meio ambiente do clima.

1. A PREOCUPAÇÃO COM A NATUREZA

1.1. INTRODUÇÃO

Não é recente a preocupação do homem com o meio ambiente.[1]

Desde tempos remotos, nas regiões mediterrâneas, os povos nômades necessitavam de fortificações para a defesa contra os ataques de inimigos naturais e de outros povos hostis.

No entanto, essas fortificações tinham outras finalidades, proporcionando melhores condições para suas populações, e levaram essas comunidades a uma sensível preocupação com o meio com o qual interagiam.

O crescimento e o estabelecimento de vários grupos familiares, extrapolando o limite daqueles existentes, fez com que as populações modificassem o estado natural das fontes, buscando uma maior comodidade.[2]

Como exemplo de interação do homem com o meio ambiente, as águas advindas de fontes existentes nas proximidades das grandes cidades tinham de ser captadas, armazenadas e até lá conduzidas. De fato, os complexos aquáticos sempre ofereceram condições de sobrevivência ao homem. Para comprovar essa afirmação, basta o

---

[1] HOLANDA, Sérgio Buarque de. *Monções e capítulos de expansão paulista*. 4. ed. São Paulo: Companhia das Letras, 2014, p. 47 e s.

[2] GRAEBER, David; WENGROW, David. *Uma nova história da humanidade*. São Paulo: Companhia das Letras, 2022, p. 273.

exemplo das grandes cidades que foram estabelecidas próximas de grandes rios ou lagos, como Londres (Tâmisa), Paris (Sena), Roma (Tibre) e São Paulo (Tietê).[3]

O meio ambiente ligado à história de progresso ou fracasso das civilizações faz sentido.[4]

Tome-se como exemplo a história da China, que tem uma geografia muito parecida com a dos Estados Unidos, porém, ao longo dos séculos, sofreu intensos desmatamentos e degradações de outras ordens, resultando em catástrofes ambientais.[5]

Também são inúmeros os casos em que o desequilíbrio ambiental gerou guerras por áreas mais prósperas, modificando o quadro histórico, com a supressão de culturas, a imposição de regras, a aniquilação de espécies e o massacre de populações. O grande propulsor e fornecedor dos produtos utilizados pelo homem é o próprio meio onde ele vive.

Sustenta-se, inclusive, o vínculo dos fracassos dos grandes eventos históricos com a forma errada de interagir com o meio ambiente.[6]

Com a produção de lixo,[7] as reduzidas possibilidades de banho e o alastramento de epidemias, devido à falta de higiene, a Idade Média manteve da Antiguidade o mundo espiritual, mas as práticas higiênicas e de preservação ambiental foram esquecidas gradativamente. Esses danos cometidos durante a Idade Média puderam ser superados em razão de a população da Europa ser ainda muito pequena, e a ocupação de novas terras possível também devido à pequena demanda.[8]

Os povos medievais não ultrapassaram as fronteiras da exploração e mantiveram visões somente de subsistência. O aumento do consumo dos meios naturais veio no fim do século XVIII, quando as descobertas científicas começaram a introduzir novas medidas, ferramentas e máquinas de exploração.[9]

---

[3] Para uma minudente, objetiva e clara análise dos antecedentes do direito ambiental moderno, v. SARLET, Ingo Wolfgang; FENSTERSEIFER, Tiago. *Direito Ambiental*. Introdução, fundamentos e teoria geral. São Paulo: Saraiva, 2014.

[4] GRAEBER, David; WENGROW, David. *O despertar de tudo*: uma nova história da humanidade. São Paulo: Companhia das Letras, 2022, p. 274.

[5] FRANKOPAN, Peter. *O coração do mundo*: uma nova história universal a partir da Rota da Seda, o encontro do Oriente com o Ocidente. São Paulo: Planeta, 2019, p. 28.

[6] DIAMOND, Jared. *Colapso*: como as sociedades escolhem o fracasso ou o sucesso. São Paulo: Record, 2005, p. 24 e *passim*.

[7] Para um aprofundamento sobre a Lei n. 12.305/10, que trata da Política Nacional de Resíduos Sólidos, *vide* SILVA FILHO, Carlos Roberto Vieira; SOLER, Fabricio Dorado. *Gestão de Resíduos Sólidos*: o que diz a lei. São Paulo: Trevisan Editora, 2012.

[8] SIRVINSKAS, Luís Paulo. *Manual de direito ambiental*. 14. ed. São Paulo: Saraiva, 2016, p. 83.

[9] PINKER, Stephen. *O novo Iluminismo*: em defesa da razão, da ciência e do humanismo. São Paulo: Companhia das Letras, 2018, p. 63.

A Revolução Industrial veio à tona durante o século XVIII e daí em diante não só houve um acréscimo populacional, mas também uma convergência para os grandes centros urbanos.[10]

O desenvolvimento tecnológico daí advindo trouxe a erradicação de algumas epidemias, a cura de doenças, a descoberta de mecanismos de prolongamento da vida humana, alargando as fronteiras do conhecimento, e proporcionou uma explosão demográfica sem parâmetros na história.[11] Isso fez com que o homem tivesse um domínio quase ilimitado da natureza, o que resultou na chegada de um problema chamado degradação ambiental.

O século XIX foi o do aprimoramento das técnicas já conhecidas, com a aceleração e desenvolvimento das técnicas descobertas. Com o século XX e a era da globalização, houve um desmedido progresso nas ciências que estudam a natureza, e surgiram maiores problemas para o meio ambiente.[12]

Os limites do desenvolvimento sustentável não foram respeitados e os efeitos rapidamente puderam ser sentidos. Claramente ficou para trás o respeito à natureza, e o homem se firmou com o progresso científico de conhecimento, buscando evoluir, sempre na crença de que os recursos naturais eram infinitos.[13]

1.2. O MEIO AMBIENTE COMO BEM DIFUSO

O Estado de direito se consolidou na Europa ao longo do século XIX, com a separação dos poderes e a proteção de alguns direitos individuais. Depois disso, mais recentemente, após a Segunda Guerra Mundial, múltiplas transformações históricas foram decisivas para justificar o cenário dos direitos fundamentais com o qual hoje nos deparamos.[14]

Nesse novo cenário, o meio ambiente passa a ser considerado um bem difuso, pertencente a toda a coletividade. Os interesses ou direitos difusos são transindividuais, indivisíveis, e a titularidade é exercida por pessoas indeterminadas e ligadas por circunstâncias de fato, conforme disposto no art. 81 do Código de Defesa do Consumidor (Lei n. 8.078/90).[15]

Os direitos coletivos também são transindividuais, de natureza indivisível, mas a titularidade é de um grupo, categoria ou classe de pessoas ligadas entre si ou com a parte contrária por uma relação jurídica.

---

[10] DIAMOND, Jared. *Armas, germes e aço*: os destinos das sociedades humanas. São Paulo: Record, 2005, *passim*.
[11] MASI, Domenico de. *O trabalho no século XXI*. Rio de Janeiro: Sextante, 2022, p. 15.
[12] LANFREDI, Geraldo Ferreira. *Política ambiental*: busca de efetividade de seus instrumentos. 2. ed. São Paulo: Revista dos Tribunais, 2007, p. 149.
[13] MILARÉ, Édis. *Direito do ambiente*. 12. ed. São Paulo: Revista dos Tribunais, 2020, p. 52.
[14] BARROSO, Luís Roberto. *Curso de direito constitucional contemporâneo*. 9. ed. São Paulo: Saraiva, 2020, p. 239.
[15] FIORILLO, Celso Antônio Pacheco. *Curso de direito ambiental brasileiro*. 20. ed. São Paulo: Saraiva, 2020, p. 55.

Os interesses ou direitos individuais homogêneos, por sua vez, são aqueles decorrentes de origem comum.

É importante ressaltar que quando o art. 225 da Constituição Federal refere-se a um "bem de uso comum do povo", não está enquadrando o meio ambiente na classificação tradicional de bens públicos (bens de uso comum do povo, de uso especial e dominicais/dominiais), pois há um acréscimo no conceito com a expressão "essencial à sadia qualidade de vida".

De acordo com o Supremo Tribunal Federal:

"O direito à integridade do meio ambiente – típico direito de terceira geração – constitui prerrogativa jurídica de titularidade coletiva, refletindo, dentro do processo de afirmação dos direitos humanos, a expressão significativa de um poder atribuído, não ao indivíduo identificado em sua singularidade, mas, num sentido verdadeiramente mais abrangente, à própria coletividade social" (STF, MS 22.164-0 SP).

Ademais, o fato de existir a propriedade privada sobre determinados bens ambientais não retira a característica de serem bens voltados para o bem-estar da coletividade. Assim, todos podem utilizá-los, mas não podem transacionar ou dispor deles sem garantir às próximas gerações o suficiente para o seu desenvolvimento.

2. AS EXPECTATIVAS AMBIENTAIS PARA O SÉCULO XXI

Chegou-se, em pleno século XXI, àquilo que se convencionou chamar de "sociedade de risco", ou seja, aquela em que é mais difícil a tarefa de apresentar soluções adequadas para o conflito entre o desenvolvimento tecnológico e a obrigação de estabelecer limites à própria capacidade de intervenção sobre o meio ambiente.[16]

Além disso, a sociedade de risco também trouxe as dificuldades de operar qualquer inovação tecnológica quando seu implemento tiver como contrapontos a imprevisibilidade, a incerteza e o desconhecimento dos resultados de seu avanço.

Todos esses fatores estão em jogo ao se falar da sociedade de risco.

No lugar daquele conglomerado rural, baseado na produção de bens agrícolas, e que levou 10 mil anos para gerar a sociedade industrial, sobreveio esta, pós-industrial, moderna, contemporânea, em que a degradação e a poluição ambiental ganham contornos nítidos de descontrole, não mais sendo possível ao homem manejar a natureza como nos séculos passados.

Portanto, o direito ambiental apresenta-se com o papel de sustentar a sociedade participativa e democrática, compatibilizando crescimento econômico e desenvolvimento sustentável. Fala-se, inclusive, em uma "ecologia do direito", como uma nova

---

[16] AYALA, Patryck de Araújo. A proteção jurídica das futuras gerações na sociedade de risco global: o direito ao futuro na ordem constitucional brasileira. In: FERREIRA, Heline Sivini; LEITE, José Rubens Morato (Orgs.). *Estado de Direito Ambiental:* tendências, aspectos constitucionais e diagnósticos. Rio de Janeiro: Forense Universitária, 2004, p. 231.

ordem, que não seja formada somente por elementos constitutivos individuais, mas sim, composta por redes e comunidades sociais.[17]

Apesar de figurar esporadicamente em legislações esparsas[18], o meio ambiente somente foi apresentado como problema global em 1972, na Conferência de Estocolmo, e depois na Conferência de 1992, no Rio de Janeiro, a ECO-92.

Desde então, as nações começaram a encarar seriamente a necessidade de conservação como metas a serem alcançadas para a sua própria sustentabilidade.

Diante desse quadro foram surgindo propostas para solucionar o problema ambiental, abrangendo aspectos físicos e políticos. Atualmente, prevalece a do "desenvolvimento sustentado", definitivamente consagrado em 1992, sem o abandono da visão antropocêntrica da gestão dos ecossistemas no interesse do desenvolvimento dos países e das populações.

O desenvolvimento sustentável é aquele que atende às necessidades do presente sem comprometer a capacidade de as gerações futuras atenderem também às suas.

Isso não reflete um estado permanente de harmonia, mas sim um processo de mudança no qual a exploração dos recursos naturais, a orientação dos investimentos, os rumos do desenvolvimento tecnológico e a mudança institucional estão de acordo com as necessidades atuais e futuras. Essa forma de pensar não somente pressupõe melhores condições de vida, mas também condições mínimas para os seres humanos.[19]

Édis Milaré chama esse processo de *"desenvolvimento sustentável"*, e de *"sustentabilidade"* o atributo necessário no tratamento dos recursos naturais, mais precisamente dos recursos naturais.[20]

O Supremo Tribunal Federal recentemente teve a oportunidade de se manifestar e assentou que *"a capacidade dos indivíduos de desestabilizar o equilíbrio do conjunto de recursos naturais que lhes fornece a própria existência tem gerado legítimas preocupações, que se intensificaram no último século. Afinal, recursos naturais têm sido extintos; danos irreversíveis ou extremamente agressivos à natureza tornaram-se mais frequentes; disfunções climáticas são uma realidade científica; diversas formas de poluição se alastram pelos grandes centros, entre outras evidências empíricas do que se cognomina crise ambiental. Nesse ínterim, o foco no crescimento econômico sem a devida preocupação ecológica consiste em ameaça presente e futura para o progresso sustentável das nações e até mesmo para a sobrevivência da espécie humana. O homem apenas progride como ser biológico*

---

[17] CAPRA, Fritoj; MATTEI, Ugo. *A Revolução ecojurídica:* o direito sistêmico em sintonia com a natureza e a comunidade. São Paulo: Cultrix, 2018, p. 29.

[18] FARIAS, Talden. *Introdução ao direito ambiental.* Belo Horizonte: Del Rey, 2009, p. 28.

[19] BARROSO, Luís Roberto. *A dignidade da pessoa humana no direito constitucional contemporâneo:* a construção de um conceito jurídico à luz da jurisprudência mundial. Belo Horizonte: Fórum, 2016, p. 23.

[20] MILARÉ, Édis. *Direito do ambiente.* 11. ed. São Paulo: Revista dos Tribunais, 2018, p. 77.

e como coletividade quando se percebe como produto e não como proprietário do meio ambiente" (STF, ADC 42/DC).

A questão é mais importante, é vital, pois desse desenvolvimento e da interação do homem com a natureza depende simplesmente seu maior bem: a vida.

Inclusive, como dito, há quem reconheça uma ordem ecojurídica, com a interconexão dos problemas globais e melhores condições de encontrar soluções apropriadas para esses problemas.[21]

O direito ambiental apresenta-se como instrumento de adequação das políticas de crescimento, promovendo um ajustamento dos custos privados aos custos públicos e sociais. Certamente, esse ramo do Direito também representa objetivos econômicos, mas que não podem ser distanciados da preservação, compelindo o desenvolvimento a uma atitude mais racional e controlada de insumos naturais.[22]

O Direito tem a tarefa de realizar o bem comum dentro da comunidade em que vige. As ingerências sociais, políticas, econômicas etc. são manifestações antes e depois do Direito que servem para ordenar o desenvolvimento dessas outras formas de adaptação social.

Interessa aqui, dentre outras abordagens, a análise de algumas dessas serventias do direito ambiental e os principais pontos merecedores de análise. Demais disso, nunca é demasiado mencionar as decisões judiciais, que revelam a verdadeira importância da sua aplicação.

O texto constitucional empresta relevo a essa proteção e os Tribunais Superiores assim decidem, na esteira do que, emblematicamente, pronunciou o Supremo Tribunal Federal, de que *"todos têm direito ao meio ambiente ecologicamente equilibrado. Trata-se de um típico direito de terceira geração (ou de novíssima dimensão), que assiste a todo o gênero humano (RTJ 158/205-206). Incumbe, ao Estado e à própria coletividade, a especial obrigação de defender e preservar, em benefício das presentes e futuras gerações, esse direito de titularidade coletiva e de caráter transindividual (RTJ 164/158-161). O adimplemento desse encargo, que é irrenunciável, representa a garantia de que não se instaurarão, no seio da coletividade, os graves conflitos intergeracionais marcados pelo desrespeito ao dever de solidariedade, que a todos se impõe, na proteção desse bem essencial de uso comum das pessoas em geral. Doutrina. A ATIVIDADE ECONÔMICA NÃO PODE SER EXERCIDA EM DESARMONIA COM OS PRINCÍPIOS DESTINADOS A TORNAR EFETIVA A PROTEÇÃO AO MEIO AMBIENTE"* (ADI-MC 3.540/DF).

---

[21] CAPRA, Fritoj; MATTEI, Ugo. *A Revolução ecojurídica:* o direito sistêmico em sintonia com a natureza e a comunidade. São Paulo: Cultrix, 2018, p. 30.

[22] CARNEIRO, Ricardo. *Direito ambiental:* uma abordagem econômica. Rio de Janeiro: Forense, 2001, p. 10.

Continua a decisão, acentuando a importância da defesa ambiental e da manutenção dos recursos naturais, inclusive, apontando a divisão didática com a qual nos acostamos, no sentido de que *"a incolumidade do meio ambiente não pode ser comprometida por interesses empresariais nem ficar dependente de motivações de índole meramente econômica, ainda mais se se tiver presente que a atividade econômica, considerada a disciplina constitucional que a rege, está subordinada, dentre outros princípios gerais, àquele que privilegia a 'defesa do meio ambiente' (CF, art. 170, VI), que traduz conceito amplo e abrangente das noções de meio ambiente natural, de meio ambiente cultural, de meio ambiente artificial (espaço urbano) e de meio ambiente laboral. Doutrina. Os instrumentos jurídicos de caráter legal e de natureza constitucional objetivam viabilizar a tutela efetiva do meio ambiente, para que não se alterem as propriedades e os atributos que lhe são inerentes, o que provocaria inaceitável comprometimento da saúde, segurança, cultura, trabalho e bem-estar da população, além de causar graves danos ecológicos ao patrimônio ambiental, considerado este em seu aspecto físico ou natural (...)"*.

É essa divisão metodológica que passamos a analisar.

3. CLASSIFICAÇÃO DIDÁTICA DO MEIO AMBIENTE

3.1. MEIO AMBIENTE NATURAL

Para fins didáticos, o meio ambiente pode ser dividido em quatro categorias iniciais de abordagem: natural, cultural, artificial e do trabalho.

Aqui, no meio ambiente natural, talvez resida o mais comum elemento de identificação com a natureza, por se tratar diretamente de flora e fauna.

O meio ambiente natural envolve – além de flora e fauna, como dito –, a atmosfera, as águas, o solo, o subsolo, os elementos da biosfera, bem como os recursos minerais. Enfim, toda forma de vida é considerada integrante do meio ambiente, em suas diversas formas de manifestação.[23]

Recentemente, o Superior Tribunal de Justiça entendeu que *"a definição da norma a incidir sobre o caso deve garantir a melhor e mais eficaz proteção ao meio ambiente natural e ao meio ambiente artificial, em cumprimento ao disposto no art. 225 da CF/88, sempre com os olhos também voltados ao princípio do desenvolvimento sustentável (art. 170, VI) e às funções social e ecológica da propriedade"* (REsp 1.770.808/SC).

Ao fim e ao cabo, sempre que iniciamos qualquer análise do direito ambiental, começamos pelo estudo do meio ambiente natural. O próprio direito ambiental,

---

[23] FIORILLO, Celso Antônio Pacheco. *Curso de direito ambiental brasileiro.* 20. ed. São Paulo: Saraiva, 2020, p. 76.

enquanto ramo sistematizador entre os elementos que integram o ambiente, procura evitar o isolamento entre as águas, o solo, a atmosfera, a fauna, a flora, o homem, enfim, todos os seus componentes.[24]

3.2. MEIO AMBIENTE CULTURAL

Como se disse, a divisão do meio ambiente pressupõe a existência também de um meio ambiente cultural.

É dizer que, não somente a natureza *stricto sensu* está protegida pela legislação, mas também o patrimônio cultural brasileiro, como os elementos referentes à formação dos grupos nacionais de expressão, criações artísticas, tecnológicas, obras, objetos, documentos, edificações em sentido amplo, conjuntos urbanos, paisagísticos, arqueológicos, paleontológicos, ecológicos e científicos estão nela incluídos.

No Brasil, essa tendência de proteger bens intangíveis já existe há décadas, a exemplo do Decreto-lei n. 25/37, que trata do tombamento de bens e outras formas de expressão e manifestação de identidade do povo brasileiro.[25]

Os Tribunais já adotaram esse entendimento por diversas vezes, a exemplo do Tribunal Regional Federal da 4ª Região, preservando o patrimônio cultural, por ser *"constituído pelos bens de natureza material e imaterial, tomados individualmente ou em conjunto, portadores de referência à identidade, à ação e à memória dos diferentes grupos formadores da sociedade brasileira. Entre esses bens estão as formas de expressão, os modos de criar, fazer e viver, as obras, objetos, documentos, edificações e demais espaços destinados às manifestações artístico-culturais (art. 216, CF)"* (TRF4, AC 5012869-06.2016.4.04.7208).

Continua a decisão, entendendo que a *"concepção de meio ambiente cultural, delineada a partir dessa proteção constitucional, também fundamenta a proteção desses grupos e permite aglutinar, em um mesmo bem jurídico (meio ambiente), todos os aspectos envolvidos"* (TRF4, AC 5012869-06.2016.4.04.7208).

Merecem encaixe, nesse contexto cultural, atividades como a música, as religiões, a literatura, o teatro, a dança, entre tantas outras manifestações culturais.[26]

Em diversas passagens, a Constituição trata do meio ambiente cultural, a exemplo dos arts.:

> Art. 215. O Estado garantirá a todos o pleno exercício dos direitos culturais e acesso às fontes da cultura nacional, e apoiará e incentivará a valorização e a difusão das manifestações culturais.

---

[24] MACHADO, Paulo Affonso Leme. *Direito ambiental brasileiro*. 26. ed. São Paulo: Malheiros, 2018, p. 56.

[25] SOARES, Inês Virgínia Prado; PRAGMÁCIO, Mário. *Tutela jurídica e política de preservação do patrimônio cultural imaterial*. Salvador: Juspodivm, 2018, p. 6. Para maior aprofundamento, vide também SOARES, Inês Virgínia Prado; CUREAU, Sandra (Org.). *Bens culturais e direitos humanos*. São Paulo: Edições SESC, 2015.

[26] FIORILLO, Celso Antônio Pacheco. *Princípios do processo ambiental*. São Paulo: Saraiva, 2003, p. 57-58.

Art. 216. Constituem patrimônio cultural brasileiro os bens de natureza material e imaterial, tomados individualmente ou em conjunto, portadores de referência à identidade, à ação, à memória dos diferentes grupos formadores da sociedade brasileira, nos quais se incluem:

I – as formas de expressão;

II – os modos de criar, fazer e viver;

III – as criações científicas, artísticas e tecnológicas;

IV – as obras, objetos, documentos, edificações e demais espaços destinados às manifestações artístico-culturais;

V – os conjuntos urbanos e sítios de valor histórico, paisagístico, artístico, arqueológico, paleontológico, ecológico e científico.

(...)

Art. 218. O Estado promoverá e incentivará o desenvolvimento científico, a pesquisa e a capacitação tecnológicas.

Todos eles estão dirigidos à promoção e proteção das mais variadas formas de manifestação cultural, artística, desportiva e científica de uma nação.[27]

Em outra decisão, o Supremo Tribunal Federal declarou inconstitucionais normas do Estado de Mato Grosso (inciso V do art. 251 da Constituição estadual e a Lei estadual n. 7.782/02) que tornavam patrimônio do Estado sítios paleontológicos e arqueológicos (ADI 3.525).

Essa decisão reafirmou o monopólio da União sobre esses sítios, patrimônios científicos e culturais.

O Ministro-Relator explicou que, pela Constituição Federal, zelar pelo patrimônio histórico-cultural e nacional é competência comum dos entes da Federação (da União, dos Estados e dos Municípios). No entanto, isso não significa que a incumbência reservada à União possa ser invadida.

A Lei estadual acima mencionada previa, por exemplo, que a coleta de fósseis e materiais arqueológicos, bem como a sua exploração e transporte, só poderia ser feita por meio de autorização expressa e supervisão de institutos mato-grossenses. De acordo com a ação da Procuradoria-Geral da República, isso retirava a autoridade do IPHAN.

O Superior Tribunal de Justiça, firmando a jurisprudência daquela Corte de Justiça, entendeu que "*a fase provisória do tombamento constitui, na realidade, ato de natureza declaratória e ostenta caráter preventivo, consistindo em uma antecipação dos efeitos impostos à coisa, a fim de garantir a imediata preservação do patrimônio histórico e artístico*" (ROMS – Recurso Ordinário em Mandado de Segurança – 55090).

---

[27] TORRES, Heleno Taveira. Da relação entre competências constitucionais tributária e ambiental – os limites dos chamados "tributos ambientais". In: TORRES, Heleno Taveira (Org.). *Direito tributário ambiental*. São Paulo: Malheiros, 2005, p. 113.

3.3. MEIO AMBIENTE ARTIFICIAL

Já o meio ambiente artificial representa o direito ao bem-estar relacionado às cidades sustentáveis e aos objetivos da política urbana, como insculpido na Constituição Federal.

O texto constitucional também empresta relevo a essa proteção, nos seguintes termos:

> Art. 182. A política de desenvolvimento urbano, executada pelo Poder Público municipal, conforme diretrizes gerais fixadas em lei, tem por objetivo ordenar o pleno desenvolvimento das funções sociais da cidade e garantir o bem-estar de seus habitantes.
> Art. 183. Aquele que possuir como sua área urbana de até duzentos e cinquenta metros quadrados, por cinco anos, ininterruptamente e sem oposição, utilizando-a para sua moradia ou de sua família, adquirir-lhe-á o domínio, desde que não seja proprietário de outro imóvel urbano ou rural.

Demais disso, a Lei n. 10.257/01, que trata do Estatuto da Cidade, detalhou as formas de manejo e os instrumentos de uma política urbana para as cidades brasileiras.

Essa parte, relativa ao meio ambiente artificial, que diz respeito ao espaço urbano que foi construído pelo homem, merece especial atenção, sendo objeto de estudo quando se tratar do novo direito urbanístico, reinaugurado pelo Estatuto da Cidade e merecedor de capítulo próprio neste livro.

Também o Superior Tribunal de Justiça aduziu que *"inexiste incompatibilidade mortal entre direito à moradia e direito ao meio ambiente ecologicamente equilibrado, a ponto de a realização de um pressupor o sacrifício do outro, falso dilema que nega a própria essência ética e jurídica do direito à cidade sustentável (Lei 10.257/2001, art. 2º, I). No direito à moradia convergem a função social e a função ecológica da propriedade. Por conseguinte, não se combate nem se supera miserabilidade social com hasteamento de miserabilidade ecológica, mais ainda porque água, nascentes, margens de rios, restingas, falésias, dunas e manguezais, entre outros bens públicos ambientais supraindividuais escassos, finitos e infungíveis, existem somente onde existem"* (REsp 1.782.692/PB).

O mesmo Tribunal superior, em decisão recente, assegurou a garantia ao meio ambiente urbano, decidindo que deveria haver recomposição vegetal em área passível de deslizamento. Tratava-se, na origem, de *"ação civil pública, na qual o Ministério Público do Estado do Rio de Janeiro tinha como objetivo a condenação do Município do Rio de Janeiro por danos ambientais, decorrentes da realização de medidas de recomposição ambiental na área conhecida como Vila Verde, localizada na comunidade da Rocinha, com vistas a recuperação do meio ambiente natural e urbano, bem como a adoção de medidas adequadas e técnicas para eliminação e/ou mitigação do risco geológico de deslizamento da área"* (REsp 1.731.097/RJ).

3.4. MEIO AMBIENTE DO TRABALHO

Por fim, nessa classificação didática majoritariamente adotada pelos autores nacionais, está previsto o meio ambiente do trabalho como sendo aquele com enfoque na segurança da pessoa humana no seu local de trabalho.

Esse conceito envolve saúde, prevenção de acidentes, dignidade da pessoa humana,[28] salubridade e condições de exercício saudável do trabalho.[29]

Ainda sobre o ambiente do trabalho, determina a Constituição:

> Art. 200. Ao sistema único de saúde compete, além de outras atribuições, nos termos da lei:
> (...)
> VII – participar do controle e fiscalização da produção, transporte, guarda e utilização de substâncias e produtos psicoativos, tóxicos e radioativos;
> VIII – colaborar na proteção do meio ambiente, nele compreendido o do trabalho.
> Art. 7º São direitos dos trabalhadores urbanos e rurais, além de outros que visem à melhoria de sua condição social:
> (...)
> XXII – redução dos riscos inerentes ao trabalho, por meio de normas de saúde, higiene e segurança.

Em diversas ocasiões a jurisprudência do Superior Tribunal de Justiça apreciou demandas correlatas ao meio ambiente do trabalho, principalmente nos casos que envolviam saúde do trabalhador, ainda que em momentos espaçados, pois não se pode exigir a *"exposição às condições insalubres durante todos os momentos da prática laboral, visto que habitualidade e permanência hábeis para os fins visados pela norma – que é protetiva – devem ser analisadas à luz do serviço cometido ao trabalhador, cujo desempenho, não descontínuo ou eventual, exponha sua saúde à prejudicialidade das condições físicas, químicas, biológicas ou associadas que degradam o meio ambiente do trabalho"* (REsp 1.578.404/PR).

Também o Supremo Tribunal Federal, reconhecendo que a sua jurisprudência *"é firme no sentido de ser competência privativa da União legislar sobre saúde dos trabalhadores e do meio ambiente do trabalho"* (ARE 1.059.077 AgR).

O mesmo Tribunal assentou que *"compete à Justiça do Trabalho julgar ação civil pública na qual se discute questões relativas à saúde, à higiene e à segurança do trabalho"* (ARE 1.090.128 AgR).

---

[28] Para aprofundar o sentido e o alcance de dignidade da pessoa humana no cenário contemporâneo, vide BARROSO, Luís Roberto. *A dignidade da pessoa humana no direito constitucional contemporâneo*: a construção de um conceito jurídico à luz da jurisprudência mundial. Belo Horizonte: Forum, 2016.

[29] FARIAS, Talden. *Introdução ao direito ambiental*. Belo Horizonte: Del Rey, 2009, p. 222.

3.5. PATRIMÔNIO GENÉTICO

Como dito acima, a maioria dos autores doutrinariamente divide o meio ambiente em quatro categorias, sendo elas: natural, cultural, artificial e do trabalho, mas não deixam de mencionar uma subespécie bastante recente.

Trata-se do meio ambiente genético, ou do patrimônio genético.[30]

Patrimônio genético deve ser entendido como o conjunto de seres vivos, todos, incluindo os homens, os animais, os vegetais, os micro-organismos, que constituem a biodiversidade do planeta.[31]

O avanço tecnológico e a enorme evolução da engenharia genética nos últimos anos renderam ensejo à tutela desse novel direito, pois estavam em jogo órgãos relacionados à vida e à sua manipulação.

No Brasil, a Lei n. 8.974/95 tratou dos direitos relacionados aos materiais genéticos vinculados à pessoa humana.

Atualmente, rege a matéria a Lei n. 11.105/05, que regulamenta os incisos II, IV e V do § 1º do art. 225 da Constituição Federal, estabelece normas de segurança e mecanismos de fiscalização de atividades que envolvam organismos geneticamente modificados – OGM e seus derivados, bem como cria o Conselho Nacional de Biossegurança – CNBS, reestrutura a Comissão Técnica Nacional de Biossegurança – CTNBio, dispõe sobre a Política Nacional de Biossegurança – PNB, ao tempo em que revogou a Lei n. 8.974/95.

Diz a nova legislação quais são as normas de segurança que devem ser respeitadas ao se manipular o patrimônio genético:

> Art. 1º Esta Lei estabelece normas de segurança e mecanismos de fiscalização sobre a construção, o cultivo, a produção, a manipulação, o transporte, a transferência, a importação, a exportação, o armazenamento, a pesquisa, a comercialização, o consumo, a liberação no meio ambiente e o descarte de organismos geneticamente modificados – OGM e seus derivados, tendo como diretrizes o estímulo ao avanço científico na área de biossegurança e biotecnologia, a proteção à vida e à saúde humana, animal e vegetal, e a observância do princípio da precaução para a proteção do meio ambiente.

É tamanha a preocupação com o avanço dos conflitos que já envolvem essa matéria, que a própria jurisprudência dá conta de sua importância para o direito brasileiro.

Assim se pronunciou o Superior Tribunal de Justiça, ao analisar a competência da Comissão Técnica Nacional de Biossegurança (CTNBio) – órgão diretamente ligado à Presidência da República, destinado a assessorar o governo na elaboração e

---

[30] FIORILLO. Celso Antônio Pacheco. *Curso de direito ambiental brasileiro*. 20. ed. São Paulo: Saraiva, 2020, p. 81.

[31] SIRVINSKAS, Luís Paulo. Noções introdutórias da tutela civil e penal do patrimônio genético. In: FIGUEIREDO, José Guilherme Purvin de (Coord.). *Direito ambiental em debate*. Rio de Janeiro: Esplanada, 2004. v. 1.

implementação da Política Nacional de Biossegurança, e da Justiça Federal para dirimir conflitos, pois *"os eventuais efeitos ambientais decorrentes da liberação de organismos geneticamente modificados não se restringem ao âmbito dos Estados da Federação em que efetivamente ocorre o plantio ou descarte, sendo que seu uso indiscriminado pode acarretar consequências a direitos difusos, tais como a saúde pública. Evidenciado o interesse da União no controle e regulamentação do manejo de sementes de soja transgênica, inafastável a competência da Justiça Federal para o julgamento do feito. Conflito conhecido para declarar a competência o Juízo Federal da Vara Criminal de Passo Fundo, SJ/RS, o Suscitado"* (CComp 41301/RS).

Existem interesses concretos e objetivos da União, sendo a competência concorrente residual dos Estados para legislar e fiscalizar os assuntos que envolvem a matéria.

Portanto, não há que se falar em competência dos Estados quando houver a prática de crimes envolvendo o patrimônio genético, como bem assentou o Superior Tribunal de Justiça, onde *"tendo os denunciados praticado, em tese, crime de liberação, no meio ambiente, de organismos geneticamente modificados – plantação de soja transgênica/safra 2001 (art. 13, V, da Lei n. 8974/95), verifica-se, consoante legislação federal específica, prejuízo a interesses da União, porquanto há reflexos concretos da utilização desta tecnologia de plantio na Política Agrícola Nacional e na Balança Comercial de Exportação de nosso País"* (CComp 41279/RS).

Por fim, decidiu o Supremo Tribunal Federal, no tocante à legislação pertinente aos Organismos Geneticamente Modificados, ser a competência dos Estados apenas residual, já que há lei federal expressa, nos seguintes termos: *"Alegada violação aos seguintes dispositivos constitucionais: art. 1º; art. 22, incisos I, VII, X e XI; art. 24, I e VI; art. 25 e art. 170, caput, inciso IV e parágrafo único. Ofensa à competência privativa da União e das normas constitucionais relativas às matérias de competência legislativa concorrente (Lei n. 8.974/95)"* (MC em ADI 3.035/PR).

3.6. DIREITO DE ANTENA

Mais um ponto merece atenção nesse capítulo introdutório. Diz respeito ao direito de antena.

Em países da Europa, como Itália, Espanha e Alemanha, esse direito se reflete como a liberdade de criação de empresas aptas a captar e difundir mensagens.

Nele está envolvido o tratamento dado às emissões eletromagnéticas, instalação de antenas de rádio e televisão e, mais recentemente, antenas de telefonia móvel, também conhecidas como estações de radiobase (ERBs).

Celso Fiorillo informa que atualmente existem dezenas de milhares de estações de radiodifusão, mais de mil estações de televisão, bem como milhões de sistemas de comunicação instalados em aviões, navios, automóveis etc., sem falar nos milhões de aparelhos celulares que povoam nosso ambiente.[32]

Há bem pouco tempo, e um problema ainda não totalmente resolvido, fora a interferência das rádios piratas nos sistemas de navegação dos aviões, pois algumas estavam instaladas próximas a aeroportos, e poderiam causar acidentes de grandes proporções.

Em um julgamento inédito, o Superior Tribunal de Justiça suspendeu decisão que impedia a instalação de antenas de telefonia celular em Uberlândia, Minas Gerais.

O Ministro Relator deferiu o pedido apresentado pelo próprio Município e suspendeu a decisão da Justiça Federal que impedia a instalação de novas antenas de telefonia celular (denominadas Estações Rádio Base – ERBs).

A questão dizia respeito a uma ação civil pública ajuizada pelo Ministério Público Federal (MPF) contra o município, a Agência Nacional de Telecomunicações e cinco operadoras de telefonia móvel visando impedir novas instalações de ERBs no município até a conclusão do licenciamento ambiental para cada equipamento a ser instalado.

Ao apreciar o pedido, o Relator entendeu que não houve desrespeito às normas ambientais, pois, no caso versado, houve respeito às normas de segurança dos índices e padrões de campos elétricos, magnéticos e eletromagnéticos exigidos pela Anatel, bem como o cumprimento desses índices pelas operadoras de telefonia.

Também reagiu contra as ERBs a Promotoria de Habitação e Urbanismo de São Paulo, quando acusou a prefeitura do Município de descumprir a Lei Estadual n. 13.756/04, que, por sua vez, regulamentava a instalação e a fiscalização sobre o funcionamento das Estações Rádio Base – ERBs, conhecidas como antenas de celular.

A maior dúvida presente, quando se recorria ao Poder Judiciário, era saber se as ondas emitidas pelas rádios bases poderiam ou não ser prejudiciais à saúde, e isso invariavelmente nos levava à análise do princípio da precaução, estudado no próximo capítulo.

3.7. MEIO AMBIENTE DO CLIMA

Por fim, mas não menos importante, precisamos mencionar mais um item que traduz o recente estado de emergência climática mundial, representado por uma profunda crise comportamental humana.

O fenômeno das bruscas alterações do clima, resultantes da atuação do homem, foi identificado no âmbito do Painel Intergovernamental sobre Mudanças do Clima (IPCC) da ONU, que constatou o aquecimento global acima dos índices de normalidade nos últimos anos.

---

[32] FIORILLO, Celso Antônio Pacheco. *Curso de direito ambiental brasileiro*. 20. ed. São Paulo: Saraiva, 2020, p. 591.

Enchentes, secas, incêndios, tempestades tropicais, ciclones, furacões e outra gama de eventos da natureza são exemplos de episódios climáticos extremos registrados recentemente e que exigem preocupação.

A Cúpula Mundial sobre Desenvolvimento Sustentável (Rio+20), em 2012, o Acordo de Paris, aprovado na COP 21, que previa que todos empreendessem esforços no combate às mudanças climáticas, o Acordo Regional de Escazú, de 2017, o reconhecimento do direito ao meio ambiente como "direito humano" pelo Conselho de Direitos Humanos da ONU, em 2021, o "direito humano ao meio ambiente limpo, saudável e sustentável", também reconhecido pela ONU, em Assembleia Geral (Resolução A/76/L.75), em 2022, e outros tantos exemplos de movimentos no sentido de acolher o "clima" como algo a ser protegido.

De todos esses exemplos, talvez o mais lembrado e comentado seja o Acordo de Paris, cujo objetivo central era manter o aquecimento global neste século abaixo dos 2 °C acima dos níveis pré-industriais (antes de 1900).

Este Acordo entrou em vigor em 4 de novembro de 2016, depois de ser ratificado por 55 países, que representam pelo menos 55% das emissões mundiais. Até fins de 2023, 196 países haviam ratificado o Acordo.

Um dado curioso que merece comentário foi o fato de os Estados Unidos da América terem ratificado o Acordo em setembro de 2019 e, logo depois, em novembro do mesmo ano, notificarem o Secretário-Geral de sua retirada para, somente em 2021, com a vitória de Joe Biden, ocorrer nova adesão dos americanos.

Para alguns autores de enorme prestígio, a inclusão do "direito climático" como disciplina autônoma já seria uma realidade, em razão de sua necessidade e importância, sem, no entanto, reconhecer a sua interdependência e complementariedade com o direito ambiental.[33]

---

[33] SARLET, Ingo Wolfgang; WEDY, Gabriel; FENSTERSEIFER, Tiago. *Curso de Direito Climático*. São Paulo: Thomson Reuters Brasil, 2023, p. 67.

Capítulo II
PRINCÍPIOS DO DIREITO AMBIENTAL

Sumário: 1. Introdução. 2. Princípio do Direito Humano Fundamental. 3. Princípios da Prevenção e da Precaução. 4. Princípio do Equilíbrio. 5. Princípio da Responsabilidade. 6. Princípio do Poluidor-Pagador. 7. Princípio do Desenvolvimento Sustentável. 8. Princípio do Limite. 9. Princípio Democrático.

1. INTRODUÇÃO

Direito ambiental é a ciência jurídica que estuda os princípios e normas relativas ao meio ambiente, especialmente naquilo que diz respeito a sua interação com o homem.

A disciplina pode ser também compreendida como o direito cuja finalidade é regular a apropriação econômica dos bens ambientais, desde que seja considerada a sua sustentabilidade.[1]

O art. 3º da Lei n. 6.938/81 define o meio ambiente como o conjunto de condições, leis, influências e interações de ordem física, química e biológica, que permite, abriga e rege a vida em todas as suas formas.

O direito ambiental, portanto, visa a regular as relações jurídicas que envolvem todas essas ordens contidas neste conceito legal.

Pode-se dizer, com fundamento na definição de Sirvinskas, que o direito ambiental é a ciência jurídica que estuda, analisa, discute as questões e os problemas ambientais e sua relação com o ser humano, tendo por finalidade a proteção do meio ambiente e melhoria das condições de vida no planeta.[2]

Muitos autores, e disso já se tratou, tornam bastante didático o estudo do direito ambiental quando dividem o meio ambiente em: a) **natural**: todos os recursos ambientais, como a atmosfera, as águas interiores, superficiais e subterrâneas, os estuários, o mar territorial, o solo, o subsolo e os elementos da biosfera, o ar, a flora, a fauna, o patrimônio genético etc. (art. 225 da CF); b) **cultural**: bens de valor artístico, paisa-

---

[1] ANTUNES, Paulo de Bessa. *Direito ambiental*. 23. ed. São Paulo: Atlas, 2023, p. 7.
[2] Cf. SIRVINSKAS, Luís Paulo. *Manual de direito ambiental*. 14. ed. São Paulo: Saraiva: 2016, p. 110.

gístico, histórico, turístico, arqueológico, espeleológico e cultural, que envolve bens de natureza material e imaterial, considerados individualmente ou em conjunto, portadores de referência à identidade, à ação, à memória dos diferentes grupos formadores da sociedade etc. (arts. 215 e 216 da CF); c) **artificial**: bibliotecas, museus, instalações científicas etc. (arts. 21, XX, 182 e 225 da CF); d) **do trabalho**: tudo que envolve o homem e seu local de trabalho relativo às normas de segurança (arts. 200, VII e VIII, e 7º, XXII, da CF).

Não é de esquecer, ainda, nessa divisão doutrinária das formas de apresentação do meio ambiente, ao destaque que vem sendo dado ao patrimônio genético, ao direito de antena e ao recentíssimo estudo do meio ambiente do clima, como visto no capítulo anterior.

Ao se tratar dos princípios do direito ambiental, é importante fazer um apanhado dos mais importantes, ou seja, daqueles que podem ser efetivamente cobrados no âmbito acadêmico, na vida prática da advocacia e, até mesmo, em provas de concursos públicos.

Podemos tomar de empréstimo de Humberto Ávila o conceito de princípio, como sendo *"normas imediatamente finalísticas, primariamente prospectivas e com pretensão de complementaridade e de parcialidade, para cuja aplicação se demanda uma avaliação da correlação entre o estado de coisas a ser promovido e os efeitos decorrentes da conduta havida como necessária à sua promoção"*.[3]

Em decisão bastante didática, o Tribunal Regional Federal da 5ª Região assim decidiu, enaltecendo o uso dos princípios, na hipótese, em matéria ambiental: *"Os princípios têm avultado como verdadeiras normas de conduta, e não meramente como diretrizes hermenêuticas, realçando-se, hodiernamente, a distinção entre regras jurídicas e princípios jurídicos, sendo ambos normas jurídicas (processo de juridicização). Despertou-se, por assim dizer, para o fato de que os princípios jurídicos – escritos ou implícitos – representam as bases sobre as quais o direito se constrói e das quais ele deriva (as regras jurídicas, inclusive, seriam concreção dos princípios), ou, dito de outro modo, os elementos fundamentais que inspiram o sistema jurídico e que, portanto, devem funcionar como orientadores preferenciais da interpretação, da aplicação e da integração normativa, com o consequente afastamento de uma postura mais legalista"* (TRF 5ª Região, AgRg em SL 3557/02-PE, Pleno).

A opção em analisar somente os mais importantes se dá em razão da existência de inúmeros princípios e da íntima correlação entre eles, sendo quase impossível haver unanimidade dos autores quando de sua abordagem.[4]

---

[3] ÁVILA, Humberto. *Teoria dos princípios:* da definição à aplicação dos princípios jurídicos. 18. ed. São Paulo: Malheiros, 2018, p. 102.

[4] V. BOMFIM, Thiago. *Os princípios constitucionais e sua força normativa*: análise da prática jurisprudencial. Salvador: Juspodivm, 2008.

Como exemplo ilustrativo, Vladimir Passos de Freitas menciona os seguintes princípios: a) do dever de todos os Estados de proteger o meio ambiente; b) da obrigatoriedade do intercâmbio de informações; c) da consulta prévia; d) da precaução; e) do aproveitamento equitativo, ótimo e razoável dos recursos naturais; f) do poluidor-pagador; e g) da igualdade.[5]

Continua a ementa acima citada, do Tribunal Regional Federal da 5ª Região, sobre a enumeração de alguns princípios aqui estudados, onde se diz que *"são princípios de Direito Ambiental, dentre outros, o poluidor-pagador, o da prevenção e o da precaução. Pelo princípio do predador-pagador, está o poluidor obrigado a pagar pela poluição causada ou potencialmente ocasionável. Enfatiza-se, nesse campo, não a atividade reparatória, mas a prevenção, correspondendo, o princípio da prevenção, ao dever jurídico de impedir a realização de danos ambientais. Através, outrossim, do princípio da precaução (vorsorgeprinzip), impõe-se a 'ação antecipada diante do risco ou do perigo'. 'Contraria a moralidade e a legalidade administrativa o adiamento de medidas de precaução que devam ser tomadas imediatamente' (Paulo Affonso Leme Machado). 'A consagração do princípio da precaução estabeleceu verdadeira regra de julgamento na atividade judicial, no sentido da procedência da ação coletiva em defesa do meio ambiente, diante de elementos indiciários quanto à ocorrência efetiva ou potencial de degradações ambientais, amparados cientificamente e demonstrados, que não forem contrariados pelo degradador' (Rodolfo de Camargo Mancuso)"* (TRF 5ª Região, AgRg em SL 3.557/02–PE, Pleno).

O Superior Tribunal de Justiça, em larga escala, faz uso dos princípios em suas decisões, pois *"o sistema jurídico de proteção ao meio ambiente, disciplinado em normas constitucionais (CF, art. 225, § 3º) e infraconstitucionais (Lei 6.938/81, arts. 2º e 4º), está fundado, entre outros, nos princípios da prevenção, do poluidor-pagador e da reparação integral. Deles decorrem, para os destinatários (Estado e comunidade), deveres e obrigações de variada natureza, comportando prestações pessoais, positivas e negativas (fazer e não fazer), bem como de pagar quantia (indenização dos danos insuscetíveis de recomposição in natura), prestações essas que não se excluem, mas, pelo contrário, se cumulam, se for o caso"* (REsp 605.323).

Assim também o Superior Tribunal de Justiça, ao decidir que o *"meio ambiente equilibrado – elemento essencial à dignidade da pessoa humana –, como "bem de uso comum do povo e essencial à sadia qualidade de vida" (art. 225 da CF), integra o rol dos direitos fundamentais"* e que *"tem o meio ambiente tutela jurídica respaldada por princípios específicos que lhe asseguram especial proteção"* (REsp 1.115.555-MG 2009/0004061-1, Órgão Julgador: Primeira Turma).

---

[5] FREITAS, Vladimir Passos de. *A Constituição Federal e a efetividade das normas ambientais*. São Paulo: Revista dos Tribunais, 2000, p. 43.

Continua a decisão, no sentido de que o *"direito ambiental atua de forma a considerar, em primeiro plano, a prevenção, seguida da recuperação e, por fim, o ressarcimento. Os instrumentos de tutela ambiental – extrajudicial e judicial – são orientados por seus princípios basilares, quais sejam, Princípio da Solidariedade Intergeracional, da Prevenção, da Precaução, do Poluidor-Pagador, da Informação, da Participação Comunitária, dentre outros, tendo aplicação em todas as ordens de trabalho (prevenção, reparação e ressarcimento)"* (REsp 1.115.555/MG 2009/0004061-1, Órgão Julgador: Primeira Turma).

Na mesma esteira, o mesmo Tribunal decidiu que *"o bem ambiental é imensurável, não tem valor patrimonial, trata-se de um bem difuso, essencial à coletividade. Dessa forma, a violação da norma ambiental e do equilíbrio sistêmico não comporta a ideia de inexpressividade da conduta para aplicação do princípio da insignificância, pois o interesse protegido envolve toda a sociedade e, em nome do bem-estar desta, é que deve ser aplicada"* (AREsp 667.867/SP).

De outra banda, doutrinariamente, Édis Milaré menciona outros, como: a) do ambiente ecologicamente equilibrado como direito fundamental da pessoa humana; b) da equidade intergeracional; c) da natureza pública da proteção ambiental; d) do controle do poluidor pelo poder público; e) da consideração da variável ambiental no processo decisório de políticas de desenvolvimento; f) da participação comunitária; g) do poluidor-pagador; h) da prevenção; i) da função socioambiental da propriedade; j) do direito ao desenvolvimento sustentável; k) da proibição do retrocesso ambiental; e l) da cooperação entre os povos.[6]

No entanto, atentando para a finalidade a que se propõe este *Manual*, Luís Paulo Sirvinskas traz um rol mais enxuto, com a respectiva remissão ao texto legal onde o princípio está juridicamente positivado.[7] Assim também, para efeito deste nosso estudo, lecionam os professores Ingo Sarlet e Tiago Fensterseifer.[8]

Com base nesses autores, passamos a analisar mais detidamente alguns desses princípios.

2. PRINCÍPIO DO DIREITO HUMANO FUNDAMENTAL

O meio ambiente há muito já é considerado como uma extensão do direito à vida.

Ao longo do tempo, como visto na introdução, a evolução da positivação da proteção ao meio ambiente tornou-se um imperativo fundamental de sobrevivência e de solidariedade. Atualmente é obrigatório preservar, para as presentes e futuras gerações.[9]

---

[6] MILARÉ, Édis. *Direito do ambiente*. 11. ed. São Paulo: Revista dos Tribunais, 2018, p. 261-283.

[7] SIRVINSKAS, Luís Paulo. *Manual de direito ambiental*. 14. ed. São Paulo: Saraiva, 2016, p. 141-155. Assim também ANTUNES, Paulo de Bessa. *Direito ambiental*. 20. ed. São Paulo: Atlas, 2019, p. 19-33.

[8] SARLET, Ingo Wolfgang; FENSTERSEIFER, Tiago. *Princípios do direito ambiental*. 2. ed. São Paulo: Saraiva, 2017.

[9] Ingo Wolfgang Sarlet, em análise da dignidade da pessoa humana e dos direitos fundamentais, mostra sua importância e a condição de fundamento do Estado Democrático de Direito bem como sua adoção pela

O Tribunal Regional Federal da 5ª Região, em mais uma feliz passagem em prol do meio ambiente ecologicamente equilibrado, entendeu que *"a preocupação com o meio ambiente, reputado bem de uso comum do povo, representativo de direito subjetivo e vinculado, essencialmente, ao direito à vida, encontra guarida na Constituição Federal de 1988, seja no prelúdio, com a referência a bem-estar, seja no corpo propriamente dito do Texto Constitucional (arts. 23, VI, e 225), sobrelevando a preocupação com a atribuição de responsabilidade a todos os entes da Federação e, mais que isso, à sociedade. O desenvolvimento desse cuidado deu ensejo ao Direito Ambiental, como novo ramo jurídico, sustentado em sólida base de princípios"* (TRF 5ª Região, AgRg em SL 3.557/02-PE, Pleno).

Celso Fiorillo trata do meio ambiente como um direito humano fundamental, assim como o direito à vida, interessado em proteger os valores fundamentais da pessoa humana e necessário a toda população brasileira.[10]

Sem dúvida que é um direito fundamental, apesar de não estar contido no art. 5º da Constituição Federal. O direito ao meio ambiente ecologicamente equilibrado contém uma série de características em comum com o universo moral da pessoa humana, positivado pela ordem constitucional em vigor.[11]

Já se julgou, inclusive, que *"um meio ambiente sadio e ecologicamente equilibrado representa um bem e interesse transindividual, garantido constitucionalmente a todos, estando acima de interesses privados"* (TRF 4ª Região, Ap. Cív. 199804010096842/SC).

Essa previsão vem expressa no art. 225 da Constituição Federal, e no art. 2º da Lei n. 6.938/81.

Reconheceu isso a assertiva decisão do Tribunal Regional Federal da 1ª Região, que o *"art. 225 da CF/88 erigiu o meio ambiente ecologicamente equilibrado 'a bem de uso comum do povo e essencial à sadia qualidade de vida, impondo-se ao Poder Público e à coletividade o dever de defendê-lo e preservá-lo para as presentes e futuras gerações', incumbindo ao Poder Público, para assegurar a efetividade desse direito, 'exigir, na forma da lei, para instalação de obra ou atividade potencialmente causadora de significativa degradação do meio ambiente, estudo prévio de impacto ambiental, a que se dará publicidade' (art. 225, § 1º, IV, da CF/88)"* (TRF 1ª Região, Ap. Cív. 200001000146611/DF).

---

doutrina e jurisprudência pátrias. Nesse rol, cremos estar associada a proteção do meio ambiente. V. SARLET, Ingo Wolfgang. *Dignidade da pessoa humana e direitos fundamentais na Constituição Federal de 1988.* 5. ed. Porto Alegre: Livraria do Advogado, 2007, p. 80.

[10] FIORILLO, Celso Antônio Pacheco. *Princípios do processo ambiental.* São Paulo: Saraiva, 2003, p. 33.

[11] VIEIRA, Oscar Vilhena. *Direitos Fundamentais:* uma leitura da jurisprudência do STF. 2. ed. São Paulo: Malheiros, 2017, p. 30.

Em outubro de 2021, pela primeira vez, o Conselho de Direitos Humanos da ONU reconheceu que ter o meio ambiente limpo, saudável e sustentável é um direito humano. O texto, que foi proposto pela Costa Rica, Maldivas, Marrocos, Eslovênia e Suíça, foi aprovado com 43 votos a favor e 4 abstenções, sendo elas da Rússia, Índia, China e Japão.

No mesmo ano, através do 6º Relatório de Avaliação da Saúde da Atmosfera (AR6), feito pelo quadro de cientistas do Painel Intergovernamental sobre Mudanças do Clima (IPCC), da ONU, divulgado entre o segundo semestre de 2021 (Grupo 1) e o primeiro semestre de 2022 (Grupos 2 e 3), constatou a ocorrência de episódios climáticos extremos decorrentes do aquecimento global.[12]

3. PRINCÍPIOS DA PREVENÇÃO E DA PRECAUÇÃO

Prevenção significa prevenir.

Os princípios são hauridos do ordenamento jurídico em vigor. Neste estudo, aqueles que estão sendo analisados encontram-se todos positivados em diversos diplomas legais, principalmente na Constituição Federal de 1988, na Lei da Política Nacional do Meio Ambiente (Lei n. 6.938/81), nas Constituições Estaduais e nas Declarações Internacionais, seja na de Estocolmo-72, seja na do Rio-92.

O princípio da prevenção é aquele em que se constata, previamente, a dificuldade ou a impossibilidade da reparação ambiental, ou seja, consumado o dano ambiental, sua reparação é sempre incerta ou excessivamente onerosa.

A razão maior desse princípio é a necessidade da cessação imediata de algumas atividades, potencialmente poluidoras, em razão dos resultados danosos para o meio ambiente. Essa possibilidade do resultado é o que caracteriza o princípio da prevenção.[13]

Assim, procura-se evitar o risco de uma atividade sabidamente danosa e evitar efeitos nocivos ao meio ambiente.

O princípio da precaução aplica-se àqueles casos em que o perigo é abstrato, de um estado de perigo em potencial, onde existam evidências que levem a considerar uma determinada atividade perigosa.[14]

Dessa forma, o princípio da precaução consiste em evitar que medidas de proteção sejam adiadas em razão da incerteza que circunda os eventuais danos ambientais.[15]

---

[12] SARLET, Ingo Wolfgang; WEDY, Gabriel; FENSTERSEIFER, Tiago. *Curso de Direito Climático*. São Paulo: Thomson Reuters Brasil, 2023, p. 27.

[13] MIRRA, Álvaro Luiz Valery. Princípios fundamentais do direito ambiental. *Revista de Direito Ambiental*, ano 1, v. 2, p. 61, abr./jun. 1996.

[14] LEITE, José Rubens Morato; AYALA, Patrick de Araújo. *Direito ambiental na sociedade de risco*. Rio de Janeiro: Forense Universitária, 2002, p. 22.

[15] VITTA, Heraldo Garcia. *Responsabilidade civil e administrativa por dano ambiental*. São Paulo: Malheiros, 2008, p. 41.

Já o princípio da precaução é mais amplo que o da prevenção, que representa uma medida concreta, mais real. Daí a importância de se salientar a diferença desses dois princípios.

Assim se manifesta a jurisprudência, que já encontra espaço para aplicação dos princípios ambientais enquanto elemento fundamental nas decisões: *"O princípio da precaução em assuntos ambientais é plenamente aplicável, sendo que o aspecto determinante da precaução é o fato de que os impactos sobre o meio ambiente são reduzidos antes mesmo que o risco esperado seja atingido"* (TRF 4ª Região, Ap. Cív. 200170100021019/PR).

Aos princípios da precaução e da prevenção, o Supremo Tribunal Federal alia a "proibição do retrocesso" como direito humano fundamental, conforme visto na ADI 6.288, Tribunal Pleno.[16]

Pode-se considerar, portanto, que a prevenção atua no sentido de inibir o risco de dano em potencial (atividades sabidamente perigosas), enquanto a precaução atua para inibir o risco de dano em abstrato.[17]

Quando se fala em processos e procedimentos preventivos das políticas públicas, na tomada de decisões referentes ao meio ambiente, mostra-se clara a presença do princípio da precaução, pois sua adoção se impõe por meio de medidas de fomento, ainda que o evento não seja provável nem previsível, bastando, para tanto, que haja incerteza quanto à verificação do risco, não precisando que seja conhecido, sequer cognoscível.

O princípio da precaução apresenta um resultado mais previdente do que o da prevenção, haja vista a aplicação daquele ocorrer em momento anterior ao conhecimento das consequências do dano ambiental, enquanto este somente se dá em uma fase posterior, quando o risco se converte em dano.

No princípio da prevenção já existem elementos seguros para afirmar se a atividade é efetivamente perigosa, não se podendo mais falar, nesta fase, de um perigo em abstrato, visto que deixou de ser potencial para ser real e atual.

Inclusive, há manifestação jurisprudencial dando conta da diferença que cerca esses princípios. É de se mencionar o julgado no Tribunal Regional Federal da 1ª Região, onde *"a tutela constitucional, que impõe ao Poder Público e a toda coletividade o dever de defender e preservar, para as presentes e futuras gerações, o meio ambiente ecologicamente equilibrado, essencial à sadia qualidade de vida, como direito difuso e fundamental, feito bem de uso comum do povo (CF, art. 225, caput), já instrumentaliza, em seus comandos normativos, o princípio da prevenção (pois*

---

[16] Sobre a proibição do retrocesso ecológico, v. SARLET, Ingo Wolfgang; FENSTERSEIFER, Tiago. *Direito constitucional ecológico*. 7. ed. São Paulo: Revista dos Tribunais, 2021.

[17] HAMMERSCHMIDT, Denise. O risco na sociedade contemporânea e o princípio da precaução no direito ambiental. *Revista de Direito Ambiental*, São Paulo: Revista dos Tribunais, ano 8, n. 31, p. 147, jul./set. 2003.

uma vez que se possa prever que uma certa atividade possa ser danosa, ela deve ser evitada) e a consequente precaução (quando houver dúvida sobre o potencial deletério de uma determinada ação sobre o ambiente, toma-se a decisão mais conservadora, evitando-se a ação), exigindo-se, assim, na forma da lei, para instalação de obra ou atividade potencialmente causadora de significativa degradação do meio ambiente, estudo prévio de impacto ambiental, a que se dará publicidade (CF, art. 225, § 1º, IV)" (TRF 1ª Região, AgI 200301000096950/DF).

O risco abandona a qualidade de risco de perigo para ser risco de produção de efeitos efetivamente perigosos.[18]

Assim decidiu o Superior Tribunal de Justiça, no sentido de que o *"direito fundamental ao meio ambiente ecologicamente equilibrado, insculpido no* caput *do art. 225 da Constituição da República, é interesse difuso, de titularidade transindividual, emergindo, nesse cenário, os princípios da precaução e da prevenção, os quais impõem a priorização de medidas que previnam danos à vulnerável biota planetária, bem como a garantia contra perigos latentes, ainda não identificados pela ciência."* (...) *"Ainda à luz dos princípios da precaução e da prevenção, é forçoso concluir que, no bojo do exame de medidas de urgência em matéria ambiental, o* periculum in mora *milita em favor da proteção do meio ambiente, não sendo possível a adoção de outra solução, senão o imediato resguardo da pessoa humana e do meio ambiente, mormente em quadros fáticos críticos como o presente"* (AgInt no TP 2.476/RJ).

Sem dúvida, a precaução pretendida deve ocorrer, no mais das vezes, por meio do implemento de políticas públicas consoante a máxima preservação do meio ambiente, pois os procedimentos administrativos do Poder Público, por meio de seu poder discricionário, representam a melhor forma de intervenção nas decisões que se adaptem ao almejado desenvolvimento sustentável.

Há pouco mais de 40 anos, esses riscos representavam uma mera provocação, uma ameaça. Com o passar do tempo, fizeram-se presentes e inaceitáveis.

Por intermédio das formas de gestão ambiental os sujeitos públicos podem desenvolver condutas ambientais tendentes a não transformar o risco em dano, até mesmo afastar o risco.[19]

Assim está previsto na Declaração do Rio, de 1992, e em textos esparsos, podendo ser extraído também do art. 225 da Constituição Federal.[20]

---

[18] LEITE, José Rubens Morato; AYALA, Patryck de Araújo. *Direito ambiental na sociedade de risco.* Rio de Janeiro: Forense Universitária, 2002, p. 64.

[19] CUNHA, Paulo. A globalização, a sociedade de risco, a dimensão preventiva do direito e o ambiente. In: FERREIRA, Heline Sivini; LEITE, José Rubens Morato (Orgs.). *Estado de direito ambiental:* tendências, aspectos constitucionais e diagnósticos. Rio de Janeiro: Forense Universitária, 2004, p. 118.

[20] BELTRÃO, Antônio Figueiredo Guerra. *Manual de direito ambiental.* São Paulo: Método, 2008, p. 41.

Já reconheceu o mesmo Tribunal, da 1ª Região, que o princípio *"foi elevado à categoria de regra do direito internacional ao ser incluído na Declaração do Rio, como resultado da Conferência das Nações Unidas sobre o Meio Ambiente e Desenvolvimento – Rio/92"* (TRF 1ª Região, AgRg na Pet. 200101000015170/MT, Corte Especial).

Ainda com respaldo na jurisprudência, também a 1ª Região, aplicando os princípios em estudo, aduziu que a *"existência de uma situação de perigo recomenda a tutela cautelar, no intuito de se evitar – em homenagem aos princípios da precaução e da instrumentalidade do processo cautelar –, até o deslinde da ação principal, o risco de dano irreversível e irreparável ao meio ambiente e à saúde pública, pela utilização de engenharia genética no meio ambiente e em produtos alimentícios, sem a adoção de rigorosos critérios de segurança"* (TRF 1ª Região, Ap. Cív. 200001000146611/DF).

O Superior Tribunal de Justiça assim decidiu, entendendo que a *"responsabilidade por dano ambiental é objetiva e pautada no risco integral, não se admitindo a aplicação de excludentes de responsabilidade. Conforme a previsão do art. 14, § 1º, da Lei n. 6.938/1981, recepcionado pelo art. 225, §§ 2º e 3º, da CF, a responsabilidade por dano ambiental, fundamentada na teoria do risco integral, pressupõe a existência de uma atividade que implique riscos para a saúde e para o meio ambiente, impondo-se ao empreendedor a obrigação de prevenir tais riscos (princípio da prevenção) e de internalizá-los em seu processo produtivo (princípio do poluidor-pagador)"* (REsp 1.346.430-PR).

4. PRINCÍPIO DO EQUILÍBRIO

Esse princípio tem como característica básica a ponderação de valores quando da prática de algum evento que possa repercutir na esfera ambiental.

Trata-se da necessidade de se analisar quais os prejuízos e impactos, e ao contrário, quais os benefícios e ganhos que um empreendimento poderá acarretar ao meio ambiente.[21]

Isso importa dizer que se tem de levar em conta todas as condições ambientais, no sentido legal do termo, como as influências e interações de ordem física, química e biológica, que permitem, abrigam e regem a vida em todas as suas formas (art. 3º da Lei n. 6.938/81).

Esse equilíbrio, como explicam Bessa Antunes e Sirvinskas,[22] está atrelado ao desenvolvimento econômico e seus impactos ambientais. Poder-se-ia dizer, inclusive, que o princípio guarda estreita relação com o desenvolvimento sustentável.

---

[21] A Resolução n. 369/06, do CONAMA, trata dos casos de baixo impacto ambiental, que possibilitam a intervenção ou supressão de vegetação em Área de Preservação Permanente-APP.

[22] ANTUNES, Paulo de Bessa. *Direito ambiental*. 20. ed. São Paulo: Atlas, 2019, p. 28; também SIRVINSKAS, Luís Paulo. *Manual de direito ambiental*. 14. ed. São Paulo: Saraiva, 2016, p. 149.

O Supremo Tribunal Federal decidiu, em mandado de segurança que versava desapropriação, aplicando o equilíbrio do meio ambiente como fundamento, que *"a própria Constituição da República, ao impor ao poder público o dever de fazer respeitar a integridade do patrimônio ambiental, não o inibe, quando necessária a intervenção estatal na esfera dominial privada, de promover a desapropriação de imóveis rurais para fins de reforma agrária, especialmente porque um dos instrumentos de realização da função social da propriedade consiste, precisamente, na submissão do domínio a necessidade de o seu titular utilizar adequadamente os recursos naturais disponíveis e de fazer preservar o equilíbrio do meio ambiente (CF, art. 186, II)".* (MS 22.164/SP).

Ainda nesse julgado, ficou assentado que *"o direito a integridade do meio ambiente – típico direito de terceira geração – constitui prerrogativa jurídica de titularidade coletiva, refletindo, dentro do processo de afirmação dos direitos humanos, a expressão significativa de um poder atribuído, não ao indivíduo identificado em sua singularidade, mas, num sentido verdadeiramente mais abrangente, a própria coletividade social"* (MS 22.164/SP).

Para fins didáticos, basta saber que o princípio do equilíbrio representa a ponderação, a mensuração razoável dos efeitos da prática de qualquer ato que intervenha no meio ambiente, respeitando a manutenção das diversas ordens que compõem um ecossistema.

A legislação também faz menção ao equilíbrio enquanto princípio ambiental, e um elucidativo julgado do Tribunal Regional Federal da 1ª Região manteve suspensa atividade que afetava a qualidade do meio ambiente, nos seguintes termos: *"Se a Lei de Política Nacional do Meio Ambiente, no Brasil (Lei n. 6.938, de 31.08.81) inseriu como objetivos essenciais dessa política pública 'a compatibilização do desenvolvimento econômico e social com a preservação da qualidade do meio ambiente e do equilíbrio ecológico' e 'a preservação e restauração dos recursos ambientais com vistas à sua utilização racional e disponibilidade permanente, concorrendo para a manutenção do equilíbrio ecológico propício à vida' (art. 4º, incisos I e VI), a configurar, no plano fático, o verdadeiro desenvolvimento sustentável, deve ser mantida a suspensão de atividade de distribuição de produto denominado 'lodo de esgotos' ou biossólidos, para fins de utilização como adubo orgânico, competindo ao responsável pela sua produção dar-lhe a destinação adequada, de forma a propiciar a referida manutenção do equilíbrio ecológico"* (TRF 1ª Região, AgI 200301000096950/DF).

Nesse mesmo sentido se julgou os Embargos de Declaração no Agravo de Instrumento n. 200001000090304/PA.

5. PRINCÍPIO DA RESPONSABILIDADE

Diz a Constituição Federal, em seu art. 225, que todos têm o direito a um meio ambiente ecologicamente equilibrado. Com esse preceito, fica estabelecido que todos os componentes de uma coletividade humana têm assegurado o direito de viver em um ambiente sadio, sendo esse direito de natureza coletiva, individual e fundamental.

Quando isso não ocorre, e estamos sujeitos a essa não ocorrência no dia a dia, existem meios, também previstos constitucionalmente, que asseguram a responsabilização por danos causados pelos infratores.

Diz o art. 225, em seu § 3º, que as condutas e atividades consideradas lesivas ao meio ambiente sujeitarão os infratores, pessoas físicas e jurídicas, a sanções penais e administrativas, independentemente da obrigação de reparar os danos causados.

Com esta previsão constitucional, toda e qualquer hipótese em que ocorrer dano ou agressão ao meio ambiente, e em que seja possível indicar o responsável, direto ou indireto, do dano, este deve ser incumbido de reparar o prejuízo por ele provocado, sendo responsabilizado civilmente pelo ressarcimento do prejuízo causado.

Quando a Constituição trata das pessoas físicas e jurídicas, aplica o princípio da igualdade de seu art. 5º, não distinguindo a natureza das pessoas, se de direito público ou privado, impondo-se, inclusive, a responsabilização do órgão estatal.

Na hipótese de ente estatal, *"a União possui legitimidade passiva e responsabilidade exclusiva em relação à ocorrência do evento danoso"*, conforme assentou o TRF da 2ª Região, na Ap. Cív. 103.083/RJ.

Continua a decisão desse julgado, na qual se discute a possibilidade da responsabilização objetiva da União, por meio da aplicação do § 1º do art. 14 da Lei n. 6.938/81, que *"no caso sob análise, não restam dúvidas sobre a responsabilidade da União, uma vez que o abandono do produto químico em questão resultou ilícito civil, do qual decorreram efeitos naturalísticos, que causaram diversos danos passíveis de ressarcimento"*.

Isso ocorre, principalmente, nas hipóteses em que se demonstra negligência de suas atribuições, como a de organizar a sociedade e zelar pelos seus interesses.

A doutrina impõe que se configurem três hipóteses para que haja a ocorrência de dano ambiental, permitindo que surja o dever de indenização. São elas: a periodicidade, a anormalidade e a gravidade do prejuízo.

A periodicidade deve ser entendida como o lapso temporal suficiente para que ocorra um dano ambiental, não sendo suficiente, por exemplo, a constatação de algum odor momentâneo.

Já a anormalidade configurar-se-á pela modificação das propriedades físicas e químicas dos elementos naturais de tal grandeza que estes percam, parcial ou totalmente, sua propriedade de uso.

A gravidade consiste na transposição daquele limite máximo de absorção de agressões que possuem os seres humanos e os elementos naturais.

A prova que possibilita a verificação da ocorrência dessas possibilidades conjuntas é de natureza extremamente técnica e, por isso, de custos elevadíssimos. Tem de se levar em conta, ainda, a extrema desigualdade econômica entre o agressor e o agredido, quase sempre presente.

Quanto à Lei n. 9.605/98, que trata dos crimes ambientais, será tratada em capítulo próprio, adiante.

Todo cidadão, bem como o poder público, pode ser responsabilizado pelo dano ambiental e, mesmo sendo lícita a atividade desenvolvida, não se exclui a responsabilidade civil pelo dano ambiental.

Assim assentou o Tribunal Regional Federal da 5ª Região, quando se deparou com a questão: *"As condutas dos apelantes causaram dano ambiental que reclama reparação pecuniária, por todos devida solidariamente, em homenagem ao princípio da responsabilidade objetiva do estado"* (TRF 5ª Região, Ap. Cív. 209.609/SE).

No mesmo sentido, o Tribunal Regional Federal da 4ª Região, no AgI 200504010190592/SC.

O Superior Tribunal de Justiça seguiu a mesma direção, entendendo *"que é objetiva e solidária a responsabilidade por dano ambiental e que, na forma do inciso IV do art. 3º da Lei 6.938/81, considera-se poluidor toda pessoa física ou jurídica responsável direta ou indiretamente por atividade causadora de degradação ambiental. Disso decorre que o dano ambiental pode ser demandado tanto contra o responsável direto quanto contra o indireto ou mesmo contra ambos, dada a solidariedade estabelecida por lei, não havendo, ademais, irregularidade ou nulidade em apenas um dos cônjuges figurar no polo passivo da referida ação, porque em Ação Civil Pública voltada ao ressarcimento de danos ambientais há litisconsórcio passivo facultativo, abrindo-se ao autor a possibilidade de demandar qualquer um deles isoladamente, ou em conjunto, pelo todo. Precedentes"* (AgInt no REsp 1.830.035/SP).

6. PRINCÍPIO DO POLUIDOR-PAGADOR

Um dos mais importantes e talvez o mais discutido pela doutrina.

Trata-se, na verdade, da tentativa de impor ao poluidor a obrigação de recuperar e/ou indenizar o dano causado. Está presente na Declaração do Rio, de 1992.

Busca-se compensar a degradação (chamada por alguns doutrinadores de "externalidades negativas") haja vista o dano ser coletivo e o lucro recebido pelo produtor privado. É uma forma de compensar essa capitalização do lucro e a socialização do dano.

O poluidor deve arcar com todos os ônus de seus atos, com o custo da produção.

O fundamento do princípio, portanto, é afastar o ônus do custo econômico de toda a coletividade e repassá-lo ao particular que, de alguma forma, retira proveito do dano e das implicações que o meio ambiente sofrerá com o seu empreendimento.

O Superior Tribunal de Justiça já se manifestou no sentido de acolher o uso dos princípios como fundamento das decisões que importem na defesa do meio ambiente, pois "*o sistema jurídico de proteção ao meio ambiente, disciplinado em normas constitucionais (CF, art. 225, § 3º) e infraconstitucionais (Lei 6.938/81, arts. 2º e 4º), está fundado, entre outros, nos princípios da prevenção, do poluidor-pagador e da reparação integral. Deles decorrem, para os destinatários (Estado e comunidade), deveres e obrigações de variada natureza, comportando prestações pessoais, positivas e negativas (fazer e não fazer), bem como de pagar quantia (indenização dos danos insuscetíveis de recomposição in natura), prestações essas que não se excluem, mas, pelo contrário, se cumulam, se for o caso*" (REsp 605.323).

Em razão da limitação dos recursos naturais, entende-se que o mercado deve suportar o encargo, principalmente às custas de quem aufere mais lucros com a exploração da natureza.

Por fim, merece registro o fato de esse princípio não tolerar a poluição, nem compensar a produção dos danos sofridos, seja qual for a sua ordem, mas, sim, visar, acima de tudo, evitá-los.

Portanto, a finalidade do princípio do poluidor-pagador é a de mitigar riscos e responsabilizar o custo ambiental coletivo, em nome da privatização dos lucros advindos da exploração de alguma atividade que importe degradação.

Aqui, deve-se fazer uma ressalva para abordar o princípio do *usuário-pagador*. Apesar de ser complementar ao princípio do poluidor-pagador, Édis Milaré o diferencia na medida em que atinge o *usuário-consumidor*, pois este paga "*por um direito que lhe é outorgado pelo Poder Público competente, como decorrência de um ato administrativo legal*", não tendo conotação penal.[23]

Demais disso, um dos objetivos específicos da Política Nacional do Meio Ambiente é a obrigação de o usuário contribuir pela utilização dos recursos ambientais com fins econômicos.

O Decreto n. 4.297/02, regulamentando o art. 9º, inciso II, da Lei n. 6.938/81, estabeleceu critérios para o Zoneamento Ecológico-Econômico – ZEE e faz referência direta ao princípio do usuário-pagador em seu art. 5º ao dispor que "*o ZEE orientar-se-á pela Política Nacional do Meio Ambiente, [...] e obedecerá aos princípios da função socioambiental da propriedade, da prevenção, da precaução, do poluidor-pagador, do usuário-pagador, da participação informada, do acesso equitativo e da integração*".

7. PRINCÍPIO DO DESENVOLVIMENTO SUSTENTÁVEL

O princípio do desenvolvimento sustentável contempla as dimensões humana, física, econômica, política, cultural e social em harmonia com a proteção ambiental.[24]

---

[23] MILARÉ, Édis. *Direito do ambiente*. 5. ed. São Paulo: Revista dos Tribunais, 2007, p. 774.
[24] V. NUSDEO, Ana Maria de Oliveira. *Direito Ambiental e Economia*. Curitiba: Juruá, 2018, p. 69.

Logo, como requisito indispensável para tal desenvolvimento, todos devem cooperar na tarefa essencial de erradicar a pobreza, de forma a reduzir as disparidades nos padrões de vida e melhor atender às necessidades da maioria da população do mundo.

O desenvolvimento sustentável é aquele que busca atender aos anseios do presente, tentando não comprometer a capacidade e o meio ambiente das gerações futuras.

Não se trata de um estado permanente de harmonia, mas um processo de mudança no qual a exploração dos recursos, a orientação dos investimentos, os rumos do desenvolvimento tecnológico e a mudança institucional estão de acordo com as necessidades atuais e futuras.[25]

O Superior Tribunal de Justiça assim se posiciona sobre o tema: "*A definição da norma a incidir sobre o caso deve garantir a melhor e mais eficaz proteção ao meio ambiente natural e ao meio ambiente artificial, em cumprimento ao disposto no art. 225 da CF/88, sempre com os olhos também voltados ao princípio do desenvolvimento sustentável (art. 170, VI) e às funções social e ecológica da propriedade*" (REsp 1.770.808/SC, Primeira Seção).

Ainda o Superior Tribunal de Justiça, ao assegurar que, de "*acordo com o entendimento deste Tribunal, a Lei de Crimes Ambientais deve ser interpretada à luz dos princípios do desenvolvimento sustentável e da prevenção, indicando o acerto da análise que a doutrina e a jurisprudência têm conferido à parte inicial do art. 54 da Lei n. 9.605/98, de que a mera possibilidade de causar dano à saúde humana é idônea a configurar o crime de poluição, evidenciada sua natureza formal ou, ainda, de perigo abstrato*" (RHC 62.119/SP).

As diretrizes de um desenvolvimento sustentável refletem a necessidade de conservação do meio ambiente, observados os princípios científicos e as leis naturais que regem a manutenção do equilíbrio dos ecossistemas, a necessidade de compatibilização das estratégias de desenvolvimento com a proteção do meio ambiente, a adoção de medidas de prevenção de danos e de situações de riscos ambientais e a cooperação internacional.

O Supremo Tribunal Federal decidiu, quando analisou o princípio do desenvolvimento sustentável, que, "*além de impregnado de caráter eminentemente constitucional, encontra suporte legitimador em compromissos internacionais assumidos pelo Estado brasileiro e representa fator de obtenção do justo equilíbrio entre as exigências da economia e as da ecologia, subordinada, no entanto, a invocação desse postulado, quando ocorrente situação de conflito entre valores constitucionais relevantes, a uma condição inafastável, cuja observância não comprometa*

---

[25] COMISSÃO MUNDIAL SOBRE MEIO AMBIENTE E DESENVOLVIMENTO, *Nosso futuro comum*. Rio de Janeiro: FGV, 1988, p. 9.

nem esvazie o conteúdo essencial de um dos mais significativos direitos fundamentais: o direito à preservação do meio ambiente, que traduz bem de uso comum da generalidade das pessoas, a ser resguardado em favor das presentes e futuras gerações" (ADI-MC 3540/DF).

Também o Tribunal Regional Federal da 5ª Região, em ementa já mencionada, reconheceu que a *"Constituição de 1988, ao consagrar como princípio da ordem econômica a defesa do meio ambiente e ao estabelecer que todos têm direito ao meio ambiente ecologicamente equilibrado, essencial à sadia qualidade de vida e vital para as presentes e futuras gerações, agasalha a teoria do desenvolvimento econômico sustentável"* (TRF 5ª Região, Ap. Cív. 209.609/SE).

Ainda, o Superior Tribunal de Justiça também se manifestou, ao decidir que os *"princípios do desenvolvimento sustentável e da prevenção, previstos no art. 225, da Constituição da República, devem orientar a interpretação das leis, tanto no direito ambiental, no que tange à matéria administrativa, quanto no direito penal, porquanto o meio ambiente é um patrimônio para essa geração e para as futuras, bem como direito fundamental, ensejando a adoção de condutas cautelosas, que evitem ao máximo possível o risco de dano, ainda que potencial, ao meio ambiente"* (AgRg no REsp 1.418.795-SC, Órgão Julgador: Quinta Turma).

8. PRINCÍPIO DO LIMITE

Cumpre ao Estado, como mantenedor da res publica, definir os padrões de qualidade ambiental que têm de ser obedecidos pelos cidadãos.

Tornou-se crescente a degradação ambiental na mesma proporção que houve um aumento populacional no globo e as exigências tornaram-se maiores.

Nesse contexto, fez-se necessária a intervenção do Estado no controle de interesses particulares e na defesa em prol da maioria. Na verdade, ele dispõe de meios, difundidos em toda a Administração Pública, de um poder administrativo de controle sobre as pessoas, bens e atividades, nos limites da competência institucional de cada administração, visando sempre à preservação de interesses da comunidade.

Trata-se de uma série de funções que se distribuem pelos diversos órgãos da administração de um Estado.

A doutrina assinala uniformemente que o Estado dispõe de mecanismos de frenagem contra os abusos individuais.

A conceituação doutrinária já está inserida na legislação, conforme enuncia o Código Tributário Nacional, em seu art. 78:

> Considera-se poder de polícia a atividade da Administração Pública que, limitando ou disciplinando direito, interesse ou liberdade, regula a prática de ato ou abstenção de fato, em razão de interesse público concernente à segurança, à higiene, à ordem, aos costumes, à disciplina da produção e do mercado, ao exercício de atividades

econômicas dependentes de concessão ou autorização do Poder Público, à tranquilidade pública ou ao respeito à propriedade e aos direitos individuais e coletivos.

Esse regime de liberdades públicas permite o uso normal dos direitos individuais, mas não autoriza o abuso, nem o seu exercício antissocial.

Isso eleva o princípio do limite à condição de balizador das emissões de poluentes, qualquer que seja a sua espécie.

Os limites do poder de polícia administrativa são demarcados pelo interesse social em conciliação com os direitos fundamentais do indivíduo.

A legislação coloca à disposição do Estado uma série de limitações a direitos individuais, tais como restrições ao uso e gozo da propriedade, à liberdade de comércio, de indústria e outras iniciativas privadas, sujeitando-os a controle especial, mediante atos de licenciamento, de aprovação, de fiscalização e de imposição de sanções.

Uma das formas de manifestação da poluição é a ultrapassagem de padrões fixados pela lei. Percebe-se aqui a importância do estabelecimento de limites, ou de padrões aceitáveis de prejuízo, pois, algumas vezes, a consideração do que se enquadra ou não em poluição vai estar intrinsecamente relacionada a esses limites legais estabelecidos.[26]

Estes atos serão mais à frente estudados, quando analisarmos os instrumentos da Política Nacional do Meio Ambiente.

O poder de polícia ambiental, que reflete bem o princípio do limite, possui atributos específicos e peculiares ao seu exercício. São representados por três características básicas: a) a discricionariedade, entendida como a livre escolha de exercer seu poder; b) a autoexecutoriedade, como a execução direta das decisões, sem a necessidade da intervenção do Poder Judiciário; e, por fim, c) a coercibilidade, como a imposição coativa das medidas adotadas pela administração.

O direito ambiental muitas vezes requer conhecimento do conteúdo profundo de direito administrativo, pois o próprio princípio do limite está inserido no poder discricionário pertencente ao administrador nos casos de controle estatal dos atos dos particulares.

Assim, para o controle desses atos, exige-se a adoção de medidas preventivas, corretivas e repressivas, mediante um poder de polícia ambiental.

Ao tratar dessas medidas, assentou o Superior Tribunal de Justiça que a "*existência de penalidade ou outra medida administrativa in abstracto (para o futuro) ou in concreto (já infligida), como resposta a determinada conduta ilegal, não exclui a possibilidade e a necessidade de providência judicial, nela contida a de índole cautelar ou inibitória, com o intuito de proteger os mesmos direitos e deveres garantidos, em tese, pelo poder de polícia da administração, seja com cumprimento forçado de*

---

[26] TRENNEPOHL, Natascha. *Seguro ambiental.* Salvador: Juspodivm, 2007, p. 46.

obrigação de fazer ou de não fazer, seja com determinação de restaurar e indenizar eventuais danos materiais e morais causados ao indivíduo, à coletividade, às gerações futuras e a bens estatais. No Brasil, a regra geral é que o comportamento anterior – real ou hipotético – do administrador não condiciona, nem escraviza o desempenho da jurisdição, já que a intervenção do juiz legitima-se tanto para impugnar, censurar e invalidar decisão administrativa proferida, como para impor ex novo aquela que deveria ter ocorrido, no caso de omissão, e, noutra perspectiva, para substituir a incompleta ou a deficiente, de maneira a inteirá-la ou aperfeiçoá-la" (AgInt no AREsp 1.251.059/DF).

Continua a Ementa no sentido de que *"independentes entre si, multa civil (= astreinte), frequentemente utilizada como reforço de autoridade da e na prestação jurisdicional, não se confunde com "multa administrativa". Tampouco caracteriza sanção judicial "adicional" ou "sobreposta" à aplicável pelo Estado-Administrador com base no seu poder de polícia. Além disso, a multa administrativa, como pena, destina-se a castigar fatos ilícitos pretéritos, enquanto a multa civil imposta pelo magistrado projeta-se, em um de seus matizes, para o futuro, de modo a assegurar a coercitividade e o cumprimento de obrigações de fazer e de não fazer, dar e pagar, legal ou judicialmente estabelecidas"* (AgInt no AREsp 1.251.059/DF).

9. PRINCÍPIO DEMOCRÁTICO

Com esse princípio assegura-se a participação do cidadão na proteção do meio ambiente.

É normal que todo e qualquer serviço apresente melhoria quando efetivamente cobrado pelos consumidores. Com o meio ambiente e sua preservação não ocorre de outra forma.

A participação democrática tem sede constitucional, no art. 225, § 1º, VI, que diz:

> "Para assegurar a efetividade desse direito (ao meio ambiente ecologicamente equilibrado), incumbe ao Poder Público:...VI – promover a educação ambiental em todos os níveis de ensino e a conscientização pública para a preservação do meio ambiente".

O Tribunal Regional Federal da 4ª Região decidiu, em julgado que envolvia a participação do Estado do Paraná na preservação do meio ambiente, em razão da omissão do órgão federal, o IBAMA, que *"ao Poder Público – e neste conceito entenda-se União, Estados e Municípios – incumbe obstar práticas em desacordo com os interesses ambientais da sociedade (...). Inegável que, com absoluta prioridade, é dever do Estado Democrático de Direito e da sociedade a preservação ambiental, o que implica seja mantida a sentença que impõe aos órgãos públicos multa por descumprimento do dever de fiscalização das atividades privadas que degradem o ambiente natural legalmente tutelado"* (TRF 4ª Região, Ap. Cív. 200170100021019/PR).

Paulo de Bessa Antunes divide a participação democrática em três segmentos:[27]
a) as iniciativas legislativas:
    a.1.) iniciativa popular (art. 14, III, da CF);
    a.2.) plebiscito (art. 14, I, da CF);
    a.3.) referendo (art. 14, II, da CF);
b) as medidas administrativas:
    b.1.) direito de informação (art. 5º, XXXIII, da CF);
    b.2.) direito de petição (art. 5º, XXXIV, a, da CF);
    b.3.) estudo prévio de impacto ambiental (art. 225, IV, da CF);
c) as medidas judiciais:
    c.1.) ação popular (art. 5º, LXXIII, da CF);
    c.2.) ação civil pública (art. 129, III, da CF);
    c.3.) ações diretas de constitucionalidade, inconstitucionalidade e arguição de violação de preceito fundamental.

Portanto, para estar assegurado o princípio democrático, o cidadão pode se socorrer de diversas formas de participação colocadas ao seu dispor, conforme lhe foram asseguradas pela Constituição Federal.

O respeito e o atendimento ao princípio democrático foram observados em decisão do Tribunal Regional Federal da 4ª Região, onde se assentou que *"a participação popular no procedimento administrativo de criação das unidades de conservação (Lei n. 9.985/2000, arts. 5º e 22, e D. 4.340/2002, art. 5º), além de concretizar o princípio democrático, permite levar a efeito, da melhor forma possível, a atuação administrativa, atendendo, tanto quanto possível, aos vários interesses em conflito"* (TRF 4ª Região, AgI 200504010294191/PR).

Também o Superior Tribunal de Justiça, confirmando a participação democrática, entendeu que a *"ação popular é o instrumento jurídico que qualquer cidadão pode utilizar para impugnar atos omissivos ou comissivos que possam causar dano ao meio ambiente. Assim, pode ser proposta para que o Estado promova condições para a melhoria da coleta de esgoto de uma penitenciária com a finalidade de que cesse o despejo de poluentes em um córrego, de modo a evitar dano ao meio ambiente. Se o juiz entender suficientes as provas trazidas aos autos, pode dispensar a prova pericial, mesmo que requerida pelas partes"* (Precedente citado: REsp 539.203-RS).

Naquela ocasião, o Ministro Relator destacou que o inciso LXXIII do art. 5º da Constituição Federal é claro ao afirmar que qualquer cidadão é parte legítima para

---

[27] ANTUNES, Paulo de Bessa. *Direito ambiental.* 20. ed. São Paulo: Atlas, 2019, p. 20-21.

propor ação popular tendente a anular ato lesivo ao patrimônio público e ao meio ambiente, entre outros. O que se exige é que o autor seja cidadão brasileiro, maior de 16 anos e esteja no exercício de seus direitos cívicos e políticos. Por isso concluiu pela legitimidade da ação.

Em outro caso, a Justiça paulista embargou as obras de um condomínio de alto padrão no bairro do Tatuapé, em São Paulo, após o manejo de uma ação popular para evitar a continuidade da obra.

Na hipótese, a advogada contestava a concessão da licença para a construção dos prédios, dada pela Secretaria do Verde e do Meio Ambiente de São Paulo. A liminar fora deferida para que as obras fossem interrompidas.

Outro exemplo foi o de uma ação popular ajuizada contra o Estado de São Paulo para que ele fosse condenado a deixar de lançar esgoto *in natura* ou com poluentes, produzidos pela Penitenciária Estadual de Presidente Bernardes, no córrego Guarucaia. O Tribunal de Justiça manteve a sentença, julgando procedente o pedido, e o Recurso Especial contra essa decisão foi inadmitido no Superior Tribunal de Justiça.

Por fim, o Supremo Tribunal Federal, ao analisar caso que contrariava a participação popular, decidiu que "*os arts. 19, VI, e 46, XI, XVIII e XXI, da lei atacada dispensam a manifestação prévia dos Comitês de Bacia Hidrográfica para a atuação do Conselho Estadual de Recursos Hídricos – CONERH, o que reduz a participação da coletividade na gestão dos recursos hídricos, contrariando o princípio democrático (CF, art. 1º). Da mesma maneira, o art. 21 da lei impugnada suprime condicionantes à outorga preventiva de uso de recursos hídricos, resultantes de participação popular. Ferimento ao princípio democrático e ao princípio da vedação do retrocesso social*" (ADI 5.016, Tribunal Pleno).

Capítulo III
COMPETÊNCIAS AMBIENTAIS

Sumário: 1. Introdução. 2. Competências constitucionais. 2.1. Fundamentos da ordem federal. 2.2. Competências materiais (exclusivas e comuns) e competências legislativas (privativa, concorrente, suplementar e exclusiva). 2.3. Competências municipais. 2.4. As diversas competências na Constituição Federal. 2.5. A Lei Complementar n. 140, de 8 de dezembro de 2011. 3. Quadro ilustrativo das competências constitucionais ambientais.

1. INTRODUÇÃO

Sendo o homem um ser social, vivendo em sociedade e interagindo dentro de um campo restrito com os outros homens, é necessário que um controle local seja efetuado para garantir um equilíbrio ecológico.

Enquanto não se aglomeravam em cidades e não necessitavam de maiores exigências, essa proteção era dispensável. Porém, com o crescimento da sociedade e a urbanização, surgiram enormes problemas, como a deterioração do ambiente urbano, a desorganização social, a carência de habitação, o desemprego, os problemas de higiene e saneamento básico, entre outros, como a modificação da utilização do solo e a transformação da paisagem urbana.[1]

A solução desses problemas ocorre com a intervenção do poder público, que mediante normas jurídicas procura integrar harmoniosamente os homens e proporcionar-lhes um meio ambiente equilibrado, conforme dispõe o art. 225 da Constituição Federal.

No texto constitucional estão as medidas e providências para assegurar a efetividade do direito ao meio ambiente ecologicamente equilibrado.

O Estado moderno deparou-se com a necessidade de preservar o meio ambiente para assegurar a sobrevivência das gerações futuras, daí nascendo o ramo ambiental, que é destinado ao estudo dos princípios e regras tendentes a impedir a degradação

---

[1] HARARI, Yuval Noah. *Uma breve história da humanidade.* 18. ed. Porto Alegre: L&PM, 2016, p. 344.

ou a destruição dos elementos da natureza, principalmente decorrentes de um aumento populacional nunca antes visto.[2]

É importante estudar, então, as atribuições e competências de cada um dos entes da federação, no que diz respeito à proteção ambiental, e os assuntos relacionados a essa repartição.

2. COMPETÊNCIAS CONSTITUCIONAIS

2.1. FUNDAMENTOS DA ORDEM FEDERAL

O fundamento de toda ordem federal reside no reconhecimento de que a autonomia das partes constituintes é, de alguma maneira, sua razão de ser, sem esquecer a soberania do todo, que forma o Estado nacional.[3]

De um lado, cabe às partes integrantes fazer aquilo que for indispensável para o Estado, para que ele possa cumprir seu papel; de outro, existe a obrigação deste de velar para o bem daqueles que o compõem, pois, caso contrário, sua ordem e sua legitimação deixariam de existir.

Isso leva à repartição de competência entre esses entes, de forma que haja respeito e cooperação na proteção do meio ambiente. A competência, portanto, é a capacidade jurídica de uma corporação pública para agir.[4]

Competência é a faculdade juridicamente atribuída a uma entidade, ou a um órgão ou agente do poder público para emitir decisões. Competências são as diversas modalidades de poder de que se servem os órgãos ou entidades estatais para realizar suas funções.

O Estado federativo não pode prescindir desse tipo de atribuição (competência), pois a distribuição constitucional é o ponto nuclear da noção de pacto federativo.

São notórias as dificuldades quanto a saber quais matérias devem ser entregues à União, quais as que competirão aos Estados e quais as que se indicarão aos Municípios.

O que norteia a repartição de competências é a **predominância do interesse**, segundo o qual à União caberá aquelas matérias de predominante interesse geral, nacional, ao passo que aos Estados tocarão as matérias e assuntos de predominante interesse regional, e aos Municípios os predominantes interesses locais.

O Supremo Tribunal Federal, ao analisar a competência dos entes, ressaltou que a *"competência legislativa concorrente cria o denominado "condomínio legislativo"*

---

[2] GOLDIN, Ian; KUTARNA, Chris. *A idade das descobertas*. Lisboa: Temas e Debates (Bertrand), 2019, p. 338.
[3] REGIS, André. *O novo federalismo brasileiro*. Rio de Janeiro: Forense, 2009, p. 1.
[4] COSTA, Gustavo de Freitas Cavalcanti. *Federalismo e ICMS:* reflexos tributários. Curitiba: Juruá, 1999, p. 44.

entre a União e os Estados-membros, cabendo à primeira a edição de normas gerais sobre as matérias elencadas no art. 24 da Constituição Federal; e aos segundos o exercício da competência complementar – quando já existente norma geral a disciplinar determinada matéria (CF, art. 24, § 2º) – e da competência legislativa plena (supletiva) – quando inexistente norma federal a estabelecer normatização de caráter geral (CF, art. 24, § 3º)" (ADI 5.077, Tribunal Pleno).

2.2. COMPETÊNCIAS MATERIAIS (EXCLUSIVAS E COMUNS) E COMPETÊNCIAS LEGISLATIVAS (PRIVATIVA, CONCORRENTE, SUPLEMENTAR E EXCLUSIVA)

A Constituição Federal de 1988 busca o equilíbrio federativo por meio de uma repartição de competências que se fundamenta na técnica da enumeração dos poderes da União (arts. 21 e 22), com outros remanescentes para os Estados (art. 25, § 1º) e, ainda, outros definidos indicativamente para os Municípios (art. 30).

Porém, com essa reserva de campos específicos, também figura a possibilidade de delegação (art. 22, parágrafo único), áreas comuns em que se preveem atuações paralelas da União, Estados, Distrito Federal e Municípios (art. 23) e setores concorrentes entre União e Estados em que a competência para estabelecer políticas gerais, diretrizes gerais ou normas gerais cabe à União, enquanto se defere aos Estados e até aos Municípios a competência suplementar.

Como se sabe, as competências são divididas em materiais e legislativas.

As primeiras, competências materiais, são de duas ordens: exclusivas (da União) ou comuns (da União, dos Estados, do Distrito Federal e dos Municípios).

Já as competências legislativas estão bem divididas na Constituição Federal, podendo-se assegurar a cada ente sua participação na regulação e proteção do meio ambiente. Quatro são as titularidades: privativa (da União), concorrente (da União, dos Estados e do Distrito Federal), suplementar (dos Estados, servindo para complementar as normas gerais editadas pela União) e exclusiva (dos Estados).

Como competência material exclusiva entende-se as inerentes à União, porquanto versam matérias de interesse geral, de toda a nação.

São exemplos dessa atribuição aquelas inseridas no art. 21 da Constituição, como sistema nacional de gerenciamento de recursos hídricos, diretrizes para o desenvolvimento urbano, inclusive habitação, saneamento básico e transportes urbanos, exploração de serviços e instalações nucleares de qualquer natureza, monopólio estatal sobre a pesquisa, a lavra, o enriquecimento e reprocessamento, a industrialização e o comércio de minérios nucleares e seus derivados, entre outras tantas.

O Superior Tribunal de Justiça, por diversas vezes, já se manifestou quando teve a oportunidade de analisar questões que envolviam interesses não somente regionalizados, mas sim de âmbito nacional, como no caso dos crimes envolvendo soja transgênica, na qual assentou que *"compete à Justiça Federal processar e julgar a ação penal cujo objetivo é apurar o crime de liberação no meio ambiente de organismo geneticamente modificado (soja e sementes), em desconformidade com as normas da Comissão Técnica Nacional de Biossegurança (CTNBio)"* (CComp 41.301/RS).

Nesses casos específicos, de *"apreciar denúncia contra indiciados pela prática, em tese, de crime de liberação, no meio ambiente, de organismos geneticamente modificados, ou seja, plantação de soja transgênica em desacordo com as normas estabelecidas pela Comissão Técnica Nacional de Biossegurança – CTNBio (art. 13, V, da Lei n. 8.974/1995) (...) esse conflito vai além do mero exame da competência concorrente entre União e Estados para legislar e fiscalizar o meio ambiente e a defesa do solo devido aos reflexos da utilização dessa tecnologia de plantio de soja na política agrícola nacional e na balança comercial de exportação do País. Sendo assim, o plantio de soja transgênica sem a autorização expressa da CTNBio afeta o interesse maior da União, prevalecendo este. Outrossim, quanto à competência concorrente entre Estados e União para legislar e, por analogia, fiscalizar o uso de organismos geneticamente modificados, a questão foi resolvida pelo STF, ao entender ser a competência dos Estados apenas residual, uma vez que existe lei federal expressa (Lei n. 8.974/1995). Com esses esclarecimentos, a Seção declarou competente o juízo federal. Precedente citado do STF: MC na ADIN 3.035-PR, DJ 12-3-2004"* (CComp 41.279/RS).

A competência material comum, inserida no art. 23, confere aos Estados, Distrito Federal e Municípios, juntamente com a União, a proteção do meio ambiente e o combate à poluição em qualquer de suas formas, a preservação das florestas, a flora e a fauna, o registro, o acompanhamento e a fiscalização da concessão de direitos de pesquisa e exploração de recursos hídricos e minerais em seus territórios.

Exemplo da competência material comum foi apreciado pelo Supremo Tribunal Federal, quando julgou improcedente pedido formulado em ADI que impugnava norma do Distrito Federal sobre programa de inspeção e manutenção de veículos, pois em questão que versava tão somente a apreciação da competência para viabilizar o serviço para a inspeção veicular relativa ao controle de emissão de gases poluentes e ruídos, visando, assim, à proteção do meio ambiente, de competência comum (CF, art. 23, VI). (ADI 3.338/DF).

Assim também o fez o Superior Tribunal de Justiça, ao decidir que a *"Constituição Federal de 1988 inovou ao erigir um sistema de proteção ao meio ambiente, que deve ser lido em sintonia com a competência de fomento à produção agrícola e ao respeito à fauna e flora, por força do art. 23, incisos VI, VII e VIII da Carta Política. Não é por outro motivo que o art. 23 trata de competência material comum, ou, que "diz respeito à prestação dos serviços referentes àquelas matérias, à tomada de providências para a sua realização (...)"* (RMS 38.479-RS 2012/0137743-4, Órgão Julgador: Segunda Turma).

Em outro julgamento, o Superior Tribunal de Justiça também entendeu ser possível a competência fiscalizatória comum decorrente de *"convênio entre o Ibama e a Polícia Militar Ambiental de estado-membro, tendo por objeto estabelecer um regime de mútua cooperação entre convenentes a fim de executar ações fiscalizatórias voltadas para a preservação e conservação do meio ambiente e dos recursos naturais renováveis, conforme prevê o art. 17-Q da Lei n. 6.938/1981, que trata da Política Nacional do Meio Ambiente"*. A Turma negou provimento ao recurso ao entendimento de que, sendo a Polícia Militar Ambiental órgão do Estado, atua em nome dele e, assim, é competente para a lavratura de auto de infração ambiental (REsp 1.109.333-SC).

A competência legislativa privativa, prevista no art. 22 da Constituição Federal, é aquela que determina à União legislar sobre águas, energia, jazidas, minas e outros recursos minerais, populações indígenas e atividades nucleares de qualquer natureza.

Ilustra a hipótese, também, julgamento do Supremo Tribunal Federal, apreciando ADI contra Lei do Estado de Pernambuco, que proibiu a fabricação, o comércio e o uso de materiais, elementos construtivos e equipamentos constituídos por amianto ou asbesto, e impôs, que as licitações para contratação de serviços tenham explícita a proibição desse uso. Na hipótese, julgou-se procedente o pedido por se entender que a referida lei invadiu a competência da União para legislar sobre normas gerais sobre produção e consumo, meio ambiente e controle de poluição, proteção e defesa da saúde, bem como extrapola a competência legislativa suplementar dos Estados--membros (CF, art. 24, V, VI, e XII, § 2º). (ADI 3.356/PE).

Todas as matérias acima mencionadas possuem, indiscutivelmente, relação com o direito ambiental.

Neste caso, cabe à União tão somente estabelecer normas gerais, e aos Estados e Distrito Federal pormenorizar a proteção ambiental consoante suas necessidades e seu interesse (art. 24, § 1º). Assim decidiu o Tribunal Regional Federal da 1ª Região, atentando que no que diz respeito *"ao meio ambiente – e ao consequente poder de polícia – a competência legislativa é concorrente (Art. 24, VI e § 1º da CF/88) e a competência material é comum (Art. 23, VI e VII, CF/88). Nessa moldura constitucional, está reservada à União a edição de normas gerais e, consequentemente, a atuação do poder de polícia nos seus estritos limites"* (REO 2090-RR 2004.42.00.002090-2).

À União, aos Estados e ao Distrito Federal, com fundamento no art. 24, cabe legislar concorrentemente sobre florestas, caça, pesca, fauna, conservação, defesa do meio e dos recursos naturais, proteção ao meio ambiente e controle da poluição, além de proteção ao patrimônio histórico, cultural, artístico, turístico e paisagístico.

Noutra passagem decidida no Supremo Tribunal Federal, envolvendo a competência dos entes federativos, ficou reconhecido que *"o Estado do Mato Grosso do Sul excedeu a margem de competência concorrente que lhe é assegurada para legislar sobre produção e consumo (art. 24, V); proteção do meio ambiente e controle da poluição (art. 24, VI); e proteção e defesa da saúde (art. 24, XII)"*. Na hipótese, apreciou-se a competência legislativa concorrente, com base em precedentes daquela Corte: ADI 903/MG-MC e ADI 1.980/PR-MC, ambas de relatoria do eminente Ministro Celso de Mello (ADI 2.396/MS).

A competência legislativa suplementar, prevista no art. 24, § 2º, ressalva a possibilidade de os Estados legislarem sobre normas gerais diante da falta da União em fazê-lo.

Por fim, a competência legislativa exclusiva, inserida no art. 25, §§ 1º e 2º, pertence aos Estados, reservando-lhes as competências que não lhes são vedadas pela Constituição.

Em elucidativa decisão, a Segunda Turma do Superior Tribunal de Justiça, baseada em voto do relator do recurso especial, Ministro João Otávio de Noronha, decidiu que quando não fiscaliza, o Poder Público também é responsável pelo dano ambiental.

Em razão da omissão na fiscalização, a União foi condenada a recuperar uma área degradada no sul de Santa Catarina, juntamente com as mineradoras que causaram dano ao meio ambiente por quase duas décadas.

Na bacia carbonífera de Santa Catarina, a disposição inadequada de rejeitos sólidos e das águas efluentes da mineração e beneficiamento de carvão acarretou uma degradação ambiental tão severa que a região foi considerada uma área crítica nacional para efeito de controle de poluição e qualidade ambiental.

Decidiu o Superior Tribunal de Justiça:

> "AGRAVO REGIMENTAL EM RECURSO ESPECIAL. CRIME AMBIENTAL. SÚMULA N. 91/STJ. INAPLICABILIDADE APÓS O ADVENTO DA LEI N. 9.605/98. INEXISTÊNCIA DE LESÃO A BENS, SERVIÇOS OU INTERESSES DA UNIÃO. COMPETÊNCIA DA JUSTIÇA COMUM ESTADUAL.
>
> 1. Em sendo a proteção ao meio ambiente **matéria de competência comum da União, dos Estados, do Distrito Federal e dos Municípios**, e inexistindo, quanto aos crimes ambientais, dispositivo constitucional ou legal expresso sobre qual a Justiça competente para o seu julgamento, tem-se que, **em regra, o processo e o julgamento dos crimes ambientais é de competência da Justiça Comum Estadual.**
>
> 2. Inexistindo, em princípio, qualquer lesão a bens, serviços ou interesses da União (artigo 109 da CF), afasta-se a competência da Justiça Federal para o processo e o julgamento de crimes cometidos contra o meio ambiente, aí compreendidos os delitos praticados contra a fauna e a flora.
>
> 3. Inaplicabilidade da Súmula n. 91/STJ, editada com base na Lei n. 5.197/67, após o advento da Lei n. 9.605, de fevereiro de 1998" (STJ, AgREsp 704.209).

Porém, apesar da omissão do Poder Público na fiscalização, as mineradoras é que devem arcar integralmente com os custos da recuperação ambiental, cabendo à União buscar junto às empresas condenadas o ressarcimento do que despender, já que, embora omissa, não teve proveito com o dano (REsp 647.493/SC).

O Supremo Tribunal Federal, em decisão plenária, assegurou que o *"princípio norteador da repartição de competências entre os entes componentes do federalismo brasileiro é o princípio da predominância do interesse, que é aplicado não apenas para as matérias cuja definição foi preestabelecida pela Constituição Federal, mas também em interpretações que envolvem diversas matérias. Quando surgem dúvidas sobre a distribuição de competências para legislar sobre determinado assunto, caberá ao intérprete priorizar o fortalecimento das autonomias locais e o respeito às suas diversidades como características que assegurem o Estado Federal, garantindo o imprescindível equilíbrio federativo"* (ADI 4.615, Tribunal Pleno).

Ainda nessa decisão, ficou assentado que o *"constituinte distribuiu entre todos os entes da Federação as competências legislativas e materiais em matéria ambiental, de modo a reservar à União o protagonismo necessário para a edição de normas de interesse geral e aos demais entes a possibilidade de suplementarem a legislação federal (arts. 23, VI a VIII, e 24, VI e VIII, CF)"* (ADI 4.615, Tribunal Pleno).

2.3. COMPETÊNCIAS MUNICIPAIS

Resta, ainda, analisar a competência legislativa dos Municípios, que, a um olhar desatento, não possuem a faculdade de editar normas relacionadas ao meio ambiente.

Engano, porém.

Aos municípios, apesar de inicialmente aparentar a ausência de previsão constitucional quanto à sua competência legislativa, a doutrina ambiental hoje é unânime em posicionar o meio ambiente no art. 30, I, II, VIII e IX, que trata, respectivamente, do interesse local, da suplementação da legislação federal e estadual no que couber, no adequado ordenamento territorial e na proteção do patrimônio histórico-cultural local.[5]

Se atentarmos para as dimensões territoriais de alguns municípios brasileiros e para as peculiaridades decorrentes da diversidade biológica e geográfica num país composto por tantos ecossistemas diferentes, torna-se fácil entender a preocupação que levou os Constituintes a delegar aos municípios a incumbência de atuar na defesa do meio ambiente, bem como a competência para legislar sobre questões de interesse local.

Por exemplo, o Município de Altamira, no Pará, tem 159.533 km^2 e é maior que a Bélgica – que tem 30.518 km^2, a Dinamarca – que tem 43.093 km^2 e a Holanda – que tem 70.285 km^2 juntas. O Município de Barcelos, no Amazonas, com 122.476 km^2, é maior que Portugal – que tem uma área de 91.985 km^2.

Andreas Krell, em passagem de trabalho específico sobre o tema, destaca a importância do art. 30, I, da Constituição Federal, pois o conceito de interesse local lá

---

[5] Vladimir Passos de Freitas, com fundamento em Paulo Affonso Leme Machado, invoca a posição de Celso Bastos, Hely Lopes Meirelles, José Cretella Júnior, Toshio Mukai, Fernanda Dias Menezes de Almeida e José Augusto Delgado, entre outros, para fazer valer essa afirmação. Cf. FREITAS, Vladimir Passos de. *A Constituição Federal e a efetividade das normas ambientais*. 2. ed. São Paulo: Revista dos Tribunais, 2002, p. 62.

estampado confere essa competência legislativa ao Município, inclusive na atribuição de responsabilidades pela prestação de serviços estatais.⁶

Assim, não restam dúvidas de que todos, inclusive os Municípios, possuem competência constitucional tanto para legislar sobre meio ambiente quanto para praticar atividades administrativas, materiais, ligadas à proteção e preservação ambiental.

O Supremo Tribunal Federal, também em decisão plenária, disse que *"o Município é competente para legislar sobre meio ambiente com União e Estado, no limite de seu interesse local e desde que tal regramento seja e harmônico com a disciplina estabelecida pelos demais entes federados (art. 24, VI c/c 30, I e II da CRFB)"* (RE 586.224, Tribunal Pleno).

Nessa esteira, passagem do Superior Tribunal de Justiça corrobora o entendimento da doutrina majoritária, pois *"no que tange à proteção ao meio ambiente, não se pode dizer que há predominância do interesse do Município. Pelo contrário, é escusado afirmar que o interesse à proteção ao meio ambiente é de todos e de cada um dos habitantes do país e, certamente, de todo o mundo"* (REsp 194.617/PR).

Continua o voto do Ministro Relator, tratando da competência do Conselho Nacional de Meio Ambiente, no sentido de lhe ser cabível editar *"normas de caráter geral, às quais devem estar vinculadas as normas estaduais e municipais, nos termos do artigo 24, inciso VI e §§ 1º e 4º, da Constituição Federal e do artigo 6º, incisos IV e V, e §§ 1º e 2º, da Lei n. 6.938/81"* (REsp 194.617/PR).

Paulo de Bessa Antunes sintetiza tudo o que foi dito: *"Diante de tudo aquilo que foi acima exposto, entendo ser inequívoco que tanto a União, os Estados e os Municípios são dotados de amplas competências ambientais"*.⁷

Também o Tribunal de Justiça do Rio de Janeiro julgou matéria correlata, quando versou a competência dos entes federativos, considerando constitucional uma que obriga a captação de água da chuva. A Lei estadual n. 4.393/2004 diz que empreendimentos residenciais com mais de 50 famílias e comerciais com mais de 50 metros quadrados de área construída estão obrigados a instalar dispositivo para captação da água da chuva. O equipamento deve captar água que pode ser utilizada na lavagem de prédios, carros, para regar jardins e abastecer banheiros.

A lei fora questionada, mas o Tribunal de Justiça de Estado manteve sua validade, firmando entendimento de que a Assembleia Legislativa não estaria invadindo a competência legislativa do Município.

O caso apresenta manifesta competência legislativa concorrentemente em defesa do meio ambiente.

---

⁶ KRELL, Andreas Joachim. *O Município no Brasil e na Alemanha*. São Paulo: Oficina Municipal, 2003, p. 145.
⁷ ANTUNES, Paulo de Bessa. *Direito ambiental*. 6. ed. Rio de Janeiro: Lumen Juris, 2002, p. 80.

Outro caso de proteção ambiental que apresenta competência concorrente na proteção do meio ambiente foi apreciado pelo Órgão Especial do Tribunal de Justiça do Rio Grande do Sul, que julgou ações diretas de inconstitucionalidade (ADIs) propostas pelo Procurador-Geral de Justiça contra leis dos Municípios de Santa Rosa e de Uruguaiana, que fixaram limites de emissão sonora acima do previsto em decreto estadual (Proc. 70018417956 e 70019028745 – Tribunal de Justiça do Rio Grande do Sul).

2.4. AS DIVERSAS COMPETÊNCIAS NA CONSTITUIÇÃO FEDERAL

A Constituição instituiu a competência comum da União, dos Estados, do Distrito Federal e dos Municípios para as matérias enumeradas em seu art. 23. Por competência comum deve-se entender a que cabe, indiferentemente, às quatro entidades estatais para solucionar matérias que estejam nas suas atribuições institucionais.

Assim decidiu o Superior Tribunal de Justiça, em mais uma passagem que fortalece o entendimento dos limites de competência de cada qual, pois *"o art. 23, inc. VI da Constituição da República fixa a competência comum para a União, Estados, Distrito Federal e Municípios no que se refere à proteção do meio ambiente e combate à poluição em qualquer de suas formas. No mesmo texto, o art. 225, caput, prevê o direito de todos a um meio ambiente ecologicamente equilibrado e impõe ao Poder Público e à coletividade o dever de defendê-lo e preservá-lo para as presentes e futuras gerações"* (REsp 604.725/PR 2003/0195400-5).

O exercício dessa competência comum tem como finalidade manter o equilíbrio do desenvolvimento e do bem-estar em âmbito nacional, segundo normas de cooperação a serem fixadas por lei complementar federal (art. 23, parágrafo único).[8]

O art. 22 da Constituição Federal confere competência privativa à União para legislar sobre determinados assuntos, como águas, energia, jazidas, minas, outros recursos minerais etc., ressalvando, porém, em seu parágrafo único, a autorização, mediante lei complementar, aos Estados para legislar sobre questões específicas de matérias relacionadas neste artigo, seja para regular a matéria, seja para suprir as lacunas da legislação federal.

Com relação ao meio ambiente, a Constituição de 1988, apesar de ter dado passos significativos em matéria ambiental, por ter deixado muita coisa no campo da competência concorrente, reservou à União o monopólio para legislar em alguns setores específicos elencados no art. 22.

A competência comum em matéria ambiental está prevista no art. 23.

Com isso, a Constituição atribuiu, pela primeira vez, separadamente, competências administrativas, as quais eram, até então, automaticamente incluídas nas compe-

---

[8] Sobre a Lei Complementar n. 140/11, vide FARIAS, Talden. *10 anos da Lei Complementar 140: desafios e perspectivas.* Andradina: Meraki, 2022.

tências legislativas correspondentes. Essa competência deve ser examinada em consonância com outros artigos da Constituição, principalmente com o art. 225, relativo ao meio ambiente.[9]

O significado do art. 23, no entanto, até agora foi pouco esclarecido, não havendo consenso na doutrina brasileira sobre as consequências jurídicas deste dispositivo.

Alguns autores consideram o art. 23 a expressão do desejo do constituinte de alcançar um **federalismo cooperativo** no Brasil. Outros o encaram como mero dispositivo pragmático, refletindo simplesmente intenções ideológicas com grau reduzido de eficácia.[10]

Como dito acima, o parágrafo único do art. 23 repassou para uma lei complementar a fixação de normas para a cooperação entre os três níveis estatais, a qual deve ter em vista o equilíbrio do desenvolvimento e do bem-estar em âmbito nacional.

Não há dúvidas de que a solução dos conflitos entre as atividades legisladoras dependia do empenho dos próprios intérpretes das normas jurídicas em definir a linha divisória entre o interesse regional e o interesse local, já que há o estabelecimento de várias competências comuns na proteção ambiental (arts. 23, 24 e 225 da Constituição Federal).

O art. 23, VI e VII, dispõe que os três níveis da federação têm competência para tomar medidas em prol da defesa do meio ambiente, da flora e da fauna, contra poluição etc., ficando agora ao critério das prefeituras executar também normas federais ou estaduais, quando necessário.

O Supremo Tribunal Federal, apreciando Recurso Extraordinário do Estado do Rio Grande do Sul, que tratava de lei estadual de cadastro de agrotóxicos, biocidas e outros produtos, decidiu que *"a lei em comento foi editada no exercício da competência supletiva conferida no parágrafo único do artigo 8º da CF/69 para os Estados legislarem sobre a proteção à saúde. Atribuição que permanece dividida entre Estados, Distrito Federal e a União (art. 24, XII, da CF/88). Os produtos em tela, além de potencialmente prejudiciais à saúde humana, podem causar lesão ao meio ambiente. O Estado do Rio Grande do Sul, portanto, ao fiscalizar a sua comercialização, também desempenha competência outorgada nos artigos 23, VI e 24, VI da Constituição atual"* (RE 286789/RS).

Em outra decisão, desta feita no Superior Tribunal de Justiça, no Recurso Especial n. 673.765/RJ, versando matéria semelhante, ficou anotado que a competência dos diferentes níveis da federação na proteção ambiental não pode ser sobreposta, pois, na hipótese, restou decidido ser incompetente o órgão ambiental municipal, que lavrou auto de infração no caso de derramamento de óleo proveniente de navio, uma vez que

---

[9] FARIAS, Talden. *Licenciamento ambiental:* aspectos teóricos e práticos. Belo Horizonte: Fórum, 2007, p. 113.

[10] KRELL, Andreas Joachim. *Leis de normas gerais, regulamentação do Poder Executivo e cooperação intergovernamental em tempos de reforma federativa.* Belo Horizonte: Fórum, 2008, p. 49.

essa competência é atribuída à Capitania dos Portos do Ministério da Marinha, pelo art. 14, § 4º, da Lei n. 6.938/81. Nesse caso específico, esse artigo permite a aplicação de multas pela autoridade estadual com base em legislação federal, vedando expressamente a sua cobrança pela União, se já tiver sido aplicada pelo Estado.

Atualmente, não restam dúvidas de que é facultado aos prefeitos – gestores municipais que são – intervir em defesa do meio ambiente local contra desmatamentos, despejo de efluentes industriais, abuso de agrotóxicos etc., sendo que suas Secretarias podem determinar embargo, exigir licenças adicionais, lavrar multas de infração, entre outras medidas. Sendo assim, podem se defender dos desequilíbrios e dos atentados ao meio ambiente aqueles Municípios que ainda não possuem seus próprios dispositivos ambientais.

Além do poder executivo, o Supremo Tribunal Federal reconheceu a mesma disposição aos magistrados, quando dispôs que *"o Judiciário está inserido na sociedade e, por este motivo, deve estar atento também aos seus anseios, no sentido de ter em mente o objetivo de saciar as necessidades, visto que também é um serviço público"* (RE 586224, Órgão Julgador: Tribunal Pleno).

Decidiu o Superior Tribunal de Justiça:

"*HABEAS CORPUS*. CRIME AMBIENTAL. COMPETÊNCIA. JUSTIÇA FEDERAL. NECESSIDADE DE DEMONSTRAÇÃO DE INTERESSE DIRETO DA UNIÃO. APA DO ANHATOMIRIM. DECRETO N. 528/92. CRIME PRATICADO PRÓXIMO À APA. NORMAS DO CONAMA. FISCALIZAÇÃO PELO IBAMA. FALTA DE INTERESSE DIRETO DA AUTARQUIA. COMPETÊNCIA DA JUSTIÇA ESTADUAL. [...]".

1. A partir da edição da Lei n. 9.605/98, os delitos contra o meio ambiente passaram a ter disciplina própria, não se definindo, contudo, a Justiça competente para conhecer das respectivas ações penais, certamente em decorrência do contido nos artigos 23 e 24 da Constituição Federal, que estabelecem ser da **competência comum da União, Estados, Distrito Federal e Municípios proteger o meio ambiente, preservando a fauna**, bem como legislar concorrentemente sobre essa matéria.

2. *Impõe-se a verificação de ser o delito praticado em detrimento de bens, serviços ou interesse da União ou de suas entidades autárquicas ou empresas públicas*, a teor do disposto no artigo 109, IV, da Carta Magna, de forma a firmar ou não a competência da Justiça Federal.

3. A APA do Anhatomirim foi criada pelo Decreto n. 528, de 20 de maio de 1992, evidenciando o interesse federal que a envolve, não havendo dúvida de que, se estivesse dentro da APA a construção, seria da Justiça Federal a competência para julgar o crime ambiental, independentemente de ser o IBAMA o responsável pela administração e fiscalização da área.

4. A proximidade da APA, por si só, não serve para determinar o interesse da União, [...].

5. O fato de o IBAMA ser responsável pela administração e a fiscalização da APA, conforme entendimento desta Corte Superior, não atrai, por si só, a competência da Justiça Federal, notadamente no caso, em que a edificação foi erguida fora da APA,

sendo cancelado o enunciado n. 91/STJ, que dispunha que 'compete à Justiça Federal processar e julgar os crimes praticados contra a fauna'.

6. Não sendo o crime de que aqui se trata praticado em detrimento de bens, serviços ou interesse direto da União ou de suas entidades autárquicas ou empresas públicas, **inexiste razão para que a respectiva ação penal tivesse tramitado perante a Justiça Federal**" (STJ, HC 38.649, Processo: 200401389468 UF: SC Órgão Julgador: Sexta Turma).

Nos últimos anos muitos municípios elaboraram seus Códigos Municipais de Meio Ambiente, cujas normas e padrões procuram adaptar-se localmente, evitando assim a mera transcrição de dispositivos federais e estaduais na defesa ambiental.

Como a Constituição de 1988 não conferiu aos municípios competências legislativas explícitas no campo ambiental, por não estarem incluídas no rol daquelas concorrentes do art. 24, a competência local para que os municípios criem sua própria legislação ecológica existe na área de seu interesse local, conforme o disposto no art. 30, I, da Constituição.

Em dois casos diversos, o Superior Tribunal de Justiça ressaltou a ausência de normas municipais e a necessidade de autorização estadual para concessão de licenças ambientais, não sendo "*lícito ao município conceder autorização para início de construção civil em orla marítima, sem que estejam adimplidas exigências de lei estadual, em atenção às regras de defesa do meio ambiente. Precedente citado: RMS 9.629-PR, DJ 1/2/1999*" (RMS 11.681/PR).

Assim também "*a construção civil na faixa litorânea do Estado do Paraná não se sujeita apenas à obtenção de autorização junto à Administração municipal. É necessário que sejam observadas as exigências da legislação estadual. Precedente citado: RMS 9.629-PR, DJ 1º/2/1999*" (RMS 11.362-PR).

O Superior Tribunal de Justiça firmou entendimento de que na "*arquitetura constitucional, divide-se, em duas famílias, a competência do Estado, em sentido amplo, no domínio do direito ambiental. De um lado, a competência legislativa ambiental; do outro, a competência de implementação ambiental (= atribuição para administrar, também chamada de material). Ao manejar essas modalidades de competência ambiental, o legislador, o administrador e o juiz empenham-se intensamente em evitar centralização cega que, de cima para baixo, fulmine o princípio federativo, e descentralização cega que o aniquile ao reverso, de baixo para cima*" (REsp 1.802.031/PE).

Continua a decisão, enaltecendo que "*distinguem-se competência de licenciamento e competência de fiscalização e repressão, inexistindo correlação automática e absoluta entre os seus regimes jurídicos. Segundo a jurisprudência do STJ, atividades licenciadas ou autorizadas (irrelevante por quem) – bem como as não licenciadas ou autorizadas e as não licenciáveis ou autorizáveis – podem ser, simultaneamente, fiscalizadas e reprimidas por qualquer órgão ambiental, cabendo-lhe alçadas de autuação, além de outras, daí decorrentes, como interdição e punição: 'Havendo omissão do *órgão estadual na fiscalização, mesmo que outorgante da licença ambiental, o IBAMA pode exercer o seu poder de polícia administrativa, porque não se pode confundir competência para licenciar com competência para fiscalizar'"* (AgInt no REsp 1.484.933/CE, Rel. Min. Regina Helena Costa, Primeira Turma, grifo acrescentado).

2.5. A LEI COMPLEMENTAR N. 140, DE 8 DE DEZEMBRO DE 2011

Sem nenhuma dúvida, a falta de regulamentação do parágrafo único do art. 23 da Constituição Federal representava um dos maiores motivos de controvérsia entre doutrinadores e operadores do Direito.

A falta de definição mais concreta da atribuição de cada um dos entes federados na defesa do meio ambiente e, principalmente, para licenciar as atividades capazes de causar degradação ambiental, muitas vezes resultava na necessidade de intervenção do Poder Judiciário para mediar conflitos positivos ou negativos de competência.

Nesse sentido, é importante observar que mesmo os Tribunais Superiores prolataram decisões muitas vezes conflitantes, ora adotando o princípio da abrangência do impacto, ora a localização do empreendimento e, muitas vezes, o interesse predominante, para definir o ente competente para o licenciamento.

Não foi sem tempo que veio a lume a Lei Complementar n. 140, em 8 de dezembro de 2011, para fixar e delimitar a atuação da União, dos Estados, do Distrito Federal e dos Municípios nas ações administrativas decorrentes da competência comum relativa à proteção das paisagens naturais notáveis, à proteção do meio ambiente, ao combate à poluição em qualquer de suas formas, à preservação das florestas, da fauna e da flora e, principalmente, a decisão sobre a instalação e funcionamento de atividades que apresentam risco para o meio ambiente.

A um só tempo fixou, nos arts. 7º, 8º, 9º e 10, as ações administrativas dos entes federados para o licenciamento, a autorização de supressão de vegetação, para o exercício do controle das atividades pesqueiras e que envolvem a fauna silvestre e demais atividades sujeitas ao controle do Poder Público.

A Lei n. 14.600, de 19 de junho de 2023, que dispõe sobre a organização da Presidência da República e dos Ministérios, estabelece, no art. 36, que compete ao Ministério do Meio Ambiente e Mudança do Clima:

Art. 36.

I – política nacional do meio ambiente;

II – política nacional sobre mudança do clima;

III – política de preservação, conservação e utilização sustentável de ecossistemas, biodiversidade e florestas;

IV – gestão de florestas públicas para a produção sustentável;

V – estratégias, mecanismos e instrumentos regulatórios e econômicos para a melhoria da qualidade ambiental e o uso sustentável dos recursos naturais;

VI – políticas para a integração da proteção ambiental com a produção econômica;
VII – políticas para a integração entre a política ambiental e a política energética;
VIII – políticas de proteção e de recuperação da vegetação nativa;
IX – políticas e programas ambientais para a Amazônia e para os demais biomas brasileiros;
X – zoneamento ecológico-econômico e outros instrumentos de ordenamento territorial, incluído o planejamento espacial marinho, em articulação com outros Ministérios competentes;
XI – qualidade ambiental dos assentamentos humanos, em articulação com o Ministério das Cidades;
XII – política nacional de educação ambiental, em articulação com o Ministério da Educação;
XIII – gestão compartilhada dos recursos pesqueiros, em articulação com o Ministério da Pesca e Aquicultura; e
XIV – políticas de proteção de espécies ameaçadas de extinção.

No que se refere à fiscalização, a Lei Complementar n. 140/11 estabeleceu a competência do órgão responsável pelo licenciamento ou pela autorização da atividade para lavrar auto de infração em caso de descumprimento das normas (art. 17). No entanto, ressalvou, no § 2º, a capacidade de adoção de medidas imediatas para evitar, fazer cessar ou mitigar degradação ambiental e, no § 3º, devolveu a todos os órgãos ambientais o poder de aplicar sanções administrativas, mantida a prevalência do órgão detentor da autoridade para licenciar no caso de duplicidade de atuação.[11]

Mantendo o espírito de cooperação entre os entes da Federação na busca da garantia do meio ambiente ecologicamente equilibrado para as presentes e futuras gerações, a Lei Complementar n. 140/2011 definiu a atuação supletiva e a atuação complementar, especificando a substituição ou a participação dos órgãos ambientais no exercício das competências estabelecidas na norma (art. 2º) e a possibilidade de delegação de competência (art. 5º).[12]

O Superior Tribunal de Justiça uniformizou suas decisões no sentido de que é pacífico o seu entendimento *"de que a competência de fiscalização de atividades e empreendimentos degradadores do meio ambiente é partilhada entre União, Estados e Municípios, sobretudo quando o infrator opera sem licença ou autorização ambiental. Tal orientação jurisprudencial coaduna-se com o espírito da Lei Complementar n. 140/2011, editada após a lavratura do auto impugnado, e o arcabouço constitucional de organização e funcionamento do Poder Público no terreno ambiental"* (REsp 1.728.334/RJ).

---

[11] BURMANN, Alexandre. *Fiscalização ambiental*: teoria e prática do processo administrativo para apuração de infrações ambientais. 2. ed. Londrina: Thoth, 2024, p. 44.

[12] GUERRA, Sidney; GUERRA, Sérgio. *Intervenção estatal ambiental*: licenciamento e compensação de acordo com a Lei Complementar n. 140/2011. São Paulo: Atlas, 2012, p. 95.

Continua a decisão, enaltecendo que consoante a Lei Complementar n. 140/2011: *"Compete ao órgão responsável pelo licenciamento ou autorização, conforme o caso, de um empreendimento ou atividade, lavrar auto de infração ambiental e instaurar processo administrativo para a apuração de infrações à legislação ambiental cometidas pelo empreendimento ou atividade licenciada ou autorizada"* (art. 17, grifos acrescentados). *"Assim, o enxugamento de competências do dispositivo em questão incide apenas e tão somente em situação de existência de regular e prévia licença ou autorização ambiental. E, ainda assim, conforme o caso, pois, primeiro, por óbvio descabe a órgão ou nível da Federação, ao licenciar sem competência, barrar ou obstaculizar de ricochete a competência de fiscalização legítima de outrem; e, segundo, a concentração orgânica da ação licenciadora e fiscalizadora restringe-se a infrações que decorram, de maneira direta, dos deveres e exigências da licença ou autorização antecedentemente expedida"* (REsp 1.728.334/RJ).

Por fim, a Lei Complementar n. 140/2011 alterou a redação do art. 10 da Lei n. 6.938/81 (Política Nacional do Meio Ambiente), bem como revogou todas as normas infralegais (Resoluções do Conselho Nacional do Meio Ambiente – CONAMA, Instruções Normativas, Portarias ou outras formas utilizadas indevidamente para definir a competência até então).

3. QUADRO ILUSTRATIVO DAS COMPETÊNCIAS CONSTITUCIONAIS AMBIENTAIS

Com a transcrição do texto constitucional fica mais fácil a visualização:

TÍTULO III

Da Organização do Estado

Da União
• **Material Exclusiva**

Art. 21. Compete à União:

IX – elaborar e executar planos nacionais e regionais de ordenação do território e de desenvolvimento econômico e social;

XII – explorar, diretamente ou mediante autorização, concessão ou permissão:

b) os serviços e instalações de **energia elétrica e o aproveitamento energético dos cursos de água, em articulação com os Estados onde se situam os potenciais hidroenergéticos**;

XV – organizar e manter os serviços oficiais de estatística, geografia, geologia e cartografia de âmbito nacional;

XIX – instituir sistema nacional de gerenciamento de recursos hídricos e definir critérios de outorga de direitos de seu uso;

XX – instituir diretrizes para o desenvolvimento urbano, inclusive habitação, saneamento básico e transportes urbanos;

XXIII – explorar os serviços e instalações nucleares de qualquer natureza e exercer monopólio estatal sobre a pesquisa, a lavra, o enriquecimento e reprocessamento, a industrialização e o comércio de minérios nucleares e seus derivados, atendidos os seguintes princípios e condições: (...)

a) toda atividade nuclear em território nacional somente será admitida para fins pacíficos e mediante aprovação do Congresso Nacional;

b) sob regime de permissão, são autorizadas a comercialização e a utilização de radioisótopos para pesquisa e uso agrícolas e industriais; (Redação dada pela Emenda Constitucional n. 118, de 2022)

c) sob regime de permissão, são autorizadas a produção, a comercialização e a utilização de radioisótopos para pesquisa e uso médicos; (Redação dada pela Emenda Constitucional n. 118, de 2022)

d) a responsabilidade civil por danos nucleares independe da existência de culpa; (Incluída pela Emenda Constitucional n. 49, de 2006)

XXV – estabelecer as áreas e as condições para o exercício da atividade de **garimpagem**, em forma associativa.

- **Legislativa Privativa**

Art. 22. Compete privativamente à União legislar sobre:

IV – águas, energia, informática, telecomunicações e radiodifusão;

X – regime dos portos, navegação lacustre, fluvial, marítima, aérea e aeroespacial;

XII – jazidas, minas, outros recursos minerais e metalurgia;

XIV – populações indígenas;

XVIII – sistema estatístico, sistema cartográfico e de geologia nacionais;

XXVI – atividades nucleares de qualquer natureza;

Parágrafo único. Lei complementar poderá autorizar os Estados a legislar sobre questões específicas das matérias relacionadas neste artigo.

- **Material Comum**

Art. 23. É competência comum da União, dos Estados, do Distrito Federal e dos Municípios:

III – proteger os documentos, as obras e outros bens de valor histórico, artístico e cultural, os monumentos, as paisagens naturais notáveis e os sítios arqueológicos;

IV – impedir a evasão, a destruição e a descaracterização de obras de arte e de outros bens de valor histórico, artístico ou cultural;

VI – proteger o meio ambiente e combater a poluição em qualquer de suas formas;

VII – preservar as florestas, a fauna e a flora;

IX – promover programas de construção de moradias e a melhoria das condições habitacionais e de saneamento básico;

X – combater as causas da pobreza e os fatores de marginalização, promovendo a integração social dos setores desfavorecidos;

XI – registrar, acompanhar e fiscalizar as concessões de direitos de pesquisa e exploração de recursos hídricos e minerais em seus territórios;
Parágrafo único. Lei complementar fixará normas para a cooperação entre a União e os Estados, o Distrito Federal e os Municípios, tendo em vista o equilíbrio do desenvolvimento e do bem-estar em âmbito nacional. (Repartição de competência estabelecida pela Lei Complementar n. 140, de 8 de dezembro de 2011)

- Legislativa Concorrente

Art. 24. Compete à União, aos Estados e ao Distrito Federal legislar concorrentemente sobre:

I – direito tributário, financeiro, penitenciário, econômico e urbanístico;

VI – florestas, caça, pesca, fauna, conservação da natureza, defesa do solo e dos recursos naturais, proteção do meio ambiente e controle da poluição;

VII – proteção ao patrimônio histórico, cultural, artístico, turístico e paisagístico;

VIII – responsabilidade por dano ao meio ambiente, ao consumidor, a bens e direitos de valor artístico, estético, histórico, turístico e paisagístico;

§ 1º No âmbito da legislação concorrente, a competência da União limitar-se-á a estabelecer normas gerais.

- Legislativa Suplementar

§ 2º A competência da União para legislar sobre normas gerais não exclui a competência suplementar dos Estados.

- Legislativa Exclusiva

Dos Estados Federados

Art. 25. Os Estados organizam-se e regem-se pelas Constituições e leis que adotarem, observados os princípios desta Constituição.

§ 1º São reservadas aos Estados as competências que não lhes sejam vedadas por esta Constituição.

§ 2º Cabe aos Estados explorar diretamente, ou mediante concessão, os serviços locais de gás canalizado, na forma da lei, vedada a edição de medida provisória para a sua regulamentação.

Art. 26. Incluem-se entre os bens dos Estados:

I – as águas superficiais ou subterrâneas, fluentes, emergentes e em depósito, ressalvadas, neste caso, na forma da lei, as decorrentes de obras da União;

II – as áreas, nas ilhas oceânicas e costeiras, que estiverem no seu domínio, excluídas aquelas sob domínio da União, Municípios ou terceiros;

III – as ilhas fluviais e lacustres não pertencentes à União;

IV – as terras devolutas não compreendidas entre as da União.

Dos Municípios

Art. 30. Compete aos Municípios:

I – legislar sobre assuntos de interesse local;

II – suplementar a legislação federal e a estadual no que couber;

V – organizar e prestar, diretamente ou sob regime de concessão ou permissão, os serviços públicos de interesse local, incluído o de transporte coletivo, que tem caráter essencial;

VIII – promover, no que couber, adequado ordenamento territorial, mediante planejamento e controle do uso, do parcelamento e da ocupação do solo urbano;

IX – promover a proteção do patrimônio histórico-cultural local, observada a legislação e a ação fiscalizadora federal e estadual.

Capítulo IV
O ART. 225 DA CONSTITUIÇÃO FEDERAL

Sumário: 1. A importância do art. 225. 2. A leitura do art. 225 da Constituição Federal. 3. As partes que compõem o art. 225. 3.1. Regra-matriz – o *caput* do artigo. 3.2. Os instrumentos de garantia – § 1º. 3.3. As determinações particulares – §§ 2º a 7º.

1. A IMPORTÂNCIA DO ART. 225

A Constituição Federal de 1988, diferentemente das demais até então promulgadas no país, fez valer uma exigência que muito preocupava os estudiosos do direito que lutaram para a inserção de normas ambientais e mereceu entusiasmada aclamação como uma das mais modernas do mundo pela sua preocupação com o meio ambiente.

As inovações foram muitas, a começar pelo seu artigo inaugural, que elevou o Município à condição de ente federado. Efetivamente, o Brasil é uma exceção entre os regimes federalistas, na medida em que o Município compõe a *união indissolúvel* com os Estados e o Distrito Federal na formação da República Federativa e, dessa forma, tem cunhada na própria lei superior algumas atribuições e competências na área ambiental para os seus diferentes entes.

Inovando brilhantemente, a nossa Carta Magna trouxe um capítulo específico voltado inteiramente para o meio ambiente, definindo-o como sendo direito de todos e dando-lhe a natureza de bem de uso comum do povo e essencial à sadia qualidade de vida, incumbindo ao poder público e à coletividade o dever de zelar e preservar para que as próximas gerações façam bom uso e usufruam livremente de um meio ambiente equilibrado.

O direito à vida, assegurado como direito fundamental, inclusive enquanto princípio do Direito Ambiental, e garantido pela dignidade da pessoa humana, ganha substancial reforço quanto ao direito a um meio ambiente ecologicamente equilibrado. São direitos que se complementam e se fortalecem, mutuamente.[1]

---

[1] MACHADO, Paulo Affonso Leme. *Direito ambiental brasileiro*. 26. ed. São Paulo: Malheiros, 2018, p. 160.

Houve, a bem da verdade, uma verdadeira "constitucionalização" do Direito Ambiental, com a outorga desses direitos insculpidos na nova Carta Magna.[2]

O art. 225, § 1º, arrolou as medidas e providências que incumbem ao Poder Público adotar para assegurar a efetividade do direito enunciado no *caput*, quais sejam:

1. preservar e restaurar os processos ecológicos essenciais e prover o manejo ecológico das espécies e ecossistemas;
2. preservar a diversidade e a integridade do patrimônio genético do País e fiscalizar as entidades dedicadas à pesquisa e manipulação de material genético;
3. definir, em todas as unidades da federação, espaços territoriais e seus componentes a serem especialmente protegidos, sendo a alteração e a supressão permitidas somente mediante lei, vedada qualquer utilização que comprometa a integridade dos atributos que justifiquem sua proteção;
4. exigir, na forma da lei, para instalação de obra ou atividade potencialmente causadora de significativa degradação ambiental, estudo prévio de impacto ambiental, a que se dará publicidade;
5. controlar a produção, a comercialização e o emprego de técnicas, métodos e substâncias que comportem risco para a vida, a qualidade de vida e o meio ambiente;
6. promover a educação ambiental em todos os níveis de ensino e a conscientização pública para a preservação do meio ambiente;
7. proteger a flora e a fauna, vedadas, na forma da lei, as práticas que coloquem em risco sua função ecológica, provoquem a extinção de espécies ou submetam os animais à crueldade.

A Constituição de 1988 inovou, superando, inclusive, as Constituições estrangeiras mais recentes (Bulgária, art. 31; Portugal, art. 66; Espanha, art. 45) no que concerne à proteção ambiental, erigindo, à época, ao patamar constitucional um tema ainda pouco difundido na doutrina e jurisprudência nacional.

Eros Grau entende que um dos princípios da ordem econômica também seria a defesa do meio ambiente, pois a Constituição dá vigorosa resposta às correntes que propugnam a exploração predatória dos recursos naturais.[3]

No que diz respeito ao Estado enquanto agente promotor de defesa ambiental, julgamento do Superior Tribunal de Justiça ressalta não somente sua necessidade, como sua importância, pois *"cabe ao Poder Público, inclusive ao Poder Judiciário no âmbito da competência e atribuição mais ampla, examinar matéria referente à*

---

[2] SARLET, Ingo Wolfgang; FENSTERSEIFER, Tiago. *Curso de Direito Ambiental*. 4. ed. Rio de Janeiro: Forense, 2023, p. 357.

[3] GRAU, Eros Roberto. *A ordem econômica na Constituição de 1988:* (interpretação e crítica). 19. ed. São Paulo: Malheiros, 2018, p. 248.

conveniência e oportunidade dos atos administrativos. No caso, em razão de degradação provocada pela erosão e descaso na utilização de crateras como depósitos de lixo, é de ser providenciada a correção do dano objetivo ao meio ambiente, para evitar maiores prejuízos às áreas de mananciais" (REsp 429.570-GO).

Ainda o Superior Tribunal de Justiça, quando disse que as *"normas ambientais encerram obrigações não só para quem usa recursos naturais, mas também para o administrador público que por eles deve velar. O agente do Estado que, com dolo genérico, descumpre, comissiva ou omissivamente, tais deveres de atuação positiva comete improbidade administrativa, nos termos do art. 11 da Lei 8.429/1992"* (REsp 1.260.923-RS).

Entre os direitos e garantias individuais, a atual Constituição manteve a obrigação de a propriedade cumprir sua função social.[4] Estabeleceu, também, legitimidade para qualquer cidadão propor ação popular[5] para anular ato lesivo ao meio ambiente, com isenção de custas judiciais e eventuais ônus de sucumbência.

O Superior Tribunal de Justiça também se pronunciou nessa linha, ao dizer que *"o direito fundamental ao meio ambiente ecologicamente equilibrado, insculpido no caput do art. 225 da Constituição da República, é interesse difuso, de titularidade transindividual, emergindo, nesse cenário, os princípios da precaução e da prevenção, os quais impõem a priorização de medidas que previnam danos à vulnerável biota planetária, bem como a garantia contra perigos latentes, ainda não identificados pela ciência"* (AgInt no TP 2.476/RJ).

Embora o meio ambiente tenha merecido um capítulo exclusivo no Texto Constitucional, as disposições tendentes a garantir a preservação ambiental como princípio permeiam diversos outros dispositivos, dando à busca da qualidade ambiental uma transversalidade que impõe limitações ao exercício de outros direitos e condiciona diferentes garantias. Assim, por exemplo, a atividade econômica, fundada na livre iniciativa, é condicionada à função social da propriedade e à defesa do meio ambiente (art. 170).[6] E a função social da propriedade rural, nos dizeres da Lei Maior, somente é cumprida quando obedecidas as limitações impostas pelas normas destinadas à utilização racional dos recursos naturais e à preservação do meio ambiente (art. 186).[7]

O mais consagrado dispositivo constitucional é, sem dúvida, o que impõe ao Poder Público e à coletividade o dever de defender e preservar o meio ambiente ecologicamente equilibrado como essencial à sadia qualidade de vida das presentes e futuras gerações (art. 225).

---

[4] BARROSO, Luís Roberto. *Curso de direito constitucional contemporâneo.* 6. ed. São Paulo: Saraiva, 2017. p. 512.

[5] SILVA, Flavia Regina Ribeiro da. *Ação popular ambiental.* São Paulo: Saraiva, 2008. p. 62.

[6] GRAU, Eros Roberto. *A ordem econômica na Constituição de 1988.* São Paulo: Malheiros, 2018. p. 248.

[7] Para um conceito mais aprofundado da inter-relação direito ambiental x direito econômico, v. NUSDEO, Ana Maria de Oliveira. *Direito ambiental e economia.* Curitiba: Juruá, 2018.

No mesmo sentido, também firmou o Supremo Tribunal Federal, ao dizer que "*o meio ambiente é tutelado constitucionalmente pela regra matriz do art. 225, caput, da Constituição, que dispõe que todos têm direito ao meio ambiente ecologicamente equilibrado, bem de uso comum do povo e essencial à sadia qualidade de vida, impondo-se ao Poder Público e à coletividade o dever de defendê-lo e preservá-lo para as presentes e futuras gerações*" (ADC 42, Tribunal Pleno).

Em análise comparativa entre as normas constitucionais sobre proteção do meio ambiente no Brasil e na Alemanha, Andreas Joachim Krell ensina que o sistema germânico, em geral, exige a *"exequibilidade das normas jurídicas – inclusive as constitucionais – e, por isso, recusa normas de conteúdo utópico que ultrapassam, por muito, a realidade administrativa e econômica"*.[8]

2. A LEITURA DO ART. 225 DA CONSTITUIÇÃO FEDERAL

Qualquer carreira que exija conhecimento da matéria ambiental certamente passará pelo texto constitucional.

Portanto, é necessário que se saiba o que diz o art. 225:

CAPÍTULO VI

Do Meio Ambiente

Art. 225. Todos têm direito ao meio ambiente ecologicamente equilibrado, bem de uso comum do povo e essencial à sadia qualidade de vida, impondo-se ao poder público e à coletividade o dever de defendê-lo e preservá-lo para as presentes e futuras gerações.

§ 1º Para assegurar a efetividade desse direito, incumbe ao Poder Público:

I – preservar e restaurar os processos ecológicos essenciais e prover o manejo ecológico das espécies e ecossistemas;[9]

II – preservar a diversidade e a integridade do patrimônio genético do País e fiscalizar as entidades dedicadas à pesquisa e manipulação de material genético;[10]

III – definir, em todas as unidades da Federação, espaços territoriais e seus componentes a serem especialmente protegidos, sendo a alteração e a supressão permitidas somente através de lei, vedada qualquer utilização que comprometa a integridade dos atributos que justifiquem sua proteção;[11]

IV – exigir, na forma da lei, para instalação de obra ou atividade potencialmente causadora de significativa degradação do meio ambiente, estudo prévio de impacto ambiental, a que se dará publicidade;[12]

---

[8] KRELL, Andreas Joachim. Ordem Jurídica e Meio Ambiente na Alemanha e no Brasil. *Revista de Direito Ambiental*, São Paulo, n. 31, 2003. p. 180.
[9] Regulamentado pela Lei n. 9.985/00.
[10] Regulamentado pelas Leis n. 9.985/00 e 11.105/05.
[11] Regulamentado pela Lei n. 9.985/00.
[12] Regulamentado pelas Resoluções CONAMA n. 1/86 e 237/97.

V – controlar a produção, a comercialização e o emprego de técnicas, métodos e substâncias que comportem risco para a vida, a qualidade de vida e o meio ambiente;[13]

VI – promover a educação ambiental em todos os níveis de ensino e a conscientização pública para a preservação do meio ambiente;[14]

VII – proteger a fauna e a flora, vedadas, na forma da lei, as práticas que coloquem em risco sua função ecológica, provoquem a extinção de espécies ou submetam os animais a crueldade.[15]

§ 2º Aquele que explorar recursos minerais fica obrigado a recuperar o meio ambiente degradado, de acordo com solução técnica exigida pelo órgão público competente, na forma da lei.

§ 3º As condutas e atividades consideradas lesivas ao meio ambiente sujeitarão os infratores, pessoas físicas ou jurídicas, a sanções penais e administrativas, independentemente da obrigação de reparar os danos causados.

§ 4º A Floresta Amazônica brasileira, a Mata Atlântica, a Serra do Mar, o Pantanal Mato-Grossense e a Zona Costeira são patrimônio nacional, e sua utilização far-se-á, na forma da lei, dentro de condições que assegurem a preservação do meio ambiente, inclusive quanto ao uso dos recursos naturais.

§ 5º São indisponíveis as terras devolutas ou arrecadadas pelos Estados, por ações discriminatórias, necessárias à proteção dos ecossistemas naturais.

§ 6º As usinas que operem com reator nuclear deverão ter sua localização definida em lei federal, sem o que não poderão ser instaladas.

§ 7º Para fins do disposto na parte final do inciso VII do § 1º deste artigo, não se consideram cruéis as práticas desportivas que utilizem animais, desde que sejam manifestações culturais, conforme o § 1º do art. 215 desta Constituição Federal, registradas como bem de natureza imaterial integrante do patrimônio cultural brasileiro, devendo ser regulamentadas por lei específica que assegure o bem-estar dos animais envolvidos.

Explicando-o, fica mais fácil memorizá-lo.

3. AS PARTES QUE COMPÕEM O ART. 225

3.1. REGRA-MATRIZ – O *CAPUT* DO ARTIGO

A maior parte dos doutrinadores divide o art. 225 em três partes distintas: a regra-matriz, os instrumentos de garantia e as determinações particulares.[16]

---

[13] Regulamentado pela Lei n. 11.105/05.
[14] Regulamentado pela Lei n. 9.795/99.
[15] Regulamentado pelas Leis n. 9.985/00 e 11.794/08.
[16] SILVA, José Afonso da. *Direito ambiental constitucional.* 4. ed. São Paulo: Malheiros, 2002; SIRVINSKAS, Luís Paulo. *Manual de direito ambiental.* 7. ed. São Paulo: Saraiva: 2009; MILARÉ, Édis. *Direito do ambiente.* 5. ed. São Paulo: Revista dos Tribunais, 2007.

Trata-se do reconhecimento do meio ambiente como direito fundamental, impondo a obrigatoriedade de sua proteção, por se tratar de bem de uso comum do povo, sendo essencial à sadia qualidade de vida.

Devemos lembrar, sempre, da redação do *caput* do artigo, combinado com os princípios que envolvem o direito ambiental.

Detalhe importante: a proteção do meio ambiente, como versado no *caput* do artigo não implica incompatibilidade com o art. 170 da Constituição, que trata dos princípios da ordem econômica.

O que deve ocorrer para que não haja conflito é a observância ao Princípio do Desenvolvimento Sustentável, tratado no Capítulo II, n. 7.

O planejamento do desenvolvimento deve acompanhar os Princípios do Equilíbrio, do Limite, do Poluidor-Pagador, e de todos os outros que buscam o crescimento econômico aliado à preservação.

Assim, embora não previsto no art. 5º da Constituição, o meio ambiente ecologicamente equilibrado é um direito fundamental exatamente por importar na sadia qualidade de vida do homem.

O *caput* deste artigo chega às seguintes conclusões:

a) o meio ambiente ecologicamente equilibrado é direito de todos: combinar essa assertiva com o Princípio do Direito Humano Fundamental – Capítulo II, n. 2;

b) o meio ambiente é bem de uso comum do povo: combinar essa assertiva com o Princípio do Poluidor-Pagador – Capítulo II, n. 6;

c) o meio ambiente é essencial à sadia qualidade de vida do homem: combinar essa assertiva com o Princípio do Direito Humano Fundamental – Capítulo II, n. 2;

d) cabe ao Poder Público e à coletividade o dever de defendê-lo e preservá-lo para as presentes e futuras gerações: combinar essa assertiva com o Princípio Democrático – Capítulo II, n. 9.

Ficou clara a responsabilidade do Estado em recente julgado do Superior Tribunal de Justiça, ao assentar que *"o art. 23, inc. VI, da Constituição da República fixa a competência comum para a União, Estados, Distrito Federal e Municípios no que se refere à proteção do meio ambiente e combate à poluição em qualquer de suas formas. No mesmo texto, o art. 225, caput, prevê o direito de todos a um meio ambiente ecologicamente equilibrado e impõe ao Poder Público e à coletividade o dever de defendê-lo e preservá-lo para as presentes e futuras gerações. O Estado recorrente tem o dever de preservar e fiscalizar a preservação do meio ambiente"* (REsp 604.725/PR).

Em recente decisão, também o Supremo Tribunal Federal deixou assentado que *"todos têm direito ao meio ambiente ecologicamente equilibrado. Trata-se de um típico direito de terceira geração (ou de novíssima dimensão), que assiste a todo o gênero humano (RTJ 158/205-206). Incumbe, ao Estado e à própria coletividade, a especial obrigação de defender e preservar, em benefício das presentes e futuras gerações, esse direito de titularidade coletiva e de caráter transindividual (RTJ 164/158-161)"* (ADI 3.540-DF, Órgão Julgador: Pleno do Supremo Tribunal Federal).

3.2. OS INSTRUMENTOS DE GARANTIA – § 1ª

Quanto aos instrumentos de garantia, cabe mencioná-los de acordo com a divisão do próprio texto constitucional.

No § 1º, I, está disposto que incumbe ao Poder Público preservar os processos ecológicos essenciais, ou seja, aqueles necessários ao desenvolvimento sustentável dos ecossistemas, com o provimento do manejo ecológico das espécies, mantendo o equilíbrio da relação da biota com o seu *habitat*.

No § 1º, II, cabe a preservação da diversidade, entendida como *"a variabilidade de organismos vivos de todas as origens, compreendendo, dentre outros, os ecossistemas terrestres, marinhos e outros ecossistemas aquáticos e os complexos ecológicos de que fazem parte; compreendendo ainda a diversidade dentro de espécies, entre espécies e de ecossistemas"* (art. 2º, III, da Lei n. 9.985/00).

No § 1º, III, esses espaços a serem protegidos também possuem definição legal, devendo ser entendidos como aqueles onde seus *"recursos ambientais, incluindo as águas jurisdicionais, com características naturais relevantes, legalmente instituídos pelo Poder Público, com objetivos de conservação e limites definidos, sob regime especial de administração, ao qual se aplicam garantias adequadas de proteção"* (art. 2º, I, da Lei n. 9.985/00).

A lei explicita quais as espécies de espaços protegidos:
São eles, segundo o art. 7º da Lei n. 9.985/00:

a) Unidades de Proteção Integral:
I – Estação Ecológica;
II – Reserva Biológica;
III – Parque Nacional;
IV – Monumento Natural;
V – Refúgio de Vida Silvestre.

b) Unidades de Uso Sustentável:
I – Área de Proteção Ambiental;
II – Área de Relevante Interesse Ecológico;
III – Floresta Nacional;
IV – Reserva Extrativista;
V – Reserva de Fauna;
VI – Reserva de Desenvolvimento Sustentável; e
VII – Reserva Particular do Patrimônio Natural.

Diz, ainda, a Lei n. 9.985/00, que o objetivo básico das unidades de proteção integral é preservar a natureza, sendo admitido apenas o uso indireto dos seus recursos naturais, com exceção dos casos nela previstos.

E ressalta que o objetivo básico das unidades de uso sustentável é compatibilizar a conservação da natureza com o uso sustentável de parcela dos seus recursos naturais. As definições dessas unidades estão presentes na Lei n. 9.985/2000, que criou o Sistema Nacional de Unidades de Conservação da Natureza – SNUC.

No § 1º, IV, que trata do Estudo de Impacto Ambiental (EIA), deve-se compreender que esse estudo visa a evitar, mitigar ou compensar eventuais danos decorrentes de atividades capazes de causar degradação ambiental.

Nesse sentido, decidiu o Supremo Tribunal Federal que "*a dispensa de licenciamento de atividades identificadas conforme o segmento econômico, independentemente de seu potencial de degradação, e a consequente dispensa do prévio estudo de impacto ambiental (art. 225, § 1º, IV, da CF) implicam proteção deficiente ao direito fundamental ao meio ambiente ecologicamente equilibrado (art. 225 da CF), cabendo ao Poder Público o exercício do poder de polícia ambiental visando a prevenir e mitigar potenciais danos ao equilíbrio ambiental*" (ADI 5.312, Tribunal Pleno).

Deve-se atentar para a redação do dispositivo.

Exige-se estudo de impacto ambiental para instalação de obra ou atividade potencialmente causadora de significativa degradação do meio ambiente.

Isso leva à conclusão de que qualquer atividade que interfira, de forma significativa, no equilíbrio de um ecossistema, deverá ser objeto de estudo de impacto ambiental.

Esse estudo deve ser realizado previamente à autorização de obra, empreendimento e/ou atividade. Dessa forma, não pode o estudo de impacto ambiental ser concomitante ou posterior a isso, sob pena de malferir o próprio resultado do estudo e tornar sem efeito sua finalidade preventiva.

Quanto à significativa degradação, deve-se levar em conta toda e qualquer agressão ambiental que venha a causar dano significativo, ainda que não seja excessivo.

A exigência da publicidade tem por finalidade apresentar o resultado dos estudos ambientais a toda comunidade.

É importante frisar que, depois de realizada a avaliação preliminar (chamada de AIA – Avaliação dos Impactos Ambientais) resulta a necessidade de se realizar o EIA – Estudo de Impacto Ambiental ou não, de acordo com a importância do impacto que foi identificado.

Tratam, mais minudentemente, do estudo de impacto ambiental as Resoluções CONAMA n. 1/86 e 237/97.

No § 1º, V, que trata do controle e da produção de substâncias que importem risco para o meio ambiente, é de se conferir o que foi dito sobre o princípio do limite, onde se concluiu caber ao Poder Público a regulação das atividades do particular quando contrapostas aos interesses da coletividade.

O § 1º, VI, trata da educação ambiental, regulada pela Lei n. 9.795/99, que dispõe sobre a Política Nacional de Educação Ambiental.

No § 1º, VII, está prevista a proteção à flora e à fauna, como formas de composição do ecossistema do qual o homem faz parte.

Em 8 de janeiro de 2008 veio à tona a Lei n. 11.794, que regulamenta o inciso VII do § 1º do art. 225 da Constituição Federal, estabelecendo procedimentos para o uso científico de animais.

Essa lei estabelece os critérios para a criação e a utilização de animais em atividades de ensino e pesquisa científica, em todo o território nacional.

3.3. AS DETERMINAÇÕES PARTICULARES – §§ 2º A 7º

Vistos os instrumentos de garantia, merecem destaque as determinações particulares.

Prevê o § 2º a responsabilização daquele que explorar recursos minerais, com a consequente recuperação do meio ambiente. Esse preceito está intimamente ligado ao princípio da responsabilidade.

Esse parágrafo tem sua regulamentação no Decreto n. 227/67, que trata do Código de Mineração.

Vale salientar que, com a criação da Agência Nacional de Mineração – ANM, ocorrida com a Lei n. 13.575/17, esta autarquia especial implementará todas as orientações e diretrizes fixadas no Decreto n. 227/67, com a finalidade de promover a gestão dos recursos minerais da União, bem como a regulação e a fiscalização das atividades para o aproveitamento dos recursos minerais no país.

Já o § 3º versa a responsabilização por infrações, condizentes com o princípio da responsabilidade e com a Lei dos Crimes Ambientais, de n. 9.605/98, analisada adiante.

Decidiu o Superior Tribunal de Justiça, analisando a proteção do meio ambiente, que *"o sistema jurídico de proteção ao meio ambiente, disciplinado em normas constitucionais (CF, art. 225, § 3º) e infraconstitucionais (Lei 6.938/81, arts. 2º e 4º), está fundado, entre outros, nos princípios da prevenção, do poluidor-pagador e da reparação integral. Deles decorrem, para os destinatários (Estado e comunidade), deveres e obrigações de variada natureza, comportando prestações pessoais, positivas e negativas (fazer e não fazer), bem como de pagar quantia (indenização dos danos insuscetíveis de recomposição in natura), prestações essas que não se excluem, mas, pelo contrário, se cumulam, se for o caso"* (REsp 605.323).

Noutra passagem, assentou que *"é poluidor a pessoa física ou jurídica, de direito público ou privado, responsável, direta ou indiretamente, por atividade causadora de degradação ambiental; o poluidor, por seu turno, com base na mesma legislação, art. 14 – 'sem obstar a aplicação das penalidades administrativas' é obrigado, 'independentemente da existência de culpa', a indenizar ou reparar os danos causados ao meio ambiente e a terceiros, 'afetados por sua atividade'. Depreende-se do texto legal a sua responsabilidade pelo risco integral, por isso que em demanda infensa a administração, poderá, inter partes, discutir a culpa e o regresso pelo evento"* (REsp 442.586/SP).

Em outra decisão, decidiu que, "*em se tratando de dano ambiental, é possível a cumulação da indenização com obrigação de fazer, sendo que tal cumulação não é obrigatória, e relaciona-se com a impossibilidade de recuperação total da área degradada*" (AgInt no REsp 1.577.376/SC).

Deve-se também atentar para a Súmula 629, do Superior Tribunal de Justiça:

> "*Quanto ao dano ambiental, é admitida a condenação do réu à obrigação de fazer ou à de não fazer cumulada com a de indenizar*".

No § 4º, a Constituição define como patrimônio nacional a Floresta Amazônica brasileira, a Mata Atlântica, a Serra do Mar, o Pantanal Mato-Grossense e a Zona Costeira.

Assim decidiu o Superior Tribunal de Justiça quando analisou a matéria: "*Tratando-se de área de mata atlântica de preservação permanente pela riqueza de recursos naturais, a falta de concessão da medida cautelar para dar efeito suspensivo ao REsp resultaria na irreversibilidade de danos ambientais, decorrentes da continuidade da construção de edificação na orla marítima, sem a oitiva do Ibama e do necessário estudo de impacto ambiental. Há fumaça do bom direito e evidente perigo da demora. Precedentes citados: AgRg na MC 515-SP, DJ 2-9-1996; AgRg na MC 1.002-SP, DJ 15-12-1997; MC 344-RS, DJ 28-4-1997; AgRg na MC 535-SP, DJ 9-12-1996, e MC 136-SP, DJ 29-5-1995*" (MC 2.136-SC).

A intenção do legislador foi tratar com mais atenção essas áreas, dedicando-lhes especial enquadramento constitucional.

No entanto, merece especial atenção que a declaração de patrimônio nacional constante no art. 4º não atrai a competência do órgão federal de meio ambiente para sua utilização ou exploração, nem da Justiça Federal para julgar a matéria com base no art. 109 da Constituição Federal.

Os §§ 5º e 6º tratam, respectivamente, das terras devolutas, aquelas pertencentes ao Poder Público, mas sem titulação, e da necessidade de lei federal para instalação de usinas nucleares, matéria de competência da União, como visto no capítulo anterior.

O último parágrafo, § 7º, foi introduzido pela Emenda Constitucional n. 96, em 6-6-2017, e trata como manifestações culturais as práticas desportivas que utilizam animais, desde que registradas como bem de natureza imaterial integrante do patrimônio cultural brasileiro, assegurando-se o bem-estar dos animais envolvidos.

Muito embora esse assunto desperte, desde logo, manifestações em sentido contrário,[17] o comando constitucional parece deixar claro que esse assunto jamais pode ser caracterizado ou ensejar algo cruel ou que venha a causar maus-tratos aos animais.

Se assim não fosse, certamente haveria um retrocesso ambiental.

---

[17] Nesse sentido, Paulo Affonso Leme Machado, *in* Direito Ambiental Brasileiro. 26. Ed. São Paulo: Malheiros, 2018, p. 176.

Capítulo V

A POLÍTICA NACIONAL DO MEIO AMBIENTE

Sumário: 1. O que é a Política Nacional do Meio Ambiente. 2. Princípios do Programa Nacional do Meio Ambiente. 3. Objetivos da Política Nacional do Meio Ambiente. 3.1. Objetivos gerais. 3.2. Objetivos específicos. 4. Quadro dos princípios da PNMA. 5. O Sistema Nacional do Meio Ambiente – SISNAMA. 5.1. Origem do SISNAMA. 5.2. Órgão superior. 5.3. Órgão consultivo e deliberativo. 5.4. Órgão central. 5.5. Órgãos executores. 5.6. Órgãos setoriais. 5.7. Órgãos seccionais. 5.8. Órgãos locais. 6. Os instrumentos da Política Nacional do Meio Ambiente. 6.1. Padrões de qualidade ambiental. 6.2. Zoneamento ambiental. 6.3. Avaliação de impactos ambientais. 6.4. Licenciamento ambiental. 6.5. Incentivos à produção e instalação de equipamentos e à criação ou absorção de tecnologia, voltados para a melhoria da qualidade ambiental. 6.6. Criação de espaços territoriais especialmente protegidos. 6.7. Sistema Nacional de Informações sobre o Meio Ambiente. 6.8. Cadastro Técnico Federal de atividades e instrumentos de defesa ambiental. 6.9. Penalidades disciplinares ou compensatórias ao não cumprimento das medidas necessárias à preservação ou correção de degradação ambiental. 6.10. Relatório de Qualidade do Meio Ambiente. 6.11. A garantia da prestação de informações relativas ao meio ambiente. 6.12. Cadastro Técnico Federal de atividades potencialmente poluidoras e/ou utilizadoras dos recursos ambientais. 7. Roteiro resumido de elaboração do EIA/RIMA. 7.1. Estudo de Impacto Ambiental. 7.2. Relatório de Impacto do Meio Ambiente.

1. O QUE É A POLÍTICA NACIONAL DO MEIO AMBIENTE

A Lei n. 6.938/81 instituiu a Política Nacional do Meio Ambiente – PNMA e criou o Sistema Nacional do Meio Ambiente – SISNAMA, incorporando e aprimorando leis estaduais de proteção ambiental, tornando-se uma das mais importantes leis de proteção ambiental, depois da Constituição Federal, pela qual foi recepcionada.

Trata-se do primeiro texto legal nacional com visão eminentemente ambiental, dispondo sobre os fins, mecanismos de formulação e aplicação de uma Política Nacional do Meio Ambiente, tendo por objetivo a preservação, a melhoria e a recuperação da qualidade ambiental propícia à vida, visando a assegurar, no país, condições ao desenvolvimento socioeconômico, aos interesses da segurança nacional e à proteção da dignidade da vida humana, declarando o meio ambiente patrimônio público de uso coletivo e estabelecendo a obrigação governamental de manter o equilíbrio ecológico.[1]

Assim, a Política Nacional do Meio Ambiente apresenta os instrumentos destinados à preservação ambiental e ao desenvolvimento sustentado da sociedade.

Os princípios da PNMA não se confundem com princípios ambientais *in genere*. São diferenciados por sua especificidade.

A Política Nacional do Meio Ambiente prevê a necessidade de, entre outras coisas, licença ambiental para as atividades potencialmente poluidoras.

Nessa esteira, decidiu-se ser indispensável *"o estudo prévio de impacto ambiental e o relatório de impacto ambiental – EIA/RIMA, como condição para a concessão de licença ambiental para empreendimentos em áreas de manguezais. Sua falta contamina com nulidade absoluta o procedimento que culminou na concessão do licenciamento. O princípio da precaução recomenda que em defesa da sociedade não seja admitida a exploração da área em questão"* (TRF 5ª Região, AgI 54519/PE).

Na mesma linha, outra decisão do Tribunal Regional Federal da 5ª Região bem ilustra essa assertiva, ao assentir que *"a importância dos manguezais vem do fato de inserirem uma grande diversidade biológica, além de exercerem funções essenciais para o equilíbrio da vida não só nas regiões onde se localizam, como também por irradiarem reflexos extrarregionais"* (TRF 5ª Região, Ap. Cív. 278430/RN).

Até a Lei n. 5.197/67, estava claro que os animais de qualquer espécie, em qualquer fase de seu desenvolvimento e que vivessem naturalmente fora de cativeiro, constituindo fauna silvestre, bem como seus ninhos, abrigos e criadouros naturais seriam propriedades do Estado, caracterizando-se, portanto, como bens públicos.[2]

Porém, recentemente, o Superior Tribunal de Justiça reconheceu a dimensão ecológica do princípio da dignidade da pessoa humana a animais silvestres em cativeiro, no REsp 1.797.175/SP, Relatado pelo Ministro Og Fernandes, julgado em 21-3-2019. O Tribunal reconheceu a *"dimensão ecológica da dignidade da pessoa humana e atribuiu dignidade e direitos aos animais não humanos e à natureza"*.

2. PRINCÍPIOS DO PROGRAMA NACIONAL DO MEIO AMBIENTE

São princípios da Política Nacional do Meio Ambiente, segundo o art. 2º da Lei n. 6.938/81:

---

[1] SARLET, Ingo Wolfgang; MACHADO, Paulo Affonso Leme; FENSTERSEIFER, Tiago. *Constituição e legislação ambiental comentadas*. São Paulo: Saraiva, 2015. p. 31.

[2] Sobre o Estado socioambiental de direitos e deveres estatais, v. SARLET, Ingo Wolfgang; FENSTERSEIFER, Tiago. *Direito Constitucional Ambiental*. São Paulo: Revista dos Tribunais, 2017. p. 62.

- ação governamental na manutenção do equilíbrio ecológico, considerando o meio ambiente como um patrimônio público a ser necessariamente assegurado e protegido, tendo em vista o uso coletivo;
- racionalização do uso do solo, do subsolo, da água e do ar;
- planejamento e fiscalização do uso dos recursos ambientais;
- proteção dos ecossistemas, com a preservação de áreas representativas;
- controle e zoneamento das atividades potencial ou efetivamente poluidoras;
- incentivos ao estudo e à pesquisa de tecnologias orientadas para o uso nacional e a proteção dos recursos ambientais;
- recuperação de áreas degradadas;
- proteção de áreas ameaçadas de degradação;
- educação ambiental a todos os níveis de ensino, inclusive a educação da comunidade, objetivando capacitá-la para participação ativa na defesa do meio ambiente.

O mais importante é saber a intenção da lei, a *mens legis* da Política Nacional do Meio Ambiente, seus objetivos e princípios.

Essa intenção do legislador – a do planejamento, da fiscalização, da racionalização do uso dos bens naturais – é imprescindível que se reconheça.

3. OBJETIVOS DA POLÍTICA NACIONAL DO MEIO AMBIENTE

3.1. OBJETIVOS GERAIS

Estes objetivos revelam a finalidade do legislador ao estabelecer as normas de proteção ambiental e definem o elemento de legalidade ou ilegalidade de toda e qualquer atividade que tenha repercussão sobre a qualidade do meio ambiente.

Apesar das críticas, o direito ambiental vem acompanhando toda evolução do problema das degradações no mundo moderno, mediante a criação de inúmeros instrumentos legais para proteção dos ecossistemas.

Os objetivos gerais da Política Nacional do Meio Ambiente são a preservação, a melhoria e a recuperação da qualidade ambiental propícia à vida, visando assegurar condições ao desenvolvimento socioeconômico, aos interesses da segurança nacional e à proteção da dignidade da vida humana.

3.2. OBJETIVOS ESPECÍFICOS

São objetivos específicos da Política Nacional do Meio Ambiente, segundo o art. 4º da Lei n. 6.938/81, a saber:

- a compatibilização do desenvolvimento econômico-social com a preservação da qualidade do meio ambiente e do equilíbrio ecológico;
- a definição de áreas prioritárias de ação governamental relativa à qualidade e ao equilíbrio ecológico, atendendo aos interesses da União, dos Estados, do Distrito Federal, dos Territórios e dos Municípios; o estabelecimento de critérios e padrões da qualidade ambiental e de normas relativas ao uso e manejo de recursos ambientais;
- o desenvolvimento de pesquisas e de tecnologias nacionais orientadas para o uso racional de recursos ambientais;
- a difusão de tecnologias de manejo do meio ambiente, a divulgação de dados e informações ambientais e a formação de uma consciência pública sobre a necessidade de preservação da qualidade ambiental e do equilíbrio ecológico;
- a preservação e restauração dos recursos ambientais com vistas à sua utilização racional e disponibilidade permanente, concorrendo para manutenção do equilíbrio ecológico propício à vida;
- a imposição, ao poluidor e ao predador, da obrigação de recuperar e/ou indenizar os danos causados e, ao usuário, da contribuição pela utilização de recursos ambientais com fins econômicos.

São os princípios do Programa Nacional do Meio Ambiente – PNMA que servem de critério para a exata compreensão e inteligência de todas as normas ambientais que compõem o sistema jurídico ambiental.

Os princípios da PNMA são extraídos da Constituição Federal, da Lei n. 6.938/81, das Constituições dos Estados e, segundo alguns autores, das Declarações de Princípios adotados pelas Organizações Internacionais em conferências internacionais, principalmente a de Estocolmo/72 e a do Rio/92.

Merecem destaque, em forma de quadro, alguns dos princípios inscritos nos textos legais acima citados.

4. QUADRO DOS PRINCÍPIOS DA PNMA

Os princípios da Política Nacional do Meio Ambiente também estão dispersos em outros textos, a seguir elencados:

1. A defesa do meio ambiente como princípio da ordem econômica
Art. 171, VI, da CF
Princípio n. 4 da Declaração de Estocolmo/72
Princípios n. 3 e 4 da Declaração do Rio/92

Procura-se conciliar o exercício das atividades produtivas e do direito de propriedade, a exploração dos recursos naturais e o crescimento econômico com a proteção do meio ambiente.

2. Princípio da participação popular na proteção do meio ambiente
Art. 14, I, II e III, da CF

A participação popular em geral, e especificamente em matéria ambiental, é da própria essência do regime democrático instaurado no Brasil, garantido constitucionalmente.

A população pode atuar mediante a participação nos processos de criação do direito do meio ambiente, com a iniciativa popular nos procedimentos legislativos federais, estaduais ou municipais (art. 61, *caput* e § 2º, da CF), a realização de referendos (art. 14, II, da CF), e a atuação de representantes da coletividade em órgãos colegiados dotados de poderes normativos, como o CONAMA (art. 6º, II, da Lei n. 6.938/81, com redação dada pela Lei n. 7.804/89 e alterada pela Lei n. 8.028/90), e os diversos Conselhos de Defesa do Meio Ambiente – CONDEMA: todos eles compostos por representantes do Poder Público e de diversos segmentos da sociedade civil (representantes das indústrias e comércio, da classe trabalhadora, da comunidade científica e de entidades ambientalistas).

Pode participar também, por meio da formulação e execução de políticas ambientais, com representantes da sociedade civil nos órgãos colegiados que atuam na discussão dos estudos de impacto ambiental e respectivos relatórios em audiências públicas (art. 11, § 2º, da Resolução n. 1/86 do CONAMA) e na realização de plebiscito (art. 14, I, da CF).

Essa atuação do povo pode ocorrer ainda por intermédio do Poder Judiciário, tendo instrumentos processuais para essa participação, como instar o Ministério Público a mover a ação direta de inconstitucionalidade de leis e atos normativos (art. 103 da CF) ou a ação civil pública (Lei n. 7.347/85), bem como buscar a tutela judicial por meio de instrumentos como o mandado de injunção, o mandado de segurança coletivo e a ação popular.

3. Princípios de avaliação prévia dos impactos ambientais das atividades de qualquer natureza
Art. 225, § 1º, VI, da CF
Art. 9º da Lei n. 6.938/81
Princípio n. 17 da Declaração do Rio/92

Esse princípio – da avaliação prévia dos impactos ambientais – é um dos mais importantes da PNMA, pois o Estudo de Impacto Ambiental e seu respectivo relatório – RIMA – previnem possíveis danos ao meio ambiente ou indicam as formas de compensá-los.

Trata-se de um mecanismo de planejamento, na medida em que insere a obrigação de levar em consideração o meio ambiente antes da realização de atividades e da tomada de decisões que possam ter alguma repercussão sobre a qualidade ambiental.

> **4. Princípio de precaução de danos e degradações ambientais**
> Art. 225, § 1º, IV, da CF
> Princípio n. 1 da Declaração de Estocolmo/72
> Princípios n. 3 e 15 da Declaração do Rio/92

Sempre que houver perigo de dano grave ou irreversível, a falta de certeza científica absoluta não deverá ser utilizada como razão para se adiar a adoção de medidas eficazes para impedir a degradação do meio ambiente.

Existindo dúvida sobre a possibilidade futura de dano ao homem e ao meio ambiente, a solução deverá ser favorável ao meio ambiente e não a favor do lucro imediato – por mais atraente que seja para as gerações presentes.

> **5. Princípio da responsabilidade civil, penal e administrativa das condutas e atividades lesivas ao meio ambiente**
> Art. 225, §§ 2º e 3º

Havendo fracasso na prevenção é preciso admitir que um sistema de preservação e conservação do meio ambiente responsabilize os infratores, da forma mais ampla possível, envolvendo as esferas civil, penal e administrativa.

Isso é tratado com mais vagar nos próximos capítulos.

> **6. Princípios da utilização racional dos recursos ambientais**
> Art. 2º, II, da Lei n. 6.938/81
> Princípios n. 3 e 5 da Declaração de Estocolmo/72
> Princípio n. 8 da Declaração do Rio/92

De tudo que foi dito sobre escassez e ritmo acelerado de desenvolvimento, verifica-se a necessidade de limites para a exploração dos minerais, dos recursos hídricos, dos solos, da vegetação, da fauna e da flora. Essa situação atual, além de colocar em risco o equilíbrio ecológico, compromete a produção de energia e alimentos, a própria expansão de atividades industriais e o desenvolvimento dos países.

5. O SISTEMA NACIONAL DO MEIO AMBIENTE – SISNAMA

5.1. ORIGEM DO SISNAMA

O sistema teve sua origem no Decreto n. 73.030/73, que criou a Secretaria Especial do Meio Ambiente – SEMA, ocorrida logo após a Conferência de Estocolmo, em 1972.[3]

---

[3] REIS, Jair Teixeira dos. *Resumo de direito ambiental.* Niterói: Impetus, 2007, p. 64.

A estrutura do SISNAMA é oficialmente político-administrativa, governamental, aberta à participação de instituições não governamentais, constituída pelos órgãos ambientais e entidades da União, dos Estados, Distrito Federal e Municípios.[4]

É um instituto jurídico ou legal, não tendo personalidade jurídica, porém, possuindo atribuições específicas.

Apresenta uma estrutura escalonada, composta por vários órgãos, segundo a Lei n. 6.938/81.

5.2. ÓRGÃO SUPERIOR

O Conselho de Governo é o órgão superior do SISNAMA, e tem a função de assessorar o Presidente da República na formulação da política nacional e nas diretrizes governamentais para o meio ambiente e os recursos ambientais.

Trata-se de um órgão integrante da Presidência da República, com a finalidade de assessorar o Presidente na formação da política nacional.

5.3. ÓRGÃO CONSULTIVO E DELIBERATIVO

O Conselho Nacional do Meio Ambiente – CONAMA é o órgão consultivo e deliberativo do SISNAMA e tem como finalidade assessorar, estudar e propor ao Conselho de Governo diretrizes de políticas governamentais para o meio ambiente e os recursos naturais e deliberar, no âmbito de sua competência, sobre normas e padrões compatíveis com o meio ambiente ecologicamente equilibrado e essencial à sadia qualidade de vida.

O Ministro do Meio Ambiente é, sem prejuízo de suas funções, o Presidente do CONAMA.

Decidiu o Supremo Tribunal Federal que *"a Lei n. 6.938/81, de âmbito nacional, ao instituir a Política Nacional do Meio Ambiente, elegeu o Conselho Nacional do Meio Ambiente – Conama como o órgão competente para estabelecer normas e critérios para o licenciamento de atividades efetiva ou potencialmente poluidoras a ser concedido pelos Estados e supervisionado pelo IBAMA. O CONAMA, diante de seu poder regulamentar, editou a Resolução n. 237/97, que, em seu art. 12, § 1º, fixou que poderão ser estabelecidos procedimentos simplificados para as atividades e empreendimentos de pequeno potencial de impacto ambiental, que deverão ser aprovados pelos respectivos Conselhos de Meio Ambiente"* (ADI 4.615, Tribunal Pleno).

O Decreto n. 99.274/90, com alterações do Decreto n. 3.942/01 e do Decreto n. 9.806/19, indica competir ao CONAMA:

---

[4] MILARÉ, Édis. *Direito do ambiente.* 5. ed. São Paulo: Revista dos Tribunais, 2007, p. 294.

I – estabelecer, mediante proposta do IBAMA, normas e critérios para o licenciamento de atividades efetiva ou potencialmente poluidoras, a ser concedido pela União, Estados, Distrito Federal e Municípios e supervisionada pelo referido Instituto; (Redação dada pelo Decreto n. 3.942, de 2001)

II – determinar, quando julgar necessário, a realização de estudos das alternativas e das possíveis consequências ambientais de projetos públicos ou privados, requisitando aos órgãos federais, estaduais e municipais, bem assim a entidades privadas, as informações indispensáveis para apreciação dos estudos de impacto ambiental, e respectivos relatórios, no caso de obras ou atividades de significativa degradação ambiental, especialmente nas áreas consideradas patrimônio nacional; (Redação dada pelo Decreto n. 3.942, de 2001)

~~III – decidir, por meio da Câmara Especial Recursal, como última instância administrativa, os recursos contra as multas e outras penalidades impostas pelo IBAMA; (Redação dada pelo Decreto n. 6.792, de 2009)~~ (Revogado pelo Decreto n. 9.806, de 2019)

IV – determinar, mediante representação do IBAMA, a perda ou restrição de benefícios fiscais concedidos pelo Poder Público, em caráter geral ou condicional, e a perda ou suspensão de participação em linhas de financiamento em estabelecimentos oficiais de crédito; (Redação dada pelo Decreto n. 3.942, de 2001)

V – estabelecer, privativamente, normas e padrões nacionais de controle da poluição causada por veículos automotores, aeronaves e embarcações, mediante audiência dos Ministérios competentes; (Redação dada pelo Decreto n. 3.942, de 2001)

VI – estabelecer normas, critérios e padrões relativos ao controle e à manutenção da qualidade do meio ambiente com vistas ao uso racional dos recursos ambientais, principalmente os hídricos; (Redação dada pelo Decreto n. 3.942, de 2001)

VII – assessorar, estudar e propor ao Conselho de Governo diretrizes de políticas governamentais para o meio ambiente e os recursos naturais; (Redação dada pelo Decreto n. 3.942, de 2001)

VIII – deliberar, no âmbito de sua competência, sobre normas e padrões compatíveis com o meio ambiente ecologicamente equilibrado e essencial à sadia qualidade de vida; (Redação dada pelo Decreto n. 3.942, de 2001)

IX – estabelecer os critérios técnicos para declaração de áreas críticas, saturadas ou em vias de saturação; (Redação dada pelo Decreto n. 3.942, de 2001)

X – acompanhar a implementação do Sistema Nacional de Unidades de Conservação da Natureza-SNUC, conforme disposto no inciso I do art. 6o da Lei no 9.985, de 18 de julho de 2000; (Redação dada pelo Decreto n. 3.942, de 2001)

XI – propor sistemática de monitoramento, avaliação e cumprimento das normas ambientais; (Redação dada pelo Decreto n. 3.942, de 2001)

XII – incentivar a instituição e o fortalecimento institucional dos Conselhos Estaduais e Municipais de Meio Ambiente, de gestão de recursos ambientais e dos Comitês de Bacia Hidrográfica; (Redação dada pelo Decreto n. 3.942, de 2001)

XIII – avaliar a implementação e a execução da política ambiental do País; (Redação dada pelo Decreto n. 3.942, de 2001)

XIV – recomendar ao órgão ambiental competente a elaboração do Relatório de Qualidade Ambiental, previsto no art. 9o inciso X da Lei no 6.938, de 31 de agosto de 1981; (Redação dada pelo Decreto n. 3.942, de 2001)

XV – estabelecer sistema de divulgação de seus trabalhos; (Incluído pelo Decreto n. 3.942, de 2001)

XVI – promover a integração dos órgãos colegiados de meio ambiente; (Incluído pelo Decreto n. 3.942, de 2001)

XVII – elaborar, aprovar e acompanhar a implementação da Agenda Nacional de Meio Ambiente, a ser proposta aos órgãos e às entidades do SISNAMA, sob a forma de recomendação; (Incluído pelo Decreto n. 3.942, de 2001)

XVIII – deliberar, sob a forma de resoluções, proposições, recomendações e moções, visando o cumprimento dos objetivos da Política Nacional de Meio Ambiente; e (Incluído pelo Decreto n. 3.942, de 2001)

XIX – elaborar o seu regimento interno. (Incluído pelo Decreto n. 3.942, de 2001)

Não bastasse a variedade legislativa do país, é de se recomendar a leitura de resoluções normativas do CONAMA.

As resoluções do CONAMA estão disponíveis na íntegra no *site* do Ministério do Meio Ambiente e Mudança do Clima.

Registre-se que, em 1º de janeiro de 2023, o Ministério do Meio Ambiente passou a se chamar Ministério do Meio Ambiente e de Mudança do Clima, por meio da Medida Provisória n. 1.154/23. Tempos depois, a Lei n. 14.600, de 19 de junho de 2023, confirmou o novo nome do antigo Ministério do Meio Ambiente.

O CONAMA apresenta a seguinte estrutura, com redação dada pelo Decreto n. 3.942/01 e alterações do Decreto n. 9.806/19:

I – Plenário;

II – Comitê de Integração de Políticas Ambientais;

III – Câmaras Técnicas;

IV – Grupos de Trabalho;

V – Grupos Assessores.

5.4. ÓRGÃO CENTRAL

O Ministério do Meio Ambiente e Mudança do Clima é o órgão central do SISNAMA e tem como finalidade planejar, coordenar, supervisionar e controlar, como órgão federal, a política nacional e as diretrizes governamentais fixadas para o meio ambiente.

Dentre as suas atribuições, estão, segundo o art. 36 da Lei n. 14.600/23:

I – política nacional do meio ambiente;

II – política nacional sobre mudança do clima;

III – política de preservação, conservação e utilização sustentável de ecossistemas, biodiversidade e florestas;

IV – gestão de florestas públicas para a produção sustentável;

V – estratégias, mecanismos e instrumentos regulatórios e econômicos para a melhoria da qualidade ambiental e o uso sustentável dos recursos naturais;

VI – políticas para a integração da proteção ambiental com a produção econômica;

VII – políticas para a integração entre a política ambiental e a política energética;

VIII – políticas de proteção e de recuperação da vegetação nativa;

IX – políticas e programas ambientais para a Amazônia e para os demais biomas brasileiros;

X – zoneamento ecológico-econômico e outros instrumentos de ordenamento territorial, incluído o planejamento espacial marinho, em articulação com outros Ministérios competentes;

XI – qualidade ambiental dos assentamentos humanos, em articulação com o Ministério das Cidades;

XII – política nacional de educação ambiental, em articulação com o Ministério da Educação;

XIII – gestão compartilhada dos recursos pesqueiros, em articulação com o Ministério da Pesca e Aquicultura; e

XIV – políticas de proteção de espécies ameaçadas de extinção.

5.5. ÓRGÃOS EXECUTORES

O Instituto Brasileiro do Meio Ambiente e dos Recursos Naturais Renováveis – IBAMA e o Instituto Chico Mendes de Conservação da Biodiversidade – ICMBio são os órgãos executores do SISNAMA e tem como finalidade executar e fazer executar, como órgãos federais, a política e diretrizes governamentais fixadas para o meio ambiente.

Sobre ambos, suas competências, estruturas, finalidades, atribuições, trataremos mais à frente, no Capítulo XVII.

5.6. ÓRGÃOS SETORIAIS

São setoriais aqueles órgãos ou entidades integrantes da Administração Pública Direta ou Indireta, bem como as Fundações instituídas pelo Poder Público, cujas atividades estejam associadas às de proteção da qualidade ambiental ou àquelas de disciplinamento do uso de recursos ambientais.

Dentre eles, podem-se encontrar o Ministério da Agricultura, o Ministério da Fazenda, o Ministério da Marinha, o Ministério das Minas e Energia e o Ministério da Saúde.

5.7. ÓRGÃOS SECCIONAIS

Seccionais são aqueles órgãos ou entidades estaduais responsáveis pela execução de programas, projetos e pelo controle e fiscalização das atividades capazes de provocar degradação ambiental.

Em caso que versava construção de empreendimento em rio estadual, portanto, bem de domínio do Estado, pois se encontra inteiramente dentro de seus limites, ainda que houvesse impacto ambiental de âmbito local, manifestou-se a jurisprudência nos seguintes termos: *"O rio Araguari, na concepção da Constituição Federal, é do Estado de Minas Gerais. O Dec. n. 99.274/90 referendou a descentralização da outorga do licenciamento ambiental, que as delegou fundamentalmente aos órgãos estaduais competentes, ficando restrita a competência do IBAMA às questões relativas a atividades com significativo impacto ambiental de âmbito nacional ou regional. Não houve comprovação nos autos de que o impacto ambiental advindo do empreendimento ultrapassasse o limite do Estado de Minas Gerais"* (TRF 1ª Região, AgI 200201000355592/MG).

Isso corrobora, inclusive, o que se disse páginas atrás, sobre a competência material comum dos entes federativos envolvidos em processos relacionados ao meio ambiente.

5.8. ÓRGÃOS LOCAIS

Por fim, os órgãos locais são aqueles órgãos ou entidades municipais, responsáveis pelo controle e fiscalização dessas atividades, nas suas respectivas jurisdições.

6. OS INSTRUMENTOS DA POLÍTICA NACIONAL DO MEIO AMBIENTE

Os instrumentos da Política Nacional do Meio Ambiente não se confundem com aqueles vistos no art. 225, § 1º, I a VII, da Constituição Federal, mas também têm como objetivo dar efetividade à intenção do legislador, no sentido de implementar a Política Nacional do Meio Ambiente, resguardando um meio ambiente ecologicamente equilibrado, para as presentes e futuras gerações.

São eles, conforme enumeração do art. 9º da Lei n. 6.938/81:

I – o estabelecimento de padrões de qualidade ambiental;

II – o zoneamento ambiental;

III – a avaliação de impactos ambientais;

IV – o licenciamento e a revisão de atividades efetiva ou potencialmente poluidoras;

V – os incentivos à produção e instalação de equipamento e a criação ou absorção de tecnologia, voltados para a melhoria da qualidade ambiental;

VI – a criação de reservas e estações ecológicas, áreas de proteção ambiental e as de relevante interesse ecológico, pelo Poder Público Federal, Estadual e Municipal;

VII – o sistema nacional de informações sobre o meio ambiente;

VIII – o Cadastro Técnico Federal de Atividades e instrumentos de defesa ambiental;

IX – as penalidades disciplinares ou compensatórias ao não cumprimento das medidas necessárias à preservação ou correção de degradação ambiental.

X – a instituição do Relatório de Qualidade do Meio Ambiente, a ser divulgado anualmente pelo Instituto Brasileiro do Meio Ambiente e Recursos Naturais Renováveis – IBAMA;

XI – a garantia da prestação de informações relativas ao Meio Ambiente, obrigando-se o Poder Público a produzi-las, quando inexistentes;

XII – o Cadastro Técnico Federal de atividades potencialmente poluidoras e/ou utilizadoras dos recursos ambientais.

Para José Afonso da Silva, esses instrumentos estão alinhados em três grupos: a) de intervenção ambiental (condicionadores de condutas); b) de controle ambiental (as medidas e padrões adotados pelo Poder Público); c) de controle repressivo (as sanções aplicadas às pessoas físicas e jurídicas).[5]

Ainda que resumidamente, esses instrumentos merecem comentários, apesar de muitos deles já terem sido abordados quando tratamos dos princípios do Direito Ambiental, no Capítulo II.[6]

6.1. PADRÕES DE QUALIDADE AMBIENTAL

O regime de liberdades públicas em que se vive permite o uso normal dos direitos individuais, mas não autoriza o abuso, nem o seu exercício antissocial.

Isso traz à tona a necessidade da elaboração de padrões de qualidade, por meio de critérios técnicos ambientais, no sentido de o Poder Público limitar a emissão de poluentes, qualquer que seja a sua espécie.

Dessa forma, a legislação coloca à disposição do aplicador do Direito uma série de limitações a direitos individuais, tais como restrições ao uso e gozo da propriedade, à liberdade de comércio, de indústria e outras iniciativas privadas, sujeitando-os a controle especial, mediante atos de licenciamento, de aprovação, de fiscalização e de imposição de sanções.

Esse é o caso da aplicação dos padrões de qualidade ambiental, que em muito se aproxima ao princípio do limite, já estudado.

É importante ressaltar que o controle das emissões, e o estabelecimento de normas, no Brasil, é regulado pelo órgão consultivo e deliberativo do SISNAMA, que é o Conselho Nacional do Meio Ambiente – CONAMA, através de suas Resoluções.

O CONAMA já regulamentou esses padrões de qualidade de ar, água e ruídos.[7]

---

[5] SILVA, José Afonso da. *Direito ambiental constitucional*. 4. ed. São Paulo: Malheiros, 2002, p. 220.

[6] Alguns autores, como é o caso do Luís Paulo Sirvinskas, realizam a análise somente dos instrumentos mais importantes, como os padrões de qualidade ambiental, o zoneamento, a avaliação dos impactos ambientais, o licenciamento e a auditoria ambientais. SIRVINSKAS, Luís Paulo. *Manual de direito ambiental*. 7. ed. São Paulo: Saraiva, 2009, p. 141.

[7] V. Resoluções n. 357/05, 5/89 e 1/90, respectivamente.

Sobre as Resoluções do CONAMA, elas *"decorrem de autorização legal, ora categórica, ora implícita, cabendo citar, entre outros, o art. 8º da Lei 6.938/1981. Especificamente, compete ao Conselho "estabelecer normas, critérios e padrões relativos ao controle e à manutenção da qualidade do meio ambiente com vistas ao uso racional dos recursos ambientais, principalmente os hídricos" (art. 8º, VII, da Lei 6.938/1981, grifo acrescentado). 2. O próprio legislador esclareceu o que se deve entender por "recursos ambientais", definindo-os como "a atmosfera, as águas interiores, superficiais e subterrâneas, os estuários, o mar territorial, o solo, o subsolo, os elementos da biosfera, a fauna e a flora" (art. 3º, V), o que significa dizer que, nesse campo, a competência do Conama é ampla, só podendo ser afastada por dispositivo legal expresso, que deve ser interpretado restritivamente, diante da natureza de lei-quadro ou nave-mãe do microssistema que caracteriza a Lei da Política Nacional do Meio Ambiente"* (AgRg no REsp 1.369.492-SP).

6.2. ZONEAMENTO AMBIENTAL

O zoneamento tem por objetivo regular o uso da propriedade do solo. É uma limitação administrativa ao direito de propriedade que visa ordenar e planejar ocupações territoriais.

Os principais elementos do zoneamento podem ser assim resumidos: definição de objetivos da região de estudo, prazos para a execução do trabalho, identificação dos aspectos ambientais, diagnóstico, processamento de informações, interação dos dados e representação final do zoneamento.[8]

O zoneamento ambiental atende aos requisitos do que comumente se chama de "gestão ambiental", que, por sua vez, respeita os preceitos básicos dos princípios da prevenção e da precaução, vistos anteriormente.

Quando se fala em atividade privada e gestão e zoneamento ambientais, trata-se, umbilicalmente, de conflitos de interesses. O Superior Tribunal de Justiça apreciou matéria dessa espécie, e assim se pronunciou: *"Não se trata tão somente de restauração de matas em prejuízo de famílias carentes de recursos financeiros, que, provavelmente deixaram-se enganar pelos idealizadores de loteamentos irregulares na ânsia de obterem moradias mais dignas, mas de preservação de reservatório de abastecimento urbano, que beneficia um número muito maior de pessoas do que as residentes na área de preservação. No conflito entre o interesse público e o particular há de prevalecer aquele em detrimento deste quando impossível a conciliação de ambos"* (REsp 403.190/SP).

---

[8] MILARÉ, Édis. *Direito do ambiente*. 5. ed. São Paulo: Revista dos Tribunais, 2007, p. 342.

6.3. AVALIAÇÃO DE IMPACTOS AMBIENTAIS

Esse instrumento serve para dar à administração pública informações quanto aos interesses envolvidos, quando da tomada da decisão, inclusive aqueles do ambiente, tendo em vista uma finalidade superior.

O objetivo da realização desses estudos é apresentar subsídios para a análise das licenças ambientais requeridas.[9] Por ser um procedimento público, é imprescindível o acompanhamento do órgão da administração desde o início do procedimento, conforme determina a Resolução n. 237/97 do CONAMA.

Realizado o estudo de impacto ambiental obtém-se o Relatório do Estudo de Impacto Ambiental – RIMA, que refletirá as conclusões desse estudo. O relatório mostrará tudo que foi encontrado, inclusive a viabilidade ou não da execução de obra ou do empreendimento.

A Resolução n. 1/86 dispõe, em seu art. 1º, o que deve ser considerado impacto ambiental, sendo *"qualquer alteração das propriedades físicas, químicas e biológicas do meio ambiente, causada por qualquer forma de matéria ou energia resultante das atividades humanas que, direta ou indiretamente, afetam: a saúde, a segurança e o bem-estar da população; as atividades sociais e econômicas; a biota; as condições estéticas e sanitárias do meio ambiente; a qualidade dos recursos ambientais".*

O Superior Tribunal de Justiça, ao ensejo de julgar processo que envolvia empreendimento que provavelmente geraria alteração significativa ao meio ambiente, asseverou que *"o exame acerca da prescindibilidade do EIA/RIMA em decorrência de um já ter sido ofertado por um dos empreendimentos, e da desnecessidade de nova perícia demanda a verificação das peculiaridades técnicas e específicas que levaram à concessão daquele EIA/RIMA, o que não se coaduna com os estreitos liames da via especial"* (REsp 791.525/SP).

Resta claro que a Constituição Federal, ao instituir como dever do Poder Público assegurar o direito a um meio ambiente ecologicamente equilibrado, bem de uso comum do povo e essencial à sadia qualidade de vida, devendo ser preservado e defendido para as presentes e futuras gerações, deve também oferecer elementos para tal desiderato, como no caso da avaliação de possíveis impactos gerados por empreendimentos considerados potencialmente poluidores.

Decidiu o Tribunal Regional Federal da 2ª Região, ao julgar a implantação de um grande empreendimento, ser *"necessário cumprir a exigência de elaboração de estudo prévio do impacto ambiental a ser causado por obra de tal magnitude. – Autoaplicabilidade do inciso IV, do art. 225, da Constituição Federal, o qual exige, 'na*

---

[9] GRANZIERA, Maria Luiza Machado. *Direito ambiental.* São Paulo: Atlas, 2009, p. 282.

forma da lei, para instalação de obra ou atividade potencialmente causadora de significativa degradação do meio ambiente, estudo prévio do impacto ambiental, a que se dará publicidade" (TRF 2ª Região, Agravo Interno no AgI 109.789/RJ).

Com respeito à avaliação dos impactos ambientais, merece destaque que esta não se restringe ao empreendimento isoladamente, mas deve levar em consideração os efeitos sinérgicos com outras atividades na mesma área.

Já o Tribunal Regional Federal da 3ª Região, assentou que é *"importante frisar que a exigência de licença ambiental para a prática de atividades que impliquem, ainda que indiretamente, risco ao meio ambiente, é fato inconteste no direito ambiental, e encontra guarida nos princípios da prevenção e do desenvolvimento sustentável, os quais, por seu turno, amparam-se no art. 170, VI, da Constituição Federal, que estabelece que a ordem econômica tem também como fundamento a defesa e preservação do meio ambiente, restando assim legítima a conduta da autoridade administrativa no sentido de exigir previamente as respectivas licenças ambientais para a permissão de atividades potencialmente nocivas ao meio ambiente. Precedentes desta Corte Regional"* (TRF 3ª Região, Apelação Cível n. 0015377-09.2015.4.03.6000/MS).

Assim, no caso do aproveitamento do potencial hidrelétrico, por exemplo, deve ser avaliado o efeito cumulativo sobre o curso d'água decorrente de outros barramentos já em funcionamento.

E, se houver pedido de licenciamento de qualquer atividade poluidora do ar, como uma usina termelétrica, deve ser analisada a saturação da bacia aérea se outras atividades com essa característica estiverem licenciadas na região.

6.4. LICENCIAMENTO AMBIENTAL

A Resolução n. 237/97 define licenciamento como procedimento administrativo pelo qual o órgão ambiental competente licencia a localização, instalação, ampliação e a operação de empreendimentos e atividades utilizadoras de recursos ambientais, consideradas efetiva ou potencialmente poluidoras ou daquelas que, sob qualquer forma, possam causar degradação ambiental, considerando as disposições legais e regulamentares e as normas técnicas aplicáveis ao caso.[10]

Em verdade, o que a Resolução n. 237/97 tentou fazer foi estabelecer um sistema racional de procedimentos para todos os entes licenciadores, evitando que cada órgão criasse licenças diferentes, o que redundaria numa confusão de nomenclaturas.

Importa registrar as licenças ambientais mais comuns, ainda seguindo a Resolução, no seu art. 8º:

---

[10] A Resolução n. 369/06, do CONAMA, trata dos casos de baixo impacto ambiental, que possibilitam a intervenção ou supressão de vegetação em Área de Preservação Permanente – APP.

I – **Licença Prévia (LP)** – concedida na fase preliminar do planejamento do empreendimento ou atividade, aprovando sua localização e concepção, atestando a viabilidade ambiental e estabelecendo os requisitos básicos e condicionantes atendidos nas próximas fases de sua implementação;

II – **Licença de Instalação (LI)** – autoriza a instalação do empreendimento ou atividade de acordo com as especificações constantes dos planos, programas e projetos aprovados, incluindo as medidas de controle ambiental e demais condicionantes, da qual constituem motivo determinante;

III – **Licença de Operação (LO)** – autoriza a operação da atividade ou empreendimento, após a verificação do efetivo cumprimento do que consta das licenças anteriores, com as medidas de controle ambiental e condicionantes determinadas para a operação.

Essas licenças têm como finalidade aferir a regularidade do empreendimento diante da legislação ambiental, inclusive contando com respaldo na jurisprudência, pois *"a solicitação de esclarecimentos e complementações a Estudo e Relatório de Impacto Ambiental – EIA/RIMA tem expressa previsão na Resolução CONAMA n. 237/97 (art. 10, inciso IV), como medida prévia à realização de audiências públicas (art, 10, inciso V), competindo ao IBAMA aferir a sua necessidade, com vistas na completa instrução do procedimento de licenciamento ambiental. Demonstrada, objetivamente, essa necessidade, obstáculos de ordem material e/ou de política governamental, nem mesmo o poder discricionário do órgão ambiental, não têm o condão de impedir a sua realização, em homenagem ao interesse maior da sociedade, na busca da elucidação de todas as questões pertinentes ao aludido licenciamento ambiental"* (TRF 1ª Região, Ap. Cív. 200133000057790/BA).

Já no tocante ao início de atividades e posterior lavratura de auto de infração, decidiu o Superior Tribunal de Justiça, em caso de licença ambiental, que *"a refinaria de petróleo obteve, a título precário, licença de funcionamento para que pudesse iniciar a operação de novas unidades, potencialmente poluidoras, integrantes de seu processo produtivo. Apesar de várias tentativas para se obter o alvará definitivo para funcionamento, o Poder Público quedou-se inerte. Sucede que a refinaria recebeu correspondência ordenando que se adequasse às exigências previstas para a obtenção da aludida licença, porém, antes de expirado prazo para tal, foi lavrado auto de infração com imposição de advertência pelo suposto funcionamento sem licença. Inconformada, interpôs recurso administrativo, mas, na sua pendência, foi lavrado novo auto, agora com imposição de multa e ordem para que paralisasse as atividades. Diante disso, a refinaria ajuizou medida cautelar, obtendo liminar para que se suspendesse a ordem de interrupção até ulterior revisão por parte do Juiz. Note-se que ainda não houve a revisão ou mesmo sentença de mérito. Nesse contexto, o paciente, Superintendente daquela pessoa jurídica, ao determinar a continuidade dos trabalhos na refinaria, não o fez ao alvitre da lei, mas, sim, amparado em cautela judicial. A decisão judicial supriu, ainda que precariamente, a licença ou autorização de órgão ambiental, daí o necessário trancamento da ação penal pelo crime descrito no art. 60 da Lei n. 9.605/98 (Lei dos Crimes Ambientais)"* (HC 12.891/SP).

Já tive a oportunidade de me manifestar detalhadamente sobre o assunto, em trabalho mais abrangente sobre o licenciamento ambiental, onde tratamos das importantes alterações para a temática advindas com a edição do Decreto n. 10.198, de 3 de janeiro de 2020, a Lei de Liberdade Econômica (Lei n. 13.874/2019) e a IN n. 26, de 6 de dezembro de 2019.

Também fizemos comentários ao Projeto de Lei n. 3.729/2004 (Lei Geral do Licenciamento Ambiental), além de todo o conteúdo necessário para estudo e prática do tema, em coautoria com Curt Trennepohl.[11]

Decidiu o Superior Tribunal de Justiça que *"a competência para o licenciamento ambiental é disciplinada pelo art. 10 da Lei n. 6.938/81 e pela Resolução Conama n. 237/97, quadro normativo esse atualizado, mais recentemente, pela Lei Complementar n. 140/2011. Nessas normas, há previsão para licenciamento pela União para obras realizadas dentro de Unidade de Conservação Federal, embora, em situações particulares, não se possa excluir a possibilidade de o empreendimento na Zona de Amortecimento trazer risco de dano à UC em si mesma, o que justificaria a condução do licenciamento pelo próprio órgão federal. Por isso mesmo, o legislador previu a necessidade de prévias e expressas consulta e autorização do órgão responsável pela administração da Unidade de Conservação no caso de instalação de equipamentos de "infraestrutura urbana em geral" (art. 46, caput, e parágrafo único da Lei n. 9.985/2000), expressão genérica que, por óbvio, inclui aeroporto, tanto pela questão do adensamento populacional, como pelo ruído e outras interferências provocados pela atividade* (REsp 1.319.099/RS).

Continua a decisão, aduzindo que *"a legislação permite a celebração de convênios entre União, Estados e Municípios para fins de compartilhamento do licenciamento ambiental, desde que preenchidos rígidos requisitos (art. 2º da LC n. 140/2011), o que não afeta, por óbvio, a competência da Justiça Federal. Ainda que a competência para a condução do licenciamento seja do órgão estadual, o Ibama, o ICMBio e outros órgãos com incumbência ambiental preservam seu poder fiscalizador, se detectada atividade nociva ao meio ambiente. A atividade fiscalizatória das atividades nocivas ao meio ambiente concede ao IBAMA interesse jurídico suficiente para exercer seu poder de polícia administrativa, ainda que o bem esteja situado em área cuja competência para o licenciamento seja do município ou do estado"* (REsp 1.319.099/RS).

Mesmo que a poluição não tenha causado danos diretos imediatos à saúde humana ou à integridade de plantas e animais, é punível quando a emissão de matéria ou energia ultrapassa os limites fixados nas normas ambientais ou resulta na alteração adversa das características do meio ambiente (Lei n. 6.938/81, art. 3º, II).

---

[11] TRENNEPOHL, Curt; TRENNEPOHL, Terence. *Licenciamento ambiental*. 9. ed. revista, atualizada e ampliada. São Paulo: Revista dos Tribunais, 2022.

Os limites admissíveis de emissão são, na maior parte, estabelecidos em resoluções do Conselho Nacional do Meio Ambiente – CONAMA, e a fixação dos limites máximos permitidos pressupõem que a sua extrapolação seja prejudicial ao homem ou ao meio ambiente.

As mais conhecidas e de aplicação mais comum no que se refere à poluição são as seguintes:

- Resolução n. 5, de 15-6-1989 – Institui o Programa Nacional de Controle da Qualidade do Ar – PRONAR (Complementada pelas Resoluções n. 3, de 1990, 8, de 1990, e 436, de 2011 e pela Resolução n. 491/18);
- Resolução n. 267, de 14-9-2000 – Proíbe a utilização das substâncias que destroem a camada de ozônio (Alterada pela Resolução n. 340, de 2003);
- Resolução n. 272, de 14-9-2000 – Estabelece limites máximos de ruídos para veículos de passeio;
- Resolução n. 315, de 29-10-2002 – Estabelece limites máximos de poluentes emitidos por veículos de passageiros (Complementada pela Resolução n. 354, de 2004);
- Resolução n. 316, de 29-10-2002 – Estabelece limites máximos para emissão de poluentes por sistema de tratamento térmico de resíduos e cadáveres (Alterada pela Resolução n. 386, de 2006);
- Resolução n. 321, de 29-1-2003 – Estabelece a qualidade do óleo diesel para reduzir a poluição do ar;
- Resolução n. 342, de 25-9-2003 – Estabelece limites para emissão de gases poluentes por ciclomotores, motociclos e veículos similares.
- Resolução n. 357, de 17-3-2005 – Classifica as águas segundo seu uso preponderante (Alterada pelas Resoluções n. 370, de 2006, 397, de 2008, 410, de 2009, e 430, de 2011. Complementada pela Resolução n. 393, de 2009);
- Resolução n. 401, de 4-11-2018 – Estabelece limites para componentes de pilhas (Alterada pela Resolução n. 424, de 2010);
- Resolução n. 418, de 25-11-2009 – Dispõe sobre critérios para a elaboração de Planos de Controle de Poluição Veicular – PCPV e para a implantação de Programas de Inspeção e Manutenção de Veículos em Uso – I/M pelos órgãos estaduais e municipais de meio ambiente e determina novos limites de emissão e procedimentos para a avaliação do estado de manutenção de veículos em uso (alterada pelas Resoluções n. 426, de 2010, 435, de 2011, e 451, de 2012);
- Resolução n. 472, de 27-11-2015 – Regulamenta o uso de dispersantes químicos em derrames de óleo no mar.

É importante observar, no entanto, que somente aqueles empreendimentos ou atividades capazes de causar significativo impacto ambiental exigem o Estudo de

Impacto Ambiental e o Relatório do Estudo de Impacto Ambiental – EIA/RIMA, podendo o órgão competente licenciar os de menor potencial degradador mediante a apresentação de estudos simplificados.

A Constituição Federal de 1988 estabelece, em seu art. 225, que a defesa do meio ambiente ecologicamente equilibrado incumbe ao Poder Público, indistintamente. E, no seu art. 23, ao definir as competências comuns dos entes federados, dentre as quais se destacam a proteção do meio ambiente, o combate à poluição, a preservação das florestas, da fauna e da flora, dispõe que Lei Complementar deverá fixar as normas para a cooperação entre a União, os Estados, o Distrito Federal e os Municípios.

Infelizmente, até 2011, esta lei complementar não havia sido editada, lacuna que se tentou preencher com leis ordinárias, decretos, resoluções e até portarias. Se, por um lado, estes atos eram capazes de estabelecer quais as atividades sujeitas ao licenciamento, os tipos de licenças ou autorizações e as exigências para sua concessão, por outro eram totalmente ineficazes para definir inquestionavelmente quem é a autoridade competente para emiti-las.

Os conflitos de competência decorrentes da falta de definição das áreas de atuação dos diferentes entes da federação – por Lei Complementar, conforme exigência expressa da Constituição Federal – resultava em frequentes desentendimentos entre órgãos ambientais integrantes do SISNAMA, pondo em risco a efetiva implantação deste sistema. Pior ainda, levava os administrados a uma situação de insegurança jurídica inaceitável, com lesões ao seu patrimônio e desestímulo ao investimento.[12]

É de Vladimir Passos de Freitas um trecho que bem representa a zona cinzenta em que se insere a matéria no nosso ordenamento jurídico: *"Não há nada difícil e pouco tratado em matéria de Direito Ambiental como a divisão de competências em matéria administrativa"*.[13]

Era comum o embargo de atividades, licenciadas por um integrante do SISNAMA, por outro órgão, que se entendia competente para tanto.

De igual sorte, tornaram-se corriqueiras as invasões em áreas de competência claramente demarcadas por normas que permanecem em pleno vigor após a Constituição de 1988 e somente foram afastadas quando houve a edição da Lei Complementar n. 140/11, como requerida pela Lei Maior.

O assunto foi bem observado pelo mesmo Vladimir Passos de Freitas:

"Há – é inegável – disputa de poder entre órgãos ambientais, fazendo com que, normalmente, mais de um atribua a si mesmo competência legislativa e

---

[12] SISNAMA – Sistema Nacional do Meio Ambiente, composto pelos órgãos e entidades da União, dos Estados, do Distrito Federal, dos Territórios e dos Municípios, bem como as funções instituídas pelo Poder Público, responsáveis pela proteção e melhoria da qualidade ambiental (Lei n. 6.938/81, art. 6º).

[13] SILVEIRA, Patrícia Azevedo da. *Competência ambiental.* Curitiba: Juruá, 2003, p. 15.

material. Há, também, uma controvérsia histórica que jamais desaparecerá: o poder central está distante e desconhece os problemas locais; o poder local está mais próximo dos fatos, porém é influenciado e envolvido nos seus próprios interesses".[14]

Na verdade, era possível observar dois tipos de conflito de competência entre os órgãos dos diferentes níveis da Federação, no exercício da competência comum, que podemos definir como conflito de competência negativo e conflito de competência positivo.

Tratando-se de atuação que pudesse gerar desgaste político, como autuações, embargos de obras ou interdições de atividades, era comum que se invocasse a falta de definição explícita da competência no sistema jurídico para afastar uma eventual responsabilização por omissão ou conivência.

Por outro lado, quando houvesse atuação da qual pudesse resultar ganhos de imagem junto à opinião pública ou mesmo econômicos, órgãos de diferentes níveis buscavam avocar a competência. Nesse último caso se insere, normalmente, o licenciamento ambiental. A uma, porque o Município e o Estado estão sempre dispostos a trazer para suas searas investimentos e empreendimentos que resultem em geração de empregos e renda; a duas, também, pela previsão das compensações resultantes do licenciamento dos empreendimentos de maior porte.[15]

Daniel Roberto Fink *et al.* comentaram um dos motivos dos conflitos que costumavam surgir na definição da competência para o licenciamento:

"Isto porque a experiência mostra que todos querem licenciar determinados empreendimentos. Outros, ninguém se habilita. Politicamente, por vezes, uma atividade é interessante. Outras representam um ônus sem retorno".[16]

6.5. INCENTIVOS À PRODUÇÃO E INSTALAÇÃO DE EQUIPAMENTOS E À CRIAÇÃO OU ABSORÇÃO DE TECNOLOGIA, VOLTADOS PARA A MELHORIA DA QUALIDADE AMBIENTAL

Trata-se de incentivos sobre a produção e instalação de equipamentos não poluentes e com tecnologias "limpas".

Exemplos são os incentivos fiscais dados nos produtos e empreendimentos que atendam aos princípios ambientais.

---

[14] FREITAS, Vladimir Passos de. *A Constituição Federal e a efetividade das normas ambientais.* 3. ed. São Paulo: Revista dos Tribunais, 2005, p. 79.

[15] As compensações ambientais, principalmente a que foi estabelecida pelo art. 36 da Lei n. 9.985/00, regulamentada pelo Decreto n. 4.340, de 2002, são objeto de análise específica, mais adiante.

[16] FINK, Daniel Roberto; ALONSO JR., Hamilton; DAWALIBI, Marcelo. *Aspectos jurídicos do licenciamento ambiental.* 3. ed. Rio de Janeiro: Forense Universitária, 2004, p. 53.

Na União Europeia, por exemplo, estimula-se o reuso das águas pelas empresas privadas por meio de incentivos financeiros, e que serve de instrumento para estimular a economia e manter o meio ambiente equilibrado.[17]

A adoção de medidas interventivas serve para implementação de políticas ambientais, não se restringindo somente a uma forma de arrecadar tributos e gerar receitas, mas principalmente como instrumento para a promoção de condutas ambientalmente desejáveis.[18]

O Estado, seja pela imposição de tributos, seja pela concessão de subsídios, pode incrementar as políticas públicas de preservação ambiental.

Alguns exemplos de incentivos fiscais são elucidativos, como o IR, o IPI, o ITR, o ICMS ecológico, o IPVA, o IPTU progressivo, o ISS e sua seletividade, entre tantos outros que poderiam ser citados e comentados, mas a finalidade do livro não permite essa abordagem.

Demais disso, inúmeros projetos podem conceder incentivos fiscais a empreendimentos ambientalmente corretos, como já tive a oportunidade de observar.[19]

Em fins de agosto de 2007, a Comissão de Constituição, Justiça e Cidadania da Câmara dos Deputados aprovou, por unanimidade de votos, o Projeto de Lei n. 5.974/05, instituindo determinados incentivos fiscais para contribuintes que destinarem parcela de sua renda a projetos ambientais.

A previsão legislativa dá conta de que as pessoas físicas e jurídicas poderão deduzir, do imposto de renda a ser recolhido, respectivamente, até 80% e 40% dos valores doados a entidades sem fins lucrativos, para aplicação em projetos destinados a promover o uso sustentável dos recursos naturais, a preservação do meio ambiente, a recuperação de áreas degradadas ou a redução de gases causadores do efeito estufa.

Entretanto, para que o contribuinte possa deduzir do imposto de renda a recolher os valores acima mencionados, os projetos ambientais respectivos deverão ser submetidos a um dos órgãos integrantes do Sistema Nacional do Meio Ambiente, e, para serem aprovados, esses projetos deverão se enquadrar nas diretrizes, prioridades e normas estabelecidas pelo Fundo Nacional do Meio Ambiente.

6.6. CRIAÇÃO DE ESPAÇOS TERRITORIAIS ESPECIALMENTE PROTEGIDOS

Quando se tratou dos instrumentos de garantia, relacionados ao art. 225 da Constituição Federal, foram abordados os espaços especialmente protegidos, nos seguintes termos:

---

[17] SIRVINSKAS, Luís Paulo. *Manual de direito ambiental*. 7. ed. São Paulo: Saraiva, 2009, p. 308.

[18] LANFREDI, Geraldo Ferreira. *Política ambiental:* busca de efetividade de seus instrumentos. 2. ed. São Paulo: Revista dos Tribunais, 2007, p. 246.

[19] TRENNEPOHL, Terence. *Incentivos fiscais no direito ambiental*. 2. ed. São Paulo: Saraiva, 2012, p. 89.

a) **Áreas de Proteção Especial:** aquelas que têm por objetivo prevenir a lesão a bens e valores ambientais estratégicos decorrentes dos processos de urbanização, mediante parcelamento e ocupação do solo urbano;

b) **Áreas de Preservação Permanente:** configuram espaço de domínio público ou particular, onde, em regra, é vedado o exercício de determinadas atividades em razão de sua importância vegetal;

c) **Reserva Legal:** áreas destinadas à preservação da cobertura vegetal;

d) **Unidades de Conservação:** espaços territoriais, com características naturais relevantes, legalmente instituídos pelo Poder Público.

Demais disso, é importante verificar, NOVAMENTE, o art. 7º da Lei n. 9.985/00:

a) **Unidades de Proteção Integral:**

I – Estação Ecológica;

II – Reserva Biológica;

III – Parque Nacional;

IV – Monumento Natural;

V – Refúgio de Vida Silvestre.

b) **Unidades de Uso Sustentável:**

I – Área de Proteção Ambiental;

II – Área de Relevante Interesse Ecológico;

III – Floresta Nacional;

IV – Reserva Extrativista;

V – Reserva de Fauna;

VI – Reserva de Desenvolvimento Sustentável; e

VII – Reserva Particular do Patrimônio Natural.

6.7. SISTEMA NACIONAL DE INFORMAÇÕES SOBRE O MEIO AMBIENTE

Esse sistema tem como objetivo sistematizar as informações para apoiar o processo de tomada de decisões ambientais.

Está previsto no art. 9º, VII, da Lei n. 6.938/81, e deve ser um instrumento da Política Nacional do Meio Ambiente tendente a munir de dados os níveis federativos integrantes do SISNAMA.[20]

Em verdade, está aliado ao livre direito de informação aos cidadãos, como previsto no art. 5º, XIV, da Constituição Federal.

---

[20] MACHADO, Paulo Affonso Leme. *Direito à informação e meio ambiente.* São Paulo: Malheiros, 2006, p. 184.

O Ministério do Meio Ambiente é o responsável pela execução e implementação desse sistema, chamado também de SINIMA.[21]

Diz o art. 2º da Lei n. 10.650/03, que dispõe sobre o acesso público aos dados e informações existentes nos órgãos e entidades integrantes do SISNAMA, o seguinte:

> Art. 2º Os órgãos e entidades da Administração Pública, direta, indireta e fundacional, integrantes do SISNAMA, ficam obrigados a permitir o acesso público aos documentos, expedientes e processos administrativos que tratem de matéria ambiental e a fornecer todas as informações ambientais que estejam sob sua guarda, em meio escrito, visual, sonoro ou eletrônico, especialmente as relativas a:
>
> I – qualidade do meio ambiente;
>
> II – políticas, planos e programas potencialmente causadores de impacto ambiental;
>
> III – resultados de monitoramento e auditoria nos sistemas de controle de poluição e de atividades potencialmente poluidoras, bem como de planos e ações de recuperação de áreas degradadas;
>
> IV – acidentes, situações de risco ou de emergência ambientais;
>
> V – emissões de efluentes líquidos e gasosos, e produção de resíduos sólidos;
>
> VI – substâncias tóxicas e perigosas;
>
> VII – diversidade biológica;
>
> VIII – organismos geneticamente modificados.

Paulo Affonso Leme Machado, em extenso estudo sobre o tema, detalha a finalidade da norma e a importância na prestação de informações ambientais.[22]

Em elucidativa decisão, a Justiça Federal de Santa Catarina aplicou R$ 2,16 milhões em multas a três empresas carboníferas do estado, por não terem cumprido o prazo determinado para apresentação de planos de recuperação de áreas degradadas (PRADs) pela mineração.

Em abril de 2006, o juiz havia estabelecido quatro meses para apresentação dos PRADs, decisão confirmada pelo Tribunal Regional Federal da 4ª Região. Os PRADs deveriam estar de acordo com o padrão adotado pela Justiça Federal, por indicação do Ministério Público Federal, e incluir todas as áreas de depósitos de rejeitos, áreas mineradas a céu aberto e minas abandonadas.

A sentença que condenou as carboníferas a recuperar o meio ambiente da região foi proferida em 2000 e mantida em instâncias superiores (Proc. 2000.72.04.002543-9).

---

[21] MILARÉ, Édis. *Direito do ambiente.* 5. ed. São Paulo: Revista dos Tribunais, 2007, p. 444.
[22] MACHADO, Paulo Affonso Leme. *Direito à informação e meio ambiente.* São Paulo: Malheiros, 2006, p. 205.

6.8. CADASTRO TÉCNICO FEDERAL DE ATIVIDADES E INSTRUMENTOS DE DEFESA AMBIENTAL

Diz a Lei n. 6.938/81, em seu art. 17, que está criado o Cadastro Técnico Federal de atividades e instrumentos de defesa ambiental, para registro obrigatório de pessoas físicas ou jurídicas que se dedicam à consultoria técnica sobre problemas ecológicos e ambientais e à indústria e comércio de equipamentos, aparelhos e instrumentos destinados ao controle de atividades efetiva ou potencialmente poluidoras.

Esse cadastro busca controlar e monitorar aqueles profissionais que trabalham com materiais e técnicas potencialmente poluidoras.

6.9. PENALIDADES DISCIPLINARES OU COMPENSATÓRIAS AO NÃO CUMPRIMENTO DAS MEDIDAS NECESSÁRIAS À PRESERVAÇÃO OU CORREÇÃO DE DEGRADAÇÃO AMBIENTAL

A Lei n. 6.938/81 elencou algumas penalidades administrativas, em seu art. 14, quanto ao não cumprimento das medidas necessárias à preservação ou correção dos inconvenientes e danos causados pela degradação da qualidade ambiental, e prevê que os transgressores estarão sujeitos às seguintes sanções:

I – à multa simples ou diária, nos valores correspondentes, no mínimo, a 10 (dez) e, no máximo, a 1.000 (mil) Obrigações Reajustáveis do Tesouro Nacional – ORTNs, agravada em casos de reincidência específica, conforme dispuser o regulamento, vedada a sua cobrança pela União se já tiver sido aplicada pelo Estado, Distrito Federal, Territórios ou pelos Municípios;

II – à perda ou restrição de incentivos e benefícios fiscais concedidos pelo Poder Público;

III – à perda ou suspensão de participação em linhas de financiamento em estabelecimentos oficiais de crédito;

IV – à suspensão de sua atividade.

No âmbito federal, porém, a Lei n. 9.605/98, no art. 72, cuidou das infrações administrativas, como se verá adiante, onde se apontam as seguintes:

I – advertência;
II – multa simples;
III – multa diária;
IV – apreensão dos animais, produtos e subprodutos da fauna e flora, instrumentos, petrechos, equipamentos ou veículos de qualquer natureza utilizados na infração;
V – destruição ou inutilização do produto;
VI – suspensão de venda e fabricação do produto;
VII – embargo de obra ou atividade;
VIII – demolição de obra;
IX – suspensão parcial ou total de atividades;

X – (VETADO)
XI – restritiva de direitos.

6.10. RELATÓRIO DE QUALIDADE DO MEIO AMBIENTE

Diz o art. 9º, X, que o Relatório de Qualidade do Meio Ambiente será divulgado anualmente pelo Instituto Brasileiro do Meio Ambiente e Recursos Naturais Renováveis – IBAMA.

Trata-se da sistematização e disponibilização de informações quanto às ações governamentais relacionadas à defesa do meio ambiente, servindo como importante ferramenta nas decisões administrativas.

Sua finalidade é mostrar a situação ambiental brasileira e as atividades que apresentam maiores ou menores impactos.

6.11. A GARANTIA DA PRESTAÇÃO DE INFORMAÇÕES RELATIVAS AO MEIO AMBIENTE

Também traz a marca de um preceito constitucional relativo à prestação de informações aos cidadãos, conforme art. 5º, XIV.

Posteriormente, foi editada a Lei n. 10.650/03, que prevê o acesso público aos dados e informações constantes nos órgãos e entidades integrantes do SISNAMA, dispondo sobre a obrigatoriedade de apresentação de documentos, expedientes e processos administrativos que versem matéria ambiental.[23]

A título ilustrativo da aplicação desse instrumento, a Resolução CONAMA n. 379/06, levando em consideração a necessidade de integrar a atuação dos órgãos do Sistema Nacional do Meio Ambiente – SISNAMA na execução da Política Florestal do País, bem como a necessidade de regulamentar os procedimentos e critérios de padronização e integração de sistemas, instrumentos e documentos de controle, transporte e armazenamento de produtos e subprodutos florestais pela União, Estados e Distrito Federal, especialmente para eficiência dos procedimentos de fiscalização ambiental, e obedecendo às disposições de diversos diplomas legais, a exemplo das Leis n. 6.938/81 e 11.284/06, resolveu que todos os órgãos integrantes do Sistema Nacional do Meio Ambiente – SISNAMA disponibilizariam na internet as informações sobre a gestão florestal, observadas as normas florestais vigentes e, em especial:

> I – autorizações de Plano de Manejo Florestal Sustentável – PMFS, sua localização georreferenciada e os resultados das vistorias técnicas;
> II – autorizações para a supressão da vegetação arbórea natural para uso alternativo do solo cuja área deverá estar georreferenciada, nos termos da legislação em vigor, bem como a localização do imóvel, das áreas de preservação permanente e da reserva legal;

---
[23] MACHADO, Paulo Affonso Leme. *Direito à informação e meio ambiente.* São Paulo: Malheiros, 2006, p. 53.

III – Plano Integrado Floresta e Indústria – PIFI ou documento similar;

IV – reposição florestal no que se refere a:

a) operações de concessão, transferência e compensação de créditos;

b) apuração e compensação de débitos;

V – documento para o transporte e armazenamento de produtos e subprodutos florestais de origem nativa;

VI – informações referentes às aplicações de sanções administrativas, na forma do art. 4º da Lei n. 10.650, de 16 de abril de 2003, e do 61-A do Decreto n. 3.179, de 21 de setembro de 1999, incluindo a tramitação dos respectivos processos administrativos, bem como os dados constantes dos relatórios de monitoramento, controle e fiscalização das atividades florestais;

VII – imagens georreferenciadas e identificação das unidades de conservação integrantes do Sistema Nacional de Unidades de Conservação – SNUC, terras indígenas e quilombolas demarcadas e, quando a informação estiver disponível, as Áreas de Preservação Permanente — APPs;

VIII – legislação florestal;

IX – mecanismos de controle e avaliação social relacionados à gestão florestal; e

X – tipo, volume, quantidade, guarda e destinação de produtos e subprodutos florestais apreendidos.

O intento da Resolução foi o de conjugar esforços no sentido de identificar infratores e reprimir delitos ambientais, valendo-se desse sistema integrado de informações, disponibilizados pelos órgãos ambientais.

6.12. CADASTRO TÉCNICO FEDERAL DE ATIVIDADES POTENCIALMENTE POLUIDORAS E/OU UTILIZADORAS DOS RECURSOS AMBIENTAIS

A Lei n. 6.938/81, estabeleceu, como um dos instrumentos da Política Nacional do Meio Ambiente, o Cadastro Técnico Federal de Atividades Potencialmente Poluidoras e/ou Utilizadoras dos Recursos Ambientais – CTF/APP[24] (art. 9º, XII), afirmando sua obrigatoriedade e alcance:

> Art. 17. Fica instituído, sob a administração do Instituto Brasileiro do Meio Ambiente e dos Recursos Naturais Renováveis – IBAMA;
>
> I – Cadastro Técnico Federal de Atividades e Instrumentos de Defesa Ambiental, para registro obrigatório de pessoas físicas ou jurídicas que se dediquem à consultoria técnica sobre problemas ecológicos e ambientais e à indústria e comércio de equipamentos, aparelhos e instrumentos destinados ao controle de atividades efetiva ou potencialmente poluidoras;
>
> II – Cadastro Técnico Federal de Atividades Potencialmente Poluidoras ou Utilizadoras de Recursos Ambientais, para registro obrigatório de pessoas físicas ou jurídicas

---

[24] O CTF/APP foi regulamentado pela Instrução Normativa n. 6, de 15 de março de 2013, com as alterações introduzidas pela Instrução Normativa n.11, de 13 de abril de 2018, e Instrução Normativa n 17, de 28 de junho de 2018.

que se dedicam a atividades potencialmente poluidoras e/ou à extração, produção, transporte e comercialização de produtos potencialmente perigosos ao meio ambiente, assim como de produtos e subprodutos da fauna e flora.

Note-se que esse dispositivo originalmente[25] criava o Cadastro Técnico Federal de Atividades e Instrumentos de Defesa Ambiental, administrado pela Secretaria Especial de Meio Ambiente da Presidência da República – SEMA, e não previa a cobrança de nenhuma taxa. A cobrança da Taxa de Fiscalização Ambiental somente foi incluída pela Lei n. 10.165/00, pois a Lei n. 9.960/00 foi considerada inconstitucional por não respeitar o princípio da anterioridade em matéria tributária.

Trata-se do controle previsto no art. 225, V, da Constituição Federal, exercido, segundo a lei de criação, pelo órgão federal de meio ambiente. Vale dizer, mesmo quando a competência para o controle ou licenciamento de determinada atividade é do órgão estadual ou municipal, ou quando são necessários outros registros e cadastros nesses níveis de poder, a inscrição no Cadastro Técnico Federal no IBAMA é obrigatória.

Não se trata de licenciamento ambiental, e o cadastro é autodeclaratório. O empreendimento ou a atividade podem estar licenciados pelo órgão ambiental competente, mas a ausência do registro no Cadastro Técnico Federal sujeita o responsável à sanção prevista nesse dispositivo.

Deixar de inscrever-se no Cadastro Técnico Federal é uma infração contra a administração ambiental, não contra os recursos ambientais.

A multa prevista nesse dispositivo tem origem no art. 17-I da Lei n. 6.938/81:

> Art. 17-I. As pessoas físicas e jurídicas que exerçam as atividades mencionadas nos incisos I e II do art. 17 e que não estiverem inscritas nos respectivos cadastros até o último dia útil do terceiro mês que se seguir ao da publicação desta Lei incorrerão em infração punível com multa de:
> I – R$ 50,00 (cinquenta reais), se pessoa física;
> II – R$ 150,00 (cento e cinquenta reais), se microempresa;
> III – R$ 900,00 (novecentos reais), se empresa de pequeno porte;

---

[25] Lei n. 7.804, de 18 de julho de 1989 (alterou a Lei n. 6.938/81).
Art. 17. Fica instituído, sob a administração do Instituto Brasileiro do Meio Ambiente e Recursos Naturais Renováveis – IBAMA:
I – Cadastro Técnico Federal de Atividades e Instrumentos de Defesa Ambiental, para registro obrigatório de pessoas físicas ou jurídicas que se dedicam a consultoria técnica sobre problemas ecológicos e ambientais e à indústria e comércio de equipamentos, aparelhos e instrumentos destinados ao controle de atividades efetiva ou potencialmente poluidoras;
II – Cadastro Técnico Federal de Atividades Potencialmente Poluidoras ou Utilizadoras de Recursos Ambientais, para registro obrigatório de pessoas físicas ou jurídicas que se dedicam a atividades potencialmente poluidoras e/ou à extração, produção, transporte e comercialização de produtos potencialmente perigosos ao meio ambiente, assim como de produtos e subprodutos da fauna e flora.

IV – R$ 1.800,00 (mil e oitocentos reais), se empresa de médio porte;
V – R$ 9.000,00 (nove mil reais), se empresa de grande porte.

O Cadastro Técnico Federal serve de base para a cobrança da Taxa de Controle e Fiscalização Ambiental – TCFA, devida pelo exercício do poder de polícia do Estado sobre as atividades que utilizam ou que apresentam risco potencial para os recursos naturais:

> Art. 17-B. Fica instituída a Taxa de Controle e Fiscalização Ambiental – TCFA, cujo fato gerador é o exercício regular do poder de polícia conferido ao Instituto Brasileiro do Meio Ambiente e dos Recursos Naturais Renováveis – IBAMA para controle e fiscalização das atividades potencialmente poluidoras e utilizadoras de recursos naturais.

A Lei n. 6.938/81 estabelece outra sanção, também para a falta de entrega do relatório de atividades, prevista no art. 17-C:

> Art. 17-C. É sujeito passivo da TCFA todo aquele que exerça as atividades constantes do Anexo VIII desta Lei.
> § 1º O sujeito passivo da TCFA é obrigado a entregar até o dia 31 de março de cada ano relatório das atividades exercidas no ano anterior, cujo modelo será definido pelo Ibama, para o fim de colaborar com os procedimentos de controle e fiscalização.
> § 2º O descumprimento da providência determinada no § 1º sujeita o infrator a multa equivalente a vinte por cento da TCFA devida, sem prejuízo da exigência desta.

A lei que criou o Cadastro Técnico Federal determinou que a administração desse mecanismo seja responsabilidade do órgão federal de meio ambiente, no caso, o IBAMA. No entanto, diversos Estados criaram seu próprio cadastro, o que atualmente é ainda mais justificado pelo advento da Lei Complementar n. 140/11, que estabeleceu uma série de competências ambientais para os Estados.

Tendo em vista que o Cadastro Técnico Federal era gerido pelo IBAMA, houve forte resistência por parte dos órgãos estaduais no que se referia à cobrança da Taxa de Controle e Fiscalização Ambiental – TCFA somente pela autarquia federal, razão pela qual a Lei n. 10.165/00 previu a possibilidade dos Estados, dos Municípios e do Distrito Federal instituírem suas próprias cobranças, mediante crédito de até 60% do valor cobrado pela União:

> Art. 17-P. Constitui crédito para compensação com o valor devido a título de TCFA, até o limite de sessenta por cento e relativamente ao mesmo ano, o montante efetivamente pago pelo estabelecimento ao Estado, ao Município e ao Distrito Federal em razão de taxa de fiscalização ambiental.
> [...]

Nos dias de hoje, praticamente todos os Estados possuem sistema de cadastro próprio e realizam a cobrança do serviço.

Não podemos deixar de observar, como o faz Paulo de Bessa Antunes, *"que a Lei n. 10.165/2000 levou ao paroxismo o extremamente confuso quadro de repartição de competências entre os diferentes entes federativos, ao admitir a repartição de receitas oriundas da Taxa de Fiscalização e Controle Ambiental devida ao Ibama"*.[26]

Como dito, esse cadastro também tem como finalidade o controle e o monitoramento daqueles profissionais que trabalham com materiais e técnicas potencialmente poluidoras.

7. ROTEIRO RESUMIDO DE ELABORAÇÃO DO EIA/RIMA

7.1. ESTUDO DE IMPACTO AMBIENTAL

O Estudo de Impacto Ambiental deve conter vários elementos para sua realização, que vão desde as informações gerais do empreendimento até a descrição dos impactos e das medidas mitigadoras.

Na sua origem, o estudo de impacto ambiental nasceu nos Estados Unidos, em 1969, criado pelo *National Environmental Act* (NEPA) e é hoje adotado em mais de 80 países e organismos internacionais, a exemplo do Banco Mundial.[27]

A necessidade desse estudo já foi reconhecida pelo Supremo Tribunal Federal, em diversas ocasiões, cabendo ao *"Poder Público exigir, na forma da lei, para instalação de obra ou atividade potencialmente causadora de significativa degradação do meio ambiente, estudo prévio de impacto ambiental, a que se dará publicidade. C.F., art. 225, § 1º, IV"* (RE-AgR 396.541/RS).

Segundo a Resolução n. 1/86 (art. 5º), que estabelece os critérios e as diretrizes para avaliação de impacto, o estudo, além de atender à legislação, os princípios e os objetivos da Política Nacional do Meio Ambiente, deverá, também:

I – contemplar todas as alternativas tecnológicas e de localização de projeto, confrontando-as com a hipótese de não execução do projeto;

II – identificar e avaliar sistematicamente os impactos ambientais gerados nas fases de implantação e operação da atividade;

III – definir os limites da área geográfica a ser direta ou indiretamente afetada pelos impactos, denominada área de influência do projeto, considerando, em todos os casos, a bacia hidrográfica na qual se localiza;

IV – considerar os planos e programas governamentais, propostos e em implantação na área de influência do projeto, e sua compatibilidade.

---

[26] ANTUNES, Paulo de Bessa. *Direito ambiental*. 21. ed. São Paulo: Atlas, 2020, p. 83.
[27] BELTRÃO, Antônio Figueiredo Guerra. *Manual de direito ambiental*. São Paulo: Método, 2008, p. 139.

Demais disso, no art. 6º, há a previsão das seguintes atividades técnicas:

I – Diagnóstico ambiental da área de influência do projeto e completa descrição e análise dos recursos ambientais e suas interações, tal como existem, de modo a caracterizar a situação ambiental da área, antes da implantação do projeto, considerando:

a) o meio físico – o subsolo, as águas, o ar e o clima, destacando os recursos minerais, a topografia, os tipos e aptidões do solo, os corpos d'água, o regime hidrológico, as correntes marinhas, as correntes atmosféricas;

b) o meio biológico e os ecossistemas naturais – a fauna e a flora, destacando as espécies indicadoras da qualidade ambiental, de valor científico e econômico, raras e ameaçadas de extinção e as áreas de preservação permanente;

c) o meio socioeconômico – o uso e ocupação do solo, os usos da água e a socioeconomia, destacando os sítios e monumentos arqueológicos, históricos e culturais da comunidade, as relações de dependência entre a sociedade local, os recursos ambientais e a potencial utilização futura desses recursos.

II – Análise dos impactos ambientais do projeto e de suas alternativas, através de identificação, previsão da magnitude e interpretação da importância dos prováveis impactos relevantes, discriminando: os impactos positivos e negativos (benéficos e adversos), diretos e indiretos, imediatos e a médio e longo prazos, temporários e permanentes; seu grau de reversibilidade; suas propriedades cumulativas e sinérgicas; a distribuição dos ônus e benefícios sociais.

III – Definição das medidas mitigadoras dos impactos negativos, entre elas os equipamentos de controle e sistemas de tratamento de despejos, avaliando a eficiência de cada uma delas.

IV – Elaboração do programa de acompanhamento e monitoramento dos impactos positivos e negativos, indicando os fatores e parâmetros a serem considerados.

Dessa forma, na estrutura de um EIA, podem ser encontrados os seguintes elementos:

- **Informações gerais** (identificação do empreendimento, da empresa e de seus responsáveis);
- **Descrição do empreendimento** (apresentação detalhada do empreendimento);
- **Área de influência** (apresentação dos limites geográficos afetados direta ou indiretamente pelo empreendimento);
- **Diagnóstico ambiental da área de influência** (descrições dos fatores ambientais e suas interações, como, por exemplo, os fatores ambientais – meio físico, biótico, socioeconômico, a qualidade ambiental, os impactos ambientais, as medidas mitigadoras).

Deve haver também um programa de acompanhamento de impactos, levando em conta clima, qualidade do ar, geologia, ruídos, recursos hídricos, flora, fauna, uso e ocupação do solo, dinâmica populacional, patrimônio natural, cultural, artificial, entre tantos outros fatores que devem ser mensurados quando da realização de um estudo com essas proporções.

Esse estudo pode ser complementado, competindo ao IBAMA apurar sua necessidade, tendo em vista a completa instrução do procedimento de licenciamento ambiental.

Já se decidiu que, se *"demonstrada, objetivamente, essa necessidade, obstáculos de ordem material e/ou de política governamental, nem mesmo o poder discricionário do órgão ambiental, não têm o condão de impedir a sua realização, em homenagem ao interesse maior da sociedade, na busca da elucidação de todas as questões pertinentes ao aludido licenciamento ambiental"* (TRF 1ª Região, Ap. Cív. 200133000057790/BA).

Isso, evidentemente, demanda uma equipe multidisciplinar apta a desempenhar pesquisas nos mais variados ramos científicos, a fim de mostrar com exatidão os impactos advindos de um empreendimento que exija a elaboração de um Estudo de Impacto Ambiental.

Por fim, é imperioso dizer que o Estudo de Impacto Ambiental, por ser um instrumento indispensável à proteção do meio ambiente ecologicamente equilibrado, deve estar sujeito ao controle pela sociedade, na tentativa de se atender ao princípio democrático, de participação popular, conforme mencionado anteriormente.[28]

7.2. RELATÓRIO DE IMPACTO DO MEIO AMBIENTE

Já o Relatório de Impacto Ambiental – RIMA refletirá as conclusões do Estudo de Impacto Ambiental – EIA.

As informações técnicas devem ser nele expressas em linguagem acessível ao público em geral, ilustradas por mapas em escalas adequadas, quadros, gráficos ou outras técnicas de comunicação visual, de modo que se possam entender claramente as possíveis consequências ambientais do projeto e de suas alternativas, comparando as vantagens e desvantagens de cada uma delas.

O RIMA deverá conter, basicamente:

- Objetivos e justificativas do projeto.
- Descrição do projeto e suas alternativas.
- Síntese dos resultados dos estudos sobre o diagnóstico ambiental da área de influência do projeto.
- Descrição dos impactos ambientais.
- Descrição do efeito esperado das medidas mitigadoras.
- Recomendação quanto à alternativa mais favorável.

Além disso, deverá também indicar a composição da equipe multidisciplinar que desenvolveu os trabalhos, contendo, além do nome de cada profissional, seu título,

---

[28] MIRRA, Álvaro Luiz Valery. O controle judicial do conteúdo dos estudos de impacto ambiental. In: FREITAS, Vladimir Passos de (Coord.). *Direito ambiental em evolução 4*. Curitiba: Juruá, 2006, p. 48.

número de registro na respectiva entidade de classe e indicação dos itens de sua responsabilidade técnica.

Cabe ressaltar, ainda, ser inconstitucional submeter à apreciação do licenciamento, ou de seu relatório, a órgão fora do Poder Executivo, por ofensa à repartição de Poderes, como salientou o Pleno do Supremo Tribunal Federal, em decisão de ADI contra dispositivo da Constituição do Estado do Espírito Santo, nos seguintes termos: *"É inconstitucional preceito da Constituição do Estado do Espírito Santo que submete o Relatório de Impacto Ambiental – RIMA – ao crivo de comissão permanente e específica da Assembleia Legislativa. 2. A concessão de autorização para desenvolvimento de atividade potencialmente danosa ao meio ambiente consubstancia ato do Poder de Polícia – ato da Administração Pública – entenda-se ato do Poder Executivo. 3. Ação julgada procedente para declarar inconstitucional o trecho final do artigo (sic) § 3º do artigo 187 da Constituição do Estado do Espírito Santo"* (ADI 1.505/ES).

Capítulo VI

LICENCIAMENTO AMBIENTAL

Sumário: 1. Considerações preliminares. 1.1. O controle das atividades pelo Estado. 1.2. O conceito de impacto. 2. Competência e abrangência do impacto x dominialidade. 2.1. As definições da LC n. 140/11. 2.2. A ADI 4.757/DF. 3. Conceito de licenças ambientais. 4. Tipos de licenças ambientais. 5. Definição de competências para licenciar. 6. Prazos para o licenciamento e sua validade. 7. A anuência para o licenciamento. 8. Prorrogação ou renovação das licenças. 9. Os estudos ambientais para o licenciamento. 10. Estudo de Impacto Ambiental – EIA e Relatório de Impacto Ambiental – RIMA. 11. Estudos ambientais simplificados ou específicos. 12. Regularização ambiental de obras de infraestrutura. 12.1. Portaria MMA 421/11 – Linhas de transmissão de energia elétrica. 12.2. Portaria MMA 422/11 – Exploração e produção de petróleo e gás. 12.3. Portaria Interministerial 288/13 – Programa de Rodovias Federais Ambientalmente Sustentáveis – PROFAS. 12.4. Portaria MMA 289/13 – Regularização ambiental de rodovias federais. 12.5. Portaria Interministerial 425/11 – Programa de Regularização de Portos. 13. Plano de Recuperação de Área Degradada – PRAD. 14. Análise de risco e programas de monitoramento. 15. Processo de licenciamento ambiental.

1. CONSIDERAÇÕES PRELIMINARES

1.1. O CONTROLE DAS ATIVIDADES PELO ESTADO

A submissão de certas atividades à aprovação prévia do Estado é presença constante na legislação que trata do meio ambiente. Algumas, por utilizarem diretamente recursos naturais; outras, por alterarem suas características e, outras ainda, por oferecerem risco potencial para o equilíbrio ambiental imprescindível à qualidade de vida do homem.[1]

---

[1] AYALA, Patryck de Araújo. A Proteção jurídica das futuras gerações na sociedade de risco global: o direito ao futuro na ordem constitucional brasileira. In: FERREIRA, Heline Sivini; LEITE, José Rubens Morato (Orgs.). *Estado de Direito Ambiental*: tendências, aspectos constitucionais e diagnósticos. Rio de Janeiro: Forense Universitária, 2004, p. 230.

Como o meio ambiente ecologicamente equilibrado é um direito inalienável da coletividade, incumbe ao Poder Público ordenar e controlar as atividades que possam afetar esse equilíbrio, em atendimento ao comando do art. 225 da CF.[2]

A Lei n. 6.938/81, que instituiu a Política Nacional do Meio Ambiente, elencou, entre os instrumentos disponíveis para a consecução desse objetivo, o licenciamento de atividades potencialmente poluidoras. Cumpre que se observe que *poluição*, na definição do art. 3º deste mesmo diploma legal, significa a degradação da qualidade ambiental que possa resultar em prejuízo à saúde, ao bem-estar da população, às atividades sociais e econômicas, à biota, às condições estéticas e sanitárias do meio ambiente, bem como o lançamento de matérias ou energia em desacordo com os padrões ambientais estabelecidos.

Vale dizer, todas as atividades humanas das quais resultem alguma modificação adversa que possa causar prejuízo imediato ou em consequência das quais exista risco de ocorrência futura estão sujeitas ao controle dos órgãos competentes, conforme disposto nas normas correspondentes.[3]

Por ser mais usual e conhecida, optamos por utilizar a expressão *licenciamento ambiental* ao longo deste trabalho, para definir o processo de concordância do Poder Público com as obras ou atividades condicionadas à aprovação do Estado, embora, em muitas hipóteses, não se trate de uma licença na concepção administrativista da palavra, mas de autorização, conforme veremos adiante.

Decidiu o Superior Tribunal de Justiça que "*sob o ângulo técnico-jurídico, licenciamento ambiental designa procedimento administrativo formal, ínsito ao poder de polícia da União, Estados, Distrito Federal e Municípios, de controle do uso dos recursos naturais e da degradação do meio ambiente. Constitui gênero do qual derivam (como espécies de ato final) licença e autorização ambiental. Ou seja, falar de licenciamento ambiental é falar de autorização e licença, o que importa dizer que, em regra, os mecanismos de garantia da sociedade e das gerações futuras aplicáveis na expedição de licença ambiental se impõem simetricamente na autorização*" (REsp 1.802.031/PE).

Ao tempo que representa um dos mais importantes instrumentos para a garantia da qualidade de vida das presentes e futuras gerações, o licenciamento ambiental introduzido no cenário jurídico nacional desde a Lei n. 6.938/81 era, também, um dos maiores pontos de discordância e polêmica, em função da falta de regulamentação do art. 23 da Constituição Federal, para definir as competências comuns dos entes federados, dentre as quais se destaca a proteção do meio ambiente, o combate à poluição, a preservação das florestas, da fauna e da flora. Por isso, dispôs-se que

---

[2] MACHADO, Paulo Affonso Leme. *Direito ambiental brasileiro*. 14. ed. São Paulo: Malheiros, 2006, p. 121.

[3] BENJAMIN, Antonio Herman V. Direito constitucional ambiental brasileiro. In: CANOTILHO, José Joaquim Gomes; LEITE, José Rubens Morato (Orgs.). *Direito constitucional ambiental brasileiro*. São Paulo: Saraiva, 2007, p. 58.

uma lei complementar deveria fixar as normas para a cooperação entre a União, os Estados, o Distrito Federal e os Municípios.

Assim decidiu o Tribunal Regional Federal da 4ª Região: *"O licenciamento ambiental é um dos instrumentos da política nacional do meio ambiente previsto no art. 9º, inciso IV, da Lei n. 6.938/1981, assim como é o "procedimento administrativo pelo qual o órgão ambiental competente licencia a localização, instalação, ampliação e operação de empreendimentos e atividades utilizadoras de recursos ambientais consideradas efetiva ou potencialmente poluidoras ou aquelas que, sob qualquer forma, possam causar degradação ambiental" (art. 1º, inciso I, da Res. n. 237/1997, do CONAMA)"* (Remessa Necessária Cível 5013314-79.2015.404.7201, Órgão Julgador: Terceira Turma).

Somente em dezembro de 2011 foi editada essa lei complementar e, até então, tentou-se preencher a lacuna com leis ordinárias, decretos, resoluções e até portarias. Se, por um lado, estes atos eram capazes de estabelecer quais eram as atividades sujeitas ao licenciamento, os tipos de licenças ou autorizações e as exigências para sua concessão, eram totalmente ineficazes para definir inquestionavelmente qual era a autoridade competente para emiti-las.

Também se pronunciou o Superior Tribunal de Justiça no sentido de que *"a competência para o licenciamento ambiental é disciplinada pelo art. 10 da Lei n. 6.938/81 e pela Resolução Conama n. 237/1997, quadro normativo esse atualizado, mais recentemente, pela Lei Complementar n. 140/2011. Nessas normas, há previsão para licenciamento pela União para obras realizadas dentro de Unidade de Conservação Federal, embora, em situações particulares, não se possa excluir a possibilidade de o empreendimento na Zona de Amortecimento trazer risco de dano à UC em si mesma, o que justificaria a condução do licenciamento pelo próprio órgão federal. Por isso mesmo, o legislador previu a necessidade de prévias e expressas consulta e autorização do órgão responsável pela administração da Unidade de Conservação no caso de instalação de equipamentos de "infraestrutura urbana em geral" (art. 46, caput, e parágrafo único da Lei n. 9.985/2000), expressão genérica que, por óbvio, inclui aeroporto, tanto pela questão do adensamento populacional, como pelo ruído e outras interferências provocados pela atividade"* (REsp 1.319.099/RS).

Continua a decisão, ao dizer que *"a legislação permite a celebração de convênios entre União, Estados e Municípios para fins de compartilhamento do licenciamento ambiental, desde que preenchidos rígidos requisitos (art. 2º da LC 140/2011), o que não afeta, por óbvio, a competência da Justiça Federal. Ainda que a competência para a condução do licenciamento seja do órgão estadual, o Ibama, o ICMBio e outros órgãos com incumbência ambiental preservam seu poder fiscalizador, se detectada atividade nociva ao meio ambiente. A atividade fiscalizatória das atividades nocivas ao meio ambiente concede ao IBAMA interesse jurídico suficiente para exercer seu poder de polícia administrativa, ainda que o bem esteja situado em área cuja competência para o licenciamento seja do município ou do estado"* (AgRg no REsp 1.373.302/CE, Rel. Min. Humberto Martins, Segunda Turma, *DJe* 19-6-2013)" (REsp 1.319.099/RS).

Os conflitos de competência decorrentes da falta de definição de quais seriam as áreas de atuação dos diferentes entes da federação – por lei complementar, conforme exigência expressa da Constituição Federal – levou a frequentes desentendimentos entre órgãos ambientais integrantes do SISNAMA, pondo em risco a efetiva implantação deste sistema. Pior ainda, levou os administrados a uma situação de insegurança jurídica inaceitável, com lesões ao seu patrimônio e desestímulo ao investimento.[4]

Tornou-se comum o embargo de atividades, licenciadas por um integrante do SISNAMA, por outro órgão ambiental, que se entendia competente para tanto. De igual sorte, tornaram-se corriqueiras as invasões em áreas de competência claramente demarcadas por normas que permaneciam em pleno vigor após a Constituição de 1988 e somente poderiam ser afastadas pela edição da lei complementar requerida pela Lei Maior.

1.2. O CONCEITO DE IMPACTO

Tema que tem sido objeto de nosso estudo ao longo dos anos, e que tangencia a questão do licenciamento ambiental, diz respeito aos conceitos de *dano* e de *impacto* ambiental.[5]

A Resolução CONAMA n. 1/86 conceitua *impacto ambiental* como qualquer alteração das propriedades físicas, químicas e biológicas do meio ambiente, causada por qualquer forma de matéria ou energia resultante das atividades humanas que, direta ou indiretamente, afetam a saúde, a segurança e o bem-estar da população, as atividades sociais e econômicas, a biota, as condições estéticas e sanitárias do meio ambiente e a qualidade dos recursos ambientais.

Portanto, partindo desse conceito, qualquer alteração introduzida no ambiente capaz de alterar o equilíbrio pode ser considerado *impacto ambiental*.[6]

Trata-se, em verdade, de um conceito jurídico indeterminado que, por definição, faz referência a um significado normativo (jurídico) caracterizado pela indeterminação.[7]

Já o *dano ambiental* parece-nos mais robusto e com consequências mais sensíveis.

---

[4] SISNAMA – Sistema Nacional do Meio Ambiente, composto pelos órgãos e entidades da União, dos Estados, do Distrito Federal, dos Territórios e dos Municípios, bem como as funções instituídas pelo Poder Público, responsáveis pela proteção e melhoria da qualidade ambiental (Lei n. 6.938/81, art. 6º).

[5] BIM, Eduardo. *Licenciamento Ambiental.* 6. ed. Belo Horizonte: Fórum, 2024, p. 53.

[6] FARIAS, Talden. *Licenciamento ambiental:* aspectos teóricos e práticos. 7. ed. Belo Horizonte: Forum, 2019, p. 52.

[7] ÁVILA, Humberto. *Teoria da indeterminação no direito:* entre a indeterminação aparente e a determinação latente. São Paulo: Editora Juspodivm, Malheiros Editores, 2022, p. 76.

Milaré doutrina que dano ambiental é *"toda interferência antrópica infligida ao patrimônio ambiental (natural, cultural, artificial), capaz de desencadear, imediata ou potencialmente, perturbações desfavoráveis (in pejus) ao equilíbrio ecológico, à sadia qualidade de vida, ou a quaisquer outros valores coletivos ou de pessoas"*.[8]

Mais adiante, com pertinência, analisa que as alterações menos significantes, que não geram lesões ou consequências maiores, mais impactantes ou com resultados negativos, não merecem ser consideradas como dano. E arremata com propriedade, que *"não se confundem as noções de impacto, em sentido estrito, e de dano ambiental, propriamente dito: o primeiro decorre dos efeitos que qualquer atividade humana causa ao ambiente; o segundo decorre do grau maior, isto é, de agravos mais sensíveis que essa mesma atividade acarreta"*.[9]

Em outra obra, o mesmo autor salienta que dano ambiental é aquele *"sofrido pelo conjunto do meio natural ou por um de seus componentes, levado em conta como patrimônio coletivo, independentemente de suas repercussões sobre pessoas e bens (Direito Alemão). É a lesão (alteração, prejuízo de um fator ambiental ou ecológico (ar, água, solo, floresta, clima etc.), que gere uma modificação – para pior – da condição do equilíbrio ecológico do ecossistema local ou abrangente (Direito Italiano)"*.[10]

Com base nessas considerações, no nosso entender bastante didáticas, resta claro que o *dano ambiental* necessariamente representa, ou se caracteriza, como uma alteração negativa, pior à qualidade daqueles que a ele se sujeitam, seja a coletividade ou a natureza ao seu derredor. Já o *impacto ambiental* representa as alterações, não necessariamente negativas, mas todas as mudanças do meio ambiente objeto de análise.

2. COMPETÊNCIA E ABRANGÊNCIA DO IMPACTO × DOMINIALIDADE

2.1. AS DEFINIÇÕES DA LC N. 140/2011

Em muitos casos, as discordâncias e os conflitos sobre a competência para o exercício deste poder de polícia acabavam desaguando no Poder Judiciário, o que era igualmente indesejável, pois remetia a este último a função de suprir uma deficiência legislativa. Ademais, tampouco nessa seara existe unanimidade. A diversidade de entendimentos sobre fator determinante da competência para o licenciamento ambiental se reflete, também, nas decisões dos Tribunais. Conforme pode ser visto nos seguintes acórdãos, alguns julgadores acatam o critério da abrangência do impacto, outros optam

---

[8] MILARÉ, Édis. *Direito do ambiente*. São Paulo: Revista dos Tribunais, 2015, p. 319.
[9] MILARÉ, Édis. *Direito do ambiente*. São Paulo: Revista dos Tribunais, 2015, p. 320.
[10] MILARÉ, Édis. *Dicionário de Direito Ambiental*. São Paulo: Revista dos Tribunais, 2015, p. 257.

pelo critério geográfico enquanto outros, ainda, escolhem o critério da dominialidade ou o da segurança nacional.

O Tribunal Regional Federal da 1ª Região, ao julgar um Agravo de Instrumento, adotou a premissa da *abrangência do impacto* como determinante da competência para o licenciamento, manifestando que *"sendo o impacto da obra meramente local, é razoável que o órgão estadual do meio ambiente conduza o processo de licenciamento"* (Processo n. 200501000378659, Sexta Turma).

O mesmo Tribunal, ao julgar outro Agravo de Instrumento, havia decidido pela *dominialidade* como fator de definir a competência, ao decidir que é *"imprescindível a intervenção do IBAMA nos licenciamentos e estudos prévios relativos a empreendimentos e atividades com significativo impacto ambiental, de âmbito nacional ou regional, que afetarem terras indígenas ou bem de domínio da União"* (Processo n. 200101000306075, Sexta Turma).

O Tribunal Regional Federal da 4ª Região, no julgamento de uma Apelação Cível, esposou a tese da magnitude do dano como elemento que estabelece a competência para o licenciamento, rechaçando expressamente o princípio da dominialidade, decidindo que *"o fato de o bem afetado pertencer à União não implica a necessidade de licenciamento ou fiscalização ser realizado pelo órgão federal competente. O que interessa, segundo a lei, é a magnitude do dano"* (Processo n. 200272080031198, Quarta Turma).

É importante notar outra passagem da decisão acima, do mesmo Tribunal, ao se referir à polêmica norma infralegal emanada do Conselho Nacional do Meio Ambiente. Afirma que *"não se vislumbra inconstitucionalidade impingida na Resolução n. 237 do CONAMA, tendo-se em vista que foi expedida em harmonia com a Constituição da República e com a legislação federal, sendo, portanto, meio legislativo idôneo para esmiuçar e regulamentar o comando legal que, por sua natureza geral, não se ocupa de questões específicas e particulares"*.

Em outra decisão, originada por Apelação em Mandado de Segurança, o Tribunal fulmina a norma do Conselho Nacional do Meio Ambiente, afirmando que *"a Resolução CONAMA n. 237/97, que introduziu a municipalização do procedimento de licenciamento, é eivada de inconstitucionalidade, posto que exclui a competência da União nessa espécie de procedimento"* (Processo n. 200004011184978, Terceira Turma).

Ainda o Tribunal Regional Federal da 4ª Região, no julgamento de outra Apelação Cível, adotou um entendimento de que dois fatores, concomitantemente, o *interesse nacional* e a *dominialidade*, configurados pela localização da área em Zona Costeira e pelo fato de os terrenos de marinha representarem bens da União, afastavam a competência do órgão ambiental estadual, atraindo-a para o órgão federal. Segundo o julgamento, o órgão estadual não teria *"competência para autorizar construção situada em terreno de marinha, Zona Costeira, esta considerada como patrimônio nacional pela Carta Magna, visto tratar-se de bem da União, configurando interesse nacional, ultrapassando a competência do órgão estadual"* (Processo n. 199804010096842, Quarta Turma).

O Tribunal Regional Federal da 1ª Região, ao julgar um Agravo de Instrumento, embora tenha decidido pelo princípio da *abrangência do impacto* como responsável pelo estabelecimento da competência para o licenciamento, consignou o entendimento de que a possibilidade de *influência sobre Unidade de Conservação* administrada pelo órgão federal *"torna imprescindível a participação do IBAMA em todas as fases do processo de licenciamento, como um dos órgãos licenciadores"* (Processo n. 200001001367046, Quinta Turma).

O Superior Tribunal de Justiça, julgando Recurso Especial, decidiu pelo *interesse preponderante* como elemento que determina a competência para o licenciamento e, em clara rejeição da Resolução CONAMA n. 237/97, afirmou que *"existem atividades e obras que terão importância ao mesmo tempo para a Nação e para os Estados e, nesse caso, pode até haver duplicidade de licenciamento"* (Processo n. 200301597545, Primeira Turma).

Este era o quadro confuso que se apresentava até o surgimento da Lei Complementar n. 140/2011, que estabeleceu com mais clareza a competência de cada ente federado no licenciamento e na fiscalização ambiental.

Embora ainda apresente algumas penumbras que precisam ser clareadas com a edição de leis ordinárias e decretos regulamentadores, a insegurança jurídica diminuiu sensivelmente com a regulamentação do parágrafo único do art. 23 da Constituição Federal.

O fato de um empreendimento ou atividade estar em processo de licenciamento num determinado órgão ambiental não afasta o poder de polícia dos demais. Assim, mesmo que um empreendimento tenha sido licenciado por determinado ente da Federação, a qualquer tempo, outro pode exercer a fiscalização sobre a atividade ou obra (não sobre o órgão em questão), autuando e promovendo a apuração da infração por meio do processo administrativo próprio.

Neste particular, importa ressaltar que o art. 17 da lei complementar em questão é um dos dispositivos que ainda prescinde de regulamentação pois, a um tempo, afirma que é do órgão licenciador a competência para fiscalizar e, por outro lado, reconhece a competência comum dos demais órgãos para o exercício do poder de polícia.

O Tribunal Regional Federal da 1ª Região, julgando Apelação em Mandado de Segurança, decidiu que *"o fato de o pedido de licenciamento ambiental estar em trâmite junto à Secretaria do Meio Ambiente do Distrito Federal – SEMARH não retira a competência do IBAMA para exercer o seu poder de polícia sobre atividades potencialmente poluidoras"* (Processo n. 200334000003628, Quinta Turma).

Merece atenção, também, a *competência supletiva*, prevista em vários diplomas legais, que não deve ser encarada como a possibilidade de um órgão ambiental avocar o licenciamento de determinada atividade ou obra em detrimento da atuação de outro, afastando o primeiro do processo. O órgão ambiental federal em relação aos órgãos estaduais ou municipais ou vice-versa pode atuar supletivamente quando comprovar interesse no evento. Essa atuação supletiva não deve ser entendida como competência substitutiva, pois os tribunais têm decidido que, em ocorrendo essa hipótese, deve ser estabelecida uma atuação conjunta.

Nesse sentido, o Tribunal Regional Federal da 1ª Região, em 2004, julgando Agravo de Instrumento, confirmou que o órgão ambiental estadual se abstivesse de conceder licença *"até eventual manifestação positiva"* do órgão que detém a competência supletiva (Processo n. 200201000443450, Quinta Turma).

No caso de substituição de um órgão licenciador por outro, a Lei Complementar n. 140/11, em seu art. 2º, conceituou a atuação supletiva e a atuação subsidiária, estabelecendo as hipóteses em que pode ocorrer essa troca de agentes públicos sem caracterizar a invasão das searas de competência de cada um.

Fica claro nas decisões apresentadas, que não existia uniformidade no entendimento do Poder Judiciário sobre qual o elemento que determinava a competência para licenciar, no que se refere ao meio ambiente, as obras, empreendimentos ou atividades sujeitas a essa anuência do Poder Público.

Em alguns casos, parecia claro que a própria Constituição Federal de 1988 já afastara as dúvidas sobre a competência para licenciar as atividades – enquanto ausente a lei complementar.

Embora somente o art. 225 faça referência específica ao meio ambiente, o art. 23 declara como competência comum dos entes federados a sua proteção.

Assim, na ocorrência de casos como aqueles do art. 21 – que estabelece ser de competência da União dispor sobre os serviços e instalações de energia elétrica e aproveitamento energético dos cursos de água, a navegação aérea, aeroespacial e a infraestrutura aeroportuária e os portos marítimos, fluviais e lacustres – parece-nos inquestionável que é do ente federal a competência para gerenciar estas atividades, em todos os sentidos, inclusive ambiental.

De igual sorte, estão as atividades cuja regulação é de competência privativa da União – previstas no art. 22 da Constituição, entre as quais a navegação lacustre, fluvial, marítima, as jazidas, minas e outros recursos minerais, as que envolvem populações indígenas e as atividades nucleares de qualquer natureza.

Como a União é competente para conceder os serviços, é sua, privativamente, a competência para legislar sobre determinada matéria, a não ser que o texto legislativo indique expressamente o contrário, assim o licenciamento ambiental também deve ser do órgão federal.

Afora os casos em que a própria Lei Maior já estabelece a preferência de determinado ente federado, outros indicadores eram utilizados, muitas vezes equivocadamente, para definir a competência, o que motivava consistentes argumentos contrários ou favoráveis. Entre estes fatores determinantes da competência, certamente, o mais contestado pelos órgãos ambientais estaduais e municipais era o da dominialidade, segundo o qual todas as atividades capazes de causar alterações adversas nos bens da União, definidos pelo art. 20 da Constituição Federal, entre estes o mar territorial, os terrenos de marinha e seus acrescidos, os potenciais de energia hidráulica e os recursos minerais, deviam ser licenciadas pelo órgão federal de meio ambiente.

Celso Fiorillo, comentando o *domínio dos bens* estabelecido pela Constituição, sustenta que, *"dessa forma, temos que a Constituição Federal, ao outorgar o domínio de alguns bens à União ou aos Estados, não nos permite concluir que tenha atribuído a eles a titularidade de bens ambientais. Significa dizer tão somente que a União ou o Estado (dependendo do bem) serão seus gestores, de forma que toda vez que alguém quiser explorar algum dos aludidos bens deverá ser autorizado pelo respectivo ente federado, porquanto este será o ente responsável pela 'administração' do bem e pelo dever de prezar pela sua preservação"*.[11]

Contrapondo-se a esta corrente que defendia o estabelecimento da competência por meio da dominialidade, era forte o argumento de que não seria possível – nem lógico – que o órgão federal se incumbisse de licenciar todas as intervenções nos terrenos de marinha, num país com quase nove mil quilômetros de litoral.

Patrícia Azevedo da Silveira entende que *"a atribuição de competência deve, na verdade, transcender a interpretação gramatical ou a definição tipológica apresentada pelo legislador e atender ao peso do interesse predominante (nacional, regional ou local), somado à possibilidade de execução"*, para, logo em seguida, vincular a preponderância do interesse à dominialidade, ao afirmar *"que nos casos de licenciamento ambiental a competência para tal ato deve repousar precipuamente na análise do domínio"*.[12]

A corrente doutrinária mais difundida defendia a tese que a competência para o licenciamento decorre da preponderância dos interesses (ambientais) envolvidos. Embora seja o entendimento mais aceito e utilizado, igualmente deixa margens a questionamentos, visto que o § 4º do art. 225 da Constituição declara a Floresta Amazônica brasileira, a Mata Atlântica, a Serra do Mar, o Pantanal Mato-Grossense e a Zona Costeira como sendo patrimônio nacional, deixando claro que o interesse, nestes recursos naturais, extrapola os limites dos Estados em que estão situados.[13]

A competência para o licenciamento ambiental é, certamente, um dos assuntos mais palpitantes do direito ambiental brasileiro, por permitir diferentes interpretações

---

[11] FIORILLO, Celso Antonio Pacheco. *Curso de direito ambiental brasileiro.* 10. ed. São Paulo: Saraiva, 2009, p. 74.

[12] SILVEIRA, Patrícia Azevedo da. *Competência ambiental.* Curitiba: Juruá, 2003, p. 136-137.

[13] Cabe à União a matéria de interesse nacional, aos Estados a de interesse regional e aos Municípios a de interesse local.

e aplicações, levando aos conflitos que se tornaram constantes na sua aplicação prática pelos órgãos ambientais integrantes do Sistema Nacional do Meio Ambiente.

Conforme sobejamente demonstrado ao longo deste tópico, a insegurança jurídica sobre a higidez e segurança das licenças ambientais era constante, valendo o registro das diferentes decisões judiciais como perfeita demonstração das dificuldades do empreendedor diante das interpretações discordantes dos órgãos ambientais.

Destarte, é fácil entender o entusiasmo como foi saudada a Lei Complementar n. 140/11, que estabeleceu as linhas gerais da competência para o licenciamento, promovendo a repartição da seguinte maneira:

Art. 7º São ações administrativas da União:

I – formular, executar e fazer cumprir, em âmbito nacional, a Política Nacional do Meio Ambiente;

II – exercer a gestão dos recursos ambientais no âmbito de suas atribuições;

III – promover ações relacionadas à Política Nacional do Meio Ambiente nos âmbitos nacional e internacional;

IV – promover a integração de programas e ações de órgãos e entidades da administração pública da União, dos Estados, do Distrito Federal e dos Municípios, relacionados à proteção e à gestão ambiental;

V – articular a cooperação técnica, científica e financeira, em apoio à Política Nacional do Meio Ambiente;

VI – promover o desenvolvimento de estudos e pesquisas direcionados à proteção e à gestão ambiental, divulgando os resultados obtidos;

VII – promover a articulação da Política Nacional do Meio Ambiente com as de Recursos Hídricos, Desenvolvimento Regional, Ordenamento Territorial e outras;

VIII – organizar e manter, com a colaboração dos órgãos e entidades da administração pública dos Estados, do Distrito Federal e dos Municípios, o Sistema Nacional de Informação sobre Meio Ambiente (Sinima);

IX – elaborar o zoneamento ambiental de âmbito nacional e regional;

X – definir espaços territoriais e seus componentes a serem especialmente protegidos;

XI – promover e orientar a educação ambiental em todos os níveis de ensino e a conscientização pública para a proteção do meio ambiente;

XII – controlar a produção, a comercialização e o emprego de técnicas, métodos e substâncias que comportem risco para a vida, a qualidade de vida e o meio ambiente, na forma da lei;

XIII – exercer o controle e fiscalizar as atividades e empreendimentos cuja atribuição para licenciar ou autorizar, ambientalmente, for cometida à União;

XIV – promover o licenciamento ambiental de empreendimentos e atividades:

a) localizados ou desenvolvidos conjuntamente no Brasil e em país limítrofe;

b) localizados ou desenvolvidos no mar territorial, na plataforma continental ou na zona econômica exclusiva;

c) localizados ou desenvolvidos em terras indígenas;

d) localizados ou desenvolvidos em unidades de conservação instituídas pela União, exceto em Áreas de Proteção Ambiental (APAs);

e) localizados ou desenvolvidos em 2 (dois) ou mais Estados;

f) de caráter militar, excetuando-se do licenciamento ambiental, nos termos de ato do Poder Executivo, aqueles previstos no preparo e emprego das Forças Armadas, conforme disposto na Lei Complementar n. 97, de 9 de junho de 1999;

g) destinados a pesquisar, lavrar, produzir, beneficiar, transportar, armazenar e dispor material radioativo, em qualquer estágio, ou que utilizem energia nuclear em qualquer de suas formas e aplicações, mediante parecer da Comissão Nacional de Energia Nuclear (Cnen); ou

h) que atendam tipologia estabelecida por ato do Poder Executivo, a partir de proposição da Comissão Tripartite Nacional, assegurada a participação de um membro do Conselho Nacional do Meio Ambiente (Conama), e considerados os critérios de porte, potencial poluidor e natureza da atividade ou empreendimento;

XV – aprovar o manejo e a supressão de vegetação, de florestas e formações sucessoras em:

a) florestas públicas federais, terras devolutas federais ou unidades de conservação instituídas pela União, exceto em APAs; e

b) atividades ou empreendimentos licenciados ou autorizados, ambientalmente, pela União;

XVI – elaborar a relação de espécies da fauna e da flora ameaçadas de extinção e de espécies sobre-explotadas no território nacional, mediante laudos e estudos técnico--científicos, fomentando as atividades que conservem essas espécies in situ;

XVII – controlar a introdução no País de espécies exóticas potencialmente invasoras que possam ameaçar os ecossistemas, habitats e espécies nativas;

XVIII – aprovar a liberação de exemplares de espécie exótica da fauna e da flora em ecossistemas naturais frágeis ou protegidos;

XIX – controlar a exportação de componentes da biodiversidade brasileira na forma de espécimes silvestres da flora, micro-organismos e da fauna, partes ou produtos deles derivados;

XX – controlar a apanha de espécimes da fauna silvestre, ovos e larvas;

XXI – proteger a fauna migratória e as espécies inseridas na relação prevista no inciso XVI;

XXII – exercer o controle ambiental da pesca em âmbito nacional ou regional;

XXIII – gerir o patrimônio genético e o acesso ao conhecimento tradicional associado, respeitadas as atribuições setoriais;

XXIV – exercer o controle ambiental sobre o transporte marítimo de produtos perigosos; e

XXV – exercer o controle ambiental sobre o transporte interestadual, fluvial ou terrestre, de produtos perigosos.

Parágrafo único. O licenciamento dos empreendimentos cuja localização compreenda concomitantemente áreas das faixas terrestre e marítima da zona costeira será de atribuição da União exclusivamente nos casos previstos em tipologia estabelecida por ato do Poder Executivo, a partir de proposição da Comissão Tripartite Nacional, assegurada a participação de um membro do Conselho Nacional do Meio Ambiente (Conama) e considerados os critérios de porte, potencial poluidor e natureza da atividade ou empreendimento.

Art. 8º São ações administrativas dos Estados:

I – executar e fazer cumprir, em âmbito estadual, a Política Nacional do Meio Ambiente e demais políticas nacionais relacionadas à proteção ambiental;

II – exercer a gestão dos recursos ambientais no âmbito de suas atribuições;

III – formular, executar e fazer cumprir, em âmbito estadual, a Política Estadual de Meio Ambiente;

IV – promover, no âmbito estadual, a integração de programas e ações de órgãos e entidades da administração pública da União, dos Estados, do Distrito Federal e dos Municípios, relacionados à proteção e à gestão ambiental;

V – articular a cooperação técnica, científica e financeira, em apoio às Políticas Nacional e Estadual de Meio Ambiente;

VI – promover o desenvolvimento de estudos e pesquisas direcionados à proteção e à gestão ambiental, divulgando os resultados obtidos;

VII – organizar e manter, com a colaboração dos órgãos municipais competentes, o Sistema Estadual de Informações sobre Meio Ambiente;

VIII – prestar informações à União para a formação e atualização do Sinima;

IX – elaborar o zoneamento ambiental de âmbito estadual, em conformidade com os zoneamentos de âmbito nacional e regional;

X – definir espaços territoriais e seus componentes a serem especialmente protegidos;

XI – promover e orientar a educação ambiental em todos os níveis de ensino e a conscientização pública para a proteção do meio ambiente;

XII – controlar a produção, a comercialização e o emprego de técnicas, métodos e substâncias que comportem risco para a vida, a qualidade de vida e o meio ambiente, na forma da lei;

XIII – exercer o controle e fiscalizar as atividades e empreendimentos cuja atribuição para licenciar ou autorizar, ambientalmente, for cometida aos Estados;

XIV – promover o licenciamento ambiental de atividades ou empreendimentos utilizadores de recursos ambientais, efetiva ou potencialmente poluidores ou capazes, sob qualquer forma, de causar degradação ambiental, ressalvado o disposto nos arts. 7º e 9º;

XV – promover o licenciamento ambiental de atividades ou empreendimentos localizados ou desenvolvidos em unidades de conservação instituídas pelo Estado, exceto em Áreas de Proteção Ambiental (APAs);

XVI – aprovar o manejo e a supressão de vegetação, de florestas e formações sucessoras em:

a) florestas públicas estaduais ou unidades de conservação do Estado, exceto em Áreas de Proteção Ambiental (APAs);

b) imóveis rurais, observadas as atribuições previstas no inciso XV do art. 7º; e

c) atividades ou empreendimentos licenciados ou autorizados, ambientalmente, pelo Estado;

XVII – elaborar a relação de espécies da fauna e da flora ameaçadas de extinção no respectivo território, mediante laudos e estudos técnico-científicos, fomentando as atividades que conservem essas espécies in situ;

XVIII – controlar a apanha de espécimes da fauna silvestre, ovos e larvas destinadas à implantação de criadouros e à pesquisa científica, ressalvado o disposto no inciso XX do art. 7º;

XIX – aprovar o funcionamento de criadouros da fauna silvestre;

XX – exercer o controle ambiental da pesca em âmbito estadual; e

XXI – exercer o controle ambiental do transporte fluvial e terrestre de produtos perigosos, ressalvado o disposto no inciso XXV do art. 7º.

Art. 9º São ações administrativas dos Municípios:

I – executar e fazer cumprir, em âmbito municipal, as Políticas Nacional e Estadual de Meio Ambiente e demais políticas nacionais e estaduais relacionadas à proteção do meio ambiente;

II – exercer a gestão dos recursos ambientais no âmbito de suas atribuições;

III – formular, executar e fazer cumprir a Política Municipal de Meio Ambiente;

IV – promover, no Município, a integração de programas e ações de órgãos e entidades da administração pública federal, estadual e municipal, relacionados à proteção e à gestão ambiental;

V – articular a cooperação técnica, científica e financeira, em apoio às Políticas Nacional, Estadual e Municipal de Meio Ambiente;

VI – promover o desenvolvimento de estudos e pesquisas direcionados à proteção e à gestão ambiental, divulgando os resultados obtidos;

VII – organizar e manter o Sistema Municipal de Informações sobre Meio Ambiente;

VIII – prestar informações aos Estados e à União para a formação e atualização dos Sistemas Estadual e Nacional de Informações sobre Meio Ambiente;

IX – elaborar o Plano Diretor, observando os zoneamentos ambientais;

X – definir espaços territoriais e seus componentes a serem especialmente protegidos;

XI – promover e orientar a educação ambiental em todos os níveis de ensino e a conscientização pública para a proteção do meio ambiente;

XII – controlar a produção, a comercialização e o emprego de técnicas, métodos e substâncias que comportem risco para a vida, a qualidade de vida e o meio ambiente, na forma da lei;

XIII – exercer o controle e fiscalizar as atividades e empreendimentos cuja atribuição para licenciar ou autorizar, ambientalmente, for cometida ao Município;

XIV – observadas as atribuições dos demais entes federativos previstas nesta Lei Complementar, promover o licenciamento ambiental das atividades ou empreendimentos:

a) que causem ou possam causar impacto ambiental de âmbito local, conforme tipologia definida pelos respectivos Conselhos Estaduais de Meio Ambiente, considerados os critérios de porte, potencial poluidor e natureza da atividade; ou

b) localizados em unidades de conservação instituídas pelo Município, exceto em Áreas de Proteção Ambiental (APAs);

XV – observadas as atribuições dos demais entes federativos previstas nesta Lei Complementar, aprovar:

a) a supressão e o manejo de vegetação, de florestas e formações sucessoras em florestas públicas municipais e unidades de conservação instituídas pelo Município, exceto em Áreas de Proteção Ambiental (APAs); e

b) a supressão e o manejo de vegetação, de florestas e formações sucessoras em empreendimentos licenciados ou autorizados, ambientalmente, pelo Município.

Art. 10. São ações administrativas do Distrito Federal as previstas nos arts. 8º e 9º.

Como se nota, a nova ordem foi bastante exaustiva no estabelecimento da competência do órgão federal, o IBAMA, e dos órgãos municipais, deixando a competência residual, evidentemente mais extensa, para os Estados.

Com o advento desta Lei Complementar, certamente grande parte dos conflitos relatados ao longo deste trabalho e que tiveram interpretações diferentes e as vezes antagônicas pelo Poder Judiciário será substancialmente reduzida.

Julgado recente resumiu a matéria, pois ficou decidido que o *"Superior Tribunal de Justiça entende que não há falar em competência exclusiva de ente da Federação para promover medidas protetivas, impondo-se amplo aparato de fiscalização a ser exercido pelos quatro entes federados, independentemente do local onde a ameaça ou o dano estejam ocorrendo, bem como da competência para o licenciamento"* (AgInt no REsp 1.530.546-AL).

No caso de licenciamento de terminais portuários, a Portaria Interministerial MMA/SEP/PR 425, de 26-10-2011, instituiu o Programa Federal de Apoio à Regularização e Gestão Ambiental Portuária – PRGAP, tratando da regularização de portos já em funcionamento sem as devidas licenças. Este regramento não foi prejudicado pelo advento das competências estabelecidas pela lei complementar, uma vez que se destina apenas a portos já implantados e em operação, excetuadas as obras de ampliação e atividades de dragagem.

A Lei Complementar n. 140/11 trouxe outra importante inovação no que se refere à competência para o licenciamento. Até seu advento, entendia-se que as atividades cuja regulação era de competência privativa da União – previstas no art. 22 da Constituição –, entre as quais a navegação lacustre, fluvial, marítima, as jazidas, minas e outros recursos minerais, as que envolviam populações indígenas e as atividades nucleares de qualquer natureza eram de competência da União. No entanto, o art. 7º, XIV, excluiu da competência da União o licenciamento de empreendimentos elétricos, portos, as jazidas, minas e outros recursos minerais (exceto radiativos), adotando o critério da localização destes, independentemente do fato de serem regulados privativamente e concedidos pela União.

O parágrafo único do art. 7º da Lei Complementar n. 140/2011 estabeleceu que os empreendimentos localizados em áreas que compreendam faixas terrestres e marítimas somente serão de competência exclusiva da União quando atenderem pressupostos estabelecidos em ato do Poder Público, considerando os critérios de porte, potencial poluidor e natureza.

O Decreto n. 8.437/15 estabeleceu as tipologias de empreendimentos e atividades cujo licenciamento ambiental é de competência da União, independentemente da abrangência do impacto ou da localização: (1) rodovias federais; (2) ferrovias federais; (3) portos organizados ou terminais de uso privado e instalações portuárias com movimento superior a 15.000.000 toneladas/ano; (4) exploração de petróleo e gás e atividades diretamente relacionadas; (5) sistemas de geração e transmissão de energia elétrica (hidrelétricas com capacidade instalada igual ou superior a trezentos megawatt, usinas termelétricas com capacidade instalada igual ou superior a trezentos megawatt, e usinas eólicas *offshore* e na zona de transição terra-mar).

Antes do advento da Lei Complementar n. 140/2011, afora os casos em que a própria Lei Maior já estabelecia a preferência de determinado ente federado, outros indicadores eram utilizados, muitas vezes equivocadamente, para definir a competência, o que motivava consistentes argumentos contrários ou favoráveis. Entre esses fatores determinantes da competência, certamente o mais contestado pelos órgãos ambientais estaduais e municipais era o de dominialidade, segundo o qual todas as atividades capazes de causar alterações adversas nos bens da União, definidos pelo art. 20 da Constituição Federal, entre estes o mar territorial, os terrenos de marinha e seus acrescidos, os potenciais de energia hidráulica e os recursos minerais, deveriam ser licenciadas pelo órgão federal de meio ambiente.

Em cada caso, no entanto, até que se estabeleça, definitivamente e de forma insofismável, o papel de cada integrante do Sisnama no licenciamento ambiental, os casos de conflito devem ser analisados à luz das disposições constitucionais, da legislação ordinária existente, da analogia, dos princípios gerais do Direito e da jurisprudência já firmada pelo Poder Judiciário.

Afastar as diversas possibilidades de interpretação subjetiva e a aplicação personalista das normas de licenciamento pelos órgãos licenciadores e preencher as lacunas que ainda existem nessa nova área do Direito, é um trabalho árduo para os legisladores e doutrinadores, mas extremamente necessário para evitar que uma atividade do Poder Executivo seja submetida com tanta assiduidade ao Poder Judiciário, com todas as demoras e incertezas daí decorrentes.

2.2. ADI 4.757/DF

O Plenário Virtual do STF iniciou, em 2 de setembro de 2022, o julgamento da Ação Direta de Inconstitucionalidade (ADI) 4.757, que contesta a constitucionalidade de artigos da Lei Complementar n. 140/11.

A ação foi proposta em 9 de abril de 2012, pela Associação dos Servidores da Carreira de Especialistas em Meio Ambiente, e tem por objeto o questionamento da constitucionalidade da integral da Lei Complementar 140/2011 (principalmente dos seguintes dispositivos: art. 4º, V e VI, art. 7º, XII, XIV, h e parágrafo único, art. 8º, XIII e XIV, art. 9º, XIII e XIV, art. 14, §§ 3º e 4º, art. 15, art. 17, §§ 2º e 3º, art. 20 e art. 21).

A relatora, Ministra-presidente Rosa Weber, e os Ministros Alexandre de Moraes, Dias Toffoli e Edson Fachin votaram pela improcedência dos pedidos de declaração de inconstitucionalidade e determinaram que fosse concedida interpretação conforme a CF, nos seguintes termos: (i) *"ao § 4º do art. 14 da Lei Complementar n. 140/2011 para estabelecer que a omissão ou mora administrativa imotivada e desproporcional na manifestação definitiva sobre os pedidos de renovação de licenças ambientais instaura a competência supletiva do art. 15"*; e (ii) *"ao § 3º do art. 17 da Lei Complementar n. 140/2011, esclarecendo que a prevalência do auto de infração lavrado pelo órgão originalmente competente para o licenciamento ou autorização ambiental não exclui a atuação supletiva de outro ente federado, desde que comprovada omissão ou insuficiência na tutela fiscalizatória"*.

O Tribunal, por unanimidade, em Sessão Plenária Virtual, de 25-8-2023 a 1º-9-2023, não conheceu dos embargos de declaração opostos pela Petróleo Brasileiro S.A. – Petrobras e rejeitou os aclaratórios manejados pelo Advogado-Geral da União, nos termos do voto da Relatora, Ministra Rosa Weber (Presidente).

O trânsito em julgado ocorreu em 20-9-2023.

3. CONCEITO DE LICENÇAS AMBIENTAIS

A legislação ambiental, exceto em raras oportunidades, quando emprega os termos *anuência* ou *autorização*, geralmente utiliza a expressão *licença* para definir o ato formal que manifesta a concordância do Poder Público com determinada obra ou atividade.

Inicialmente, é necessário diferenciar o licenciamento ambiental da licença administrativa *lato sensu*, pelas marcantes diferenças que existem entre *permissão*, *licença* e *autorização* como atos administrativos individuais e licenciamento ambiental como um processo.

Segundo Hely Lopes Meirelles, permissão é *"o ato administrativo negocial, discricionário e precário, pelo qual o Poder Público faculta ao particular a execução de serviços de interesse coletivo, ou o uso especial de bens públicos, a título gratuito ou remunerado, nas condições estabelecidas pela Administração"*.[14]

---

[14] MEIRELLES, Hely Lopes. *Direito administrativo brasileiro*. 24. ed. São Paulo: Malheiros, 1999, p. 170-171.

Por sua vez, licença é *"o ato administrativo vinculado e definitivo pelo qual o Poder Público, verificando que o interessado atendeu a todas as exigências legais, faculta-lhe o desempenho de atividades ou a realização de fatos materiais antes vedados ao particular, como, p. ex., o exercício de uma profissão, a construção de um edifício em terreno próprio"*.

Por último, autorização é *"o ato administrativo discricionário e precário pelo qual o Poder Público torna possível ao pretendente a realização de certa atividade, serviço, ou utilização de determinados bens particulares ou públicos, de seu exclusivo ou predominante interesse, que a lei condiciona à aquiescência prévia da Administração, tais como o uso especial de bem público, o porte de arma, o trânsito por determinados locais etc."*.

Maria Sylvia Zanella Di Pietro define autorização como *"ato administrativo unilateral, discricionário e precário pelo qual a Administração faculta ao particular o uso de bem público (autorização de uso), ou a prestação de serviço público (autorização de serviço público), ou o desempenho de atividade material, ou a prática de ato que, sem esse consentimento, seriam legalmente proibidos (autorização como ato de polícia)"*. Já licença é definida pela autora como *"ato administrativo unilateral e vinculado pelo qual a Administração faculta àquele que preencha os requisitos legais o exercício de uma atividade"*.[15]

Portanto, de forma bastante simplificada, no direito administrativo a *licença* é concedida para o interessado que cumpre todas as exigências previstas em lei para a realização de determinada atividade, tratando-se de ato vinculado, afastada a discricionariedade por parte do administrador.

Cumpridas todas as exigências legais, o Poder Público não pode se negar a conceder a *licença administrativa*, que gera direitos ao seu detentor, inclusive indenização no caso de revogação ou cancelamento indevido durante o prazo de vigência.

Paulo de Bessa Antunes explica que *"a licença administrativa possui caráter de definitividade, só podendo ser revogada por interesse público ou por violação das normas legais, mediante indenização"*.[16]

Já o *licenciamento ambiental* apresenta diferenças marcantes, a começar pela discricionariedade. Celso Fiorillo ensina que *"a licença ambiental deixa de ser um ato vinculado para ser um ato com discricionariedade sui generis"*, citando, como exemplo, que um estudo de impacto ambiental pode apontar um empreendimento como desfavorável e, ainda assim, a autoridade competente proceder ao licenciamento, ou vice-versa.[17]

---

[15] PIETRO, Maria Sylvia Zanella Di. *Direito administrativo*. 18. ed. São Paulo: Atlas, 2005, p. 218-220.

[16] ANTUNES, Paulo de Bessa. *Direito ambiental*. 9. ed. Rio de Janeiro: Lumen Juris, 2006, p. 128.

[17] FIORILLO, Celso Antônio Pacheco. *Curso de direito ambiental brasileiro*. 4. ed. São Paulo: Saraiva, 2003, p. 66-67.

A própria Constituição Federal demonstra a impropriedade terminológica do termo *licença*, pois, no art. 170, que trata do exercício das atividades econômicas, emprega o termo *autorização*.

O licenciamento ambiental tem caráter preventivo, para evitar ou minimizar os danos ao meio ambiente. Segundo Toshio Mukai, ele busca "*o controle administrativo preventivo das atividades e empreendimentos que possam causar danos ao meio ambiente deve ser efetuado por meio de autorizações*", excetuando-se a anuência para construir, em que a concordância do Poder Público é representada pela licença e a utilização de bens de domínio público, como os recursos hídricos, em que o instrumento adequado é a *concessão administrativa* ou a *permissão de uso*.[18]

Diz o mesmo autor, ainda, "*quando a Lei 6.938/81 prevê que o licenciamento ambiental e a revisão do licenciamento de atividade efetiva ou potencialmente poluidora são instrumentos da Política Nacional do Meio Ambiente, após a Constituição de 1988, por força de seu art. 225, caput, não resta dúvida nenhuma de que tais expressões devem ser entendidas como sinônimos de autorizações, atos administrativos precários e discricionários*".

Não obstante a clara diferença, tratando-se de matéria ambiental ou administrativa, em alguns aspectos a *licença ambiental* guarda semelhanças com a *licença administrativa*. Na hipótese da superveniência de norma que impeça a continuidade de atividade regularmente aprovada, sem possibilidade de adequação às novas regras, a suspensão ou revogação da licença ambiental ou a negativa de sua renovação obrigam a indenização do favorecido. No caso de uma indústria, por exemplo, devidamente aprovada pelo órgão competente para se instalar em local onde não existe restrição para a atividade, acaso sobrevenha alteração na legislação de ocupação do solo que proíba seu funcionamento, é-lhe devida a indenização decorrente da interrupção de suas atividades.

Como bem observa Antonio Herman Benjamin, essa garantia não deve ser encarada como um direito adquirido de poluir.[19]

A edição de regras mais restritivas, por exemplo, de emissão de poluentes, obriga o licenciado a adequar suas atividades aos novos limites estabelecidos, sob pena de suspensão da atividade sem direito à indenização. Igualmente não deve ser confundida com a suspensão de atividades por imposição de penalidade ou pelo descumprimento de condicionantes constantes do licenciamento.

Portanto, a maior parte das manifestações de concordância do Poder Público, em matéria ambiental, representa uma *autorização*, não uma *licença*, na concepção consagrada pelo direito administrativo.

---

[18] MUKAI, Toshio. *Direito ambiental sistematizado*. 2. ed. Rio de Janeiro: Forense Universitária, 1994, p. 80-81.

[19] BENJAMIN, Antonio Herman V. Direito constitucional ambiental brasileiro. In: CANOTILHO, José Joaquim Gomes; LEITE, José Rubens Morato (Orgs.). *Direito constitucional ambiental brasileiro*. São Paulo: Saraiva, 2007, p. 124.

A Lei Complementar n. 140/2011 não inovou, definindo *licenciamento ambiental* como "*o procedimento administrativo destinado a licenciar atividades ou empreendimentos utilizadores de recursos ambientais, efetiva ou potencialmente poluidores ou capazes, sob qualquer forma, de causar degradação ambiental*" (art. 2º, I).

4. TIPOS DE LICENÇAS AMBIENTAIS

São várias as modalidades de licenças ambientais, algumas com a liturgia para a sua emissão perfeitamente estabelecida, outras sem nenhuma regulamentação quanto aos procedimentos que a antecedem.

A Lei n. 6.938/81 estabelecia, em seu art. 10, que dependiam de prévio licenciamento ambiental "*a construção, instalação, ampliação e funcionamento de estabelecimentos e atividades utilizadoras de recursos ambientais, considerados efetiva e potencialmente poluidores, bem como os capazes, sob qualquer forma, de causar degradação ambiental*".

A nova redação do precitado dispositivo, por força da Lei Complementar n. 140/11, alterou muito pouco o *caput*, revogando, no entanto, os § 2º, § 3º e § 4º, que tratavam da competência para a condução do processo.

A exigência de estudos ambientais prévios ao licenciamento para atividades potencialmente impactantes sobre o meio ambiente não encontra nenhuma restrição em sede constitucional. Ao contrário, está prevista no art. 225, § 1º, da Lei Maior.

No entanto, a disposição final do art. 10 da Lei n. 6.938/81, que dispunha que esse licenciamento seria procedido "*pelo órgão estadual competente, integrante do Sistema Nacional do Meio Ambiente – Sisnama, e do Instituto Brasileiro do Meio Ambiente e dos Recursos Naturais Renováveis – Ibama, em caráter supletivo*", embora tivesse sua redação dada pela Lei n. 7.804/89, posterior à Constituição Federal, era questionável, por conflitar com o estatuto jurídico fundamental que exigiu, no parágrafo único do art. 23, que seria uma *lei complementar* o instrumento competente para fixar normas para a cooperação entre a União, os Estados, o Distrito Federal e os Municípios. A lei ordinária extrapolou sua função, definindo uma das formas de cooperação entre os entes federados, ou seja, a competência para o licenciamento ambiental.[20]

Felizmente, a Lei Complementar n. 140/11 afastou essa discussão que tantos problemas causou ao meio ambiente e ao desenvolvimento econômico do país.

A Resolução CONAMA n. 237/97, do Conselho Nacional do Meio Ambiente – CONAMA, estabelece, no art. 8º, os tipos de licenças expedidas pelo Poder Público:

---

[20] MILARÉ, Édis. *Direito do ambiente*. 8. ed. São Paulo: Revista dos Tribunais, 2013, p. 789.

a) a Licença Prévia (LP) – concedida na fase preliminar do planejamento do empreendimento ou atividade, aprovando sua localização e concepção, atestando a viabilidade ambiental e estabelecendo os requisitos básicos e condicionantes a serem atendidos nas próximas fases de sua implementação;

b) a Licença de Instalação (LI) – autoriza a instalação do empreendimento ou atividade de acordo com as especificações constantes dos planos, programas e projetos aprovados, incluindo as medidas de controle ambiental e demais condicionantes, da qual constituem motivo determinante; e

c) a Licença de Operação (LO) – autoriza a operação da atividade ou empreendimento, após a verificação do efetivo cumprimento do que consta das licenças anteriores, com as medidas de controle ambiental e condicionantes determinadas para a operação.

De igual sorte, não se vê nenhum questionamento acerca dos tipos de licenças estabelecidos pela resolução do órgão consultivo e deliberativo do SISNAMA.

No entanto, a repartição de competência que a Resolução definia nos arts. 4º, 5º e 6º, alvo de severas críticas por conferir poderes ao Município para o licenciamento ambiental, foi revogada automaticamente pela nova Lei Complementar, que estabeleceu novas regras.

Normalmente, as licenças prévia, de instalação e de operação integram um processo, são precedidas de estudos de impactos ambientais e outorgadas em etapas. Além desses três tipos de licenças ambientais existem algumas outras, menos conhecidas, mas não de menor importância, que abordaremos ao longo deste trabalho.

5. DEFINIÇÃO DE COMPETÊNCIAS PARA LICENCIAR

Até o advento da Lei Complementar n. 140/11, por falta de regulamentação do art. 23 da Constituição Federal para definir de quem seria a competência para efetuar o licenciamento ambiental, diversas correntes doutrinárias se firmaram na tentativa de estabelecer os critérios para definir, em cada caso, qual seria a autoridade competente para emitir a anuência do Estado.

As próprias normas eram contraditórias, como já foi visto. Algumas utilizavam a localização do empreendimento ou da atividade como critério para definir a competência. Outras, a abrangência do seu impacto. A Resolução CONAMA n. 237/97 utilizava vários critérios, ao mesmo tempo.

No art. 4º, dizia que era competência do IBAMA o licenciamento de empreendimentos e atividades localizados no mar territorial ou na plataforma continental (critério geográfico). Ainda, estabelecia, como competência do órgão federal, o licenciamento de atividades cujos impactos ambientais diretos ultrapassassem os limites territoriais do país ou de um ou mais Estados (critério da abrangência do impacto), em unidades de conservação do domínio da União (critério da dominialidade) e, por fim, atividades que envolvessem a exploração de energia nuclear ou empreendimentos militares (critério da especificidade ou da segurança nacional).

Parece claro que cada um desses critérios, adotados individualmente, tinha vantagens e desvantagens. Portanto, parecia muito mais claro que todos eles devessem ser subjugados por um critério mais abrangente: o da prevalência do interesse. Assim, o licenciamento para a construção de uma base naval (segurança nacional), localizada no mar territorial (geográfico), com impacto sobre um bem da União (dominialidade), cujos impactos não ficassem restritos a uma determinada unidade da federação (abrangência do impacto), devia ser do órgão federal de meio ambiente. Eis que estão presentes unicamente elementos de interesse predominante da União.

Na mesma hipótese acima, tratando-se do licenciamento de um empreendimento particular, como no caso da marina de um clube náutico, afastado o critério da segurança nacional, persistiria a competência federal pela presença dos outros fatores, como a dominialidade, a localização no mar territorial e o impacto além dos limites do Estado-membro. Aí estão presentes interesses particulares e da União, parecendo-nos inquestionável que os últimos se sobrepõem aos primeiros.

Ou ainda, como, no caso da instalação de determinado empreendimento turístico particular, em terreno de marinha, afastaria a competência da União por estar fora da área geográfica indicada expressamente, com impacto ambiental localizado e adstrito ao seu entorno imediato? Estão presentes, neste caso, interesses particulares (atividade econômica), da União (alteração adversa de um bem da União) e, possivelmente, do Estado (geração de receitas) e do Município (geração de empregos). Pelo critério da dominialidade, a competência seria do órgão federal; pela abrangência do impacto, a competência seria do órgão estadual e, pelo interesse local, poderia o órgão municipal efetuar o procedimento de licenciamento. Poderia ser questionado, neste caso, até que ponto o Município poderia conceder autorização para que características inerentes ao bem da União fossem alteradas, quiçá adversamente, pela construção em terreno de marinha.

Em qualquer caso, a competência para o licenciamento ambiental deveria ser estabelecida a partir da prevalência do interesse, sendo evidente que o interesse nacional se sobreporia ao dos Estados, e o destes últimos sobre o dos Municípios. No entanto, a Lei Complementar n. 140/11 deixou de lado o critério da prevalência do interesse e, com raras exceções previstas no art. 7º, passou a utilizar somente o critério da localização da obra ou atividade.

Com a atual legislação, a abrangência do impacto e o interesse nacional foram suplantados pela simples localização do empreendimento, o que poderá trazer sérios riscos para o desenvolvimento do país. Apenas para exemplificar, a maior parte das usinas hidrelétricas de grande porte cuja construção está prevista nos próximos dez anos e que são fundamentais para o desenvolvimento nacional, serão licenciadas pelos órgãos estaduais de meio ambiente, em muitos casos com carência de funcionários capacitados e, sempre, sob estreita vigilância do Ministério Público, permitindo prever sérias dificuldades e atrasos.[21]

---

[21] MACHADO, Paulo Affonso Leme; SARLET, Ingo Wolfgang; FENSTERSEIFER, Tiago. *Constituição e legislação ambiental comentadas.* São Paulo: Saraiva, 2015, p. 101.

Analisamos, adiante, agrupadas em função do recurso natural afetado ou do tipo de dano ambiental efetivo ou potencial, as atividades sujeitas ao licenciamento ambiental, apresentando as exigências normativas e os procedimentos para sua outorga, comentando os critérios adotados para definir a competência e, sempre que possível, tentando estabelecer de qual membro da federação é o interesse predominante.

Importa salientar que, nos casos em que se conclui pela competência da União para o licenciamento ambiental, não significa que esta deva, obrigatoriamente, ser exercida pelo órgão federal de meio ambiente. No entanto, a delegação de competência aos órgãos estaduais deve ser precedida de exigências e parâmetros mínimos, funcionando como termos de referência, visando garantir a prevalência do interesse nacional. Esta é a única maneira de evitar que elementos econômicos ou políticos se sobreponham à cautela e à precaução necessárias para garantir um meio ambiente ecologicamente equilibrado para as futuras gerações.

De igual forma, os órgãos estaduais de meio ambiente poderão utilizar os "instrumentos de cooperação institucional" previstos no art. 4º da Lei Complementar n. 140/11, notadamente a "delegação da execução de ações administrativas de um ente federado a outro", prevista no inciso VI do referido artigo, para remeter o licenciamento de empreendimentos de grande porte para o órgão federal. Isso poderá solucionar algumas questões como falta de estrutura ou de equipes técnicas habilitadas, restando, porém, a questão política envolvida, pois a delegação é facultativa e eventuais diferenças de orientação política podem, simplesmente, impedir a realização de obras de interesse nacional.

Atualmente, com o advento da Lei Complementar n. 140/11, compete à União licenciar os empreendimentos e atividades:

(a) localizados ou desenvolvidos conjuntamente no Brasil e em país limítrofe;

(b) localizados ou desenvolvidos no mar territorial, na plataforma continental ou na zona econômica exclusiva;

(c) localizados ou desenvolvidos em terras indígenas;

(d) localizados ou desenvolvidos em unidades de conservação instituídas pela União, exceto em Áreas de Proteção Ambiental (APAs);

(e) localizados ou desenvolvidos em 2 (dois) ou mais Estados;

(f) de caráter militar, excetuando-se do licenciamento ambiental, nos termos de ato do Poder Executivo, aqueles previstos no preparo e emprego das Forças Armadas, conforme disposto na Lei Complementar n. 97, de nove de junho de 1999;

(g) destinados a pesquisar, lavrar, produzir, beneficiar, transportar, armazenar e dispor material radioativo, em qualquer estágio, ou que utilizem energia nuclear em qualquer de suas formas e aplicações, mediante parecer da Comissão Nacional de Energia Nuclear (Cnen); ou

(h) que atendam tipologia estabelecida por ato do Poder Executivo, a partir de proposição da Comissão Tripartite Nacional, assegurada a participação de um membro do Conselho Nacional do Meio Ambiente (CONAMA), e considerados os critérios de porte, potencial poluidor e natureza da atividade ou empreendimento.

Pela tipologia, considerados os critérios de porte, potencial poluidor e a natureza, o Decreto n. 8.437, de 22 de abril de 2015, estabeleceu a competência da União para licenciar os seguintes empreendimentos ou atividades:

> Art. 3º Sem prejuízo das disposições contidas no art. 7º, *caput*, XIV, alíneas a a g, da Lei Complementar n. 140/2011, serão licenciados pelo órgão ambiental federal competente os seguintes empreendimentos ou atividades:
>
> I – rodovias federais:
>
> a) implantação;
>
> b) pavimentação e ampliação de capacidade com extensão igual ou superior a duzentos quilômetros;
>
> c) regularização ambiental de rodovias pavimentadas, podendo ser contemplada a autorização para as atividades de manutenção, conservação, recuperação, restauração, ampliação de capacidade e melhoramento; e
>
> d) atividades de manutenção, conservação, recuperação, restauração e melhoramento em rodovias federais regularizadas;
>
> II – ferrovias federais:
>
> a) implantação;
>
> b) ampliação de capacidade; e
>
> c) regularização ambiental de ferrovias federais;
>
> III – hidrovias federais:
>
> a) implantação; e
>
> b) ampliação de capacidade cujo somatório dos trechos de intervenções seja igual ou superior a duzentos quilômetros de extensão;
>
> IV – portos organizados, exceto as instalações portuárias que movimentem carga em volume inferior a 450.000 TEU/ano ou a 15.000.000 ton/ano;
>
> V – terminais de uso privado e instalações portuárias que movimentem carga em volume superior a 450.000 TEU/ano ou a 15.000.000 ton/ano;
>
> VI – exploração e produção de petróleo, gás natural e outros hidrocarbonetos fluidos nas seguintes hipóteses:
>
> a) exploração e avaliação de jazidas, compreendendo as atividades de aquisição sísmica, coleta de dados de fundo (piston core), perfuração de poços e teste de longa duração quando realizadas no ambiente marinho e em zona de transição terra-mar (offshore);
>
> b) produção, compreendendo as atividades de perfuração de poços, implantação de sistemas de produção e escoamento, quando realizada no ambiente marinho e em zona de transição terra-mar (offshore); e
>
> c) produção, quando realizada a partir de recurso não convencional de petróleo e gás natural, em ambiente marinho e em zona de transição terra-mar (offshore) ou terrestre (onshore), compreendendo as atividades de perfuração de poços, fraturamento hidráulico e implantação de sistemas de produção e escoamento; e

VII – sistemas de geração e transmissão de energia elétrica, quais sejam:

a) usinas hidrelétricas com capacidade instalada igual ou superior a trezentos megawatts;

b) usinas termelétricas com capacidade instalada igual ou superior a trezentos megawatts; e

c) usinas eólicas, no caso de empreendimentos e atividades offshore e zona de transição terra-mar.

O mesmo dispositivo excepcionou, nos seus §§, o licenciamento de contornos e acessos rodoviários, anéis viários e travessias urbanas, de implantação e ampliação de pátios ferroviários, melhoramentos de ferrovias, implantação e ampliação de estruturas de apoio de ferrovias, ramais e contornos ferroviários.

Para Municípios, a Lei Complementar n. 140/11 estabeleceu, no art. 9º, a competência para licenciar atividades ou empreendimentos que causem ou possam causar impacto ambiental de âmbito local, conforme tipologia definida pelos respectivos Conselhos Estaduais de Meio Ambiente, considerados os critérios de porte, potencial poluidor e natureza da atividade; ou localizados em unidades de conservação instituídas pelo Município, exceto em Áreas de Proteção Ambiental – APAs.

Como visto, para os Estados, a norma delegou a competência residual, isto é, o licenciamento de todas as atividades não previstas nos arts. 7º e 9º, bem como das atividades ou empreendimentos localizados em unidades de conservação por ele instituídas.

6. PRAZOS PARA O LICENCIAMENTO E SUA VALIDADE

O licenciamento ambiental deve ser prévio, conforme expressa disposição do art. 10 da Lei n. 6.938/81, isto é, anterior à construção, instalação, ampliação ou funcionamento de empreendimento, obra ou atividade. Esta exigência foi mantida com a nova redação dada ao dispositivo pela Lei Complementar n. 140/11.

Conforme constantemente noticiado na imprensa, os órgãos ambientais são acusados de retardar o início de obras ou a implantação de empreendimentos em razão da demora na emissão das licenças ambientais. Ocorre que muitas obras dependem de análises acuradas das implicações que suas realizações podem causar sobre os recursos naturais, sendo necessários estudos e análises consistentes antes do seu licenciamento.[22]

A Resolução CONAMA n. 237/97, que estabelece procedimentos e critérios para o licenciamento ambiental, dispõe, no art. 14, que o órgão ambiental competente pode estabelecer prazos diferenciados para a análise de cada modalidade de licença em função das peculiaridades da atividade ou empreendimento, fixando, no entanto, o limite de seis meses para o deferimento ou indeferimento do pedido. Esse prazo é

---

[22] Os estudos ambientais são abordados em capítulo próprio.

dilatado para doze meses nas hipóteses em que o objeto do licenciamento depender da elaboração de estudo de impacto ambiental e/ou realização de audiência pública.

Em 2011, o Ministério do Meio Ambiente expediu diversas Portarias, algumas isoladamente e outras em conjunto com outros Ministérios, estabelecendo procedimentos para o licenciamento de sistemas de transmissão de energia elétrica, de licenciamento e regularização de rodovias federais, de exploração e produção de petróleo e gás e de regularização e gestão de terminais portuários, além de definir a participação dos entes envolvidos no licenciamento ambiental federal.

1) Portaria Interministerial 419, de 26-10-2011 *(Portaria revogada em 24-3-2015 e substituída pela Portaria Interministerial 60/2015)*, do Ministério do Meio Ambiente, Ministério da Justiça e Ministério da Saúde, regulamentando a atuação da Fundação Nacional do Índio – Funai, da Fundação Cultural Palmares – FCP, do Instituto do Patrimônio Histórico e Artístico Nacional – IPHAN e do Ministério da Saúde.

2) Portaria 420, de 26-10-2011 *(Portaria revogada em 19-7-2013 e substituída pela Portaria Interministerial 289/2013)*, do Ministério do Meio Ambiente, dispondo sobre procedimentos a serem aplicados pelo IBAMA na regularização e no licenciamento ambiental de rodovias federais.

3) Portaria 421, de 26-10-2011, do Ministério do Meio Ambiente, dispondo sobre o licenciamento e a regularização ambiental de sistemas de transmissão de energia elétrica.

4) Portaria 422, de 26-10-2011, do Ministério do Meio Ambiente, dispondo sobre o licenciamento de atividades e empreendimentos de exploração e produção de petróleo e gás natural no ambiente marinho e em zona de transição terra-mar.

5) Portaria Interministerial 423, de 26-10-2011 *(Substituída pela Portaria Interministerial 288/2013 e parcialmente alterada pela Portaria Interministerial 364/2014)*, do Ministério do Meio Ambiente e do Ministério dos Transportes, instituindo o Programa de Rodovias Federais Ambientalmente Sustentáveis – PROFAS para a regularização ambiental das rodovias federais.

6) Portaria MMA 424, de 26-10-2011, que dispõe sobre procedimentos específicos a serem aplicados pelo IBAMA na regularização ambiental de portos e terminais portuários, bem como os outorgados às Companhias Docas, previstos no art. 24-A da Lei n. 10.683, de 28-5-2003.

7) Portaria Interministerial MMA/SEP/PR 425, de 26-10-11, do Ministério do Meio Ambiente e da Secretaria dos Portos da Presidência da República, instituindo o Programa Federal de Apoio à Regularização e Gestão Ambiental Portuária – PRGAP de portos e terminais portuários marítimos.

A Lei Complementar n. 140/11, em seu art. 14, estabelece que os órgãos licenciadores devem observar os prazos para tramitação dos processos de licenciamento, convalidando os atos ministeriais acima, no que se refere aos prazos.

Pelas importantes contribuições no estabelecimento de prazos e procedimentos, esses atos normativos constituem um avanço no licenciamento ambiental, valendo consignar que diversos prazos foram estabelecidos para os órgãos que efetuam ou participam do processo de licenciamento.

É importante observar que esses prazos são suspensos no caso de necessidade de estudos complementares ou esclarecimentos a serem prestados pelo empreendedor ou pelos responsáveis pela elaboração dos estudos ambientais. É nesta complementação que reside a razão da demora no licenciamento de muitos empreendimentos de significativo impacto ambiental.

No entanto, a Lei Complementar n. 140/11, no art. 14, § 1º, estabelece que pedidos de complementação serão solicitados somente uma vez, o que representa inegável avanço, pois não raro os órgãos licenciadores requeriam estudos complementares diversas vezes.

A mesma Resolução n. 237, do CONAMA, disciplina, no art. 18, que o órgão licenciador estabelecerá os prazos de validade para cada tipo de licença ambiental, que deverá constar no documento emitido, fixando, no entanto, os prazos mínimos e máximos de sua vigência:

> a) Licença Prévia (LP) – validade, no mínimo, do prazo estabelecido pelo cronograma de elaboração dos planos, programas e projetos relativos ao empreendimento ou atividade, não podendo ser superior a 5 (cinco) anos;
> b) Licença de Instalação (LI) – validade, no mínimo, do prazo estabelecido pelo cronograma de instalação do empreendimento ou atividade, não podendo ser superior a 6 (seis) anos;
> c) Licença de Operação (LO) – deverá considerar os planos de controle ambiental e será de, no mínimo, 4 (quatro) anos e, no máximo, 10 anos (dez) anos.

É importante observar que o § 4º do art. 18 da Resolução CONAMA n. 237/97 já previa que o pedido de renovação da Licença de Operação, apresentado com antecedência mínima de 120 (cento e vinte) dias da expiração do seu prazo de validade, implicava na prorrogação automática da licença vincenda até a manifestação definitiva do órgão ambiental competente.

Vale dizer, protocolizado o pedido de renovação da licença no prazo estabelecido, mesmo que sejam feitas exigências complementares, a autorização para a operação mantém sua eficácia até sua renovação ou indeferimento do pedido. Essa disposição foi mantida pelo art. 14, § 4º, da Lei Complementar n. 140/11, medida de extrema importância diante da natural demora dos órgãos licenciadores na tramitação dos processos administrativos.

7. A ANUÊNCIA PARA O LICENCIAMENTO

A anuência dos órgãos responsáveis pela proteção de áreas ou recursos específicos sempre foi um elemento de controvérsias e reclamações por parte dos órgãos licenciadores e, também, dos empreendedores.

No processo de licenciamento ambiental, o órgão licenciador deve ouvir a Fundação Nacional do Índio – FUNAI, quando o empreendimento impactar terras indígenas; a Fundação Cultural Palmares – FCP, quando afetar comunidades quilombolas; o Instituto do Patrimônio Histórico e Artístico Nacional – IPHAN, quando afetar bens culturais acautelados; e o Ministério da Saúde, quando localizado em áreas endêmicas de malária e o órgão responsável pela gestão das Unidades de Conservação afetadas.

Atualmente, a Portaria Interministerial 60/15, dos Ministérios do Meio Ambiente, da Justiça, da Cultura e da Saúde, aos quais os referidos órgãos estão subordinados, define as respectivas atuações na esfera federal (quando o IBAMA é competente para o licenciamento).

Inicialmente, essa Portaria Interministerial define as hipóteses que obrigam a anuência para o licenciamento, presumindo a interferência (art. 3º, § 2º):

> I – (...) quando a atividade ou empreendimento submetido ao licenciamento ambiental localizar-se em terra indígena ou apresentar elementos que possam gerar dano socioambiental direto no interior da terra indígena, respeitados os limites do Anexo I;
>
> II – (...) quando a atividade ou empreendimento submetido ao licenciamento ambiental localizar-se em terra quilombola ou apresentar elementos que possam gerar dano socioambiental direto no interior da terra quilombola, respeitados os limites do Anexo I;
>
> III – (...) quando a área de influência direta da atividade ou empreendimento submetido ao licenciamento ambiental localizar-se numa área onde for constatada ocorrência de bens culturais acautelados;
>
> IV – (...) quando a atividade ou empreendimento localizar-se em municípios pertencentes às áreas de risco ou endêmicas para malária.

A Portaria Interministerial 60/15 estabeleceu, em síntese, os seguintes procedimentos para a manifestação dos órgãos intervenientes no licenciamento ambiental federal:

a) O IBAMA, no início do processo de licenciamento, solicita ao empreendedor interessado que declare se a atividade vai interferir em terra indígena, terra quilombola, em bens culturais acautelados, em Unidades de Conservação ou em áreas ou regiões onde existe risco ou sejam endêmicas para malária (art. 3º);

b) Ocorrendo uma das interferências acima, o IBAMA inclui, no Termo de Referência, as exigências de estudos específicos (art. 4º);

c) No prazo de 15 (quinze) dias, prorrogável por igual período, os órgãos envolvidos no licenciamento devem se manifestar sobre o Termo de Referência (art. 5º, § 1º);

d) Após a apresentação dos estudos ambientais, os órgãos envolvidos dispõem de um prazo de 90 (noventa) dias, no caso de EIA/RIMA, e de 30 (trinta) dias nos demais casos, para apresentar manifestação conclusiva sobre os impactos e as medidas mitigatórias ou compensatórias (art. 7º).

É importante observar que os órgãos envolvidos não são órgãos de licenciamento ambiental, pois, ao contrário do que consta da Instrução Normativa n. 1 de 9-1-2012, da Fundação Nacional do Índio – FUNAI, nenhum deles é integrante do Sistema Nacional do Meio Ambiente – SISNAMA, criado pela Lei n. 6.938/81.

Esta instrução normativa foi publicada pela FUNAI para estabelecer normas sobre a participação do órgão indigenista no processo de licenciamento, mas, equivocadamente, extrapolou e passou a conflitar com a Portaria Interministerial 419/11, como hoje afronta a Portaria Interministerial 60/15, por estabelecer um licenciamento ambiental paralelo, o que é vedado pelo art. 13, *caput* e § 1º da Lei Complementar n. 140/11.

A Portaria Interministerial não incluiu o Instituto Chico Mendes de Conservação da Biodiversidade – ICMBio entre os órgãos intervenientes, porque a Lei n. 9.985/2000, que cria o Sistema Nacional de Unidades de Conservação – SNUC, já estabelece a necessidade de anuência desse órgão.

O Instituto Chico Mendes regulamentou a anuência para obras ou atividades que afetam Unidades de Conservação Federais através da Instrução Normativa n. 5, de 2-9-2009.

8. PRORROGAÇÃO OU RENOVAÇÃO DAS LICENÇAS

Uma questão com que frequentemente nos deparamos sobre o licenciamento ambiental diz respeito ao prazo de validade das licenças prévia e de instalação.

O Conselho Nacional do Meio Ambiente – CONAMA estabeleceu, na Resolução n. 237/97, os prazos de validade das licenças ambientais, fixando o limite de 5 (cinco) anos para a Licença Prévia, de 6 (seis) anos para a Licença de Instalação e de 4 (quatro) a 10 (dez) anos para cada Licença de Operação, prevendo a renovação das duas primeiras quando emitidas com prazo inferior:

> Art. 18. O órgão ambiental competente estabelecerá os prazos de validade de cada tipo de licença especificando-os no respectivo documento, levando em consideração os seguintes aspectos.
>
> I – O prazo da validade da Licença Prévia (LP) deverá ser, no mínimo, o estabelecido pelo cronograma de elaboração dos planos, programas e projetos relativos ao empreendimento ou atividade, não podendo ser superior a 5 (cinco) anos.
>
> II – O prazo de validade de Licença de Instalação (LI) deverá ser, no mínimo, o estabelecido pelo cronograma de instalação do empreendimento ou atividade, não podendo ser superior a 6 (seis) anos.
>
> III – O prazo de validade da Licença de Operação (LO) deverá considerar os planos de controle ambiental e será de no mínimo, 4 (quatro) anos e, no máximo, 10 anos (dez) anos.
>
> § 1º A Licença Prévia (LP) e a Licença de Instalação (LI) poderão ter os prazos de validade prorrogados, desde que não ultrapassem os prazos máximos estabelecidos nos incisos I e II.
>
> (...)

É importante observar que não existe direito subjetivo à prorrogação das licenças, por se tratar de um ato discricionário do Poder Público. A legislação ambiental deve ser interpretada com a finalidade a qual se destina, qual seja, compatibilizar a proteção do meio ambiente com as atividades necessárias ao desenvolvimento econômico e social do País.

A Resolução CONAMA n. 237/97 deve ser abordada em harmonia com o art. 170 da Constituição Federal, que garante o livre exercício da atividade econômica com o devido respeito às normas ambientais. A proteção ambiental que condiciona a atividade econômica deve ser compatibilizada com o interesse da sociedade e não considerada como um formalismo estanque dissociado da intenção geral da legislação.

A Licença Prévia expedida com prazo inferior a 5 (cinco) anos pode ser prorrogada até esse limite. Ultrapassado o prazo, o órgão ambiental pode renová-la ou emitir nova licença mediante a atualização ou complementação dos estudos ambientais, adequando-os às eventuais alterações ocorridas no local do empreendimento.

A Licença de Instalação obedece aos mesmos critérios, podendo ser prorrogada até o limite de 6 (seis) anos. Passado esse prazo, o órgão ambiental pode renovar a licença ou emitir uma nova, exigindo a complementação ou atualização dos estudos.

É necessário que se observe que a prorrogação de uma licença não é um direito adquirido no ato de sua emissão. No caso de uma Licença Prévia, por exemplo, o licenciamento de outro empreendimento semelhante na mesma região pode levar à exigência de estudos dos efeitos sinérgicos e cumulativos entre eles, antes de sua prorrogação, podendo, inclusive, resultar no indeferimento do pedido.

Somente no caso da Licença de Operação acontece a renovação automática, desde que requerida com antecedência mínima de 120 (cento e vinte) dias do prazo de seu vencimento, conforme preceitua o art. 18, § 4º, da Resolução n. 237/97.

9. OS ESTUDOS AMBIENTAIS PARA O LICENCIAMENTO

A legislação brasileira exige, para instruir o processo de licenciamento ambiental de algumas atividades, obras ou empreendimentos, a apresentação de estudos ambientais prévios, destinados a avaliar seus efeitos sobre o meio ambiente.[23]

A Lei n. 6.938/81, no art. 8º, já previa a *realização de estudos das alternativas e das possíveis consequências ambientais de projetos públicos ou privados* e os *estudos de impacto ambiental*, remetendo ao Conselho Nacional do Meio Ambiente – CONAMA a competência para determinar as suas hipóteses de exigibilidade.

---

[23] KRELL, Andreas Joachim. O licenciamento ambiental no SISNAMA: competência e controle. In: BENJAMIN, Antonio Herman V. (Org.). *Paisagem, natureza e direito.* São Paulo: Instituto O Direito por um Planeta Verde, p. 167.

Essa exigência dos estudos ambientais foi recepcionada e consagrada pela Constituição Federal de 1988, não havendo, entre os doutrinadores ou em decisões judiciais, nenhuma manifestação discordante quanto a sua exigibilidade para a autorização da implantação das atividades relacionadas.[24]

A previsão para a exigência encontra-se, portanto, na Constituição Federal de 1988, art. 225, § 1º, IV, que enumera, entre as incumbências do Poder Público para assegurar a efetividade do meio ambiente ecologicamente equilibrado, *"exigir, na forma da lei, para instalação de obra ou atividade potencialmente causadora de significativa degradação do meio ambiente, estudo prévio de impacto ambiental, a que se dará publicidade"*.

O Conselho Nacional do Meio Ambiente – CONAMA, na Resolução n. 237/97, no art. 1º, define esses estudos ambientais como *"todos e quaisquer estudos relativos aos aspectos relacionados à localização, instalação, operação e ampliação de uma atividade ou empreendimento, apresentado como subsídio para a análise da licença requerida, tais como: relatório ambiental, plano de recuperação de área degradada e análise preliminar de risco"*.

É claro e pacífico, sem vozes discordantes, o entendimento do Poder Judiciário quanto à exigibilidade do estudo de impacto ambiental para obras, empreendimentos ou atividades com significativo impacto ambiental.

O volume de julgamentos nesse sentido pode ser representada pela decisão do TRF da 4ª Região: *"A instalação de obra ou atividade potencialmente causadora de significativa degradação ambiental exige, para que se assegure a todos o direito ao meio ambiente ecologicamente equilibrado, a realização de estudo prévio de impacto ambiental (art. 225, § 1º, IV, da CF), o qual não pode ser resumido a um mero estudo formal de apreciação dos impactos no meio ambiente, devendo compreender um estudo sério, completo e exaustivo que permita o conhecimento das condições ambientais preexistentes ao empreendimento, a real dimensão dos danos que o mesmo pode causar e a eficácia das medidas preventivas e mitigadoras propostas, para que seja possível autorizar-se, com segurança, o seu licenciamento"* (TRF 4ª Região, Processo: 200504010123840, UF: SC).

Os estudos ambientais, muitas vezes, não se restringem aos impactos da obra ou do empreendimento isoladamente, sendo necessária uma avaliação dos efeitos sinérgicos e cumulativos resultantes do conjunto de obras numa determinada área ou do aproveitamento simultâneo de recursos naturais.

Assim, para o licenciamento de uma nova usina hidrelétrica deve ser estudado o conjunto dos impactos causados na bacia hidrográfica, assim como no licenciamento

---

[24] Alguns autores usam a expressão *AIA – Avaliação dos Impactos Ambientais* para definir o processo elaboração/análise/aprovação dos estudos ambientais. Preferimos utilizar simplesmente estudos ambientais para a fase que antecede e instrui o licenciamento.

de uma nova usina termelétrica, deve ser avaliada a saturação da bacia aérea, em conjunto com as fontes poluidoras já existentes.

10. ESTUDO DE IMPACTO AMBIENTAL – EIA E RELATÓRIO DE IMPACTO AMBIENTAL – RIMA

Trata-se do mais conhecido estudo ambiental, representando um corolário de informações, análises e propostas destinadas a nortear a decisão da autoridade competente sobre a concordância ou não do Poder Público com a atividade que se pretende desenvolver ou o empreendimento que se busca implantar.[25]

O CONAMA estabeleceu, através da Resolução n. 1/86, a obrigatoriedade da elaboração do Estudo de Impacto Ambiental – EIA e respectivo Relatório de Impacto Ambiental – RIMA para uma série de empreendimentos modificadores do meio ambiente, citando expressamente: estradas de rodagem com duas ou mais faixas de rolamento; ferrovias; portos e terminais de minério, petróleo e produtos químicos; aeroportos, conforme definido pelo inciso I, art. 48, do DL 32/66; oleodutos, gasodutos, minerodutos, troncos coletores e emissários de esgotos sanitários; linhas de transmissão de energia elétrica, acima de 230 kW; obras hidráulicas para exploração de recursos hídricos, tais como: barragem para fins hidrelétricos, acima de 10 MW, de saneamento ou de irrigação, abertura de canais para navegação, drenagem e irrigação, retificação de cursos d'água, abertura de barras e embocaduras, transposição de bacias, diques; extração de combustível fóssil (petróleo, xisto, carvão); extração de minério, inclusive os da classe II, definidos no Código de Mineração; aterros sanitários, processamento e destino final de resíduos tóxicos ou perigosos; usinas de geração de eletricidade, qualquer que seja a forma de energia primária, acima de 10 MW; complexo e unidades industriais e agroindustriais (petroquímicos, siderúrgicos, cloroquímicos, destilarias de álcool, hulha, extração e cultivo de recursos hídricos); distritos industriais e zonas estritamente industriais – ZEI; exploração econômica de madeira ou de lenha, em áreas acima de 100 hectares ou menores, quando atingir áreas significativas em termos percentuais ou de importância do ponto de vista ambiental; projetos urbanísticos, acima de 100 hectares ou em áreas consideradas de relevante interesse ambiental a critério da SEMA e dos órgãos municipais e estaduais competentes; qualquer atividade que utilize carvão vegetal, derivados ou produtos similares em quantidade superior a dez toneladas por dia; projetos agropecuários que contemplem áreas acima de 1.000 hectares ou menores; neste caso, quando se tratar de áreas significativas em termo percentuais ou de importância do ponto de vista ambiental, inclusive nas áreas de proteção ambiental.

---

[25] BELTRÃO, Antônio Figueiredo Guerra. *Aspectos jurídicos do estudo de impacto ambiental (EIA)*. São Paulo: MP Editora, 2008, p. 32.

Antes de adentrar na análise do estudo de impacto ambiental, torna-se necessário evidenciar um conceito que deve estar sempre presente quando se fala do assunto: o EIA/RIMA não se destina a tornar possível o licenciamento ambiental, isto é, sua finalidade não é justificar o empreendimento em face da legislação ou das exigências dos órgãos ambientais.

Iniciar a elaboração de um estudo ambiental com a finalidade de "tornar possível" um empreendimento, obra ou atividade, significa corromper no nascedouro o seu objetivo.

Infelizmente, em muitas oportunidades, o que se tem visto são estudos ambientais que mais parecem "defesas prévias" do empreendimento contra as normas ambientais, inclusive mediante a omissão de dados e informações relevantes com a finalidade de conseguir as licenças.

Diante dessa prática, muito mais comum do que se imagina, muitas vezes os órgãos ambientais não conseguem emitir as licenças nos prazos ideais, restando-lhes a injusta pecha de entravar o desenvolvimento e o progresso das obras de infraestrutura no país.

Além disso, tornou-se comum a prática de inserir dados ou informações inverídicas nos estudos ambientais, tanto que a Lei n. 9.605/98, a Lei dos Crimes Ambientais, cunhou o tipo penal da falsidade de dados ou informações no art. 69-A.[26]

Conforme a exigência da norma, os estudos ambientais devem ser apresentados ao órgão licenciador acompanhados dos projetos e demais documentos exigidos. Este, por sua vez, analisa os estudos e realiza as vistorias que julgar necessárias, solicitando, se for o caso, esclarecimentos adicionais e complementação nos tópicos que não forem considerados satisfatórios. Depois disso, não sendo exigível a audiência pública para reputar o licenciamento, o órgão ambiental competente emite parecer técnico e, quando for o caso, parecer jurídico, deferindo ou indeferindo o pedido de licença.[27]

Na prática, o que ocorria antes do advento da Lei Complementar n. 140/11 eram muitas idas e vindas, de pedidos de esclarecimentos por parte dos órgãos ambientais e de pedidos de reconsideração por parte dos empreendedores, de justificativas e de alterações pontuais nos projetos, de adequações das obras ou empreendimentos e de exigências sem previsão legal para a concessão das licenças. Em síntese, muitos processos de licenciamento ambiental se afastavam da sistemática

---

[26] Art. 69-A. Elaborar ou apresentar, no licenciamento, concessão florestal ou qualquer outro procedimento administrativo, estudo, laudo ou relatório ambiental total ou parcialmente falso ou enganoso, inclusive por omissão:
Pena – reclusão, de 3 (três) a 6 (seis) anos, e multa. (Incluído pela Lei n. 11.284/2006.)

[27] A Resolução CONAMA n. 9/87 estabelece, no art. 2º, que a audiência pública com a finalidade de expor aos interessados o conteúdo do EIA/RIMA poderá ser exigida pelo órgão licenciado ou por entidade civil, pelo Ministério Público ou por requerimento subscrito por 50 (cinquenta) ou mais cidadãos.

estabelecida e dos objetivos primários das normas aplicáveis, chegando a merecer mais importância as medidas compensatórias propostas pelo empreendedor do que as medidas de minoração dos impactos sobre o meio ambiente buscadas pela legislação.

De igual sorte, quando o órgão licenciador se deparava com um empreendimento cujo licenciamento pudesse resultar em questionamentos ou desgaste para a sua imagem, poderia ficar solicitando complementação ou novos estudos indefinidamente, postergando a tomada de decisão pela concessão ou indeferimento da licença.

Com o estabelecimento de que as exigências de complementação de estudos ou informações serão comunicados uma única vez, previsto no art. 14, § 1º, da Lei Complementar, ocorreu um avanço significativo para eliminar a postergação das decisões pelo Poder Público e as infindáveis complementações dos estudos pelo empreendedor.

O Estudo de Impacto Ambiental – EIA e o Relatório de Impacto Ambiental – RIMA não são instrumentos dissociados, representando o segundo uma síntese consolidada do primeiro. Para mais fácil compreensão, pode-se dizer que o RIMA é a apresentação, em linguagem e forma mais acessível e simplificada, dos resultados do EIA.

O art. 5º da Resolução CONAMA n. 1/86 estabelece as diretrizes gerais do EIA:[28]

> I. Contemplar todas as alternativas tecnológicas e de localização de projeto, confrontando-as com a hipótese de não execução do projeto;
>
> II. Identificar e avaliar sistematicamente os impactos ambientais gerados nas fases de implantação e operação da atividade;
>
> III. Definir os limites da área geográfica a ser direta ou indiretamente afetada pelos impactos, denominada área de influência do projeto, considerando, em todos os casos, a bacia hidrográfica na qual se localiza;
>
> IV. Considerar os planos e programas governamentais, propostos e em implantação na área de influência do projeto, e sua compatibilidade.
>
> (...)

E o art. 6º enumera os estudos técnicos mínimos que deverá conter:

> I. Diagnóstico ambiental da área de influência do projeto, completa descrição e análise dos recursos ambientais e suas interações, tal como existem, de modo a caracterizar a situação ambiental da área, antes da implantação do projeto, considerando:
>
> a) o meio físico – o subsolo, as águas, o ar e o clima, destacando os recursos minerais, a topografia, os tipos e aptidões do solo, os corpos d'água, o regime hidrológico, as correntes marinhas, as correntes atmosféricas;
>
> b) o meio biológico e os ecossistemas naturais – a fauna e a flora, destacando as espécies indicadoras da qualidade ambiental, de valor científico e econômico, raras e ameaçadas de extinção e as áreas de preservação permanente;

---

[28] O parágrafo único do art. 5º prevê a fixação de diretrizes adicionais, pelo órgão licenciador, em função das peculiaridades do projeto e características ambientais da área, bem como o parágrafo único do art. 6º permite, nos mesmos casos, o estabelecimento de exigências adicionais.

c) o meio socioeconômico – o uso e ocupação do solo, os usos da água e a socioeconomia, destacando os sítios e monumentos arqueológicos, históricos e culturais da comunidade, as relações de dependência entre a sociedade local, os recursos ambientais e a potencial utilização futura desses recursos.

II. Análise dos impactos ambientais do projeto e de suas alternativas, através de identificação, previsão da magnitude e interpretação da importância dos prováveis impactos relevantes, discriminando: os impactos positivos e negativos (benéficos e adversos), diretos e indiretos, imediatos e a médio e longo prazos, temporários e permanentes; seu grau de reversibilidade; suas propriedades cumulativas e sinérgicas; a distribuição dos ônus e benefícios sociais.

III. Definição das medidas mitigadoras dos impactos negativos, entre elas os equipamentos de controle e sistemas de tratamento de despejos, avaliando a eficiência de cada uma delas.

IV. Elaboração do programa de acompanhamento e monitoramento dos impactos positivos e negativos, indicando os fatores e parâmetros a serem considerados.
(...)

Na esteira das exigências da Resolução CONAMA n. 1/86, apresentamos, a seguir, um roteiro básico, com o conteúdo mínimo necessário de um estudo de impacto ambiental para um empreendimento sem maiores complexidades ou características especiais.

1. Informações gerais sobre o empreendimento.

    1.1. Nome do empreendimento, identificação da empresa responsável, tipo de atividade e porte do empreendimento, tecnologias a serem empregadas, síntese dos objetivos do empreendimento e sua justificativa;

    1.2. Existência e resultados de empreendimentos similares em outras localidades;

    1.3. Compatibilidade do projeto com planos e programas governamentais em execução ou propostos na área de influência do empreendimento;

    1.4. Levantamento da legislação (federal, estadual e municipal) aplicável ao empreendimento e indicação das limitações administrativas existentes;

    1.5. Indicação da existência de áreas sujeitas a regime de utilização diferenciada (terras indígenas, unidades de conservação etc.) na área de influência.

2. Descrição do empreendimento nas fases de implantação, operação e, se for o caso, de sua desativação.

    2.1. Detalhamento de cada etapa da implantação, se for gradativa, com os respectivos cronogramas;

    2.2. Indicação das expansões previstas no futuro, com informações detalhadas de cada etapa delas;

    2.3. Localização do empreendimento diante das divisões político-administrativas e da bacia hidrográfica em que se situa, suas vias de acesso (existentes ou necessárias) e outras informações relevantes acerca da localização;

2.4. Alternativas tecnológicas e/ou locacionais. Nesta parte dos estudos ambientais deve ser apresentado, de forma clara e inequívoca, se as tecnologias propostas são as mais adequadas para a atividade pretendida e se o local em que se pretende desenvolvê-la é propício para tanto, considerando, inclusive, a hipótese de não implantá-lo nos moldes ou no local propostos.

3. Área de influência direta e indireta do empreendimento.

   3.1. Indicação dos limites geográficos das áreas a serem afetadas direta ou indiretamente, com a justificativa de sua definição;

   3.2. Definição e indicação da intensidade dos impactos sobre as áreas apontadas.

4. Diagnóstico ambiental da área de influência.

   4.1. Apresentação da situação ambiental da área de influência antes da implantação do empreendimento;

   4.2. Análise das variáveis de alteração significativa da situação ambiental nas diferentes fases de implantação do empreendimento.

5. Fatores ambientais que precisam ser contemplados nos estudos.

   5.1. Meio físico. Caracterização do clima, condições meteorológicas, qualidade do ar, níveis de ruído, geologia, geomorfologia, solos e recursos hídricos;

   5.2. Meio biótico. Caracterização dos ecossistemas (terrestre e aquático) na área de influência (direta ou indireta) do empreendimento;

   5.3. Meio socioeconômico. Descrição do uso e ocupação do solo, dinâmica populacional, estrutura produtiva e de serviços, organização social e nível de vida. A análise socioeconômica deve abranger as áreas atingidas diretamente e as inter-relações regionais passíveis de alterações, mesmo que fora da área de influência direta;

   5.4. Qualidade ambiental. Exposição das interações dos fatores físicos, biológicos e socioeconômicos, descrevendo e caracterizando as possíveis alterações delas decorrentes;

   5.5. Impactos ambientais. Identificação, interpretação e valoração dos prováveis impactos ambientais nas diferentes fases do empreendimento, caracterizando-os como diretos ou indiretos, positivos ou negativos, temporários ou permanentes, de ocorrência imediata ou a prazo, reversíveis ou irreversíveis, locais ou regionais e, pela sua magnitude e importância, pequenos, médios ou grandes;

5.6. Medidas mitigadoras. Apresentação de medidas, preventivas ou corretivas, que visem diminuir os impactos ambientais negativos detectados, definindo seu objetivo, o momento de sua aplicação e sua responsabilidade;

5.7. Medidas compensatórias. Apresentação dos impactos ambientais negativos que não podem ser evitados e de medidas ambientais que podem ser adotadas para compensá-los, através de ações ou investimentos alternativos.

O Relatório de Impacto Ambiental – RIMA deve ser uma apresentação simplificada, em linguagem mais acessível ao público, do conteúdo e dos resultados do Estudo de Impacto Ambiental – EIA. Como tal, o relatório deve conter as mesmas informações que o estudo, apresentadas de forma menos técnica, para que as conclusões apresentadas possam ser facilmente entendidas pela sociedade.

Por último, importa observar que o EIA/RIMA deve ser elaborado por equipe técnica multidisciplinar, com formação compatível com as áreas de conhecimento abordadas, em que os profissionais respondem pelas informações e análises constantes do estudo. Além disso, a empresa, se for o caso, e os profissionais responsáveis pelos estudos, devem estar registrados no Cadastro Técnico Federal de que trata a Lei n. 6.938/81.

11. ESTUDOS AMBIENTAIS SIMPLIFICADOS OU ESPECÍFICOS

Para algumas atividades, desde que não expressamente enumeradas no art. 2º da Resolução CONAMA n. 1/86 e desde que não consideradas capazes de provocar impacto ambiental considerável, a ponto de exigir a elaboração de um estudo de impacto ambiental, a legislação admite a elaboração de estudos ambientais simplificados, sem a complexidade e a profundidade do EIA/RIMA.

Nesse caso, encontra-se a extração de minérios da Classe II – de aplicação imediata na construção civil –, para a qual a Resolução CONAMA n. 10/90 prevê que "*a critério do órgão ambiental competente, o empreendimento, em função de sua natureza, localização, porte e demais peculiaridades, poderá ser dispensado da apresentação dos Estudos de Impacto Ambiental – EIA e respectivo Relatório de Impacto Ambiental – Rima*" e que "*na hipótese da dispensa de apresentação do EIA/Rima, o empreendedor deverá apresentar um Relatório de Controle Ambiental – RCA, elaborado de acordo com as diretrizes a serem estabelecidas pelo órgão ambiental competente*".[29]

A mesma Resolução CONAMA n. 10/90 prevê no art. 5º, para a referida atividade, a exigência de um Plano de Controle Ambiental – PCA contendo os projetos executivos de minimização dos impactos ambientais avaliados na fase da Licença Prévia.

---

[29] Art. 3º, *caput* e parágrafo único. Já para exercer as atividades de lavra e/ou beneficiamento mineral das classes I, III, IV, V, VI, VII, VIII e IX, a Resolução CONAMA n. 9/90 prevê a apresentação do estudo de impacto ambiental – EIA.

Para o licenciamento ambiental das atividades relacionadas à exploração e lavra de jazidas de combustíveis líquidos e gás natural, a Resolução CONAMA n. 23/94, no seu art. 6º, além do EIA/RIMA, prevê a exigibilidade de outros instrumentos: a) O Relatório de Controle Ambiental – RCA, elaborado pelo empreendedor, contendo a descrição da atividade de perfuração, riscos ambientais, identificação dos impactos e medidas mitigadoras; b) O Estudo de Viabilidade Ambiental – EVA, elaborado pelo empreendedor, contendo plano de desenvolvimento da produção para a pesquisa pretendida, com avaliação ambiental e indicação das medidas de controle a serem adotadas; c) o Relatório de Avaliação Ambiental – RAA, elaborado pelo empreendedor, contendo diagnóstico ambiental da área onde já se encontra implantada a atividade, descrição dos novos empreendimentos ou ampliações, identificação e avaliação do impacto ambiental e medidas mitigadoras a serem adotadas, considerando a introdução de outros empreendimentos; d) o Projeto de Controle Ambiental – PCA, elaborado pelo empreendedor, contendo os projetos executivos de minimização dos impactos ambientais avaliados nas fases da Licença Prévia para Perfuração, Licença Prévia de Produção para Pesquisa e Licença de Instalação.

A Resolução CONAMA n. 279/01 estabelece, em seu artigo inicial, que os procedimentos e prazos estabelecidos aplicam-se, em qualquer nível de competência, ao licenciamento ambiental simplificado de empreendimentos hidrelétricos com pequeno potencial de impacto ambiental, aí incluídos: I – Usinas hidrelétricas e sistemas associados; II – Usinas termelétricas e sistemas associados; III – Sistemas de transmissão de energia elétrica (linhas de transmissão e subestações); IV – Usinas eólicas e outras fontes alternativas de energia.

A mesma Resolução n. 279/01 prevê uma forma mais simples de apresentar estudos ambientais para o licenciamento ambiental de empreendimentos hidrelétricos com pequeno potencial de impacto ambiental, um Relatório Ambiental Simplificado – RAS e um Relatório de Detalhamento dos Programas Ambientais – RDPA para detalhar as medidas mitigatórias e compensatórias e os programas ambientais propostos no RAS.

São estudos ambientais simplificados, mas que devem abordar as inter-relações entre os componentes bióticos, abióticos e antrópicos do sistema afetado pelo empreendimento, obra ou atividade.

Andreas Krell alerta para um subterfúgio que deve ser objeto de especial cautela por parte dos órgãos ambientais, nos casos dos estudos simplificados, em que não há exigência de um termo de referência estabelecendo o conteúdo:

> "Com a edição da Res. 237 do Conama, que se refere a um leque de outros estudos ambientais, os proponentes de projetos com potencial altamente degradador, para economizar tempo e dinheiro e diminuir o risco de sua desaprovação, *adotaram a estratégia de "empurrar" relatórios ambientais (preliminares), planos e projetos*

de controle ambiental, diagnósticos ambientais, análises preliminares de risco (cf. art. 1º, III), entre outros, sem que tenha sido definido o conteúdo mínimo e a metodologia desses estudos simplificados".[30]

A responsabilidade pela aceitação desses relatórios simplificados, quando incompatíveis com o porte, o potencial poluidor ou com as próprias normas ambientais, é dos agentes públicos que emitirão as licenças ambientais pretendidas. E a Lei n. 9.605/98, a Lei dos Crimes Ambientais, estabeleceu o tipo penal para a hipótese.[31]

12. REGULARIZAÇÃO AMBIENTAL DE OBRAS DE INFRAESTRUTURA

Existem diversos empreendimentos que, se fossem construídos hoje, teriam obrigatoriamente que apresentar Estudo de Impacto Ambiental e respectivo Relatório. Como foram construídos antes da atual legislação, muitas estradas, portos, linhas de transmissão ou ferrovias não possuem a necessária licença ambiental. Isso causava enormes dificuldades no caso de ampliações ou reformas.

Por exemplo, a duplicação ou a construção da terceira faixa de uma rodovia construída antes da exigência dos estudos ambientais e do licenciamento, nos termos do art. 10 da Lei n. 6.938/81, exigiriam a emissão da licença para toda a rodovia e, consequentemente, a elaboração de estudo de impacto ambiental para uma obra já implantada e, em muitos casos, funcionando há décadas.

O Governo Federal, através dos ministérios do Meio Ambiente, dos Transportes e da Secretaria dos Portos da Presidência da República, editou diversas Portarias no final de 2011, estabelecendo mecanismos para a regularização ambiental de obras de infraestrutura:

a) Portaria 420/11 *(Portaria revogada em 19-7-2013 e substituída pela Portaria Interministerial 289/13)*, dispondo sobre procedimentos a serem aplicados pelo IBAMA para a regularização e o licenciamento ambiental de rodovias federais;

b) Portaria 421/11, dispondo sobre o licenciamento e a regularização ambiental de sistemas de transmissão de energia elétrica;

c) Portaria 422/11, dispondo sobre o licenciamento de atividades e empreendimentos de exploração e produção de petróleo e gás natural no ambiente marinho e em zona de transição terra-mar;

d) Portaria Interministerial 423, de 26-10-2011 *(Substituída pela Portaria Interministerial 288/13 e parcialmente alterada pela Portaria Interministerial 364/14),*

---

[30] KRELL, Andreas Joachim. *Discricionariedade administrativa e proteção ambiental*. Porto Alegre: Livraria do Advogado, 2005, p. 120.

[31] Art. 67. Conceder o funcionário público licença, autorização ou permissão em desacordo com as normas ambientais, para as atividades, obras ou serviços cuja realização depende de ato autorizativo do Poder Público: Pena – detenção, de um a três anos, e multa.

do Ministério do Meio Ambiente e do Ministério dos Transportes, instituindo o Programa de Rodovias Federais Ambientalmente Sustentáveis – PROFAS para a regularização ambiental das rodovias federais;

e) Portaria Interministerial MMA/SEP/PR 425/11, instituindo o Programa Federal de Apoio à Regularização e Gestão Ambiental – PRGAP, de postos e terminais portuários marítimos.

Passemos, portanto, a uma breve análise de cada uma delas.

12.1. PORTARIA MMA 421/11 – LINHAS DE TRANSMISSÃO DE ENERGIA ELÉTRICA

A Portaria 421/11 estabelece procedimentos para a regularização ambiental de linhas de transmissão de energia elétrica já instaladas, mas, em seu bojo, traz também alterações no processo de licenciamento de novas linhas.

A Resolução CONAMA n. 1/86 estabelecia a obrigatoriedade de elaboração de Estudo de Impacto Ambiental e respectivo Relatório (EIA/RIMA) para linhas de transmissão de energia elétrica com capacidade acima de 230 kV, um parâmetro questionável porque a capacidade de tensão da linha não reflete, obrigatoriamente, seu impacto ambiental.

A Portaria 421/11 cria o procedimento de licenciamento ambiental simplificado para sistemas de transmissão com pequeno impacto ambiental, independentemente de sua tensão, desde que não impliquem em intervenção em terras indígenas e terras quilombolas ou unidades de conservação de proteção integral, em remoção de população ou afetem sítios de reprodução de aves migratórias ou espécies endêmicas ou ameaçadas de extinção, em intervenção física em cavidades naturais subterrâneas ou que exijam a supressão de vegetação nativa arbórea acima de 30% da área total da faixa de servidão, bem como excetua linhas de transmissão com extensão superior a 750 km.

Para o licenciamento ambiental simplificado é necessário apenas a apresentação do Relatório Ambiental Simplificado – RAS, em vez do EIA/RIMA, mas o órgão licenciador deverá fundamentar se rejeitar o pedido do interessado nessa modalidade.

Outra importante inovação da Portaria diz respeito às linhas de transmissão implantadas ao longo da faixa de domínio de rodovias, ferrovias, linhas de transmissão e outros empreendimentos lineares preexistentes, ainda que situadas em terras indígenas, em territórios quilombolas ou em unidades de conservação de uso sustentável, consideradas automaticamente como de pequeno impacto ambiental e dispensando o EIA/RIMA. Efetivamente, não existia lógica na exigência de estudos complexos para a utilização de áreas já estudadas e licenciadas.

12.2. PORTARIA MMA 422/11 – EXPLORAÇÃO E PRODUÇÃO DE PETRÓLEO E GÁS

O licenciamento ambiental de exploração e produção de petróleo e gás, diferentemente dos demais processos de licenciamento ambiental, envolve diversas etapas, cada uma delas sujeitas a um licenciamento específico: a) a pesquisa de dados sísmicos; b) a perfuração dos poços; c) a produção e o escoamento do petróleo e gás.

Cada uma dessas etapas é precedida da exigência de estudos diferenciados e, embora não sejam dependentes entre si, a inviabilidade apontada em qualquer uma delas pode resultar no indeferimento da licença de produção, finalidade precípua da atividade.

Algumas características dessa modalidade de licenciamento ambiental são completamente diferentes das peculiaridades das demais. Por exemplo, a análise de risco de desastres ambientais, o tempo de toque do óleo no litoral em caso de vazamento e as medidas de contenção e minimização dos impactos no caso de um acidente, são determinantes na concessão da licença.

Em tese, a perfuração de um poço de petróleo a centenas de quilômetros da costa apresenta poucos danos ambientais e pode parecer bem menos complexa que a instalação de uma rodovia que corta áreas de mata primária, manguezais ou rios. No entanto, a possibilidade de danos ao meio ambiente causados por um acidente numa plataforma de exploração é muito grande, conforme visto no acidente no poço *Deepwater Horizon*, da companhia *British Petroleum*, no Golfo do México, em 2010.

Por essa razão, as medidas de segurança e de pronta resposta no caso de acidentes são primordiais na decisão de conceder ou não a licença ambiental para esse tipo de atividade.

Uma das principais inovações da Portaria 422/11 diz respeito à possibilidade de licenciamento de mais de um empreendimento na mesma região, desde que similares. Trata-se de um avanço significativo, pois a exploração de petróleo e gás é realizada em blocos e não se justifica que para cada poço tenha de se repetir os mesmos estudos exigidos para outro licenciado na mesma área. Os dados de determinado estudo ambiental, desde que validados pelo IBAMA, estarão acessíveis na rede mundial de computadores, para utilização em outros estudos.

Nesse sentido, é importante observar que o IBAMA possui um acervo invejável de dados e informações, composto pelos estudos realizados ao longo de décadas para o licenciamento ambiental. Esses estudos podem ser acessados e utilizados pelos interessados, pois são públicos, para trabalhos acadêmicos e científicos, embora poucos saibam disso.

De igual sorte, os programas ambientais de mitigação e compensação de danos ambientais, assim como os programas de pronta resposta às emergências ambientais podem ser elaborados por várias empresas que atuam na mesma região, desde que definida a responsabilidade de cada uma na sua execução.

12.3. PORTARIA INTERMINISTERIAL 288/13 – PROGRAMA DE RODOVIAS FEDERAIS AMBIENTALMENTE SUSTENTÁVEIS – PROFAS

Esta Portaria Interministerial do Ministério do Meio Ambiente e do Ministério dos Transportes cria o Programa de Rodovias Federais Ambientalmente Sustentáveis –

PROFAS para a regularização ambiental das rodovias federais administradas pelo Departamento Nacional de Infraestrutura de Transportes – DNIT, às delegadas aos Estados, Distrito Federal e Municípios e às concedidas à iniciativa privada (os procedimentos para a regularização ambiental foram definidos inicialmente, durante a vigência da Portaria Interministerial 423/11, na Portaria 420/11 do Ministério do Meio Ambiente).

Atualmente o Ministério do Meio Ambiente trata do assunto na Portaria 289, de 16-7-2013.

12.4. PORTARIA MMA 289/13 – REGULARIZAÇÃO AMBIENTAL DE RODOVIAS FEDERAIS

A Portaria 289/13 estabeleceu mecanismos e procedimentos para a regularização ambiental das rodovias federais já pavimentadas que não possuem licença ambiental, que não foram licenciadas na época da construção e que entraram em operação até a data de sua publicação, isto é, até 19-7-2013. No entanto, a Portaria convalidou os atos praticados na vigência da Portaria 420/11, que regulava a matéria anteriormente.

Importa observar que a Portaria não altera os critérios e procedimentos para licenciamento de rodovias novas, restringindo-se a normatizar a manutenção, conservação, restauração, melhoramento, ampliação de capacidade, operações de emergência e operações rotineiras ou periódicas em rodovias já em operação.

A regularização ambiental, pactuada através de Termo de Compromisso firmado entre os responsáveis pelas rodovias e o IBAMA, num prazo máximo de trezentos e sessenta dias, suspende as sanções administrativas já aplicadas pelo órgão ambiental.

O Relatório de Controle Ambiental – RCA, objeto do Termo de Compromisso, com o conteúdo estabelecido no Anexo II da Portaria, deverá conter a identificação, análise e avaliação dos impactos decorrentes do empreendimento, bem como as medidas mitigadoras e os planos e programas de monitoramento e controle dos impactos e passivos ambientais identificados.

O prazo estabelecido pelo Ministério do Meio Ambiente para a regularização ambiental das rodovias federais é de 20 anos, assim distribuído: (a) até o 6º ano as rodovias que apresentam maior volume de tráfego; (b) até o 13º ano, além do item "a", as rodovias prioritárias para o escoamento da produção; (c) até o 20º ano, além do item "a" e "b", o restante da malha rodoviária federal pavimentada.

12.5. PORTARIA INTERMINISTERIAL 425/11 – PROGRAMA DE REGULARIZAÇÃO DE PORTOS

Esta Portaria Interministerial do Ministério do Meio Ambiente e da Secretaria dos Portos da Presidência da República instituiu o Programa Federal de Apoio à Regularização e Gestão Ambiental Portuária – PRGAP, destinado à regularização ambiental dos portos e terminais portuários marítimos.

Não houve, por parte do Ministério do Meio Ambiente, nenhuma regulamentação específica quanto aos procedimentos do IBAMA para promover a regularização ambiental dos terminais portuários.

É importante observar que a Lei Complementar n. 140/11 limitou a competência de licenciamento do IBAMA, para os empreendimentos cuja localização compreenda concomitantemente áreas de faixa terrestre e marítima da zona costeira, exclusivamente nos casos previstos em tipologia estabelecida por ato do Poder Executivo (art. 7º, parágrafo único), o que ainda não foi feito.

Portanto, uma vez que essa mesma lei complementar enumerou, expressamente, como competência da União somente os empreendimentos localizados ou as atividades desenvolvidas no mar territorial, na plataforma continental ou na zona econômica exclusiva (art. 7º, XIV, b), poderão ocorrer conflitos de competência nesses processos de licenciamento.

13. PLANO DE RECUPERAÇÃO DE ÁREA DEGRADADA – PRAD

Entre os princípios da Política Nacional do Meio Ambiente, estabelecida pela Lei n. 6.938/81, encontramos, no art. 2º, VIII, a exigência da recuperação das áreas degradadas. O Decreto n. 97.632, de 10-4-1989, ao regulamentar esse dispositivo, tornou obrigatória a apresentação de um Plano de Recuperação de Área Degradada – PRAD, para atividades de exploração de recursos minerais, independentemente da apresentação do EIA/RIMA, quando exigível.

O Plano de Recuperação de Área Degradada deve apresentar as medidas a serem adotadas quando da interrupção ou término das atividades, visando o retorno do sítio degradado a condições ambientais mais favoráveis e deve ser analisado conjuntamente com os estudos ambientais considerados para o licenciamento.

Neste particular, é importante observar que a grande maioria dos empreendimentos de extração mineral, embora tenha como obrigatória a apresentação do PRAD, simplesmente abandona a área quando terminada ou interrompida a atividade exploratória, sem que seja perseguida a recuperação prevista no referido instrumento. Destarte, em muitos casos, restam crateras e encostas descascadas, que mais parecem feridas na natureza, cuja reparação deveria ser exigida pelo órgão ambiental que licenciou a atividade. Urge, por isso, que os órgãos licenciadores fiscalizem sazonalmente as atividades de extração mineral, principalmente as conhecidas "pedreiras a céu aberto", para obrigar o cumprimento das medidas assumidas no Plano de Recuperação de Área Degradada – PRAD.

14. ANÁLISE DE RISCO E PROGRAMAS DE MONITORAMENTO

Conforme as peculiaridades do empreendimento a ser licenciado, o órgão ambiental pode exigir estudos específicos, com a finalidade de avaliar os riscos para o meio ambiente ou para o homem.

Por exemplo, nos empreendimentos que se destinam à fabricação, armazenamento ou transporte de produtos inflamáveis, explosivos ou tóxicos, ou de produtos geneticamente alterados, normalmente é exigido um estudo de análise de risco, contendo programa de treinamento de pessoal e plano de ação emergencial para o caso de acidentes.[32]

Nos empreendimentos que utilizam recursos hídricos, conforme o risco de poluição e contaminação, o órgão ambiental licenciador pode exigir programas de monitoramento constante da qualidade da água, visando detectar rapidamente qualquer alteração adversa.

Por último, é de extrema importância atentar para uma singularidade da licença ambiental. Sua expedição não está vinculada ao cumprimento das exigências normativas, ao contrário das licenças administrativas em geral. Mesmo que sejam apresentados todos os estudos ambientais previstos, e independentemente do conteúdo ou resultado deles, a autoridade competente pode indeferir a pretensão. Nesses casos, deverá justificar sua decisão, fundamentando-a com os elementos que levaram ao convencimento de que o licenciamento não poderia ser concedido.

15. PROCESSO DE LICENCIAMENTO AMBIENTAL

O licenciamento ambiental é um processo, em alguns casos composto de várias etapas que não são estanques nem vinculadas entre si. A emissão da Licença Prévia não garante a emissão da Licença de Instalação, e nenhuma das duas é garantia da Licença de Operação.

O pedido de licenciamento apresentado num órgão ambiental não significa, obrigatoriamente, que este o conduzirá até o final. Nem a emissão de uma das licenças torna o emitente prevento para a concessão das demais.

No curso do processo, pode ocorrer a interveniência de mais de um agente licenciador. No entanto, por se tratar de um processo, não são aceitas etapas isoladas e estanques. Analisemos um caso hipotético, ocorrido em um Estado da federação, pois serve como exemplo da necessidade de tratamento das diversas etapas do licenciamento como um conjunto indissociável de procedimentos.

Na hipótese citada, o órgão municipal de meio ambiente emitiu a Licença Prévia e a Licença de Instalação de um empreendimento industrial. No momento da emissão da Licença de Operação, por se tratar de uma indústria com elevado potencial poluidor e em face da carência de técnicos especializados na matéria, o processo foi encaminhado ao órgão estadual.

---

[32] No caso de organismos geneticamente modificados (OGM), a Resolução CONAMA n. 305, de 12-6-2002, exige um plano de contingência para situações de eventual escape dos OGM da área objeto de licenciamento.

No caso sob comento, o órgão ambiental estadual referendou as licenças emitidas pelo município, concedendo a Licença de Operação. Se, no entanto, não tivesse acatado as licenças emitidas pela municipalidade, ou se entendesse impossível a concessão da licença para o funcionamento da indústria, estar-se-ia diante de uma situação singular, pois o empreendedor teria construído a indústria após a emissão da licença necessária e, certamente, buscaria o ressarcimento dos seus prejuízos em desfavor da municipalidade.

Outro aspecto que merece comentário é a possibilidade da emissão da licença de instalação ou de operação por etapas.

A Licença Prévia atesta a viabilidade ambiental de um empreendimento, portanto não pode ser emitida para determinada fase ou atividade. Tem que ser emitida para o empreendimento como um todo, podendo apenas estabelecer condicionantes e impor medidas de mitigação ou compensação.

No entanto a Licença de Instalação pode ser emitida para determinada atividade enquanto existir pendência do cumprimento de condições da Licença Prévia para outra.

Tomemos como exemplo o licenciamento de uma hidrelétrica, em que a Licença Prévia atestou a viabilidade ambiental, mas impôs uma série de condições para o represamento do curso d'água. Nada impede que seja expedida a Licença de Instalação para o canteiro de obras da hidrelétrica enquanto as medidas de prevenção ou compensação do barramento da água estiverem sendo cumpridas.

O mesmo exemplo pode ser citado no caso da construção de um terminal portuário. Atestada a viabilidade ambiental do empreendimento, nada impede que se emita a Licença de Instalação para as obras de infraestrutura em terra enquanto são cumpridas as condicionantes para a dragagem ou aprofundamento do leito marinho.

A Resolução CONAMA n. 237/97 já tinha clara esta possibilidade de emissão da licença por etapas.[33] No entanto, especial atenção deve ser dispensada a dois pontos cruciais: (i) a emissão da licença para uma etapa da instalação não gera a obrigação do órgão ambiental emitir a licença para a etapa seguinte e (ii) a emissão da licença por etapa não pode ser um fracionamento da licença.

Melhor explicando, o fato de autorizar a instalação do canteiro de obras não gera nenhuma obrigação do órgão licenciador autorizar a instalação da obra em si, licença esta que poderá ser negada caso as condições estabelecidas na Licença Prévia não sejam cumpridas. Por outro lado, somente atividades independentes podem ser licenciadas separadamente, não se admitindo, por exemplo, o licenciamento da terraplanagem separadamente do asfaltamento de uma estrada.

---

[33] Art. 12. O órgão ambiental competente definirá, se necessário, procedimentos específicos para as licenças ambientais, observadas a natureza, características e peculiaridades da atividade ou empreendimento e, ainda, a compatibilização do processo de licenciamento com as etapas de planejamento, implantação e operação.

CAPÍTULO VII
RESPONSABILIDADE E DANO AMBIENTAL

Sumário: 1. Introdução. 2. Dano ambiental – Conceito e previsão legal. 3. Excludentes – Caso fortuito e força maior. 4. Reparação e recuperação. 5. Responsabilidade objetiva. 5.1. Conceito. 5.2. Relação de causalidade e dano. 6. Responsabilidade administrativa – subjetiva. 7. (In)transmissibilidade da multa aos herdeiros de área degradada.

1. INTRODUÇÃO

Direito ambiental é a ciência jurídica que estuda os princípios e normas relativas ao meio ambiente, principalmente naquilo que diz respeito a sua proteção.

A responsabilidade e o dano estão intrinsecamente ligados, pois do dano causado por alguma atividade poluente resultarão a responsabilidade e a recuperação do ambiente àquele que lhe deu ensejo.

A responsabilização ambiental, ou, no dizer de Morato Leite, o sistema de responsabilidade civil, relacionada ao meio ambiente, traz uma maior segurança jurídica ao bem tutelado.[1]

De fato, continua o autor, o dano ambiental é diferente das demais formas de dano, pois se constitui numa forma ambivalente, designando, ora alterações nocivas ao ambiente, ora os efeitos provocados por essas alterações à saúde das pessoas envolvidas.[2]

As atividades lesivas ao direito coletivo a um meio ambiente ecologicamente equilibrado são puníveis com sanções penais, cíveis e administrativas.

A responsabilidade civil, na sua visão clássica, tem como pressupostos uma ação ou omissão, mais a ocorrência de um dano e o nexo de causalidade entre eles. Essa tríade compunha a responsabilização civil.[3]

---

[1] LEITE, Jose Rubens Morato. *Dano ambiental:* do individual ao coletivo extrapatrimonial. 2. ed. São Paulo: Revista dos Tribunais, 2003, p. 308.

[2] LEITE, Jose Rubens Morato. Op. cit., p. 309.

[3] Para maior detalhamento e profundidade sobre a análise da responsabilidade civil e ambiental, *vide* BRAGA NETTO, Felipe. *Novo Manual de Responsabilidade Civil*. Salvador: Juspodivm, 2019; e BRAGA NETTO, Felipe. *Manual de Responsabilidade Civil do Estado*. Salvador: Juspodivm, 2018, p. 225.

Em matéria ambiental a Constituição Federal manteve a responsabilização objetiva, independentemente da averiguação de culpa.[4]

Assim, o Superior Tribunal de Justiça decidiu que, *"independentemente da existência de culpa, o poluidor, ainda que indireto (Estado-recorrente) (art. 3º da Lei n. 6.938/81), é obrigado a indenizar e reparar o dano causado ao meio ambiente (responsabilidade objetiva)"* (REsp 604.725/PR, Relator Ministro Castro Meira, j. 21-6-2005, DJ, 22-8-2005).

Ainda o Superior Tribunal de Justiça, quando decidiu que a *"responsabilidade civil por danos ambientais, seja por lesão ao meio ambiente propriamente dito (dano ambiental público), seja por ofensa a direitos individuais (dano ambiental privado), é objetiva, fundada na teoria do risco integral, em face do disposto no art. 14, § 1º, da Lei 6.938/1981, que consagra o princípio do poluidor-pagador"* (REsp 1.373.788-SP).

Continua o voto, no sentido de que *"a responsabilidade objetiva, calcada na teoria do risco, é uma imputação atribuída por lei a determinadas pessoas para ressarcirem os danos provocados por atividades exercidas no seu interesse e sob seu controle, sem que se proceda a qualquer indagação sobre o elemento subjetivo da conduta do agente ou de seus prepostos, bastando a relação de causalidade entre o dano sofrido pela vítima e a situação de risco criada pelo agente. Imputa-se objetivamente a obrigação de indenizar a quem conhece e domina a fonte de origem do risco, devendo, em face do interesse social, responder pelas consequências lesivas da sua atividade independente de culpa"* (REsp 1.373.788-SP).

Dessa forma, a Carta constitucional recepcionou o sistema já vigente, instaurado pela Lei n. 6.938/81, ou seja, o poluidor é obrigado a reparar e/ou indenizar o dano, independentemente de culpa.[5]

O Superior Tribunal de Justiça também assentou que *"os danos ambientais são regidos pela teoria do risco integral, colocando-se aquele que explora a atividade econômica na posição de garantidor da preservação ambiental, sendo sempre considerado responsável pelos danos vinculados à atividade, descabendo questionar sobre a exclusão da responsabilidade pelo suposto rompimento do nexo causal (fato exclusivo de terceiro ou força maior). Precedentes"* (REsp 1.612.887/PR).

Em outro acórdão digno de ser mencionado, publicado em setembro de 2016, o Superior Tribunal de Justiça decidiu, no Recurso Especial n. 1.401.500/PR, que a responsabilidade administrativa ambiental é subjetiva, exigindo a demonstração da existência de culpa para que seja cabível a aplicação de multa administrativa.

O Ministro Herman Benjamin, relator do processo, esclareceu que *"no Direito brasileiro e de acordo com a jurisprudência do Superior Tribunal de Justiça, a*

---

[4] MAZZILLI, Hugo Nigro. *A defesa dos interesses difusos em juízo*. 19. ed. São Paulo: Saraiva, 2006, p. 532.
[5] MAZZILLI, Hugo Nigro. Op. cit., p. 532.

responsabilidade civil pelo dano ambiental, qualquer que seja a qualificação jurídica do degradador, público ou privado, proprietário ou administrador da área degradada, é de natureza objetiva, solidária e ilimitada, sendo regida pelos princípios do poluidor-pagador, da reparação in integrum, da prioridade da reparação in natura e do favor debilis". (REsp 1.401.500/PR).

Salientou o Ministro que aquela Corte possui entendimento no sentido de que, *"tratando-se de responsabilidade administrativa ambiental, o terceiro, proprietário da carga, por não ser o efetivo causador do dano ambiental, responde subjetivamente pela degradação ambiental causada pelo transportador"* (AgRg no AREsp 62.584/RJ).

E arrematou que *"a aplicação de penalidades administrativas não obedece à lógica da responsabilidade objetiva da esfera cível (para reparação dos danos causados), mas deve obedecer à sistemática da teoria da culpabilidade, ou seja, a conduta deve ser cometida pelo alegado transgressor, com demonstração de seu elemento subjetivo, e com demonstração do nexo causal entre a conduta e o dano"* (REsp 1.401.500/PR).

Há mais.

Geralmente se vinculava o dever de indenizar em decorrência de um ato culposo e ilícito. Mas os atos lícitos também ensejam a responsabilização do causador de um dano, na hipótese de sua ocorrência.[6]

É sabido, inclusive, que grande parte das condutas lesivas ao meio ambiente é causada por atividades lícitas, ou autorizadas pelo Poder Público, ou em consonância com as normas técnicas que permitem o desenvolvimento da atividade.

Nesse sentido o Superior Tribunal de Justiça já se manifestou, entendendo que o *"poluidor, por seu turno, com base na mesma legislação, art. 14 – 'sem obstar a aplicação das penalidades administrativas' é obrigado, 'independentemente da existência de culpa', a indenizar ou reparar os danos causados ao meio ambiente e a terceiros, 'afetados por sua atividade'. Depreende-se do texto legal a sua responsabilidade pelo risco integral, por isso que em demanda infensa a administração, poderá, inter partes, discutir a culpa e o regresso pelo evento"* (REsp 442.586/SP).

Assim, a responsabilidade civil objetiva pelo dano ao meio ambiente foi a forma mais eficaz de se garantir o atendimento ao preceito constitucional de assegurar o direito a um meio ambiente ecologicamente equilibrado.

Quanto ao que foi dito, a Lei n. 6.938/81 já dispunha, em seu art. 14, § 1º, que:

> § 1º Sem obstar a aplicação das penalidades previstas neste artigo, é o poluidor obrigado, independentemente da existência de culpa, a indenizar ou reparar os danos causados ao meio ambiente e a terceiros, afetados por sua atividade. O Ministério

---

[6] BRAGA NETTO, Felipe Peixoto. *Responsabilidade civil.* São Paulo: Saraiva, 2008, p. 389.

Público da União e dos Estados terá legitimidade para propor ação de responsabilidade civil e criminal, por danos causados ao meio ambiente.

Tanto a doutrina quanto a jurisprudência vêm se manifestando no sentido de acolher a responsabilização objetiva, *"mormente quando se tem em vista que a responsabilidade civil do infrator por danos causados ao meio ambiente vem sendo definida pela doutrina e jurisprudência pátria como sendo objetiva"* (TRF 5ª Região, AgI 66.934/RN).

Demais disso, não se exime de responder pelo dano aquele que veio posteriormente a ocupar espaço já degradado, pois *"o novo adquirente do imóvel é parte legítima para figurar no polo passivo de ação por dano ambiental que visa o reflorestamento de área destinada à preservação ambiental. Não importa que o novo adquirente não tenha sido o responsável pelo desmatamento da propriedade. Não há como se eximir a adquirente desta obrigação legal, indistintamente endereçada a todos os membros de uma coletividade, por serem estes, em última análise, os beneficiários da regra, máxime ao se considerar a função social da propriedade"*. Jurisprudência deste STJ no sentido do acórdão rechaçado (REsp 843.036-PR).

Essa é *propter rem*, que acompanha a propriedade.

É imperioso estabelecer, com mais detalhes, o que seja dano e poluição, bem como detalhar um pouco mais o tratamento da responsabilidade civil ambiental.

2. DANO AMBIENTAL – CONCEITO E PREVISÃO LEGAL

Dano e poluição são termos relacionados. Porém, não se confundem.

Paulo de Bessa Antunes ressalta que *"poluição é uma situação de fato, causada pela ação humana, que altera negativamente uma determinada realidade"*.[7]

A Lei n. 6.938/81 interliga o conceito de poluição com o que seja degradação da qualidade ambiental, ou seja, a alteração adversa das características do meio ambiente. Depreende-se disso, que são fontes de poluição as atividades que, direta ou indiretamente: a) prejudiquem a saúde, a segurança e o bem-estar da população; b) criem condições adversas às atividades sociais e econômicas; c) afetem desfavoravelmente a biota; d) afetem as condições estéticas ou sanitárias do meio ambiente; e) lancem matérias ou energia em desacordo com os padrões ambientais estabelecidos.[8]

O Superior Tribunal de Justiça decidiu que o Ministério Público tem legitimidade para propor ação civil pública tratando-se de poluição sonora, pois esta se enquadra

---

[7] ANTUNES, Paulo de Bessa. *Direito ambiental*. 6. ed. Rio de Janeiro: Lumen Juris, 2002, p. 173.

[8] V. art. 3º, III, da Lei n. 6.938/81.

no conceito de poluição, *"sendo extremamente gravosa à saúde, especialmente quando impede que as pessoas durmam, não se constituindo somente um incômodo. Assim, tendo em vista se tratar de poluição, o MP tem legitimidade para a propositura de ação, conforme prevê o art. 14, § 1º, da Lei n. 6.938/81 (Lei da Política Nacional do Meio Ambiente)"* (REsp 1.051.306-MG).

Poluidor, por seu turno, é a pessoa física ou jurídica, de direito público ou privado, responsável, direta ou indiretamente, por atividade causadora de degradação ambiental.[9]

Também o Superior Tribunal de Justiça, em outra decisão, disse que *"a Lei de Política Nacional do Meio Ambiente (Lei 6.938/81) adotou a sistemática da responsabilidade civil objetiva (art. 14, parágrafo 1º) e foi integralmente recepcionada pela ordem jurídica atual, de sorte que é irrelevante e impertinente a discussão da conduta do agente (culpa ou dolo) para atribuição do dever de indenizar. A adoção pela lei da responsabilidade civil objetiva significou apreciável avanço no combate à devastação do meio ambiente, uma vez que, sob esse sistema, não se leva em conta, subjetivamente, a conduta do causador do dano, mas a ocorrência do resultado prejudicial ao homem e ao ambiente. Assim sendo, para que se observe a obrigatoriedade da reparação do dano é suficiente, apenas, que se demonstre o nexo causal entre a lesão infligida ao meio ambiente e a ação ou omissão do responsável pelo dano. O art. 4º, VII, da Lei n. 6.938/81 prevê expressamente o dever do poluidor ou predador de recuperar e/ou indenizar os danos causados, além de possibilitar o reconhecimento da responsabilidade, repise-se, objetiva, do poluidor em indenizar ou reparar os danos causados ao meio ambiente ou aos terceiros afetados por sua atividade, como dito, independentemente da existência de culpa, consoante se infere do art. 14, § 1º, da citada lei"* (REsp 578.797/RS).

Na mesma esteira, segundo o Ministro Herman Benjamin, o dano ambiental é a *"alteração, deterioração ou destruição, parcial ou total, de quaisquer dos recursos naturais, afetando adversamente o homem e/ou a natureza"*.[10]

O dano ambiental, por sua vez, não precisa repercutir sobre ninguém, uma vez que o próprio artigo 14, § 1º, da Lei n. 6.938/81, prevê a reparação dos danos causados ao meio ambiente, referindo-se a ele autonomamente.

Essa expressão utilizada, *autonomamente*, quer dizer danos causados ao meio ambiente, mas que não envolvem necessariamente o homem, porém, podendo implicar alterações nas diversas formas de meio ambiente, seja ele natural, artificial, cultural, do trabalho, ou até mesmo genético e climático, como foi visto no Capítulo I.

---

[9] V. art. 3º, IV, da Lei n. 6.938/81.

[10] BENJAMIN, Antonio Herman V. Responsabilidade civil pelo dano ambiental. *Revista de Direito Ambiental*, São Paulo: Revista dos Tribunais, ano 3, n. 9, p. 48, jan./mar. 1998.

Em exauriente voto, mencionado em páginas anteriores, o Ministro Relator apreciou caso versando dano ambiental, aduzindo que, *"para fins da Lei n. 6.938, de 31 de agosto de 1981, art. 3º, entende-se por: I – meio ambiente, o conjunto de condições, leis, influências e interações de ordem física, química e biológica, que permite, abriga e rege a vida em todas as suas formas; II – degradação da qualidade ambiental, a alteração adversa das características do meio ambiente; III – poluição, a degradação da qualidade ambiental resultante de atividades que direta ou indiretamente: a) prejudiquem a saúde, a segurança e o bem-estar da população; b) criem condições adversas às atividades sociais e econômicas; c) afetem desfavoravelmente a biota; d) afetem as condições estéticas ou sanitárias do meio ambiente; e) lancem matérias ou energia em desacordo com os padrões ambientais estabelecidos. Destarte, é poluidor a pessoa física ou jurídica, de direito público ou privado, responsável, direta ou indiretamente, por atividade causadora de degradação ambiental. O poluidor, por seu turno, com base na mesma legislação, art. 14 – 'sem obstar a aplicação das penalidades administrativas' é obrigado, 'independentemente da existência de culpa', a indenizar ou reparar os danos causados ao meio ambiente e a terceiros, 'afetados por sua atividade'. Depreende-se do texto legal a sua responsabilidade pelo risco integral, por isso que em demanda infensa a administração, poderá, inter partes, discutir a culpa e o regresso pelo evento"* (REsp 442.586/SP).

É importante deixar claro que nem toda alteração ao meio ambiente constitui dano ecológico, pois nem todas elas, obviamente, podem gerar prejuízos à natureza, a exemplo das atividades de baixo impacto elencadas na Resolução CONAMA n. 369/06.

Ao tratar da diferença entre dano e impacto ambiental, Delton Winter de Carvalho lança luminosas luzes ao tema, falando do limiar que diferencia estes dois conceitos e o consequente "princípio da tolerabilidade" que os tangencia.

Ensina o autor que os impactos ambientais são aqueles que, inobstante resultem em alterações ou perturbações no meio, não causam alterações significativas passíveis de reparação, enquanto os danos ambientais causam perturbações ou alterações intoleráveis e que, por sua vez, são ensejadores de algum tipo de reparação.[11]

Existem aquelas atividades e empreendimentos que têm por finalidade uma melhoria na qualidade ambiental, importando também numa verdadeira melhora ao meio ambiente, como aquelas advindas da realização de uma obra tendente ao bem-estar social, como a construção de um parque, uma praça, ou mesmo um lago artificial.

Essas melhorias podem ocorrer, por exemplo, naqueles casos relacionados ao Direito Urbanístico, vistos mais à frente, em momento apropriado.

---

[11] CARVALHO, Delton Winter de. *Dano ambiental futuro:* a responsabilização civil pelo risco ambiental. 2. ed. Porto Alegre: Livraria do Advogado, 2013. p. 120.

3. EXCLUDENTES – CASO FORTUITO E FORÇA MAIOR

Os únicos casos em que se pode validamente afastar ou excluir a responsabilidade pelo dano ambiental são o caso fortuito e a força maior, mas, ainda assim, algumas ponderações devem ser feitas.[12]

Terremotos, raios e inundações poderiam ser causas excludentes da responsabilização em matéria ambiental. Porém, somente os casos concretos poderão revelar se deve haver ou não responsabilização ambiental.

Certas atividades de risco, independentemente da participação do agressor, podem gerar o dever de reparar ou indenizar o meio ambiente.

Os exemplos elucidativos que Hugo Nigro Mazzilli apresenta são os de um raio que incendeia uma floresta, na propriedade de uma fazenda, e o de uma explosão em uma empresa que explore energia atômica, ou materiais radioativos, ainda que, e obviamente, autorizados pelo Estado.[13]

No primeiro caso, não há ensejo a responsabilização, pois não há nexo de causalidade; já no segundo, sim, pois presente o nexo, em razão da chamada teoria do risco criado.

Essa teoria pressupõe o risco da atividade, não podendo haver causa de exclusão de responsabilidade. Se o risco for inerente, o nexo causal não estará dispensado, mas sim presente na própria atividade, ainda que a ocorrência do dano se dê por caso fortuito ou força maior.[14]

Em exemplo bastante claro de excludente de responsabilidade, no caso, em ação proposta contra o Estado de Santa Catarina, em decorrência de um vendaval que assolou a capital catarinense, decidiu o Tribunal Regional Federal da 4ª Região que o ocorrido *"no dia da tragédia foi repentino e de tal magnitude que exorbitou ao controle humano. Não houve sequer tempo suficiente para os visitantes do parque buscarem um refúgio seguro, tanto que se movimentaram de forma desordenada, sem conseguirem debelar ou resistir à fúria dos ventos. Com efeito, é desarrazoado supor que, nessas circunstâncias, e sem embargo do dever de vigilância, o réu pudesse, tão logo iniciado o inesperado vendaval, interditar toda a área do parque e assim evitar o acidente. Além disso, a árvore que atingiu a autora apresentava um estado geral bom, sem sinais externos da presença de cupins, tendo admitido o perito judicial que 'nas condições do vendaval que passou pelo local, esta ou qualquer outra árvore representaria perigo potencial'"* (TRF 4ª Região, Ap. Cív. 199804010433627/SC).

---

[12] Há quem entenda que somente os casos de força maior e fato de terceiro constituam excludentes de ilicitude. *Vide* STEIGLEDER, Annelise Monteiro. *Responsabilidade Civil Ambiental: as dimensões do dano ambiental no direito brasileiro.* 3. ed. Porto Alegre: Livraria do Advogado, 2017, p. 183.

[13] MAZZILLI, Hugo Nigro. *A defesa dos interesses difusos em juízo.* 19. ed. São Paulo: Saraiva, 2006, p. 537.

[14] MAZZILLI, Hugo Nigro. Op. cit., p. 539.

O Superior Tribunal de Justiça também reconheceu o ingresso da União no polo passivo de Ação Civil Pública, por omissão na fiscalização, observando o Ministro Relator que *"a jurisprudência deste Superior Tribunal é no sentido de reconhecer a legitimidade passiva da pessoa jurídica de direito público para responder pelos danos causados ao meio ambiente em decorrência de sua conduta omissa quanto ao dever de fiscalizar. Assim, não se trata de determinar previamente a responsabilidade da União, mas alocá-la adequadamente no polo passivo da ação, diante da presunção de sua responsabilidade em concorrer com o dano ao meio ambiente e, caso exista prova superveniente a isentá-la, o feito deverá ser extinto em relação a ela"* (REsp 529.027-SC).

4. REPARAÇÃO E RECUPERAÇÃO

Quanto à reparação dos danos ambientais, também prevista e exigida na Constituição Federal, não se discute ser parcial ou integral, pois o texto deixa claro que esta só pode ser integral, não sendo cabível recuperações ou indenizações parciais.

Existem diferentes formas de se reparar o dano ambiental. São elas: restauração natural, compensação e indenização. A primeira delas é a mais indicada e prevalece em relação às outras. Consiste em tentar retornar à situação ambiental ao seu *status quo ante*, como ele era antes do dano e da alteração sofrida.

Em elucidativo julgamento no Superior Tribunal de Justiça, ficou decidido que a *"obrigação de reparação dos danos ambientais é propter rem, sem prejuízo da solidariedade entre os vários causadores do dano, descabendo falar em direito adquirido à degradação. O novo proprietário assume o ônus de manter a integridade do ecossistema protegido, tornando-se responsável pela recuperação, mesmo que não tenha contribuído para o desmatamento ou destruição: AgRg no REsp 1.367.968/SP, Rel. Ministro Humberto Martins, Segunda Turma, DJe 12.3.2014, e REsp 1.251.697/PR, Rel. Ministro Mauro Campbell Marques, Segunda Turma, DJe 17.4.2012"* (REsp 1.241.630-PR).

A compensação é uma forma alternativa, e necessita que se atenda a alguns requisitos para que desempenhe seu papel. Esses requisitos seriam: estabelecer a equivalência ecológica do ambiente, a observância de alguns critérios técnicos, firmados pelos órgãos competentes e a própria autorização desses órgãos.

A compensação nem sempre é indicada em razão de comumente apresentar grandes diferenças entre a área degradada e a que será utilizada para compensação.

Por fim, a indenização, que também apresenta alguns inconvenientes.

O principal deles é a identificação dos sujeitos envolvidos, bem como o nexo causal e até mesmo a valoração do dano.

Em ação civil pública visando à reparação de dano ambiental ocasionado pelo derramamento de óleo ao mar por navio, no Porto de Santos, em São Paulo, restou assim decidida a questão: *"Plenamente estabelecido o nexo de causalidade entre a ação do agente e a lesão ambiental que restou induvidosa nos autos. A Constituição Federal adota um conceito abrangente de meio ambiente, envolvendo a vida em todas as suas formas, caracterizando-se como direito fundamental do homem (art. 225). A hipótese é de responsabilidade objetiva do causador do dano, já prevista na Lei n. 6.938, de 31-8-1981, art. 14, § 1º, normação recepcionada pelo § 3º do art. 225 da Carta Política"* (TRF 3ª Região, Ap. Cív. 421.143/SP).

Em outra decisão, do Tribunal Regional Federal da 3ª Região, na Apelação Cível n. 401.518/SP, a mesma Relatora cita os seguintes precedentes: STF: Tribunal Pleno – MS 21.113/DF, Mandado de Segurança, Rel. Min. Moreira Alves; STJ: RHC 9.610/SP, Rel. Min. Fernando Gonçalves; ROMS 9.859/TO, Recurso Ordinário em Mandado de Segurança, Rel. Min. José Arnaldo da Fonseca; HC 9.281/PR, Recurso Ordinário em *Habeas Corpus*, Rel. Min. Gilson Dipp; e TRF: RHC, Recurso em *Habeas Corpus*, 2ª Turma, Rel. Des. Federal Salette Nascimento.

Recentemente, o Ministério Público Federal no Rio de Janeiro ajuizou ação civil pública pedindo a suspensão das audiências para discutir a construção da usina nuclear de Angra 3, cujo investimento previsto era de R$ 7,2 bilhões. A ação do Ministério Público foi movida contra a Eletronuclear, responsável pela usina, e incluiu pedido de liminar para suspender o processo de licenciamento ambiental a cargo do IBAMA.

Assim, também, a aquisição da propriedade rural sem, por exemplo, a delimitação da reserva legal não exime o novo adquirente da obrigação de recompô-la. Decidiu o Superior Tribunal de Justiça que *"a responsabilidade por eventual dano ambiental ocorrido em reserva florestal legal é objetiva, devendo o proprietário das terras onde se situa tal faixa territorial, ao tempo em que conclamado para cumprir obrigação de reparação ambiental e restauração da cobertura vegetal, responder por ela. A reserva legal que compõe parte de terras de domínio privado constitui verdadeira restrição do direito de propriedade"* (REsp 263.383-PR).

5. RESPONSABILIDADE OBJETIVA

5.1. CONCEITO

O Direito Ambiental adota a teoria da responsabilidade objetiva, que significa dizer que quem danifica o meio ambiente tem o dever de repará-lo, independentemente da razão que o motivou a tanto.

Segundo Paulo Affonso Leme Machado, basta o binômio dano-reparação.[15]

---

[15] MACHADO, Paulo Affonso Leme. *Direito ambiental brasileiro*. 14. ed. São Paulo: Malheiros, 2006, p. 336.

O autor ainda faz menção ao que dispõe o Código Civil, em seu art. 927, e adverte que a primeira parte diz respeito ao meio ambiente, pois:

> Art. 927. Aquele que, por ato ilícito (arts. 186 e 187), causar dano a outrem, fica obrigado a repará-lo.
> Parágrafo único. Haverá obrigação de reparar o dano, independentemente de culpa, nos casos especificados em lei, ou quando a atividade normalmente desenvolvida pelo autor do dano implicar, por sua natureza, risco para os direitos de outrem.

Segundo Herman Benjamin, percebe-se o reaparecimento da responsabilidade civil *"como ingerência jurídica de certo modo atrasada no movimento de proteção ambiental"*.[16]

Esse atraso teria três motivos: por ser um instrumento, nos moldes clássicos, que age no momento posterior à ocorrência do dano; a complexidade do dano ambiental, dificultando o seu enquadramento nos requisitos exigidos para a responsabilização; e, ainda, a dificuldade em se proceder a uma valoração do bem ambiental.[17]

Decidiu o Superior Tribunal de Justiça, em outra importante passagem, que a *"responsabilidade civil por danos ambientais, seja por lesão ao meio ambiente propriamente dito (dano ambiental público), seja por ofensa a direitos individuais (dano ambiental privado), é objetiva, fundada na teoria do risco integral, em face do disposto no art. 14, § 1º, da Lei 6.938/1981, que consagra o princípio do poluidor-pagador"* (REsp 1.373.788-SP).

Não menos importante decisão, da lavra do Ministro Luiz Fux, deixou claro que *"o meio ambiente, ecologicamente equilibrado, é direito de todos, protegido pela própria Constituição Federal, cujo art. 225 o considera 'bem de uso comum do provo e essencial à sadia qualidade de vida'. (...) Além das medidas protetivas e preservativas previstas no § 1º, incs. I-VII do art. 225 da Constituição Federal, em seu § 3º ela trata da responsabilidade penal, administrativa e civil dos causadores de dano ao meio ambiente, ao dispor: 'As condutas e atividades consideradas lesivas ao meio ambiente sujeitarão os infratores, pessoas físicas ou jurídicas, a sanções penais e administrativas, independentemente da obrigação de reparar os danos causados'. Neste ponto a Constituição recepcionou o já citado art. 14, § 1º, da Lei n. 6.938/81, que estabeleceu responsabilidade objetiva para os causadores de dano ao meio ambiente, nos seguintes termos: 'sem obstar a aplicação das penalidades previstas neste artigo, é o poluidor obrigado, independentemente de existência de culpa, a indenizar ou reparar os danos causados ao meio ambiente e a terceiros, afetados por sua atividade' (Sergio Cavalieri Filho, in 'Programa de Responsabilidade Civil')"* (REsp 467.212/RJ).

---

[16] BENJAMIN, Antonio Herman V. Responsabilidade civil pelo dano ambiental. *Revista de Direito Ambiental*. São Paulo: Revista dos Tribunais, ano 3, n. 9, p. 6, jan./mar. 1998.

[17] BENJAMIN, Antonio Herman V. Responsabilidade civil pelo dano ambiental. *Revista de Direito Ambiental*. São Paulo: Revista dos Tribunais, ano 3, n. 9, p. 7-8, jan./mar. 1998.

Portanto, *"a responsabilidade por dano ambiental é objetiva, informada pela teoria do risco integral, sendo o nexo de causalidade o fator aglutinante que permite que o risco se integre na unidade do ato, sendo descabida a invocação, pela empresa responsável pelo dano ambiental, de excludentes de responsabilidade civil para afastar a sua obrigação de indenizar; c) é inadequado pretender conferir à reparação civil dos danos ambientais caráter punitivo imediato, pois a punição é função que incumbe ao direito penal e administrativo"* (REsp 1.354.536-SE).

> **ATENÇÃO!**
>
> Muito cuidado, pois **a responsabilidade objetiva não se espraia para o âmbito penal** nem no direito administrativo sancionador, que exigem culpa ou dolo! Corroborando esse entendimento, decisão do Min. Napoleão Nunes Maia Filho, do Superior Tribunal de Justiça, ao relatar o Recurso em Mandado de Segurança (2007/0165377-1) sobre a submissão da ação administrativa sancionadora aos princípios do Direito Penal: "**Consoante precisas lições de eminentes doutrinadores e processualistas modernos, à atividade sancionatória ou disciplinar da Administração Pública se aplicam os princípios, garantias e normas que regem o Processo Penal comum, em respeito aos valores de proteção e defesa das liberdades individuais e da dignidade da pessoa humana, que se plasmaram no campo daquela disciplina**" (STJ – Recurso em Mandado de Segurança n. 24.559 – 2007/0165377-1).

O Supremo Tribunal Federal deixou isso claro, ao conceder *habeas corpus* ao Presidente da Petrobrás, em ação penal que objetivava incriminá-lo pelo derramamento de óleo. Assim, parte da ementa: *"Responsabilidade pelo dano ao meio ambiente não atribuível diretamente ao dirigente da Petrobrás. Existência de instâncias gerenciais e de operação para fiscalizar o estado de conservação dos 14 mil quilômetros de oleodutos. Crime ambiental previsto no art. 2º da Lei n. 9.605/98. Evento danoso: vazamento em um oleoduto da Petrobrás Ausência de nexo causal. Não configuração de relação de causalidade entre o fato imputado e o suposto agente criminoso. Diferenças entre conduta dos dirigentes da empresa e atividades da própria empresa. Problema da assinalagmaticidade em uma sociedade de risco. Impossibilidade de se atribuir ao indivíduo e à pessoa jurídica os mesmos riscos.* Habeas Corpus *concedido"* (STF, HC 83.554/PR).

Nesse sentido, o Superior Tribunal de Justiça também deixou estabelecido o entendimento de que *"o simples fato de o réu ser administrador da empresa não autoriza a instauração de processo criminal por crimes praticados no âmbito da sociedade, se não restar comprovado, ainda que com elementos a serem aprofundados no decorrer da ação penal, a mínima relação de causa e efeito entre as imputações e a condição de dirigente da empresa, sob pena de se reconhecer a responsabilidade penal objetiva"* (REsp 838.846/MT).

5.2. RELAÇÃO DE CAUSALIDADE E DANO

A Lei n. 6.938/81 fala da responsabilidade objetiva do agente causador do dano ambiental, ficando este obrigado a repará-lo ou indenizá-lo, sem que seja necessária a comprovação de culpa.

Essa responsabilização ganha espaço desde longa data no cenário nacional, principalmente em razão de sua imensa adoção no âmbito internacional, pois foi a opção escolhida pela Convenção Lugano, sobre a responsabilidade civil pelos danos resultantes de atividades perigosas para o ambiente.[18]

Assim, pode-se afirmar que a responsabilidade dita clássica ressalta a importância da existência da culpa para a responsabilização do agente.

Porém, na esfera ambiental, a responsabilidade, por ser objetiva, não necessita de culpa.

A Lei n. 6.938/81 legitimou para a proposição das ações de responsabilidade, primeiramente, o Ministério Público. Com a Lei n. 7.347/85, tal prerrogativa se estendeu às autarquias, empresas públicas, fundações, sociedades de economia mista e associações.[19]

São dois os elementos essenciais que caracterizam a responsabilidade absoluta (pelo risco), quais sejam: a existência de um prejuízo sensível e um nexo de causalidade entre ele e a atividade que o causou.

Exige-se apenas a prova de que o dano possui ligação direta ou indireta com a atividade, e não com a conduta do agente, pois, com a teoria do risco integral, ele assume os riscos de eventuais danos causados por sua atividade.

Atualmente a teoria do risco integral é dominante, sendo considerada a mais adequada para responsabilizar os eventuais agressores do meio ambiente.

Outro ponto que merece destaque quando se está tratando da responsabilidade civil ambiental é a licitude da atividade causadora de danos, a qual não exclui a responsabilização do agente.

É certo que o Poder Público não emite licenças para poluir, por não ter o *"direito de consentir na agressão à saúde da população através do controle exercido pelos seus órgãos"*.[20]

---

[18] Convenção sobre Responsabilidade Civil dos Danos Resultantes de Atividades Perigosas para o Meio Ambiente, elaborada em Lugano, em 21 de junho de 1993. Disponível em: http://conventions.coe.int/treaty/fr/Treaties/Html/150.htm.

[19] V. art. 5º da Lei n. 7.347/85 que instituiu a Ação Civil Pública. Ressalte-se que as associações precisam atender a dois requisitos, quais sejam: estarem constituídas há pelo menos um ano e incluírem em suas finalidades a proteção do meio ambiente, do patrimônio artístico etc.

[20] MACHADO, Paulo Affonso Leme. *Direito ambiental brasileiro*. São Paulo: Malheiros, 2006, p. 251. O autor acrescenta que a Administração deve responder solidariamente com o particular nos casos em que foram respeitados os padrões oficiais, mas que mesmo assim tenham causado um dano, de modo a compelir o Poder Público a ser "prudente e cuidadoso no vigiar, orientar e ordenar a saúde ambiental".

Porém, os padrões técnicos de emissão estabelecidos pelo Estado não exoneram o empresário das responsabilidades advindas do desenvolvimento de uma atividade que cause prejuízo às pessoas.

Havendo danos, eles devem ser reparados.

Assim, a poluição está ligada ao desenvolvimento e aos padrões estabelecidos pelo Estado.

Conforme já se disse, o conceito de poluidor é também bastante abrangente, podendo contemplar tanto pessoas físicas quanto pessoas jurídicas, de direito público ou privado, responsáveis, direta ou indiretamente, por uma atividade que cause degradação ambiental.

Como visto em passagens anteriores, pode-se dizer que tanto o particular quanto o Poder Público podem responder pelo dano, sendo a proteção do meio ambiente uma incumbência de ambos. O Poder Público pode, ainda, também ser responsabilizado pela omissão de fiscalização.

Por fim, vale mencionar os tipos de poluição, que podem ser: atmosférica, decorrentes da emissão de gases tóxicos, mau cheiro, fumaça etc.; hídrica, com o despejo de esgotos, vinhoto, mercúrio; do solo, com o depósito de resíduos dos processos industriais; entre outras tantas.

Portanto, *"onde existir poluição no sentido do art. 3º, III, da Lei 6.938/81, muitas vezes vai haver também um dano ambiental de acordo com o art. 1º, I, da Lei 7.347/85"*, uma vez que *"o conceito de dano da lei processual se rege pelas normas do direito ambiental material"*.[21]

É de se ressaltar que, na esteira do Superior Tribunal de Justiça, *"há responsabilidade solidária do Estado quando, devendo agir para evitar o dano ambiental, mantém-se inerte ou atua de forma deficiente. A responsabilização decorre da omissão ilícita, a exemplo da falta de fiscalização e de adoção de outras medidas preventivas inerentes ao poder de polícia, as quais, ao menos indiretamente, contribuem para provocar o dano, até porque o poder de polícia ambiental não se exaure com o embargo à obra, como ocorreu no caso. Há que ponderar, entretanto, que essa cláusula de solidariedade não pode implicar benefício para o particular que causou a degradação ambiental com sua ação, em detrimento do erário. Assim, sem prejuízo da responsabilidade solidária, deve o Estado – que não provocou diretamente o dano nem obteve proveito com sua omissão – buscar o ressarcimento dos valores despendidos do responsável direto, evitando, com isso, injusta oneração da sociedade. Precedentes citados: AgRg no Ag 973.577-SP, DJ 19/12/2008; REsp 604.725-PR, DJ 22/8/2005; AgRg no Ag 822.764-MG, DJ 2/8/2007, e REsp 647.493-SC, DJ 22/10/2007"* (REsp 1.071.741-SP).

---

[21] KRELL, Andreas J. Concretização do dano ambiental: objeções à teoria do "risco integral". Senado Federal. Disponível em: https://www2.senado.leg.br/bdsf/item/id/385.

Em recente e brilhante decisão, também do Ministro Herman Benjamin, o Superior Tribunal de Justiça decididamente afastou as dúvidas existentes para se considerar a responsabilidade objetiva somente, e tão-somente, na esfera cível, e não administrativa.

Diz o julgado que *"no Direito brasileiro e de acordo com a jurisprudência do Superior Tribunal de Justiça, a responsabilidade civil pelo dano ambiental, qualquer que seja a qualificação jurídica do degradador, público ou privado, proprietário ou administrador da área degradada, é de natureza objetiva, solidária e ilimitada, sendo regida pelos princípios do poluidor-pagador, da reparação in integrum, da prioridade da reparação in natura e do favor debilis"*.

Continua a decisão, *"todavia, os presentes autos tratam de questão diversa, a saber a natureza da responsabilidade administrativa ambiental, bem como a demonstração de existência ou não de culpa, já que a controvérsia é referente ao cabimento ou não de multa administrativa. Sendo assim, o STJ possui jurisprudência no sentido de que, tratando-se de responsabilidade administrativa ambiental, o terceiro, proprietário da carga, por não ser o efetivo causador do dano ambiental, responde subjetivamente pela degradação ambiental causada pelo transportador* (AgRg no AREsp 62.584-RJ)*."*

E arremata, *"Isso porque a aplicação de penalidades administrativas não obedece à lógica da responsabilidade objetiva da esfera cível (para reparação dos danos causados), mas deve obedecer à sistemática da teoria da culpabilidade, ou seja, a conduta deve ser cometida pelo alegado transgressor, com demonstração de existência ou não de culpa, já que a controvérsia é referente ao cabimento ou não de multa administrativa"* (REsp 1.401.500-PR 2013/0293137-0).

6. RESPONSABILIDADE ADMINISTRATIVA – SUBJETIVA

A responsabilidade objetiva preconizada pelo § 3º do art. 225 da Constituição Federal refere-se à responsabilidade civil, ou seja, a obrigação de reparar os danos causados ao meio ambiente.

Os tribunais superiores têm decidido, reiteradamente, que não se aplica a responsabilidade objetiva na imposição de sanções administrativas, sendo necessária a comprovação de culpa ou dolo.

Recentemente, o Superior Tribunal de Justiça pacificou o entendimento de que a responsabilidade administrativa ambiental é subjetiva, nos seguintes termos:[22]

> PROCESSUAL CIVIL. EMBARGOS DE DIVERGÊNCIA SUBMETIDOS AO ENUNCIADO ADMINISTRATIVO 2/STJ. EMBARGOS À EXECUÇÃO. AUTO DE INFRAÇÃO LAVRADO EM RAZÃO DE DANO AMBIENTAL. NECESSIDADE DE DEMONSTRAÇÃO DA RESPONSABILIDADE SUBJETIVA.

---

[22] EREsp 1.3180.51/RJ, j. 8-5-2019.

1. Na origem, foram opostos embargos à execução objetivando a anulação de auto de infração lavrado pelo Município de Guapimirim – ora embargado –, por danos ambientais decorrentes do derramamento de óleo diesel pertencente à ora embargante, após descarrilamento de composição férrea da Ferrovia Centro Atlântica (FCA).

2. A sentença de procedência dos embargos à execução foi reformada pelo Tribunal de Justiça do Estado do Rio de Janeiro pelo fundamento de que "o risco da atividade desempenhada pela apelada ao causar danos ao meio ambiente consubstancia o nexo causal de sua responsabilidade, não havendo, por conseguinte, que se falar em ilegitimidade da embargante para figurar no polo passivo do auto de infração que lhe fora imposto", entendimento esse mantido no acórdão ora embargado sob o fundamento de que "[a] responsabilidade administrativa ambiental é objetiva".

3. Ocorre que, conforme assentado pela Segunda Turma no julgamento do REsp 1.251.697/PR, de minha relatoria, *DJe* de 17-4-2012, "a aplicação de penalidades administrativas não obedece à lógica da responsabilidade objetiva da esfera cível (para reparação dos danos causados), mas deve obedecer à sistemática da teoria da culpabilidade, ou seja, a conduta deve ser cometida pelo alegado transgressor, com demonstração de seu elemento subjetivo, e com demonstração do nexo causal entre a conduta e o dano".

4. No mesmo sentido decidiu a Primeira Turma em caso análogo envolvendo as mesmas partes: "A responsabilidade civil ambiental é objetiva; porém, tratando-se de responsabilidade administrativa ambiental, o terceiro, proprietário da carga, por não ser o efetivo causador do dano ambiental, responde subjetivamente pela degradação ambiental causada pelo transportador" (AgRg no AREsp 62.584/RJ, Rel. p/ Acórdão Ministra Regina Helena Costa, *DJe* de 7-10-2015).

5. Embargos de divergência providos (EREsp 1.3180.51/RJ, j. 8-5-2019).

Assim, não deve o administrador responder em todos os casos, como se afigura na teoria do risco integral, mas somente naqueles casos em que havia uma expectativa de ação ou omissão na prática de algum ato, e que, em virtude dessa prática, ou de sua abstenção, resulte prejuízo ao meio ambiente.[23]

7. (IN)TRANSMISSIBILIDADE DA MULTA AOS HERDEIROS DE ÁREA DEGRADADA

Recentemente, o Superior Tribunal de Justiça, por meio de sua Primeira Turma, no REsp 1.823.083/AL, entendeu que o herdeiro não responde por multa administrativa decorrente de infração ambiental no imóvel transmitido como herança, salvo se for comprovada ação ou omissão de sua parte na violação das normas sobre uso, proteção e recuperação do meio ambiente.

Com esse entendimento, o colegiado negou provimento a um Recurso Especial do Instituto Brasileiro do Meio Ambiente e dos Recursos Naturais Renováveis (IBAMA),

---

[23] KRELL, Andreas J. *Concretização do dano ambiental*: objeções à teoria do "risco integral". Senado Federal. Disponível em: https://www2.senado.leg.br/bdsf/item/id/385.

no qual a autarquia pedia que fosse mantida a aplicação de multa a um proprietário por causa do desmatamento na fazenda por ele herdada.

A autarquia ambiental federal alegou ao STJ que o dever de recuperar a área degradada é do atual proprietário (obrigação *propter rem*), ainda que não tenha sido ele o causador direto do dano ambiental.

O Relator, Ministro Paulo Sérgio Domingues, explicou que o entendimento consolidado pela Corte na Súmula 623 e reiterado no Tema 1.204 dos repetitivos é o de que as obrigações ambientais têm natureza *propter rem*.

Na decisão, o Relator entendeu que essa orientação tem como fundamento os artigos 3º, IV, e 14, parágrafo 1º, da Lei n. 6.938/81, e o artigo 2º, parágrafo 2º, da Lei n. 12.651/12, que definem as obrigações de recuperar e indenizar com base na responsabilidade civil ambiental – também tratada, de modo particularizado, pelo artigo 225, parágrafo 3º, da Constituição Federal.

Segundo o Ministro, a responsabilidade civil ambiental assim estruturada tem como objetivo a reparação de danos em sentido estrito. Ele ressaltou que "*a multa administrativa prevista no Decreto n. 3.179/99, e depois no Decreto n. 6.514/08, tem como fundamento o poder sancionador do Estado, o que a torna incompatível com o caráter ambulatorial das obrigações fundadas na responsabilidade civil ambiental*".

O voto foi didático ao lembrar que o Tribunal tem julgados que explicam as diferenças entre a responsabilidade civil e a sanção administrativa decorrente de infração ambiental.

Nesse sentido, citou precedente segundo o qual "*a aplicação de penalidades administrativas não obedece à lógica da responsabilidade objetiva da esfera cível (para reparação dos danos causados), mas deve obedecer à sistemática da teoria da culpabilidade, ou seja, a conduta deve ser cometida pelo alegado transgressor, com demonstração de seu elemento subjetivo, e com demonstração do nexo causal entre a conduta e o dano*" (REsp 1.251.697/PR).

O Ministro ainda afirmou que, de acordo com a própria Orientação Jurídica Normativa 18/2010/PFE/Ibama, o procedimento administrativo destinado à inscrição em dívida ativa deveria ter sido extinto, uma vez que o normativo estabelece a extinção da punição pela morte do autuado antes da coisa julgada administrativa.

Capítulo VIII

A LEI N. 9.605/98 – LEI DOS CRIMES AMBIENTAIS

Sumário: 1. Alguns aspectos iniciais quanto à Lei dos Crimes Ambientais. 2. Responsabilidade administrativa, civil e penal. 2.1. Disposições gerais. 2.2. A responsabilidade da pessoa jurídica. 2.3. Os fundos ambientais. 2.3.1. Introdução. 2.3.2. O Fundo de Defesa dos Direitos Difusos. 2.3.3. O Fundo Nacional de Meio Ambiente. 2.3.4. O Fundo Amazônia. 2.4. A *disregard doctrine*. 3. Aplicação da pena. 4. Atenuantes, agravantes, causas de diminuição ou aumento da pena. 5. Da apreensão do produto e do instrumento da infração. 6. Dos crimes contra a fauna. 6.1. Art. 29 da Lei n. 9.605/98. 6.2. Arts. 30 e 31 da Lei n. 9.605/98. 6.3. Art. 32 da Lei n. 9.605/98. 6.4. Art. 33 da Lei n. 9.605/98. 6.5. Arts. 34 a 36 da Lei n. 9.605/98. 6.6. Art. 37 da Lei n. 9.605/98. 7. Dos crimes contra a flora e as unidades de conservação. 7.1. Arts. 38, 38-A e 39 da Lei n. 9.605/98. 7.2. Art. 40 da Lei n. 9.605/98. 7.3. Arts. 41 a 48 da Lei n. 9.605/98. 7.4. Arts. 49 a 53 da Lei n. 9.605/98. 8. Dos crimes de poluição e falta de licenciamento ambiental. 8.1. Art. 54 da Lei n. 9.605/98. 8.2. Art. 55 da Lei n. 9.605/98. 8.3. Art. 56 da Lei n. 9.605/98. 8.4. Arts. 60 e 61 da Lei n. 9.605/98. 9. Dos crimes contra o ordenamento territorial e o patrimônio cultural. 10. Dos crimes contra a administração ambiental. 11. Competência para julgar os crimes ambientais. 12. A ação e o processo penal. 13. Grupo de Enfrentamento Estratégico aos Ilícitos e Crimes Ambientais – Portaria Normativa AGU n. 149/24.

1. ALGUNS ASPECTOS INICIAIS QUANTO À LEI DOS CRIMES AMBIENTAIS

O objetivo maior da Lei n. 9.605/98 foi o de suprir uma lacuna há muito existente na legislação ambiental brasileira, a qual aspirava maior acuidade e interesse por parte do Poder Legislativo.

O gestor da coisa pública quase sempre justificava sua omissão pela falta de preceitos penais para a proteção do meio ambiente.

Com a Lei n. 9.605/98, resta ao administrador e, principalmente, ao Ministério Público, agir com os instrumentos que lhes são agora disponibilizados e fazer valer o anseio das classes que lutam por um meio ambiente ecologicamente equilibrado.

Muito ainda se discute sobre a abordagem das competências para processar e julgar crimes ambientais e resolver as lides que envolvem assuntos relacionados.

O Superior Tribunal de Justiça entendeu que *"a partir da edição da Lei n. 9.605/98, os delitos contra o meio ambiente passaram a ter disciplina própria, não se definindo, contudo, a Justiça competente para conhecer das respectivas ações penais, certamente em decorrência do contido nos artigos 23 e 24 da Constituição Federal, que estabelecem ser da competência comum da União, Estados, Distrito Federal e Municípios proteger o meio ambiente, preservando a fauna, bem como legislar concorrentemente sobre essas matérias. Deve ser verificado se o delito foi praticado em detrimento de bens, serviços ou interesse da União ou de suas entidades autárquicas ou empresas públicas, a teor do disposto no artigo 109, IV, da Carta Magna, de forma a firmar ou não a competência da Justiça Federal. Tratando-se de suposta infração cometida em área particular, inexistente qualquer circunstância determinante de especial interesse da União, declara-se a competência da Justiça Estadual"* (CComp 30.260/MG).

Também o Supremo Tribunal Federal, pois *"não havendo em causa bem da União (a hipótese então em julgamento dizia respeito a desmatamento e depósito de madeira proveniente da Mata Atlântica que se entendeu não ser bem da União), nem interesse direto e específico da União (o interesse desta na proteção do meio ambiente só é genérico), nem decorrer a competência da Justiça Federal da circunstância de caber ao IBAMA, que é órgão federal, a fiscalização da preservação do meio ambiente, a competência para julgar o crime que estava em causa (artigo 46, parágrafo único, da Lei 9.605/98, na modalidade de manter em depósito produtos de origem vegetal integrantes da flora nativa, sem licença para armazenamento) era da Justiça estadual comum. – Nesse mesmo sentido, posteriormente, em 18-12-2001, voltou a manifestar-se, no RE 299.856, esta Primeira Turma, no que foi seguida, no RE 335.929, por decisão do eminente Ministro Carlos Velloso da 2ª Turma, e no HC 81.916, 2ª Turma. – A mesma orientação é de ser seguida no caso presente"* (RE 349.184/TO).

O que se busca aqui é tecer algumas considerações sobre alguns aspectos dessa lei. É dizer, em suma, que se pretende verificar se o direito regrado neste diploma serve para que o meio ambiente, sendo vítima de agressões, possa, pelos meios legais disponíveis, recuperar-se e continuar a manutenção biológica de seus ecossistemas.

Sabe-se, de antemão, que a legislação penal é a *ultima ratio* para a proteção dos bens individuais, sendo, portanto, o último caminho a que se quer chegar.

Doutro giro, no caso ambiental, as coisas se agravam, por se tratar de bens coletivos, como salienta a Constituição Federal, bens ambientais, de uso comum do povo.[1]

O objetivo da referida lei, portanto, não é só reprimir o dano efetivamente causado ao meio ambiente, mas também preveni-lo, colaborando para que não ocorra.[2]

---

[1] BENJAMIN, Antônio Herman. Crimes contra o meio ambiente: uma visão geral. In: FREITAS, Vladimir Passos de (Coord.). *Direito ambiental em evolução 2*. Curitiba: Juruá, 2000, p. 27.

[2] BENJAMIN, Antônio Herman. Op. cit., p. 34.

Decidiu o Superior Tribunal de Justiça que a *"jurisprudência desta Corte tem reconhecido a possibilidade de cumulação da condenação em obrigação de fazer e/ou não fazer e indenização em dinheiro por dano ambiental, para fins de recomposição integral do meio ambiente"* (AgInt no REsp 1.196.027-RS).

Pode-se contextualizar, inclusive, que a Lei dos Crimes foi o último importante marco legislativo da proteção ambiental no Brasil.

O primeiro deles foi a Lei n. 6.938/81, que versou a Política Nacional do Meio Ambiente; depois foi a Lei n. 7.347/85, que lançou as bases da Ação Civil Pública, como instrumento processual destinado, precipuamente, à defesa dos interesses difusos e coletivos, mormente no tocante àqueles relacionados ao meio ambiente; ao depois, a própria Constituição Federal, com um marcante enquadramento ambiental em seu texto; por fim, e não menos importante, a Lei n. 9.605/98.[3]

Para tanto, houve a necessidade de dividir os assuntos em 5 subtítulos, para tratar harmoniosamente a ação, o processo, os crimes, as infrações e as demais disposições da lei, a fim de averiguar a efetividade dessa legislação.

2. RESPONSABILIDADE ADMINISTRATIVA, CIVIL E PENAL

2.1. DISPOSIÇÕES GERAIS

Pode-se dizer que a Lei dos Crimes Ambientais inaugura um novo ramo do Direito Penal e/ou do Direito Ambiental, em razão do tratamento legislativo sistemático que se buscou com a penalização dos crimes contra o meio ambiente.

A aplicação desencontrada de multas e punições contra os atentados ao meio ambiente encontrou consolidação na nova lei, pelo fato de reunir, num mesmo diploma, crimes contra a fauna, a flora, a prática de poluições, e até mesmo infrações contra o ordenamento urbano e o patrimônio cultural, fatos estes que residiam esparsos em diversos textos de lei.

Resta claro hoje que não é só o agente que pratica atos contra a natureza, mas também o mandatário. Daí a inovação da lei quando trata de responsabilizar o mandante da ação, e não só o agente subalterno da empresa que atenta contra o meio e pratica os ilícitos.

A lei traz em seu corpo, mais precisamente em seu art. 2º, o preceito da responsabilização do administrador, diretor ou quem quer que poderia e deveria evitar o dano ambiental. Ocorre uma reprodução do art. 13, § 2º, do Código Penal, na qual o administrador faz ou deixa de fazer algo que se espera dele.

---

[3] Para um maior aprofundamento no tema, importância da tutela coletiva e assuntos correlatos, v. Rodrigues, Marcelo Abelha. *Processo civil ambiental*. 3 ed. São Paulo: Revista dos Tribunais, 2011.

No entanto, permanece o problema da prova, dificuldade presente na maioria dos danos ambientais, em que não se tem como atribuir responsabilidade sem encontrar o nexo de causalidade entre o ato do administrador e o dano causado. A maior parte da doutrina pugna pela teoria objetiva ou do risco integral, como fora visto anteriormente.

> **ATENÇÃO AO TEXTO DE LEI!**
>
> Art. 2º Quem, de qualquer forma, concorre para a prática dos crimes previstos nesta Lei, incide nas penas a estes cominadas, na medida da sua culpabilidade, bem como o diretor, o administrador, o membro de conselho e de órgão técnico, o auditor, o gerente, o preposto ou mandatário de pessoa jurídica, que, sabendo da conduta criminosa de outrem, deixar de impedir a sua prática, quando podia agir para evitá-la.

Outro ponto importante diz respeito à maneira com a qual o dano ambiental e sua responsabilidade são tratados.

O ato de poluir não ocorre contra o particular, nem em detrimento de bens privados. Ocorre contra a coletividade e seus direitos difusos. Diz-se que, quando uma empresa procede a atos atentatórios ao meio ambiente, está a particularizar o lucro e repartir os prejuízos.

A responsabilidade objetiva, portanto, é a civil, que obriga a reparação dos danos independentemente da existência de culpa. Mesmo assim, desde que estabelecido um nexo de causalidade entre o fato danoso e o autuado.

A aplicação de sanções sem a comprovação de culpa ou dolo afronta os mais elementares pilares do nosso sistema jurídico. A aplicação de multa, que é uma sanção, deve obedecer às regras do direito sancionador, pois são lastreadas na Lei n. 9.605, de 12 de fevereiro de 1998, que dispõe sobre as sanções penais e administrativas, derivadas de condutas e atividades lesivas ao meio ambiente, e dá outras providências.

Ao tratar das infrações administrativas, a norma utiliza a expressão *sanções* para apontar a reprimenda do Estado:

> Art. 72. As infrações administrativas são punidas com as seguintes sanções, observado o disposto no art. 6º:
> I – advertência;
> II – multa simples;
> III – multa diária;
> IV – apreensão dos animais, produtos e subprodutos da fauna e flora, instrumentos, petrechos, equipamentos ou veículos de qualquer natureza utilizados na infração;
> V – destruição ou inutilização do produto;
> VI – suspensão de venda e fabricação do produto;
> VII – embargo de obra ou atividade;
> VIII – demolição de obra;
> IX – suspensão parcial ou total de atividades;
> XI – restritiva de direitos.

Tanto é certo que a Lei considera essas medidas, mesmo as administrativas, como sanções, que manda aplicar, subsidiariamente, a legislação penal:

> Art. 79. Aplicam-se subsidiariamente a esta Lei as disposições do Código Penal e do Código de Processo Penal.

Mesmo que a mensuração das sanções administrativas tenha sido detalhada no Decreto n. 3.179/99 e, posteriormente, no Decreto n. 6.514/08, estas normas apenas o fizeram por força do referido Capítulo VIII da Lei dos Crimes Ambientais. E, enquanto sanções, estão sujeitas aos princípios do Direito Penal, principalmente a presunção de inocência e a ampla defesa.

Extremamente esclarecedora foi a posição do Ministro Napoleão Nunes Maia Filho, do Superior Tribunal de Justiça, ao relatar o Recurso em Mandado de Segurança (2007/0165377-1) sobre a submissão da ação administrativa sancionadora aos princípios do Direito Penal: *"Consoante precisas lições de eminentes doutrinadores e processualistas modernos, à atividade sancionatória ou disciplinar da Administração Pública se aplicam os princípios, garantias e normas que regem o Processo Penal comum, em respeito aos valores de proteção e defesa das liberdades individuais e da dignidade da pessoa humana, que se plasmaram no campo daquela disciplina"* (STJ – RMS 24.559 2007/0165377-1).

O Ministro do Superior Tribunal de Justiça, em artigo publicado com o título "Direito Sancionador", faz uma percuciente análise do desrespeito da Administração ao "justo processo jurídico":[4]

> Creio que essa seja uma orientação que não pode ser aceita sem "severíssimas reservas" e mesmo "abertas contestações"; em primeiro lugar, veja-se que não há distinção ontológica entre o processo judicial – o processo penal, inclusive – e o processo administrativo sancionador, porquanto, a teor do art. 5º, LV da Constituição Federal, aos litigantes, em processo judicial ou administrativo, e aos acusados em geral são assegurados o contraditório e ampla defesa, com os meios e recursos a ela inerentes, proclamando essa evidente igualdade. A dicção constitucional, pela clareza dos seus termos, não comporta temperamentos nem exceções, nivelando «todos» os processos, no que se refere às garantias das pessoas indiciadas, sintetizadas sob o rótulo do «justo processo jurídico»; esse dispositivo da Constituição dá fundamento ao moderno Direito Sancionador, o ramo da Ciência Jurídica que sistematiza os métodos de asseguramento da "inteireza positiva" (expressão do Prof. Luiz Pinto Ferreira, da UFPE) do ordenamento jurídico, sancionando os infratores de suas normas; o Direito Sancionador tem no Direito Penal (que tipifica as condutas e atribui as sanções) e no Processo Penal (que organiza as garantias subjetivas) as "grandes fontes" dos seus institutos, por isso que as prerrogativas processuais atuam (e o Judiciário deve prover esse resultado) de modo uniforme nas diversas "províncias" sancionatórias: nos crimes (Direito Penal), nas infrações administrativas de pessoas alheias à Administração

---

[4] Disponível em: http://diariodonordeste.globo.com/materia.asp?codigo=1119115.

(Direito Administrativo Sancionador), nos ilícitos funcionais (Direito Disciplinar) e, por extensão, em quaisquer relações que tendam à aplicação de sanções, sejam penais ou extrapenais.

Dessa forma, "todos" os institutos jusprocessuais (tais como a anterioridade da norma incriminadora, a presunção de inocência, até o trânsito em julgado de decisão condenatória, o direito ao silêncio, a cláusula in dubio pro reo, a exclusão de provas ilícitas, o contraditório e os recursos, dentre outros) podem e devem ter aplicação em "todos" os ramos do Direito Sancionador; isso quer dizer que o sancionamento de "qualquer infração", seja de que natureza for, somente será juridicamente válido se atender as exigências do "justo processo jurídico", pois sem a observância de seus requisitos a imposição da sanção será, apenas, um ato de força, não o resultado de um julgamento.

Mas é claro que nunca foi tarefa fácil – e nem parece que o seja no futuro – essa de submeter a força do poder estatal punitivo a regras, limites e ponderações, pois «o uso do poder vicia», cria a metodologia da indiferença quanto aos procedimentos, levando os agentes da sanção a raciocínios simplificadores, como o que justifica a imposição de sanções com base nas "verdades sabidas", aquelas coisas que "todo mundo sabe", mesmo sem que ninguém tenha delas prova conclusiva, ou à valorização do resultado, não importando os meios de obtê-lo. Vamos lembrar mais um vez que os juízos punitivos não se comprazem com "convicções pessoais" ou "certezas subjetivas", mas exigem que se demonstre, "por a mais b", que fulano de tal é o autor de tal infração; sem isso, vale repetir, a aplicação da sanção será uma demonstração de força, mas não de justiça; não se aceita condenação sem "provas cabais", pois as suposições servem a outros propósitos, não ao propósito de sancionar.

Mas quantas autoridades sancionadoras você conhece que têm a disposição de averiguar "todos" os elementos de uma imputação, para chegar com segurança à culpabilidade da pessoa imputada, quando é muito mais fácil – e tentador – afirmar que "o conjunto das provas" dá suporte à condenação?

Quem está disposto a "quebrar a cabeça" com complicadas análises probatórias, que podem ser rotuladas como "perda de tempo", se é tão cômodo recorrer às "verdades sabidas" ou afirmar enfaticamente "in dubio pro societate"? Você pensa que essa expressão é do Direito Romano, não pensa? Mas os juristas romanos afirmavam justamente o oposto, quer ver se dê ao trabalho de pesquisar "in dubio pro reo".

No mesmo sentido – da necessidade de estabelecer nexo de causalidade entre o ato do agente e o dano causado –, aponta a jurisprudência dos Tribunais.

O Tribunal Regional Federal da 1ª Região decidiu que a *"responsabilidade pela preservação e recomposição do meio ambiente é objetiva, exigindo nexo de causalidade entre a atividade do agente e o dano causado (Lei 6.938/81). A existência de um pedido de autorização para queimada controlada formulado pelo autor no ano anterior ao sinistro não conduz à conclusão de que o fazendeiro seja o responsável pelos danos provocados pelo incêndio que devastou parte da mata nativa de sua propriedade e destruiu parcela de seu patrimônio, expresso em bens móveis e semoventes"* (Processo AGRAC 200336000156190).

2.2. A RESPONSABILIDADE DA PESSOA JURÍDICA

A Lei dos Crimes Ambientais, em seu art. 3º, vem resolver o antigo problema da responsabilidade penal dos agentes subalternos que, anteriormente, sofriam o ônus da pena.

Agora, pune-se a pessoa jurídica, pois representa o "todo", e não só o singular, como era o agente. Nessa visão sistemática, pode-se dizer que estão lançadas novas premissas de um Direito Penal Ambiental.

> **ATENÇÃO!**
>
> Art. 3º As pessoas jurídicas serão responsabilizadas administrativa, civil e penalmente conforme o disposto nesta Lei, nos casos em que a infração seja cometida por decisão de seu representante legal ou contratual, ou de seu órgão colegiado, no interesse ou benefício da sua entidade.
>
> Parágrafo único. A responsabilidade das pessoas jurídicas não exclui a das pessoas físicas, autoras, coautoras ou partícipes do mesmo fato.

Com a evolução da sociedade e o aperfeiçoamento da indústria moderna, não é muito difícil constatar que os maiores poluidores não são os indivíduos, em suas relações com o meio ambiente, mas sim os conglomerados industriais e os próprios Estados.

Portanto, já era hora de responsabilizar e punir as pessoas jurídicas pela prática de crimes ambientais.

Decidiu o Superior Tribunal de Justiça que *"não é só a pessoa que pratica fisicamente que comete o crime. Na verdade, quem contrata, fornece os meios, remunera etc. também comete o crime ambiental. Nesses casos, também há a responsabilização penal da pessoa jurídica, o que não exclui a responsabilidade das pessoas físicas"* (HC 92.822-SP).

O que essa responsabilização veio atender foram as peculiaridades postas pelo progresso, da qual também originaram-se o Processo Penal Eleitoral, a repulsa aos atos de Improbidade, a criação de Estatutos e Códigos, que fugiram da doutrina clássica e não deixaram que se perpetuassem injustiças ao longo do caminhar da sociedade.

Com essa sobredita evolução, necessita-se muito mais educar o pequeno poluidor e resolver o problema em larga escala.

Atendendo aos anseios de uma nova sociedade e rompendo com barreiras do passado, como a máxima *societas delinquere non potest*, essa forma de responsabilização logrou êxito na Constituição Federal de 1988, em seu art. 225, § 3º.[5]

---

[5] CAPELLI, Silvia. Responsabilidade penal da pessoa jurídica em matéria ambiental: uma necessária reflexão sobre o disposto no art. 225, § 3º, da Constituição Federal. *Revista de Direito Ambiental*, n. 1, São Paulo: Revista dos Tribunais, 1996, p. 100.

Em longa discussão, que se estendeu pelos Tribunais, chegou o Superior Tribunal de Justiça a um entendimento assentando ser possível responsabilizar a pessoa jurídica.

Na hipótese, uma pessoa jurídica de direito privado, juntamente com dois administradores, foi denunciada pelo Ministério Público em razão do crime ambiental por causar poluição em leito de um rio por meio de lançamento de resíduos de graxas, óleo, produtos químicos, areia e lodo resultante da atividade do estabelecimento comercial (art. 54, § 2º, V, e art. 60 da Lei n. 9.605/98 – Lei Ambiental).

O Superior Tribunal de Justiça assim se pronunciou, resumindo a demanda: *"Note-se que o tema é controverso na doutrina e na jurisprudência. O juiz monocrático rejeitou a denúncia em relação à empresa, ao entendimento de que a pessoa jurídica não poderia figurar no polo passivo da ação penal com base no art. 43, III, do CPP, mas a recebeu em relação aos dois administradores. Já o Tribunal a quo entendeu que o instituto da responsabilidade penal da pessoa jurídica não poderia ser introduzido no sistema jurídico brasileiro, o que não significa deixar de haver punição, mas esta deveria ser de natureza administrativa e civil, não penal. A Turma proveu o recurso do MP, para determinar o recebimento da denúncia também em relação à microempresa"* (REsp 564.960-SC).

No caso julgado, ficou destacado que, *"apesar de alguns obstáculos a serem superados, a responsabilidade penal da pessoa jurídica é um preceito constitucional, não apenas como punição da conduta lesiva, mas como forma de prevenção. Após essa opção constitucional, veio regulamentá-la a referida lei ambiental prevendo a penalização das pessoas jurídicas por danos ao meio ambiente. Essa lei previu para as pessoas jurídicas penas autônomas de multa, de prestação de serviços à comunidade, restritivas de direito, liquidação forçada e desconsideração da pessoa jurídica, todas adaptadas a sua natureza jurídica. Outrossim, a forma pela qual a pessoa jurídica é capaz de realizar a ação com relevância penal depende da atuação de seus administradores, se a realizaram em proveito próprio ou da empresa. A atuação em nome e proveito da pessoa jurídica significa sua vontade. A citada lei ambiental, no parágrafo único do art. 3º, prevê que todos os envolvidos na prática delituosa serão responsabilizados na medida de sua culpabilidade. Em tese, são as pessoas jurídicas as maiores responsáveis pelos danos ao meio ambiente por meio de sua atividade de exploração comercial ou industrial"* (REsp 564.960-SC).

Corretamente manda a Carta de 1988 que quem deve pagar pelo dano é a pessoa jurídica e não o agente, uma vez que a pessoa jurídica representa a vontade de seus administradores (membros).

Não há mais como suscitar discussões em torno da impossibilidade de responsabilizar penalmente a pessoa jurídica, uma vez que o preceito constitucional, mesmo que outrora relegado à carga de eficácia programática, agora possui lei que o institui.

O que ocorria, e era possível, pela inexistência de regra infraconstitucional, era o questionamento da eficácia do art. 225, § 3º, da Constituição Federal. Esse argumento foi rechaçado, pois qualquer dúvida fora sanada pela via legislativa, mediante a Lei n. 9.605/98.[6]

O Superior Tribunal de Justiça assim também se manifestou: *"Não custa lembrar que o Direito Ambiental adota, amplamente, a teoria da desconsideração da personalidade jurídica (in casu, v.g., os arts. 4º da Lei 9.605/1998 e 81 e 82 da Lei 11.101/2005). Sua incidência, assim, na Ação Civil Pública, vem a se impor, em certas situações, com absoluto rigor. O intuito é viabilizar a plena satisfação de obrigações derivadas de responsabilidade ambiental, notadamente em casos de insolvência da empresa degradadora. No que tange à aplicação do art. 4º da Lei 9.605/1998 (= lei especial), basta tão somente que a personalidade da pessoa jurídica seja "obstáculo ao ressarcimento de prejuízos causados à qualidade do meio ambiente", dispensado, por força do princípio da reparação in integrum e do princípio poluidor-pagador, o requisito do "abuso", caracterizado tanto pelo "desvio de finalidade", como pela "confusão patrimonial", ambos próprios do regime comum do art. 50 do Código Civil (= lei geral)"* (REsp 1.339.046-SC).

Em caso bastante citado, decidiu o Supremo Tribunal Federal deferir *habeas corpus*, por falta de justa causa, para trancar ação penal proposta contra o então presidente da Petrobras que, nesta qualidade, fora denunciado pela suposta prática de crime ambiental (Lei n. 9.605/98, art. 54), em decorrência do vazamento de um oleoduto.

Nos termos do voto do Ministro Relator, asseverou-se estar *"diante de tema referente aos limites de responsabilização penal dos dirigentes de pessoas jurídicas em relação a atos praticados sob o manto da pessoa jurídica, entendeu-se que não se poderia imputar ao paciente o evento danoso descrito na denúncia, em face da ausência de elemento consistente a vincular o dirigente ao derramamento de óleo. Entendeu-se que, da leitura da denúncia, restaria evidente um grosseiro equívoco e uma notória lacuna na tentativa de vincular, com gravíssimos efeitos penais, a conduta do ex-presidente da Petrobrás a vazamento de óleo ocorrido em determinado ponto de uma malha de milhares de quilômetros de oleodutos. Ademais, ressaltou-se que a atuação de uma autoridade que dirige uma instituição como a Petrobrás se dá em contexto de notório risco. Concluiu-se, tendo em conta os fatos descritos na inicial acusatória, inocorrente a prática de crime pelo paciente e sim, a tentativa de se creditar ao seu presidente todo e qualquer ato lesivo ao meio ambiente atribuível à Petrobrás"* (HC 83.554/PR).

Outro aspecto dessa responsabilidade é o de que deve haver proveito para a pessoa jurídica na ocorrência de dano ambiental.

---

[6] CASTRO E COSTA, Nicolao Dino de; CASTRO E COSTA, Flávio Dino de; BELLO FILHO, Ney de Barros. *Crimes e infrações administrativas ambientais.* Brasília: Brasília Jurídica, 2000, p. 59.

Ainda, o art. 3º da Lei dos Crimes ambientais salienta que a responsabilização deve ser imputada no interesse ou benefício da pessoa jurídica, trazendo-lhe algum proveito.

Recentemente, o Superior Tribunal de Justiça decidiu que *"a Lei n. 9.605/98 confere a todos os funcionários dos órgãos ambientais integrantes do Sistema Nacional do Meio Ambiente (SISNAMA) o poder de lavrar autos de infração e instaurar processos administrativos, desde que designados para as atividades de fiscalização, o que, na hipótese, foi realizado com a Portaria n. 1.273/98. A Lei n. 11.516/2007, que acrescentou o parágrafo único ao art. 6º da Lei n. 10.410/2002, autoriza o exercício de fiscalização aos titulares do cargo de técnico ambiental desde que precedido de ato de designação próprio da autoridade ambiental. Assim, a Turma deu provimento ao recurso do Ibama e manteve válido o auto de infração decorrente da apreensão de envelopes de agrotóxicos originários do Paraguai na propriedade do impetrante"* (REsp 1.057.292-PR).

Deve-se atentar, no entanto, que a responsabilização da pessoa jurídica não inibe a imputação concomitante da infração à pessoa física. Conforme disposto no parágrafo único do art. 3º da Lei dos Crimes Ambientais e o *caput* do art. 2º, as pessoas físicas consideradas autoras, coautoras ou partícipes da prática delituosa podem ser responsabilizadas na medida de sua culpabilidade.

Ressaltou o Superior Tribunal de Justiça que *"após o julgamento do RE 548.181 pela Suprema Corte, a jurisprudência dessa Corte consolidou-se no sentido de que é possível a responsabilização penal da pessoa jurídica por crimes ambientais independentemente da responsabilização concomitante da pessoa física que a represente"* (RMS 56.073/ES).

Tampouco exige-se a necessidade de ambas serem concomitantes. Decisão recente entende ser absolutamente *"possível a responsabilização penal da pessoa jurídica por delitos ambientais independentemente da responsabilização concomitante da pessoa física que agia em seu nome. Conforme orientação da Primeira Turma do STF, 'O art. 225, § 3º, da Constituição Federal não condiciona a responsabilização penal da pessoa jurídica por crimes ambientais à simultânea persecução penal da pessoa física em tese responsável no âmbito da empresa. A norma constitucional não impõe a necessária dupla imputação' (RE 548.181, Primeira Turma, DJe 29-10-2014). Diante dessa interpretação, o STJ modificou sua anterior orientação, de modo a entender que é possível a responsabilização penal da pessoa jurídica por delitos ambientais independentemente da responsabilização concomitante da pessoa física que agia em seu nome. Precedentes citados: RHC 53.208-SP, Sexta Turma, DJe 1º-6-2015; HC 248.073-MT, Quinta Turma, DJe 10-4-2014; e RHC 40.317-SP, Quinta Turma, DJe 29-10-2013"* (RMS 39.173-BA).

No mesmo sentido, a *"Primeira Turma do Supremo Tribunal Federal, no julgamento do RE 548.181/PR, de relatoria da Ministra Rosa Weber, decidiu que o art. 225, § 3º, da Constituição Federal não condiciona a responsabilização penal da pessoa jurídica por crimes ambientais à simultânea persecução penal da pessoa física em tese responsável no âmbito da empresa"* (AgRg no RMS 48.379-SP).

2.3. OS FUNDOS AMBIENTAIS[7]

2.3.1. INTRODUÇÃO

Outro aspecto importante é que devem ser punidas também as pessoas jurídicas de direito público, pelos atos atentatórios ao meio ambiente.

Dessa punição, ocorrendo a arrecadação de valores por multas aplicadas, estas serão revertidas para fundos ambientais.

Diz o art. 73 da Lei n. 9.605/98:

> Art. 73. Os valores arrecadados em pagamento de multas por infração ambiental serão revertidos ao Fundo Nacional do Meio Ambiente, criado pela Lei n. 7.797, de 10 de julho de 1989, Fundo Naval, criado pelo Decreto n. 20.923, de 8 de janeiro de 1932, fundos estaduais ou municipais de meio ambiente, ou correlatos, conforme dispuser o órgão arrecadador.

No âmbito federal existem dois fundos, o Fundo de Defesa dos Direitos Difusos (FDD) e o Fundo Nacional do Meio Ambiente (FNMA).

2.3.2. O FUNDO DE DEFESA DOS DIREITOS DIFUSOS

O primeiro deles, o FDD, foi previsto na Lei n. 7.347/85, e regulamentado pelo Decreto n. 96.617/94 e pela Lei n. 9.008/95, que criou o Conselho Federal Gestor do Fundo de Defesa dos Direitos Difusos – CFDD, especificando sua atuação.

Constituem recursos do FDD, segundo o § 2º do art. 1º da Lei n. 9.008/95, o produto da arrecadação: I – das condenações judiciais de que tratam os arts. 11 e 13 da Lei n. 7.347, de 1985; II – (revogado pela Lei n. 13.146/15); III – dos valores destinados à União em virtude da aplicação da multa prevista no art. 57 e seu parágrafo único e do produto da indenização prevista no art. 100, parágrafo único, da Lei n. 8.078, de 11 de setembro de 1990; IV – das condenações judiciais de que trata o § 2º do art. 2º da Lei n. 7.913, de 7 de dezembro de 1989; V – das multas referidas no art. 84 da Lei n. 8.884, de 11 de junho de 1994; VI – dos rendimentos auferidos com a aplicação dos recursos do Fundo; VII – de outras receitas que vierem a ser destinadas ao Fundo; VIII – de doações de pessoas físicas ou jurídicas, nacionais ou estrangeiras.

---

[7] V. TRENNEPOHL, Natascha. *Seguro ambiental.* Salvador: Juspodivm, 2007, p. 91-95.

2.3.3. O FUNDO NACIONAL DE MEIO AMBIENTE

O Fundo Nacional de Meio Ambiente foi criado pela Lei n. 7.797/89 e regulamentado pelo Decreto n. 10.224/20.

Constituem recursos do Fundo Nacional de Meio Ambiente, segundo o art. 2º da Lei:

I – dotações orçamentárias da União; II – recursos resultantes de doações, contribuições em dinheiro, valores, bens móveis e imóveis, que venha a receber de pessoas físicas e jurídicas; III – rendimentos de qualquer natureza, que venha a auferir como remuneração decorrente de aplicações do seu patrimônio; IV – outros, destinados por lei.

Diz, ainda, o art. 3º que os recursos do Fundo Nacional de Meio Ambiente deverão ser aplicados por meio de órgãos públicos dos níveis federal, estadual e municipal ou de entidades privadas cujos objetivos estejam em consonância com os objetivos do Fundo Nacional de Meio Ambiente.

Cabe destacar que ambos os fundos não desempenham, como deveriam, sua função ambiental.

As coisas começariam a mudar quando os Estados e Municípios aplicassem multas em empresas federais e este dinheiro continuasse no local do fato danoso, em prol da recuperação.

Diz o art. 13 da nova legislação que regulamenta a Lei dos Crimes Ambientais, o Decreto n. 6.514/08, que serão revertidos ao Fundo Nacional do Meio Ambiente – FNMA 50% (cinquenta por cento) dos valores arrecadados em pagamento de multas aplicadas pela União, podendo o referido percentual ser alterado, a critério dos órgãos arrecadadores. Essa redação foi dada pelo Decreto n. 11.373, de 1º de janeiro de 2023.

2.3.4. O FUNDO AMAZÔNIA

Com o Decreto n. 6.527, de 1º de agosto de 2008, foi criado o Fundo Amazônia, destinado a captar doações para investimentos não reembolsáveis em ações de prevenção, monitoramento e combate ao desmatamento e de promoção da conservação e do uso sustentável das florestas no bioma amazônico.

O Banco Nacional de Desenvolvimento Econômico e Social – BNDES é o órgão responsável para adotar as providências necessárias ao estabelecimento e gestão do Fundo, nos termos do art. 1º do Decreto.

As áreas contempladas e priorizadas, com o estabelecimento do Fundo Amazônia, são: a gestão de florestas públicas e áreas protegidas, o controle, monitoramento e fiscalização ambiental, o manejo florestal sustentável, as atividades econômicas desenvolvidas a partir do uso sustentável da floresta, o Zoneamento Ecológico e Econômico – ZEE, o ordenamento territorial e a regularização fundiária, bem como a conservação e o uso sustentável da biodiversidade e a recuperação de áreas desmatadas.

Para tanto, o Fundo Amazônia contará com um Comitê Orientador, denominado COFA, que será composto por vários segmentos.

No âmbito do Governo Federal, estarão presentes diversos Ministérios e Secretarias. Nas esferas estaduais, estarão presentes um representante de cada um dos governos dos Estados da Amazônia Legal, além de membros da sociedade civil, em nome de diversas organizações.[8]

O Fundo Amazônia começou com um limite de doações de US$ 1 bilhão para o primeiro ano de vigência, mas segundo o Ministério do Meio Ambiente, além da Noruega, que deverá fazer a primeira contribuição, no valor de US$ 100 milhões, Alemanha e Suíça pretendem investir no Fundo, além de outras grandes empresas nacionais.

Esse é mais um passo para o aporte de recursos externos em prol de um meio ambiente nacional ecologicamente equilibrado.

O objetivo do Fundo Amazônia é melhorar a qualidade da política ambiental brasileira e apoiar as atividades florestal e madeireira de modo sustentável, atentando aos princípios destacados na Constituição Federal. Além disso, os recursos também poderão ser usados para financiar pesquisas científicas e tecnológicas e apoiar o desenvolvimento institucional dos órgãos ambientais.

Outro importante instrumento ambiental é o Fundo Nacional sobre Mudanças do Clima (Fundo Clima), criado pela Lei n. 12.114/09 e regulamentado atualmente pelo Decreto n. 9.578/18, que tem por finalidade consolidar os atos normativos editados pelo Poder Executivo federal que dispõem sobre o Fundo Nacional sobre Mudança do Clima, de que trata a Lei n. 12.114/09 e a Política Nacional sobre Mudança do Clima, de que trata a Lei n. 12.187/09, em observância ao disposto na Lei Complementar n. 95/98 e no Decreto n. 9.191/17.

2.4. A *DISREGARD DOCTRINE*

O art. 4º da lei traz a teoria da *disregard doctrine* do direito privado e a aplica nas infrações ambientais, para o caso da pessoa jurídica que não estiver firmada e regulada legalmente, ou quando os empregados, sem a anuência do responsável, deliberarem e cometerem o delito ambiental.

Nesses casos, a aplicação da sanção desconsidera a pessoa jurídica e vai buscar no patrimônio dos infratores a responsabilização pela ocorrência do dano ambiental.[9]

---

[8] A Amazônia Legal brasileira abrange os Estados do Amazonas, Amapá, Acre, Mato Grosso, oeste do Maranhão, Pará, Rondônia, Roraima e Tocantins, com uma superfície de aproximadamente 5 milhões de km², ou seja, 60% do território nacional.

[9] BELTRÃO, Antônio F. G. *Curso de direito ambiental*. São Paulo: Forense, 2009, p. 226.

Decidiu o Superior Tribunal de Justiça, aplicando a desconsideração da pessoa jurídica, quais os seus pressupostos de aplicação (REsp 744.107-SP).

> **ATENÇÃO AO TEXTO DE LEI!**
>
> Art. 4º Poderá ser desconsiderada a pessoa jurídica sempre que sua personalidade for obstáculo ao ressarcimento de prejuízos causados à qualidade do meio ambiente.

3. APLICAÇÃO DA PENA

Toda e qualquer aplicação de pena, sob a mácula de ser injusta, tem de passar por uma dosimetria necessária, em que serão verificados os motivos, as causas, as maneiras, as condições de execução, entre outros fatores.

Na lei ambiental, o art. 6º atenta para esse fato e coloca à disposição da autoridade competente, que irá aplicar a pena, três fatores mensuráveis: a gravidade do fato, onde se afere o tempo de recuperação, irreversibilidade, entre outros fatores a respeito do dano; antecedentes do infrator, perseguindo as condutas anteriores que permitam ou não o abrandamento da pena; e a situação econômica do infrator, uma vez que determinados grupos seriam incapazes de arcar com elevadas cifras, enquanto grandes conglomerados sequer sentiriam pequenos valores.

> **ATENÇÃO!**
>
> Art. 6º Para imposição e gradação da penalidade, a autoridade competente observará:
> I – a gravidade do fato, tendo em vista os motivos da infração e suas consequências para a saúde pública e para o meio ambiente;
> II – os antecedentes do infrator quanto ao cumprimento da legislação de interesse ambiental;
> III – a situação econômica do infrator, no caso de multa.

A lei traz ainda, em seus arts. 7º e seguintes, devido à falência das instituições prisionais, a alternativa de penas restritivas de direitos, impondo ao juiz que substitua a pena quando inferior a quatro anos. Ocorre que oito crimes ambientais, previstos na lei, possuem pena superior a esse tempo.

Resta claro que as penas restritivas de direito do art. 8º dizem respeito às pessoas físicas, pois as pessoas jurídicas encontram restrição de direitos nos arts. 21 e 22.

São as seguintes as penas restritivas de direito das pessoas físicas:

I – prestação de serviços à comunidade: consistente em tarefas gratuitas junto a parques e jardins públicos (art. 9º);

II – interdição temporária de direitos: como proibição de contratar com o poder público, receber incentivos fiscais e participar de licitações (art. 10);

III - **suspensão parcial ou total de atividades**: quando os preceitos que dizem respeito à proteção ambiental não estiverem sendo respeitados (art. 11);

IV - **prestação pecuniária**: pagamento em dinheiro à vítima (coletividade) ou a entidade pública com fim social, não podendo ser inferior a um, nem superior a trezentos e sessenta salários mínimos (art. 12);

V - **recolhimento domiciliar:** recolhimento nos dias e horários de folga à sua moradia habitual (art. 13).

Quanto às penas, o art. 14 trata das atenuantes, utilizando-se subsidiariamente, conforme o art. 79 da lei ambiental, das disposições do Código Penal.

Quanto às agravantes, faz o mesmo o art. 15, mencionando dezessete (*a* a *r*) formas de agravar a pena, com a finalidade precípua de combater os ataques à natureza.

Os arts. 16 e 17 comentam duas figuras indispensáveis na atualidade do direito penal: a suspensão condicional da pena e o *sursis* especial, que se utilizam dos princípios atinentes ao Direito Penal.[10]

O art. 18 prevê o aumento da pena em até três vezes, mesmo se aplicado o valor máximo, quando esta mostrar-se ineficaz. Quando da edição de lei, o caso dos seguidos vazamentos de oleodutos da Petrobras nos Estados do Rio de Janeiro e Paraná ensejaram a aplicação de uma multa com cifras próximas dos R$ 150.000.000,00 (cento e cinquenta milhões de reais), três vezes maior que o limite fixado no art. 75 desta lei.

Em relação ao prejuízo, o *quantum* será apurado por perícia, consoante o art. 19.

Merecedor de maiores comentários, o art. 20 da lei ambiental determina que, mediante sentença, o juiz fixará o valor mínimo para reparação dos danos. Aqui se revela que está decidido quanto à existência do débito, o *an debeatur*, porém, falta o montante, o *quantum debeatur*, segundo ensinamentos de Castro e Costa.[11]

Quanto à titularidade para a execução, deve o Ministério Público atuar, e, em não o fazendo, a pessoa jurídica de direito público interessada, uma vez que a vítima é a coletividade.

As penas aplicáveis às pessoas jurídicas, elencadas no art. 21, são:

I - **multa**: penas pecuniárias que têm seu valor estipulado no Decreto n. 6.514/2008;

II - **restritivas de direitos**: que se subdividem em: a) suspensão parcial ou total de atividades; b) interdição temporária de estabelecimento, obra ou atividade; c) proibição

---

[10] Quanto à suspensão da pena, a Lei n. 9.714/98 não aumentou para quatro anos o período previsto no art. 16. Na verdade, essa lei apenas aumentou o prazo para o *sursis* etário e o especial. O art. 16 refere-se ao *sursis* simples, comum, não havendo qualquer alteração, pois a Lei n. 9.714/98 apenas alterou o § 2º do art. 77 do CP.

[11] CASTRO E COSTA, Nicolao Dino de; CASTRO E COSTA, Flávio Dino de; BELLO FILHO, Ney de Barros. *Crimes e infrações administrativas ambientais.* Brasília: Brasília Jurídica, 2000, p. 98.

de contratar com o poder público, bem como dele obter subsídios, subvenções ou doações;

III – **prestação de serviços à comunidade**: consistentes no custeio, execução, manutenção de programas ambientais, sempre ensejando que a pessoa jurídica arque monetariamente com os prejuízos causados.

O art. 24 prevê a liquidação forçada da pessoa jurídica que tenha como fim permitir, facilitar ou ocultar a prática de crime ambiental.

4. ATENUANTES, AGRAVANTES, CAUSAS DE DIMINUIÇÃO OU AUMENTO DA PENA

A Lei dos Crimes Ambientais estabelece que a pena deve ser mensurada em razão dos motivos da infração e suas consequências para a saúde pública e o meio ambiente, bem como levando-se em conta os antecedentes do infrator e a situação econômica deste no caso de multa (art. 6º).

Ressalte-se que o art. 79 da referida lei manda aplicar, subsidiariamente, as disposições do Código Penal e do Código de Processo Penal nos crimes contra o meio ambiente.

A Lei n. 9.605/98 estabelece as circunstâncias atenuantes para a fixação da pena.

São elas: baixo grau de instrução ou escolaridade do agente; arrependimento do infrator, manifestado pela espontânea reparação do dano ou limitação significativa da degradação ambiental causada; comunicação prévia pelo agente do perigo iminente de degradação ambiental; colaboração com os agentes encarregados da vigilância e do controle ambiental.

É importante observar que existem diferenças entre causa de diminuição da pena e circunstância atenuante. De acordo com o Código Penal, depois que a pena-base é fixada, verifica-se a existência de circunstâncias atenuantes ou agravantes. Nos crimes ambientais, tais circunstâncias estão previstas nos arts. 14 e 15 da Lei n. 9.605/98. Podemos ter, por exemplo, como causa de diminuição da pena os bons antecedentes do infrator e, como atenuante, o seu baixo grau de escolaridade.

Em momento posterior, verifica-se a existência de causas de aumento ou diminuição da pena. Aqui, o legislador estabelece quanto será o aumento ou a diminuição da pena.

Por exemplo: a pena será aumentada de um sexto a um terço se, nos crimes contra a flora, estes forem cometidos no período de queda das sementes (art. 53, II, *a*, da Lei n. 9.605/98). Nesta fase, a pena pode ser fixada acima do máximo e abaixo do mínimo legal.

Assim, o arrependimento do infrator não é causa de diminuição da pena, mas circunstância que a atenua (art. 14, inciso II, da Lei n. 9.605/98). As disposições do

Código Penal são aplicadas subsidiariamente à Lei dos Crimes Ambientais (art. 79 da Lei n. 9.605/98).

A reincidência nos crimes ambientais é uma circunstância que agrava a pena. Além disso, também agrava a pena o fato de o agente cometer a infração para obter vantagem pecuniária; coagir outrem para a execução; afetar ou expor a perigo, de maneira grave, a saúde pública ou o meio ambiente; concorrer para danos à propriedade alheia; atingir unidades de conservação ou áreas com regime especial de uso; atingir áreas urbanas ou quaisquer assentamentos humanos; empregar métodos cruéis para abate ou captura de animais; atingir espécies ameaçadas.

As circunstâncias que agravam a pena estão previstas no art. 15 da Lei n. 9.605/98.

Mais alguns exemplos podem ser citados: ter o agente cometido a infração em período de defeso à fauna, em domingos ou feriados, à noite ou em épocas de seca ou inundações. E, ainda, se a infração for cometida no interior de espaço territorial especialmente protegido; for facilitada por funcionário público no exercício de suas funções; no interesse de pessoa jurídica mantida, total ou parcialmente, por verbas públicas ou beneficiada por incentivos fiscais; mediante fraude ou abuso de confiança ou, ainda, abuso do direito de licença, permissão ou autorização ambiental.

Além dos agravantes enumerados acima, existem as causas para aumento da pena, em que a Lei n. 9.605/98 estabelece quanto será o aumento da sanção. Por exemplo, no caso de crimes contra a fauna, a pena é aumentada de metade se eles forem praticados contra espécie rara ou ameaçada de extinção (art. 29, § 4º).

Nos crimes contra a flora, a pena será aumentada de um sexto a um terço se forem cometidos durante a noite, em domingo ou feriado (art. 53, inciso II, *e*, da Lei n. 9.605/98).

Também aumentam a pena as seguintes circunstâncias: ter sido o crime cometido no período de queda de sementes, formação de vegetações, seca ou inundação, bem como contra espécies raras ou ameaçadas de extinção, ainda que a ameaça ocorra somente no local da infração e se do fato resultar a diminuição de águas naturais, a erosão do solo ou a modificação do regime climático.

Pode-se perceber que o fato de o agente cometer a infração para obter vantagem pecuniária é considerado circunstância que agrava a pena, quando esta não constitui ou qualifica o crime (art. 15, II).

Por último, a Lei n. 9.605/98 elenca as situações em que o abate de animais não é considerado crime, quais sejam: quando for realizado em estado de necessidade para saciar a fome do agente ou de sua família; para proteger lavouras, pomares e rebanhos da ação predatória ou destruidora de animais, desde que legal e expressamente autorizado pela autoridade competente; e, ainda, quando o animal for nocivo e tenha sido assim caracterizado pelo órgão competente.

A Lei n. 9.605/98 prevê a suspensão do processo penal nos crimes de menor potencial ofensivo. A suspensão condicional da pena é admitida nos casos de condenação à pena privativa de liberdade não superior a três anos.

De acordo com o art. 19, parágrafo único, da Lei n. 9.605/98, a perícia produzida no inquérito civil ou no juízo cível poderá ser aproveitada no processo penal, instaurando-se o contraditório, não sendo necessário que seja realizada por "instituição credenciada".

5. DA APREENSÃO DO PRODUTO E DO INSTRUMENTO DA INFRAÇÃO

O art. 25 da Lei n. 9.605/98 dispõe sobre os produtos e instrumentos apreendidos quando verificada a infração administrativa ou o crime ambiental. Assim, os animais serão libertados em seu *habitat* ou entregues a jardins zoológicos, fundações ou entidades assemelhadas, desde que fiquem sob a responsabilidade de técnicos habilitados (§ 1º).

Se forem apreendidos produtos perecíveis ou madeiras, eles serão avaliados e doados a instituições científicas, hospitalares, penais e outras com fins beneficentes (§ 2º).

Quando forem apreendidos produtos e subprodutos da fauna não perecíveis, estes serão destruídos ou doados a instituições científicas, culturais ou educacionais (§ 3º). Por fim, os instrumentos utilizados na prática da infração serão vendidos, garantida a sua descaracterização por meio da reciclagem (§ 4º).

6. DOS CRIMES CONTRA A FAUNA

Os crimes contra a fauna estão previstos nos arts. 29 a 37 da Lei n. 9.605/98.

Alguns desses crimes já foram oportunamente apreciados em decisões dos tribunais superiores, principalmente o Superior Tribunal de Justiça.

Numa de suas Turmas se entendeu pelo trancamento da ação penal em razão de o fato atribuído ao paciente não constituir crime ambiental.

Na referida hipótese, a denúncia dizia que o paciente fora *"abordado por policiais militares que constataram estar ele, juntamente com turistas, a pescar em área de segurança interditada pela Cemig, crime em tese descrito no art. 34 da Lei n. 9.605/1998. Tal interdição busca garantir a operação do reservatório de Três Marias, bem como resguardar a integridade de terceiros, pois pode haver necessidade de, a qualquer momento, abrirem-se as comportas da barragem, o que não diz respeito com a proteção do meio ambiente. O limite de segurança é definido pela concessionária, conforme dispõe a letra b do item 0110 do capítulo I da Norma – 03/DPC, aprovada pela portaria n. 101/DPC de 13/12/2003, da Diretoria de Portos e Costas da Marinha do Brasil. Assim, como a Cemig não tem competência para interditar área com o efeito de buscar a proteção do meio ambiente, o fato não constitui crime ambiental"* (HC 42.528-MG).

Antes de estudar cada um dos crimes, é importante diferenciar fauna silvestre de fauna exótica.

Fauna silvestre é aquela compreendida pelas espécies que ocorrem naturalmente no território brasileiro ou que o utilizam em alguma fase de seu desenvolvimento. A fauna exótica, por sua vez, "*compreende todas as espécies que não ocorrem naturalmente no território nacional, nem o utilizam em rota migratória, independente de possuírem ou não populações livres na natureza, no local de origem*".[12]

6.1. ART. 29 DA LEI N. 9.605/98

Constitui crime: matar, perseguir, caçar, apanhar, utilizar espécimes da fauna silvestre, nativos ou em rota migratória, sem a devida permissão, licença ou autorização da autoridade competente, ou em desacordo com a obtida. A pena é de detenção de seis meses a um ano, e multa.

Incorre nas mesmas penas, aquele que: a) impede a procriação da fauna, sem licença, autorização ou em desacordo com a obtida; b) modifica, danifica ou destrói ninho, abrigo ou criadouro natural; c) vende, expõe à venda, exporta ou adquire, guarda, tem em cativeiro ou depósito, utiliza ou transporta ovos, larvas ou espécimes da fauna silvestre, nativa ou em rota migratória, bem como produtos e objetos dela oriundos, provenientes de criadouros não autorizados ou sem a devida permissão, licença ou autorização da autoridade competente (§ 1º).

A pena é aumentada até o triplo, se o crime decorre do exercício de caça profissional (§ 5º). A pena é aumentada de metade, se o crime é praticado: a) contra espécie rara ou considerada ameaçada de extinção; b) em período proibido à caça; c) durante a noite; d) com abuso de licença; e) em unidade de conservação; f) com emprego de métodos ou instrumentos capazes de provocar destruição em massa (§ 4º).

Ressalte-se que, no caso de guarda doméstica de espécie silvestre não considerada ameaçada de extinção, pode o juiz, considerando as circunstâncias, deixar de aplicar a pena (§ 2º).

Ademais, as disposições deste artigo não se aplicam aos atos de pesca (§ 6º).

6.2. ARTS. 30 E 31 DA LEI N. 9.605/98

De acordo com o art. 30, constitui crime exportar para o exterior peles e couros de anfíbios e répteis em bruto, sem a autorização da autoridade ambiental competente. Punível com reclusão, de um a três anos, e multa.

---

[12] TRENNEPOHL, Curt; TRENNEPOHL, Terence; TRENNEPOHL, Natascha. Infrações ambientais: comentários ao Decreto 6.514/2008. 3. ed. rev., atual. e ampl. São Paulo: Thomson Reuters Brasil, 2019, p. 146.

Também é crime introduzir espécime animal no país, sem parecer técnico oficial favorável e licença expedida por autoridade competente, o qual é punível com detenção, de três meses a um ano, e multa (art. 31).

6.3. ART. 32 DA LEI N. 9.605/98

Praticar atos de abuso, maus-tratos, ferir ou mutilar animais silvestres domésticos ou domesticados, nativos ou exóticos, constitui crime punível com detenção, de três meses a um ano, e multa. É importante destacar que incorre nas mesmas penas quem realiza experiência dolorosa ou cruel em animal vivo, ainda que para fins didáticos ou científicos, quando existirem recursos alternativos (§ 1º).

A Lei n. 14.064/20 acrescentou o § 1º-A para ressaltar que, quando se tratar de cão ou gato, a pena para as condutas descritas no *caput* deste artigo será de reclusão, de dois a cinco anos, multa e proibição da guarda.

Por fim, a pena é aumentada de um sexto a um terço, se ocorre morte do animal (§ 2º).

6.4. ART. 33 DA LEI N. 9.605/98

De acordo com o art. 33, aquele que provocar o perecimento de espécimes da fauna aquática existentes em rios, lagos, açudes, lagoas, baías ou águas jurisdicionais brasileiras em razão da emissão de efluentes ou carreamento de materiais será punido com detenção, de um a três anos, ou multa, ou ambas cumulativamente.

Incorrerá nas mesmas penas: a) quem causa degradação em viveiros, açudes ou estações de aquicultura de domínio público; b) quem explora campos naturais de invertebrados aquáticos e algas, sem licença, permissão ou autorização da autoridade competente; c) quem fundeia embarcações ou lança detritos de qualquer natureza sobre bancos de moluscos ou corais, devidamente demarcados em carta náutica.

6.5. ARTS. 34 A 36 DA LEI N. 9.605/98

De acordo com o art. 34, pescar em período no qual a pesca seja proibida ou em lugares interditados por órgão competente é punível com detenção de um a três anos ou multa, ou ambas as penas cumulativamente.

Incorrerá nas mesmas penas quem: a) pescar espécies que devam ser preservadas ou espécimes com tamanhos inferiores aos permitidos; b) pescar quantidades superiores às permitidas, ou mediante a utilização de aparelhos, petrechos, técnicas e métodos não permitidos; c) transportar, comercializar, beneficiar ou industrializar espécimes provenientes da coleta, apanha e pesca proibidas.

Segundo o art. 35, a pesca mediante a utilização de explosivos ou substâncias que, em contato com a água, produzam efeito semelhante; ou, ainda, com substâncias tóxicas, ou outro meio proibido pela autoridade competente, é punível com reclusão de um a cinco anos.

Nos termos do art. 36 da lei n. 9.605/98, a pesca está relacionada aos peixes, crustáceos, moluscos e vegetais hidróbios, não fazendo relação aos mamíferos marinhos. Assim, a captura sem autorização de baleias e golfinhos configuraria caça e não pesca. Senão, vejamos (grifos nossos):

> Art. 36. Para os efeitos desta Lei, *considera-se pesca todo ato tendente a retirar, extrair, coletar, apanhar, apreender ou capturar espécimes dos grupos dos peixes, crustáceos, moluscos e vegetais hidróbios*, suscetíveis ou não de aproveitamento econômico, ressalvadas as espécies ameaçadas de extinção, constantes nas listas oficiais da fauna e da flora.

No entanto, deve-se ressaltar que a Lei n. 7.643/87 utiliza a terminologia *pesca* ao tratar dos cetáceos (mamíferos marinhos como a baleia e o golfinho). A referida lei proíbe a pesca, ou qualquer forma de molestamento, de cetáceos nas águas jurisdicionais brasileiras.

6.6. ART. 37 DA LEI N. 9.605/98

O art. 37 elenca as situações em que o abate de animal não é considerado crime, ou seja, quando este é realizado:

I – em estado de necessidade, para saciar a fome do agente ou de sua família;

II – para proteger lavouras, pomares e rebanhos da ação predatória ou destruidora de animais, desde que legal e expressamente autorizado pela autoridade competente;

III – (VETADO)

IV – por ser nocivo o animal, desde que assim caracterizado pelo órgão competente.

7. DOS CRIMES CONTRA A FLORA E AS UNIDADES DE CONSERVAÇÃO

Os crimes contra a flora e as unidades de conservação estão previstos nos arts. 38 a 53 da Lei n. 9.605/98.

7.1. ARTS. 38, 38-A E 39 DA LEI N. 9.605/98

Segundo o art. 38, destruir ou danificar *floresta considerada de preservação permanente*, mesmo que em formação, ou utilizá-la infringindo as normas de proteção, é punível com detenção, de um a três anos, ou multa, ou ambas as penas cumulativamente. A pena será reduzida à metade se o crime for culposo.

O art. 38-A, por sua vez, refere-se à vegetação e dispõe que: destruir ou danificar *vegetação primária ou secundária*, em estágio avançado ou médio de regeneração, do Bioma Mata Atlântica, ou utilizá-la infringindo as normas de proteção, é punível com detenção, de um a três anos, ou multa, ou ambas as penas cumulativamente. Neste caso, se o crime for culposo a pena será reduzida à metade.

O corte de árvores em floresta considerada de preservação permanente sem permissão da autoridade competente é punível com detenção, de um a três anos, ou multa, ou ambas as penas cumulativamente (art. 39).

7.2. ART. 40 DA LEI N. 9.605/98

O art. 40 faz menção às unidades de conservação, assim: causar dano direto ou indireto às unidades de conservação e às áreas circundantes num raio de 10 km, independentemente de sua localização, é punível com reclusão, de um a cinco anos.

A ocorrência de dano afetando espécies ameaçadas de extinção no interior das Unidades de Conservação de Proteção Integral será considerada circunstância agravante para a fixação da pena (art. 40, § 2º). Se o crime for culposo, a pena será reduzida à metade (art. 40, § 3º).

Se o dano afetar espécies ameaçadas de extinção no interior das Unidades de Conservação de Uso Sustentável, também será considerado circunstância agravante para a fixação da pena (art. 40-A, § 2º).

Se o crime for culposo, a pena será reduzida à metade (art. 40-A, § 3º).

7.3. ARTS. 41 A 48 DA LEI N. 9.605/98

É crime ambiental punível com reclusão, de dois a quatro anos, e multa, provocar incêndio em mata ou floresta (art. 41). Se o crime é culposo, a pena é de detenção de seis meses a um ano, e multa.

Fabricar, vender, transportar ou soltar balões que possam provocar incêndios nas florestas e demais formas de vegetação, em áreas urbanas ou qualquer tipo de assentamento humano, é punível com detenção de um a três anos ou multa, ou ambas as penas cumulativamente (art. 42).

Extrair de florestas de domínio público ou consideradas de preservação permanente, sem prévia autorização, pedra, areia, cal ou qualquer espécie de minerais, é punível com detenção, de seis meses a um ano, e multa (art. 44).

De acordo com o art. 45, cortar ou transformar em carvão madeira de lei, assim classificada por ato do Poder Público, para fins industriais, energéticos ou para qualquer outra exploração, econômica ou não, em desacordo com as determinações legais, é punível com reclusão, de um a dois anos, e multa.

Receber ou adquirir, para fins comerciais ou industriais, madeira, lenha, carvão e outros produtos de origem vegetal, sem exigir a exibição de licença do vendedor, outorgada pela autoridade competente, e sem munir-se da via que deverá acompanhar o produto até final beneficiamento, é punível com detenção, de seis meses a um ano, e multa (art. 46).

Incorre nas mesmas penas quem vende, expõe à venda, tem em depósito, transporta ou guarda madeira, lenha, carvão e outros produtos de origem vegetal, sem licença válida para todo o tempo da viagem ou do armazenamento, outorgada pela autoridade competente.

Ainda de acordo com as expressas previsões legais, impedir ou dificultar a regeneração natural de florestas e demais formas de vegetação é punível com detenção, de seis meses a um ano, e multa (art. 48).

7.4. ARTS. 49 A 53 DA LEI N. 9.605/98

De acordo com o art. 49, destruir, danificar, lesar ou maltratar, por qualquer modo ou meio, plantas de ornamentação de logradouros públicos ou em propriedade privada alheia, é punível com detenção, de três meses a um ano, ou multa, ou ambas as penas cumulativamente. No crime culposo, a pena é de um a seis meses, ou multa.

Nos casos de destruição ou dano a florestas nativas ou plantadas ou vegetação fixadora de dunas, protetora de mangues, objeto de especial preservação, a pena é detenção, de três meses a um ano, e multa (art. 50).

No art. 50-A está previsto que: desmatar, explorar economicamente ou degradar floresta, plantada ou nativa, em terras de domínio público ou devolutas, sem autorização do órgão competente, tem pena de reclusão de dois a quatro anos e multa. O § 1º do artigo ressalta que não é crime a conduta praticada quando necessária à subsistência imediata pessoal do agente ou de sua família. Ademais, se a área explorada for superior a 1.000 ha (mil hectares), a pena será aumentada de um ano por milhar de hectare (§ 2º).

O art. 51 trata da motosserra, assim: o comércio de motosserra ou o uso em florestas e nas demais formas de vegetação, sem licença ou registro da autoridade competente, é apenado com detenção, de três meses a um ano, e multa.

Aquele que penetrar em unidades de conservação conduzindo substâncias ou instrumentos próprios para caça ou para exploração de produtos ou subprodutos florestais, sem licença da autoridade competente, poderá ser punido com detenção, de seis meses a um ano, e multa (art. 52).

Segundo o art. 53, os crimes contra a flora e as unidades de conservação terão a pena aumentada de um sexto a um terço se: a) do fato resulta a diminuição de águas naturais, a erosão do solo ou a modificação do regime climático; b) ou se o crime é cometido: no período de queda das sementes; no período de formação de vegetações; contra espécies raras ou ameaçadas de extinção, ainda que a ameaça ocorra somente no local da infração; em época de seca ou inundação; ou, por fim, durante a noite, em domingo ou feriado.

8. DOS CRIMES DE POLUIÇÃO E FALTA DE LICENCIAMENTO AMBIENTAL

Os crimes de poluição estão previstos nos arts. 54 a 61 da Lei n. 9.605/98.

De acordo com o art. 58, os crimes de poluição dolosos terão as penas aumentadas, caso o fato não resulte crime mais grave, nas seguintes situações: a) de um sexto a um terço, se resulta dano irreversível à flora ou ao meio ambiente em geral; b) de um terço até a metade, se resulta lesão corporal de natureza grave em outrem; c) até o dobro, se resultar a morte de outrem.

8.1. ART. 54 DA LEI N. 9.605/98

É punível com reclusão, de um a quatro anos, e multa: causar poluição de qualquer natureza em níveis tais que resultem ou possam resultar em danos à saúde humana, ou que provoquem a mortandade de animais ou a destruição significativa da flora (art. 54). Se o crime for culposo, a pena é de detenção, de seis meses a um ano, e multa.

A pena será maior, reclusão de um a cinco anos, se o crime se enquadrar nas hipóteses previstas no § 2º, quais sejam:

I – tornar uma área, urbana ou rural, imprópria para a ocupação humana;

II – causar poluição atmosférica que provoque a retirada, ainda que momentânea, dos habitantes das áreas afetadas, ou que cause danos diretos à saúde da população;

III – causar poluição hídrica que torne necessária a interrupção do abastecimento público de água de uma comunidade;

IV – dificultar ou impedir o uso público das praias;

V – ocorrer por lançamento de resíduos sólidos, líquidos ou gasosos, ou detritos, óleos ou substâncias oleosas, em desacordo com as exigências estabelecidas em leis ou regulamentos.

Incorre nas mesmas penas quem deixar de adotar, quando assim o exigir a autoridade competente, medidas de precaução em caso de risco de dano ambiental grave ou irreversível (§ 3º).

8.2. ART. 55 DA LEI N. 9.605/98

Executar pesquisa, lavra ou extração de recursos minerais sem a competente autorização, permissão, concessão ou licença, ou em desacordo com a obtida, é punível com detenção, de seis meses a um ano, e multa.

Incorre nas mesmas penas quem deixa de recuperar a área pesquisada ou explorada, nos termos da autorização, permissão, licença, concessão ou determinação do órgão competente.

8.3. ART. 56 DA LEI N. 9.605/98

De acordo com o art. 56, produzir, processar, embalar, importar, exportar, comercializar, fornecer, transportar, armazenar, guardar, ter em depósito ou usar produto ou substância tóxica, perigosa ou nociva à saúde humana ou ao meio ambiente, em desacordo com as exigências estabelecidas em leis ou nos seus regulamentos, é punível com reclusão, de um a quatro anos, e multa.

Nas mesmas penas incorre quem abandona esses produtos ou substâncias ou os utiliza em desacordo com as normas de segurança.

Por fim, a pena é aumentada de um sexto a um terço se o produto ou a substância for nuclear ou radioativa (§ 2º); e a pena será de detenção, de seis meses a um ano, e multa se o crime for culposo (§ 3º).

8.4. ARTS. 60 E 61 DA LEI N. 9.605/98

De acordo com o art. 60, construir, reformar, ampliar, instalar ou fazer funcionar, em qualquer parte do território nacional, estabelecimentos, obras ou serviços potencialmente poluidores, sem licença ou autorização dos órgãos ambientais competentes, ou contrariando as normas legais e regulamentares pertinentes, é punível com detenção, de um a seis meses, ou multa, ou ambas as penas cumulativamente.

Oportunamente trouxemos à baila decisões do Superior Tribunal de Justiça, ao ensejo de apreciar irresignação, por meio de *habeas corpus*, quando da lavratura de auto de infração após o início de atividades devidamente acobertadas pelo licenciamento ambiental.

Nesse caso específico, uma *"refinaria de petróleo obteve, a título precário, licença de funcionamento para que pudesse iniciar a operação de novas unidades, potencialmente poluidoras, integrantes de seu processo produtivo. Apesar de várias tentativas para se obter o alvará definitivo para funcionamento, o Poder Público quedou-se inerte. Sucede que a refinaria recebeu correspondência ordenando que se adequasse às exigências previstas para a obtenção da aludida licença, porém, antes de expirado prazo para tal, foi lavrado auto de infração com imposição de advertência pelo suposto funcionamento sem licença. Inconformada, interpôs recurso administrativo, mas, na sua pendência, foi lavrado novo auto, agora com imposição de multa e ordem para que paralisasse as atividades. Diante disso, a refinaria ajuizou medida cautelar, obtendo liminar para que se suspendesse a ordem de interrupção até ulterior revisão por parte do Juiz. Note-se que ainda não houve a revisão ou mesmo sentença de mérito. Nesse contexto, o paciente, Superintendente daquela pessoa jurídica, ao determinar a continuidade dos trabalhos na refinaria, não o fez ao alvitre da lei, mas, sim, amparado em cautela judicial. A decisão judicial supriu, ainda que precariamente, a licença ou autorização de órgão* ambiental, daí o necessário trancamento da ação penal pelo crime descrito no art. 60 da Lei n. 9.605/98 (Lei dos Crimes Ambientais)" (HC 12.891-SP).

O art. 61, por sua vez, refere-se à disseminação de doença ou praga ou espécies que possam causar dano à agricultura, à pecuária, à fauna, à flora ou aos ecossistemas. A pena prevista é reclusão, de um a quatro anos, e multa.

9. DOS CRIMES CONTRA O ORDENAMENTO TERRITORIAL E O PATRIMÔNIO CULTURAL

Os crimes contra o ordenamento territorial e o patrimônio cultural estão previstos nos arts. 62 a 65 da Lei n. 9.605/98.

Assim, destruir, inutilizar ou deteriorar bem especialmente protegido por lei, ato administrativo ou decisão judicial; ou, então, arquivo, registro, museu, biblioteca, pinacoteca, instalação científica ou similar protegido por lei, ato administrativo ou decisão judicial, é punível com reclusão, de um a três anos, e multa. Se o crime for culposo, a pena é de seis meses a um ano de detenção, sem prejuízo da multa.

De acordo com o art. 63, a alteração do aspecto ou da estrutura de edificação ou local especialmente protegido por lei, ato administrativo ou decisão judicial, em razão de seu valor paisagístico, ecológico, turístico, artístico, histórico, cultural, religioso, arqueológico, etnográfico ou monumental, sem autorização da autoridade competente ou em desacordo com a concedida, é punível com reclusão, de um a três anos, e multa.

Promover construção em solo não edificável, ou no seu entorno, assim considerado em razão de seu valor paisagístico, ecológico, artístico, turístico, histórico, cultural, religioso, arqueológico, etnográfico ou monumental, sem autorização da autoridade competente ou em desacordo com a concedida, é punível com detenção, de seis meses a um ano, e multa (art. 64).

Por fim, pichar, grafitar ou por outro meio conspurcar edificação ou monumento urbano é punível com detenção, de três meses a um ano, e multa. Destaque-se que se o ato for realizado em monumento ou coisa tombada em virtude do seu valor artístico, arqueológico ou histórico, a pena é de seis meses a um ano de detenção, e multa (art. 65).

10. DOS CRIMES CONTRA A ADMINISTRAÇÃO AMBIENTAL

Os crimes contra a administração ambiental estão previstos nos arts. 66 a 69 da Lei n. 9.605/98.

Assim, para o funcionário público que faça afirmação falsa ou enganosa, omita a verdade, sonegue informações ou dados técnico-científicos em procedimentos de autorização ou de licenciamento ambiental, a pena poderá ser de reclusão, de um a três anos, e multa (art. 66).

Para o funcionário público que conceda licença, autorização ou permissão em desacordo com as normas ambientais, para as atividades, obras ou serviços cuja realização depende de ato autorizativo do Poder Público, a pena é de detenção, de um a três anos, e multa. Se o crime for culposo, a pena será de três meses a um ano de detenção, sem prejuízo da multa (art. 67).

De acordo com o art. 68, se aquele que tiver o dever legal ou contratual de fazê-lo, deixar de cumprir obrigação de relevante interesse ambiental, a pena será de detenção, de um a três anos, e multa. Nos casos de crime culposo, a pena é de três meses a um ano, sem prejuízo da multa.

Obstar ou dificultar a ação fiscalizadora do Poder Público no trato de questões ambientais é punível com detenção, de um a três anos, e multa (art. 69).

Elaborar ou apresentar, no licenciamento, concessão florestal ou qualquer outro procedimento administrativo, estudo, laudo ou relatório ambiental total ou parcialmente falso ou enganoso, inclusive por omissão, é punível com reclusão, de três a seis anos, e multa (art. 69-A). Se o crime for culposo a detenção será de um a três anos.

De acordo com § 2º do art. 69-A, a pena é aumentada de um terço a dois terços se há dano significativo ao meio ambiente, em decorrência do uso da informação falsa, incompleta ou enganosa.

11. COMPETÊNCIA PARA JULGAR OS CRIMES AMBIENTAIS

A competência para processar e julgar os crimes ambientais não foi atribuída à Justiça Federal de forma específica, salvo nos crimes praticados em detrimento de bens, serviços ou interesses da União ou de suas entidades autárquicas ou empresas públicas, conforme disposto no art. 109 da Constituição Federal (grifos nossos).

> Art. 109. **Aos juízes federais compete processar e julgar:**
> I – as causas em que a União, entidade autárquica ou empresa pública federal forem interessadas na condição de autoras, rés, assistentes ou oponentes, exceto as de falência, as de acidentes de trabalho e as sujeitas à Justiça Eleitoral e à Justiça do Trabalho;
> (...)
> IV – os crimes políticos e as **infrações penais praticadas em detrimento de bens, serviços ou interesse da União ou de suas entidades autárquicas ou empresas públicas**, excluídas as contravenções e ressalvada a competência da Justiça Militar e da Justiça Eleitoral;
> (...)

A regra geral, então, é que a competência para o julgamento dos crimes ambientais é da Justiça Estadual.

Já fora fixado o entendimento de que *"inexistindo, quanto aos crimes ambientais, dispositivo constitucional ou legal expresso sobre qual a Justiça competente para o seu julgamento, tem-se que, em regra, o processo e o julgamento dos crimes ambientais é de competência da Justiça Comum Estadual"* (CC n. 27.848-SP,

3ª Sec./S.T.J.); [...]; cancelada a Súmula n. 91 do Superior Tribunal de Justiça (CC n. 27.848-SP, 3ª Sec./S.T.J.); a competência da Justiça Federal, para processar e julgar os crimes ambientais, é genérica e excepcional, prevista no artigo 109, inciso IV, 2ª parte, da Constituição Federal. 4. A simples presença de um órgão federal, seja como agente executor-fiscalizador de normas fixadas para o meio ambiente, seja como agente responsável pelo licenciamento de atividades que, efetiva ou potencialmente, possam causar dano ao meio ambiente, no caso, o Instituto Brasileiro do Meio Ambiente e dos Recursos Naturais Renováveis – IBAMA, não interfere ou não pode interferir na competência da Justiça Federal. 5. A partir da Constituição Federal de 1988, a competência da Justiça Federal, para processar e julgar crimes cometidos contra o meio ambiente, só ocorre quando praticados em terras ou águas pertencentes à União ou de suas entidades autárquicas ou empresas públicas ou quando há ofensa a um serviço e/ou interesse específicos e direitos desses órgãos, como, por exemplo, no primeiro caso, quando praticados nos bens da União descritos no artigo 20, da Constituição Federal, ou, no segundo caso, quando cometidos no interior de uma unidade de conservação da União, como estabelecido no artigo 225, III, da Constituição Federal, ou, ainda, claro, quando trata-se de delito ecológico previsto em tratado ou convenção internacional, ou a bordo de navio ou aeronave (CF art. 109, V e IX)" (TRF 1ª Região, RCCR Recurso Criminal 200339000053753).

A Súmula n. 91 do Superior Tribunal de Justiça, que previa a competência da Justiça Federal no julgamento dos crimes praticados contra a fauna, foi cancelada em 2000. Dessa forma, a competência para processar e julgar os crimes contra a fauna só será da Justiça Federal quando houver interesse da União. Os crimes contra a fauna que aconteçam em áreas estaduais serão julgados pela Justiça Estadual competente.

São reiteradas as decisões dos tribunais superiores no sentido de ser da Justiça Estadual a competência de julgar os crimes contra a fauna. Duas elucidativas decisões do Superior Tribunal de Justiça que corroboram esse entendimento:

Decidiu o Tribunal que, *"sendo a proteção ao meio ambiente matéria de competência comum da União, dos Estados, do Distrito Federal e dos Municípios, e inexistindo, quanto aos crimes ambientais, dispositivo constitucional ou legal expresso sobre qual a Justiça competente para o seu julgamento, tem-se que, em regra, o processo e o julgamento dos crimes ambientais é de competência da Justiça Comum Estadual. Inexistindo, em princípio, qualquer lesão a bens, serviços ou interesses da União (artigo 109 da CF), afasta-se a competência da Justiça Federal para o processo e o julgamento de crimes cometidos contra o meio ambiente, aí compreendidos os delitos praticados contra a fauna e a flora. Inaplicabilidade da Súmula n. 91/STJ, editada com base na Lei n. 5.197/67, após o advento da Lei n. 9.605, de fevereiro de 1998"* (AgREsp 704.209).

No mesmo sentido, entendendo que a partir *"da edição da Lei n. 9.605/98, os delitos contra o meio ambiente passaram a ter disciplina própria, não se definindo, contudo, a Justiça competente para conhecer das respectivas ações penais, certamente em decorrência do contido nos artigos 23 e 24 da Constituição Federal, que estabelecem ser da competência comum da União, Estados, Distrito Federal e Municípios proteger o meio ambiente, preservando a fauna, bem como legislar concorrentemente sobre essa matéria. Impõe-se a verificação de ser o delito praticado em detrimento de bens, serviços ou interesse da União ou de suas entidades autárquicas ou empresas públicas, a teor do disposto no artigo 109, IV, da Carta Magna, de forma a firmar ou não a competência da Justiça Federal. (...). Não sendo o crime de que aqui se trata praticado em detrimento de bens, serviços ou interesse direto da União ou de suas entidades autárquicas ou empresas públicas, inexiste razão para que a respectiva ação penal tivesse tramitado perante a Justiça Federal"* (HC 38.649/SC).

12. A AÇÃO E O PROCESSO PENAL

A ação penal que trata dos crimes ambientais é pública incondicionada, consoante o art. 26. Portanto, cabe ao *Parquet* a denúncia sem a espera de representação do ofendido.

No entanto, seguindo os passos do Código de Processo Penal (art. 79), a ação de penal ambiental comporta ação subsidiária da pública, caso haja omissão do órgão.

A competência é concorrente entre União, Estados e Municípios, mas deve-se atentar para as competências constitucionalmente estabelecidas (art. 109 da CF), na qual as causas em que houver bens, serviços e interesse da União devem ser processadas na Justiça Federal e as demais no âmbito da Justiça Estadual, como visto no início do capítulo.

Portanto, *"sendo a proteção do meio ambiente matéria de competência comum da União, dos Estados, do Distrito Federal e dos Municípios e inexistindo dispositivo constitucional ou legal fixando expressamente qual Justiça é competente para julgar ações penais por crimes ambientais, tem-se, em regra, a competência da Justiça estadual. Perante a Justiça Federal, o processamento impõe, nos casos, que seja demonstrada a lesão a bens e serviços de interesse da União (art. 109, IV, da CF/1988)"* (Precedentes citados: CComp 61.588/RJ; CComp 88.013-SC).

O Superior Tribunal de Justiça entendeu ainda que, *"embora a mata atlântica integre o patrimônio nacional, não se enquadra na definição de bem da União e, por isso, não atrai a competência da Justiça Federal. Sendo assim, é competente a Justiça estadual para processar e julgar crime ambiental de desmatamento da floresta nativa da mata atlântica"* (Precedentes citados: CComp 55.704/SP; CComp 92.327/SP; CComp 35.087/SP; AgRg no CComp 93.083/PE).

Também decidiu o mesmo Tribunal que *"a edição da Lei n. 9.605/1998 desencadeou o cancelamento da Súm. n. 91-STJ. Porém a jurisprudência tem reservado a competência da Justiça Federal, nos crimes contra o meio ambiente, quando comprovada a lesão a bens ou interesses da União, de suas autarquias ou empresas públicas (art. 109, IV, da CF/1988), além da hipótese de o dano assumir contornos regionais ou nacionais"* (Precedentes citados: CComp 34.689/SP; e CComp 37.137/MG). (CComp 96.853/RS).

Repetimos, portanto, que, ao contrário do que professam alguns doutrinadores, a Floresta Amazônica, a Mata Atlântica, o Pantanal Mato-Grossense e a Zona Costeira, declaradas patrimônio nacional pelo § 4º do art. 225 da Constituição Federal, não atraem a competência da Justiça Federal prevista no art. 109 da mesma Lei Maior.

Os arts. 27 e 28 fazem menção à Lei n. 9.099/95, estabelecendo critérios e requisitos para os crimes de menor potencial ofensivo, com as alusivas modificações.

O Superior Tribunal de Justiça proveu um Recurso Especial do Ministério Público por fundamentações diferenciadas, onde o Ministro Relator afirmou que, *"para os fins do art. 89 da Lei n. 9.099/1995, no cálculo da pena mínima leva-se em conta o somatório final e quando superado o limite de um ano, seja por concurso material formal ou crime continuado, não terá lugar a suspensão condicional do processo (Súm. n. 243-STJ)"*.

No mesmo julgado, em voto-vista, se *"ponderou que não existe dúvida de que o art. 61 da Lei n. 9.099/1995 foi derrogado pelo parágrafo único do art. 2º da Lei n. 10.259/2001, pois esse deu outro conceito de infração penal de menor potencial ofensivo (nos crimes a que a lei comine pena máxima não superior a dois anos ou multa). Por outro lado, é certo que a Lei n. 9.099/1995, no art. 89, apregoa providência despenalizadora, inovando com a possibilidade de suspensão do processo com indiscutível aplicabilidade na esfera da Justiça Penal Comum (Federal e estadual) e da Justiça Penal Eleitoral (com bloqueio apenas na Justiça Militar, devido à Lei n. 9.839/1999, que acrescentou, nesse sentido, o art. 90-A). Porém, no entretempo das Leis n. 9.099/1995 e 10.259/2001, adveio a Lei n. 9.605/1998 – dispondo sobre as sanções penais administrativas derivadas de condutas e atividades lesivas ao meio ambiente que transmudou a suspensão condicional prevista no processo que a Lei n. 9.099/1995 traçou. Assim, não há mais como atentar visando à suspensão condicional do processo em pena mínima cominada, mas em pena máxima preceituada ou multa. Até porque é inconcebível, dentro do mesmo sistema penal legislado, medida despenalizante flexível, pois estaria eivada de inconstitucionalidade"* (REsp 261.371/SP).

13. GRUPO DE ENFRENTAMENTO ESTRATÉGICO AOS ILÍCITOS E CRIMES AMBIENTAIS – PORTARIA NORMATIVA AGU N. 149/24

Em 17 de setembro de 2024, por meio da Portaria Normativa AGU n. 149, foi instituído, no âmbito da Advocacia-Geral da União, o Grupo de Enfrentamento Estratégico aos Ilícitos e Crimes Ambientais – AGU ENFRENTA.

Esse Grupo tem como finalidade contribuir, por meio da atuação planejada e da articulação institucional, para a responsabilização de condutas lesivas ao meio ambiente nas esferas civil, administrativa e criminal.

A ideia foi constituir um núcleo de cooperação na área criminal para apoiar a persecução de grandes infratores e criminosos ambientais, contribuindo para a responsabilidade civil, administrativa e criminal, de maneira integrada, nos processos e procedimentos indicados pelos órgãos e entidades públicas assessoradas ou representadas, que tenham por objeto a responsabilização por crimes ambientais, bem como definir eixos temáticos para a atuação dos órgãos de execução da Procuradoria-Geral da União e da Procuradoria-Geral Federal nos processos e procedimentos que tenham relação com a responsabilização por crimes ambientais.

Além disso, busca-se estudar e propor estratégias processuais para a atuação dos órgãos de execução da Procuradoria-Geral da União e da Procuradoria-Geral Federal nos processos e procedimentos que tenham por objeto a responsabilização por infrações ambientais que também sejam definidas como crimes ambientais, auxiliando na articulação dos órgãos e entidades públicas assessoradas ou representadas, dentre outros, com a) os órgãos de segurança pública das unidades da Federação e a Polícia Federal; b) o Ministério Público Federal, do Distrito Federal e dos Estados; c) a Defensoria Pública da União, do Distrito Federal e dos Estados; e d) os órgãos do Poder Judiciário; além de promover o fortalecimento das ações de cooperação institucional entre os órgãos da Advocacia-Geral da União e demais órgãos e entidades públicos que atuam nos processos e procedimentos que tenham por objeto a responsabilização por condutas lesivas ao meio ambiente.

A composição do Grupo contará com um representante de cada um dos seguintes segmentos: Procuradoria Nacional de Defesa do Clima e do Meio Ambiente; Procuradoria-Geral da União; Procuradoria-Geral Federal; Procuradoria Federal Especializada junto ao Instituto Brasileiro do Meio Ambiente e dos Recursos Naturais Renováveis – IBAMA; Procuradoria Federal Especializada junto ao Instituto Chico Mendes de Conservação da Biodiversidade; Procuradoria Federal Especializada junto à Fundação Nacional dos Povos Indígenas; Consultoria Jurídica junto ao Ministério do Meio Ambiente e Mudança do Clima; Consultoria Jurídica junto ao Ministério dos Povos Indígenas; e Consultoria Jurídica junto ao Ministério da Justiça e Segurança Pública.

Ao Grupo ficou reservada a incumbência de apresentar relatórios semestrais sobre os trabalhos desenvolvidos e os resultados obtidos com a sua atuação ao Advogado-Geral da União.

Capítulo IX
INFRAÇÕES ADMINISTRATIVAS E O DECRETO N. 6.514/08

Sumário: 1. O Decreto n. 6.514/08. 2. As infrações administrativas. 2.1. Infração administrativa. 2.2. Competência para a lavratura do Auto de Infração. 2.3. Sanções aplicáveis às infrações administrativas. 2.3.1. Advertência. 2.3.2. Multas. 2.3.3. Conversão de multa simples em serviços de preservação, melhoria e recuperação da qualidade do meio ambiente. 2.3.4. Destruição ou inutilização do produto. 2.3.5. Suspensão. 2.3.6. Embargo de obra ou atividade. 2.3.7. Demolição de obra. 2.3.8. Restrição de direitos. 2.3.9. Destinação de bens e animais apreendidos. 2.4. Independência entre as sanções. 2.5. Responsabilidade administrativa. 3. A cooperação internacional e a Medida Provisória n. 2.163/01. 4. Queima de cana-de-açúcar. 5. Maus-tratos de animais. 6. Programa de Conversão de Multas Ambientais emitidas por órgãos e entidades da União integrantes do Sistema Nacional do Meio Ambiente – SISNAMA – Decreto n. 9.760, de 11 de abril de 2019. 6.1. O Decreto n. 9.760/19. 6.2. Serviços de preservação, melhoria e recuperação do meio ambiente. 6.3. Danos decorrentes da infração. 6.4 Requerimento da conversão da multa. 6.5. Valor da conversão da multa e desconto pela adesão. 6.6. Termo de compromisso de conversão da multa. 6.7. Publicação do termo de compromisso. 6.8. Conversão pleiteada com base em normas anteriores. 7. Da prescrição. 8. Da reincidência. 9. Das alterações do Decreto n. 12.189, de 20 de setembro de 2024.

1. O DECRETO N. 6.514/08

Em 22 de julho de 2008, veio a lume o Decreto n. 6.514/08, dispondo sobre as infrações e sanções administrativas ao meio ambiente, estabelecendo o processo administrativo federal para apuração dessas infrações, além de outras providências. Com isso, a Lei n. 9.605/98, que se mostra extremamente importante no cabedal legislativo de defesa do meio ambiente, recebe um novo aliado.

A novel legislação procurou detalhar o procedimento e as sanções aplicáveis, já previstas na Lei dos Crimes Ambientais.

A diferença, evidentemente, é que o Decreto define quais são as punições, esclarecendo cada uma delas.

Por exemplo, o art. 3º do Decreto, como deve ser, repete (sem inovar) o elenco de sanções administrativas enumeradas no art. 72 da Lei n. 9.605/98.

Diga-se de passagem, o Decreto n. 12.189, de 20 de setembro de 2024, alterou a redação do *caput* do art. 3º do Decreto n. 6.514/08, *in litteris*:

Art. 3º O órgão ou a entidade ambiental, no exercício do seu poder de polícia ambiental, aplicará as seguintes sanções e medidas administrativas cautelares: (Redação dada pelo Decreto n. 12.189, de 2024)

No art. 5º, esclarece que a sanção de advertência pode ser aplicada às infrações administrativas de menor lesividade ao meio ambiente (garantidos a ampla defesa e o contraditório), consideradas como tais aquelas em que a multa máxima não ultrapasse R$ 1.000,00 (mil reais).

O Decreto n. 11.080, de 24 de maio de 2022, alterou diversos dispositivos, a começar pelo § 1º deste art. 5º.

A redação anterior definia como infração de menor lesividade aquela em que a multa máxima não excedia o valor de R$ 1.000,00, enquanto a nova redação a define como aquela em que o valor consolidado não ultrapasse esse limite.

Quanto à multa, o Decreto ressalta que o seu valor será corrigido, periodicamente, com base nos índices estabelecidos na legislação pertinente, sendo o mínimo de R$ 50,00 (cinquenta reais) e o máximo de R$ 50.000.000,00 (cinquenta milhões de reais).

Com relação à multa diária, esta será aplicada sempre que o cometimento da infração se prolongar no tempo.

A reincidência se dará quando o mesmo infrator cometer nova infração ambiental no período de cinco anos, contados da lavratura de auto de infração, ocasionando a (I) aplicação da multa em triplo, no caso de cometimento da mesma infração; ou (II) a aplicação da multa em dobro, no caso de cometimento de infração distinta.

A apreensão de animais, produtos e subprodutos da biodiversidade, inclusive fauna e flora, instrumentos, petrechos, equipamentos ou veículos e embarcações de qualquer natureza utilizados na infração, reger-se-á pelo disposto nas Seções II, IV e VI do Capítulo II do Decreto, que trata da autuação, defesa, instrução, julgamento, e do procedimento relativo à destinação dos bens e animais apreendidos.

As sanções de destruição ou inutilização do produto, de suspensão de venda e fabricação do produto, de embargo de obra ou atividade e suas respectivas áreas, de demolição de obra, bem como a suspensão parcial ou total das atividades serão aplicadas quando o produto, a obra, a atividade ou o estabelecimento não estiverem obedecendo às determinações legais ou regulamentares.

Nesse aspecto, a demolição de obra poderá ser aplicada pela autoridade ambiental quando: (I) se verificar a construção de obra em área ambientalmente protegida em desacordo com a legislação ambiental, ou (II) quando a obra ou construção realizada não atenda às condicionantes da legislação ambiental e não seja passível de regularização.

Aqui há de se ressaltar que, valendo-se do poder de polícia do Estado, pode a demolição ser feita pela própria administração após o julgamento do auto de infração.

Isso, evidentemente, depois de transcorrido o prazo de impugnação (defesa), com a observância de todas as garantias do contraditório e do devido processo legal[1].

Por fim, merecem destaque as sanções restritivas de direito, que são, em resumo, (I) a suspensão de registro, licença, permissão ou autorização, (II) o cancelamento de registro, licença, permissão ou autorização, (III) a perda ou restrição de incentivos e benefícios fiscais, (IV) a perda ou suspensão da participação em linhas de financiamento em estabelecimentos oficiais de crédito, e (V) a proibição de contratar com a Administração Pública.

Destaque-se que todas essas sanções restritivas de direitos não poderão ter duração superior a três anos, cabendo à autoridade administrativa fixar-lhes o período de vigência.

Passemos a analisá-las.

2. AS INFRAÇÕES ADMINISTRATIVAS

Como dito, as infrações administrativas presentes na Lei n. 9.605/98 são detalhadas e regulamentadas pelo Decreto n. 6.514, de 22 de junho de 2008, em seus arts. 24 a 93. Nesse ponto obedece ao princípio da legalidade, pois não caberia à lei esmiuçar o tratamento dessas infrações, sob pena de desfigurar seu objetivo principal, qual seja, o de regular, através de norma geral, os crimes e as infrações ambientais.

Os arts. 70 e 71 fazem menção, em seus parágrafos, às autoridades competentes para lavrar o auto de infração, reafirmam o direito constitucional de petição ao Poder Público, corroboram o poder-dever da autoridade em apurar infrações, asseguram o contraditório e a ampla defesa e estabelecem prazos para o processo administrativo: de vinte dias para defesa do auto de infração, trinta dias para julgamento do auto, contado de sua lavratura, de vinte dias para recorrer da decisão e de cinco dias para pagar a multa.

Assim, *"é certo afirmar que a aplicação de sanção administrativa (exercício do poder de polícia) somente se torna legítima, em respeito ao princípio da legalidade, quando o ato praticado estiver definido em lei como infração administrativa. Porém, conquanto se refira a tipo penal, a norma em comento, combinada com o disposto no art. 70 da referida lei, o qual define a infração administrativa ambiental, confere toda a sustentação legal necessária à imposição da pena administrativa, sem dar azo à violação do princípio da legalidade estrita"* (REsp 1.091.486-RO).

---

[1] CABRAL, Flávio Garcia. *Medidas Cautelares Administrativas: regime jurídico da cautelaridade administrativa*. Belo Horizonte: Fórum, 2021, p. 38.

> **ATENÇÃO!**
>
> Art. 70. Considera-se infração administrativa ambiental toda ação ou omissão que viole as regras jurídicas de uso, gozo, promoção, proteção e recuperação do meio ambiente.
>
> § 1º São autoridades competentes para lavrar auto de infração ambiental e instaurar processo administrativo os funcionários de órgãos ambientais integrantes do Sistema Nacional de Meio Ambiente – SISNAMA, designados para as atividades de fiscalização, bem como os agentes das Capitanias dos Portos, do Ministério da Marinha.
>
> § 2º Qualquer pessoa, constatando infração ambiental, poderá dirigir representação às autoridades relacionadas no parágrafo anterior, para efeito do exercício do seu poder de polícia.
>
> § 3º A autoridade ambiental que tiver conhecimento de infração ambiental é obrigada a promover a sua apuração imediata, mediante processo administrativo próprio, sob pena de corresponsabilidade.
>
> § 4º As infrações ambientais são apuradas em processo administrativo próprio, assegurado o direito de ampla defesa e o contraditório, observadas as disposições desta Lei.

Em edições anteriores, fiz menção ao detalhe de que o prazo de vinte dias para o recurso não teria que ser garantido pelo depósito prévio de qualquer quantia, conforme outros procedimentos administrativos, que exigiam até 30% do valor da multa para que se possibilite recorrer.

Pois bem.

O Supremo Tribunal Federal decidiu afastar esse entendimento, que ensejava discussões quanto à inconstitucionalidade dessa exigência.

O voto do relator, que foi acompanhado pela maioria de seus pares, sustentou a necessidade de preservação do direito de defesa e, consequentemente, do devido processo legal.[2]

As sanções administrativas são enumeradas no art. 72:

I – advertência;

II – multa simples;

III – multa diária;

---

[2] "É inconstitucional a exigência de depósito prévio como condição de admissibilidade de recurso na esfera administrativa. Nesse sentido, o Tribunal, por maioria, deu provimento a recurso extraordinário interposto contra acórdão do Tribunal Regional Federal da 5ª Região, e declarou a inconstitucionalidade do art. 33, § 2º, do Decreto n. 70.235/72, na redação do art. 32 da Medida Provisória 1.699-41/98, convertida na Lei 10.522/2002 – v. Informativo 423. Entendeu-se que a exigência do depósito ofende o art. 5º, LV, da CF – que assegura aos litigantes, em processo judicial ou administrativo, e aos acusados em geral, o contraditório e a ampla defesa, com os meios e recursos a ela inerentes –, bem como o art. 5º, XXXIV, *a*, da CF, que garante o direito de petição, gênero no qual o pleito administrativo está inserido, independentemente do pagamento de taxas. Vencido o Min. Sepúlveda Pertence que, reportando-se ao voto que proferira no julgamento da ADI 1922 MC/DF (DJU de 24.11.2000), negava provimento ao recurso, ao fundamento de que exigência de depósito prévio não transgride a Constituição Federal, porque esta não prevê o duplo grau de jurisdição administrativa" (RE 388.359/PE, Rel. Min. Marco Aurélio).

IV – apreensão dos animais, produtos e subprodutos da fauna e flora, instrumentos, petrechos, equipamentos ou veículos de qualquer natureza utilizados na infração;

V – destruição ou inutilização do produto;

VI – suspensão de venda e fabricação do produto;

VII – embargo de obra ou atividade;

VIII – demolição de obra;

IX – suspensão parcial ou total de atividades;

X – (Vetado.)

XI – restritiva de direitos.

Discussão atinente à ingerência do Poder Judiciário ainda se encontra no mesmo artigo de lei, pois questiona-se se a este pertence a possibilidade de interferir na ocorrência de excessiva punição na esfera administrativa.

A jurisprudência entende que sim, tendo em vista o disposto no art. 5º, XXXV, da Constituição Federal, que não excluirá da apreciação do Poder Judiciário qualquer lesão ou ameaça a direito. De fato, deve haver, por parte do juiz, apreciação quanto aos motivos que determinam a pena, calcado nos princípios da razoabilidade e proporcionalidade. Não somente anulando a pena, mas, inclusive, procedendo à sua adequação aos ditames da razão, consoante doutrina consultada.[3]

Ponto também lapidar da nova lei diz respeito à destinação, proporção, valor e incidência única das multas aplicadas.

É disso que tratam os arts. 73, quando destina os valores arrecadados a Fundos, tanto nacional quanto estadual e municipal – com redação dada pela Lei n. 14.691, de 2023; 74, que estabelece proporções nas multas aplicadas; 75, que limita o valor da multa a R$ 50.000.000,00, ressalvado o disposto do art. 18; e 76, que se dedica a evitar o *bis in idem* da sanção pelo mesmo fato, realizado por esferas diferentes da Federação. Passemos a uma análise mais detalhada das infrações administrativas.

2.1. INFRAÇÃO ADMINISTRATIVA

De acordo com a lei, infração administrativa ambiental é *"toda ação ou omissão que viole as regras jurídicas de uso, gozo, promoção, proteção e recuperação do meio ambiente"* (art. 70 da Lei n. 9.605/98).

---

[3] Quanto à doutrina consultada, v. BARROSO, Luís Roberto. *Interpretação e aplicação da Constituição*. 2. ed. São Paulo: Saraiva, 1998, p. 198; BANDEIRA DE MELLO, Celso Antônio. *Curso de direito administrativo*. 8. ed. São Paulo: Saraiva, 1996, p. 563; MORAES, Bernardo Ribeiro de. *Compêndio de direito tributário*. 2. ed. São Paulo: Forense, 1994, v. 2, p. 600; precedentes do STJ: REsp 176.645/DF; precedentes do STF: RE, 82.510/SP.

Os artigos 70 a 76 da Lei dos Crimes Ambientais referem-se à autoridade competente para aplicar as infrações administrativas, bem como a quais são as sanções aplicáveis.

Anteriormente, o Decreto n. 3.179/99 regulamentava as infrações administrativas e especificava as sanções aplicáveis às ações cometidas contra a fauna, a flora, a administração ambiental, o ordenamento urbano e o patrimônio cultural, bem como aquelas aplicáveis nos casos de poluição.

Como se sabe, esse Decreto foi revogado pelo Decreto n. 6.514 de 22 de julho de 2008, que passou a dispor sobre as infrações e sanções administrativas em matéria ambiental, estabelecendo inclusive o processo administrativo federal para a sua apuração.

O Decreto n. 6.514/08 foi alterado pelos Decretos n. 6.686 e n. 6.695, ambos de dezembro de 2008 e, mais recentemente, pelos Decretos n. 11.080, de 24 de maio de 2022, e 11.373, de 1º de janeiro de 2023, e pelo Decreto n. 12.189, de 20 de setembro de 2024.

O processo administrativo, no âmbito da administração pública federal, é regido pela Lei n. 9.784/99, que obriga a observância aos princípios da legalidade, finalidade, motivação, razoabilidade, proporcionalidade, moralidade, ampla defesa, contraditório, segurança jurídica, interesse público e eficiência (art. 2º). Trata-se de norma geral, afastada apenas quando norma específica dispõe de forma diferente, o que ocorre, por exemplo, nos prazos para defesa estabelecidos na Lei n. 9.605/98.[4]

A principal norma de procedimento anterior que pautava a matéria era a Instrução Normativa n. 8/03, do IBAMA, revogada pelo atual decreto. Na sequência, e agora já obedecendo ao Decreto n. 6.514/08, o IBAMA editou a Instrução Normativa n. 14/09, que vigorou até 70 de dezembro de 2012, data em que foi publicada a Instrução Normativa n. 10, estabelecendo os procedimentos para apuração de infrações administrativas por condutas e atividades lesivas ao meio ambiente, a imposição das sanções, a defesa, o sistema recursal e a cobrança de multas no âmbito do IBAMA e que atualmente obedecem a Instrução Normativa Conjunta MMA/IBAMA/ICMBio 01, de 12 de abril de 2021.

As infrações administrativas cometidas contra o meio ambiente estão divididas no Decreto n. 6.514/08 em seis categorias:

    a) Das infrações contra a Fauna (arts. 24 a 42);

    b) Das infrações contra a Flora (arts. 43 a 60-A);

    c) Das infrações relativas à Poluição e outras Infrações Ambientais (arts. 61 a 71);

---

[4] Lei n. 9.784/99 - "Art. 69. Os processos administrativos específicos continuarão a reger-se por lei própria, aplicando-se-lhes apenas subsidiariamente os preceitos desta Lei".

d) Das infrações contra o Ordenamento Urbano e o Patrimônio Cultural (arts. 72 a 75);
e) Das infrações contra a Administração Ambiental (arts. 76 a 83);
f) Das infrações cometidas exclusivamente em Unidades de Conservação (arts. 84 a 93);

Antes de fazermos maiores considerações sobre as mudanças trazidas pelo Decreto n. 6.514/08, vejamos o que dispõem os artigos da Lei n. 9.605/98 sobre as infrações administrativas.

2.2. COMPETÊNCIA PARA A LAVRATURA DO AUTO DE INFRAÇÃO

O § 1º do artigo 70 da Lei n. 9.605/98 elenca as autoridades competentes para a lavratura do auto de infração ambiental e a instauração de processo administrativo. São elas: os funcionários da fiscalização dos órgãos ambientais integrantes do SISNAMA, bem como os agentes das Capitanias dos Portos.

Assim, não são apenas os funcionários dos órgãos ambientais que possuem competência para lavrar um auto de infração, mas os agentes das Capitanias dos Portos também.

O entendimento do Superior Tribunal de Justiça é de que a competência da Capitania dos Portos não exclui a competência do órgão estadual em fiscalizar e aplicar sanções a embarcações.

Os órgãos integrantes do SISNAMA estão elencados na Lei n. 6.938/81 e, dentre eles, os que exercem o poder de polícia administrativa aplicando as sanções previstas nas normas ambientais são "*os órgãos e entidades da União, dos Estados, do Distrito Federal e dos Municípios, bem como as fundações instituídas pelo Poder Público, responsáveis pela proteção e melhoria da qualidade ambiental*".

Assim, o SISNAMA é composto de órgãos federais, estaduais e municipais:

Federais: os órgãos ou entidades integrantes da administração federal direta e indireta.

Estaduais: os órgãos ou entidades estaduais responsáveis pela execução de programas, projetos e pelo controle e fiscalização de atividades capazes de provocar a degradação ambiental. A FATMA (em Santa Catarina – atual IMA) e a FEEMA (no Rio de Janeiro – atual INEA) podem ser citadas como Fundações instituídas pelo Poder Público, cujas atividades estão associadas à proteção da qualidade ambiental.

Municipais: os órgãos ou entidades municipais responsáveis pelo controle e fiscalização dessas atividades, nas suas respectivas jurisdições.

Qualquer pessoa que constatar uma infração ambiental pode dirigir-se às autoridades competentes para que elas exerçam o seu poder de polícia.

As autoridades, por sua vez, sempre que tiverem conhecimento de uma infração ambiental são obrigadas a promoverem a sua apuração imediata, sob pena de corresponsabilidade. As infrações serão apuradas em processo administrativo, assegurando-se o direito de ampla defesa e o contraditório (§§ 2º a 4º do artigo 70 da Lei n. 9.605/98).

2.3. SANÇÕES APLICÁVEIS ÀS INFRAÇÕES ADMINISTRATIVAS

As infrações administrativas podem ser punidas com as seguintes sanções:

I – advertência;
II – multa simples;
III – multa diária;
IV – apreensão dos animais, produtos e subprodutos da fauna e flora, instrumentos, petrechos, equipamentos ou veículos de qualquer natureza utilizados na infração;
V – destruição ou inutilização do produto;
VI – suspensão de venda e fabricação do produto;
VII – embargo de obra ou atividade;
VIII – demolição de obra;
IX – suspensão parcial ou total de atividades;
X – (VETADO)
XI – restritiva de direitos;
(...)

As sanções são cumulativas, assim, quando o infrator cometer duas ou mais infrações, simultaneamente, podem ser aplicadas duas ou mais sanções de forma cumulativa (§ 1º, art. 72 da Lei n. 9.605/98).

O art. 72 da Lei n. 9.605/98 faz, ainda, a ressalva de que deve ser observado o disposto em seu art. 6º, que se refere à gradação da penalidade. A autoridade competente, para a aplicação da sanção, deve observar três fatores, quais sejam:

a) a gravidade do fato, estando aqui inseridos os motivos da infração e suas consequências para a saúde e o meio ambiente;

b) os antecedentes do infrator no que se refere ao cumprimento da legislação ambiental; e, ainda;

c) no caso de multa, a situação econômica do agente.

As sanções de suspensão de venda e fabricação do produto, embargo de obra ou atividade, demolição de obra ou suspensão parcial ou total de atividades, serão aplicadas quando houver desconformidade entre o produto, a obra ou a atividade com o estabelecido nas prescrições legais ou regulamentares.

2.3.1. ADVERTÊNCIA

A advertência poderá ser aplicada às infrações administrativas de menor lesividade ao meio ambiente, ou seja, aquelas em que a multa não ultrapasse R$ 1.000,00 (mil reais).

Na advertência, o agente da fiscalização constata irregularidades, lavra um auto de infração com a sanção de advertência e estabelece um prazo para que o infrator sane as irregularidades. Deve-se garantir ao autuado a ampla defesa e o contraditório.

Caso o autuado, por negligência ou dolo, não sane as irregularidades no prazo estabelecido, o agente da fiscalização certifica o ocorrido e aplica a sanção de multa cabível (art. 5º, § 4º, do Decreto n. 6.514/08), pois a advertência não exclui a aplicação de outras sanções.

Veda-se a aplicação de nova advertência no período de três anos contados do julgamento da defesa da última advertência ou de outra penalidade aplicada (art. 7º do Decreto n. 6.514/08).

2.3.2. MULTAS

A multa simples poderá ser convertida em serviços de preservação, melhoria e recuperação da qualidade do meio ambiente. O procedimento está previsto nos arts. 139 a 148 do Decreto.

A multa diária será aplicada sempre que o cometimento da infração se prolongar no tempo (§ 5º do art. 72 da Lei). No entanto, a celebração de termo de compromisso de reparação ou a cessação dos danos encerra a contagem da multa diária (art. 10, § 8º, do Decreto n. 6.514/08).

De acordo com o art. 73 da Lei n. 9.605/98, os valores arrecadados com as multas administrativas serão destinados ao Fundo Nacional do Meio Ambiente (criado pela Lei n. 7.797/89), ao Fundo Naval (criado pelo Decreto n. 20.923/32) ou a fundos estaduais ou municipais de meio ambiente.

No art. 13 do Decreto n. 6.514/08 (alterado pelo Decreto n. 11.373/23) há a previsão de destinação de 50% (cinquenta por cento) dos valores arrecadados com os pagamentos das multas aplicadas pela União ao Fundo Nacional de Meio Ambiente.

O pagamento de multa imposta pelos Estados, Municípios e Distrito Federal substitui a multa federal quando houver a mesma hipótese de incidência (art. 76 da Lei n. 9.605/98).

A multa administrativa pode ter seu valor reduzido em 30% (trinta por cento) se o autuado efetuar o pagamento no prazo de vinte dias a partir da ciência da autuação. Esse desconto também poderá ser concedido se o autuado realizar o pagamento à vista, conforme alteração trazida pelo Decreto n. 11.373, de 1º de janeiro de 2023.

2.3.3. CONVERSÃO DE MULTA SIMPLES EM SERVIÇOS DE PRESERVAÇÃO, MELHORIA E RECUPERAÇÃO DA QUALIDADE DO MEIO AMBIENTE

Em 24 de outubro de 2017, o Decreto n. 9.179 alterou o Decreto n. 6.514/08 no que diz respeito à conversão de multas, instituindo o Programa de Conversão de

Multas Ambientais emitidas por órgãos e entidades da União integrantes do Sistema Nacional do Meio Ambiente – SISNAMA.

Ficou definido que a autoridade ambiental federal competente para a apuração da infração poderá converter a multa simples em serviços de preservação, melhoria e recuperação da qualidade do meio ambiente, observado o disposto no § 4º do art. 72 da Lei n. 9.605, de 1998.

Neste sentido, entende-se que tais serviços serão os seguintes:

I – recuperação

a) de áreas degradadas para conservação da biodiversidade e conservação e melhoria da qualidade do meio ambiente;

b) de processos ecológicos essenciais;

c) de vegetação nativa para proteção;

d) de áreas de recarga de aquíferos;

II – proteção e manejo de espécies da flora nativa e da fauna silvestre;

III – monitoramento da qualidade do meio ambiente e desenvolvimento de indicadores ambientais;

IV – mitigação ou adaptação às mudanças do clima;

V – manutenção de espaços públicos que tenham como objetivo a conservação, a proteção e a recuperação de espécies da flora nativa ou da fauna silvestre e de áreas verdes urbanas destinadas à proteção dos recursos hídricos;

VI – educação ambiental; ou

VII – promoção da regularização fundiária de unidades de conservação.

A possibilidade de converter a multa em execução de obras ou atividades de recuperação de danos decorrentes da própria infração não exime o infrator da reparação pelo que foi causado ao meio ambiente e a terceiros, pois isto já faz parte da responsabilidade civil ambiental, independendo da aplicação da sanção administrativa.

Os Decretos n. 9.760, de abril de 2019, e n. 11.373, de janeiro de 2023, também alteraram o Decreto n. 6.514/08, passando o art. 143 a ter a seguinte redação:

Art. 143. O valor dos custos dos serviços de preservação, conservação, melhoria e recuperação da qualidade do meio ambiente será igual ou superior ao valor da multa convertida. (Redação dada pelo Decreto n. 9.179, de 2017.)

§ 1º Independentemente do valor da multa aplicada, o autuado fica obrigado a reparar integralmente o dano que tenha causado. (Redação dada pelo Decreto n. 9.179, de 2017.)

§ 2º A autoridade ambiental, ao deferir o pedido de conversão, aplicará sobre o valor da multa consolidada o desconto de: (Redação dada pelo Decreto n. 11.373, de 2023.)

I – quarenta por cento, na hipótese prevista no inciso I do *caput* do art. 142-A, se a conversão for requerida juntamente com a defesa; (Redação dada pelo Decreto n. 11.373, de 2023.)

II – trinta e cinco por cento, na hipótese prevista no inciso I do *caput* do art. 142-A, se a conversão for requerida até o prazo das alegações finais; (Redação dada pelo

Decreto n. 11.373, de 2023.)

III – sessenta por cento, na hipótese prevista no inciso II do *caput* do art. 142-A, se a conversão for requerida juntamente com a defesa; ou (Redação dada pelo Decreto n. 11.373, de 2023.)

IV – cinquenta por cento, na hipótese prevista no inciso II do *caput* do art. 142-A, se a conversão for requerida até o prazo das alegações finais. (Incluído pelo Decreto n. 11.373, de 2023.)

§ 3º (Revogado pelo Decreto n. 9.760/19.)

§ 3º-A. Na hipótese prevista nos incisos III e IV do § 2º, o valor consolidado nominal da multa a ser convertida poderá ser parcelado em até vinte e quatro parcelas mensais e sucessivas, sobre as quais incidirá reajuste mensal com base na variação do Índice Nacional de Preços ao Consumidor Amplo – IPCA. (Incluído pelo Decreto n. 11.373, de 2023.)

§ 4º (Revogado pelo Decreto n. 9.760/19.)

§ 4º-A. Os custos decorrentes de serviços bancários necessários à operacionalização da conversão de multa na modalidade prevista nos incisos III e IV do *caput* do art. 142-A serão deduzidos dos valores obtidos por meio dos rendimentos sobre os valores depositados em conta garantia em banco público, até o limite dos referidos custos. (Incluído pelo Decreto n. 11.373, de 2023.)

§ 5º (Revogado pelo Decreto n. 9.760/19.)

§ 5º-A. Na hipótese de os resultados dos rendimentos sobre os valores depositados em conta garantia não serem suficientes para a cobertura dos custos bancários, o autuado complementará o valor faltoso. (Incluído pelo Decreto n. 11.373, de 2023.)

§ 6º (Revogado pelo Decreto n. 9.760/19.)

§ 6º-A Na hipótese de os resultados dos rendimentos sobre os valores depositados em conta garantia ultrapassarem o valor devido aos custos bancários, o excedente será aplicado integralmente na prestação de serviços ambientais estabelecidos pelo órgão federal emissor da multa, conforme estabelecido no art. 140. (Incluído pelo Decreto n. 11.373, de 2023.)

§ 7º O valor resultante do desconto não poderá ser inferior ao valor mínimo legal aplicável à infração. (Redação dada pelo Decreto n. 11.373, de 2023.)

O requerimento de conversão de multa para implementação de serviço de preservação, melhoria e recuperação da qualidade do meio ambiente será instruído com o projeto, conforme as diretrizes estabelecidas pelo órgão federal emissor da multa.

Quando julgar o auto de infração, a autoridade julgadora deverá, em decisão única, julgar o auto de infração e o pedido de conversão da multa, protocolado no momento da sua manifestação em alegações finais.

Se decidir pela conversão as partes celebrarão um termo de compromisso, que estabelecerá os termos da vinculação do autuado ao objeto da conversão de multa pelo prazo de execução do projeto aprovado.

2.3.4. DESTRUIÇÃO OU INUTILIZAÇÃO DO PRODUTO

A destruição ou inutilização dos produtos, subprodutos ou instrumentos utilizados na prática da infração administrativa pode acontecer quando isso for necessário para evitar o uso e aproveitamento indevidos nas situações em que o transporte e a guarda são inviáveis. Ou, então, quando esses produtos e instrumentos possam expor o meio ambiente a riscos significativos ou comprometam a segurança da população e dos agentes públicos envolvidos na fiscalização (art. 111 do Decreto n. 6.514/08).

2.3.5. SUSPENSÃO

A suspensão pode ser tanto da venda e fabricação de um produto quanto da atividade realizada.

A suspensão de venda ou fabricação de produto visa a evitar a colocação no mercado de produtos e subprodutos oriundos de infração administrativa ao meio ambiente ou, ainda, interromper o uso contínuo de matéria-prima e subprodutos de origem ilegal (art. 109 do Decreto n. 6.514/08).

A suspensão parcial ou total de atividades tem como objetivo impedir a continuidade de processos produtivos em desacordo com a legislação ambiental.

2.3.6. EMBARGO DE OBRA OU ATIVIDADE

As obras ou atividades que estejam sendo realizadas em áreas irregularmente desmatadas ou queimadas ficarão sujeitas ao embargo.

O § 2º do art. 16 do Decreto n. 6.514/08 alivia essa sanção ao dispor que não será aplicada essa penalidade quando a infração ocorrer fora de área de preservação permanente ou reserva legal, salvo quando se tratar de desmatamento ou queima não autorizada de vegetação nativa. Essa redação foi dada pelo Decreto n. 12.189, de 20 de setembro de 2024.

O embargo de obra ou atividade pretende impedir a continuidade de um dano ambiental, propiciar a regeneração do meio ambiente e dar viabilidade à recuperação da área degradada, restringindo-se ao local onde houve a prática do ilícito.

O Decreto mencionado, n. 12.189/24, também acrescentou o art. 16-A ao Decreto n. 6.514/08, com a seguinte redação:

> Art. 16-A. O órgão competente poderá embargar área que corresponda a conjunto de polígonos relativos ao mesmo tipo de infração ambiental, com o objetivo de:
>
> I – cessar a infração e a degradação ambiental;
>
> II – impedir que qualquer pessoa aufira lucro ou obtenha vantagem econômica com o cometimento de infração ambiental;
>
> III – prevenir a ocorrência de novas infrações;
>
> IV – resguardar a recuperação ambiental;

V – promover a reparação dos danos ambientais; e
VI – garantir o resultado prático de processos de responsabilização administrativa.

§ 1º A aplicação do embargo de área que corresponda a conjunto de polígonos poderá ser formalizada em um único termo próprio.

§ 2º A critério do órgão competente, os polígonos relativos ao mesmo tipo de infração ambiental poderão ser agrupados por bioma, unidade federativa, gleba, unidade de conservação, terra indígena, imóvel, região ou delimitação geográfica sob fiscalização.

O descumprimento total ou parcial de embargo enseja a aplicação cumulativa das seguintes sanções:

I – suspensão da atividade e da venda de produtos ou subprodutos criados ou produzidos no local; e
II – cancelamento de registros, licenças ou autorizações de funcionamento da atividade econômica junto aos órgãos ambientais e de fiscalização.

Além disso, a autoridade ambiental deve comunicar o Ministério Público, caso haja o descumprimento do embargo.

2.3.7. DEMOLIÇÃO DE OBRA

De acordo com o art. 19 do Decreto, a demolição de obra poderá ser aplicada depois do contraditório e da ampla defesa quando a construção tiver sido realizada em desacordo com a legislação ambiental e estiver localizada em área ambientalmente protegida.

Também poderá ser aplicada a mesma penalidade quando a obra não atender aos requisitos da legislação ambiental e não puder ser regularizada.

No entanto, não será aplicada a sanção de demolição quando os impactos dessa medida forem piores para o meio ambiente do que a manutenção da construção.

As despesas da demolição ficam a cargo do infrator, que poderá realizá-la ou reembolsar a administração pelos gastos.

2.3.8. RESTRIÇÃO DE DIREITOS

As sanções restritivas de direito por infrações administrativas podem ser aplicadas cumulativamente (§ 8º do art. 72 da Lei n. 9.605/98). São elas:

I – suspensão de registro, licença ou autorização;
II – cancelamento de registro, licença ou autorização;
III – perda ou restrição de incentivos e benefícios fiscais;
IV – perda ou suspensão da participação em linhas de financiamento em estabelecimentos oficiais de crédito.
V – proibição de contratar com a Administração Pública.

A proibição de contratar com a Administração não poderá ser superior a três anos. As demais sanções não poderão ser aplicadas por período superior a um ano (art. 20, § 1º, do Decreto n. 6.514/08 – Redação alterada pelo Decreto n. 11.080, de 2022).

2.3.9. DESTINAÇÃO DE BENS E ANIMAIS APREENDIDOS

O item "j" se refere à "apreensão dos animais, produtos e subprodutos da fauna e flora, instrumentos, petrechos, equipamentos ou veículos de qualquer natureza utilizados na infração".

Após a apreensão, de acordo com o art. 107 do Decreto n. 6.514/08, a autoridade competente deve proceder da seguinte forma:

a) os animais da fauna silvestre serão libertados em seu hábitat ou entregues a jardins zoológicos, fundações, entidades de caráter científico, centros de triagem, criadouros regulares ou entidades assemelhadas. Tais animais podem, também, ser entregues em guarda doméstica provisória;

b) os animais domésticos ou exóticos que forem encontrados em unidade de conservação de proteção integral ou em área de preservação permanente poderão ser vendidos.

Tais animais podem ser doados, caso a guarda ou venda seja econômica ou operacionalmente inviáveis. Essas doações serão feitas para órgãos e entidades públicas de caráter científico, cultural, educacional, hospitalar, penal, militar e social, bem como para outras entidades sem fins lucrativos de caráter beneficente (art. 135 do Decreto n. 6.514/08).

O parágrafo único do art. 135 destaca que os produtos da fauna não perecíveis serão destruídos ou doados a instituições científicas, culturais ou educacionais.

Também serão vendidos os animais domésticos ou exóticos que tenham sido apreendidos por estarem impedindo a regeneração natural de vegetação em área cujo corte não tenha sido autorizado;

c) os produtos perecíveis e as madeiras sob risco iminente de perecimento serão avaliados e doados. O risco iminente de perecimento está caracterizado quando as madeiras estão acondicionadas a céu aberto ou não puderam ser guardadas ou depositadas em locais próprios, ou ainda quando inviável o transporte e guarda.

O art. 134 do Decreto amplia o rol de destinações dos bens e animais apreendidos, ressaltando que após a decisão que confirma o auto de infração, estes não podem mais retornar ao infrator.

Quando a apreensão for de substâncias ou produtos tóxicos, perigosos ou nocivos à saúde humana ou ao meio ambiente, as medidas adotadas serão determinadas pelo órgão competente e correrão por conta do infrator.

Os bens doados não podem ser transferidos a terceiros, salvo quando isso for considerado mais adequado à execução dos fins institucionais dos beneficiários. Por fim, os bens sujeitos à venda serão submetidos a leilão, nos termos da Lei n. 8.666/93 (vigente até 30 de dezembro de 2023, quando será substituída pela Lei n. 14.133, de 1º de abril de 2021 – Nova Lei de Licitações e Contratos Administrativos).

2.4. INDEPENDÊNCIA ENTRE AS SANÇÕES

Algumas ações ou omissões representam infração administrativa sem que se caracterize o crime ambiental, principalmente nos casos de atividades exigidas para permitir ou facilitar o exercício da fiscalização.

Pode ser citado como exemplo de infração administrativa, mas que não configura crime ambiental, a falta de registro no Cadastro Técnico Federal, previsto na Lei n. 6.938/81.

> Art. 17. Fica instituído, sob a administração do Instituto Brasileiro do Meio Ambiente e dos Recursos Naturais Renováveis – IBAMA:
>
> I – Cadastro Técnico Federal de Atividades e Instrumentos de Defesa Ambiental, para registro obrigatório de pessoas físicas ou jurídicas que se dediquem à consultoria técnica sobre problemas ecológicos e ambientais e à indústria e comércio de equipamentos, aparelhos e instrumentos destinados ao controle de atividades efetiva ou potencialmente poluidoras;
>
> II – Cadastro Técnico Federal de Atividades Potencialmente Poluidoras ou Utilizadoras de Recursos Ambientais, para registro obrigatório de pessoas físicas ou jurídicas que se dedicam a atividades potencialmente poluidoras e/ou à extração, produção, transporte e comercialização de produtos potencialmente perigosos ao meio ambiente, assim como de produtos e subprodutos da fauna e flora.

As pessoas físicas e jurídicas que exerçam as atividades mencionadas no citado artigo e não estejam inscritas nesses cadastros incorrem em infração punível com multa que pode ser de R$ 50,00 (cinquenta reais), quando se tratar de pessoa física; ou, então, oscilar entre R$ 150,00 (cento e cinquenta reais) e R$ 9.000,00 (nove mil reais), de acordo com o porte da empresa.

As multas administrativas são independentes das sanções penais aplicadas. Assim, a sanção pecuniária imposta pelo órgão ambiental (poder de polícia) e a multa penal imposta pelo Poder Judiciário são autônomas e independentes.

Ademais, as sanções penais e administrativas são independentes da obrigação de reparar o dano causado ao meio ambiente. Esta obrigação de reparação do *status quo ante* está prevista no § 3º do art. 225 da Constituição Federal. Trata-se de sanção cumulativa, não alternativa ou substitutiva. Vale dizer, são obrigações.

2.5. RESPONSABILIDADE ADMINISTRATIVA

Dentre as sanções previstas na Lei n. 9.605/98 para as infrações administrativas ambientais, a multa simples utiliza o critério da responsabilidade com culpa (art. 72, § 3º), enquanto as demais sanções utilizam o critério da responsabilidade sem culpa.

O § 3º do art. 72 da Lei n. 9.605/98 dispõe, expressamente, que a multa simples será aplicada *sempre que o agente, por negligência ou dolo*, não sanar irregularidades que já foram advertidas ou opuser embaraço à fiscalização.

> Art. 72. (...)
>
> § 3º A multa simples será aplicada sempre que o agente, por negligência ou dolo:
>
> I – advertido por irregularidades que tenham sido praticadas, deixar de saná-las, no prazo assinalado por órgão competente do SISNAMA ou pela Capitania dos Portos, do Ministério da Marinha;
>
> II – opuser embaraço à fiscalização dos órgãos do SISNAMA ou da Capitania dos Portos, do Ministério da Marinha.

Por fim, destaque-se que há a necessidade de ilicitude da atividade para que haja a responsabilização administrativa, pois é necessário que haja o descumprimento das normas para que as sanções possam ser aplicadas.

3. A COOPERAÇÃO INTERNACIONAL E A MEDIDA PROVISÓRIA N. 2.163/01

A Lei dos Crimes Ambientais revela *nuances* quanto à integração dos países na manutenção do equilíbrio do meio ambiente e subsidiariamente utiliza-se de outros instrumentos legislativos, tendo como norte a Constituição Federal, mais precisamente seu art. 4º, quando em voga a reciprocidade de informações e atividades internacionais.

Assim os preceitos dos arts. 77 e 78.

Resta uma crítica, porém, à inovação legislativa posterior à Lei n. 9.605/98.

Trata-se da Medida Provisória n. 2.163/01, que incluiu à Lei dos Crimes Ambientais uma espécie de "moratória" aos criminosos do meio ambiente, para que estes a utilizem e não sejam punidos.

Diz o art. 79-A:

> Art. 79-A. Para o cumprimento do disposto nesta Lei, os órgãos ambientais integrantes do SISNAMA, responsáveis pela execução de programas e projetos e pelo controle e fiscalização dos estabelecimentos e das atividades suscetíveis de degradarem a qualidade ambiental, ficam autorizados a celebrar, com força de título executivo extrajudicial, termo de compromisso com pessoas físicas ou jurídicas responsáveis pela construção, instalação, ampliação e funcionamento de estabelecimentos e atividades utilizadores de recursos ambientais, considerados efetiva ou potencialmente poluidores.

Com redação no art. 79-A, a Lei perde muito de sua contundência, com a possibilidade da celebração de um Termo de Compromisso com pessoas físicas e jurídicas para que estas possam promover correções em suas atividades poluidoras.

Dessa forma, suspende-se a aplicação das sanções pelo prazo mínimo de noventa dias e máximo de 3 anos, com possibilidade de prorrogação por igual período.

A previsão de regulamentação da Lei dos Crimes Ambientais encontra-se resolvida com a publicação do Decreto n. 6.514/08, que veio substituir o Decreto anterior, de n. 3.179/99.[5]

Um dos mais eficientes sistemas de cooperação internacional é a CITES – sigla em inglês para *Convention on International Trade in Endangered Species of Wild Fauna and Flora* (Convenção sobre Comércio Internacional das Espécies da Flora e Fauna Selvagens em Perigo de Extinção, em português) –, adotada pelo Brasil pelo Decreto n. 3.607, de 21 de setembro de 2000.

A autoridade CITES no Brasil é o IBAMA e, atualmente, cerca de 170 países são signatários do acordo. Dessa forma, os países signatários somente autorizam a entrada em seu território de espécimes em perigo de extinção mediante um Certificado, emitido pelo órgão federal de meio ambiente do Brasil, atestando que possuem origem lícita, como origem em criatórios registrados no caso de fauna ou de Planos de Manejo Florestal aprovados no caso de produtos florestais.

4. QUEIMA DE CANA-DE-AÇÚCAR

A queima da cana-de-açúcar como método despalhador que facilita a colheita sempre representou um grave problema ambiental e, ao mesmo tempo, sua proibição mereceu severas críticas do setor sucroalcooleiro.

O art. 27 da Lei n. 4.771/85 (antigo Código Florestal), regulamentada pelo posterior Decreto n. 2.661/98, proibia o uso de fogo nas florestas e nas demais formas de vegetação, conceito que abrange todas as espécies, tanto culturas permanentes quanto renováveis.

Porém, havia uma ressalva.

O Decreto n. 2.661/98 excluía a proibição da queima de cana, nos casos em que houvesse a permissão do Poder Público, para fins de atividade agropastoril e florestal, se as peculiaridades regionais assim o indicarem.

O Superior Tribunal de Justiça já se manifestou favoravelmente à queima, desde que com a anuência estatal, e *"buscando conciliar os interesses do segmento produtivo com os da população, que tem o direito ao equilíbrio do meio ambiente,*

---

[5] V. TRENNEPOHL, Curt; TRENNEPOHL, Terence; TRENNEPOHL, Natascha. *Infrações ambientais:* comentários ao Decreto 6.514/2008. 4. ed. rev., atual. e ampl. São Paulo: Thomson Reuters Brasil, 2022.

mormente ao emprego do desenvolvimento sustentado. Dessarte, visto que realizadas as queimadas da palha de cana-de-açúcar sem a respectiva licença ambiental, fato de ocorrência frequente no país, e na certeza de que essas queimadas poluem a atmosfera, está evidenciada a ilicitude do ato a ponto de se impor condenação à abstenção dessa prática" (REsp 578.878/SP).

A Ministra Ellen Gracie, do Supremo Tribunal Federal, deferiu liminar em favor do Sindicato da Indústria de Fabricação do Álcool de São Paulo (SIFAESP) e do Sindicato da Indústria do Açúcar de São Paulo (SIAESP) para suspender os efeitos de decisão do Tribunal de Justiça do Estado (TJ-SP) que considerou válida a Lei n. 4.446/03, de Botucatu, que proibia a utilização de fogo na colheita da cana-de-açúcar.

Contra essa lei, as duas entidades ajuizaram Ação Direta de Inconstitucionalidade (ADI) no Tribunal de Justiça de São Paulo, alegando que a norma municipal violaria os arts. 24, VI, e 30, I, ambos da Constituição Federal, uma vez que sua edição feria a competência estadual para legislar sobre meio ambiente.

O Tribunal de Justiça de São Paulo julgou improcedente a ação. Contra essa negativa, o SIFAESP e o SIAESP manejaram Recurso Extraordinário. Como este não possui efeito suspensivo, as entidades recorreram ao Supremo, por meio da Ação Cautelar (AC) 2.316, exatamente para atribuir efeito suspensivo ao recurso extraordinário, ou seja, suspender a decisão do tribunal paulista e, em consequência, permitir o uso do fogo na colheita da cana, até que a questão seja julgada em definitivo.

Ellen Gracie fundamentou sua decisão no sentido de que a Corte já reconheceu a existência de repercussão geral nesta questão constitucional. Trata-se do Recurso Extraordinário n. 586.224, relatado pelo Ministro Eros Grau, no qual se discutiu a proibição da queima para colheita da cana-de-açúcar, constante em uma lei do município paulista de Paulínia, embora exista permissão estadual para sua utilização.

O novo Código Florestal, a Lei n. 12.651/12, repetiu a proibição do uso de fogo em vegetação, excetuando as hipóteses em que peculiaridades regionais o justifiquem em práticas agropastoris (art. 38), mediante autorização do órgão competente do SISNAMA.

Cabe, portanto, uma análise do conteúdo do Decreto n. 2.661/98, uma vez que o art. 38 da Lei n. 12.651/12 ainda não foi regulamentado.

Note-se que o art. 16 da norma previa a redução gradativa do uso do fogo em áreas passíveis de mecanização, na proporção de um quarto de cada unidade agroindustrial a cada cinco anos. Destarte, em 2018 a exceção estabelecida pelo Decreto estaria superada.

Diversos Estados e inclusive alguns Municípios proibiram, em legislação própria, o uso de fogo no manejo da cana-de-açúcar e a competência para estabelecer essa proibição foi reconhecida pelos tribunais superiores.

5. MAUS-TRATOS DE ANIMAIS

O Decreto n. 24.645, de 10 de julho de 1934, definiu maus-tratos e crueldade contra os animais. Porém, ainda existem controvérsias sobre a vigência deste Decreto.

Partilhamos do entendimento de que o Decreto de 1934 encontra-se em pleno vigor, pois foi editado no período de excepcionalidade jurídica da era getulista, possuindo, portanto, força de Lei.

Por tratar-se de norma muito antiga, que não consta no *site* de legislação do Planalto, embora ainda esteja em vigor, transcrevemos o art. 3º, que define maus-tratos, e que encerra uma dúvida frequente na aplicação da legislação que trata da fauna:

Art. 3º Consideram-se maus tratos:

I – praticar ato de abuso ou crueldade em qualquer animal;

II – manter animais em lugares anti-higiênicos ou que lhes impeçam a respiração, o movimento ou o descanso, ou os privem de ar ou luz;

III – obrigar animais a trabalhos excessivos ou superiores às suas forças e a todo ato que resulte em sofrimento para deles obter esforços que, razoavelmente, não se lhes possam exigir senão com castigo;

IV – golpear, ferir ou mutilar, voluntariamente, qualquer órgão ou tecido de economia, exceto a castração, só para animais domésticos, ou operações outras praticadas em benefício exclusivo do animal e as exigidas para defesa do homem, ou interesse da ciência;

V – abandonar animal doente, ferido, extenuado ou mutilado, bem como deixar de ministrar-lhe tudo que humanitariamente se lhe possa prover, inclusive assistência veterinária;

VI – não dar morte rápida, livre de sofrimento prolongados, a todo animal cujo extermínio seja necessário para consumo ou não;

VII – abater para o consumo ou fazer trabalhar os animais em período adiantado de gestação;

VIII – atrelar, no mesmo veículo, instrumento agrícola ou industrial, bovinos com equinos, com muares ou com asininos, sendo somente permitido o trabalho em conjunto a animais da mesma espécie;

IX – atrelar animais a veículos sem os apetrechos indispensáveis, como sejam balancins, ganchos e lanças ou com arreios incompletos, incômodos ou em mau estado, ou com acréscimo de acessórios que os molestem ou lhes perturbem o funcionamento do organismo;

X – utilizar, em serviço, animal cego, ferido, enfermo, fraco, extenuado ou desferrado, sendo que este último caso somente se aplica a localidades com ruas calçadas;

XI – açoitar, golpear ou castigar por qualquer forma a um animal caído sob o veículo, ou com ele, devendo o condutor desprendê-lo do tiro para levantar-se;

XII – descer ladeiras com veículos de tração animal sem utilização das respectivas travas, cujo uso é obrigatório;

XIII – deixar de revestir com o couro ou material com idêntica qualidade de proteção, as correntes atreladas aos animais de tiro;

XIV – conduzir veículo de tração animal, dirigido por condutor sentado, sem que o mesmo tenha boleia fixa e arreios apropriados, com tesouras, pontas de guia e retranca;

XV – prender animais atrás dos veículos ou atados às caudas de outros;

XVI – fazer viajar um animal a pé, mais de 10 quilômetros, sem lhe dar descanso, ou trabalhar mais de 6 horas contínuas sem lhe dar água e alimento;

XVII – conservar animais embarcados por mais de 12 horas, sem água e alimento, devendo as empresas de transportes providenciar, sobre as necessárias modificações no seu material, dentro de 12 meses a partir da publicação desta Lei;

XVIII – conduzir animais, por qualquer meio de locomoção, colocados de cabeça para baixo, de mãos ou pés atados, ou de qualquer modo que lhes produza sofrimento;

XIX – transportar animais em cestos, gaiolas ou veículos sem as proporções necessárias ao seu tamanho e números de cabeças, e sem que o meio de condução em que estão encerrados esteja protegido por uma rede metálica ou idêntica, que impeça a saída de qualquer membro animal;

XX – encerrar em curral ou outros lugares animais em número tal que não lhes seja possível moverem-se livremente, ou deixá-los sem água e alimento por mais de 12 horas;

XXI – deixar sem ordenhar as vacas por mais de 24 horas, quando utilizadas na exploração do leite;

XXII – ter animais encerrados juntamente com outros que os aterrorizem ou molestem;

XXIII – ter animais destinados à venda em locais que não reúnam as condições de higiene e comodidades relativas;

XXIV – expor, nos mercados e outros locais de venda, por mais de 12 horas, aves em gaiolas, sem que se faça nestas a devida limpeza e renovação de água e alimento;

XXV – engordar aves mecanicamente;

XXVI – despelar ou depenar animais vivos ou entregá-los vivos à alimentação de outros;

XXVII – ministrar ensino a animais com maus tratos físicos;

XXVIII – exercitar tiro ao alvo sobre patos ou qualquer animal selvagem ou sobre pombos, nas sociedades, clubes de caça, inscritos no Serviço de Caça e Pesca;

XXIX – realizar ou promover lutas entre animais da mesma espécies ou de espécie diferente, touradas e simulacros de touradas, ainda mesmo em lugar privado;

XXX – arrojar aves e outros animais nas casas de espetáculos e exibi-los, para tirar sortes ou realizar acrobacias;

XXXI – transportar, negociar ou caçar, em qualquer época do ano, aves insetívoras, pássaros canoros, beija-flores, e outras aves de pequeno porte, exceção feita das autorizações para fins científicos, consignadas em lei anterior." (sic)

O Decreto n. 3.179/99 estabelecia a mesma sanção prevista para os abusos e maus-tratos na utilização de animais em atividades didáticas ou científicas, em experiências cruéis ou dolorosas, deixando aberto, no entanto, um atalho que tornava a disposição praticamente inócua, ao estabelecer que a atividade somente seria punível quando não existissem recursos alternativos.[6]

---

[6] A Lei n. 6.638, de 8 de maio de 1978, estabelece normas para a prática didático-científica da vivissecção de animais e determina outras providências.

O Decreto atual, n. 6.514/08, omitiu esta previsão.

O recente Decreto n. 9.975, de 17 de agosto de 2019, estabelece que compete ao MAPA – Ministério da Agricultura, Pecuária e Abastecimento avaliar os protocolos de bem-estar animal elaborados por entidades promotoras de rodeios.

A norma busca complementar a Lei n. 10.519/02, que trata das normas de promoção e fiscalização da defesa sanitária animal em rodeios. Fica estabelecido que o MAPA poderá requerer, a qualquer tempo, parecer de especialistas para subsidiá-lo na avaliação dos protocolos de bem-estar animal de atividades de montaria ou de cronometragem e das provas de laço.

Sobre esse tema, maus-tratos de animais, interessante debate judicial instalou-se no final de 2018, quanto à exportação de gado vivo para países do Oriente Médio.

Organizações Não Governamentais ajuizaram diversas Ações Civis Públicas para impedir o embarque e a partida de navios no Porto de Santos e São Sebastião, sob a alegação de que este transporte representaria maus-tratos aos animais embarcados.

Na oportunidade, o IBAMA,[7] em sua defesa na ACP 5000028-53.2018.4.03.6135 – Vara Federal de Caraguatatuba/SP, adotou a seguinte posição:

> Inexistência de tratamento cruel ou maus-tratos (*in re ipsa*) aos animais na exportação de gado vivo via terrestre ou aquaviária. Se o confinamento do animal, por si só, não caracteriza maus-tratos (STJ), com tanto mais razão não configuraria o confinamento durante o transporte do gado, que consta com normas internacionais (Organização Mundial de Saúde Animal/*World Organization for Animal Health* – OIE) admitindo a prática e impondo os padrões de bem-estar animal. As próprias normas da OIE reconhecem que o transporte não é um ato cruel. Se o transporte dos animais para exportação fosse ato cruel haveria normas internacionais vedando-o, entretanto, o que existe é o contrário: normas que admitem não só transporte como também garantem o bem-estar animal. O Código Sanitário de Animais Terrestres da OIE prevê expressamente a possibilidade de transporte de animais via marítima ou aquática dentro de um mesmo país (art. 7.2.3), bem como reconhece a juridicidade da prática da exportação de gado vivo por via marítima.

Aprovado pela Procuradoria-Geral do IBAMA, esta análise tornou-se a posição oficial do órgão ambiental federal em todos os processos com objeto semelhante.[8]

Por fim, em sede judicial, o Tribunal Regional Federal entendeu que não havia maus-tratos e, pelo seu Órgão Especial, deixou assim assentado, por maioria, nos termos do voto da Desembargadora Federal Presidente (Relatora):

> Civil. Processual civil. Agravo em suspensão de liminar. Ação civil pública. Prejudicialidade. Não caracterização. Exportação. Decisão judicial. Proibição, em todo território nacional, do envio ao exterior de animais vivos para o abate. Comprovada

---

[7] BIM, Eduardo Fortunato – Parecer 00017/2018/COJUD/PFE-IBAMA-SEDE/PGF/AGU.

[8] Disponível na íntegra em: https://sapiens.agu.gov.br/documento/107158305.

ofensa à ordem e economia públicas. Termo final da suspensão. Agravo conhecido e provido em parte.

– Impugnada a decisão liminar originária em agravos de instrumento nos quais não há provimento jurisdicional colegiado de órgão desta Corte. Inexistência de prejudicialidade no julgamento de agravo interno em suspensão de liminar.

– A suspensão da eficácia de provimentos jurisdicionais por ato da Presidência do respectivo Tribunal é *"prerrogativa legalmente disponibilizada ao Poder Público, dentre outros legitimados, em defesa do interesse público, toda vez que se vislumbre, concretamente, perigo de grave lesão aos valores atinentes à ordem, à economia, a saúde ou à segurança públicas"*, objetivando *"a suspensão da eficácia das liminares e das sentenças proferidas contra entidades públicas e privadas que desempenham de alguma forma função pública"* (Elton Venturi, Suspensão de Liminares e Sentenças Contrárias ao Poder Público, Malheiros, 3. ed., 2017, p. 35).

– Sob análise, decisão que suspendeu os efeitos de provimento jurisdicional que impediu, em tutela provisória eficaz em todo o território nacional, a exportação de animais vivos para o abate no exterior, fazendo-o até que implantadas práticas adequadas e normativas específicas a respeito.

– Incontroversa existência de significativo volume de exportações de animais vivos provenientes do Brasil, prática comercial de inconteste importância para a economia nacional e que é estruturada nos âmbitos administrativo, empresarial e político para atender a mercado consumidor específico pelo fornecimento do produto via rotas marítimas.

– Impactos econômicos de relevo provenientes da decisão suspensa, sobretudo à vista do cenário de dificuldades pelo qual passa o país. Precedente.

– Vedação peremptória de exportação pela via judicial que tolhe o poder de decisão das esferas competentes para a elaboração de políticas econômicas e ambientais.

– Existência de arcabouço normativo em âmbito federal que regula o tema daexportação de animais vivos, que acabou por ser substituído pelo exercício jurisdicional.

– Poder Judiciário ao qual não incumbe a confecção de políticas, mas tão-somente a tutela de direitos, o que significa não ser de sua alçada determinar as formas de atuação estatal na economia, estabelecendo diretrizes quanto àquilo que deve ou não ser exportado, bem como as constrições aplicáveis aos produtos sujeitos ao comércio. Evidenciada a intromissão da tutela jurisdicional em seara que extrapola suas atribuições.

– Ofensas à ordem e economia pública caracterizadas. Necessidade de manutenção da suspensão anteriormente deferida, em sede monocrática, que se depreende dos autos.

– Precedentes do Tribunal Regional Federal da 3ª Região que apontam para a permanência dos efeitos da suspensão até a apreciação, no mérito, de recurso eventualmente interposto perante órgão julgador desta Corte, momento em que desencadeado, pelo efeito recursal substitutivo, o deslocamento da competência para a análise de medida suspensiva ao Superior Tribunal de Justiça ou ao Supremo Tribunal Federal.

– Agravo conhecido e provido em parte, a fim de que a suspensão dos efeitos deferida permaneça hígida até o momento em que a controvérsia seja julgada, de forma colegiada, e, no mérito, por órgão deste Tribunal Regional Federal.

6. PROGRAMA DE CONVERSÃO DE MULTAS AMBIENTAIS EMITIDAS POR ÓRGÃOS E ENTIDADES DA UNIÃO INTEGRANTES DO SISTEMA NACIONAL DO MEIO AMBIENTE – SISNAMA – DECRETO N. 9.760, DE 11 DE ABRIL DE 2019

6.1. O DECRETO N. 9.760/19

A conversão da multa, desde o art. 139 até o art. 148, foi substancialmente alterada pelo Decreto n. 9.179/17 e, mais recentemente, sofreu alterações trazidas pelo Decreto n. 11.080/22 e pelo Decreto n. 11.373/23. Ainda assim, nos mesmos termos da redação anterior, a conversão de multa é autorizada (poderá) e não imposta (deverá), razão pela qual procederemos a análise no sentido de permitir à autoridade ambiental uma opção coerente com sua convicção pessoal acerca da conveniência ou não de adotar a medida.

Este tema representa um dos assuntos mais polêmicos da moderna legislação ambiental brasileira, em razão da interpretação que empresta ao § 4º do art. 72 da Lei n. 9.605/98.[9]

Ainda durante a vigência do Decreto n. 3.179/99, o seu art. 60 previa a suspensão da exigibilidade da multa mediante a assunção, pelo infrator, do compromisso de recuperação dos danos causados ao meio ambiente.

A tentativa de normatização do dispositivo da Lei dos Crimes Ambientais no Decreto n. 6.514/08, após a alteração introduzida em 2017, especificou melhor as hipóteses em que a medida pode ser adotada, principalmente afastando a antiga disposição do inciso I do art. 140, que admitia a recuperação dos danos causados pela própria infração como serviço de melhoria e recuperação da qualidade do meio ambiente, o que sempre consideramos um lamentável erro de interpretação do § 4º do art. 72 da Lei n. 9.605/98. Inicialmente, devemos avaliar os objetivos das sanções por infrações contra o meio ambiente. A Constituição Federal, na sua disposição mais consagrada em matéria ambiental, estabelece a pluralidade e independência das sanções.

---

[9] Art. 72. As infrações administrativas são punidas com as seguintes sanções, observado o disposto no art. 6º:
[...]
§ 4º A multa simples pode ser convertida em serviços de preservação, melhoria e recuperação da qualidade do meio ambiente.

É mandamento constitucional a obrigação de reparar o equilíbrio ambiental prejudicado por ação ou omissão. Ao mesmo tempo, a lei maior prevê a aplicação de sanções administrativas no caso de práticas lesivas ao meio ambiente.

A obrigação de reparar o dano causado ao meio ambiente e a sanção pecuniária não são penas alternativas, são penas cumulativas. A primeira, com o objetivo de reparar o *status quo ante*, representa a garantia para a coletividade do usufruto da harmonia entre o homem e a natureza e a qualidade de vida decorrente. A segunda, com uma finalidade dissuasória, tem o objetivo de coibir e desestimular as infrações ambientais que possam vir a provocar a quebra desse equilíbrio. Uma é reparatória, outra é sancionatória. Assim se manifesta Édis Milaré sobre o assunto:

> Não custa relembrar que a sanção administrativa, mesmo a pecuniária (multa), não é restauração do direito alheio, individual ou coletivo, mas é pena pela violação de um dever imposto pelo ordenamento administrativo.[10]

A equivocada interpretação do § 4º do art. 72 da Lei n. 9.605/98, gerava consequências negativas para a eficácia dos instrumentos jurídicos de proteção ambiental. A multa, no dizer da Procuradora Federal Giorgia Sena Martins, é:

> [...] o principal instrumento de proteção ambiental e desestímulo ao cometimento de infrações [...]. É a multa administrativa e não a responsabilidade penal ambiental (que, quase sempre, acaba em prescrição ou transação, muitas vezes por duas ou três cestas básicas), que faz com que o potencial infrator pense duas vezes antes de destruir o Meio Ambiente.[11]

A multa reduzida a valores muito baixos representaria um inadmissível estímulo a práticas proibidas em lei, pois o valor gasto para o pagamento da sanção poderia ser compensado rapidamente pela atividade econômica decorrente da degradação.

Ainda conforme a Procuradora, ao analisar a aplicabilidade do instituto da suspensão da exigibilidade da multa, era a certeza da aplicação da sanção na dosagem indicada pela norma que servia de desestímulo aos infratores e, por conseguinte, propiciava a garantia do meio ambiente equilibrado para as presentes e futuras gerações, em atendimento ao comando do art. 225 da Constituição Federal:

> A certeza da aplicação da multa leva o infrator a sopesar se a infração ambiental vale a pena. O infrator ambiental não age passionalmente, mas premeditada e calculadamente. O infrator ambiental busca o lucro. As razões da criminalidade ambiental são muito específicas. Ninguém destrói o Meio Ambiente por raiva. Destrói para auferir benefícios. A partir do momento que o sujeito souber que esse benefício está garantido *a priori*, não haverá mais óbices para devastar e destruir o pouco que resta do Meio Ambiente.

---

[10] MILARÉ, Édis. Tutela jurídico-civil do ambiente. *Revista Direito Ambiental*, São Paulo, n. 0, 1995. p. 29.

[11] Processo 2006.72.00.012870-0 – Vara Ambiental Federal de Florianópolis-SC.

Para melhor visualizar a incongruência de minorar ou suspender a multa administrativa em face da recuperação do dano ambiental causado pela infração, cabem alguns comentários sobre as finalidades das sanções administrativas previstas no Decreto n. 6.514/08.

Segundo a lição de Francisco José Marques Sampaio, as sanções previstas nas normas ambientais têm finalidades diferentes:

> É sabido que a violação de um preceito normativo pode dar origem a sanções de diversas naturezas, a cada uma correspondendo um tipo de responsabilidade, que pode ser penal, administrativa, civil e, em certos casos, até mesmo política. Cada uma dessas modalidades tem objetivos peculiares, e os meios de atingir tais objetivos, isto é, as sanções a serem aplicadas aos violadores do direito positivo, consequentemente, diferem.[12]

É inquestionável que as sanções penais, civis e administrativas podem ser aplicadas cumulativamente, pois cada uma tem uma finalidade distinta. E mais, que a satisfação de qualquer uma das sanções impostas não vincula nem subordina as demais, eis que são totalmente independentes entre si.

O gestor público tem obrigação de aplicar a norma conforme seu objetivo expresso. A discricionariedade somente é admissível quando possível mais de uma forma de aplicar a norma ou quando vago ou impreciso o comando legal. No âmbito federal, a Lei n. 9.784/99, que regula o processo administrativo no âmbito da Administração Pública Federal impõe a *interpretação da norma administrativa da forma que melhor garanta o atendimento do fim a que se dirige* (art. 2º, XIII).

Por isso, sempre foi nosso entendimento que o § 4º do art. 72 da Lei n. 9.605/98 não afastou a independência entre a sanção administrativa e a obrigação de reparar o dano causado ao meio ambiente.

No entanto, o art. 141 afastou essa possibilidade de converter a multa administrativa em serviço de recuperação do próprio dano causado ao meio ambiente.

O parágrafo único do art. 139 foi alterado pelo Decreto n. 9.760/2019 e pelo Decreto n. 11.080/22, proibindo a conversão das multas aplicadas por infrações ambientais que tenham provocado morte humana e outras hipóteses previstas em regulamento do órgão ou da entidade ambiental responsável pela apuração da infração ambiental.

Demais disso, o Decreto n. 11.373/23 incluiu o art. 140-B, autorizando os órgãos federais a realizarem chamamentos públicos para selecionar projetos apresentados por órgãos e entidades, públicas ou privadas sem fins lucrativos, para a execução dos serviços de que trata o art. 140, em áreas públicas ou privadas.

---

[12] SAMPAIO, Francisco José Marques. *Responsabilidade civil e reparação de danos ao meio ambiente*. Rio de Janeiro: Lumen Júris, 1998. p. 8.

O pedido de conversão de multa poderá ser realizado até o momento da sua manifestação em alegações finais, conforme o art. 142.

Este Decreto também revogou os dispositivos que tratavam do Núcleo de Conciliação Ambiental.

6.2. SERVIÇOS DE PRESERVAÇÃO, MELHORIA E RECUPERAÇÃO DO MEIO AMBIENTE

Em sua versão original, o Decreto n. 6.514/08 limitava-se a definir o que seriam serviços de preservação, melhoria e recuperação da qualidade do meio ambiente para fins de conversão da sanção pecuniária.[13]

A execução de obras ou atividades de recuperação de danos decorrentes da própria infração é, evidentemente, um serviço de recuperação da qualidade do meio ambiente. Mas, mais que isso, é uma obrigação constitucional de quem causou os danos ambientais, incapaz de caracterizar uma iniciativa elegível para propiciar qualquer recompensa pelo seu cumprimento.

A suspensão da exigibilidade da multa em troca de serviços de relevante interesse do meio ambiente é uma inovação no direito ambiental brasileiro, uma espécie de *sanção premial*, definida por Nader como um benefício conferido pelo ordenamento jurídico como incentivo ao cumprimento de determinada obrigação.[14]

Ao pretender que a recuperação do dano decorrente da própria infração fosse recompensada com qualquer tipo de benefício, como a redução do valor da multa, prevista na redação anterior do art. 140, estaria inovando-se o direito ambiental brasileiro com a introdução de um benefício pela obediência de expressa disposição constitucional.

A implantação de obras ou atividades de recuperação de outras áreas degradadas, diferentes daquela em que o autuado praticou a infração, pelo que se subentende da leitura do inciso I, de igual sorte não nos parece nenhuma atividade recomendável, na medida em que também é obrigação de quem promoveu a degradação. Certamente, o Decreto não pretende dispensar o responsável pela degradação da obrigação de recuperar a área, repassando a obrigação a terceiros, por meio da conversão da multa por outra infração.

No entanto, além da recuperação de áreas degradadas, nos termos do *caput*, as ações, atividades ou obras incluídas nos projetos de conversão das multas também

---

[13] Art. 140. São considerados serviços de preservação, melhoria e recuperação da qualidade do meio ambiente: I – execução de obras ou atividades de recuperação de danos decorrentes da própria infração; II – implementação de obras ou atividades de recuperação de áreas degradadas, bem como de preservação e melhoria da qualidade do meio ambiente; III – custeio ou execução de programas e de projetos ambientais desenvolvidos por entidades públicas de proteção e conservação do meio ambiente; e IV – manutenção de espaços públicos que tenham como objetivo a preservação do meio ambiente.

[14] NADER, Paulo. *Introdução ao estudo do direito*. 34. ed. rev. e atual. Rio de Janeiro: Forense: 2012. p. 88.

podem ser destinadas à recuperação de processos ecológicos essenciais, incumbência do poder público nos termos do art. 225, § 1º, I, da Constituição.

José Afonso da Silva definiu *processos ecológicos essenciais* como aqueles "governados, sustentados ou intensamente afetados pelos ecossistemas, sendo indispensáveis à produção de alimentos, à saúde e a outros aspectos da sobrevivência humana e do desenvolvimento sustentado".[15]

Na sequência, o dispositivo em análise prevê a recuperação de vegetação nativa para proteção (art. 140, I, *c*) e das áreas de recarga de aquíferos (art. 140, I, *d*) como serviços de preservação, melhoria e recuperação da qualidade do meio ambiente.[16]

Ao elaborar eventual proposta nesse sentido, deve-se observar que grande parte da vegetação nativa conta com regime especial de proteção, como a Mata Atlântica,[17] ou a vegetação situada ao longo dos cursos d'água.[18]

Assim, em vários casos a recuperação da vegetação nativa é expressamente exigida do proprietário em normas próprias, não se admitindo, em nosso entendimento que essa obrigação sirva para minorar o valor de sanção pecuniária por eventual transgressão às normas ambientais.

A obrigação é *propter rem*. Se a propriedade é transmitida, a obrigação de recuperar o dano causado ao meio ambiente a segue, seja qual for o título translativo.

Ainda, como serviços de preservação, melhoria e recuperação da qualidade do meio ambiente a nova ordem admite projetos com o objetivo de *proteção e manejo de espécies da flora nativa e da fauna silvestre*, uma definição extremamente subjetiva e que poderá dar margem a diversas interpretações equivocadas. Entendemos que projetos de plantio de espécies nativas da flora para aproveitamento econômico futuro ou para a criação de espécimes da fauna silvestre com fins comerciais não podem ser aceitos como serviços ambientais.

Na sequência, projetos de *monitoramento da qualidade do meio ambiente e desenvolvimento de indicadores ambientais* também são considerados elegíveis para a conversão das multas. De igual sorte, trata-se de dispositivo que poderá gerar controvérsias, pois a Lei n. 6.938/81 institui o Relatório de Qualidade do Meio Ambiente – RQMA como um dos instrumentos da Política Nacional do Meio Ambiente, delegando sua elaboração ao IBAMA (art. 9º, X).

---

[15] SILVA, José Afonso. *Curso de direito constitucional positivo.* 18. ed. rev. atual. São Paulo: Malheiros Editores, 2000. p. 876.

[16] A diferença entre recuperação e restauração nos é fornecida pela Lei n. 9.985/2000 (que cria o Sistema Nacional de Unidades de Conservação – SNUC), no art. 2º: XIII – recuperação: restituição de um ecossistema ou de uma população silvestre degradada a uma condição não degradada, que pode ser diferente de sua condição original; XIV – restauração: restituição de um ecossistema ou de uma população silvestre degradada o mais próximo possível da sua condição original.

[17] Lei n. 11.428/06, que dispõe sobre utilização e proteção da vegetação nativa do Bioma Mata Atlântica.

[18] Áreas de Preservação Permanente, nos termos do art. 4ª da Lei n. 12.651/12.

Por outro lado, o monitoramento da qualidade ambiental, quando existe o risco de impacto causado por obras, empreendimentos ou atividades é exigência obrigatória, em nome do princípio da precaução, normalmente integrando a licença ambiental como condicionante.

Portanto, qualquer projeto de monitoramento da qualidade ambiental ou de desenvolvimento de indicadores ambientais deve estar em sintonia com a Política Nacional do Meio Ambiente e não pode ser destinado a obrigações já previstas na legislação ou estabelecidas pelo poder público como medida de cautela para o licenciamento ambiental.

Projetos destinados a mitigação ou adaptação às mudanças climáticas também são elegíveis para a conversão das sanções pecuniárias em serviços ambientais, conforme dispõe o inciso IV.

A Lei n. 12.187/09 instituiu a Política Nacional sobre Mudança do Clima – PNMC, que apresenta, entre suas diretrizes, diversas ações de mitigação da mudança do clima em consonância com o desenvolvimento sustentável.[19]

É importante destacar que o Brasil aderiu voluntariamente à Convenção – Quadro das Nações Unidas sobre Mudança do Clima de redução de emissões de gases de efeito estufa entre 36,1% e 38,9% das emissões projetadas até 2020.

Os objetivos da Política Nacional sobre Mudança do Clima – PNMC preveem a compatibilização da proteção do sistema climático global com o desenvolvimento sustentável em busca do crescimento econômico, da erradicação da pobreza e da redução das desigualdades sociais, por meio do fomento a práticas que reduzam as emissões de gases de efeito estufa e de estímulo a adoção de atividades e tecnologias de baixas emissões desses gases, bem como do estabelecimento de padrões sustentáveis de produção e consumo. Por conseguinte, entendemos que somente projetos com esse enfoque podem ser apresentados para a conversão de multas previstas no *caput*.

Em nosso entendimento, um dispositivo que se encontra deslocado em relação ao corolário da legislação ambiental diz respeito à conversão da multa em "*manutenção*

---

[19] Art. 5º São diretrizes da Política Nacional sobre Mudança do Clima:
[...]
VI – a promoção e o desenvolvimento de pesquisas científico-tecnológicas, e a difusão de tecnologias, processos e práticas orientados a: a) mitigar a mudança do clima por meio da redução de emissões antrópicas por fontes e do fortalecimento das remoções antrópicas por sumidouros de gases de efeito estufa; b) reduzir as incertezas nas projeções nacionais e regionais futuras da mudança do clima; c) identificar vulnerabilidades e adotar medidas de adaptação adequadas;
[...]
IX – o apoio e o fomento às atividades que efetivamente reduzam as emissões ou promovam as remoções por sumidouros de gases de efeito estufa;
[...]
XIII – o estímulo e o apoio à manutenção e à promoção: a) de práticas, atividades e tecnologias de baixas emissões de gases de efeito estufa; b) de padrões sustentáveis de produção e consumo.

de espaços públicos que tenham como objetivo a conservação, a proteção e a recuperação de espécies da flora nativa ou da fauna silvestre e de áreas verdes urbanas destinadas à proteção dos recursos hídricos" previsto no inciso V deste artigo.

Para melhor explicar esse raciocínio, torna-se necessário uma rápida digressão sobre a previsão da Lei n. 7.347/85, que disciplina a ação civil pública de responsabilidade por danos causados ao meio ambiente, que prevê a possibilidade do compromisso de ajustamento de conduta às exigências legais.[20]

Na esteira desse dispositivo, a Medida Provisória n. 2.163-41, de 23 de agosto de 2001 introduziu o art. 79-A na Lei n. 9.605/98, prevendo a celebração de termos de compromisso destinados, exclusivamente, a permitir que as pessoas físicas e jurídicas pudessem promover as necessárias correções de suas atividades, para o atendimento das exigências impostas pelas autoridades ambientais competentes.[21]

Em outras palavras, essa celebração do termo de compromisso era uma medida transitória, destinada à adequação de atividades em curso à legislação, em razão da criminalização de vários casos pela nova Lei dos Crimes Ambientais.

No caso de conversão de multas, os espaços públicos escolhidos devem ter, obrigatoriamente como objetivo a conservação, proteção ou recuperação de espécies da flora nativa ou da fauna silvestre e as áreas verdes urbanas devem ter a finalidade expressa de proteger os recursos hídricos.

---

[20] Art. 5º Têm legitimidade para propor a ação principal e a ação cautelar: I – o Ministério Público; II – a Defensoria Pública; III – a União, os Estados, o Distrito Federal e os Municípios; IV – a autarquia, empresa pública, fundação ou sociedade de economia mista;
[...]
§ 6º Os órgãos públicos legitimados poderão tomar dos interessados compromisso de ajustamento de sua conduta às exigências legais, mediante cominações, que terá eficácia de título executivo extrajudicial.

[21] Art. 79-A. Para o cumprimento do disposto nesta Lei, os órgãos ambientais integrantes do SISNAMA, responsáveis pela execução de programas e projetos e pelo controle e fiscalização dos estabelecimentos e das atividades suscetíveis de degradarem a qualidade ambiental, ficam autorizados a celebrar, com força de título executivo extrajudicial, termo de compromisso com pessoas físicas ou jurídicas responsáveis pela construção, instalação, ampliação e funcionamento de estabelecimentos e atividades utilizadores de recursos ambientais, considerados efetiva ou potencialmente poluidores.
§ 1º O termo de compromisso a que se refere este artigo destinar-se-á, exclusivamente, a permitir que as pessoas físicas e jurídicas mencionadas no *caput* possam promover as necessárias correções de suas atividades, para o atendimento das exigências impostas pelas autoridades ambientais competentes, sendo obrigatório que o respectivo instrumento disponha sobre:
[...]
§ 2º No tocante aos empreendimentos em curso até o dia 30 de março de 1998, envolvendo construção, instalação, ampliação e funcionamento de estabelecimentos e atividades utilizadores de recursos ambientais, considerados efetiva ou potencialmente poluidores, a assinatura do termo de compromisso deverá ser requerida pelas pessoas físicas e jurídicas interessadas, até o dia 31 de dezembro de 1998, mediante requerimento escrito protocolizado junto aos órgãos competentes do SISNAMA, devendo ser firmado pelo dirigente máximo do estabelecimento.

Vale dizer, a manutenção de áreas verdes decorativas ou cuja finalidade seja unicamente paisagística, embora contribuam com o meio ambiente artificial e a qualidade de vida da comunidade, não são elegíveis como projetos de preservação, melhoria e recuperação da qualidade do meio ambiente para fins de conversão de sanções pecuniárias.

Projetos de educação ambiental também são elegíveis para a conversão de sanções pecuniárias, de acordo com o inciso VI deste art. 140, com a nova redação dada pelo Decreto n. 9.179/17.

O dispositivo merece alguns comentários, principalmente por ser bastante subjetivo.

A Lei n. 9.795/99 instituiu a Política Nacional de Educação Ambiental no Brasil, como parte do processo educativo formal e não formal, estabelecendo a responsabilidade do poder público às instituições de ensino, aos órgãos integrantes do SISNAMA e à sociedade para a sua execução.[22]

Essa lei impõe critérios para a alocação de recursos públicos[23] destinados aos planos e programas, exigindo: *I – conformidade com os princípios, objetivos e diretrizes da Política Nacional de Educação Ambiental; II – prioridade dos órgãos integrantes do SISNAMA e do Sistema Nacional de Educação; III – economicidade, medida pela relação entre a magnitude dos recursos a alocar retorno social propiciado pelo plano ou programa proposto e que devem ser contemplados, de forma equitativa, os planos, programas e projetos das diferentes regiões do País.*

É importante observar que o Projeto de Lei n. 61, de 1997, que resultou na Lei da Política Nacional de Educação Ambiental trazia em sua redação original uma pre-

---

[22] Art. 3º Como parte do processo educativo mais amplo, todos têm direito à educação ambiental incumbindo: I – ao Poder Público, nos termos dos arts. 205 e 225 da Constituição Federal, definir políticas públicas que incorporem a dimensão ambiental promover a educação ambiental em todos os níveis de ensino e o engajamento da sociedade na conservação, recuperação e melhoria do meio ambiente; II – às instituições educativas, promover a educação ambiental de maneira integrada aos programas educacionais que desenvolvem; III – aos órgãos integrantes do Sistema Nacional de Meio Ambiente – Sisnama, promover ações de educação ambiental integradas aos programas de conservação, recuperação e melhoria do meio ambiente; IV – aos meios de comunicação de massa, colaborar de maneira ativa e permanente na disseminação de informações e práticas educativas sobre meio ambiente e incorporar a dimensão ambiental em sua programação; V – às empresas, entidades de classe, instituições públicas e privadas, promover programas destinados à capacitação dos trabalhadores, visando à melhoria e ao controle efetivo sobre o ambiente de trabalho, bem como sobre as repercussões do processo produtivo no meio ambiente; VI – à sociedade como um todo, manter atenção permanente à formação de valores, atitudes e habilidades que propiciem a atuação individual e coletiva voltada para a prevenção, a identificação e a solução de problemas ambientais.
[...]
Art. 7º A Política Nacional de Educação Ambiental envolve em sua esfera de ação, além dos órgãos e entidades integrantes do Sistema Nacional de Meio Ambiente – Sisnama, instituições educacionais públicas e privadas dos sistemas de ensino, os órgãos públicos da União, dos Estados, do Distrito Federal e dos Municípios, e organizações não governamentais com atuação em educação ambiental.

[23] Quanto à classificação dos recursos, ver os comentários no tópico 21.10.

visão de aplicação de pelo menos 20% dos recursos provenientes de multas aplicadas por infrações contra o meio ambiente em educação ambiental.[24]

Esse dispositivo foi vetado pela Presidência da República, com os argumentos presentes na Mensagem de Veto 539, de 27 de abril de 1999.[25]

Desde a criação do primeiro Parque Nacional – o de Itatiaia, em 1937, até meados de 2000, foram criadas 184 Unidades de Conservação federais no Brasil,

---

[24] Projeto de Lei n. 61, de 1997 (3.792/93 na Câmara dos Deputados). "Art. 18. Devem ser destinados a ações em educação ambiental pelo menos vinte por cento dos recursos arrecadados em função da aplicação de multas decorrentes do descumprimento da legislação ambiental."

[25] Senhor Presidente do Senado Federal,
Comunico a Vossa Excelência que, nos termos do parágrafo 1º do artigo 66 da Constituição Federal, decidi vetar parcialmente o Projeto de Lei 61, de 1997 (3.792/93 na Câmara dos Deputados), que "Dispõe sobre a educação ambiental, institui a Política Nacional de Educação Ambiental e dá outras providências".
Ouvido, o Ministério do Meio Ambiente manifestou-se pelo veto ao art. 18, a seguir transcrito:
"Art. 18. Devem ser destinados a ações em educação ambiental pelo menos vinte por cento dos recursos arrecadados em função da aplicação de multas decorrentes do descumprimento da legislação ambiental."
Razões do veto
O projeto em questão ao vincular pelo menos vinte por cento da receita proveniente das multas aplicadas em razão das infrações ambientais, o referido dispositivo, se não vetado, derrogará o art. 73 da Lei 9.605, de 12 de fevereiro de 1998, a qual dispõe sobre os Crimes Ambientais. O art. 73 da referida Lei determina: "*Os valores arrecadados em pagamento de multas por infração ambiental serão revertidos ao Fundo Nacional do Meio Ambiente, criado pela Lei 7.797, de 10 de julho de 1989, Fundo Naval, criado pelo Decreto 20.923, de 8 de janeiro de 1932, fundos estaduais ou municipais de meio ambiente, ou correlatos, conforme dispuser o órgão arrecadador*".
O interesse público e a boa técnica legislativa recomendam que a lei não vincule receitas, uma vez que as circunstâncias fáticas podem exigir que a aplicação de tais recursos financeiros sejam flexibilizados em proveito de uma área específica. Além do mais, a educação ambiental é apenas uma das sete áreas em que o Fundo Nacional do Meio Ambiente deve considerar prioritária a aplicação dos recursos financeiros provenientes das multas por infrações ambientais. O art. 5º da Lei 7.797, de 10 de julho de 1989, enumera as outras áreas igualmente prioritárias:
Art. 5º Serão consideradas prioritárias as aplicações de recursos financeiros de que trata esta Lei, em projetos nas seguintes áreas: I – Unidades de Conservação; II – Pesquisa e Desenvolvimento Tecnológico; III – Educação Ambiental; IV – Manejo e Extensão Florestal; V – Desenvolvimento Institucional; VI – Controle Ambiental; VII – Aproveitamento Econômico Racional e Sustentável da Flora e Fauna Nativas.
Dessa forma, a vinculação de pelo menos vinte por cento dos recursos provenientes das infrações ambientais para as ações de educação ambiental revela-se contrária ao interesse público e em dissonância com a Política de Meio Ambiente praticada no nosso país, de modo que, se não vetado este dispositivo, ele privilegiará uma das áreas de fomento da Política de Meio Ambiente em detrimento de todas as outras.
Tal vinculação pode revelar-se prejudicial para toda política desenvolvida no âmbito da preservação do meio ambiente, uma vez que retira o poder discricionário do administrador público e a sua indispensável faculdade de, por motivos de conveniência e oportunidade, adequar a destinação dos recursos para a área que esteja mais carente em determinado momento histórico ou virtude de alguma circunstância material.
Vale registrar que já existe proposta de regulamentação da Lei dos Crimes Ambientais (Lei 9.605/98), a qual contempla um percentual de dez por cento da arrecadação do IBAMA para as ações de educação ambiental. Tal percentual foi definido a partir de estudos e por sugestão do FNMA. Conforme se vê, os órgãos especializados já se pronunciaram acerca do tema, e não se revela recomendável dissentir de suas orientações porque calcadas em estudos específicos sobre o assunto.

com cerca de 38 milhões de hectares de área protegida. Após a criação do Sistema Nacional de Unidades de Conservação – SNUC, pela Lei n. 9.985/00, foram criadas mais 151 áreas protegidas, acrescentando mais 134 milhões de hectares.[26]

Grande parte dessas áreas, inseridas nos limites que constam dos decretos de criação, continuam sendo propriedades particulares, uma vez que não se efetivou a desapropriação, que somente ocorre com o pagamento da indenização.

Segundo o Instituto Chico Mendes de Conservação da Biodiversidade – ICMBio, responsável pela gestão das 335 unidades federais, diversas propriedades particulares estão dentro dos limites das áreas protegidas, estimando-se que só na Mata Atlântica existem 600 mil hectares de áreas privadas.[27]

De acordo com a Organização Não Governamental O Eco:

> Cerca de 10 milhões de um total de 75 milhões de hectares dentro de unidades de conservação federais precisam ser desapropriados e transferidos para o Estado. Isto é, as terras de muitas UCs não foram ainda incorporadas ao patrimônio público. Isto decorre de fatores como falta de orçamento para pagar as devidas indenizações e a má qualidade dos cadastros fundiários.[28]

Evidentemente, a falta de recursos orçamentários para fazer frente à indenização das propriedades particulares tornou-se um dos grandes entraves à efetiva proteção destas áreas. E a indenização, segundo o Ministro Celso de Mello, do Supremo Tribunal Federal, é garantida pela Constituição, em homenagem ao direito fundamental de propriedade, conforme julgado no RE 134.297-8/SP.[29]

---

[26] Disponível em: http://agenciabrasil.ebc.com.br/geral/noticia/2018-07/em-18-anos-sistema-de-unidades-de--conservacao-tem-avanco-e-desafios.

[27] Idem.

[28] Disponível em: www.oeco.org.br/dicionario-ambiental/28882-o-que-e-regularizacao-fundiaria/.

[29] [...] A norma inscrita no art. 225, 4º, da Constituição deve ser interpretada de modo harmonioso com o sistema jurídico consagrado pelo ordenamento fundamental, notadamente com a cláusula que, proclamada pelo art. 5º, XXII, da Carta Política, garante e assegura o direito de propriedade em todas as suas projeções, inclusive aquela concernente à compensação financeira devida pelo Poder Público ao proprietário atingido por atos imputáveis à atividade estatal. – O preceito consubstanciado no art. 225, 4º, da Carta da República, além de não haver convertido em bens públicos os imóveis particulares abrangidos pelas florestas e pelas matas nele referidas (Mata Atlântica, Serra do Mar, Floresta Amazônica brasileira), também não impede a utilização, pelos próprios particulares, dos recursos naturais existentes naquelas áreas que estejam sujeitas ao domínio privado, desde que observadas as prescrições legais e respeitadas as condições necessárias à preservação ambiental. – A ordem constitucional dispensa tutela efetiva ao direito de propriedade (CF/88, art. 5º, XXII). Essa proteção outorgada pela Lei Fundamental da República estende-se, na abrangência normativa de sua incidência tutelar, ao reconhecimento, em favor do *dominus*, da garantia de compensação financeira, sempre que o Estado, mediante atividade que lhe seja juridicamente imputável, atingir o direito de propriedade em seu conteúdo econômico, ainda que o imóvel esteja localizado em qualquer das áreas referidas no art. art. 225, 4º, da Constituição.

Esse entendimento foi esposado pelo Ministro Joaquim Barbosa no julgamento do RE 209.129-SP.[30]

Ao tratar especificamente de atividades minerárias em Unidades de Conservação, o Ministro Celso de Mello, no julgamento do RE-AgR 140.254, foi mais longe e defendeu ainda a necessidade de indenizar, além do valor patrimonial, o conteúdo econômico da propriedade, ou seja, a *"fruição de todos os benefícios resultantes do processo de extração mineral"*.[31]

Não difere da interpretação dos Ministros do Supremo Tribunal Federal o ensinamento de consagrados doutrinadores, como Maria Sylvia Di Pietro, que condiciona a perda de um bem do particular por ato do Poder Público à justa indenização:

> [...] a desapropriação é o procedimento administrativo pelo qual o Poder Público ou seus delegados, mediante prévia declaração de necessidade pública, utilidade pública ou interesse social, impõe ao proprietário a perda de um bem, substituindo-o em seu patrimônio por justa indenização.[32]

E, numa hipótese que se identifica perfeitamente com a criação de uma unidade de conservação sobre áreas de propriedade privada, Maria Silvia classifica essa imposição de limitações administrativas como desapropriação indireta:

> Às vezes, a Administração não se apossa diretamente do bem, mas lhe impõe limitações ou servidões que impedem totalmente o proprietário de exercer sobre o imóvel os poderes inerentes ao domínio; neste caso, também se caracterizará a desapropriação indireta, já que as limitações e servidões somente podem, licitamente, afetar em parte o direito de propriedade.[33]

Como visto anteriormente, a criação de Unidades de Conservação no Brasil teve um significativo incremento nas últimas décadas. Ou por pressão de entidades ambientalistas, nacionais ou estrangeiras, ou como forma de conter a expansão do agrone-

---

[30] [...] o princípio que se extrai da jurisprudência desta Corte é que o interesse constitucional na preservação do meio ambiente não pode resultar em impossibilidade de ressarcimento por danos efetivamente causados às propriedades particulares. A retirada de todo o conteúdo econômico da propriedade é dano que deve ser indenizado por quem lhe deu causa, conforme reconhecido no RE 134.297.

[31] O impedimento causado pelo Poder Público na exploração empresarial das jazidas legitimamente concedidas gera o dever estatal de indenizar o minerador que detém, por efeito de regular delegação presidencial, o direito de industrializar e de aproveitar o produto resultante da extração mineral. [...] A concessão de lavra, que viabiliza a exploração empresarial das potencialidades das jazidas minerais, investe o concessionário em posição jurídica favorável, eis que, além de conferir-lhe a titularidade de determinadas prerrogativas legais, acha-se essencialmente impregnada, quanto ao título que a legitima, de valor patrimonial e de conteúdo econômico. Essa situação subjetiva de vantagem atribui, ao concessionário da lavra, direito, ação e pretensão à indenização, toda vez que, por ato do Poder Público, vier o particular a ser obstado na legítima fruição de todos os benefícios resultantes do processo de extração mineral.

[32] PIETRO, Maria Sylvia Zanella Di. *Direito administrativo*. 31. ed. Rio de Janeiro: Forense, 2018, p. 191.

[33] PIETRO, Maria Silvia Zanella Di. Op. cit., p. 214.

gócio sobre a Amazônica Legal, foram criadas dezenas de áreas protegidas, algumas com áreas muito significativas.

No entanto, a falta de alocação de recursos para a regularização fundiária de várias destas Unidades e a falta de condições para a sua implantação e fiscalização adequadas transformou muitas delas em meros decretos de criação, no que popularmente ficou conhecido como "parques de papel".

A primeira tentativa para solucionar esse problema da falta de recursos para a efetiva implantação das Unidades de Conservação veio justamente com a Lei n. 9.985/00 – a Lei do SNUC, que estabeleceu a obrigatoriedade de apoio dos empreendedores, quando do licenciamento de empreendimentos de significativo impacto ambiental, para a implantação e manutenção de unidades de conservação.[34]

O Supremo Tribunal Federal, ao decidir a Ação Direta de Inconstitucionalidade 3.378/DF, julgou inconstitucional o § 1º do art. 36, determinando que o valor da compensação deve ser fixado proporcionalmente ao impacto ambiental do empreendimento.[35]

Diante do enorme passivo ambiental decorrente da falta de indenização aos proprietários pela limitação das atividades econômicas desenvolvidas em suas áreas, normas mais recentes têm buscado soluções para a regularização fundiária das Unidades de Conservação.

A Lei n. 12.651/12 prevê a doação ao poder público de área localizada no interior de Unidade de Conservação de domínio público pendente de regularização fundiária como uma das formas de compensação da Reserva Legal das propriedades que

---

[34] Art. 36. Nos casos de licenciamento ambiental de empreendimentos de significativo impacto ambiental, assim considerado pelo órgão ambiental competente, com fundamento em estudo de impacto ambiental e respectivo relatório – EIA/RIMA, o empreendedor é obrigado a apoiar a implantação e manutenção de unidade de conservação do Grupo de Proteção Integral, de acordo com o disposto neste artigo e no regulamento desta Lei. § 1º O montante de recursos a ser destinado pelo empreendedor para esta finalidade não pode ser inferior a meio por cento dos custos totais previstos para a implantação do empreendimento, sendo o percentual fixado pelo órgão ambiental licenciador, de acordo com o grau de impacto ambiental causado pelo empreendimento. § 2º Ao órgão ambiental licenciador compete definir as unidades de conservação a serem beneficiadas, considerando as propostas apresentadas no EIA/RIMA e ouvido o empreendedor, podendo inclusive ser contemplada a criação de novas unidades de conservação. § 3º Quando o empreendimento afetar unidade de conservação específica ou sua zona de amortecimento, o licenciamento a que se refere o *caput* deste artigo só poderá ser concedido mediante autorização do órgão responsável por sua administração, e a unidade afetada, mesmo que não pertencente ao Grupo de Proteção Integral, deverá ser uma das beneficiárias da compensação definida neste artigo. § 4º A obrigação de que trata o *caput* deste artigo poderá, em virtude do interesse público, ser cumprida em unidades de conservação de posse e domínio públicos do grupo de Uso Sustentável, especialmente as localizadas na Amazônia Legal. (*Incluído pela Lei 13.668, de 28 de maio de 2018.*)
Obs.: Este art. 36 da Lei n. 9.985/00 foi regulamentado pelo Decreto n. 4.340, de 22-8-2002.

[35] Ementa: Ação direta de inconstitucionalidade. Art. 36 e seus §§ 1º, 2º e 3º da Lei 9.985, de 18 de julho de 2000. Constitucionalidade da compensação devida pela implantação de empreendimentos de significativo impacto ambiental. Inconstitucionalidade parcial do § 1º do art. 36.

detinham, em 22 de julho de 2008, área de Reserva Legal em extensão inferior ao estabelecido no art. 12 da referida Lei.[36]

Portanto, o Decreto n. 9.179/17, na alteração da redação do art. 140 do Decreto n. 6.514/08, apresentou a possibilidade de solucionar um dos problemas mais cruciais para a efetiva implantação das Unidades de Conservação – a regularização fundiária.

Esse artigo teve a sua redação alterada em algumas ocasiões, possuindo, hoje, a seguinte apresentação:

> Art. 140. São considerados serviços de preservação, melhoria e recuperação da qualidade do meio ambiente, as ações, as atividades e as obras incluídas em projetos com, no mínimo, um dos seguintes objetivos: (Redação dada pelo Decreto n. 9.179, de 2017.)
>
> I – recuperação: (Redação dada pelo Decreto n. 9.179, de 2017.)
>
> *a)* de áreas degradadas para conservação da biodiversidade e conservação e melhoria da qualidade do meio ambiente; (Incluída pelo Decreto n. 9.179, de 2017.)
>
> *b)* de processos ecológicos e de serviços ecossistêmicos essenciais; (Redação dada pelo Decreto n. 11.080, de 2022.)
>
> *c)* de vegetação nativa; (Redação dada pelo Decreto n. 11.080, de 2022.)
>
> *d)* de áreas de recarga de aquíferos; e (Redação dada pelo Decreto n. 11.080, de 2022.)
>
> *e)* de solos degradados ou em processo de desertificação; (Incluída pelo Decreto n. 11.080, de 2022.)
>
> II – proteção e manejo de espécies da flora nativa e da fauna silvestre; (Redação dada pelo Decreto n. 9.179, de 2017.)
>
> III – monitoramento da qualidade do meio ambiente e desenvolvimento de indicadores ambientais; (Redação dada pelo Decreto n. 9.179, de 2017.)
>
> IV – mitigação ou adaptação às mudanças do clima; (Redação dada pelo Decreto n. 9.179, de 2017.)

---

[36] Art. 66. O proprietário ou possuidor de imóvel rural que detinha, em 22 de julho de 2008, área de Reserva Legal em extensão inferior ao estabelecido no art. 12, poderá regularizar sua situação, independentemente da adesão ao PRA, adotando as seguintes alternativas, isolada ou conjuntamente: I – recompor a Reserva Legal; II – permitir a regeneração natural da vegetação na área de Reserva Legal; III – compensar a Reserva Legal.
[...]
§ 5º A compensação de que trata o inciso III do *caput* deverá ser precedida pela inscrição da propriedade no CAR e poderá ser feita mediante: I – aquisição de Cota de Reserva Ambiental – CRA; II – arrendamento de área sob regime de servidão ambiental ou Reserva Legal; III – doação ao poder público de área localizada no interior de Unidade de Conservação de domínio público pendente de regularização fundiária;
[...]
§ 6º As áreas a serem utilizadas para compensação na forma do § 5º deverão: I – ser equivalentes em extensão à área da Reserva Legal a ser compensada; II – estar localizadas no mesmo bioma da área de Reserva Legal a ser compensada; III – se fora do Estado, estar localizadas em áreas identificadas como prioritárias pela União ou pelos Estados.
[...]

V – manutenção de espaços públicos que tenham como objetivo a conservação, a proteção e a recuperação de espécies da flora nativa ou da fauna silvestre e de áreas verdes urbanas destinadas à proteção dos recursos hídricos; (Incluído pelo Decreto n. 9.179, de 2017.)

VI – educação ambiental; (Redação dada pelo Decreto n. 9.760, de 2019.)

VII – promoção da regularização fundiária de unidades de conservação; (Redação dada pelo Decreto n. 9.760, de 2019.)

VIII – saneamento básico; (Incluído pelo Decreto n. 9.760, de 2019.)

IX – garantia da sobrevivência e ações de recuperação e de reabilitação de espécies da flora nativa e da fauna silvestre por instituições públicas de qualquer ente federativo ou privadas sem fins lucrativos; ou (Redação dada pelo Decreto n. 11.080, de 2022.)

X – implantação, gestão, monitoramento e proteção de unidades de conservação. (Incluído pelo Decreto n. 9.760, de 2019.)

§ 1º Na hipótese de os serviços a serem executados demandarem recuperação da vegetação nativa em imóvel rural, as áreas beneficiadas com a prestação de serviço objeto da conversão deverão estar inscritas no Cadastro Ambiental Rural – CAR. (Incluído pelo Decreto n. 9.179, de 2017.)

§ 2º O disposto no § 1º não se aplica aos assentamentos de reforma agrária, aos territórios indígenas e quilombolas e às unidades de conservação, ressalvadas as Áreas de Proteção Ambiental. (Incluído pelo Decreto n. 9.179, de 2017.)

O art. 140-A foi revogado pelo Decreto n. 11.080/22.

Finalizando a análise desse dispositivo, entendemos necessário um alerta aos servidores responsáveis pela aprovação da conversão da multa em serviços de preservação, melhoria e recuperação da qualidade do meio ambiente.

No caso dos órgãos federais de meio ambiente – IBAMA e ICMBio – as multas aplicadas por transgressão das normas ambientais não representam receita própria das Autarquias, pois são recolhidas à Conta Única do Tesouro Nacional. São, em análise muito simplista, recursos públicos e sua conversão em projetos cuja execução caberia ao Poder Público deve ser precedida de todas as cautelas previstas nas leis que regem as aquisições e contratações da Administração.

A administração dos recursos da compensação ambiental prevista no art. 36 da Lei n. 9.985/00, pode ser executada por instituição financeira oficial, nos termos da Lei n. 13.668/18.[37]

Porém, no caso da conversão das multas, não existe nenhuma definição quanto à execução direta dos projetos pelo autuado ou a contratação e o repasse dos recursos a terceiros para que os executem.

---

[37] Art. 1º A Lei 11.516, de 28 de agosto de 2007, passa a vigorar acrescida dos seguintes arts. 14-A, 14-B e 14-C: "Art. 14-A. Fica o Instituto Chico Mendes autorizado a selecionar instituição financeira oficial, dispensada a licitação, para criar e administrar fundo privado a ser integralizado com recursos oriundos da compensação ambiental de que trata o art. 36 da Lei 9.985, de 18 de julho de 2000, destinados às unidades de conservação instituídas pela União.

Por exemplo, para a manutenção de espaços públicos, mesmo com o meritório objetivo de preservação do meio ambiente ou dos recursos hídricos, ou para o desenvolvimento de uma campanha de educação ambiental, entendemos que a conversão da multa – uma renúncia de receita da União, em última análise, deve ser criteriosamente analisada.

Consideremos, por exemplo, que determinado órgão ambiental pretende desenvolver um programa de educação ambiental móvel, para o qual necessita adquirir um micro-ônibus, dotado de equipamentos audiovisuais e outros instrumentos de comunicação. Se fosse adquirir o referido veículo com recursos públicos, certamente precisaria seguir toda a tramitação e as cautelas da Lei n. 8.666/93 (vigente até 30 de dezembro de 2023, quando será substituída pela Lei n. 14.133, de 1º de abril de 2021 – Nova Lei de Licitações e Contratos Administrativos).

Transformando a multa num serviço ambiental, o autuado poderia adquirir o veículo anteriormente citado, com todos os equipamentos, tendo, em contrapartida, reduzido o valor despendido do seu débito com o órgão ambiental. No entanto, por não estar sujeito às regras da licitação, o autuado não seria obrigado a exigir os certificados de regularidade fiscal, trabalhista e social do vendedor, nem a promover a publicidade da intenção de comprar, assim como a nenhuma outra exigência prevista para o órgão público.

Esse é apenas um exemplo dos questionamentos que podem ser feitos pelos órgãos de controle no caso de projetos de conversão de multas, executados diretamente pelo interessado ou por terceiros, pelo que reiteramos a recomendação de cautela na análise e na aprovação deles.

O Decreto n. 9.760/19 introduziu três novas hipóteses de projetos elegíveis para a conversão de multas em serviços ambientais: (a) saneamento básico; (b) garantia da sobrevivência de espécies da flora nativa e da fauna silvestre mantidos pelo órgão ou pela entidade federal emissora da multa; ou (c) implantação, gestão, monitoramento e proteção de unidades de conservação.

Temos algumas ressalvas à introdução destas novas modalidades, a começar pelos projetos de saneamento básico.

A Lei n. 11.445/07, que estabelece as diretrizes nacionais para o saneamento básico, com as alterações introduzidas pela Lei n. 14.026, de 2020, define saneamento básico:

> Art. 3º Para fins do disposto nesta Lei, considera-se:
> I – saneamento básico: conjunto de serviços públicos, infraestruturas e instalações operacionais de:
> a) abastecimento de água potável: constituído pelas atividades e pela disponibilização e manutenção de infraestruturas e instalações operacionais necessárias ao abastecimento público de água potável, desde a captação até as ligações prediais e seus instrumentos de medição;

b) esgotamento sanitário: constituído pelas atividades e pela disponibilização e manutenção de infraestruturas e instalações operacionais necessárias à coleta, ao transporte, ao tratamento e à disposição final adequados dos esgotos sanitários, desde as ligações prediais até sua destinação final para produção de água de reúso ou seu lançamento de forma adequada no meio ambiente;

c) limpeza urbana e manejo de resíduos sólidos: constituídos pelas atividades e pela disponibilização e manutenção de infraestruturas e instalações operacionais de coleta, varrição manual e mecanizada, asseio e conservação urbana, transporte, transbordo, tratamento e destinação final ambientalmente adequada dos resíduos sólidos domiciliares e dos resíduos de limpeza urbana; e

d) drenagem e manejo das águas pluviais urbanas: constituídos pelas atividades, pela infraestrutura e pelas instalações operacionais de drenagem de águas pluviais, transporte, detenção ou retenção para o amortecimento de vazões de cheias, tratamento e disposição final das águas pluviais drenadas, contempladas a limpeza e a fiscalização preventiva das redes;

Embora não se possa negar que estas atividades são essenciais para a sadia qualidade de vida da população, também é certo que geralmente são serviços concedidos à iniciativa privada, razão pela qual eventuais projetos desta natureza podem conflitar com o real objetivo da conversão da multa.

Por sua vez, a garantia de sobrevivência de espécies da flora e da fauna silvestres mantidas pelo órgão ou entidade emissora da multa certamente foi justificada pela enorme dificuldade dos órgãos ambientais em manter os estabelecimentos que recebem os animais silvestres apreendidos pela fiscalização.

Com efeito, a alimentação e os cuidados veterinários com estes animais geralmente consomem recursos consideráveis e normalmente não há disponibilidade de recursos orçamentários – ou eles são atingidos pelos constantes contingenciamentos.

No entanto, a legislação deveria prever a responsabilidade dos infratores pela manutenção desses animais nos centros de triagem até a sua destinação adequada, tanto a soltura no seu *habitat* natural como a destinação a fiel depositário.

Por último, analisaremos o dispositivo que permite a conversão de multas em projetos de implantação, gestão, monitoramento e proteção de unidades de conservação, também incluído pelo Decreto n. 9.760/19.

Note-se que o inciso VII prevê a conversão da multa em *regularização fundiária de unidades de conservação*, assunto já exaustivamente abordado e aplaudido, e essa nova modalidade de serviços ambientais também torna elegíveis projetos de *implantação, gestão, monitoramento e proteção de unidades de conservação*, que apresenta outra conotação.

É sabido que os órgãos ambientais têm grandes dificuldades em estruturar e proteger as unidades de conservação, parte delas criada sem a menor preocupação com sua efetiva implantação. No entanto, converter as multas na elaboração de estudos, na aquisição de equipamentos ou na contratação de vigilância, conforme hipoteticamente é autorizado por esse dispositivo, pode resultar em sérios problemas com os órgãos de controle, como os Tribunais de Contas.

A multa aplicada por infrações ambientais, após sua consolidação, torna-se recurso público e sua aplicação deve seguir todas as regras estabelecidas para as aquisições ou contratações pelos órgãos públicos.

Desde os tempos do Decreto n. 3.179/99, que previa a suspensão da exigibilidade da multa, temos defendido que os órgãos federais de meio ambiente deveriam possuir um banco de projetos com relevância ambiental pré-avaliada e aprovada, para submeter à escolha dos interessados em converter as sanções pecuniárias em serviços de preservação, melhoria e recuperação da qualidade do meio ambiente, para não receber projetos elaborados exclusivamente com a finalidade de atender os interesses desses últimos.

Para entender melhor o sistema de conversão de multas adotado pelo IBAMA, recomendamos uma visita ao *site* da autarquia, que disponibiliza, de forma bastante didática, orientações sobre os projetos elegíveis, embora os chamamentos públicos para apresentação dos mesmos tenham sido, em nosso entendimento, cancelados pela nova redação deste art. 140-A, que ainda deverá ser normatizado.[38]

6.3. DANOS DECORRENTES DA INFRAÇÃO

Esse assunto já foi tratado ao longo deste livro, mas nunca é demasiado enfatizar que é exigência constitucional a reparação do dano causado ao meio ambiente, independentemente das sanções administrativas ou penais que podem ser impostas ao infrator da legislação ambiental.

Portanto, reparar o *status* alterado pela infração das normas que regem a garantia do meio ambiente ecologicamente equilibrado para as presentes e futuras gerações não pode ser encarado como um serviço de preservação, melhoria e recuperação da qualidade do meio ambiente para fins de redução do valor da sanção pecuniária.

É importante repetir que a obrigação de recuperar o dano causado ao meio ambiente tem a finalidade de garantir para a coletividade o usufruto da harmonia entre o homem e a natureza e a qualidade de vida decorrente, agora e no futuro. A sanção pecuniária tem uma finalidade dissuasória, com o objetivo de coibir e desestimular as infrações ambientais que possam vir a provocar a quebra desse equilíbrio. Uma é reparatória; a outra é sancionatória, e são cumulativas.

---

[38] Disponível em: www.ibama.gov.br/conversao-multas-ambientais.

6.4 REQUERIMENTO DA CONVERSÃO DA MULTA

Anteriormente, o requerimento de conversão da multa deveria ser apresentado por ocasião da apresentação da defesa. Vale dizer, não era admitida a instrução processual com a produção de provas buscando a descaracterização da autoria ou da materialidade da infração, o que, em nossa opinião, pode representar um cerceamento do direito de defesa.

Hoje, o art. 142, com a redação dada pelo Decreto n. 11.373/23, permite ao autuado requerer a conversão de multa até o momento da sua manifestação em alegações finais, na forma estabelecida no art. 122. Note-se que o requerimento de conversão da multa representa o reconhecimento de que ocorreu um dano ambiental. Ninguém se propõe a recuperar um dano que não existiu ou a assumir obrigações de investir em obras ou atividades de programas e projetos ambientais de órgãos públicos se não praticou a ação ou omissão defesa em lei.

Por isso, sempre defendemos que a exigência de requerimento da conversão antes de exauridas todas as instâncias administrativas de defesa não garantiam o devido processo legal e a ampla defesa.

Se, por um lado, a atual redação do dispositivo garante a ampla defesa, de outro viés resultará numa previsível demora para o encerramento do processo administrativo por autuações, pois certamente os interessados irão trilhar todos os caminhos recursais possíveis para, somente então, requerer a conversão.

O § 2º do art. 142-A, introduzido pelo Decreto n. 9.760/19 e mantido pelo Decreto n. 11.373/23, prevê a regulamentação dos procedimentos para a seleção de projetos de terceiros, vale dizer, a adesão à execução indireta ainda depende de normatização.

As novas regras deverão substituir os procedimentos estabelecidos anteriormente na Instrução Normativa 6/18, não obstante o órgão ter publicado, em 31 de janeiro de 2019, a Instrução Normativa n. 5, que alterou somente o § 1º do art. 76 da primeira que trata do prazo para a manifestação de interesse na conversão da multa.

Embora não tenha sido regulamentado pelo IBAMA, conforme o comando do § 2º, possivelmente serão mantidos os dois programas previstos na Instrução Normativa n. 6/18, um nacional e outro estadual, pela capilaridade do órgão e a necessidade de possibilitar a conversão em todos os Estados.

Esse dispositivo prevê duas modalidades de implementação dos serviços de preservação, melhoria e recuperação da qualidade do meio ambiente: a execução direta ou a execução indireta, isto é, executar por seus próprios meios o projeto apresentado e aprovado ou aderir a projetos apresentados por terceiros na forma prevista pelo art. 142-A.

Note-se que os projetos de terceiros, para se tornarem elegíveis pelos órgãos públicos, devem obedecer aos objetivos apontados nos incisos I ao X do *caput* do art. 140

e não cabe ao autuado escolher o projeto do qual deseja participar, financiando-o integral ou parcialmente.

6.5. VALOR DA CONVERSÃO DA MULTA E DESCONTO PELA ADESÃO

O art. 143 tratou da redução do valor das sanções pecuniárias no caso de adesão ao programa de conversão de multas.

Portanto, não restam dúvidas de que esse benefício concedido aos devedores tem como objetivo estimular a regularização dos débitos e, paralelamente, emprestar mais celeridade à tramitação dos processos administrativos.

No *caput* do artigo ficou claro que os projetos, independentemente de serem executados diretamente pelos autuados ou por meio de adesão a projetos de terceiros, devem ter um valor igual ou superior ao da multa convertida, com o desconto previsto no § 2º, conforme visto anteriormente, com as alterações vindas a lume pelo Decreto n. 11.373/23, variável conforme o momento da adesão, isto é, quanto menos recursos apresentados, maior o desconto.

Diferente do que constava antes, com a redação introduzida pelo Decreto n. 9.179/17, que trazia uma grande disparidade entre o desconto para a execução direta do projeto e a adesão a projetos de terceiros, o critério atual favorece a celeridade do processo administrativo, pois as vantagens são maiores quanto menos o autuado recorrer das autuações.

Deve-se atentar para o fato de o valor da multa ser consolidado, isto é, incidirem sobre a sanção original juros e correção monetária desde a data da autuação, além de eventuais majorações por reincidência. Portanto, o primeiro passo para requerer a conversão deve ser a consulta aos órgãos ambientais sobre o valor atualizado do débito.

Sobre as formas de conversão, o IBAMA havia regulamentado a matéria por meio da Instrução Normativa n. 6/2018, que criou o Programa Nacional de Conversão de Multas do Ibama (PNCMI) e o Programa Estadual de Conversão de Multas do Ibama (PECMI).

Entendemos que a implementação de projetos de execução direta, isto é, implantados pelo próprio autuado, deve seguir os mesmos parâmetros da Instrução Normativa n. 6/18, enquanto a adesão a projetos de terceiros está pendente de regulamentação, exigida pelo § 2º do art. 142-A do decreto.

No entanto, para impedir a elaboração de projetos não elegíveis para a conversão de multas ou dissociados das diretrizes estabelecidas pelos órgãos federais, é recomendável que seja discutido, previamente, um termo de referência com a autoridade ambiental.

A conversão da multa está sujeita ao julgamento da autoridade ambiental, isto é, não se trata de um direito adquirido pelo autuado.

6.6. TERMO DE COMPROMISSO DE CONVERSÃO DA MULTA

O Termo de Compromisso poderá ter por objeto a implantação de serviços ambientais pelo próprio autuado, conforme projeto aprovado previamente pelo órgão ambiental ou a adesão a projeto selecionado pelo último e que será executado por terceiros.

Quanto à forma e conteúdo do Termo de Compromisso a ser firmado pelo autuado com o órgão ambiental deve seguir um padrão previsto para esse tipo de assunção de responsabilidade com a administração pública.

Evidentemente que, ao elaborar um projeto para executar por seus próprios meios, o autuado procurará adequar o custo dele ao valor da multa a ser convertida. No entanto, ao aderir a um projeto de outrem, a possibilidade de o valor da multa administrativa coincidir com o custo dele é muito improvável.

Por essa razão foi criada a figura da cota-parte, em que o comprometente deposita o valor da multa convertida numa conta indicada pelo órgão ambiental para financiar parte do projeto de terceiros.

Criou-se, assim, uma espécie de fundo financiador de projetos com os recursos provenientes das multas ambientais convertidas em serviços, pois o art. 146, § 3º, prevê o depósito integral ou parcial ou em uma conta garantia em banco público.

Reiteramos, portanto, nossas dúvidas sobre qual interpretação o Tribunal de Contas da União adotará para convalidar os gastos autorizados na aprovação dos projetos executados por terceiros com as multas convertidas – em última análise, recursos públicos, sem o rigor estabelecido para as compras e contratações da administração pública.

6.7. PUBLICAÇÃO DO TERMO DE COMPROMISSO

A publicidade dos contratos administrativos é exigência legal e o termo de compromisso de prestação de serviços de preservação, conservação, melhoria e recuperação da qualidade do meio ambiente, por meio da conversão de multa, é um contrato, com força de título executivo extrajudicial.

Portanto, dispensa comentários a exigência de publicação do ato.

6.8. CONVERSÃO PLEITEADA COM BASE EM NORMAS ANTERIORES

A redação original do Decreto n. 6.514/08 apenas estabelecia que o Termo de Compromisso poderia ser pactuado somente uma vez para cada autuado num interstício de cinco anos. Na sequência, o Decreto n. 9.179/17 determinou ao órgão ambiental federal que definisse as diretrizes e os critérios para os projetos de conversão de multa, tanto aqueles de execução direta quanto os de adesão, bem assim a forma de acompanhamento e fiscalização da execução dos serviços prestados em decorrência das multas convertidas, o que foi feito pelo IBAMA com a edição da Instrução Normativa n. 6/18, conforme já comentado.

Ainda sob a égide do Decreto n. 9.179/17, em seu art. 148, § 1º, foi criada a Câmara Consultiva Nacional, posteriormente instituída pelo IBAMA por meio da Portaria n. 3.040/18,[39] nominando os representantes dos diferentes segmentos sociais e órgãos públicos para o biênio 2018/20, e o Regimento Interno das Câmaras Consultivas Nacional, Estaduais e Distrital foi aprovado pela Portaria n. 2.862/18.[40]

Após o Decreto n. 11.373/23, eis a atual redação do art. 148:

> Art. 148. O órgão federal emissor da multa definirá as diretrizes e os critérios para os projetos a que se refere esta Seção e a forma de acompanhamento e de fiscalização da execução dos serviços prestados em decorrência das multas a serem convertidas. (Redação dada pelo Decreto n. 11.373, de 2023.)
>
> § 1º O órgão federal emissor da multa instituirá Câmara Consultiva Nacional para subsidiar a estratégia de implementação do Programa de Conversão de Multas Ambientais no que se refere às infrações apuradas por ele, e caberá à Câmara opinar sobre temas e áreas prioritárias a serem beneficiadas com os serviços decorrentes da conversão e sobre as estratégias de monitoramento, observadas as diretrizes da Política Nacional do Meio Ambiente e da Política Nacional sobre Mudança do Clima. (Redação dada pelo Decreto n. 11.373, de 2023.)
>
> § 2º A Câmara Consultiva Nacional será presidida pelo órgão federal emissor da multa e contemplará a participação, além de seus representantes, de representantes do Ministério do Meio Ambiente e de seus órgãos vinculados, bem como da sociedade civil. (Redação dada pelo Decreto n. 11.373, de 2023.)
>
> § 3º O órgão federal emissor da multa poderá criar câmaras regionais ou estaduais e grupos de trabalho direcionados a territórios, temas ou projetos específicos. (Redação dada pelo Decreto n. 11.373, de 2023.)
>
> § 4º A composição e o funcionamento dos órgãos colegiados referidos neste artigo serão definidos em ato normativo editado pelo órgão federal emissor da multa. (Incluído pelo Decreto n. 11.373, de 2023.)
>
> § 5º Os órgãos federais emissores de multa poderão estruturar, conjuntamente, câmaras regionais ou estaduais ou grupos de trabalho conforme referido no § 3º. (Incluído pelo Decreto n. 11.373, de 2023.)
>
> Art. 148-A. Ao autuado que, sob a égide de regime jurídico anterior, tenha pleiteado tempestivamente a conversão da multa, é garantida a adequação aos termos deste Decreto. (Incluído pelo Decreto n. 11.373, de 2023.)

Finalizando os comentários ao instituto da conversão das multas em serviços de preservação, conservação, melhoria e recuperação da qualidade do meio ambiente, nos quais manifestamos diversas dúvidas com a finalidade de alertar os gestores am-

---

[39] Publicada no *Diário Oficial da União* de 18-10-2018, edição 201, Seção 2. p. 47.
[40] Disponível em: www.ibama.gov.br/phocadownload/conversao-de-multas-ambientais/2018/2018-Arquivos/2018-10-01-Portaria-2862.pdf.

bientais sobre as cautelas necessárias para evitar futuros questionamentos pelos órgãos de controle, entendemos necessária uma rápida abordagem de outro aspecto aparentemente não considerado na edição dos instrumentos que tratam do assunto.

O art. 73 da Lei n. 9.605/98 (a Lei dos Crimes Ambientais) que dá o suporte imprescindível para a imposição das sanções administrativas, estabelece peremptoriamente que os valores arrecadados com o pagamento de multas devem reverter para os fundos ambientais:

> Art. 73. Os valores arrecadados em pagamento de multas por infração ambiental serão revertidos ao Fundo Nacional do Meio Ambiente, criado pela Lei 7.797, de 10 de julho de 1989, Fundo Naval, criado pelo Decreto 20.923, de 8 de janeiro de 1932, fundos estaduais ou municipais de meio ambiente, ou correlatos, conforme dispuser o órgão arrecadador.

O Decreto n. 6.514/08 mantinha inicialmente esse percentual, mas uma alteração procedida no art. 13 pelo Decreto n. 6.686/08, contrariando a disposição da lei, reduziu para 20% (vinte por cento) do valor das multas a participação do Fundo Nacional do Meio Ambiente – FNMA, silenciando sobre o Fundo Naval e sobre os congêneres estaduais ou municipais:

> Art. 13. Reverterão ao Fundo Nacional do Meio Ambiente – FNMA vinte por cento dos valores arrecadados em pagamento de multas aplicadas pela União, podendo o referido percentual ser alterado, a critério dos órgãos arrecadadores.

A partir do art. 139, ao tratar da conversão das multas em serviços de preservação, conservação, melhoria e recuperação da qualidade do meio ambiente, o Decreto n. 6.514/08 simplesmente não faz nenhuma menção aos recursos destinados aos fundos, o que nos parece em desacordo com a previsão legal para a aplicação de sanções administrativas – a Lei n. 9.605/98.

7. DA PRESCRIÇÃO

O Decreto n. 6.514/08 diz, em seu art. 21, que *"prescreve em cinco anos a ação da administração que objetiva apurar a prática de infrações contra o meio ambiente, contada da data da prática do ato, ou, no caso de infração permanente ou continuada, do dia em que esta tiver cessado"*.

Continua o § 2º, do mesmo artigo, dizendo que *"incide a prescrição no procedimento de apuração do auto de infração paralisado por mais de três anos, pendente de julgamento ou despacho, cujos autos serão arquivados de ofício ou mediante requerimento da parte interessada, sem prejuízo da apuração da responsabilidade funcional decorrente da paralisação"*.

Essa redação foi dada pelo Decreto n. 6.686/08 e evita, assim, que tramitações muito demoradas prejudiquem o administrado, que não pode ser punido pelo atraso na apuração de suas infrações pela administração.

Em 12 de setembro de 2022, o Partido Verde (PV) ajuizou uma ação de Arguição de Descumprimento de Preceito Fundamental (ADPF), de n. 1.009, perante o Supremo Tribunal Federal, questionando a constitucionalidade dos artigos 21, § 2º, e 22 do Decreto Federal n. 6.514/08, que regula o processo administrativo para apuração de infrações contra o meio ambiente e, por arrastamento, dos artigos 1º, § 1º, e 4º da Lei Federal n. 9.873/99, os quais estabelecem o prazo prescricional para o exercício do poder punitivo pela Administração Pública Federal, bem como da integralidade do Decreto Federal n. 20.910/32.

Segundo os Arguentes, o prazo de três anos para prescrição intercorrente garantido por tais normas não concede tempo suficiente para que os órgãos ambientais processem e julguem as infrações ambientais, acarretando a prescrição de parcela considerável de autos de infração.

Ação foi distribuída, por prevenção, à Ministra Cármen Lúcia, relatora de outra ação sobre a matéria e, até o fechamento desta edição, 16-10-2023, não ocorreu o julgamento pelo Tribunal.

8. DA REINCIDÊNCIA

O Decreto n. 6.514/08 trata da reincidência da prática de infrações ambientais.

A esse respeito, o *caput* do seu art. 11 é claro ao trazer o conceito do instituto da "reincidência". *In verbis:*

> Art. 11. O cometimento de nova infração ambiental pelo mesmo infrator, no período de cinco anos, contado da data em que a decisão administrativa que o tenha condenado por infração anterior tenha se tornado definitiva, implicará:
> I – aplicação da multa em triplo, no caso de cometimento da mesma infração; ou
> II – aplicação da multa em dobro, no caso de cometimento de infração distinta.

Tanto o *caput* do artigo quanto os demais parágrafos, com redação dada pelo Decreto n. 11.080, de 24 de maio de 2022, tratam do procedimento e da apuração para se constatar se houve ou não reincidência.

Assim, parece-nos deveras claro que somente após a decisão administrativa definitiva é que se poderá considerar algum infrator reincidente ou não de uma infração ambiental.

Portanto, não é possível o enquadramento da "reincidência" quando a infração não tiver sido amplamente apurada e tiverem cessado os meios de manifestação administrativa em sua totalidade. Dito de outra forma, depois de exaurida plenamente a via administrativa de apuração do evento.

Em suma, analisando todas as normas jurídicas aplicadas ao instituto da reincidência em matéria de infração administrativa ambiental, depreende-se que, para sua caracterização, o autuado deve ter praticado nova infração dentro do período de 5 anos após a decisão administrativa definitiva, imutável e irrecorrível.

Em sentido diverso, a Orientação Jurídica Normativa n. 24/2010/PFE/IBAMA (revista e ampliada em abril de 2013), que tratava do tema "Instrução de Processo Administrativo de Apuração de Infrações Ambientais", trazia, em seu bojo, a consideração de que não haveria a inexigibilidade da ocorrência de coisa julgada administrativa para a configuração da reincidência.

Sustentava-se, naquela OJN, que o Decreto n. 6.514/08 não previa que a aplicação da reincidência estaria condicionada ao trânsito em julgado (sic) do auto de infração anterior, bastando que tivesse sido confirmada pela autoridade julgadora de 1ª instância.

Como dito, parece-nos insustentável esse posicionamento, uma vez que o ato jurídico final, perpassadas todas as fases do processo administrativo, como a defesa, a produção de provas, o julgamento de primeira instância, os recursos, a confirmação da autoridade superior etc., somente estaria completo com uma decisão definitiva, não mais sujeita à tramitação regular no âmbito administrativo.[41]

Da mesma forma, entendemos que para que ocorra a contagem do prazo para fins de reincidência, exige-se o encerramento do (segundo) processo que, em tese, apura o evento que considera o suposto infrator reincidente.

Nessa esteira, em ambos os casos, tanto o julgamento do primeiro processo – ou da primeira infração, que iniciaria o prazo para que a reincidência fosse caracterizada em uma segunda infração, quanto o segundo processo – este sim, a tratar da segunda infração, e que daria ensejo a essa reincidência, requerem a existência de um ato administrativo final, irrecorrível, portanto, para fins de apreciação do instituto em questão.

9. DAS ALTERAÇÕES DO DECRETO N. 12.189, DE 20 DE SETEMBRO DE 2024

O Decreto n. 12.189, de 20 de setembro de 2024, trouxe inovações no *quantum* das multas relativas ao uso de fogo em áreas agropastoris sem autorização do órgão competente ou em desacordo com a obtida, com o aumento de R$ 1.000,00 (mil reais) por hectare ou fração para R$ 3.000,00 (três mil reais), na dicção do art. 58 do Decreto n. 6.514/08.

O Decreto também acrescentou os arts. 58-A (provocar incêndio em floresta ou qualquer forma de vegetação nativa), com multa de R$ 10.000,00 (dez mil reais)

---

[41] Para um maior aprofundamento sobre o ato administrativo e a própria formação do direito administrativo brasileiro, consultar ALMEIDA, Fernando Dias Menezes de. *Formação da teoria do direito administrativo no Brasil*. São Paulo: Quartier Latin, 2015.

por hectare ou fração; 58-B (provocar incêndio em floresta cultivada), com multa de R$ 5.000,00 (cinco mil reais) por hectare ou fração; e 58-C (deixar de implementar, o responsável pelo imóvel rural, as ações de prevenção e de combate aos incêndios florestais em sua propriedade de acordo com as normas estabelecidas pelo Comitê Nacional de Manejo Integrado do Fogo e pelos órgãos competentes do SISNAMA, com multa de R$ 5.000,00 (cinco mil reais) a R$ 10.000.000,00 (dez milhões de reais).

Já o art. 60 passa a vigorar com a aplicação da sanção em dobro quando (i) a infração for consumada mediante uso de fogo ou provocação de incêndio, ressalvados os casos previstos nos art. 46, art. 58, art. 58-A e art. 58-B; e (ii) afetar terra indígena.

O art. 79 também teve um aumento na pena, que antes variava entre R$ 10.000,00 (dez mil reais) e R$ 1.000.000,00 (um milhão de reais) e agora, com o novo Decreto, varia entre R$ 10.000,00 (dez mil reais) e R$ 10.000.000,00 (dez milhões de reais), tendo o parágrafo único trazido o acréscimo de que incorre nas multas previstas no *caput* aquele que descumprir suspensão ou sanção restritiva de direitos.

Por fim, o novo Decreto também acrescentou os arts. 83-A e 83-B, com as seguintes redações:

> Art. 83-A. Comprar, vender, intermediar, utilizar, produzir, armazenar, transportar, importar, exportar, financiar e fomentar produto, substância ou espécie animal ou vegetal sem autorização, licença ou permissão ambiental válida ou em desacordo com aquela concedida:
> Multa de R$ 100,00 (cem reais) a R$ 1.000,00 (mil reais) por quilograma, hectare ou unidade de medida compatível com a mensuração do objeto da infração.
> Art. 83-B. Deixar de reparar, compensar ou indenizar dano ambiental, na forma e no prazo exigidos pela autoridade competente, ou implementar prestação em desacordo com a definida:
> Multa de R$ 10.000,00 (dez mil reais) a R$ 50.000.000,00 (cinquenta milhões de reais).
> Parágrafo único. A pretensão relativa à reparação, à compensação ou à indenização de dano ambiental é imprescritível.

CAPÍTULO X

A LEI N. 9.433/97 – POLÍTICA NACIONAL DE RECURSOS HÍDRICOS

Sumário: 1. Fundamentos e objetivos. 2. Diretrizes. 3. Instrumentos. 4. Sistema Nacional de Gerenciamento de Recursos Hídricos. 5. Novo Marco Legal do Saneamento Básico. 6. Conclusões.

1. FUNDAMENTOS E OBJETIVOS

A Conferência Internacional sobre Água e Meio Ambiente, ocorrida em Dublin, na Irlanda, no ano de 1992, lançou as bases para que a discussão ganhasse fôlego na Rio/92, e, posteriormente, na Conferência de Bonn, em 2001, também conhecida como Dublin+10.[1]

Indubitavelmente, a água tem relevo importantíssimo na questão ambiental, por diversos fatores, daí sua minudente regulação.[2]

A Lei que instituiu a Política Nacional de Recursos Hídricos, Lei n. 9.433/97, *"é nacional no que tange às garantias mínimas a serem observadas pelos entes federados na gestão dos recursos hídricos"* (AgInt no AREsp 1.811.312/SP).

Essa Política de Recursos Hídricos tem fundamento nas seguintes premissas: a) a água é um bem de domínio público; b) a água é um recurso natural limitado, dotado de valor econômico; c) em situações de escassez, o uso prioritário dos recursos hídricos é o consumo humano e a dessedentação de animais; d) a gestão dos recursos hídricos deve sempre proporcionar o uso múltiplo das águas; e) a bacia hidrográfica é a unidade territorial para implementação da Política Nacional de Recursos Hídricos e atuação do Sistema Nacional de Gerenciamento de Recursos Hídricos; f) a gestão dos recursos hídricos deve ser descentralizada e contar com a participação do Poder Público, dos

---

[1] NASCIMENTO E SILVA, Geraldo Eulálio do. *Direito ambiental internacional*. Rio de Janeiro: Thex, 2002, p. 80.
[2] MACHADO, Paulo Affonso Leme. *Direito ambiental brasileiro*. 14. ed. São Paulo: Malheiros, 2006, p. 430.

usuários e das comunidades (art. 1º, I, II, III, IV, V e VI, da Lei n. 9.433/97),[3] vistos abaixo, um a um:

I – A água é um bem de domínio público;

Christian Caubet, comentando a Política Nacional dos Recursos Hídricos, assegura ser a água não mais propriedade privada, mas sim um bem ambiental difuso, bem jurídico indisponível e fundamental de uso comum do povo, nem de domínio público nem suscetível de qualquer tipo de apropriação privada.[4]

Tem prevalecido nos Tribunais o entendimento de que o *"regime jurídico das águas internas sofreu radical transformação com a promulgação da Lei Federal n. 9.433/97, que regulamentou o art. 21, XIX, da Constituição Federal"*, sendo a água *"um bem de domínio público (art. 1º, inc. I, da Lei n. 9.433/97), revogado, por isso, o art. 96 do Código de Águas, que assegura ao dono de qualquer terreno a apropriação por meio de poços, galerias, etc. das águas existentes debaixo da superfície de seu prédio. Estão sujeitos à outorga pelo Poder Público os direitos de uso dos recursos hídricos, como a extração de água de aquífero subterrâneo para consumo final ou insumo de processo produtivo (art. 12, inc. II, da Lei n. 9.433/97)"*. (Embargos de Declaração Cível, n. 70085423374, Décimo Primeiro Grupo Cível, Tribunal de Justiça do RS).

Decidiu o Superior Tribunal de Justiça, ilustrando o que se disse, que *"a água é bem público de uso comum (art. 1º da Lei n. 9.433/97), motivo pelo qual é insuscetível de apropriação pelo particular (...)"* que, na hipótese, *"tem, apenas, o direito à exploração das águas subterrâneas mediante autorização do Poder Público cobrada a devida contraprestação (arts. 12, II e 20, da Lei n. 9.433/97). Ausente a autorização para exploração a que o alude o art.12, da Lei n. 9.443/97, atentando-se para o princípio da justa indenização, revela-se ausente o direito à indenização pelo desapossamento de aquífero. A ratio deste entendimento deve-se ao fato de a indenização por desapropriação estar condicionada à inutilidade ou aos prejuízos causados ao bem expropriado, por isso que, em não tendo o proprietário o direito de exploração de lavra ou dos recursos hídricos, afasta-se o direito à indenização respectiva"* (REsp 518.744/RN).

II – A água é um recurso natural limitado, dotado de valor econômico;

Dispõe a lei sobre o valor econômico que a água passa a ter, sendo, portanto, uma mercadoria, com um regime jurídico específico.

Entendeu o Tribunal Regional Federal da 1ª Região ser *"imprescindível a intervenção do IBAMA nos licenciamentos e estudos prévios relativos a empreendimentos

---

[3] SIRVINSKAS, Luís Paulo. *Manual de direito ambiental*. 16. ed. São Paulo: Saraiva Educação, 2018, p. 422.

[4] CAUBET, Christian Guy. *A água, a lei, a política... e o meio ambiente?* Curitiba: Juruá, 2004, p. 143.

e atividades com significativo impacto ambiental, de âmbito nacional ou regional, que afetarem terras indígenas ou bem de domínio da União (artigo 10, caput e § 4º, da Lei n. 6.938/81 c/c artigo 4º, I, da Resolução n. 237/97 do CONAMA)".

Na hipótese mencionada, *"o aproveitamento de recursos hídricos em terras indígenas somente pode ser efetivado por meio de prévia autorização do Congresso Nacional, na forma prevista no artigo 231, § 3º, da Constituição Federal. Essa autorização deve anteceder, inclusive, aos estudos de impacto ambiental, sob pena de dispêndios indevidos de recursos públicos"* (TRF 1ª Região, AgI 200101000306075/PA).

> III – em situações de escassez, o uso prioritário dos recursos hídricos é o consumo humano e a dessedentação de animais;

Aqui, deve-se entender a priorização do uso da água para consumo humano. Eis uma das razões da Lei em análise, pois já representa um limiar no que diz respeito à gestão dos recursos hídricos.

Paulo Affonso Leme Machado diz que *"a racionalidade dessa utilização deverá ser constatada nos atos de outorga dos direitos de uso e nos planos de recursos hídricos. Além da utilização integrada dos recursos hídricos, a ética da sustentabilidade das águas ganhou respaldo legal e não deve ser deixada como mero enfeite na legislação, sendo indispensável para as presentes e futuras gerações".*[5]

O Tribunal Regional Federal da 5ª Região julgou demanda envolvendo recursos hídricos, onde assentou que *"além da água ser um bem social indispensável à sobrevivência da população – razão pela qual sua qualidade há de ser rigorosamente preservada, sob pena, de assim não ocorrendo, pôr em risco toda a sociedade que dela consumir inadequadamente – não se pode olvidar que um dos objetivos da Política Nacional de Recursos Hídricos é 'assegurar à atual e às futuras gerações a necessária disponibilidade de água, em padrões de qualidade adequados aos respectivos usos'"* (TRF 5ª Região, Ap. em MS 88.472/CE).

> IV – a gestão dos recursos hídricos deve sempre proporcionar o uso múltiplo das águas;

Quanto ao uso múltiplo das águas, *"na disciplina da Constituição de 1988, a interpretação dos direitos individuais deve harmonizar-se à preservação dos direitos difusos e coletivos. A preservação dos recursos hídricos e vegetais, assim como do meio ambiente ecologicamente equilibrado, é dever de todos, constituindo para o administrador público obrigação da qual não se pode declinar"* (TRF 1ª Região, Ap. Cív. 200136000042900/MT). No mesmo sentido: TRF 1ª Região, AgI 200201000142923/TO; e AgI 200301000290187/DF.

---

[5] MACHADO, Paulo Affonso Leme. *Direito ambiental brasileiro.* 27. ed. São Paulo: Malheiros, 2020, p. 552.

Também o Tribunal Regional Federal da 4ª Região, asseverando que *"o uso múltiplo dos recursos hídricos impõe a compatibilização, na melhor medida possível, dos potenciais modos de seu aproveitamento. Isso inclui a geração de energia elétrica, atividade sujeita a regulamentação e autorização do Poder Público, cujo desenvolvimento atende a política pública de interesse para o país. (...) Com a edição da Lei n. 9.427/96 e do Decreto n. 4.932/2003, o poder concedente (União) delegou à ANEEL o gerenciamento e o aproveitamento dos potenciais de energia hidráulica, inclusive as outorgas de autorização de empreendimentos de energia elétrica"* (TRF4, AC 5007511-20.2012.4.04.7202).

Continua a mesma decisão, no sentido de que *"o acesso à água potável e a gestão responsável dos recursos hídricos pelo Estado representam um direito fundamental, uma vez que constituem extensão natural dos direitos e garantias fundamentais reconhecidos expressamente pela Constituição Federal de 1988, em especial a vida e a saúde (art. 196) e dignidade da pessoa humana (art. 1º, III). Porém, não se traduz em uma preferência incondicionada ou um direito à exclusividade em benefício de empresa concessionária de abastecimento de água na exploração de recursos hídricos. (...) A legislação de regência tratou de forma expressa acerca da prioridade do abastecimento da população, limitando-a, porém, aos períodos de escassez (estiagem) (Lei n. 9.433/97, art. 1º, III). A prioridade da captação de água para abastecimento humano em períodos de escassez, em detrimento à utilização para a geração de energia, se dá por ser a água bem necessário à vida, em todas as suas formas, e, portanto, de valor inestimável e insubstituível"* (TRF4, AC 5007511-20.2012.4.04.7202).

Ainda no dizer de Caubet, é preciso considerar o conjunto e distribuir a água em função dos diversos usos. A ordem de prioridades depende dos agentes dos Comitês de Bacias.[6]

> V – a bacia hidrográfica é a unidade territorial para implementação da PNRH e atuação do SNGRH;

Essa bacia é um conjunto espacial que comporta as águas de superfície. Isso permite a implantação da Política e a atuação do Sistema Nacional de Gerenciamento de Recursos Hídricos.

> VI – a gestão dos recursos hídricos deve ser descentralizada e contar com a participação do Poder Público, dos usuários e das comunidades.

Esse inciso pressupõe a delegação de exercício para gestão da água.

Decidiu nestes termos o Tribunal Regional Federal da 5ª Região, entendendo que *"a preservação dos recursos hídricos e vegetais, assim como do meio ambiente*

---

[6] CAUBET, Christian Guy. *A água, a lei, a política... e o meio ambiente?* Curitiba: Juruá, 2004, p. 149.

equilibrado, deve ser preocupação de todos, constituindo para o administrador público obrigação da qual não pode declinar" (TRF 5ª Região, AgI 54.519/PE).

Quanto aos objetivos da Política Nacional de Recursos Hídricos, também a lei faz menção aos seguintes:

> I – assegurar à atual e às futuras gerações a necessária disponibilidade de água, em padrões de qualidade adequados aos respectivos usos;

O Tribunal Regional Federal da 5ª Região transcreveu, em acórdão em sede de Apelação em Mandado de Segurança, os termos da lei, donde um dos objetivos da Política Nacional dos Recursos Hídricos era *"assegurar à atual e às futuras gerações a necessária disponibilidade de água, em padrões de qualidade adequados aos respectivos usos"* (TRF 5ª Região, Ap. em MS 88.472/CE).

> II – a utilização racional e integrada dos recursos hídricos, incluindo o transporte aquaviário, com vistas ao desenvolvimento sustentável;
> III – a prevenção e a defesa contra eventos hidrológicos críticos de origem natural ou decorrentes do uso inadequado dos recursos naturais;
> IV – incentivar e promover a captação, a preservação e o aproveitamento de águas pluviais. (Incluído pela Lei n. 13.501, de 2017).

Em demanda que apreciava proteção ambiental e eventual assoreamento de represa, com condenação em reparação ambiental, o Superior Tribunal de Justiça entendeu que *"a destruição ambiental verificada nos limites do Reservatório Billings – que serve de água grande parte da cidade de São Paulo –, provocando assoreamentos, somados à destruição da Mata Atlântica, impõe a condenação dos responsáveis, ainda que, para tanto, haja necessidade de se remover famílias instaladas no local de forma clandestina, em decorrência de loteamento irregular implementado na região. Não se trata tão somente de restauração de matas em prejuízo de famílias carentes de recursos financeiros, que, provavelmente deixaram-se enganar pelos idealizadores de loteamentos irregulares na ânsia de obterem moradias mais dignas, mas de preservação de reservatório de abastecimento urbano, que beneficia um número muito maior de pessoas do que as residentes na área de preservação. No conflito entre o interesse público e o particular há de prevalecer aquele em detrimento deste quando impossível a conciliação de ambos"* (REsp 403.190/SP).

O próprio Superior Tribunal de Justiça é um dos Tribunais que mais tem *"prestigiado o comando normativo da Lei da Política Nacional de Recursos Hídricos (art. 12, II, da Lei 9.433/1997), que é claro ao assentar a necessidade de outorga para a extração de água de aquífero subterrâneo"* (AgInt no AREsp 1.472.020/RS).

A propósito desse assunto: AgInt no AREsp 1.283.045/RS, Rel. Min. Francisco Falcão, Segunda Turma; REsp 1.726.460/RS, Rel. Min. Herman Benjamin, Segunda Turma; AgInt no AREsp 844.078/RS, Rel. Min. Gurgel de Faria, Primeira Turma;

AgRg no AREsp 263.253/RS, Rel. Min. Regina Helena Costa, Primeira Turma e AgRg no REsp 1.352.664/RJ, Rel. Min. Mauro Campbell Marques, Segunda Turma.

2. DIRETRIZES

Constituem diretrizes gerais de ação para implementação da Política Nacional de Recursos Hídricos:[7]

> I – a gestão sistemática dos recursos hídricos, sem dissociação dos aspectos de quantidade e qualidade;
> II – a adequação da gestão de recursos hídricos às diversidades físicas, bióticas, demográficas, econômicas, sociais e culturais das diversas regiões do País;
> III – a integração da gestão de recursos hídricos com a gestão ambiental;
> IV – a articulação do planejamento de recursos hídricos com o dos setores usuários e com os planejamentos regional, estadual e nacional;
> V – a articulação da gestão de recursos hídricos com a do uso do solo;
> VI – a integração da gestão das bacias hidrográficas com a dos sistemas estuarinos e zonas costeiras.

O art. 3º da Lei n. 9.433/97 define as diretrizes a serem observadas na implementação da Política Nacional dos Recursos Hídricos. São essas as diretrizes a serem seguidas pelos órgãos públicos e privados que vão gerir ou administrar as águas.

A lei indicou as estratégias de ação e preconizou parcerias com outros órgãos.

Leciona Paulo Affonso Leme Machado que, *"para serem colocadas em prática e não serem excluídas do cotidiano do gerenciamento hídrico, as diretrizes precisam estar inseridas nas várias etapas dos procedimentos de outorga do direito de uso de águas, na elaboração do Plano de Recursos Hídricos e na efetivação do sistema de cobrança pelo uso das águas"*.[8]

O Tribunal Regional Federal da 1ª Região entendeu que *"o aproveitamento de recursos hídricos em terras indígenas somente pode ser efetivado por meio de prévia autorização do Congresso Nacional, na forma prevista no artigo 231, § 3º, da Constituição Federal. Essa autorização deve anteceder, inclusive, aos estudos de impacto ambiental, sob pena de dispêndios indevidos de recursos públicos"* (TRF 1ª Região, AgI 200101000306075/PA).

Ainda esse mesmo Tribunal, desta feita na relatoria da Desembargadora Federal Selene Maria de Almeida, quanto ao art. 231, § 3º, da Constituição Federal, que diz que o aproveitamento dos recursos hídricos, incluídos os potenciais energéticos, a pesquisa e a lavra das riquezas minerais em terras indígenas só podem ser efetivados

---

[7] SIRVINSKAS, Luís Paulo. *Manual de direito ambiental*. 16. ed. São Paulo: Saraiva Educação, 2018, p. 426.

[8] MACHADO, Paulo Affonso Leme. *Direito ambiental brasileiro*. 27. ed. São Paulo: Malheiros, 2020, p. 553-554.

com autorização do Congresso Nacional, ouvidas as comunidades afetadas, ficando-lhes assegurada participação nos resultados da lavra, na forma da lei, deu "*interpretação teleológica da norma leva à conclusão de que não importa se a ação do Estado se dá sob o título de 'estudo' ou de efetivo 'aproveitamento dos recursos hídricos'. Intervenções concretas ao bem-estar das comunidades indígenas, ainda que sob o nome de 'estudos' só podem ser efetivadas se precedidas da necessária autorização do Congresso Nacional*" (TRF 1ª Região, Ap. Cív. 199901000688113/MT).

3. INSTRUMENTOS

Diz a lei, ainda, que são instrumentos da Política Nacional de Recursos Hídricos:

I – os Planos de Recursos Hídricos;

Os Planos de Recursos Hídricos são planos diretores que visam a fundamentar e orientar a implementação da Política Nacional de Recursos Hídricos e o gerenciamento dos recursos hídricos.[9]

Estes são planos de longo prazo, com horizonte de planejamento compatível com o período de implantação de seus programas e projetos e terão o seguinte conteúdo mínimo: I – diagnóstico da situação atual dos recursos hídricos; II – análise de alternativas de crescimento demográfico, de evolução de atividades produtivas e de modificações dos padrões de ocupação do solo; III – balanço entre disponibilidades e demandas futuras dos recursos hídricos, em quantidade e qualidade, com identificação de conflitos potenciais; IV – metas de racionalização de uso, aumento da quantidade e melhoria da qualidade dos recursos hídricos disponíveis; V – medidas a serem tomadas, programas a serem desenvolvidos e projetos a serem implantados, para o atendimento das metas previstas; VI – prioridades para outorga de direitos de uso de recursos hídricos; VII – diretrizes e critérios para a cobrança pelo uso dos recursos hídricos; VIII – propostas para a criação de áreas sujeitas a restrição de uso, com vistas à proteção dos recursos hídricos.

II – o enquadramento dos corpos de água em classes, segundo os usos preponderantes da água;

O enquadramento dos corpos de água em classes, segundo os usos preponderantes da água, visa a assegurar às águas qualidade compatível com os usos mais exigentes a que forem destinadas e diminuir os custos de combate à poluição das águas, mediante ações preventivas permanentes.

III – a outorga dos direitos de uso de recursos hídricos;

O regime de outorga de direitos de uso de recursos hídricos tem como objetivo assegurar o controle quantitativo e qualitativo dos usos da água e o efetivo exercício dos direitos de acesso à água.

---

[9] SIRVINSKAS, Luís Paulo. *Manual de direito ambiental*. 16. ed. São Paulo: Saraiva Educação, 2018, p. 426.

Ainda, no dizer da legislação, estão sujeitos a outorga pelo Poder Público os direitos dos seguintes usos de recursos hídricos: derivação ou captação de parcela da água existente em um corpo de água para consumo final, inclusive abastecimento público, ou insumo de processo produtivo; extração de água de aquífero subterrâneo para consumo final ou insumo de processo produtivo; lançamento em corpo de água de esgotos e demais resíduos líquidos ou gasosos, tratados ou não, com o fim de sua diluição, transporte ou disposição final; aproveitamento dos potenciais hidrelétricos; outros usos que alterem o regime, a quantidade ou a qualidade da água existente em um corpo de água.

O § 1º do art. 12 salienta ser desnecessária a outorga, pelo Poder Público, para o uso da água quando seja para a satisfação das necessidades de pequenos núcleos populacionais, distribuídos no meio rural, quando as derivações, captações, lançamentos e acumulações forem considerados insignificantes.

IV – a cobrança pelo uso de recursos hídricos;

Essa cobrança pelo uso dos recursos hídricos tem como finalidade reconhecer a água como bem econômico, incentivar a racionalização do uso da água e obter recursos financeiros para o financiamento dos programas e intervenções contemplados nos planos de recursos hídricos.[10]

O Tribunal Regional Federal da 4ª Região tem decisão bastante ilustrativa da cobrança pelo uso da água, envolvendo *royalties* pela utilização de recursos hídricos: *"O pagamento feito pela Itaipu Binacional a Município atingido pela exploração do potencial hidrelétrico (royalties) tem caráter eminentemente indenizatório, em retribuição pela utilização do recurso em questão. Os royalties pagos pela ré não se enquadram no conceito de contribuição da União e, por consequência, não fazem parte da sua receita tributária. Logo, é indevida a retenção de percentual dos correspondentes valores para compor o Fundo Social de Emergência – FES, inocorrente submissão ao regramento do artigo 72, IV, da ADCT"* (TRF 4ª Região, Ap. Cív. 9704247982/PR).

Assim também o Superior Tribunal de Justiça, que no início consagrou entendimento *"no sentido de que a cobrança efetuada pelas concessionárias de serviço público de água e esgoto possuía natureza tributária, consistindo em taxa, 'submetendo-se, portanto, ao regime jurídico tributário, especialmente no que diz com a observância do princípio da legalidade – sempre que seja de utilização compulsória, independentemente de ser executado diretamente pelo Poder Público ou por empresa concessionária' (REsp 782.270/MS, 1ª Turma, Rel. Min. Teori Albino Zavascki, DJ de 7-11-2005). Todavia, a fim de acompanhar a jurisprudência firmada no Supremo Tribunal Federal, esta Corte revisou a referida orientação, consignando, posteriormente, que a remuneração paga pelos serviços de água e*

---

[10] SIRVINSKAS, Luís Paulo. *Manual de direito ambiental*. 16. ed. São Paulo: Saraiva Educação, 2018, p. 426.

esgoto não possui natureza jurídica tributária, mas constitui-se, sim, em tarifa, de maneira que não se sujeita ao regime da estrita legalidade" (REsp 909.894/SE).

Ainda o Superior Tribunal de Justiça, entendendo que o *"faturamento do serviço de fornecimento de água com base na tarifa progressiva, de acordo com as categorias de usuários e as faixas de consumo, é legítimo e atende ao interesse público, porquanto estimula o uso racional dos recursos hídricos. Interpretação dos arts. 4º, da Lei n. 6.528/78, e 13 da Lei n. 8.987/95"* (REsp 861.661/RJ).

    V – a compensação a municípios;
    VI – o Sistema de Informações sobre Recursos Hídricos.

O Sistema de Informações sobre Recursos Hídricos é um sistema de coleta, tratamento, armazenamento e recuperação de informações sobre recursos hídricos e fatores intervenientes em sua gestão. Esses dados serão gerados e incorporados pelos órgãos integrantes do Sistema Nacional de Gerenciamento de Recursos Hídricos.[11]

4. SISTEMA NACIONAL DE GERENCIAMENTO DE RECURSOS HÍDRICOS

Com o advento da Lei n. 9.433/97, foi criado o Sistema Nacional de Gerenciamento de Recursos Hídricos. Esse Sistema é constituído por um conjunto de órgãos e instituições que atuam na gestão dos recursos hídricos na esfera federal, estadual e municipal e tem os seguintes objetivos:

    I – coordenar a gestão integrada das águas;
    II – arbitrar administrativamente os conflitos relacionados com os recursos hídricos;
    III – implementar a Política Nacional de Recursos Hídricos;
    IV – planejar, regular e controlar o uso, a preservação e a recuperação dos recursos hídricos;
    V – promover a cobrança pelo uso de recursos hídricos.

Apesar de a lei falar em objetivos, trata-se, na realidade, de atribuições conferidas aos órgãos integrantes do Sistema Nacional de Gerenciamento de Recursos Hídricos.[12]

O Sistema Nacional de Gerenciamento de Recursos Hídricos é composto pelos seguintes participantes:

    I – o Conselho Nacional de Recursos Hídricos;
    II – os Conselhos de Recursos Hídricos dos Estados e do Distrito Federal;
    III – os Comitês de Bacia Hidrográfica;
    IV – os órgãos dos poderes públicos federal, estaduais e municipais cujas competências se relacionem com a gestão de recursos hídricos;
    V – as Agências de Água.

---

[11] MACHADO, Paulo Affonso Leme. *Direito à informação e meio ambiente*. São Paulo: Malheiros, 2006, p. 201.
[12] SIRVINSKAS, Luís Paulo. *Manual de direito ambiental*. 16. ed. São Paulo: Saraiva Educação, 2018, p. 453.

A existência deste "Sistema Nacional" na Constituição não permite que os Estados organizem a cobrança pelos diferentes usos dos recursos hídricos sem a implementação das Agências de Água e a instituição dos Comitês de Bacias Hidrográficas.[13]

A exceção seria o art. 51 da Lei n. 9.433/97, que trata da delegação do exercício de funções de competência das Agências de Água a organizações sem fins lucrativos, por prazo determinado, relacionadas no art. 47 da Lei.

5. NOVO MARCO LEGAL DO SANEAMENTO BÁSICO

Em julho de 2020 foi promulgado o novo marco legal do saneamento básico – Lei n. 14.026, alterando as atribuições da Agência Nacional de Águas e Saneamento Básico – ANA, as condições estruturais do saneamento básico, bem como os prazos para a disposição final ambientalmente adequada de resíduos sólidos.

A Agência Nacional de Águas e Saneamento Básico – ANA passa a ter competência para instituir normas para a regulação dos serviços públicos de saneamento básico.

Assim, cabe a ANA estabelecer normas, entre outros, sobre: a) padrões de qualidade e eficiência na prestação, na manutenção e na operação dos sistemas de saneamento básico; b) regulação tarifária dos serviços públicos de saneamento básico; c) metas de universalização dos serviços públicos de saneamento básico; d) redução progressiva e controle da perda de água; e) governança das entidades reguladoras; f) reuso dos efluentes sanitários; g) sistema de avaliação do cumprimento de metas de ampliação e universalização da cobertura dos serviços públicos de saneamento básico; h) conteúdo mínimo para a prestação universalizada e para a sustentabilidade econômico-financeira dos serviços públicos de saneamento básico.

O novo diploma legal introduziu o art. 11-B na Lei n. 11.445/07 e a meta de que até o final de 2033, 90% da população tenha coleta e tratamento de esgotos e 99% da população tenha acesso à água potável:

> 11-B. Os contratos de prestação dos serviços públicos de saneamento básico deverão definir metas de universalização que garantam o atendimento de 99% (noventa e nove por cento) da população com água potável e de 90% (noventa por cento) da população com coleta e tratamento de esgotos até 31 de dezembro de 2033, assim como metas quantitativas de não intermitência do abastecimento, de redução de perdas e de melhoria dos processos de tratamento.

Os contratos firmados e em vigor que não estiverem alinhados com essas metas, teriam até março de 2022 para realizar a inclusão de metas (art. 11-B, § 1º, da Lei n. 11.445/07).

---

[13] MACHADO, Paulo Affonso Leme. *Direito ambiental brasileiro*. 27. ed. São Paulo: Malheiros, 2020, p. 593.

Ademais, a lei institui que além das cláusulas essenciais de objeto, modo, critérios, preço, direitos e garantias previstos na Lei n. 8.987/95, os contratos de prestação de serviço público de saneamento básico devem conter, expressamente, disposições referentes à:

I – metas de expansão dos serviços, de redução de perdas na distribuição de água tratada, de qualidade na prestação dos serviços, de eficiência e de uso racional da água, da energia e de outros recursos naturais, do reuso de efluentes sanitários e do aproveitamento de águas de chuva, em conformidade com os serviços a serem prestados;

II – possíveis fontes de receitas alternativas, complementares ou acessórias, bem como as provenientes de projetos associados, incluindo, entre outras, a alienação e o uso de efluentes sanitários para a produção de água de reuso, com possibilidade de as receitas serem compartilhadas entre o contratante e o contratado, caso aplicável;

III – metodologia de cálculo de eventual indenização relativa aos bens reversíveis não amortizados por ocasião da extinção do contrato; e

IV – repartição de riscos entre as partes, incluindo os referentes a caso fortuito, força maior, fato do príncipe e álea econômica extraordinária.

Por fim, o novo marco estendeu o prazo para os municípios acabarem com a disposição irregular dos resíduos, os conhecidos "lixões", alterando os prazos inicialmente previstos na Política Nacional de Resíduos Sólidos. Municípios com população inferior a 50 mil habitantes tem agora até 2024 para erradicar "lixões" (art. 54 da Lei n. 12.305/10).

No mesmo ano do Acordo de Paris, 2015, a ONU lançou a Agenda 2030, com a consagração dos 17 Objetivos do Desenvolvimento Sustentável (ODS), ou seja, uma agenda de sustentabilidade adotada pelos países-membros da ONU para ser cumprida até 2030.

Nesse sentido, cabe salientar que o ODS 6 visa justamente *"assegurar a disponibilidade e gestão sustentável da água e saneamento para todos"*. De 54% de acesso ao serviço de saneamento básico existente em 1992 passou-se, vinte anos após, apenas ao percentual de 61% em 2012[14].

6. CONCLUSÕES

Conclui-se que a Lei n. 9.433/97 revela a preocupação do legislador com as questões da gestão e da apropriação da água.

A criação de uma Agência Nacional de Águas, atualmente Agência Nacional de Águas e Saneamento Básico – ANA (Lei n. 9.984/00) dá conta disso.

---

[14] MACHADO, Paulo Affonso Leme. *Direito do Saneamento Básico*. Salvador: Editora Juspodivm, 2021, p. 23.

O Decreto n. 3.692, de 19 de dezembro de 2000, dispôs sobre a instalação, aprovou a Estrutura Regimental e o Quadro Demonstrativo dos Cargos Comissionados e dos Cargos Comissionados Técnicos da Agência, além de dar outras providências.

A água ainda apresenta um valor comercial pouco significativo. Com o passar dos anos, porém, essa situação tende a se modificar.

Caubet aduz, sintetizando esse raciocínio, que a *água "antes de ser um bem econômico é uma substância indispensável à vida e tem como uso prioritário o uso humano. A água, antes de tudo, possui um valor social. Suprimento para a população que não pode pagar por ela".*[15]

São precisos os professores Ingo Sarlet e Tiago Fensterseifer, ao dizer que *"não há como dissociar o acesso ao saneamento básico da proteção ecológica. E, a nosso ver, tanto o Estatuto da Cidade (Lei 10.257/2001) quanto a Lei da Política Nacional do Saneamento Básico (Lei 11.445/2007) trataram de assimilar tal perspectiva socioambiental, integrando a proteção da Natureza ao contexto urbano, inclusive sob a perspectiva do reconhecimento de um direito à cidade sustentável".*[16]

---

[15] CAUBET, Christian Guy. *A água, a lei, a política... e o meio ambiente?* Curitiba: Juruá, 2004, p. 213.

[16] SARLET, Ingo Wolfgang; FENSTERSEIFER, Tiago. *Curso de direito ambiental.* 3. ed. Rio de Janeiro: Forense, 2022, p. 70.

Capítulo XI

POLÍTICA NACIONAL DE RESÍDUOS SÓLIDOS

Sumário: 1. Introdução. 2. Política Nacional de Resíduos Sólidos (PNRS). 3. Responsabilidade compartilhada e logística reversa.

1. INTRODUÇÃO

A preocupação com a gestão dos resíduos sólidos, tanto perigosos quanto não perigosos, não é novidade, seja em âmbito nacional quanto internacional. Em âmbito internacional, a Convenção de Basileia, visando ao controle dos movimentos transfronteiriços de resíduos perigosos, foi assinada na década de 90 e representou um marco no combate à exportação irregular de resíduos perigosos para disposição inadequada.

Em âmbito nacional, após vários anos de discussão no Congresso Nacional, foi aprovada em 2010 a Política Nacional de Resíduos Sólidos, instituída através da Lei n. 12.305 e regulamentada pelo Decreto n. 10.936, de 12 de janeiro de 2022, que estabeleceu princípios, objetivos, instrumentos e diretrizes para a gestão integrada dos resíduos sólidos, incluídos os resíduos perigosos e excluídos os rejeitos radioativos.

A lei trouxe avanços importantes, como a delimitação da responsabilidade dos geradores e do papel do Poder Público, aplicando-se às pessoas físicas e jurídicas que são responsáveis, direta ou indiretamente, pela geração de resíduos sólidos, bem como àquelas envolvidas em ações de gestão integrada ou de gerenciamento de resíduos sólidos (art. 1º, § 1º, da Lei n. 12.305/10).

De acordo com o art. 3º, XI, da lei, a gestão integrada de resíduos sólidos é entendida como o "*conjunto de ações voltadas para a busca de soluções para os resíduos sólidos, de forma a considerar as dimensões política, econômica, ambiental, cultural e social, com controle social e sob a premissa do desenvolvimento sustentável*".

Quanto ao conceito de geradores de resíduos, este é bem amplo, pois são geradores tanto as pessoas físicas ou jurídicas, de direito público ou privado, que geram resíduos por meio de suas atividades, inclusive o consumo.

Outro conceito importante da lei é o de responsabilidade compartilhada, pois abrange a sociedade como um todo, incluindo os consumidores, os entes públicos e o setor privado – através dos fabricantes, importadores, distribuidores e comerciantes. O setor público passa a ter um papel importante na elaboração dos planos de gestão dos resíduos sólidos, auxiliado pelo setor privado, que passa a ser responsável pelo ciclo de vida dos produtos.

O Decreto n. 7.404, de 23 de dezembro de 2010, estabeleceu as regras para a operacionalização da Política Nacional de Resíduos Sólidos, mas foi totalmente revogado pelo Decreto n. 10.936, de 12 de janeiro de 2022, que regulamentou mais minudentemente a Lei n. 12.305/2010.

Originalmente, a lei previa em seu art. 54 o fim da disposição irregular de resíduos até 2014. No entanto, tal medida teve seu prazo estendido e o Novo Marco Legal do Saneamento Básico, a Lei n. 14.026, de 15 de julho de 2020, alterou a redação original, determinando que a disposição final ambientalmente adequada dos resíduos fosse implementada até 31 de dezembro de 2020, salvo para os Municípios que tenham plano municipal de gestão integrada de resíduos sólidos, os quais passam a ter novos prazos de adequação, os quais vão de 2021 a 2024.

A Política Nacional de Resíduos Sólidos preencheu uma importante lacuna no arcabouço regulatório nacional.

Com a Lei, houve o reconhecimento de uma problemática de proporções desconhecidas, mas já com diversos episódios registrados em vários pontos do território nacional, e que tem origem exatamente na destinação e disposição inadequadas de resíduos e consequente contaminação no solo, além da dificuldade de identificação dos agentes responsáveis.[1]

2. POLÍTICA NACIONAL DE RESÍDUOS SÓLIDOS (PNRS)

Como mencionado anteriormente, a Lei n. 12.305/10 trouxe importantes conceitos e instrumentos, como a gestão integrada dos resíduos sólidos, que são os geradores de resíduos, a responsabilidade compartilhada, os acordos setoriais, a logística reversa etc. Vejamos cada um deles.

De acordo com o art. 3º, XVI, da Lei n. 12.305/10, resíduos sólidos são os materiais, substâncias, objetos ou bens descartados nos estados sólido ou semissólido, bem como os gases em recipientes e líquidos cujo lançamento na rede pública de esgotos seja inviável.

A sociedade passa a ter a responsabilidade pelo ciclo de vida dos produtos, que engloba tanto o desenvolvimento e a obtenção de matérias-primas e insumos como o processo produtivo em si, o consumo e a disposição final adequada (art. 3º, IV, da Lei n. 12.305/10).

---

[1] MILARÉ, Édis. *Direito do ambiente.* 11. ed. São Paulo: Thomson Reuters, 2018, p. 1479.

Quanto à responsabilidade compartilhada, está prevista nos arts. 30 a 36 da lei e é entendida como o *"conjunto de atribuições individualizadas e encadeadas dos fabricantes, importadores, distribuidores e comerciantes, dos consumidores e dos titulares dos serviços públicos de limpeza urbana e de manejo dos resíduos sólidos, para minimizar o volume de resíduos sólidos e rejeitos gerados, bem como para reduzir os impactos causados à saúde humana e à qualidade ambiental"* (art. 3º, XVII, da Lei n. 12.305/10).

Outro conceito importante é o da Logística Reversa, um instrumento de desenvolvimento econômico introduzido para abranger as ações de coleta e promover o reaproveitamento ou a destinação final adequada dos resíduos pelo setor empresarial (art. 3º, XII, da Lei n. 12.305/10).

Édis Milaré ensina que *"uma dimensão desafiadora e, ao mesmo tempo, gratificante dessa Política Nacional é que ela não conhece limites de competência jurídica – salvo o que é estabelecido pela Lei Maior – nem de classes sociais nem de limites geográficos, a não ser o que são constituídos pelas fronteiras geopolíticas do País. Mesmo assim, com todo o trânsito internacional, os efeitos diretos e indiretos da nossa Política alcançarão outros países, especialmente aqueles que se encontram no âmbito do Mercosul e o que mantêm conosco relações comerciais mais intensas"*.[2]

Os princípios da PNRS estão descritos no art. 6º da Lei n. 12.305/10.

Além dos princípios clássicos do direito ambiental como prevenção e precaução; poluidor-pagador e protetor-recebedor;[3] desenvolvimento sustentável; cooperação entre as diferentes esferas do poder público, o setor empresarial e sociedade; razoabilidade e proporcionalidade; ecoeficiência; a lei também faz referência ao respeito às diversidades locais e regionais; à uma visão sistêmica na gestão dos resíduos sólidos; à responsabilidade compartilhada pelo ciclo de vida dos produtos; ao resíduo sólido reutilizável e reciclável como um bem econômico e de valor social e ao direito da sociedade à informação e ao controle social.

Dentre os instrumentos da Política Nacional de Resíduos Sólidos, o art. 8º elenca:

I – os planos de resíduos sólidos;

II – os inventários e o sistema declaratório anual de resíduos sólidos;

III – a coleta seletiva, os sistemas de logística reversa e outras ferramentas relacionadas à implementação da responsabilidade compartilhada pelo ciclo de vida dos produtos;

---

[2] MILARÉ, Édis. *Direito do ambiente*. 11. ed. São Paulo: Thomson Reuters, 2018, p. 1526.

[3] Segundo SILVA e OLIVEIRA, o princípio do protetor-recebedor *"reconhece a necessidade de incentivos em benefício daquele que adote medidas e procedimentos de estímulo à proteção do meio ambiente e é interpretado como a outra face do princípio do poluidor-pagador"*. Vide SILVA, Telma Bartholomeu; OLIVEIRA, Fabiano Melo Gonçalves de. Política nacional de resíduos sólidos. In: TRENNEPOHL, Terence; FARIAS, Talden (Coord.). *Direito ambiental brasileiro*. São Paulo: Thomson Reuters, 2019, p. 209.

IV – o incentivo à criação e ao desenvolvimento de cooperativas ou de outras formas de associação de catadores de materiais reutilizáveis e recicláveis;

V – o monitoramento e a fiscalização ambiental, sanitária e agropecuária;

VI – a cooperação técnica e financeira entre os setores público e privado para o desenvolvimento de pesquisas de novos produtos, métodos, processos e tecnologias de gestão, reciclagem, reutilização, tratamento de resíduos e disposição final ambientalmente adequada de rejeitos;

VII – a pesquisa científica e tecnológica;

VIII – a educação ambiental;

IX – os incentivos fiscais, financeiros e creditícios;

X – o Fundo Nacional do Meio Ambiente e o Fundo Nacional de Desenvolvimento Científico e Tecnológico;

XI – o Sistema Nacional de Informações sobre a Gestão dos Resíduos Sólidos (Sinir);

XII – o Sistema Nacional de Informações em Saneamento Básico (Sinisa);

XIII – os conselhos de meio ambiente e, no que couber, os de saúde;

XIV – os órgãos colegiados municipais destinados ao controle social dos serviços de resíduos sólidos urbanos;

XV – o Cadastro Nacional de Operadores de Resíduos Perigosos;

XVI – os acordos setoriais;

XVII – no que couber, os instrumentos da Política Nacional de Meio Ambiente, entre eles:

a) os padrões de qualidade ambiental;

b) o Cadastro Técnico Federal de Atividades Potencialmente Poluidoras ou Utilizadoras de Recursos Ambientais;

c) o Cadastro Técnico Federal de Atividades e Instrumentos de Defesa Ambiental;

d) a avaliação de impactos ambientais;

e) o Sistema Nacional de Informação sobre Meio Ambiente (Sinima);

f) o licenciamento e a revisão de atividades efetiva ou potencialmente poluidoras;

XVIII – os termos de compromisso e os termos de ajustamento de conduta;

XIX – o incentivo à adoção de consórcios ou de outras formas de cooperação entre os entes federados, com vistas à elevação das escalas de aproveitamento e à redução dos custos envolvidos.

Os planos de resíduos mencionados no art. 8º englobam o plano nacional, os planos estaduais, microrregionais, intermunicipais, municipais e os planos de gerenciamento de resíduos sólidos.

No que tange aos planos de gerenciamento de resíduos, estes devem ser preparados e implementados por responsável técnico habilitado (art. 22 da Lei n. 12.305/10), passam a ser parte integrante do processo de licenciamento ambiental do empreendimento ou da atividade (art. 24 da Lei n. 12.305/10) e devem ser elaborados, de acordo com o art. 20 da lei, basicamente pelos seguintes geradores:

a) de resíduos dos serviços públicos de saneamento básico, excetuados os sólidos urbanos domiciliares e de limpeza urbana;

b) de resíduos industriais gerados nos processos produtivos e instalações industriais;

c) de resíduos de serviços de saúde;

d) de resíduos de mineração;

e) de estabelecimentos comerciais e de prestação de serviços que gerem resíduos perigosos; os não perigosos que não sejam equiparados aos resíduos domiciliares pelo poder público municipal;

f) de empresas de construção civil;

g) responsáveis por terminais e serviços de transporte;

h) responsáveis por atividades agrossilvopastoris.

É importante destacar que o gerenciamento de resíduos segue a linha já adotada há muitas décadas em diversos países europeus de priorizar a não geração, redução, reutilização, reciclagem, tratamento e disposição final ambientalmente adequada, nesta ordem, respectivamente (art. 9º da Lei n. 12.305/10).

3. RESPONSABILIDADE COMPARTILHADA E LOGÍSTICA REVERSA

Ao tratar das responsabilidades dos geradores e do Poder Público, como explicado anteriormente, a responsabilidade compartilhada inclui o poder público, o setor empresarial e a sociedade, inclusive fabricantes, importadores, comerciantes, consumidores, os titulares dos serviços públicos de limpeza urbana e de manejo de resíduos sólidos e tem como principais objetivos, de acordo com o art. 30 da Lei n. 12.305/10:[4]

a) compatibilizar interesses entre os agentes econômicos e sociais; promover o aproveitamento de resíduos sólidos, direcionando-os para a sua cadeia produtiva ou para outras cadeias produtivas;

b) reduzir a geração de resíduos sólidos, o desperdício de materiais, a poluição e os danos ambientais;

c) incentivar a utilização de insumos de menor agressividade ao meio ambiente e de maior sustentabilidade;

d) estimular o desenvolvimento de mercado, a produção e o consumo de produtos derivados de materiais reciclados e recicláveis;

e) propiciar que as atividades produtivas alcancem eficiência e sustentabilidade;

f) incentivar as boas práticas de responsabilidade socioambiental.

Os consumidores também possuem um papel muito importante no sistema de responsabilidade compartilhada e são obrigados, sempre que exista um sistema de

---

[4] ANTUNES, Paulo de Bessa. *Direito ambiental.* 21. ed. São Paulo: Atlas, 2020, p. 871-872.

coleta seletiva municipal ou quando tenham sido instituídos sistemas de logística reversa, a acondicionar adequadamente e de forma diferenciada os resíduos sólidos reutilizáveis e recicláveis para coleta ou devolução (art. 4º do Decreto n. 10.936/22).

Ressalte-se que fabricantes, importadores, distribuidores e comerciantes de certos produtos, dentre eles, agrotóxicos, pilhas e baterias, pneus, óleos lubrificantes, lâmpadas fluorescentes e produtos eletroeletrônicos e seus componentes[5] são obrigados a estruturar e implementar, de forma independente do serviço público de limpeza urbana, sistemas de logística reversa para o retorno dos produtos após o uso pelo consumidor (art. 33 da Lei n. 12.305/10).

Os sistemas de logística reversa devem ser implementados e operacionalizados através de acordos setoriais, regulamentos e termos de compromisso (art. 18 do Decreto n. 10.938/22), e caso acordos setoriais sejam firmados com menor abrangência geográfica, estes podem ampliar, mas não reduzir, as medidas de proteção ambiental presentes em acordos setoriais e termos de compromisso que possuam uma maior abrangência geográfica (art. 44, parágrafo único, do Decreto n. 10.938/22).

Paulo Affonso Leme Machado ensina que a *"concepção jurídica da responsabilidade compartilhada evita que os integrantes das etapas do ciclo de vida de um produto se enfrentem ou disputem na assunção ou na denegação de sua responsabilidade jurídica. Ressalte-se que o primeiro objetivo da responsabilidade compartilhada é compatibilizar os interesses entre os agentes econômicos e sociais, na gestão empresarial e mercadológica, com os interesses da gestão ambiental, utilizando-se de estratégias sustentáveis (conforme o art. 3º, parágrafo único, I, da Lei n. 12.305/2010)".*[6]

Por fim, a Política Nacional de Resíduos Sólidos menciona certas proibições, como a importação de resíduos sólidos perigosos e rejeitos, bem como de resíduos sólidos cujas características causem danos ao meio ambiente, à saúde pública e animal e à sanidade vegetal, ainda que para tratamento, reforma, reúso, reutilização ou recuperação (art. 49 da Lei n. 12.305/10).

Ademais, o art. 47 da Lei n. 12.305/10 expressamente proíbe a disposição final dos resíduos sólidos:

> a) em praias, no mar ou em quaisquer corpos hídricos;
>
> b) *in natura* a céu aberto, excetuados os resíduos de mineração;
>
> c) através da queima a céu aberto ou em recipientes, instalações e equipamentos não licenciados para essa finalidade, salvo quando decretada emergência sanitária, momento em que a queima a céu aberto poderá ser autorizada e acompanhada pelos órgãos do SISNAMA;
>
> d) por meio de outras formas vedadas pelo poder público.

---

[5] O sistema de logística reversa de produtos eletrônicos e seus componentes de uso doméstico foi regulamentado pelo Decreto n. 10.240, de 12 de fevereiro de 2020.

[6] MACHADO, Paulo Affonso Leme. *Direito ambiental brasileiro*. 27. ed. São Paulo: Malheiros, 2020, p. 701.

O Decreto n. 11.043, de 13 de abril de 2022, aprovou o Plano Nacional de Resíduos Sólidos e o Decreto n. 11.300, de 21 de dezembro de 2022, regulamentou o § 2º do art. 32 e o § 1º do art. 33 da Lei n. 12.305, de 2 de agosto de 2010, e institui o sistema de logística reversa de embalagens de vidro.

Já o Decreto n. 11.413, de 13 de fevereiro de 2023, tratou do Certificado de Crédito de Reciclagem de Logística Reversa, o Certificado de Estruturação e Reciclagem de Embalagens em Geral e o Certificado de Crédito de Massa Futura, no âmbito dos sistemas de logística reversa de que trata o art. 33 da Lei n. 12.305/10.

Capítulo XII

A LEI N. 11.284/06 – GESTÃO DE FLORESTAS PÚBLICAS

Sumário: 1. Princípios. 2. Definições legais. 3. Responsabilidade pelo controle e fiscalização ambiental. 4. O Serviço Florestal Brasileiro. 4.1. Competência. 4.2. Estrutura.

1. PRINCÍPIOS

A Lei n. 11.284/06 dispõe sobre a gestão de florestas públicas para produção sustentável, institui o Serviço Florestal Brasileiro – SFB, na estrutura do Ministério do Meio Ambiente, e cria o Fundo Nacional de Desenvolvimento Florestal – FNDF.

É importante destacar, no dizer de Paulo Sirvinskas, que, para *"evitar o desmatamento de florestas, o Poder Público resolveu ceder as florestas públicas para que o contratante possa retirar os recursos naturais necessários e ao mesmo tempo preservar as demais formas de vegetação (biomas) por um período bastante longo. Como a fiscalização é muito difícil, principalmente na floresta amazônica, essa medida poderia resolver ou diminuir o desmatamento e as queimadas realizadas"*.[1]

A crescente supressão de florestas traz enormes problemas para o seu derredor, em razão de sua fundamental importância para a manutenção da biodiversidade, a regulação climática, além do seu indiscutível papel econômico e social.[2]

Diz o art. 2º da Lei n. 11.284/06 que são os seguintes os princípios da gestão de florestas públicas:[3]

> I – a proteção dos ecossistemas, do solo, da água, da biodiversidade e valores culturais associados, bem como do patrimônio público;
>
> II – o estabelecimento de atividades que promovam o uso eficiente e racional das florestas e que contribuam para o cumprimento das metas do desenvolvimento sustentável local, regional e de todo o País;

---

[1] SIRVINSKAS, Luís Paulo. *Manual de direito ambiental*. 16. ed. São Paulo: Saraiva Educação, 2018, p. 581.

[2] GOMES, Caio Brilhante. *O Direito a Gerir Florestas: no Brasil e em Portugal*. Rio de Janeiro: Lúmen Juris, 2023, p. 10.

[3] MILARÉ, Édis. *Direito do ambiente*. 11. ed. São Paulo: Thomson Reuters, 2018, p. 1.624.

III – o respeito ao direito da população, em especial das comunidades locais, de acesso às florestas públicas e aos benefícios decorrentes de seu uso e conservação;

IV – a promoção do processamento local e o incentivo ao incremento da agregação de valor aos produtos e serviços da floresta, bem como à diversificação industrial, ao desenvolvimento tecnológico, à utilização e à capacitação de empreendedores locais e da mão de obra regional;

V – o acesso livre de qualquer indivíduo às informações referentes à gestão de florestas públicas, nos termos da Lei n. 10.650, de 16 de abril de 2003;

VI – a promoção e difusão da pesquisa florestal, faunística e edáfica, relacionada à conservação, à recuperação e ao uso sustentável das florestas;

VII – o fomento ao conhecimento e a promoção da conscientização da população sobre a importância da conservação, da recuperação e do manejo sustentável dos recursos florestais;

VIII – a garantia de condições estáveis e seguras que estimulem investimentos de longo prazo no manejo, na conservação e na recuperação das florestas.

Decidiu o Superior Tribunal de Justiça que *"o novo Código Florestal não pode retroagir para atingir o ato jurídico perfeito, direitos ambientais adquiridos e a coisa julgada, tampouco para reduzir de tal modo e sem as necessárias compensações ambientais o patamar de proteção de ecossistemas frágeis ou espécies ameaçadas de extinção, a ponto de transgredir o limite constitucional intocável e intransponível da 'incumbência' do Estado de garantir a preservação e restauração dos processos ecológicos essenciais (art. 225, § 1º, I) [...]"* (AgRg no AREsp n. 327.687/SP).

A Lei n. 11.284/06 também não se referiu expressamente sobre a localização das florestas públicas, isto é, quais os bens que comporão as mencionadas florestas. Elas podem estar situadas em determinadas Unidades de Conservação, como, também, em locais que tenham outro regime jurídico.[4]

Portanto, a gestão florestal é tratada tanto no Código Florestal, Lei n. 12.651/12, quanto pelos órgãos integrantes do SISNAMA, responsáveis pela execução de programas, projetos, e pelo controle e fiscalização de atividades que impactem o meio ambiente.[5]

2. DEFINIÇÕES LEGAIS

A lei de 2006 trouxe – com as alterações da Lei n. 14.590/23 – um rol de definições e conceitos para alguns dos elementos tratados, como, por exemplo:

---

[4] MACHADO, Paulo Affonso Leme. *Direito ambiental brasileiro.* 27. ed. São Paulo: Malheiros, 2020, p. 1.064.

[5] GOMES, Caio Brilhante. *O Direito a Gerir Florestas: no Brasil e em Portugal.* Rio de Janeiro: Lúmen Juris, 2023, p. 48.

- **florestas públicas:** florestas, naturais ou plantadas, localizadas nos diversos biomas brasileiros, em bens sob o domínio da União, dos Estados, dos Municípios, do Distrito Federal ou das entidades da administração indireta;
- **recursos florestais:** elementos ou características de determinada floresta, potencial ou efetivamente geradores de produtos ou serviços florestais;
- **produtos florestais:** produtos madeireiros e não madeireiros gerados pelo manejo florestal sustentável;
- **serviços florestais:** turismo e outras ações ou benefícios decorrentes do manejo e conservação da floresta, não caracterizados como produtos florestais;
- **ciclo:** período decorrido entre 2 (dois) momentos de colheita de produtos florestais numa mesma área;
- **manejo florestal sustentável:** administração da floresta para a obtenção de benefícios econômicos, sociais e ambientais, respeitando-se os mecanismos de sustentação do ecossistema objeto do manejo e considerando-se, cumulativa ou alternativamente, a utilização de múltiplas espécies madeireiras, de múltiplos produtos e subprodutos não madeireiros, bem como a utilização de outros bens e serviços de natureza florestal;
- **concessão florestal:** delegação onerosa, feita pelo poder concedente, do direito de praticar atividades de manejo florestal sustentável, de restauração florestal e de exploração de produtos e serviços em unidade de manejo, conforme especificado no objeto do contrato de concessão, mediante licitação, à pessoa jurídica, em consórcio ou não, que atenda às exigências do respectivo edital de licitação e demonstre capacidade para seu desempenho, por sua conta e risco e por prazo determinado; (Redação dada pela Lei n. 14.590/23.)
- **unidade de manejo:** perímetro definido a partir de critérios técnicos, socioculturais, econômicos e ambientais, objeto de um Plano de Manejo Florestal Sustentável (PMFS) ou utilizado para atividades de restauração florestal ou de exploração de demais serviços e produtos, localizado em florestas públicas, podendo conter áreas degradadas; (Redação dada pela Lei n. 14.590/23.)
- **lote de concessão florestal:** conjunto de unidades de manejo a serem licitadas;
- **comunidades locais:** populações tradicionais e outros grupos humanos, organizados por gerações sucessivas, com estilo de vida relevante à conservação e à utilização sustentável da diversidade biológica;
- **auditoria florestal:** ato de avaliação independente e qualificada de atividades florestais e obrigações econômicas, sociais e ambientais assumidas de acordo com o PMFS e o contrato de concessão florestal, executada por entidade reconhecida pelo órgão gestor, mediante procedimento administrativo específico;
- **inventário amostral:** levantamento de informações qualitativas e quantitativas sobre determinada floresta, utilizando-se processo de amostragem;

- **órgão gestor:** órgão ou entidade do poder concedente com a competência de disciplinar e conduzir o processo de outorga da concessão florestal;
- **órgão consultivo:** órgão com representação do Poder Público e da sociedade civil, com a finalidade de assessorar, avaliar e propor diretrizes para a gestão de florestas públicas;
- **poder concedente:** União, Estado, Distrito Federal ou Município.

3. RESPONSABILIDADE PELO CONTROLE E FISCALIZAÇÃO AMBIENTAL

Caberá aos órgãos do SISNAMA responsáveis pelo controle e fiscalização ambiental das atividades florestais em suas respectivas jurisdições:

- fiscalizar e garantir a proteção das florestas públicas;
- efetuar em qualquer momento, de ofício, por solicitação da parte ou por denúncia de terceiros, fiscalização da unidade de manejo, independentemente de prévia notificação;
- aplicar as devidas sanções administrativas em caso de infração ambiental;
- expedir a licença prévia para uso sustentável da unidade de manejo das respectivas florestas públicas e outras licenças de sua competência;
- aprovar e monitorar o PMFS da unidade de manejo das respectivas florestas públicas.

O IBAMA exercerá, em âmbito federal, essas atribuições, devendo estruturar formas de atuação conjunta com os órgãos seccionais e locais do SISNAMA para a fiscalização e proteção das florestas públicas, podendo firmar convênios ou acordos de cooperação.

Em didático e bem lançado voto, o Superior Tribunal de Justiça consolidou o entendimento de que *"Já não se duvida, sobretudo à luz da Constituição Federal de 1988, que ao Estado a ordem jurídica abona, mais na fórmula de dever do que de direito ou faculdade, a função de implementar a letra e o espírito das determinações legais, inclusive contra si próprio ou interesses imediatos ou pessoais do Administrador. Seria mesmo um despropósito que o ordenamento constrangesse os particulares a cumprir a lei e atribuísse ao servidor a possibilidade, conforme a conveniência ou oportunidade do momento, de por ela zelar ou abandoná-la à própria sorte, de nela se inspirar ou, frontal ou indiretamente, contradizê-la, de buscar realizar as suas finalidades públicas ou ignorá-las em prol de interesses outros"* (REsp n. 1.071.741/SP).

Continua o Relator: *"Na sua missão de proteger o meio ambiente ecologicamente equilibrado para as presentes e futuras gerações, como patrono que é da preservação e restauração dos processos ecológicos essenciais, incumbe ao Estado 'definir, em todas as unidades da Federação, espaços territoriais e seus componentes a serem especialmente protegidos, sendo a alteração e a supressão permitidas somente através de lei, vedada qualquer utilização que comprometa a integridade dos atributos que justifiquem sua proteção (Constituição Federal, art. 225, § 1º, III)"* (REsp n. 1.071.741/SP).

A Lei Complementar n. 140/11 deixou mais clara a competência para a autorização de supressão de vegetação nessas áreas, atribuindo ao IBAMA a autoridade para autorizá-la nas florestas públicas federais (art. 7, XV, *a*); aos órgãos estaduais em florestas públicas estaduais (art. 8, XVI, *a*) e ao Município nas florestas públicas municipais (art. 9º, XV, *a*).

4. O SERVIÇO FLORESTAL BRASILEIRO

4.1. COMPETÊNCIA

A Lei também criou, na estrutura básica do Ministério do Meio Ambiente, o Serviço Florestal Brasileiro – SFB, dotado de autonomia administrativa e financeira, no grau conveniente ao exercício de suas atribuições, que teria atuação exclusiva na gestão das florestas públicas e que tem como competência:[6]

I – exercer a função de órgão gestor, no âmbito federal, bem como de órgão gestor do FNDF;

II – apoiar a criação e gestão de programas de treinamento, capacitação, pesquisa e assistência técnica para a implementação de atividades florestais, incluindo manejo florestal, processamento de produtos florestais e exploração de serviços florestais;

III – estimular e fomentar a prática de atividades florestais sustentáveis madeireira, não madeireira e de serviços;

IV – promover estudos de mercado para produtos e serviços gerados pelas florestas;

V – propor planos de produção florestal sustentável de forma compatível com as demandas da sociedade;

VI – criar e manter o Sistema Nacional de Informações Florestais integrado ao Sistema Nacional de Informações sobre o Meio Ambiente;

VII – gerenciar o Cadastro Nacional de Florestas Públicas, exercendo as seguintes funções:

a) organizar e manter atualizado o Cadastro-Geral de Florestas Públicas da União;

b) adotar as providências necessárias para interligar os cadastros estaduais e municipais ao Cadastro Nacional;

VIII – apoiar e atuar em parceria com os seus congêneres estaduais e municipais.

---

[6] MILARÉ, Édis. *Direito do ambiente*. 11. ed. São Paulo: Thomson Reuters, 2018, p. 1.639.

Registre-se que, em 1º de janeiro de 2023, o Ministério do Meio Ambiente passou a se chamar Ministério do Meio Ambiente e de Mudança do Clima, por meio da Medida Provisória n. 1.154/23 e, depois, com a Lei n. 14.600, de 19 de junho de 2023, foi confirmada a nova nomenclatura do antigo Ministério do Meio Ambiente.

O Serviço Florestal Brasileiro mantém uma listagem dessas áreas no Cadastro Nacional de Florestas Públicas – CNFP, disponível em seu *site* http://www.florestal.gov.br/cadastro-nacional-de-florestas-publicas.

Como se viu, a Lei n. 11.284/06 não está apenas relacionada ao Novo Código Florestal, mas também à Lei do Sistema Nacional de Unidades de Conservação, guardando sintonia e integrando o microssistema legislativo florestal no seu conjunto.[7]

4.2. ESTRUTURA

A estrutura básica foi desenhada pelos arts. 54 e 55 da Lei n. 11.284/06, e foi criado para exercer a função de órgão gestor, no âmbito federal, sendo composta pelo Conselho Diretor, pela Ouvidoria e pelos servidores do órgão, conforme dispõe a lei de regência.[8]

---

[7] SIRVINSKAS, Luís Paulo. *Manual de direito ambiental*. 16. ed. São Paulo: Saraiva Educação, 2018, p. 836.

[8] MILARÉ, Édis. *Direito do ambiente*. 11. ed. São Paulo: Thomson Reuters, 2018, p. 1.638.

Capítulo XIII

DIREITO URBANÍSTICO

Sumário: 1. Introdução. 2. Constituição Federal e política urbana. 3. Estatuto da Cidade – Lei n. 10.257/01. 3.1. Diretrizes. 3.2. Instrumentos. 4. Algumas figuras jurídicas do Estatuto da Cidade. 4.1. Comentários iniciais. 4.2. Parcelamento, edificação e utilização compulsórios. 4.3. IPTU progressivo. 4.4. Desapropriação. 4.5. Usucapião especial de imóvel urbano. 4.6. Concessão de uso especial para fins de moradia. 4.7. Direito de superfície. 4.8. Direito de preempção. 4.9. Outorga onerosa do direito de construir. 4.10. Operações urbanas consorciadas. 4.11. Transferência do direito de construir. 4.12. Estudo de impacto de vizinhança. 4.13. Plano Diretor.

1. INTRODUÇÃO

O crescimento desordenado das cidades aumentou vertiginosamente nos últimos anos e os problemas urbanos começaram a tomar proporções fora do controle daqueles que têm como função gerenciar as cidades.

Nesse cenário de caos iminente, a Constituição Federal tratou de dispor sobre a Política Urbana, incumbindo ao Poder Público determinadas atribuições no sentido de se alcançar um meio ambiente ecologicamente equilibrado também nas cidades, nos conglomerados urbanos.[1]

Concordamos com Édis Milaré quando o autor diz que o Brasil, em verdade, nunca teve uma política de desenvolvimento urbano, o que somente veio ocorrer com a Constituição Federal de 1988, que previu uma política para as cidades.[2]

A Lei n. 10.257/01, também chamada de Estatuto da Cidade, nasceu com a manifesta intenção de regulamentar as disposições constitucionais relativas ao tema, estabelecendo diretrizes, objetivos e aplicando determinados institutos jurídicos no sentido de estabelecer a ordem pública ambiental e adequar a política urbana ao interesse social.[3]

---

[1] MEDAUAR, Odete; ALMEIDA, Fernando Dias Menezes de (Coords.). *Estatuto da Cidade:* Lei n. 10.257/2001. São Paulo: Revista dos Tribunais, 2002, p. 13.

[2] MILARÉ, Édis. *Direito do ambiente*. 11. ed. São Paulo: Thomson Reuters, 2018, p. 1.258.

[3] MAZZILLI, Hugo Nigro. *A defesa dos interesses difusos em juízo*. 19. ed. São Paulo: Saraiva, 2006, p. 608.

Ensina Paulo Affonso Leme Machado que a *"ordem urbanística é o conjunto de normas de ordem pública e de interesse social que regulam o uso da propriedade urbana em prol do bem coletivo, da segurança, do equilíbrio ambiental e do bem-estar dos cidadãos"*.[4]

Para tanto, além de dotar os Municípios, leia-se, as cidades, com diversos instrumentos adiante resumidamente analisados, também legitimou o Ministério Público a defender os interesses transindividuais ligados ao urbanismo, como se depreende da própria Lei n. 10.257/01, que inclui a proteção da ordem urbanística, como no texto da Lei da Ação Civil Pública, nos seguintes termos: *"Poderá ser ajuizada ação cautelar para os fins desta Lei, objetivando, inclusive, evitar o dano ao meio ambiente, ao consumidor, à ordem urbanística ou aos bens e direitos de valor artístico, estético, histórico, turístico e paisagístico"*.

O Superior Tribunal de Justiça firmou o entendimento de que *"a União, os Estados, o Distrito Federal e Municípios compartilham, em pé de igualdade, o dever de fiscalizar administrativamente a poluição e a degradação ambiental, competência comum que se acentua nos casos de atividades e empreendimentos não licenciados. 'No que tange à proteção ao meio ambiente, não se pode dizer que há predominância do interesse do Município. Pelo contrário, é escusado afirmar que o interesse à proteção ao meio ambiente é de todos e de cada um dos habitantes do país e, certamente, de todo o mundo' (REsp 194.617/PR, Rel. Ministro Franciulli Netto, Segunda Turma, DJ de 1º/7/2002, p. 278). Em sentido assemelhado: 'Não há falar em competência exclusiva de um ente da federação para promover medidas protetivas. Impõe-se amplo aparato de fiscalização a ser exercido pelos quatro entes federados, independentemente do local onde a ameaça ou o dano estejam ocorrendo. O Poder de Polícia Ambiental pode – e deve – ser exercido por todos os entes da Federação, pois se trata de competência comum, prevista constitucionalmente. Portanto, a competência material para o trato das questões ambiental é comum a todos os entes. Diante de uma infração ambiental, os agentes de fiscalização ambiental federal, estadual ou municipal terão o dever de agir imediatamente, obstando a perpetuação da infração' (AgInt no REsp 1.532.643/SC)"* (AgInt no REsp 1.676.465/SP).

Na mesma linha: AgRg no REsp 1.417.023/PR, Rel. Min. Humberto Martins, Segunda Turma; REsp 1.560.916/AL, Rel. Min. Francisco Falcão, Segunda Turma; AgInt no REsp 1.484.933/CE, Rel. Min. Regina Helena Costa, Primeira Turma.

Por diversas vezes o Superior Tribunal de Justiça deixou assentado que ação civil pública, não obstante possa ter reflexos em interesses privados, pode ser ajuizada para preservar padrão urbanístico (REsp n. 166.714/SP).

---

[4] MACHADO, Paulo Affonso Leme. *Direito ambiental brasileiro*. 27. ed. São Paulo: Malheiros, 2020, p. 472.

Noutro precedente, decidiu que "*o Ministério Público tem legitimação ativa* ad causam *para promover ação civil pública destinada à defesa dos interesses difusos e coletivos, incluindo aqueles decorrentes de projetos referentes ao parcelamento de solo urbano*" (REsp n. 174.308/SP). Nesse mesmo sentido o Recurso Especial n. 137.889/SP.

A intenção, neste capítulo específico relacionado ao Estatuto da Cidade, não é comentá-lo na sua totalidade, mas sim adentrar em alguns pontos importantes, principalmente pelo fato de conter disposições com termos e conceitos que apresentam, senão conteúdo indeterminado, muitas vezes bastante discricionários.

Essa discricionariedade, a um tempo benéfica, pois permite ao seu aplicador uma ampla margem de liberdade, pode servir, de outra banda, para escusar compromissos da administração com os interesses da coletividade.

A razão maior que justifica não se analisar integralmente todos os artigos da Lei n. 10.257/01, se dá pelo fato de autores de festejado nome já o terem feito com elogiável percuciência.[5]

2. CONSTITUIÇÃO FEDERAL E POLÍTICA URBANA

A Constituição Federal reserva bastante espaço para a matéria urbanística, lançando as bases sólidas para uma regulação mais concreta por parte dos entes federativos interessados, no caso, os Municípios.

Cabe à União fixar as diretrizes, salientando que o art. 24, I, da Carta constitucional prevê a competência concorrente entre ela, os Estados e o Distrito Federal para legislar sobre direito urbanístico.

Ao Município, a competência é aquela atribuída no art. 30, II, que permite a ele suplementar a legislação federal e estadual no que couber. Dessa forma, o Município, em razão do Estatuto da Cidade, deverá absorvê-la e complementá-la, de acordo com as suas peculiaridades.[6]

Diz o texto constitucional:

> Art. 182. A política de desenvolvimento urbano, executada pelo Poder Público municipal, conforme diretrizes gerais fixadas em lei, tem por objetivo ordenar o pleno desenvolvimento das funções sociais da cidade e garantir o bem-estar de seus habitantes.

---

[5] Para não citá-los todos, v. MEDAUAR, Odete; ALMEIDA, Fernando Dias Menezes de (Coords.). *Estatuto da Cidade:* Lei n. 10.257/2001. São Paulo: Revista dos Tribunais, 2002; OLIVEIRA, Régis Fernandes. *Comentários ao Estatuto da Cidade*. São Paulo: Revista dos Tribunais, 2005; FIORILLO, Celso Antônio Pacheco. *Estatuto da Cidade comentado*. São Paulo: Revista dos Tribunais, 2005; DALLARI, Adilson Abreu; FERRAZ, Sérgio (Coords.). *Estatuto da Cidade:* comentários à Lei Federal 10.257/01. São Paulo: Malheiros, 2002.

[6] MEDAUAR, Odete; ALMEIDA, Fernando Dias Menezes de (Coords.). *Estatuto da Cidade:* Lei n. 10.257/2001. São Paulo: Revista dos Tribunais, 2002, p. 15.

§ 1º O plano diretor, aprovado pela Câmara Municipal, obrigatório para cidades com mais de vinte mil habitantes, é o instrumento básico da política de desenvolvimento e de expansão urbana.[7]

§ 2º A propriedade urbana cumpre sua função social quando atende às exigências fundamentais de ordenação da cidade expressas no plano diretor.

§ 3º As desapropriações de imóveis urbanos serão feitas com prévia e justa indenização em dinheiro.

§ 4º É facultado ao Poder Público municipal, mediante lei específica para área incluída no plano diretor, exigir, nos termos da lei federal, do proprietário do solo urbano

---

[7] A Lei n. 11.445/07, com as alterações da Lei n. 14.026/20, estabelece as diretrizes para o saneamento básico, dispondo, em seu art. 2º, que os serviços públicos de saneamento básico serão prestados com base nos seguintes princípios fundamentais:
I – universalização do acesso e efetiva prestação do serviço; (Redação dada pela Lei n. 14.026, de 2020.)
II – integralidade, compreendida como o conjunto de atividades e componentes de cada um dos diversos serviços de saneamento que propicie à população o acesso a eles em conformidade com suas necessidades e maximize a eficácia das ações e dos resultados; (Redação dada pela Lei n. 14.026, de 2020.)
III – abastecimento de água, esgotamento sanitário, limpeza urbana e manejo dos resíduos sólidos realizados de forma adequada à saúde pública, à conservação dos recursos naturais e à proteção do meio ambiente; (Redação dada pela Lei n. 14.026, de 2020.)
IV – disponibilidade, nas áreas urbanas, de serviços de drenagem e manejo das águas pluviais, tratamento, limpeza e fiscalização preventiva das redes, adequados à saúde pública, à proteção do meio ambiente e à segurança da vida e do patrimônio público e privado; (Redação dada pela Lei n. 14.026, de 2020.)
V – adoção de métodos, técnicas e processos que considerem as peculiaridades locais e regionais;
VI – articulação com as políticas de desenvolvimento urbano e regional, de habitação, de combate à pobreza e de sua erradicação, de proteção ambiental, de promoção da saúde, de recursos hídricos e outras de interesse social relevante, destinadas à melhoria da qualidade de vida, para as quais o saneamento básico seja fator determinante; (Redação dada pela Lei n. 14.026, de 2020.)
VII – eficiência e sustentabilidade econômica;
VIII – estímulo à pesquisa, ao desenvolvimento e à utilização de tecnologias apropriadas, consideradas a capacidade de pagamento dos usuários, a adoção de soluções graduais e progressivas e a melhoria da qualidade com ganhos de eficiência e redução dos custos para os usuários; (Redação dada pela Lei n. 14.026, de 2020.)
IX – transparência das ações, baseada em sistemas de informações e processos decisórios institucionalizados;
X – controle social;
XI – segurança, qualidade, regularidade e continuidade; (Redação dada pela Lei n. 14.026, de 2020.)
XII – integração das infraestruturas e dos serviços com a gestão eficiente dos recursos hídricos; (Redação dada pela Lei n. 14.026, de 2020.)
XIII – redução e controle das perdas de água, inclusive na distribuição de água tratada, estímulo à racionalização de seu consumo pelos usuários e fomento à eficiência energética, ao reúso de efluentes sanitários e ao aproveitamento de águas de chuva; (Redação dada pela Lei n. 14.026, de 2020.)
XIV – prestação regionalizada dos serviços, com vistas à geração de ganhos de escala e à garantia da universalização e da viabilidade técnica e econômico-financeira dos serviços; (Incluído pela Lei n. 14.026, de 2020.)
XV – seleção competitiva do prestador dos serviços; e (Incluído pela Lei n. 14.026, de 2020.)
XVI – prestação concomitante dos serviços de abastecimento de água e de esgotamento sanitário. (Incluído pela Lei n. 14.026, de 2020.)

não edificado, subutilizado ou não utilizado, que promova seu adequado aproveitamento, sob pena, sucessivamente, de:

I – parcelamento ou edificação compulsórios;

II – imposto sobre a propriedade predial e territorial urbana progressivo no tempo;

III – desapropriação com pagamento mediante títulos da dívida pública de emissão previamente aprovada pelo Senado Federal, com prazo de resgate de até dez anos, em parcelas anuais, iguais e sucessivas, assegurados o valor real da indenização e os juros legais.

O plano diretor está previsto no art. 182, trazendo um planejamento obrigatório, mínimo, para que haja uma ordenação do crescimento e da transformação da cidade e do campo.[8]

Essas figuras jurídicas, presentes na Constituição, foram devidamente regulamentadas nos dispositivos do Estatuto da Cidade, com o escopo de estabelecer e definir quais as normas de ordem pública e interesse social poderiam gerar bem-estar aos cidadãos.

O Supremo Tribunal Federal recentemente decidiu que a *"Constituição, em matéria de Direito Urbanístico, embora prevista a competência material da União para a edição de diretrizes para o desenvolvimento urbano (art. 21, XX, da CF) e regras gerais sobre direito urbanístico (art. 24, I, c/c § 1º, da CF), conferiu protagonismo aos Municípios na concepção e execução dessas políticas públicas (art. 30, I e VIII, c/c art. 182, da CF), como previsto na Lei Federal 10.257/2001, ao atribuir aos Poderes Públicos municipais a edição dos planos diretores, como instrumentos de política urbana"* (ADI 5.696).

Continua a Constituição Federal:

> Art. 183. Aquele que possuir como sua área urbana de até duzentos e cinquenta metros quadrados, por cinco anos, ininterruptamente e sem oposição, utilizando-a para sua moradia ou de sua família, adquirir-lhe-á o domínio, desde que não seja proprietário de outro imóvel urbano ou rural.
>
> § 1º O título de domínio e a concessão de uso serão conferidos ao homem ou à mulher, ou a ambos, independentemente do estado civil.
>
> § 2º Esse direito não será reconhecido ao mesmo possuidor mais de uma vez.
>
> § 3º Os imóveis públicos não serão adquiridos por usucapião.

Nesse trecho da Constituição foi tratada a usucapião urbana, para fins de moradia, instituto este que será abordado adiante, quando tratarmos do Estatuto da Cidade e sua regulamentação.

---

[8] MACHADO, Paulo Affonso Leme. *Direito ambiental brasileiro*. 27. ed. São Paulo: Malheiros, 2020, p. 473.

3. ESTATUTO DA CIDADE – LEI N. 10.257/01

3.1. DIRETRIZES

Diz a Lei, em seu art. 2º, que a política urbana tem por objetivo ordenar o pleno desenvolvimento das funções sociais da cidade e da propriedade urbana.

Assim, o artigo dispõe acerca das diretrizes do Estatuto, ou seja, disciplina quais são as regras que norteiam as atividades do Poder Público, baseadas nos preceitos constitucionais de um meio ambiente ecologicamente equilibrado, e estabelecendo garantias aos cidadãos, com as seguintes previsões:

> I – garantia do direito a cidades sustentáveis, entendido como o direito à terra urbana, à moradia, ao saneamento ambiental, à infraestrutura urbana, ao transporte e aos serviços públicos, ao trabalho e ao lazer, para as presentes e futuras gerações;
>
> II – gestão democrática por meio da participação da população e de associações representativas dos vários segmentos da comunidade na formulação, execução e acompanhamento de planos, programas e projetos de desenvolvimento urbano;
>
> III – cooperação entre os governos, a iniciativa privada e os demais setores da sociedade no processo de urbanização, em atendimento ao interesse social;
>
> IV – planejamento do desenvolvimento das cidades, da distribuição espacial da população e das atividades econômicas do Município e do território sob sua área de influência, de modo a evitar e corrigir as distorções do crescimento urbano e seus efeitos negativos sobre o meio ambiente;
>
> V – oferta de equipamentos urbanos e comunitários, transporte e serviços públicos adequados aos interesses e necessidades da população e às características locais;
>
> VI – ordenação e controle do uso do solo, de forma a evitar:
>
> a) a utilização inadequada dos imóveis urbanos;
>
> b) a proximidade de usos incompatíveis ou inconvenientes;
>
> c) o parcelamento do solo, a edificação ou o uso excessivos ou inadequados em relação à infraestrutura urbana;
>
> d) a instalação de empreendimentos ou atividades que possam funcionar como polos geradores de tráfego, sem a previsão da infraestrutura correspondente;
>
> e) a retenção especulativa de imóvel urbano, que resulte na sua subutilização ou não utilização;
>
> f) a deterioração das áreas urbanizadas;
>
> g) a poluição e a degradação ambiental;
>
> h) a exposição da população a riscos de desastres. (Incluído pela Lei n. 12.608, de 2012);
>
> VII – integração e complementaridade entre as atividades urbanas e rurais, tendo em vista o desenvolvimento socioeconômico do Município e do território sob sua área de influência;

VIII – adoção de padrões de produção e consumo de bens e serviços e de expansão urbana compatíveis com os limites da sustentabilidade ambiental, social e econômica do Município e do território sob sua área de influência;

IX – justa distribuição dos benefícios e ônus decorrentes do processo de urbanização;

X – adequação dos instrumentos de política econômica, tributária e financeira e dos gastos públicos aos objetivos do desenvolvimento urbano, de modo a privilegiar os investimentos geradores de bem-estar geral e a fruição dos bens pelos diferentes segmentos sociais;

XI – recuperação dos investimentos do Poder Público de que tenha resultado a valorização de imóveis urbanos;

XII – proteção, preservação e recuperação do meio ambiente natural e construído, do patrimônio cultural, histórico, artístico, paisagístico e arqueológico;

XIII – audiência do Poder Público municipal e da população interessada nos processos de implantação de empreendimentos ou atividades com efeitos potencialmente negativos sobre o meio ambiente natural ou construído, o conforto ou a segurança da população;

XIV – regularização fundiária e urbanização de áreas ocupadas por população de baixa renda mediante o estabelecimento de normas especiais de urbanização, uso e ocupação do solo e edificação, consideradas a situação socioeconômica da população e as normas ambientais;

XV – simplificação da legislação de parcelamento, uso e ocupação do solo e das normas edilícias, com vistas a permitir a redução dos custos e o aumento da oferta dos lotes e unidades habitacionais;

XVI – isonomia de condições para os agentes públicos e privados na promoção de empreendimentos e atividades relativos ao processo de urbanização, atendido o interesse social;

XVII – estímulo à utilização, nos parcelamentos do solo e nas edificações urbanas, de sistemas operacionais, padrões construtivos e aportes tecnológicos que objetivem a redução de impactos ambientais e a economia de recursos naturais. (Incluído pela Lei n. 12.836, de 2013);

XVIII – tratamento prioritário às obras e edificações de infraestrutura de energia, telecomunicações, abastecimento de água e saneamento. (Incluído pela Lei n. 13.116, de 2015);

XIX – garantia de condições condignas de acessibilidade, utilização e conforto nas dependências internas das edificações urbanas, inclusive nas destinadas à moradia e ao serviço dos trabalhadores domésticos, observados requisitos mínimos de dimensionamento, ventilação, iluminação, ergonomia, privacidade e qualidade dos materiais empregados. (Incluído pela Lei n. 13.699, de 2018).

O Supremo Tribunal Federal recentemente assentou que *"o exercício do poder de polícia de ordenação territorial pode ser analisado a partir dos direitos fundamentais, que constituem, a toda evidência, o fundamento e o fim da atividade estatal. Na presença de instrumentos do Estatuto das Cidades (Lei n. 10.257/2001) para efetivar as diretrizes constitucionais, é razoável exigir do poder público medidas para mitigar as consequências causadas pela demolição de construções familiares erigidas em terrenos irregulares"* (ARE 908.144 AgR).

Continua o voto do Ministro Fachin: *"Diante da previsão constitucional expressa do direito à moradia (art. 6º, CF) e do princípio da dignidade humana (art. 1º, III, CF), é consentâneo com a ordem normativa concluir não ser discricionário ao poder público a implementação de direitos fundamentais, mas apenas a forma de realizá-la"* (ARE 908.144 AgR).

É de notar que os incisos mencionados tratam a cidade como o espaço destinado à habitação, ao lazer, à integração e ao crescimento educacional e cultural.[9]

No entanto, o Estatuto da Cidade não é uma lei autoaplicável. Apenas dá ao Município a possibilidade jurídica de fazer valer o instituto da função social da propriedade.[10]

As cidades sustentáveis e a gestão democrática (incisos I e II) denotam, a um só tempo, desenvolvimento sustentável e participação da população, atendendo aos homônimos princípios vistos no Capítulo II desta obra.

Fiorillo, comentando o inciso I, destaca alguns direitos inerentes ao conceito de cidade sustentável, apontando o direito à terra urbana, à moradia, ao saneamento ambiental, à infraestrutura urbana, ao transporte, aos serviços públicos, ao trabalho, ao lazer, e à segurança, como sendo os principais a serem respeitados.[11]

Demais disso, a integração entre o Poder Público e a iniciativa privada, bem como o planejamento do desenvolvimento das cidades (incisos III e IV), repercute as disposições constitucionais, principalmente aquelas do art. 225, que dá conta da obrigação tanto do Poder Público (leia-se, a Administração Pública) e da coletividade à defesa ambiental, e a do art. 170, ambos da Constituição Federal, que versa a ordem econômica, integrando o desenvolvimento com a preservação ambiental.

A ordenação do uso do solo (inciso VI) quer dizer que sua regulação será da competência do Município, que, por sua vez, já fora objeto de detido estudo no Capítulo III do livro.

A adoção de padrões de produção e consumo de bens e serviços e de expansão urbana compatíveis com os limites da sustentabilidade ambiental (inciso VIII) pode ser melhor entendida quando analisada conjuntamente com os instrumentos disponibilizados pela Política Nacional do Meio Ambiente, vista no Capítulo V, pois cabe ao CONAMA a adoção de inúmeras diretrizes no sentido de impor limites aos particulares no âmbito de sua competência.

---

[9] MEDAUAR, Odete; ALMEIDA, Fernando Dias Menezes de (Coords.). *Estatuto da Cidade:* Lei n. 10.257/2001. São Paulo: Revista dos Tribunais, 2002, p. 17.

[10] MILARÉ, Édis. *Direito do ambiente.* 11. ed. São Paulo: Thomson Reuters, 2018, p. 1.265.

[11] FIORILLO, Celso Antônio Pacheco. *Estatuto da Cidade comentado.* São Paulo: Revista dos Tribunais, 2005, p. 43-64.

Assim o Superior Tribunal de Justiça, em posicionamento relativo à emissão dos padrões de qualidade: *"Administrativo – Direito Ambiental – Regulamento – Padrões de qualidade ambiental – Adoção de critérios inseguros – Decreto 8.468/76 do Estado de São Paulo – Ilegalidade (Lei Federal 6.938/81) – O Decreto 8.468/76 do Estado de S. Paulo – quando adotou como padrões de medida de poluição ambiental, a extensão da propriedade e o olfato de pessoas credenciadas – incidiu em ilegalidade, contrariando o sistema erigido na Lei Federal 6.938/81"* (REsp 35.887/SP).

A proteção, preservação e recuperação do meio ambiente natural e construído, do patrimônio cultural, histórico, artístico, paisagístico e arqueológico também foram versadas com detalhes, inclusive com anotações jurisprudenciais, nas páginas iniciais, ao se analisar o meio ambiente natural (art. 225 da CF) e cultural (art. 216 da CF).

Por fim, a previsão de audiência do Poder Público municipal e da população interessada nos processos de implantação de empreendimentos ou atividades com efeitos potencialmente negativos sobre o meio ambiente natural ou construído (inciso XIII) reflete a adoção do princípio democrático, contando com a participação popular na adoção de medidas ambientais e na discussão das políticas públicas do Município.

3.2. INSTRUMENTOS

Diz o art. 4º do Estatuto, que serão utilizados, entre outros instrumentos:

I – planos nacionais, regionais e estaduais de ordenação do território e de desenvolvimento econômico e social;

II – planejamento das regiões metropolitanas, aglomerações urbanas e microrregiões;

III – planejamento municipal, em especial:

a) plano diretor;

b) disciplina do parcelamento, do uso e da ocupação do solo;

c) zoneamento ambiental;

d) plano plurianual;

e) diretrizes orçamentárias e orçamento anual;

f) gestão orçamentária participativa;

g) planos, programas e projetos setoriais;

h) planos de desenvolvimento econômico e social;

IV – institutos tributários e financeiros:

a) imposto sobre a propriedade predial e territorial urbana – IPTU;

b) contribuição de melhoria;

c) incentivos e benefícios fiscais e financeiros;

V – institutos jurídicos e políticos:

a) desapropriação;

b) servidão administrativa;

c) limitações administrativas;

d) tombamento de imóveis ou de mobiliário urbano;

e) instituição de unidades de conservação;

f) instituição de zonas especiais de interesse social;

g) concessão de direito real de uso;

h) concessão de uso especial para fins de moradia;

i) parcelamento, edificação ou utilização compulsórios;

j) usucapião especial de imóvel urbano;

l) direito de superfície;

m) direito de preempção;

n) outorga onerosa do direito de construir e de alteração de uso;

o) transferência do direito de construir;

p) operações urbanas consorciadas;

q) regularização fundiária;

r) assistência técnica e jurídica gratuita para as comunidades e grupos sociais menos favorecidos;

s) referendo popular e plebiscito;

t) demarcação urbanística para fins de regularização fundiária (Incluído pela Lei n. 11.977, de 2009);

u) legitimação de posse. (Incluído pela Lei n. 11.977, de 2009)

VI – estudo prévio de impacto ambiental (EIA) e estudo prévio de impacto de vizinhança (EIV).

Merecem análise, topicamente, alguns desses instrumentos.

4. ALGUMAS FIGURAS JURÍDICAS DO ESTATUTO DA CIDADE

4.1. COMENTÁRIOS INICIAIS

Como dito anteriormente, a intenção não é exaurir comentários sobre a legislação que veio regulamentar a ocupação das cidades e orientar a política urbana.

Porém, alguns instrumentos merecem especial atenção, pela importância que podem desempenhar e pela frequência com a qual vêm sendo discutidos.

4.2. PARCELAMENTO, EDIFICAÇÃO E UTILIZAÇÃO COMPULSÓRIOS

Não havendo edificação, sendo subutilizado ou não edificado o imóvel urbano, o Estatuto prevê que o Município poderá editar lei específica para área incluída no plano diretor e determinar o parcelamento, a edificação ou a utilização compulsória desse solo urbano, fixando as condições e os prazos para implementação dessa obrigação.

Para os efeitos da lei, considera-se subutilizado o imóvel cujo aproveitamento seja inferior ao mínimo definido no plano diretor ou em legislação dele decorrente.

Como dito anteriormente, a Constituição indicou instrumentos hábeis para a consecução das metas atinentes ao meio ambiente artificial. É o caso, por exemplo, do art. 182, § 4º, que prevê, como instrumentos hábeis para garantir a função social da propriedade urbana, o parcelamento ou edificação compulsórios, o IPTU progressivo no tempo e a desapropriação com pagamento em títulos da dívida pública.

Do mesmo modo, o art. 184, que prevê a desapropriação, também com pagamento em títulos da dívida pública, como o instrumento adequado para cumprimento da função social da propriedade.[12]

4.3. IPTU PROGRESSIVO

Caso não sejam obedecidos os ditames da edificação compulsória, pode o Município aplicar o imposto sobre a propriedade predial e territorial urbana (IPTU) com a progressividade no tempo, aumentando sua alíquota pelo prazo de cinco anos consecutivos (art. 7º).

Trata-se de uma sanção pela inobservância do art. 6º do Estatuto, que versa a obrigação de parcelar, edificar ou melhor utilizar o solo urbano.[13]

Decidiu o Supremo Tribunal Federal que a *"progressividade extrafiscal, baseada na função social da propriedade, sempre foi permitida pelo texto Constitucional. Esta é a modalidade de progressividade que se opera conforme as condições previstas pelo Estatuto da Cidade"* (ARE 639.632 AgR).

É importante ressaltar que o valor da alíquota a ser aplicado a cada ano será fixado na lei específica a que se refere o *caput* do art. 5º da Lei e não excederá a duas vezes o valor referente ao ano anterior, respeitada a alíquota máxima de 15%.

4.4. DESAPROPRIAÇÃO

Diz a Lei (art. 8º) que depois de cinco anos de cobrança do IPTU progressivo sem que o proprietário tenha cumprido a obrigação de parcelamento, edificação ou utilização, o Município poderá proceder à desapropriação do imóvel, com pagamento em títulos da dívida pública.

---

[12] DI PIETRO, Maria Sylvia Zanella. *Direito administrativo*. 35. ed. 2. Reimp. Rio de Janeiro: Forense, 2022, p. 948.

[13] MEDAUAR, Odete; ALMEIDA, Fernando Dias Menezes de (Coords.). *Estatuto da Cidade:* Lei n. 10.257/2001. São Paulo: Revista dos Tribunais, 2002, p. 57.

Como fora mencionado, se desatendidas as exigências impostas pelo Município quanto à utilização do imóvel, com finalidade social, incidirá a progressividade do IPTU. Após essa tentativa, outra sanção é de rigor, que é a desapropriação.

É dizer, haverá a transferência compulsória do imóvel pelo desatendimento das normas da Lei n. 10.257/01.

Trata-se de faculdade do Município que poderá optar por fazê-la ou não, nos moldes do Decreto-Lei n. 3.365/41 e da Lei n. 4.132/62.

4.5. USUCAPIÃO ESPECIAL DE IMÓVEL URBANO

Diz o art. 9º do Estatuto que aquele que possuir como sua área ou edificação urbana de até duzentos e cinquenta metros quadrados, por cinco anos, ininterruptamente e sem oposição, utilizando-a para sua moradia ou de sua família, adquirir-lhe-á o domínio, desde que não seja proprietário de outro imóvel urbano ou rural.

Repete-se aqui a previsão constitucional do art. 183.

Salienta Édis Milaré que *"essa desapropriação é uma faculdade do Município, não uma obrigação. Primeiro, porque a desapropriação e, em sua natureza, um ato administrativo discricionário, prevalecendo o exame de sua conveniência ou oportunidade. Segundo, porque é um ato oneroso, pois implica um débito nas contas públicas. E, em terceiro lugar, por obrigar o Município desapropriante a fazer o que cabia ao proprietário omisso"*.[14]

Também decidiu o Supremo Tribunal Federal que se forem *"preenchidos os requisitos do art. 183 da Constituição Federal, o reconhecimento do direito à usucapião especial urbana não pode ser obstado por legislação infraconstitucional que estabeleça módulos urbanos na respectiva área em que situado o imóvel (dimensão do lote)"* (RE 422.349).

Demais disso, a redação do art. 10 dá conta da criação do usucapião coletivo para fins de moradia (ou usucapião ambiental metaindividual[15]), onde "Os núcleos urbanos informais existentes sem oposição há mais de cinco anos e cuja área total dividida pelo número de possuidores seja inferior a duzentos e cinquenta metros quadrados por possuidor são suscetíveis de serem usucapidos coletivamente, desde que os possuidores não sejam proprietários de outro imóvel urbano ou rural" (redação dada pela Lei n. 13.465/17).

---

[14] MILARÉ, Édis. *Direito do ambiente*. 11. ed. São Paulo: Thomson Reuters, 2018, p. 1.264.
[15] FIORILLO, Celso Antônio Pacheco. *Estatuto da Cidade comentado*. São Paulo: Revista dos Tribunais, 2005, p. 86.

4.6. CONCESSÃO DE USO ESPECIAL PARA FINS DE MORADIA

Diz a Medida Provisória n. 2.220/01, regulamentadora da matéria, que, aquele que, até 30 de junho de 2001, possuiu como seu, por cinco anos, ininterruptamente e sem oposição, até duzentos e cinquenta metros quadrados de imóvel público situado em área urbana, utilizando-o para sua moradia ou de sua família, tem o direito à concessão de uso especial para fins de moradia em relação ao bem objeto da posse, desde que não seja proprietário ou concessionário, a qualquer título, de outro imóvel urbano ou rural.

Paulo de Bessa Antunes leciona que, agora, o Poder Público *"tem os instrumentos legais adequados para providenciar a desocupação das áreas extremamente perigosas e ambientalmente sensíveis e, ao mesmo tempo, conceder o direito de uso de bens públicos para aqueles que necessitam uma habitação adequada"*.[16]

4.7. DIREITO DE SUPERFÍCIE

Trata-se de direito conferido ao proprietário de imóvel urbano, que poderá conceder a outrem o uso da superfície do seu terreno, por tempo determinado ou indeterminado, mediante escritura pública registrada no cartório de registro de imóveis. Esse uso, ou direito, abrange a utilização do solo, do subsolo ou do espaço aéreo relativo ao terreno, na forma estabelecida no contrato respectivo, atendida a legislação urbanística (art. 21).

Em verdade, é um mecanismo do qual o proprietário pode-se valer para atender à função social da propriedade, pois sua finalidade é eminentemente urbanística.[17]

4.8. DIREITO DE PREEMPÇÃO

Esse direito confere ao Poder Público municipal preferência para aquisição de imóvel urbano objeto de alienação onerosa entre particulares (art. 25).

Toda vez que o proprietário tiver a intenção de alienar o imóvel, deverá notificar o Município, para que, no prazo máximo de trinta dias, manifeste por escrito seu interesse em comprá-lo.

Paulo de Bessa Antunes define o direito de preempção como *"o direito de preferência que é outorgado ao Poder Público municipal, por lei própria, com delimitação espacial e temporal e com definição do objetivo do exercício da preferência.*

---

[16] ANTUNES, Paulo de Bessa. *Direito ambiental.* 21. ed. São Paulo: Atlas, 2020, p. 545.
[17] MEDAUAR, Odete; ALMEIDA, Fernando Dias Menezes de (Coords.). *Estatuto da Cidade:* Lei n. 10.257/2001. São Paulo: Revista dos Tribunais, 2002, p. 113.

A declaração do direito de preempção não obsta que se realizem transações entre particulares no imóvel declarado sujeito à sua incidência. Dentro do prazo legal, o Poder Público poderá exercê-lo".[18]

O art. 26 do Estatuto define que haverá preferência do município para as áreas, quando estas forem necessárias para regularização fundiária, execução de programas e projetos habitacionais de interesse social, constituição de reserva fundiária, ordenamento e direcionamento da expansão urbana, implantação de equipamentos urbanos e comunitários, criação de espaços públicos de lazer e áreas verdes, criação de unidades de conservação ou proteção de outras áreas de interesse ambiental, proteção de áreas de interesse histórico, cultural ou paisagístico.

4.9. OUTORGA ONEROSA DO DIREITO DE CONSTRUIR

Também conhecido como "solo criado", a transferência do direito de construir é uma possibilidade conferida pelo Poder Público de edificar acima do coeficiente previsto em lei.

Esse coeficiente é estabelecido pelo Plano Diretor, que divide em regiões o Município, fazendo com que aquele que deseje ultrapassar os limites de determinada região pague por isso, pleiteando uma outorga onerosa.[19]

Diz o Estatuto que o plano diretor definirá os limites máximos a serem atingidos pelos coeficientes de aproveitamento, considerando a proporcionalidade entre a infraestrutura existente e o aumento de densidade esperado em cada área.

Merece destaque uma interessante passagem do livro de Maria Sylvia Zanella Di Pietro, sobre aspectos da propriedade. Diz ela que alguns autores *"interpretam a função social sob dois aspectos: o negativo e o positivo. Sob o aspecto negativo, a função social abrange as limitações impostas ao exercício da propriedade com as mais variadas finalidades (segurança, saúde, economia popular, proteção ao meio ambiente, ao patrimônio histórico e artístico nacional); inclui as obrigações de não fazer e mesmo certas obrigações de fazer, impostas como condições para o exercício de determinados direitos, por exemplo, a obrigação de adotar medidas de segurança contra incêndios como condição do direito de construir. Sob o aspecto positivo, implica obrigação de fazer consistente no dever de utilização da propriedade".*[20]

---

[18] ANTUNES, Paulo de Bessa. *Direito ambiental.* 21. ed. São Paulo: Atlas, 2020, p. 543.

[19] MEDAUAR, Odete; ALMEIDA, Fernando Dias Menezes de (Coords.). *Estatuto da Cidade:* Lei n. 10.257/2001. São Paulo: Revista dos Tribunais, 2002, p. 143.

[20] DI PIETRO, Maria Sylvia Zanella. *Direito administrativo.* 35. ed. 2. Reimp. Rio de Janeiro: Forense, 2022, p. 173.

4.10. OPERAÇÕES URBANAS CONSORCIADAS

Prevê o Estatuto que as operações urbanas consorciadas são o conjunto de intervenções e medidas coordenadas pelo Poder Público municipal, com a participação dos proprietários, moradores, usuários permanentes e investidores privados, com o objetivo de alcançar em uma área transformações urbanísticas estruturais, melhorias sociais e a valorização ambiental (art. 32).

A Lei n. 12.836/13 alterou o Estatuto da Cidade para incluir entre os objetivos da política urbana o *"estímulo à utilização, nos parcelamentos do solo e nas edificações urbanas, de sistemas operacionais, padrões construtivos e aportes tecnológicos que objetivem a redução de impactos ambientais e a economia de recursos naturais"* (art. 2º, XVII).

Incentivo semelhante foi previsto para as operações urbanas consorciadas, com o acréscimo, pela mesma lei, de um inciso III ao § 2º do art. 32 do Estatuto da Cidade.[21]

4.11. TRANSFERÊNCIA DO DIREITO DE CONSTRUIR

Versa a transferência do direito de construir, na opção do proprietário de imóvel urbano, privado ou público, a exercer em outro local, ou alienar, mediante escritura pública, o direito de construir previsto no plano diretor ou em legislação urbanística dele decorrente, quando o referido imóvel for considerado necessário para fins de implantação de equipamentos urbanos e comunitários, preservação, quando o imóvel for considerado de interesse histórico, ambiental, paisagístico, social ou cultural, servir a programas de regularização fundiária, urbanização de áreas ocupadas por população de baixa renda e habitação de interesse social.

Através dele é possível compatibilizar o desenvolvimento harmônico da cidade com a preservação de direitos individuais, em especial com o direito de propriedade.[22]

Difere da outorga onerosa, pois aqui o proprietário repassa a terceiro a possibilidade de construir, e não paga para fazê-lo ele mesmo.

4.12. ESTUDO DE IMPACTO DE VIZINHANÇA

Trata-se de um estudo, relativo aos empreendimentos e atividades privados ou públicos em área urbana, para obtenção de licenças ou autorizações de construção, ampliação ou funcionamento a cargo do Poder Público municipal (art. 36).

---

[21] DI PIETRO, Maria Sylvia Zanella. *Direito administrativo*. 35. ed. 2. Reimp. Rio de Janeiro: Forense, 2022, p. 424.

[22] ANTUNES, Paulo de Bessa. *Direito ambiental*. 21. ed. São Paulo: Atlas, 2020, p. 544.

Esse estudo deve abranger o adensamento populacional, os equipamentos urbanos e comunitários, o uso e a ocupação do solo, a valorização imobiliária, a geração de tráfego e demanda por transporte público, a ventilação e iluminação, bem como a paisagem urbana e o patrimônio natural e cultural.

O Estudo de Impacto de Vizinhança é uma evolução do Estudo de Impacto Ambiental – sendo ambos espécies de AIAs – previstos na Constituição para todas as "atividades efetiva ou potencialmente poluidoras".[23]

O art. 38 ressalta que a elaboração do EIV não substitui a elaboração e a aprovação de estudo prévio de impacto ambiental (EIA), requeridas nos termos da legislação ambiental.

Celso Fiorillo diz que o EIV tem como objetivo compatibilizar a ordem econômica capitalista com os valores fundamentais ligados ao trabalho, à vida e ao consumo.[24]

4.13. PLANO DIRETOR

Por fim, o plano diretor, que deve ser aprovado por lei municipal, é o instrumento básico da política de desenvolvimento e expansão urbana.

Trata-se de parte integrante do processo de planejamento municipal, devendo o plano plurianual, as diretrizes orçamentárias e o orçamento anual incorporar as diretrizes e as prioridades nele contidas.

Paulo Affonso Leme Machado leciona que o *"Plano diretor é um conjunto de normas obrigatórias, elaborado por lei municipal específica, integrando o processo de planejamento municipal, que regula as atividades e os empreendimentos do próprio Poder Público Municipal e das pessoas físicas ou jurídicas, de Direito Privado ou Público, a serem levados a efeito no território municipal".*[25]

Continua o autor, ao dizer que o *"plano diretor tem prioridade sobre outros planos existentes no Município ou que possam vir a ser instituídos. O termo 'diretor' tem dimensão jurídica considerável, pois é um plano criado pela lei para dirigir e para fazer com que outras leis municipais, decretos e portarias anteriores ou posteriores tenham que se ajustar ao plano diretor".*[26]

Diz a Constituição Federal, bem como o próprio Estatuto, que será obrigatório para cidades com mais de vinte mil habitantes, integrantes de regiões metropolitanas e aglomerações urbanas, onde o Poder Público municipal pretenda utilizar os instrumentos

---

[23] ANTUNES, Paulo de Bessa. *Direito ambiental.* 21. ed. São Paulo: Atlas, 2020, p. 546.
[24] FIORILLO, Celso Antônio Pacheco. *Estatuto da Cidade comentado.* São Paulo: Revista dos Tribunais, 2005, p. 105.
[25] MACHADO, Paulo Affonso Leme. *Direito ambiental brasileiro.* 27. ed. São Paulo: Malheiros, 2020, p. 473.
[26] MACHADO, Paulo Affonso Leme. *Direito ambiental brasileiro.* 27. ed. São Paulo: Malheiros, 2020, p. 474.

previstos no § 4º do art. 182 da Constituição Federal, integrantes de áreas de especial interesse turístico, inseridas na área de influência de empreendimentos ou atividades com significativo impacto ambiental de âmbito regional ou nacional (art. 41).

Por sua vez, Paulo de Bessa Antunes considera que o *"Plano Diretor não pode se limitar às áreas de expansão urbana do município pois deve abranger todo o território municipal, inclusive as áreas rurais, quando houver. Com vistas a manter-se atualizado, o Plano Diretor deve ser submetido a um processo de ampla revisão a cada dez anos".*[27]

---

[27] ANTUNES, Paulo de Bessa. *Direito ambiental.* 21. ed. São Paulo: Atlas, 2020, p. 546-547.

CAPÍTULO XIV
CÓDIGO FLORESTAL – LEI N. 12.651/12

Sumário: 1. Introdução. 2. Área de preservação permanente. 3. Reserva legal. 3.1. Considerações iniciais. 3.2. Obrigatoriedade de averbação da área de reserva legal. 4. Supressão de vegetação. 5. Sanções penais. 6. Resolução CONAMA n. 302/02. 7. Ações Diretas de Inconstitucionalidade e Ações de Constitucionalidade contra os dispositivos da Lei n. 12.651/12. 8. Decreto n. 11.367/23 – Institui a Comissão Interministerial Permanente de Prevenção e Controle do Desmatamento e restabelece o Plano de Ação para a Prevenção e Controle do Desmatamento na Amazônia Legal – PPCDAm.

1. INTRODUÇÃO

Desde 1965 estava em vigor no Brasil a Lei n. 4.771/65, mais conhecida como Código Florestal, responsável pela regulamentação da exploração das florestas e demais formas de vegetação no território brasileiro. Porém, a Lei de 1965 não foi nosso primeiro Código Florestal.

Antes dela, o Decreto Federal n. 23.793, de 23 de janeiro de 1934, este sim, foi nosso primeiro Código Florestal.[1]

Tratava-se, como é evidente, de uma legislação ultrapassada, criticada tanto pelos preservacionistas como pelos representantes do agronegócio.

A partir de 1964, durante o regime militar, um dos principais bordões que retratavam a preocupação com a Amazônia era "Integrar para não entregar". Com essa visão, acelerou-se a expansão da fronteira agrícola em direção ao norte do país, com a consequente pressão sobre a floresta.

Finalmente, em 25 de maio de 2012, após renhidas discussões no Congresso Nacional entre os ambientalistas que pretendiam uma legislação mais restritiva da utilização dos recursos florestais e os desenvolvimentistas que buscavam maiores facilidades para a expansão da agricultura e da pecuária, foi sancionada a Lei n. 12.651, o novo Código Florestal Brasileiro.

---

[1] RODRIGUES, Marcelo Abelha. *Proteção Jurídica da Flora*. Salvador: Juspodivm, 2019, p. 144.

A exemplo da legislação anterior, o novo Código trata da pequena propriedade rural, das áreas de preservação permanente, da reserva legal e da Amazônia Legal, uma vez que *"as florestas existentes no território nacional e demais formas de vegetação nativa, reconhecidas de utilidade às terras que revestem, são bens de interesse comum a todos os habitantes do País, exercendo-se os direitos de propriedade com as limitações que a legislação em geral e especialmente esta lei estabelecem"* (art. 2º).

Paulo Affonso Leme Machado leciona que *"ao marcar com clareza indiscutível que as florestas são 'bens de interesse comum', a lei brasileira de florestas faz com que os proprietários rurais, Governo e sociedade civil devam pensar, sentir e agir em comunhão para gerenciar ou manejar esses bens"*.[2]

É possível o exercício dos direitos de propriedade em relação a esses espaços, mas esse direito está sujeito a limitações, podendo ser considerado *uso irregular da propriedade as ações ou omissões que contrariarem as disposições legais.*

O Superior Tribunal de Justiça firmou entendimento de que *"o novo Código Florestal não pode retroagir para atingir o ato jurídico perfeito, os direitos ambientais adquiridos e a coisa julgada, tampouco para reduzir de tal modo e sem as necessárias compensações ambientais o patamar de proteção de ecossistemas frágeis ou espécies ameaçadas de extinção, a ponto de transgredir o limite constitucional intocável e intransponível da incumbência do Estado de garantir a preservação e a restauração dos processos ecológicos essenciais (art. 225, § 1º, I): AgInt no AREsp 894.313/SP, Rel. Min. Francisco Falcão, Segunda Turma, julgado em 11-9-2018, DJe 17-9-2018; AgInt no AREsp 1.115.534/SP, Rel. Min. Mauro Campbell Marques, Segunda Turma, julgado em 19-6-2018, DJe 27-6-2018; AgInt no REsp 1.676.786/SP, Rel. Min. Regina Helena Costa, Primeira Turma, julgado em 12-6-2018, DJe 18-6-2018; AgInt no AREsp 1.211.974/SP, Rel. Min. Francisco Falcão, Segunda Turma, julgado em 17-4-2018, DJe 23-4-2018; AgInt no REsp 1.597.589/SP, Rel. Min. Mauro Campbell Marques, Segunda Turma, DJe 26-2-2018; REsp 1.680.699/SP, Rel. Min. Herman Benjamin, Segunda Turma, julgado em 28-11-2017, DJe 19-12-2017; AgInt no AgInt no AREsp 850.994/SP, Rel. Min. Mauro Campbell Marques, Segunda Turma, DJe de 19-12-2016; EDcl no REsp 1.389.942/MS, Rel. Min. Assusete Magalhães, Segunda Turma, DJe 28-9-2017; AgRg no EAREsp 364.256/MS, Rel. Min. Assusete Magalhães, Segunda Turma, DJe 8-5-2018; AgInt no REsp 1.544.203/MG, Rel. Min. Assusete Magalhães, Segunda Turma, DJe 9-5-2018; REsp 1.680.699/SP, Rel. Min. Herman Benjamin, Segunda Turma, DJe 19-12-2017; AgInt no AREsp 826.869/PR, Rel. Min. Francisco*

---

[2] MACHADO, Paulo Affonso Leme. *Direito ambiental brasileiro*. 27. ed. São Paulo: Malheiros, 2020, p. 919.

Falcão, Segunda Turma, DJe 15-12-2016; AgInt no REsp 1.597.589/SP, Rel. Min. Mauro Campbell Marques, Segunda Turma, DJe 26-2-2018; REsp 1.715.929/SP, Rel. Min. Mauro Campbell Marques, Segunda Turma, DJe 26-2-2018; AgInt no REsp 1.363.943/SC, Rel. Min. Gurgel de Farias, Primeira Turma, DJe 15-12-2017; AgInt no REsp 1.510.457/MS, Rel. Min. Regina Helena Costa, Primeira Turma, DJe 26-6-2017; AgInt no REsp 1.389.613/MS. Min. Assusete Magalhães, Segunda Turma, DJe 27-6-2017; AgInt no REsp 1.381.085/MS. Min. Og Fernandes, Segunda Turma, DJe 23-8-2017; REsp 1.381.191/SP, Rel. Min. Diva Malerbi, Segunda Turma, julgado em 16-6-2016, DJe 30-6-2016; AgInt no AREsp 826.869/PR, Min. Francisco Falcão, Segunda Turma, DJe 15-12-2016; AREsp 611.518/MS, Rel. Min. Herman Benjamin, DJe de 25-8-2015; EDcl no REsp 1.381.341/MS, Rel. Min. Humberto Martins, DJe de 27-8-2015; AREsp 730.888/SP, Rel. Min. Humberto Martins, Segunda Turma, DJe de 16-9-2015; REsp 1.462.208/SC, Rel. Min. Humberto Martins, Segunda Turma, DJe 6-4-2015; AgRg no REsp 1.367.968/SP, Rel. Min. Humberto Martins, Segunda Turma, DJe 12-3-2014; PET no REsp 1.240.122/PR, Rel. Min. Herman Benjamin, Segunda Turma, DJe 19-12-2012" (REsp 1.728.244/SP).

Édis Milaré, ao tratar do Novo Código Florestal, foi preciso ao afirmar que *"foram muitos os pontos controvertidos da Lei n. 12.651/2012, alguns dos quais colocados em discussão perante o Supremo Tribunal Federal no âmbito das Ações Diretas de Inconstitucionalidade – ADIs 4.901, 4.902, 4.903 e 4.937 e da Ação Declaratória de Constitucionalidade – ADC 42. Mas há um que impera sobranceiro, permeando todas essas discussões relativas ao Código, que é a busca pelo equilíbrio ecológico, assegurado pelo art. 225 da CF"*.[3]

A competência para legislar sobre florestas é concorrente entre a União, os Estados e o Distrito Federal, de acordo com o art. 24, VI, da Constituição Federal.

A Lei n. 12.651/12 é uma norma geral, e como tal deve ser obedecida por eventuais normas estaduais que venham tratar da matéria. Vale dizer, o ordenamento de uso ou supressão de vegetação por parte de Estados ou do Distrito Federal não pode ser mais permissivo que a lei federal.

Inicialmente, é de bom alvitre lembrar as definições trazidas pela nova lei, muito mais completas que aquelas que constavam do Código anterior, o que afastou muitas dúvidas e interpretações discordantes:

> I – Amazônia Legal – os Estados do Acre, Pará, Amazonas, Roraima, Rondônia, Amapá e Mato Grosso e as regiões situadas ao norte do paralelo 13º S dos Estados de Tocantins e Goiás e ao oeste do meridiano 44º W do Estado do Maranhão;

---

[3] MILARÉ, Édis. *Direito do ambiente*. 11. ed. São Paulo: Thomson Reuters, 2018, p. 1.645.

Esta definição precisa da abrangência da Amazônia Legal é extremamente importante em razão de certas limitações impostas pela própria Lei n. 12.651/2012 ao Bioma, como a Área de Reserva Legal e por outras normas, principalmente do licenciamento ambiental.

II – Área de Preservação Permanente – APP: área protegida, coberta ou não por vegetação nativa, com a função ambiental de preservar os recursos hídricos, a paisagem, a estabilidade geológica e a biodiversidade, facilitar o fluxo gênico de fauna e flora, proteger o solo e assegurar o bem-estar das populações humanas;

A definição de *área de preservação permanente* foi mantida nos mesmos termos da legislação anterior.

III – Reserva Legal: área localizada no interior de uma propriedade ou posse rural, delimitada nos termos do art. 12, com a função de assegurar o uso econômico de modo sustentável dos recursos naturais do imóvel rural, auxiliar a conservação e a reabilitação dos processos ecológicos e promover a conservação da biodiversidade, bem como o abrigo e a proteção de fauna silvestre e da flora nativa;

A Reserva Legal foi mantida nas mesmas proporções estabelecidas anteriormente. A alteração substancial neste particular se deu com a possibilidade de recuperação ou compensação da referida vegetação por meio de Programa de Recuperação Ambiental – PRA, conforme veremos adiante.[4]

IV – área rural consolidada: área de imóvel rural com ocupação antrópica preexistente a 22 de julho de 2008, com edificações, benfeitorias ou atividades agrossilvipastoris, admitida, neste último caso, a adoção do regime de pousio;

A definição de área rural consolidada rendeu as mais acirradas discussões em todos os setores da sociedade, principalmente em razão do marco temporal estabelecido. Segundo a corrente preservacionista, o reconhecimento da ocupação antrópica anterior a 22 de julho de 2008 representava uma anistia para as multas aplicadas pelo desmatamento e um reconhecimento do "direito adquirido" ao usufruto da área ilegalmente ocupada.

V – pequena propriedade ou posse rural familiar: aquela explorada mediante o trabalho pessoal do agricultor familiar e empreendedor familiar rural, incluindo os assentamentos e projetos de reforma agrária, e que atenda ao disposto no art. 3º da Lei n. 11.326, de 24 de julho de 2006;

No que se refere ao conceito de pequena propriedade rural, que na Lei n. 4.771/65 era definido pela Medida Provisória n. 2.166-65/01, passou no novo Código Florestal a seguir as diretrizes da Lei n. 11.326/06, que trata da Política Nacional da Agricultura Familiar.

---

[4] AVZARADEL, Pedro Curvello Saavedra. *Novo Código Florestal:* enchentes e crise hídrica no Brasil. Rio de Janeiro: Lumen Juris, 2016, p. 155.

Dessa forma, para ser enquadrado como agricultor familiar ou empreendedor familiar rural, o interessado deve preencher simultaneamente os seguintes requisitos: (i) I – não detenha, a qualquer título, área maior do que 4 (quatro) módulos fiscais; II – utilize predominantemente mão de obra da própria família nas atividades econômicas do seu estabelecimento ou empreendimento; III – tenha percentual mínimo da renda familiar originada de atividades econômicas do seu estabelecimento ou empreendimento, na forma definida pelo Poder Executivo; IV – dirija seu estabelecimento ou empreendimento com sua família.

> VI – uso alternativo do solo: substituição de vegetação nativa e formações sucessoras por outras coberturas do solo, como atividades agropecuárias, industriais, de geração e transmissão de energia, de mineração e de transporte, assentamentos urbanos ou outras formas de ocupação humana;

A Lei n. 4.771/65 não definia como o uso alternativo do solo deveria se dar. Assim, restavam muitas dúvidas e questionamentos sobre o alcance das limitações para a supressão da vegetação destinada a atividades diversas da agricultura e da pecuária, como a mineração e a geração de energia elétrica, que demandam a erradicação da vegetação em grandes áreas.

> VII – manejo sustentável: administração da vegetação natural para a obtenção de benefícios econômicos, sociais e ambientais, respeitando-se os mecanismos de sustentação do ecossistema objeto do manejo e considerando-se, cumulativa ou alternativamente, a utilização de múltiplas espécies madeireiras ou não, de múltiplos produtos e subprodutos da flora, bem como a utilização de outros bens e serviços;

Embora estabelecesse em diversas passagens a obrigatoriedade de manejo sustentado dos recursos florestais[5], a ordem antiga não definia com exatidão como se daria esta prática, permitindo diferentes conceituações a partir de critérios técnicos, o que causava insegurança jurídica pela variedade de interpretações.

> VIII – utilidade pública:
> a) as atividades de segurança nacional e proteção sanitária;
> b) as obras de infraestrutura destinadas às concessões e aos serviços públicos de transporte, sistema viário, inclusive aquele necessário aos parcelamentos de solo urbano aprovados pelos Municípios, saneamento, gestão de resíduos, energia, telecomunicações, radiodifusão, instalações necessárias à realização de competições esportivas estaduais, nacionais ou internacionais, bem como mineração, exceto, neste último caso, a extração de areia, argila, saibro e cascalho;
> c) atividades e obras de defesa civil;
> d) atividades que comprovadamente proporcionem melhorias na proteção das funções ambientais referidas no inciso II deste artigo;

---

[5] V. GOMES, Caio Brilhante. *O Direito a Gerir Florestas: no Brasil e em Portugal*. Rio de Janeiro: Lúmen Juris, 2023, p. 66.

e) outras atividades similares devidamente caracterizadas e motivadas em procedimento administrativo próprio, quando inexistir alternativa técnica e locacional ao empreendimento proposto, definidas em ato do Chefe do Poder Executivo federal;

De extrema importância pelas exceções previstas na legislação florestal, a utilidade pública não estava definida originalmente na Lei n. 4.771/65, sendo posteriormente introduzida por meio da Medida Provisória n. 2.166/01.

No entanto, não contemplava as obras de infraestrutura como os serviços de transporte, sistemas viários, saneamento, energia e a mineração, inquestionavelmente de relevante interesse nacional. Deixava, no entanto, a critério do CONAMA, através de resoluções, a classificação de obras, planos, atividades ou projetos como de utilidade pública.

Neste particular merece atenção um detalhe que continua gerando controvérsia jurídica.

A declaração de utilidade pública, de que trata o Decreto-Lei n. 3.365, de 21 de junho de 1941, destina-se à desapropriação. Pode ser decretada pelo Poder Executivo dos três níveis.

No caso da legislação ambiental, no entanto, algumas das hipóteses previstas para essa qualificação não nos parecem aceitáveis, como no caso de "parcelamento do solo, com ou sem edificação, para sua melhor utilização econômica, higiênica ou estética; a construção ou ampliação de distritos industriais".

Por outro lado, o Decreto-Lei n. 3.365/41 prevê que não ocorrendo a desapropriação no prazo de cinco anos, o Decreto caducará (art. 10). Portanto, transcorrido esse prazo sem a imissão da posse por meio da justa indenização, quando se tratar de propriedade privada, cessará a utilidade pública.

Este dispositivo tem especial importância na criação de Unidades de Conservação, em que áreas particulares são declaradas de utilidade pública para fins da desapropriação que nunca se efetiva, por falta de recursos para a indenização, gerando os conhecidos "parques de papel", que existem somente no Decreto e nunca são implantados efetivamente.

IX – interesse social:

a) as atividades imprescindíveis à proteção da integridade da vegetação nativa, tais como prevenção, combate e controle do fogo, controle da erosão, erradicação de invasoras e proteção de plantios com espécies nativas;

b) a exploração agroflorestal sustentável praticada na pequena propriedade ou posse rural familiar ou por povos e comunidades tradicionais, desde que não descaracterize a cobertura vegetal existente e não prejudique a função ambiental da área;

c) a implantação de infraestrutura pública destinada a esportes, lazer e atividades educacionais e culturais ao ar livre em áreas urbanas e rurais consolidadas, observadas as condições estabelecidas nesta Lei;

d) a regularização fundiária de assentamentos humanos ocupados predominantemente por população de baixa renda em áreas urbanas consolidadas, observadas as condições estabelecidas na Lei n. 11.977, de 7 de julho de 2009;

e) implantação de instalações necessárias à captação e condução de água e de efluentes tratados para projetos cujos recursos hídricos são partes integrantes e essenciais da atividade;

f) as atividades de pesquisa e extração de areia, argila, saibro e cascalho, outorgadas pela autoridade competente;

g) outras atividades similares devidamente caracterizadas e motivadas em procedimento administrativo próprio, quando inexistir alternativa técnica e locacional à atividade proposta, definidas em ato do Chefe do Poder Executivo federal;

A Lei n. 4.771/65 era bem mais parcimoniosa com a classificação do interesse social. Deixava essa matéria para ser tratado pelo CONAMA, por meio de Resoluções.

Nota-se, na Lei n. 12.651/12, uma maior preocupação em classificar atividades relacionadas com as políticas governamentais, por exemplo, os assentamentos rurais, como de interesse social.

A definição de utilidade pública ou interesse social tem profunda repercussão sobre as disposições do novo Código Florestal, pois seu reconhecimento abre exceções na proteção da vegetação, permitindo a supressão de vegetação em área de preservação permanente, em áreas de dunas ou restingas e até mesmo aquela que protege nascentes e cursos d'água.

X – atividades eventuais ou de baixo impacto ambiental:

a) abertura de pequenas vias de acesso interno e suas pontes e pontilhões, quando necessárias à travessia de um curso d'água, ao acesso de pessoas e animais para a obtenção de água ou à retirada de produtos oriundos das atividades de manejo agroflorestal sustentável;

b) implantação de instalações necessárias à captação e condução de água e efluentes tratados, desde que comprovada a outorga do direito de uso da água, quando couber;

c) implantação de trilhas para o desenvolvimento do ecoturismo;

d) construção de rampa de lançamento de barcos e pequeno ancoradouro;

e) construção de moradia de agricultores familiares, remanescentes de comunidades quilombolas e outras populações extrativistas e tradicionais em áreas rurais, onde o abastecimento de água se dê pelo esforço próprio dos moradores;

f) construção e manutenção de cercas na propriedade;

g) pesquisa científica relativa a recursos ambientais, respeitados outros requisitos previstos na legislação aplicável;

h) coleta de produtos não madeireiros para fins de subsistência e produção de mudas, como sementes, castanhas e frutos, respeitada a legislação específica de acesso a recursos genéticos;

i) plantio de espécies nativas produtoras de frutos, sementes, castanhas e outros produtos vegetais, desde que não implique supressão da vegetação existente nem prejudique a função ambiental da área;

j) exploração agroflorestal e manejo florestal sustentável, comunitário e familiar, incluindo a extração de produtos florestais não madeireiros, desde que não descaracterizem a cobertura vegetal nativa existente nem prejudiquem a função ambiental da área;

j-A) atividades com o objetivo de recompor a vegetação nativa no entorno de nascentes ou outras áreas degradadas, conforme norma expedida pelo órgão competente do Sistema Nacional do Meio Ambiente (SISNAMA); (Acrescentado pela Lei n. 14.653, de 23 de agosto de 2023.)

k) outras ações ou atividades similares, reconhecidas como eventuais e de baixo impacto ambiental em ato do Conselho Nacional do Meio Ambiente – CONAMA ou dos Conselhos Estaduais de Meio Ambiente;

A Lei n. 12.651/12 definiu atividades consideradas de baixo impacto ambiental, as quais, vale lembrar, podem ter um licenciamento ambiental extremamente simplificado ou deste ser dispensado.

Registre-se, no entanto, que o somatório de várias dessas atividades eventuais de baixo impacto pode resultar num prejuízo considerável para a vegetação.

Considerando que a norma delegou ao CONAMA e aos Conselhos Estaduais de Meio Ambiente o reconhecimento de ações ou atividades de baixo impacto, além daquelas que elencou expressamente, é de se esperar que esses colegiados levem em consideração os efeitos sinérgicos e cumulativos dessas intervenções.

XI – vereda: fitofisionomia de savana, encontrada em solos hidromórficos, usualmente com palmáceas, sem formar dossel, em meio a agrupamentos de espécies arbustivo-herbáceas.

O novo Código trouxe proteção para as veredas, ausente na legislação anterior, declarando Área de Preservação Permanente a faixa marginal, em projeção horizontal, com largura mínima de 50 (cinquenta) metros, a partir do limite do espaço brejoso e encharcado. Trata-se de um avanço significativo, levando em conta a sistemática destruição dessa vegetação, principalmente nas nascentes do Rio São Francisco.

XII – manguezal: ecossistema litorâneo que ocorre em terrenos baixos, sujeitos à ação das marés, formado por vasas lodosas recentes ou arenosas, às quais se associa, predominantemente, a vegetação natural conhecida como mangue, com influência fluviomarinha, típica de solos limosos de regiões estuarinas e com dispersão descontínua ao longo da costa brasileira, entre os Estados do Amapá e de Santa Catarina;

Da mesma forma que as veredas, os mangues receberam tratamento mais digno na nova Lei. O anterior Código Florestal apresentava uma impropriedade gritante, pois considerava de preservação permanente apenas a vegetação situada "nas restingas, como fixadoras de dunas ou estabilizadoras de mangues".

A vegetação dos manguezais não constava expressamente no rol das especialmente protegidas, não obstante sua importância como berçário de espécies da vida marinha.

XIII – salgado ou marismas tropicais hipersalinos: áreas situadas em regiões com frequências de inundações intermediárias entre marés de sizígias e de quadratura, com solos cuja salinidade varia entre 100 (cem) e 150 (cento e cinquenta) partes por 1.000 (mil), onde pode ocorrer a presença de vegetação herbácea específica;

Também ausentes da proteção especial na norma geral anterior, os salgados vinham sendo objeto de severas agressões em função das atividades de carcinicultura, principalmente no Nordeste do Brasil, razão pela qual foram incluídos no novo Código Florestal, merecendo, com os apicuns, um Capítulo próprio para seu uso sustentável.

XIV – apicum: áreas de solos hipersalinos situadas nas regiões entremarés superiores, inundadas apenas pelas marés de sizígias, que apresentam salinidade superior a 150 (cento e cinquenta) partes por 1.000 (mil), desprovidas de vegetação vascular;

Os apicuns sofriam considerável interferência, tanto pela extração de sal marinho como pelas atividades de carcinicultura, razão pela qual também foram incluídos na especial proteção, inclusive com a fixação, por Estado, de um percentual passível de exploração.

XV – restinga: depósito arenoso paralelo à linha da costa, de forma geralmente alongada, produzido por processos de sedimentação, onde se encontram diferentes comunidades que recebem influência marinha, com cobertura vegetal em mosaico, encontrada em praias, cordões arenosos, dunas e depressões, apresentando, de acordo com o estágio sucessional, estrato herbáceo, arbustivo e arbóreo, este último mais interiorizado;

As restingas mereciam especial proteção da Lei n. 4.771/65 desde que fossem classificadas como fixadoras de dunas.

No entanto, a falta de conceituação precisa na norma ocasionava constantes controvérsias resultantes das diferentes definições técnicas dessa vegetação.

XVI – nascente: afloramento natural do lençol freático que apresenta perenidade e dá início a um curso d'água;
XVII – olho d'água: afloramento natural do lençol freático, mesmo que intermitente;

A vegetação no entorno das nascentes, ainda que intermitentes, e dos chamados "olhos d'água", num raio mínimo de cinquenta metros, já era considerada de preservação permanente pela lei anterior.

XVIII – leito regular: a calha por onde correm regularmente as águas do curso d'água durante o ano;

A Lei n. 12.651/12 inovou ao tratar da área de preservação permanente ao longo de cursos d'água. A norma anterior fixava a faixa marginal a partir do nível mais alto do rio, o que era extremamente difícil de estabelecer, além de ser questionável em razão de eventuais enchentes de grandes proporções, que podiam alcançar áreas muito distantes.

Agora, a faixa litorânea dos cursos d'água especialmente protegida deve ser medida a partir da calha normal do leito do rio, o que se nos depara muito mais preciso e razoável.

XIX – área verde urbana: espaços, públicos ou privados, com predomínio de vegetação, preferencialmente nativa, natural ou recuperada, previstos no Plano Diretor, nas Leis de Zoneamento Urbano e Uso do Solo do Município, indisponíveis para construção de moradias, destinados aos propósitos de recreação, lazer, melhoria da qualidade ambiental urbana, proteção dos recursos hídricos, manutenção ou melhoria paisagística, proteção de bens e manifestações culturais;

Nas áreas urbanas prevalecem as disposições das normas municipais de uso e ocupação do solo, ouvidos os Conselhos Estaduais e Municipais de Meio Ambiente. A discricionariedade, no entanto, não é absoluta, em razão do veto do § 8º do art. 4º da lei, que dispunha: *"No caso de áreas urbanas e regiões metropolitanas, observar-se-á o disposto nos respectivos Planos Diretores e Leis Municipais de Uso do Solo".*

Assim, as faixas marginais dos cursos d'água, mesmo em perímetro urbano, devem obediência aos limites estabelecidos pelo art. 4º, inciso I.

XX – várzea de inundação ou planície de inundação: áreas marginais a cursos d'água sujeitas a enchentes e inundações periódicas;

XXI – faixa de passagem de inundação: área de várzea ou planície de inundação adjacente a cursos d'água que permite o escoamento da enchente;

As várzeas de inundação e as faixas de passagem de inundação passaram, com o estabelecimento da área de preservação permanente a partir da calha regular dos rios, a ter um tratamento diferenciado.

É sabido que na Amazônia, nas áreas regularmente inundadas na época das cheias, pratica-se intensa atividade de agricultura, com o aproveitamento da fertilidade sazonal do solo.

Ao estabelecer a área de preservação permanente a partir da calha regular do rio e não do seu nível mais alto, preservou-se esta importante agricultura de subsistência que garante a sobrevivência dos ribeirinhos.

XXII – relevo ondulado: expressão geomorfológica usada para designar área caracterizada por movimentações do terreno que geram depressões, cuja intensidade permite sua classificação como relevo suave ondulado, ondulado, fortemente ondulado e montanhoso;

XXIII – as encostas ou partes destas com declividade superior a 45°, equivalente a 100% (cem por cento) na linha de maior declive;

A nova lei definiu os terrenos ondulados sem, no entanto, descaracterizar como área de preservação permanente as encostas ou parte delas com declividade superior a 45º na linha de maior declividade, já prevista na norma anterior.

XXIV – pousio: prática de interrupção temporária de atividades ou usos agrícolas, pecuários ou silviculturais, por no máximo 5 (cinco) anos, para possibilitar a recuperação da capacidade de uso ou da estrutura física do solo; (Incluído pela Lei n. 12.727, de 2012).

A falta de previsão legal para a prática de "deixar a terra descansar", como é popularmente conhecida essa rotação, representava um grande entrave para a correta aplicação da Lei n. 4.771/65.

Tecnicamente recomendado pelos próprios órgãos do Governo e pela maioria dos estudos científicos, a rotação no uso do solo numa propriedade propiciava o início da regeneração da vegetação sucessora, cuja supressão também representava contravenção nos termos do art. 26 da lei anterior.

Ademais, a Lei n. 9.605/98 classificava como crime "*impedir ou dificultar a regeneração natural de florestas e demais formas de vegetação*", que ocorria quando da retomada das atividades rurais na área em descanso.

Portanto, o reconhecimento do pousio como prática agrícola representou um significativo avanço no novo Código Florestal.

Destarte, houve por bem a nova lei diferenciar o pousio de uma área como prática agrícola, da classificação como área improdutiva ou abandonada, que a sujeita à desapropriação para fins de reforma agrária por considerar descumprida sua função social.

> XXV – áreas úmidas: pantanais e superfícies terrestres cobertas de forma periódica por águas, cobertas originalmente por florestas ou outras formas de vegetação adaptadas à inundação; (Incluído pela Lei n. 12.727, de 2012).

As áreas úmidas, pantanosas ou cobertas periodicamente por águas não mereciam menção específica na Lei n. 4.771/65, razão pela qual a fiscalização ambiental costumava, numa evidente interpretação equivocada da norma, classificá-las como olhos d'água ou nascentes.

Nos termos do art. 6º do novo Código Florestal, a vegetação situada nas áreas úmidas não é, por si só, considerada de preservação permanente, podendo ser assim declarada por ato do Chefe do Poder Executivo, quando necessária para a preservação dessas áreas, especialmente as de importância internacional.

> XXVI – área urbana consolidada: aquela de que trata o inciso II do *caput* do art. 47 da Lei n. 11.977, de 7 de julho de 2009 ; e (Incluído pela Lei n. 12.727, de 2012).

O art. 47 da Lei n. 11.977/09 foi revogado pela Lei n. 13.465, de 2017.

No entanto, para efeito da definição de área urbana consolidada prevalecem os conceitos do referido dispositivo, quais sejam: parcela da área urbana com densidade demográfica superior a 50 (cinquenta) habitantes por hectare e malha viária implantada e que tenha, no mínimo, 2 (dois) dos seguintes equipamentos de infraestrutura urbana implantados: a) drenagem de águas pluviais urbanas; b) esgotamento sanitário; c) abastecimento de água potável; d) distribuição de energia elétrica; ou e) limpeza urbana, coleta e manejo de resíduos sólidos.

2. ÁREA DE PRESERVAÇÃO PERMANENTE

As áreas de preservação permanente (APP) são aquelas elencadas nos arts. 4º e 6º da Lei n. 12.651/12, cobertas ou não por vegetação nativa, sendo as primeiras assim consideradas pelo simples efeito da norma e as segundas por ato declaratório do Poder Executivo. Tais áreas objetivam preservar os recursos hídricos, a paisagem, a estabilidade geológica, a biodiversidade, o fluxo gênico de fauna e flora, proteger o solo e assegurar o bem-estar das populações humanas.

As APPs previstas no art. 4º da Lei n. 12.651/12 não dependem da prática de qualquer ato administrativo específico para sua criação, sendo *ope legis*, amoldando-se à feição de uma *limitação administrativa*.[6]

Assim, consideram-se APP, *por disposição legal*, as seguintes áreas:

> I – as faixas marginais de qualquer curso d'água natural, desde a borda da calha do leito regular, em largura mínima de:
>
> a) 30 (trinta) metros, para os cursos d'água de menos de 10 (dez) metros de largura;
>
> b) 50 (cinquenta) metros, para os cursos d'água que tenham de 10 (dez) a 50 (cinquenta) metros de largura;
>
> c) 100 (cem) metros, para os cursos d'água que tenham de 50 (cinquenta) a 200 (duzentos) metros de largura;
>
> d) 200 (duzentos) metros, para os cursos d'água que tenham de 200 (duzentos) a 600 (seiscentos) metros de largura;
>
> e) 500 (quinhentos) metros, para os cursos d'água que tenham largura superior a 600 (seiscentos) metros;
>
> II – as áreas no entorno dos lagos e lagoas naturais, em faixa com largura mínima de:
>
> a) 100 (cem) metros, em zonas rurais, exceto para o corpo d'água com até 20 (vinte) hectares de superfície, cuja faixa marginal será de 50 (cinquenta) metros;
>
> b) 30 (trinta) metros, em zonas urbanas;
>
> III – as áreas no entorno dos reservatórios d'água artificiais, na faixa definida na licença ambiental do empreendimento, observado o disposto nos §§ 1º e 2º;
>
> IV – as áreas no entorno das nascentes e dos olhos d'água perenes, qualquer que seja sua situação topográfica, no raio mínimo de 50 (cinquenta) metros; (Redação dada pela Lei n. 12.727, de 2012).   (Vide ADIN n. 4.903)
>
> V – as encostas ou partes destas com declividade superior a 45°, equivalente a 100% (cem por cento) na linha de maior declive;
>
> VI – as restingas, como fixadoras de dunas ou estabilizadoras de mangues;
>
> VII – os manguezais, em toda a sua extensão;
>
> VIII – as bordas dos tabuleiros ou chapadas, até a linha de ruptura do relevo, em faixa nunca inferior a 100 (cem) metros em projeções horizontais;

---

[6] MILARÉ, Édis. *Direito do ambiente*. 11. ed. São Paulo: Thomson Reuters, 2018, p. 1.661.

IX – no topo de morros, montes, montanhas e serras, com altura mínima de 100 (cem) metros e inclinação média maior que 25°, as áreas delimitadas a partir da curva de nível correspondente a 2/3 (dois terços) da altura mínima da elevação sempre em relação à base, sendo esta definida pelo plano horizontal determinado por planície ou espelho d'água adjacente ou, nos relevos ondulados, pela cota do ponto de sela mais próximo da elevação;

X – as áreas em altitude superior a 1.800 (mil e oitocentos) metros, qualquer que seja a vegetação;

XI – em veredas, a faixa marginal, em projeção horizontal, com largura mínima de 50 (cinquenta) metros, a partir do limite do espaço brejoso e encharcado.

Podem, ainda, ser consideradas APP, quando assim *declaradas por ato do Poder Público* (decreto), as florestas e demais vegetações destinadas a:

I – conter a erosão do solo e mitigar riscos de enchentes e deslizamentos de terra e de rocha;

II – proteger as restingas ou veredas;

III – proteger várzeas;

IV – abrigar exemplares da fauna ou da flora ameaçados de extinção;

V – proteger sítios de excepcional beleza ou de valor científico, cultural ou histórico;

VI – formar faixas de proteção ao longo de rodovias e ferrovias;

VII – assegurar condições de bem-estar público;

VIII – auxiliar a defesa do território nacional, a critério das autoridades militares.

IX – proteger áreas úmidas, especialmente as de importância internacional.

A Lei n. 4.771/65 vetava a exploração de recursos florestais em terras indígenas, ressalvando o manejo florestal sustentável. A nova lei, no parágrafo único do art. 3º, estendeu às terras indígenas demarcadas e às demais áreas tituladas de povos e comunidades tradicionais, que fazem uso coletivo do território, o tratamento dispensado à pequena propriedade ou posse rural familiar.

No que tange à indenização pelas áreas de preservação permanente, o Tribunal Regional Federal da 5ª Região já decidira que o *"direito do expropriado à indenização pelas referidas matas está condicionado à demonstração de que o desapossamento concernente à desapropriação gerou para ele inegável prejuízo. Por sua vez, o dano deve ser aferido segundo a possibilidade de exploração econômica da área expropriada, haja vista que áreas inaproveitáveis ou incapazes de proporcionar repercussão de cunho econômico não podem, em consequência, ser valoradas economicamente. De fato, o próprio conceito de desapropriação aponta nessa direção. Assim, indenizar significa restituir ao proprietário o mesmo valor econômico do qual ele é privado pelo ato expropriatório"* (grifo nosso).

Continua o relator, asseverando que as *"florestas de preservação permanente não são suscetíveis de exploração ou supressão, exceto em caso de utilidade pública ou de interesse social, na forma da lei. A impossibilidade de valoração econômica das áreas florestais de preservação permanente é ainda constatada pela redação do art. 18, do mesmo diploma legal acima citado [...] Por fim, a Lei n. 8.629, de 25-2-1993, enumera, como área não aproveitável, 'as áreas de efetiva preservação permanente e demais áreas protegidas por legislação relativa à conservação dos recursos naturais e à preservação do meio ambiente'"* (TRF 5ª Região, Ap. Cív. 333.268/PE).

Decidiu o Superior Tribunal de Justiça, sobre as indenizações de APP, que, no que diz respeito a essas áreas, *"não se pode indenizar, em separado, a área de preservação permanente onde não é possível haver exploração econômica do manancial vegetal pelo expropriado. Portanto, a indenização deve ser limitada à terra nua, não se estendendo à cobertura vegetal"* (REsp 1.090.607/SC).

Paulo Affonso Leme Machado aponta a *"diferença de redação entre o art. 7º e o art. 8º quando se fala de 'vegetação'. O sentido mais geral e mais amplo da redação do art. 7º é o mais correto, pois está conforme o conceito de APP, referido no art. 3º, que define como 'área protegida, coberta ou não por vegetação nativa, porque ao contrário não se conservaria a vegetação exótica encontrada na APP'".*[7]

3. RESERVA LEGAL

3.1. CONSIDERAÇÕES INICIAIS

A reserva legal é uma área localizada no interior de uma propriedade rural, excetuada a de preservação permanente, necessária para o uso sustentável dos recursos naturais, a conservação e reabilitação dos processos ecológicos, a conservação da biodiversidade, bem como a proteção de fauna e flora nativas.

Assim, deve ser respeitado, a título de **reserva legal**, o mínimo de:

a) **80%** na propriedade rural situada **em área de floresta** localizada na Amazônia Legal (constituída pelos Estados do Acre, Pará, Amazonas, Roraima, Rondônia, Amapá e Mato Grosso e algumas regiões de Tocantins, Goiás e Maranhão);

b) **35%** na propriedade rural situada **em área de cerrado** localizada na Amazônia Legal, sendo no mínimo 20% na propriedade e 15% na forma de compensação em outra área localizada na mesma microbacia;

c) **20%** na propriedade rural situada **em área de floresta ou outras formas de vegetação nativa localizada nas demais regiões do País**;

d) **20%** na propriedade rural **em área de campos gerais localizada em qualquer região do País**.

---

[7] MACHADO, Paulo Affonso Leme. *Direito ambiental brasileiro*. 27. ed. São Paulo: Malheiros, 2020, p. 940.

Édis Milaré pontua que o *"atual enfoque dado à Reserva Florestal Legal destaca, a todas as luzes, sua função teleológica, ao vincular o instituto ao cumprimento de certas finalidades, quais sejam, (i) assegurar o uso econômico sustentável dos recursos naturais; (ii) auxiliar a conservação e reabilitação dos processos ecológicos; (iii) promover a conservação da biodiversidade; e (iv) servir de abrigo e proteção à fauna silvestre e flora nativa".*[8]

Continua o autor, entendendo que o *"comando legal de se destinar certo percentual de uma propriedade, para fins de conservação e proteção da cobertura vegetal, caracteriza-se como uma obrigação geral, gratuita, imperativa, unilateral e de ordem pública, a indicar seu enquadramento no conceito de limitação administrativa".*[9]

O cômputo das áreas de preservação permanente para a integralização da Reserva Legal, nos termos do art. 15 da Lei n. 12.651/12, só é admitido quando: a) o benefício não implique a conversão de novas áreas para o uso alternativo do solo; b) a área a ser computada esteja conservada ou em processo de recuperação, conforme comprovação do proprietário ao órgão estadual integrante do SISNAMA; e c) o proprietário ou possuidor tenha requerido inclusão do imóvel no Cadastro Ambiental Rural – CAR, nos termos desta Lei.

Uma importante inovação do novo Código Florestal que mereceu severas críticas, quando de sua promulgação, diz respeito à redução da área de Reserva Legal para os Estados que possuem Zoneamento Ecológico-Econômico, que pode chegar até cinquenta por cento, nos termos do art. 13.

A localização da reserva legal deve ser aprovada pelo órgão ambiental estadual ou por instituição por ele habilitada, levando em consideração os seguintes estudos e critérios: a) o plano de bacia hidrográfica; b) o Zoneamento Ecológico-Econômico; c) a formação de corredores ecológicos com outra Reserva Legal, com Área de Preservação Permanente, com Unidade de Conservação ou com outra área legalmente protegida; d) as áreas de maior importância para a conservação da biodiversidade; e) as áreas de maior fragilidade ambiental.

É importante ressaltar que a área de reserva legal deve ser averbada à margem da inscrição de matrícula do imóvel, no registro de imóveis competente, sendo vedada a alteração de sua destinação, nos casos de transmissão, desmembramento ou retificação da área.

A Lei n. 12.651/12 afastou um questionamento que há muito tempo atormentava os órgãos encarregados da fiscalização ambiental, a necessidade de averbação de Reserva Legal para alguns empreendimentos destinados ao uso alternativo do solo para atividades diversas da agricultura e pecuária. O art. 12 desobrigou a manutenção dessa reserva florestal para empreendimentos de abastecimento público de água e tratamen-

---

[8] MILARÉ, Édis. *Direito do ambiente.* 11. ed. São Paulo: Thomson Reuters, 2018, p. 1.678.
[9] MILARÉ, Édis. *Direito do ambiente.* 11. ed. São Paulo: Thomson Reuters, 2018, p. 1.681.

to de esgoto, para a exploração de potencial de energia hidráulica ou empreendimentos de geração, subestações ou instalação de linhas de transmissão e distribuição de energia elétrica e para a implantação e ampliação de rodovias e ferrovias.

3.2. OBRIGATORIEDADE DE AVERBAÇÃO DA ÁREA DE RESERVA LEGAL

O Decreto n. 6.514, de 22 de julho de 2008, veio acender uma polêmica, no tocante à obrigatoriedade de averbação da área de reserva legal, conforme previsão do Código Florestal.

O art. 16, *caput*, da Lei n. 4.771/65, previa a averbação da área de reserva legal, nos percentuais de 80%, 35% e 20%, nas regiões definidas. Porém, em passagem alguma do Código Florestal se impunha sanção pelo descumprimento da averbação.

De igual sorte, a Lei n. 9.605/98, a Lei dos Crimes Ambientais, era totalmente silente quanto à averbação da Reserva Legal.

No entanto, com o novo Decreto, deixar de averbar a reserva legal, passou a configurar infração punível com multa de R$ 500,00 (quinhentos reais) a R$ 100.000,00 (cem mil reais).

Em 10 de dezembro de 2009 foi assinado o Decreto n. 7.029, que institui o Programa Federal de Apoio à Regularização Ambiental de Imóveis Rurais, denominado Programa Mais Ambiente.

Esse Decreto previa a adesão pelos proprietários e possuidores rurais ao referido programa até 11 de dezembro de 2012, acarretando a suspensão da cobrança das multas aplicadas em decorrência do cometimento de infrações administrativas relacionadas a danos ambientais causados em Áreas de Preservação Permanentes (APPs) e reservas legais, exceto nos casos de processos com julgamento definitivo na esfera administrativa.

A Lei n. 12.651/12 trouxe uma importante inovação no que se refere à regularização ambiental de desmatamentos ocorridos em áreas de preservação ambiental e de reserva legal, que foi certamente o motivo das mais ferrenhas discussões em diferentes segmentos da sociedade, principalmente porque a suspensão da exigibilidade das multas aplicadas pela prática era encarada como uma anistia aos infratores.

Antes de adentrar na questão da regularização ambiental de desmatamentos previsto na Lei n. 12.651/12, torna-se necessário enfatizar a importância do Cadastro Ambiental Rural – CAR, destinado ao registro das propriedades rurais no país e das atividades nelas desenvolvidas.

Note-se que quaisquer atividades das quais se obtenha vantagem econômica, mesmo as mais modestas, possuem algum tipo de registro, seja no Cadastro Nacional de Atividades Econômicas – CNAE, seja nos cadastros da Receita Federal ou em outros órgãos de controle. No caso do uso ou exploração de áreas rurais não existia um cadastro unificado com informações precisas sobre a utilização da terra e dos recursos naturais.

O Cadastro Ambiental Rural – CAR (regulamentado pelo Decreto n. 7.830, de 17 de outubro de 2012), é um *"registro eletrônico de abrangência nacional junto ao órgão ambiental competente, no âmbito do Sistema Nacional de Informação sobre Meio Ambiente – SINIMA, obrigatório para todos os imóveis rurais, com a finalidade de integrar as informações ambientais das propriedades e posses rurais, compondo base de dados para controle, monitoramento, planejamento ambiental e econômico e combate ao desmatamento"*.

A inscrição no CAR, como anteriormente no Registro de Imóveis, visa a definir a área reservada, marcando-a com a inalterabilidade. Essa inscrição é de alta relevância para a sobrevivência do ecossistema vegetal. Essa afirmação não é exagerada, pois a existência e a manutenção das Reservas Legais não têm efeitos ecológicos benéficos somente no Brasil, mas têm também consequências extremamente positiva além-fronteiras.[10]

Paulo Affonso Leme Machado tece críticas pontuais sobre o tema, dizendo que a *"inscrição da Área de Reserva Legal é uma obrigação legal, e seu descumprimento constitui ilicitude administrativa. Um país que quer ser respeitado no concerto das Nações precisa ter um comportamento consequente de seus cidadãos. Os que derrapam em seus deveres de convivência cívica devem ser chamados a reintegrar-se no corpo social através de uma penalidade – que, no caso, é a advertência e a penalidade econômica"*.[11]

É importante salientar que o novo Código não criou o CAR. Ele já estava previsto no Decreto n. 7.029, de 10 de dezembro de 2009, posteriormente revogado pelo Decreto n. 7.830/12.[12]

O mesmo Decreto estabeleceu regras para a adesão ao CAR e fixou o prazo de um ano para que fosse requerida junto ao órgão ambiental estadual ou municipal competente.

A Lei n. 12.651/12 trouxe, no art. 59, as regras para a suspensão da exigibilidade das multas aplicadas por desmatamentos ocorridos anteriormente a 22 de julho de 2008 em áreas de preservação permanente, de reserva legal ou de uso restrito, mediante a inscrição do imóvel rural no CAR e à adesão aos Programas de Regularização Ambiental – PRAs.

Na sequência, o Decreto n. 7.830/12 repetiu a determinação da Lei n. 12.651/12 no que se refere à suspensão das sanções administrativas e sua conversão em serviços de preservação, melhoria e recuperação da qualidade do meio ambiente, no sentido de que a assinatura de Termo de Compromisso deve suspender a multa aplicada antes da data fixada.

---

[10] MACHADO, Paulo Affonso Leme. *Direito ambiental brasileiro*. 27. ed. São Paulo: Malheiros, 2020, p. 969.

[11] MACHADO, Paulo Affonso Leme. *Direito ambiental brasileiro*. 27. ed. São Paulo: Malheiros, 2020, p. 970.

[12] TRENNEPOHL, Curt. Do Cadastro Ambiental Rural. In MILARÉ, Édis; MACHADO, Paulo Affonso Leme. *Novo Código Florestal*: Comentários à Lei 12.561, de 25 de maio de 2012, à Lei 12.727, de 17 de outubro de 2012 e ao Decreto 7.830, de 17 de outubro de 2012. São Paulo: Revista dos Tribunais, 2013, p. 309.

Os procedimentos para a suspensão da exigibilidade das multas podem ser assim resumidos: a) a União, os Estados e o Distrito Federal deverão implantar os Programas de Regularização Ambiental – PRAs (art. 59, *caput*, da Lei n. 12.651/12); b) os Estados e o Distrito Federal deverão editar as normas específicas para regulamentar os Programas de Regularização Ambiental – PRAs (art. 59, § 1º, da Lei n. 12.651/12); c) para aderir aos Programas de Regularização Ambiental – PRAs, o proprietário ou possuidor deverá, obrigatoriamente, registrar sua propriedade no Cadastro Ambiental Rural – CAR (art. 59, § 2º, da Lei n. 12.651/12); d) a inscrição no Cadastro Ambiental Rural deverá ser requerida pelo proprietário ou possuidor no prazo de 1 (um) ano, a contar de sua efetiva implantação (art. 6º, § 2º, Decreto n. 7.830/12).

Os Programas de Regularização Ambiental – PRAs, acima mencionados, são regulamentados pelo Decreto n. 8.235, de 5 de maio de 2014.

A Lei n. 14.595, de 5 de junho de 2023, alterou os dispositivos do Código Florestal para:

> Art. 29.
>
> § 4º Terão direito à adesão ao PRA, de que trata o art. 59 desta Lei, os proprietários e possuidores dos imóveis rurais com área acima de 4 (quatro) módulos fiscais que os inscreverem no CAR até o dia 31 de dezembro de 2023, bem como os proprietários e possuidores dos imóveis rurais com área de até 4 (quatro) módulos fiscais ou que atendam ao disposto no art. 3º da Lei n. 11.326, de 24 de julho de 2006, que os inscreverem no CAR até o dia 31 de dezembro de 2025. (NR)

Diversos segmentos da sociedade e até mesmo representantes do governo federal se opuseram ao novo Código Florestal, com o argumento de que este promoveria uma "anistia" das multas aplicadas antes de 22 de julho de 2008.

Na verdade, a Lei n. 12.651/12 apenas converte a multa, de caráter eminentemente arrecadatório, em ação de recuperação e melhoria do meio ambiente, inquestionavelmente mais vantajosa para o equilíbrio ambiental.

De acordo com a jurisprudência do Superior Tribunal de Justiça, *"quanto às sucessivas prorrogações para inscrição do imóvel no CAR, tem-se que o exame dessa questão é dispensável para a solução do presente litígio. Como foi destacado no aresto embargado, a obrigação de averbação da área de reserva legal no registro imobiliário apenas pode ser suprida com a efetiva inscrição do imóvel no CAR. Logo, o mero diferimento do prazo por meio de legislação superveniente não isenta o ora embargante das cominações fixadas no título executivo, mormente aquelas de caráter pecuniário, decorrentes do descumprimento do Termo de Ajustamento de Conduta – TAC firmado anteriormente"* (EDcl no AgInt no REsp 1.731.932/MG).

Continua o Tribunal, *"Em relação ao cumprimento da obrigação de fazer, compete à instância ordinária avaliar se, efetivamente, houve a execução da obrigação alternativa de inscrição do imóvel no CAR, com a respectiva indicação da reserva legal no percentual equivalente a 20% da área do referido bem, nos termos constantes do TAC"* (EDcl no AgInt no REsp 1.731.932/MG).

Em outra decisão, entendeu aquela Corte de Justiça que *"o novo Código Florestal não aboliu a necessidade de averbação da reserva legal no Cartório de Registro de Imóveis, mas tão somente possibilitou a efetivação do registro, de forma alternativa, no Cadastro Ambiental Rural. Em destaque os seguintes julgados: REsp 1.426.830/ PR, Relator Ministro Herman Benjamin, Segunda Turma, Julgamento em 25/10/2016, DJe 29/11/2016; REsp 1.276.114/MG, Relator Ministro Og Fernandes, Segunda Turma, Julgamento em 04/10/2016, DJe 11/10/2016)"* (AgInt nos EDcl no REsp 1.722.410/SP).

4. SUPRESSÃO DE VEGETAÇÃO

A *vegetação da reserva legal não pode ser suprimida*, podendo apenas ser utilizada sob regime de manejo florestal sustentável, de acordo com princípios e critérios técnicos e científicos, conforme preceituam o art. 17 e seus parágrafos, do novo Código Florestal.

Édis Milaré diz que *"a supressão de vegetação nativa para uso alternativo do solo, tanto em área de domínio público como de domínio privado, depende do cadastramento do imóvel no CAR, bem como de prévia autorização do órgão estadual competente do SISNAMA"*.[13]

A Reserva Legal deve ser registrada no órgão ambiental competente por meio da inscrição no Cadastro Ambiental Rural – CAR, mediante a apresentação de planta e memorial descritivo, contendo a indicação das coordenadas geográficas, substituindo este registro a averbação no Cartório de Registro de Imóveis exigida anteriormente pela Lei n. 4.771/65.

O Superior Tribunal de Justiça *"entendeu incabível afastar a proibição de desmatamento de vegetação ciliar, ainda que a sua supressão seja de reduzido impacto ambiental, pois inexiste tal exceção legal. Descabe ao Judiciário ampliar exceções à proibição de desmatamento, sob pena de comprometer o sistema legal de proteção ao meio ambiente, já bastante fragilizado (Dec. n. 750/93, arts. 1º e 10 c/c CF/88, art. 225, § 1º, IV, e Lei n. 4.771/65, art. 2º, a, 1)"* (REsp 176.753-SC).

A supressão de vegetação situada em área de preservação permanente só é admitida quando for necessária à execução de obras, planos, atividades ou projetos de utilidade pública ou interesse social, nos termos do art. 7º e seus parágrafos da Lei n. 12.651/12 e, tendo ocorrido a supressão, o proprietário ou possuidor da área é obrigado a promover sua recomposição.

A exceção fica por conta do art. 8º, que prevê a intervenção ou a supressão de vegetação nativa em área de preservação permanente nas hipóteses de utilidade

---
[13] MILARÉ, Édis. *Direito do ambiente*. 11. ed. São Paulo: Thomson Reuters, 2018, p. 1.698.

pública, de interesse social ou de baixo impacto ambiental, cujas definições merecem ser rememoradas:

VIII – utilidade pública:

a) as atividades de segurança nacional e proteção sanitária;

b) as obras de infraestrutura destinadas às concessões e aos serviços públicos de transporte, sistema viário, inclusive aquele necessário aos parcelamentos de solo urbano aprovados pelos Municípios, saneamento, gestão de resíduos, energia, telecomunicações, radiodifusão, instalações necessárias à realização de competições esportivas estaduais, nacionais ou internacionais, bem como mineração, exceto, neste último caso, a extração de areia, argila, saibro e cascalho;

c) atividades e obras de defesa civil;

d) atividades que comprovadamente proporcionem melhorias na proteção das funções ambientais referidas no inciso II deste artigo;

e) outras atividades similares devidamente caracterizadas e motivadas em procedimento administrativo próprio, quando inexistir alternativa técnica e locacional ao empreendimento proposto, definidas em ato do Chefe do Poder Executivo federal;

IX – interesse social:

a) as atividades imprescindíveis à proteção da integridade da vegetação nativa, tais como prevenção, combate e controle do fogo, controle da erosão, erradicação de invasoras e proteção de plantios com espécies nativas;

b) a exploração agroflorestal sustentável praticada na pequena propriedade ou posse rural familiar ou por povos e comunidades tradicionais, desde que não descaracterize a cobertura vegetal existente e não prejudique a função ambiental da área;

c) a implantação de infraestrutura pública destinada a esportes, lazer e atividades educacionais e culturais ao ar livre em áreas urbanas e rurais consolidadas, observadas as condições estabelecidas nesta Lei;

d) a regularização fundiária de assentamentos humanos ocupados predominantemente por população de baixa renda em áreas urbanas consolidadas, observadas as condições estabelecidas na Lei n. 11.977, de 7 de julho de 2009;

e) implantação de instalações necessárias à captação e condução de água e de efluentes tratados para projetos cujos recursos hídricos são partes integrantes e essenciais da atividade;

f) as atividades de pesquisa e extração de areia, argila, saibro e cascalho, outorgadas pela autoridade competente;

g) outras atividades similares devidamente caracterizadas e motivadas em procedimento administrativo próprio, quando inexistir alternativa técnica e locacional à atividade proposta, definidas em ato do Chefe do Poder Executivo federal;

X – atividades eventuais ou de baixo impacto ambiental:

a) abertura de pequenas vias de acesso interno e suas pontes e pontilhões, quando necessárias à travessia de um curso d'água, ao acesso de pessoas e animais para a obtenção de água ou à retirada de produtos oriundos das atividades de manejo agroflorestal sustentável;

b) implantação de instalações necessárias à captação e condução de água e efluentes tratados, desde que comprovada a outorga do direito de uso da água, quando couber;

c) implantação de trilhas para o desenvolvimento do ecoturismo;

d) construção de rampa de lançamento de barcos e pequeno ancoradouro;

e) construção de moradia de agricultores familiares, remanescentes de comunidades quilombolas e outras populações extrativistas e tradicionais em áreas rurais, onde o abastecimento de água se dê pelo esforço próprio dos moradores;

f) construção e manutenção de cercas na propriedade;

g) pesquisa científica relativa a recursos ambientais, respeitados outros requisitos previstos na legislação aplicável;

h) coleta de produtos não madeireiros para fins de subsistência e produção de mudas, como sementes, castanhas e frutos, respeitada a legislação específica de acesso a recursos genéticos;

i) plantio de espécies nativas produtoras de frutos, sementes, castanhas e outros produtos vegetais, desde que não implique supressão da vegetação existente nem prejudique a função ambiental da área;

j) exploração agroflorestal e manejo florestal sustentável, comunitário e familiar, incluindo a extração de produtos florestais não madeireiros, desde que não descaracterizem a cobertura vegetal nativa existente nem prejudiquem a função ambiental da área;

k) outras ações ou atividades similares, reconhecidas como eventuais e de baixo impacto ambiental em ato do Conselho Nacional do Meio Ambiente – CONAMA ou dos Conselhos Estaduais de Meio Ambiente;

Paulo Affonso Leme Machado ensina que *"o art. 8º da Lei n. 12.651/2012 estabelece que a intervenção ou a supressão de vegetação nativa em área de preservação permanente somente ocorrerá nas hipóteses de utilidade pública, de interesse social ou de baixo impacto ambiental previstas no diploma. O dispositivo suscitado é assertivo no que toca a limitar as hipóteses autorizadoras de intervenção ou supressão de vegetação nativa em área de preservação permanente apenas para os casos de utilidade pública (art. 3º, VII), de interesse social (art. 3º, IX) ou de baixo impacto ambiental (art. 3º, X)".*

Continua o autor, *"fora das hipóteses arroladas nos dispositivos referidos, que devem ser compreendidas como excepcionais e* numerus clausus, *conforme entendimento do STJ, 19 não há possibilidade de intervenção ou supressão de vegetação nativa em área de preservação permanente, incidindo o titular ou possuidor da área florestal em prática ilícita e sujeitando-se, portanto, à responsabilização administrativa, cível e penal, inclusive como instâncias autônomas e, portanto, passíveis de ser impostas cumulativamente e acionadas simultaneamente".*[14]

---

[14] MACHADO, Paulo Affonso Leme. *Direito ambiental brasileiro.* 27. ed. São Paulo: Malheiros, 2020, p. 848.

5. SANÇÕES PENAIS

O artigo 26 da Lei n. 4.771/65 classificava como contravenções penais, puníveis com prisão simples (três meses a um ano) ou multa, algumas infrações contra as florestas e demais formas de vegetação.

A Lei n. 12.651/12 se absteve de criminalizar estas e outras atividades contrárias às normas de proteção da flora, mesmo porque a tipificação dos crimes ambientais está sobejamente tratada na Lei n. 9.605/98 e as infrações administrativas constam do Decreto n. 6.514/08.

Para comprovar a desnecessidade de o Código Florestal tratar de tipos penais, basta fazer o comparativo entre algumas disposições da Lei n. 4.771/65 e da Lei n. 9.605/98.

O art. 26 do Código Florestal considerava contravenção penal:

a) destruir, danificar ou utilizar com infringência das normas legais uma floresta considerada de preservação permanente (*atualmente esta conduta é considerada crime por força do art. 38 da Lei n. 9.605/98*);

b) cortar árvores em florestas de preservação permanente, sem permissão da autoridade competente (*atualmente esta conduta é considerada crime por força do art. 39 da Lei n. 9.605/98*);

c) penetrar em floresta de preservação permanente conduzindo armas, substâncias ou instrumentos próprios para caça proibida ou para exploração de produtos ou subprodutos florestais, sem estar munido de licença da autoridade competente (*atualmente é considerado crime penetrar em unidades de conservação conduzindo tais instrumentos por força do art. 52 da Lei n. 9.605/98*);

d) causar danos aos Parques Nacionais, Estaduais ou Municipais, bem como às Reservas Biológicas (*atualmente é considerado crime causar danos às unidades de conservação por força do art. 40 da Lei n. 9.605/98*);

e) fazer fogo, por qualquer modo, em florestas e demais formas de vegetação, sem tomar as precauções adequadas (*atualmente é considerado crime provocar incêndio em mata ou floresta, por força do art. 41 da Lei n. 9.605/98*);

f) fabricar, vender, transportar ou soltar balões que possam provocar incêndios nas florestas e demais formas de vegetação (*atualmente esta conduta é considerada crime por força do art. 42 da Lei n. 9.605/98*);

g) impedir ou dificultar a regeneração natural de florestas e demais formas de vegetação (*atualmente esta conduta é considerada crime por força do art. 48 da Lei n. 9.605/98*);

h) receber madeira, lenha, carvão e outros produtos procedentes de florestas, sem exigir a exibição de licença do vendedor, outorgada pela autoridade competente e sem munir-se da via que deverá acompanhar o produto (*atualmente esta conduta é considerada crime por força do art. 46 da Lei n. 9.605/98*);

i) transportar ou guardar madeiras, lenha, carvão e outros produtos procedentes de florestas, sem licença válida para todo o tempo da viagem ou do armazenamento (*atualmente esta conduta é considerada crime por força do art. 46 da Lei n. 9.605/98*);

j) matar, lesar ou maltratar plantas de ornamentação de logradouros públicos ou em propriedade privada alheia ou árvore imune de corte (*atualmente esta conduta é considerada crime por força do art. 49 da Lei n. 9.605/98*);

k) extrair de florestas de domínio público ou consideradas de preservação permanente, sem prévia autorização, pedra, areia, cal ou qualquer outra espécie de minerais (*atualmente esta conduta é considerada crime por força do art. 44 da Lei n. 9.605/98*);

l) transformar madeiras de lei em carvão sem licença da autoridade competente (*atualmente esta conduta é considerada crime por força do art. 45 da Lei n. 9.605/98*).

Demais disso, as regras gerais do Código Penal e do Código de Processo Penal são aplicadas subsidiariamente, por força do art. 79 da Lei n. 9.605/98.

Na mesma esteira da Lei n. 4.771/65, o uso de fogo nas florestas e demais formas de vegetação é proibido. No entanto, se peculiaridades locais ou regionais justificarem o seu emprego em práticas agropastoris ou florestais, a permissão será estabelecida previamente em ato do Poder Público e circunscreverá as áreas abrangidas e as normas de precaução, nos termos do art. 38 e seus parágrafos, do novo Código Florestal.

Uma importante alteração trazida pela nova legislação consta do § 3º do art. 38, que prevê a necessidade da comprovação do nexo de causalidade para a imposição de sanções pelo uso de fogo.

Até o advento desse dispositivo, a simples ocorrência do uso de fogo presumia práticas agropastoris como a renovação de pastagens, estabelecendo-se a responsabilidade do proprietário das terras independentemente de apuração da origem do fogo ou outros indícios que comprovassem sua participação no ilícito.

Note-se que o art. 38 repete, nos §§ 3º e 4º, quase que de forma idêntica, a necessidade de comprovar a responsabilidade pelo uso do fogo como condição para a imposição de sanções. Sem o estabelecimento do nexo causal, não é permitido supor ou inferir a responsabilidade.

6. RESOLUÇÃO CONAMA N. 302/02

A Resolução CONAMA n. 302/02, ainda sob a égide da Lei n. 4.771/65, estabeleceu os parâmetros de utilização e os limites das áreas de preservação permanente (APP) no entorno de reservatórios artificiais.

A Lei n. 12.651/12 inovou também nesse sentido, inicialmente ao remeter para o licenciamento ambiental a fixação da área de preservação permanente ao longo dos reservatórios artificiais (art. 4º, III) e, na sequência, ao prever que para reservatórios destinados à geração de energia elétrica ou ao abastecimento público concedidos ou autorizados antes de 24 de agosto de 2001, a faixa de área de preservação permanente será a distância entre o nível máximo operativo normal e a cota máxima alcançada pelo reservatório (art. 62).

Sobre a Res. CONAMA 302/02, em um caso específico, decidiu o Superior Tribunal de Justiça que *"é possível afirmar que a Resolução n. 302/2002 não deve ser aplicada ao caso, na medida em que a intervenção ocorrera anteriormente a sua edição. (...) De toda maneira, por hipótese, ainda que fosse aplicada a Resolução CONAMA n. 302/2002 ao caso concreto, a área de preservação permanente a ser protegida seria de trinta metros no entorno do reservatório artificial da UHE Marimbondo (área urbana), de maneira que subsistiria qualquer irregularidade das edificações, que foram instituídas além dessa cota". Tal entendimento, firmado pelo Tribunal a quo, não pode ser revisto, pelo Superior Tribunal de Justiça, por exigir o reexame da matéria fático-probatória dos autos e a análise das Resoluções 303/2002 e 04/1985, do CONAMA, diplomas normativos que não se inserem no conceito de lei federal. A propósito, em caso análogo: 'O recurso especial não pode ser conhecido, tendo em vista que a controvérsia foi decidida no acórdão recorrido por meio de interpretação de resoluções do CONAMA, circunstância em que eventual violação à lei federal ocorreria de modo apenas reflexo (STJ, AgInt no AREsp 116.850/SP)'"* (AgInt no AREsp 1.782.216/MG).

Depois de sua revogação por outra Resolução do CONAMA, a de n. 500, de 2020, decidiu o Supremo Tribunal Federal que *"a revogação das Resoluções ns. 302/2002 e 303/2002 distancia-se dos objetivos definidos no art. 225 da CF, baliza material da atividade normativa do CONAMA. Aparente estado de anomia e descontrole regulatório, a configurar material retrocesso no tocante à satisfação do dever de proteger e preservar o equilíbrio do meio ambiente, incompatível com a ordem constitucional e o princípio da precaução. Precedentes. Aparente retrocesso na proteção e defesa dos direitos fundamentais à vida (art. 5º, caput, da CF), à saúde (art. 6º da CF) e ao meio ambiente ecologicamente equilibrado (art. 225, caput, da CF). Fumus boni juris demonstrado"* (ADPF 748 MC Tribunal Pleno).

Continua o voto, assinalando um *"elevado risco de degradação de ecossistemas essenciais à preservação da vida sadia, comprometimento da integridade de processos ecológicos essenciais e perda de biodiversidade, a evidenciar o periculum in mora. Ao disciplinar condições, critérios, procedimentos e limites a serem observados no licenciamento de fornos rotativos de produção de clínquer para a atividade de coprocessamento de resíduos, a Resolução CONAMA n. 499/2020 atende ao disposto no art. 225, § 1º, IV e V, da CF, que exige estudo prévio de impacto ambiental para a instalação de atividade potencialmente causadora de degradação do meio ambiente e impõe ao Poder Público o controle do emprego de técnicas, métodos e substâncias que comportem risco para a vida, a qualidade de vida e o meio ambiente. Mostra-se consistente, ainda, com o marco jurídico convencional e os critérios setoriais de razoabilidade e proporcionalidade da Política Nacional de Resíduos Sólidos (art. 6º, XI, da Lei n. 12.305/2010), a afastar o fumus boni juris. Liminar parcialmente deferida, ad referendum do Plenário, para suspender os efeitos da Resolução CONAMA n. 500/2020, com a imediata restauração da vigência e eficácia das Resoluções CONAMA ns. 284/2001, 302/2002 e 303/2002. 6. Medida liminar referendada"* (ADPF 748 MC, Tribunal Pleno).

7. AÇÕES DIRETAS DE INCONSTITUCIONALIDADE E AÇÕES DE CONSTITUCIONALIDADE CONTRA OS DISPOSITIVOS DA LEI N. 12.651/12

Em janeiro de 2013, a Procuradoria-Geral da República ajuizou três Ações Diretas de Inconstitucionalidade (ADIs n. 4901, 4902 e 4903) com pedidos de liminar no Supremo Tribunal Federal, questionando dispositivos do novo Código Florestal (Lei n. 12.651/12) relacionados às áreas de preservação permanente, à reserva legal e à "anistia" para quem promoveu degradação ambiental até o ano de 2008.

Além destas três ADIs da Procuradoria, outra ADI (4.937/DF) foi movida em abril de 2013 pelo Partido Socialismo e Liberdade (PSOL) e uma Ação Declaratória de Constitucionalidade (ADC n. 42/DF) foi ajuizada, em 8 de abril de 2016, pelo Partido Progressista (PP).[15]

Vários dispositivos foram questionados, entre eles o art. 12 (parágrafos 4º, 5º, 6º, 7º e 8º), que trata da redução da reserva legal (em virtude da existência de terras indígenas e unidades de conservação no território municipal) e da dispensa de constituição de reserva legal por empreendimentos de abastecimento público de água, tratamento de esgoto, exploração de energia elétrica e implantação ou ampliação de ferrovias e rodovias.

Em outra ação, foram questionados pontos relativos à recuperação de áreas desmatadas, como a anistia de multas e outras medidas que desestimulariam a recomposição da vegetação original, previstos no parágrafo 3º do art. 7º e no art. 17.

Depois de um longo período de espera, e do próprio tempo decorrido para a conclusão do julgamento das ações, em fevereiro de 2018 o Supremo as julgou e considerou constitucionais 32 dos 40 dispositivos impugnados pelas quatro Ações Diretas de Inconstitucionalidade (ADIs n. 4901, 4902, 4903 e 4937) da Procuradoria da República e pela Ação Declaratória Constitucionalidade (ADC n. 42).

No julgamento dessas ações, julgadas conjuntamente, o STF entendeu constitucional a maior parte dos dispositivos do novo Código Florestal que foram impug-

---

[15] HABER, Lilian Mendes. *Código Florestal Aplicado*: Lei Federal n. 12.651/12. Rio de Janeiro: Lumen Juris, 2018, p. 191.

nados, entendendo que as normas devem ser interpretadas de maneira sistêmica, não isolada, de modo que a nova normativa, se analisada como um todo, garante, sim, a tutela ambiental.

Apesar da divergência de posicionamento presente no julgamento, o Ministro Celso de Mello, decano da Corte, desempatou a votação, encerrando polêmicas sobre o novo Código, a exemplo do instituto da anistia, que foi mantido.

Alguns trechos da ementa merecem destaque, a exemplo da conciliação entre desenvolvimento e preservação, assim lançado pelo Relator, Ministro Luiz Fux, quando firmou que *"as políticas públicas ambientais devem conciliar-se com outros valores democraticamente eleitos pelos legisladores como o mercado de trabalho, o desenvolvimento social, o atendimento às necessidades básicas de consumo dos cidadãos etc. Dessa forma, não é adequado desqualificar determinada regra legal como contrária ao comando constitucional de defesa do meio ambiente (art. 225, caput, CRFB), ou mesmo sob o genérico e subjetivo rótulo de "retrocesso ambiental", ignorando as diversas nuances que permeiam o processo decisório do legislador, democraticamente investido da função de apaziguar interesses conflitantes por meio de regras gerais e objetivas"*.

Continua o Relator, asseverando que *"não se deve desprezar que a mesma Constituição protetora dos recursos ambientais do país também exorta o Estado brasileiro a garantir a livre iniciativa (arts. 1º, IV, e 170) e o desenvolvimento nacional (art. 3º, II), a erradicar a pobreza e a marginalização, a reduzir as desigualdades sociais e regionais (art. 3º, III; art. 170, VII), a proteger a propriedade (art. 5º, caput e XXII; art. 170, II), a buscar o pleno emprego (art. 170, VIII; art. 6º) e a defender o consumidor (art. 5º, XXXII; art. 170, V) etc."*.

E arremata, sustentando que a *"preservação dos recursos naturais para as gerações futuras não pode significar a ausência completa de impacto do homem na natureza, consideradas as carências materiais da geração atual e também a necessidade de gerar desenvolvimento econômico suficiente para assegurar uma travessia confortável para os nossos descendentes."*

Tema deveras importante também foi analisado pelos Ministros do Supremo Tribunal Federal, que é a "vedação ao retrocesso".

Porém, como acentuou o Relator, esta vedação deve ser sopesada com parcimônia, nem sempre blindando atividades legais e legitimamente autorizadas em prol de um interesse absoluto, afastando *"a tese de que a norma mais favorável ao meio ambiente deve sempre prevalecer (*in dubio pro natura*), reconhecendo-se a possibilidade de o regulador distribuir os recursos escassos com vistas à satisfação de outros interesses legítimos, mesmo que não promova os interesses ambientais no máximo patamar possível. Idêntica lição deve ser transportada para o presente julgamento, a fim de que seja refutada a aplicação automática da tese de "vedação ao retrocesso" para anular opções validamente eleitas pelo legislador"*.

Sobre a "proibição do retrocesso" ecológico, recomendamos a obra de Ingo Sarlet e Tiago Fensterseifer, pois os autores traçam minudente e acurada análise desde a sua incorporação ao Acordo de Escazú (2018).[16]

Em resumo, assim ficou o julgamento dos itens questionados pelas ações mencionadas:

(a) Art. 3º, inciso VIII, alínea 'b', e inciso IX (alargamento das hipóteses que configuram interesse social e utilidade pública) – (i) interpretação conforme a Constituição aos incisos VIII e IX do art. 3º da Lei n. 12.651/12, de modo a se condicionar a intervenção excepcional em APP, por interesse social ou utilidade pública, à inexistência de alternativa técnica e/ou locacional à atividade proposta, e (ii) declaração de inconstitucionalidade das expressões "gestão de resíduos" e "instalações necessárias à realização de competições esportivas estaduais, nacionais ou internacionais", do art. 3º, VIII, b, da Lei n. 12.651/12;

(b) Art. 3º, XVII, e art. 4º, IV (exclusão das nascentes e dos olhos d'água intermitentes das áreas de preservação permanente) – interpretação conforme o art. 4º, inciso IV, da Lei n. 12.651/12, com vistas a reconhecer que os entornos das nascentes e dos olhos d´água intermitentes configuram área de preservação permanente (APP);

(c) Art. 3º, XIX (alteração do conceito de leito regular) – declaração de constitucionalidade do art. 3º, XIX, do novo Código Florestal;

(d) Art. 3º, parágrafo único (extensão do tratamento dispensado à pequena propriedade ou posse rural familiar aos imóveis com até 4 módulos fiscais) – declaração de inconstitucionalidade das expressões "demarcadas" e "tituladas", do art. 3º, parágrafo único, da Lei n. 12.651/12;

(e) Art. 4º, inciso III e §§ 1º e 4º (áreas de preservação permanente no entorno de reservatórios artificiais que não decorram de barramento de cursos d'água naturais e de reservatórios naturais ou artificiais com superfície de até um hectare) – declaração de constitucionalidade do art. 4º, III e §§ 1º e 4º, do novo Código Florestal;

(f) Art. 4º, § 5º (uso agrícola de várzeas em pequenas propriedades ou posses rurais familiares) – declaração da constitucionalidade do art. 4º, § 5º, do novo Código Florestal;

(g) Art. 4º, incisos I, II, e § 6º (permissão do uso de APPs à margem de rios e no entorno de lagos e lagoas naturais para implantar atividades de aquicultura) – declaração de constitucionalidade do art. 4º, § 6º, do novo Código Florestal;

(h) Artigos 5º, *caput*, §§ 1º e 2º, e 62 (redução da largura mínima da APP no entorno de reservatórios d'água artificiais implantados para abastecimento público e

---

[16] SARLET, Ingo Wolfgang; FENSTERSEIFER, Tiago. *Direito constitucional ecológico*. 7. ed. São Paulo: Revista dos Tribunais, 2021, p. 98.

geração de energia) – declaração de constitucionalidade dos arts. 5º, *caput*, e §§ 1º e 2º, e 62, do novo Código Florestal;

(i) Artigos 7º, § 3º, e 17, *caput*, e § 3º (Desnecessidade de reparação de danos ambientais anteriores a 22-8-2008 para a obtenção de novas autorizações para suprimir vegetação em APPs e para a continuidade de atividades econômicas em RLs) – declaração de constitucionalidade do art. 7º, § 3º, e do art. 17, *caput*, e § 3º, da Lei n. 12.651/12 (vencido o Relator);

(j) Art. 8º, § 2º (possibilidade de intervenção em restingas e manguezais para a execução de obras habitacionais e de urbanização em áreas urbanas consolidadas ocupadas por população de baixa renda) – declaração de constitucionalidade do art. 8º, § 2º, do novo Código Florestal;

(k) Art. 11 (possibilidade de manejo florestal sustentável para o exercício de atividades agrossilvipastoris em áreas de inclinação entre 25 e 45 graus) – declaração de constitucionalidade do art. 11 do novo Código Florestal;

(l) Art. 12, §§ 4º e 5º (possibilidade de redução da Reserva Legal para até 50% da área total do imóvel em face da existência, superior a determinada extensão do Município ou Estado, de unidades de conservação da natureza de domínio público e de terras indígenas homologadas) – declaração de constitucionalidade do art. 12, §§ 4º e 5º, do novo Código Florestal;

(m) Art. 12, §§ 6º, 7º e 8º (dispensa de reserva legal para exploração de potencial de energia hidráulica e construção ou ampliação de rodovias e ferrovias) – declaração da constitucionalidade do art. 12, §§ 6º, 7º e 8º, do novo Código Florestal;

(n) Art. 68 (dispensa de os proprietários que realizaram supressão de vegetação nativa respeitando os percentuais da legislação revogada se adaptarem às regras mais restritivas do novo Código Florestal) – declaração de constitucionalidade do art. 68 do Código Florestal;

(o) Art. 13, § 1º (possibilidade de redução da reserva legal para até 50% da área total do imóvel rural) – declaração de constitucionalidade do art. 13, § 1º, do novo Código Florestal;

(p) Art. 15 (possibilidade de se computar as Áreas de Preservação Permanente para cômputo do percentual da Reserva Legal, em hipóteses legais específicas) – declaração de constitucionalidade do art. 15 do Código Florestal;

(q) Art. 28 (proibição de conversão de vegetação nativa para uso alternativo do solo no imóvel rural que possuir área abandonada) – declaração de constitucionalidade do art. 28 do novo Código Florestal;

(r) Arts. 44; 48, § 2º; e 66, §§ 5º e 6º (cota de Reserva Ambiental – CRA) – declaração de constitucionalidade dos arts. 44, e 66, §§ 5º e 6º, do novo Código Florestal; interpretação conforme a Constituição ao art. 48, § 2º, para permitir compensação apenas entre áreas com identidade ideológica (vencido o relator);

(s) Arts. 59 e 60 (Programas de Regularização Ambiental – PRAs) – Interpretação conforme ao art. 59, §§ 4º e 5º, de modo a afastar, no decurso da atuação de compromissos subscritos nos Programas de Regularização Ambiental, o risco de decadência ou prescrição, seja dos ilícitos ambientais praticados antes de 22-7-2008, seja das sanções dele decorrentes, aplicando-se extensivamente o disposto no § 1º do art. 60 da Lei n. 12.651/12 (vencido o relator); Declaração de constitucionalidade do art. 60 da Lei n. 12.651/12 (vencido o relator);

(t) Art. 66, § 3º (possibilidade de plantio intercalado de espécies nativas e exóticas para recomposição de área de Reserva Legal) – declaração de constitucionalidade do art. 66, § 3º, do Código Florestal;

(u) Arts. 61-A, 61-B, 61-C, 63 e 67 (regime das áreas rurais consolidadas até 22-7-2008) – declaração de constitucionalidade dos arts. 61-A, 61-B, 61-C, 63 e 67 do Código Florestal;

(v) Art. 78-A (condicionamento legal da inscrição no Cadastro Ambiental Rural – CAR – para a concessão de crédito agrícola) – declaração de constitucionalidade do art. 78-A do Código Florestal.

Assim, as Ações Diretas de Inconstitucionalidade n. 4.901, 4.902, 4.903 e 4.937 e a Ação Declaratória de Constitucionalidade n. 42 foram julgadas parcialmente procedentes e o acórdão foi publicado em 12 de agosto de 2019, 18 meses após o seu julgamento.[17]

A Primeira Turma do STJ entendeu *"que a declaração de constitucionalidade de vários dispositivos do novo Código Florestal (Lei n. 12.651/2012) pelo Supremo Tribunal Federal, no julgamento das ADIs 4.901, 4.902 e 4.903 e da ADC 42 (DJE 13/08/2019), não inibe a análise da aplicação temporal do texto legal vigente no plano infraconstitucional, tarefa conferida ao Superior Tribunal de Justiça"* (REsp 1.646.193/SP).

Ainda aquela Corte, no sentido de que *"não há omissão relacionada ao decidido nas ADIs 4.901, 4.902 e 4.903 'manejadas perante o STF, nas quais não foi declarada a inconstitucionalidade do mencionado artigo e se decidiu pela inviabilidade de alegação de 'vedação ao retrocesso'". O acórdão embargado não analisa a constitucionalidade dos dispositivos, mas apenas aplica ao caso jurisprudência pacífica desta Corte no sentido de que os dispositivos do Código Florestal não admitem interpretação para reduzir o 'patamar de proteção de ecossistemas frágeis ou espécies ameaçadas de extinção'"* (EDcl no REsp 1.717.736/SP).

---

[17] Disponível em: http://www.conjur.com.br/dl/acordao-codigo-florestal.pdf. Inteiro teor do acórdão. Acesso em: 21 ago. 2019.

8. DECRETO N. 11.367/23 – INSTITUI A COMISSÃO INTERMINISTERIAL PERMANENTE DE PREVENÇÃO E CONTROLE DO DESMATAMENTO E RESTABELECE O PLANO DE AÇÃO PARA A PREVENÇÃO E CONTROLE DO DESMATAMENTO NA AMAZÔNIA LEGAL – PPCDAM.

Em 1º de janeiro de 2023, foi editado o Decreto n. 11.367/23, que instituiu a Comissão Interministerial Permanente de Prevenção e Controle do Desmatamento e restabeleceu o Plano de Ação para a Prevenção e Controle do Desmatamento na Amazônia Legal – PPCDAm.

O art. 2º deste Decreto estabeleceu que o PPCDAm tem como finalidade estabelecer medidas e ações interministeriais para a redução dos índices de desmatamento na Amazônia Legal, sendo submetido ao Presidente da República e atualizado, no mínimo, anualmente ou quando necessário.

O art. 4º estabeleceu a competência dessa Comissão:

I – avaliar e aprovar;

II – monitorar a implementação;

III – propor medidas para superar dificuldades na implementação;

IV – assegurar que atuem no desenvolvimento e na integração dos sistemas de proteção ambiental;

V – garantir que contribuam para a conservação da diversidade biológica e a redução das emissões de gases de efeito estufa resultantes do desmatamento, da degradação das florestas e das queimadas; e

VI – acompanhar a elaboração e a implementação de políticas públicas relacionadas aos Planos de Ação, que visem à proteção ambiental, à preservação da natureza e ao desenvolvimento sustentável do País, por meio de ações coordenadas com Estados, Distrito Federal e Municípios.

Além disso, o Decreto definiu, como eixos do Plano de ação dessa Comissão, as atividades produtivas sustentáveis, o monitoramento e controle ambiental, o ordenamento fundiário e territorial e os instrumentos normativos e econômicos, dirigidos à redução do desmatamento e à concretização das ações abrangidas pelos demais eixos dos planos.

No art. 10, estabeleceu como diretrizes para os Planos de Ação para a Prevenção e Controle do Desmatamento, a prevenção e o combate ao desmatamento e a degradação da vegetação e a ocorrência de queimadas, a promoção da regularização fundiária e ambiental, o desenvolvimento do ordenamento territorial, com fortalecimento das áreas protegidas e do combate à grilagem de terras públicas, a eficácia e eficiência na responsabilização pelos crimes e pelas infrações ambientais, a promoção, aprimoramento e fortalecimento do monitoramento da cobertura vegetal, a promoção do manejo florestal sustentável, o apoio ao uso sustentável dos recursos naturais, principalmente para os povos e as comunidades tradicionais e para agricultores familiares, a proposição e implementação de instrumentos normativos e econômicos para controle do desmatamento, conservação dos recursos naturais e restauração das áreas degradadas, a intensificação da atuação conjunta entre os entes federativos contra os crimes e as infrações ambientais, bem como a garantia de medidas que contribuam para o cumprimento das metas nacionais de mitigação e adaptação às mudanças climáticas estabelecidas no âmbito do Acordo de Paris e aquelas assumidas junto à Convenção das Nações Unidas sobre a Diversidade Biológica.

Capítulo XV

SISTEMA NACIONAL DE UNIDADES DE CONSERVAÇÃO – SNUC (LEI N. 9.985/00 E DECRETO N. 4.340/02)

Sumário: 1. Introdução. 2. Unidades de Proteção Integral (UPI). 3. Unidades de Uso Sustentável (UUS). 4. A Reserva da Biosfera. 5. Da criação, gestão e implantação das unidades de conservação (Lei n. 9.985/00 e Decreto n. 4.340/02). 6. A compensação ambiental e a ADI 3.378 – o julgamento do Supremo Tribunal Federal. 7. Os "parques de papel". 8. Tabela com as características das Unidades de Conservação.

1. INTRODUÇÃO

A Lei n. 9.985/00 instituiu o Sistema Nacional das Unidades de Conservação (SNUC) e disciplinou a criação e gestão dessas unidades. Esta lei regulamentou o art. 225, § 1º, I, II, III e VII, da Constituição Federal, os quais tratam do manejo ecológico das espécies e ecossistemas; da preservação da diversidade genética; da proteção especial de espaços territoriais; bem como da proteção da fauna e da flora.

As unidades de conservação são espaços, incluídas as águas jurisdicionais, com características naturais relevantes. São legalmente instituídos pelo Poder Público objetivando a conservação de seus recursos a partir do estabelecimento de limites para a sua utilização.

Segundo Édis Milaré, para uma *"configuração jurídico-ecológica de uma unidade de conservação deve haver: a relevância natural; o caráter oficial; a delimitação territorial; o objetivo conservacionista; e o regime especial de proteção e administração"*.[1]

Os objetivos do SNUC são amplos e estão elencados no art. 4º da Lei n. 9.985/00. Vejamos:

> I – contribuir para a manutenção da diversidade biológica e dos recursos genéticos no território nacional e nas águas jurisdicionais;

---

[1] MILARÉ, Édis. *Direito do ambiente*. 11. ed. São Paulo: Thomson Reuters, 2018, p. 1.546.

II – proteger as espécies ameaçadas de extinção no âmbito regional e nacional;

III – contribuir para a preservação e a restauração da diversidade de ecossistemas naturais;

IV – promover o desenvolvimento sustentável;

V – promover a utilização dos princípios e práticas de conservação da natureza no processo de desenvolvimento;

VI – proteger paisagens naturais de notável beleza cênica;

VII – proteger as características relevantes de natureza geológica, geomorfológica, espeleológica, arqueológica, paleontológica e cultural;

VIII – proteger e recuperar recursos hídricos;

IX – recuperar ou restaurar ecossistemas degradados;

X – proporcionar meios e incentivos para atividades de pesquisa científica, estudos e monitoramento ambiental;

XI – valorizar econômica e socialmente a diversidade biológica;

XII – favorecer condições e promover a educação e interpretação ambiental, a recreação em contato com a natureza e o turismo ecológico;

XIII – proteger os recursos naturais necessários à subsistência de populações tradicionais, respeitando e valorizando seu conhecimento e sua cultura e promovendo-as social e economicamente.

De acordo com o art. 6º da Lei n. 9.985/00, o SNUC será gerido pelo: CONAMA (órgão consultivo e deliberativo); Ministério do Meio Ambiente (órgão central); e, por fim, Instituto Chico Mendes, IBAMA e órgãos estaduais e municipais (órgãos executores).

A Lei n. 11.516/07 incluiu o Instituto Chico Mendes dentre os órgãos executores, passando o referido artigo a ter a seguinte redação no que tange às atribuições dos órgãos executores que compõem o SNUC:

> III – órgãos executores: o Instituto Chico Mendes e o Ibama, em caráter supletivo, os órgãos estaduais e municipais, com a função de implementar o SNUC, subsidiar as propostas de criação e administrar as unidades de conservação federais, estaduais e municipais, nas respectivas esferas de atuação.

Podem integrar o SNUC, excepcionalmente e, a critério do CONAMA, unidades de conservação estaduais e municipais que, concebidas para atender a peculiaridades regionais ou locais, possuam objetivos de manejo que não possam ser satisfatoriamente atendidos por nenhuma categoria prevista na Lei n. 9.985/00.

A lei prevê o uso direto, indireto e sustentável dos recursos ambientais. Entende-se por **uso direto** aquele que **envolve coleta e uso dos recursos naturais**. O **uso indireto** é aquele que **não envolve consumo, coleta, dano ou destruição dos recursos naturais**.

A lei menciona, ainda, o uso sustentável, o qual se refere à exploração do ambiente de maneira a garantir a perenidade dos recursos ambientais e dos processos ecológicos, mantendo a biodiversidade e os demais atributos ecológicos, de forma socialmente justa e economicamente viável. Aqui, percebe-se a presença dos três elementos que compõem o conceito de desenvolvimento sustentável, quais sejam: proteção ambiental, atividade econômica e bem-estar social.

As unidades de conservação que compõem o SNUC estão divididas em dois grupos, **Unidades de Proteção Integral** e **Unidades de Uso Sustentável**, de acordo com o uso que pode ser feito dos seus recursos naturais.

O primeiro deles, **Unidades de Proteção Integral**, têm como objetivo básico a preservação da natureza e é admitido apenas o ***uso indireto dos seus recursos naturais***.

O objetivo básico das **Unidades de Uso Sustentável** é compatibilizar a conservação da natureza com o uso sustentável de parcela dos seus recursos naturais, sendo, então, permitido ***o uso direto de seus recursos***.

Repetindo a lei, textualmente, diz o TRF da 4ª Região que *"o art. 225, III, da Constituição Federal de 1988 foi regulamentado pela Lei federal n. 9.985/2000, a qual instituiu o Sistema Nacional de Unidades de Conservação da Natureza (SNUC), estabelecendo critérios e normas para criação, implantação e gestão das UCs. As unidades de conservação dividem-se em dois grupos: Unidades de Proteção Integral e Unidades de Uso Sustentável. Existem cinco categorias de Unidades de Proteção Integral: Estação Ecológica; Reserva Biológica; Parque Nacional; Monumento Natural e Refúgio de Vida Silvestre. Existem sete categorias de Unidades de Uso Sustentável: Área de Proteção Ambiental; Área de Relevante Interesse Ecológico; Floresta Nacional; Reserva Extrativista; Reserva de Fauna; Reserva de Desenvolvimento Sustentável e Reserva Particular do Patrimônio Natural"* (TRF4, AC 5009634-89.2015.4.04.7200).

2. UNIDADES DE PROTEÇÃO INTEGRAL (UPI)

Como visto, o objetivo básico das Unidades de Proteção Integral é a preservação da natureza. Este grupo é composto pelas seguintes unidades de conservação: a) Estação Ecológica; b) Reserva Biológica; c) Parque Nacional; d) Monumento Natural; e) Refúgio de Vida Silvestre.[2]

São aquelas que têm por objetivo básico preservar a natureza, livrando-a quando possível, da interferência humana. Como regra, praticamente, só se admite o uso indireto dos seus recursos, isto é, aqueles que não envolvem consumo, coleta, dano ou destruição dos recursos naturais, com exceção dos casos previstos na própria Lei do SNUC.[3]

Vejamos, então, quais são as principais características de cada uma das **Unidades de Proteção Integral**:

---

[2] MACHADO, Paulo Affonso Leme. *Direito ambiental brasileiro*. 27. ed. São Paulo: Malheiros, 2020, p. 1.024.
[3] MILARÉ, Édis. *Direito do ambiente*. 11. ed. São Paulo: Thomson Reuters, 2018, p. 1.552.

I) A Estação Ecológica está prevista no art. 9º da Lei n. 9.985/00 e tem como objetivo a preservação da natureza e a realização de pesquisas científicas. Por ser uma unidade de posse e domínio públicos as áreas privadas que estiverem em seus limites devem ser desapropriadas. É proibida a visitação pública, exceto para fins educacionais. A pesquisa científica depende de autorização prévia do órgão responsável pela administração da unidade, o qual pode estabelecer condições e restrições.

II) A Reserva Biológica está prevista no art. 10 da Lei n. 9.985/00 e tem como objetivo principal a preservação integral da biota, sem interferência humana direta ou modificações ambientais. Também é uma unidade de posse e domínio públicos, as áreas privadas devem ser desapropriadas e é proibida a visitação pública, salvo com objetivos educacionais. As exigências para a pesquisa científica são as mesmas da unidade anterior.

III) O Parque Nacional está previsto no art. 11 da Lei n. 9.985/00 e tem como objetivo a preservação de ecossistemas naturais de grande relevância ecológica e beleza cênica. Também é uma unidade de posse e domínio públicos e as áreas privadas devem ser desapropriadas. Aqui é possível haver visitação pública, sujeita a restrições impostas pelo Plano de Manejo, pois essas unidades permitem o desenvolvimento de atividades de educação ambiental, recreação em contato com a natureza e turismo ecológico. Aplicam-se as mesmas exigências para a pesquisa científica das unidades anteriores.

IV) O Monumento Natural está previsto no art. 12 da Lei n. 9.985/00 e tem como objetivo básico a preservação de sítios naturais raros, singulares ou de grande beleza cênica. Pode ser constituído por áreas particulares, desde que a utilização das terras seja compatível com os objetivos da unidade, caso contrário, as áreas devem ser desapropriadas. Aqui também é possível haver visitação pública, mas esta se sujeita às restrições impostas pelo Plano de Manejo.

V) O Refúgio de Vida Silvestre está previsto no art. 13 da Lei n. 9.985/00 e tem como objetivo a proteção de ambientes onde haja a existência ou a reprodução da flora local e da fauna residente ou migratória. Pode ser constituído por áreas particulares, as quais serão desapropriadas se o uso das terras não for compatível com os objetivos da unidade. Também é possível haver visitação pública, mas sujeita a restrições impostas pelo Plano de Manejo. A pesquisa científica depende de autorização prévia do órgão responsável pela administração da unidade, o qual pode estabelecer condições e restrições.

O art. 35 da Lei n. 9.985/00 dispõe que os recursos obtidos pelas UPI mediante a cobrança de taxa de visitação e outras rendas decorrentes de atividades da própria unidade serão aplicados da seguinte forma:

> I) até 50%, e não menos que 25%, na implantação, manutenção e gestão da própria unidade;
> II) até 50%, e não menos que 25%, na regularização fundiária das unidades de conservação do Grupo;
> III) até 50%, e não menos que 15%, na implantação, manutenção e gestão de outras unidades de conservação do Grupo de Proteção Integral.

3. UNIDADES DE USO SUSTENTÁVEL (UUS)

O objetivo básico das Unidades de Uso Sustentável é a compatibilização da conservação da natureza com o uso sustentável de alguns dos seus recursos naturais. Este grupo é composto pelas seguintes unidades de conservação: a) Área de Proteção Ambiental; b) Área de Relevante Interesse Ecológico; c) Floresta Nacional; d) Reserva Extrativista; e) Reserva de Fauna; f) Reserva de Desenvolvimento Sustentável; g) Reserva Particular do Patrimônio Natural.

Vejamos as principais características de cada uma das *Unidades de Uso Sustentável:*

I) A Área de Proteção Ambiental (APA) está prevista no art. 15 da Lei n. 9.985/00. É uma área extensa com ocupação humana e dotada de atributos abióticos, bióticos, estéticos ou culturais especialmente importantes para a qualidade de vida e o bem-estar das populações humanas. Tem como objetivos básicos proteger a diversidade biológica, disciplinar o processo de ocupação e assegurar a sustentabilidade do uso dos recursos naturais.

As APA's podem ser constituídas por terras públicas ou privadas. O órgão gestor da unidade estabelecerá condições para a realização de pesquisa científica e visitação pública nas áreas de domínio público.

Quanto às propriedades privadas, podem ser estabelecidas normas e restrições para a sua utilização e cabe ao proprietário estabelecer as condições para pesquisa e visitação pelo público.

É muito importante diferenciar a Área de Preservação Permanente – APP, prevista no art. 4º da Lei n. 12.651/12 e a Área de Proteção Ambiental – APA, prevista no art. 15 da Lei n. 9.985/00, pois os regimes jurídicos são distintos. Como foi visto, as *APA's serão criadas por ato do Poder Público (decreto)*, atingindo áreas específicas e impondo restrições administrativas para sua utilização, sem necessidade de indenização aos proprietários.

As **APP's**, por sua vez, **são definidas por lei**, no sentido estrito do termo, tratando-se de normas gerais e prescindem da indenização para a limitação da utilização dos recursos naturais nelas existentes.

II) A Área de Relevante Interesse Ecológico, prevista no art. 16 da Lei n. 9.985/00, é uma área de pequena extensão, com pouca ou nenhuma ocupação humana, com características naturais extraordinárias ou que abriga exemplares raros da biota regional. Tem como objetivo a manutenção dos ecossistemas naturais de importância regional ou local e a regulação do uso dessas áreas, de modo a compatibilizá-lo com a conservação da natureza.

Tais áreas podem ser constituídas por terras públicas ou privadas. Também podem ser estabelecidas normas e restrições para a utilização da propriedade privada.

III) A Floresta Nacional, prevista no art. 17 da Lei n. 9.985/00, é uma área com cobertura florestal de espécies predominantemente nativas e tem como objetivo básico o uso múltiplo sustentável dos recursos florestais e a pesquisa científica. É de domínio público e as áreas particulares incluídas em seus limites devem ser desapropriadas.

É admitida a permanência de populações tradicionais que lá habitavam quando de sua criação. A visitação pública e a pesquisa são permitidas, condicionadas às normas estabelecidas para o manejo da unidade.

IV) A Reserva Extrativista, prevista no art. 18 da Lei n. 9.985/00, é uma área utilizada por populações extrativistas tradicionais, cuja subsistência baseia-se no extrativismo e, complementarmente, na agricultura de subsistência e na criação de animais de pequeno porte. Tem como objetivos básicos a proteção dos meios de vida dessas populações, bem como promover o uso sustentável dos recursos naturais. É de domínio público e as áreas particulares incluídas em seus limites devem ser desapropriadas.

A visitação pública e a pesquisa são permitidas, porém, a exploração de recursos minerais e a caça amadora ou profissional são proibidas.

V) A Reserva de Fauna, prevista no art. 19 da Lei n. 9.985/00, é uma área natural com populações animais de espécies nativas, terrestres ou aquáticas, residentes ou migratórias, adequadas para estudos técnico-científicos sobre o manejo econômico sustentável de recursos da fauna.

É de domínio público e as áreas particulares incluídas em seus limites devem ser desapropriadas. A visitação pública pode ser permitida, porém é proibido o exercício da caça amadora ou profissional.

VI) A Reserva de Desenvolvimento Sustentável está prevista no art. 20 da Lei n. 9.985/00 e é uma área natural que abriga populações tradicionais, cuja existência baseia-se em sistemas sustentáveis de exploração dos recursos naturais, desenvolvidos ao longo de gerações e adaptados às condições ecológicas locais e que desempenham um papel fundamental na proteção da natureza e na manutenção da diversidade biológica.

Os principais objetivos são preservar a natureza e, ao mesmo tempo, assegurar as condições e os meios necessários para a melhoria da qualidade de vida das populações tradicionais.

É de domínio público e as áreas particulares incluídas em seus limites também devem ser desapropriadas. A visitação pública e a pesquisa são permitidas. É admitida a exploração dos recursos naturais em regime de manejo sustentável, bem como a substituição da cobertura vegetal por espécies cultiváveis, desde que sujeitas ao zoneamento, às limitações legais e ao Plano de Manejo da área.

VII) A Reserva Particular do Patrimônio Natural está prevista no art. 21 da Lei n. 9.985/00 e é uma área privada, gravada com perpetuidade, com o objetivo de conservar a diversidade biológica. Nessas reservas só poderá ser permitida a pesquisa científica e a visitação com objetivos turísticos, recreativos e educacionais.

De acordo com o disposto no art. 23 da Lei n. 9.985/00, a posse e o uso das áreas ocupadas pelas populações tradicionais nas Reservas Extrativistas (item IV) e Reservas de Desenvolvimento Sustentável (item VI) serão regulados por contrato.

Cumpre que se comente um pouco mais sobre as áreas de proteção ambiental. Certamente esta é a mais atípica unidade de conservação e, por conseguinte, a que mais merece críticas e questionamentos.

Note-se que a criação de unidades de conservação, excetuando-se o Monumento Natural, a Reserva Particular do Patrimônio Natural – RPPN e o Refúgio de Vida Silvestre pelo Poder Público, obrigam a desapropriação e a indenização de propriedades particulares. No caso da APA, sua criação por ato do Executivo impõe limitações de uso dos recursos naturais – da propriedade plena, portanto, sem que se proceda à respectiva desapropriação.

A Lei Complementar n. 140/11, na definição das competências para o licenciamento e a emissão de autorizações para atividades em unidades de conservação, excluiu expressamente as APA's como entes determinantes da autoridade competente para emitir essa anuência do Poder Público.

Portanto, nas demais categorias de áreas especialmente protegidas, o ente federado que criou a unidade de conservação detém a competência para o licenciamento, mas nas APA's, como nos demais casos que não envolvem proteção especial, é a localização que determina a autoridade capaz de licenciar ou autorizar as intervenções.

Outra informação importante que merece destaque diz respeito à compensação ambiental, prevista no art. 36 da Lei n. 9.985/00. Segundo o § 3º do referido dispositivo, quando o empreendimento afetar unidade de conservação específica, esta deverá ser beneficiária dos recursos compensatórios.

No entanto, para que se habilite aos recursos da compensação, a referida unidade deve estar inscrita no Cadastro Nacional de Unidades de Conservação, mantido pelo Ministério do Meio Ambiente.

Muitas unidades de conservação, em especial as RPPNs, são criadas por iniciativa dos proprietários das áreas e estes não providenciam sua inscrição neste Cadastro nacional.

Ainda com respeito à RPPN, cabe destaque que sua criação, nos termos do Decreto n. 5.746, de 5 de abril de 2006, a requerimento do interessado, é realizada por meio de Portaria do Instituto Chico Mendes de Conservação da Biodiversidade – ICMBio, seguindo o roteiro estabelecido na Instrução Normativa n. 7, de 17 de dezembro de 2009.

Merece especial atenção, por parte dos interessados em transformar sua propriedade ou parte dela em RPPN, que a averbação do instrumento de criação às margens da respectiva escritura tenha caráter perpétuo, somente sendo possível sua alteração mediante lei específica, de acordo com o art. 7º da Lei n. 9.985/00. Vale dizer, sua instituição estabelece um gravame vitalício sobre a área, que somente pode ser extinto por meio de lei no sentido estrito.

4. A RESERVA DA BIOSFERA

O art. 41 da Lei n. 9.985/00 refere-se à **Reserva da Biosfera**, a qual é *um modelo internacional de gestão integrada, participativa e sustentável dos recursos naturais*, com os objetivos básicos de preservar a diversidade biológica, incentivar atividades de pesquisa, educação ambiental e desenvolvimento sustentável, bem como melhorar a qualidade de vida das populações.

"*A Reserva da Biosfera é constituída por áreas de domínio público ou privado, podendo ser integrada por unidades de conservação já criadas pelo Poder Público, respeitadas as normas legais que disciplinam o manejo de cada categoria específica*".[4]

A reserva da biosfera é constituída por uma ou várias zonas de amortecimento, onde só são admitidas atividades que não resultem em dano para as áreas-núcleo, as quais estão destinadas à proteção integral da natureza. São constituídas, também, por uma ou várias zonas de transição onde o processo de ocupação e o manejo dos recursos naturais são planejados e conduzidos de modo participativo e em bases sustentáveis.

Existem no planeta 669 reservas da biosfera, em 94 países, sendo 7 delas no Brasil: Mata Atlântica, a o Cerrado, o Cinturão Verde da Cidade de São Paulo, o Pantanal Mato-Grossense, a Caatinga, a Amazônia Central e a Serra do Espinhaço, totalizando uma área de alguns milhões de hectares.[5]

Tais reservas são constituídas por áreas de domínio público ou privado e podem ser integradas por unidades de conservação já criadas pelo Poder Público.

5. DA CRIAÇÃO, GESTÃO E IMPLANTAÇÃO DAS UNIDADES DE CONSERVAÇÃO (LEI N. 9.985/00 E DECRETO N. 4.340/02)

As unidades de conservação são criadas por ato do Poder Público, ou seja, são criadas por meio de **decreto**. No entanto, *a desafetação ou redução dos limites de uma unidade de conservação só pode ser feita por meio de lei específica* (art. 22 da Lei n. 9.985/00).

Édis Milaré, invocando o princípio do paralelismo, aduz que se uma unidade de conservação pode ser reduzida, modificada ou extinta por lei em sentido estrito, seria de se esperar que sua criação também dependesse exclusivamente de lei no sentido estrito.[6]

A criação de uma unidade de conservação deve ser precedida de estudos técnicos e de consulta pública, com o fornecimento de informações adequadas à população

---

[4] MILARÉ, Édis. *Direito do ambiente*. 11. ed. São Paulo: Thomson Reuters, p. 1.563.
[5] Dados da UNESCO, 2016.
[6] MILARÉ, Édis. *Direito do ambiente*. 11. ed. São Paulo: Thomson Reuters, 2018, p. 1.565.

local e às partes interessadas, que permitam identificar a localização, a dimensão e os limites mais adequados para a unidade. Essa consulta pública não é necessária para a criação de Estação Ecológica ou Reserva Biológica.

As Unidades de Uso Sustentável podem ser transformadas total ou parcialmente em Unidades de Proteção Integral mediante instrumento normativo de mesmo nível hierárquico que criou a UUS, obedecendo-se aos procedimentos de consulta pública.

Segundo o Superior Tribunal de Justiça, *"a criação das Unidades de Conservação Federal de Uso Sustentável tem por escopo compatibilizar a preservação de seus recursos naturais com o seu uso pela comunidade, ou seja, regrar o exercício de atividades que constituam fontes alternativas de renda, de maneira que sejam trabalhadas dentro de preceitos sustentáveis e que envolvam a gestão participativa dessas populações, mas de forma a preservar o meio-ambiente ali existente"* (AgRg no RHC 55.689/RO).

Já a implantação consiste num conjunto de medidas ou ações destinadas a dar corpo a um empreendimento do setor público ou da iniciativa privada.[7]

Ao longo dos anos temos defendido, como Milaré, o abuso nas criações dos chamados "parques de papel", que são as unidades de conservação que, a despeito do ato de criação, permanecem na espera, por longa data, por alguma ação do Poder Público para sua efetiva implantação.[8]

O art. 25 da Lei n. 9.985/00 determina que as unidades de conservação possuam uma zona de amortecimento e, quando conveniente, corredores ecológicos, os quais terão normas específicas regulamentando a ocupação e o uso dos seus recursos. As Áreas de Proteção Ambiental e as Reservas Particulares do Patrimônio Natural estão excluídas dessa exigência.

Considera-se **zona de amortecimento** o entorno de uma unidade de conservação. Aqui as atividades humanas estão sujeitas a algumas restrições visando minimizar os impactos negativos sobre a unidade. Os **corredores ecológicos**, por sua vez, são ecossistemas que ligam unidades de conservação e possibilitam o fluxo de genes e o movimento da biota.

Diz a lei, ainda, que as unidades de conservação devem, no período máximo de cinco anos a partir da sua criação, elaborar um Plano de Manejo, o qual deve abranger a área da unidade, sua zona de amortecimento e os corredores ecológicos.

O Superior Tribunal de Justiça já decidiu nesse sentido, justificando o Plano de Manejo como um *"documento essencial à gestão das Unidades de Conservação, sua Carta Magna dinâmica. Por isso, a Lei 9.985/2000 estipula sua elaboração, guiada pelo princípio do manejo adaptativo, nos cinco anos seguintes ao estabelecimento da área protegida. O imperativo legal pressupõe atuação do Estado com*

---

[7] MILARÉ, Édis. *Direito do ambiente*. 11. ed. São Paulo: Thomson Reuters, 2018, p. 1.568.
[8] MILARÉ, Édis. *Direito do ambiente*. 11. ed. São Paulo: Thomson Reuters, 2018, p. 1.568.

quatro eixos medulares distintos, mas inter-relacionados: elaboração inicial, avaliação permanente, atualização periódica e implementação ativa" (AgInt no AREsp 1.656.657/MG).

Continua o Relator, identificando o instrumento como *"mecanismo de planejamento e zoneamento, vale dizer, de inibição de ataques aos bens jurídicos salvaguardados pela lei. Pelo prisma do meio ambiente, a atuação mais eficaz, efetiva e eficiente do Estado vem a ser chegar antes da perda ecológica, celeridade inspirada nos princípios da prevenção, precaução e* in dubio pro natura. *Apesar do festival de normas constitucionais e legais 'voltadas à proteção dos demais seres vivos, ainda nos encontramos em um processo de construção de uma consciência ecológica' (REsp 1.797.175/SP, Rel. Min. Og Fernandes, Segunda Turma, DJe 28.3.2019)"* (AgInt no AREsp 1.656.657/MG).

É assegurada a participação da população residente na elaboração e implementação do Plano de Manejo das seguintes Unidades de Uso Sustentável: Reservas Extrativistas; Reservas de Desenvolvimento Sustentável; Áreas de Proteção Ambiental; e, quando couber, Florestas Nacionais e Áreas de Relevante Interesse Ecológico (art. 27, § 2º, da Lei n. 9.985/00).

Nos casos em que não seja permitida a permanência das populações tradicionais residentes em uma unidade de conservação no momento da sua criação, elas serão reassentadas pelo Poder Público e indenizadas ou compensadas pelas benfeitorias existentes (art. 42 da Lei n. 9.985/00 e art. 36 do Decreto n. 4.340/02).

Assim, tem-se que, nos casos de licenciamento ambiental de empreendimentos de significativo impacto ambiental, assim considerado a partir da análise do estudo de impacto ambiental e do relatório de impacto no meio ambiente (EIA/RIMA), **o empreendedor é obrigado a apoiar a implantação e manutenção de uma Unidade de Proteção Integral.**

O órgão ambiental responsável pelo licenciamento definirá as unidades de conservação beneficiadas, podendo, inclusive, criar uma nova. No entanto, quando o empreendimento afetar uma unidade específica ou sua zona de amortecimento, o licenciamento só poderá ser concedido mediante autorização do órgão que administra a unidade.

Ademais, a unidade afetada, ainda que não pertença ao Grupo de Proteção Integral, deverá ser uma das beneficiárias da compensação.

O percentual dos recursos destinados pelo empreendedor, que antes não poderia ser inferior a 0,5% dos custos totais previstos para a implantação do empreendimento, atualmente será fixado pelo órgão ambiental de acordo com o grau de impacto causado pelo empreendimento.[9]

---

[9] O tópico a seguir comenta o julgamento da ADI 3.378, pelo Supremo Tribunal Federal, no sentido de excluir o percentual mínimo de compensação.

A Lei n. 9.985/00 prevê, em seu art. 30, a possibilidade de gerência das unidades de conservação por organizações da sociedade civil de interesse público (OSCIP) com objetivos afins aos da unidade. O Decreto n. 4.340/02, o qual regulamentou a Lei n. 9.985/00, ao tratar da gestão compartilhada com OSCIP, dispõe que esta é regulada por termo de parceria firmado com o órgão executor nos termos da Lei n. 9.790/99.[10]

De acordo com o artigo 22 do referido decreto, **poderá gerir uma unidade de conservação a OSCIP** que preencher os seguintes requisitos:

a) tenha dentre seus objetivos institucionais a proteção do meio ambiente ou a promoção do desenvolvimento sustentável;

b) comprove a realização de atividades de proteção do meio ambiente ou desenvolvimento sustentável, preferencialmente na unidade de conservação ou no mesmo bioma. O edital para seleção de OSCIP seguirá o disposto na Lei n. 8.666/93 (vigente até 30 de dezembro de 2023, quando será substituída pela Lei n. 14.133, de 1º de abril de 2021 – Nova Lei de Licitações e Contratos Administrativos).

O Plano de Manejo poderá dispor sobre as atividades de liberação planejada e cultivo de organismos geneticamente modificados nas Áreas de Proteção Ambiental e nas zonas de amortecimento das demais unidades de conservação (art. 27, § 4º, da Lei n. 9.985/00).

Por fim, as ações ou omissões que causem dano à flora, à fauna e aos demais atributos naturais das unidades de conservação, bem como às suas instalações, zonas de amortecimento e corredores ecológicos, sujeitam os infratores às sanções previstas na Lei n. 9.605/98. Ademais, a ocorrência de dano afetando espécies ameaçadas de extinção no interior das Unidades de Proteção Integral ou de Uso Sustentável será considerada circunstância agravante para a fixação da pena.

Nas UUS, se o crime for culposo, a pena será reduzida à metade.

6. A COMPENSAÇÃO AMBIENTAL E A ADI 3.378 – O JULGAMENTO DO SUPREMO TRIBUNAL FEDERAL

Depois da extensa decisão (52 páginas) do Supremo Tribunal Federal na ADI 3.378, julgada em 9 de abril de 2008 e publicada em 19 de junho do mesmo ano sobre a compensação ambiental, prevista na Lei n. 9.985/00, um novo cenário se avizinha para o tratamento do assunto.

No que interessa, diz a lei:

> Art. 36. Nos casos de licenciamento ambiental de empreendimentos de significativo impacto ambiental, assim considerado pelo órgão ambiental competente, com fundamento em estudo de impacto ambiental e respectivo relatório – EIA/RIMA, o

---
[10] Dispõe sobre as Organizações da Sociedade Civil de Interesse Público - OSCIP.

empreendedor é obrigado a apoiar a implantação e manutenção de unidade de conservação do Grupo de Proteção Integral, de acordo com o disposto neste artigo e no regulamento desta Lei. (Regulamento)

§ 1º O montante de recursos a ser destinado pelo empreendedor para esta finalidade não pode ser inferior a meio por cento dos custos totais previstos para a implantação do empreendimento, sendo o percentual fixado pelo órgão ambiental licenciador, de acordo com o grau de impacto ambiental causado pelo empreendimento.

O Supremo Tribunal Federal julgou parcialmente procedente a ADI, proposta pela Confederação Nacional da Indústria – CNI, entendendo inconstitucional o § 1º do art. 36, em razão de estabelecer um percentual mínimo de 0,5% dos custos totais do empreendimento como medida compensatória.

Decidiu o mesmo Tribunal, nos seguintes termos:

> AÇÃO DIRETA DE INCONSTITUCIONALIDADE. ART. 36 E SEUS §§ 1º, 2º E 3º DA LEI N. 9.985, DE 18 DE JULHO DE 2000. CONSTITUCIONALIDADE DA COMPENSAÇÃO DEVIDA PELA IMPLANTAÇÃO DE EMPREENDIMENTOS DE SIGNIFICATIVO IMPACTO AMBIENTAL. INCONSTITUCIONALIDADE PARCIAL DO § 1º DO ART. 36.
>
> 1. O compartilhamento-compensação ambiental de que trata o art. 36 da Lei n. 9.985/2000 não ofende o princípio da legalidade, dado haver sido a própria lei que previu o modo de financiamento dos gastos com as unidades de conservação da natureza. De igual forma, não há violação ao princípio da separação dos Poderes, por não se tratar de delegação do Poder Legislativo para o Executivo impor deveres aos administrados.
>
> 2. Compete ao órgão licenciador fixar o *quantum* da compensação, de acordo com a compostura do impacto ambiental a ser dimensionado no relatório – EIA/RIMA.
>
> 3. O art. 36 da Lei n. 9.985/2000 densifica o princípio usuário-pagador, este a significar um mecanismo de assunção partilhada da responsabilidade social pelos custos ambientais derivados da atividade econômica.
>
> 4. Inexistente desrespeito ao postulado da razoabilidade. Compensação ambiental que se revela como instrumento adequado à defesa e preservação do meio ambiente para as presentes e futuras gerações, não havendo outro meio eficaz para atingir essa finalidade constitucional. Medida amplamente compensada pelos benefícios que sempre resultam de um meio ambiente ecologicamente garantido em sua higidez.
>
> 5. Inconstitucionalidade da expressão 'não pode ser inferior a meio por cento dos custos totais previstos para a implantação do empreendimento', no § 1º do art. 36 da Lei n. 9.985/2000. O valor da compensação-compartilhamento é de ser fixado proporcionalmente ao impacto ambiental, após estudo em que se assegurem o contraditório e a ampla defesa. Prescindibilidade da fixação de percentual sobre os custos do empreendimento.
>
> 6. Ação parcialmente procedente.

Com a decisão, suprimido o percentual de 0,5%, caberá ao órgão licenciador, *in casu*, o IBAMA, em razão de grandes impactos, aferir o valor da compensação ambiental, sempre atento aos princípios da proporcionalidade e da razoabilidade.

Parece estranho, mas isso favorece o grande empreendedor, pois os planos ambientais propostos, sejam manejos de florestas, sejam programas de capacitação ambiental, se comparados às vultosas somas envolvidas nas obras de infraestrutura, jamais chegariam a 0,5%.

Com esse entendimento, o Supremo Tribunal Federal decidiu que *"a declaração de inconstitucionalidade, com redução do texto do § 1º do art. 36 da Lei n. 9.985/2000, na ADI n. 3.378/DF, foi no sentido de se retirar a obrigatoriedade de o valor mínimo de compensação ambiental ser sempre correspondente a meio por cento do custo do empreendimento, podendo ser fixada outra forma de compensação pelo órgão responsável após estudos pertinentes ao caso"* (STF, Rcl 12.887 AgR, Tribunal Pleno).

Diga-se de passagem, foge à boa técnica o fato de a lei ter colocado a "compensação ambiental", que é uma das formas de reparação, antes da ocorrência de qualquer dano ambiental.

A compensação deve ser *ultima ratio*, no caso de a reparação/recuperação ambiental, ao ensejo da ocorrência de um dano, não ser mais possível.

Disse a lei, no sentir de muitos, equivocadamente, que basta existir um significativo impacto ambiental para que haja a aplicação do percentual.

Como dito, a figura da compensação é posterior a um dano, nos casos em que o meio ambiente não retorne ao *status quo ante*. Havendo a possibilidade de retorno, haverá reparação, ou restauração. Não havendo retorno, haverá compensação.

Segundo alguns Ministros, no julgamento da ADI 3.378, trata-se de se antecipar a qualquer evento danoso.

A Advocacia-Geral da União – AGU, nos embargos de declaração manejados em 27 de junho de 2008, contra a decisão do Supremo, alegou a possibilidade de disputas judiciais em torno das compensações em andamento, cerca de 300, e dos vultosos valores envolvidos, cerca de R$ 284 milhões.[11]

O Decreto n. 6.848, de 14 de maio de 2009, regulamentou esse percentual de compensação, não permitindo que o valor fosse superior a 0,5%. Essa legislação, que altera dispositivos do Decreto n. 4.320/02, que regulamentava artigos da Lei n. 9.985/00, seguiu, portanto, a orientação da decisão do Supremo Tribunal Federal.[12]

---

[11] Principais peças do processo judicial, inclusive inteiro teor do Acórdão, disponíveis em: http://www.stf.jus.br/portal/processo/verProcessoAndamento.asp?incidente=2262000.

[12] Diz o art. 2º do Decreto n. 6.848/09:
O Decreto n. 4.340, de 2002, passa a vigorar acrescido dos seguintes artigos:
"Art. 31-A. O Valor da Compensação Ambiental – CA será calculado pelo produto do Grau de Impacto – GI com o Valor de Referência – VR, de acordo com a fórmula a seguir:
$CA = VR \times GI$, onde:
CA = Valor da Compensação Ambiental;
VR = somatório dos investimentos necessários para implantação do empreendimento, não incluídos os investimentos referentes aos planos, projetos e programas exigidos no procedimento de licenciamento ambiental para mitigação de impactos causados pelo empreendimento, bem como os encargos e custos

Já em 2006, a Resolução CONAMA n. 371 determinava que o órgão licenciador aferisse o grau de impacto ambiental com base em avaliação técnica específica dos impactos negativos e não mitigáveis sobre recursos ambientais identificados no processo de licenciamento, de acordo com o Estudo de Impacto Ambiental e respectivo Relatório (EIA/RIMA).

Na mesma linha, a Instrução Normativa do IBAMA n. 8, de 14 de julho de 2011, previa o cálculo do valor da compensação ambiental baseado no grau de impacto incidente sobre o valor de referência do empreendimento.[13]

De acordo com a normativa do IBAMA, o Valor de Referência – VR é o valor informado pelo empreendedor, constante do somatório dos investimentos necessários para implantação do empreendimento, não incluídos os investimentos referentes aos planos, projetos e programas exigidos no procedimento de licenciamento ambiental para mitigação de impactos causados pelo empreendimento, bem como os encargos e custos incidentes sobre o financiamento do empreendimento, inclusive os relativos às garantias, e os custos com apólices e prêmios de seguros pessoais e reais.

Ainda sobre a compensação ambiental, a Lei n. 13.668, de 28 de maio de 2018, alterou dispositivos da Lei de criação do ICMBio, da Lei de criação do IBAMA e da Lei do SNUC, para dispor sobre a destinação e a aplicação dos recursos de compensação ambiental e sobre a contratação de pessoal por tempo determinado em ambos os órgãos federais acima mencionados.

7. OS "PARQUES DE PAPEL"

A preservação do meio ambiente está prevista na Constituição brasileira como forma de garantir a sadia qualidade de vida das presentes e futuras gerações.

Um dos instrumentos lá previstos para permitir o equilíbrio ambiental é a criação de espaços territoriais especialmente protegidos, visando a preservação dos recursos naturais neles existentes e impedindo sua utilização indiscriminada pelo homem.

As formas mais conhecidas destas áreas protegidas são as Unidades de Conservação, criadas pela União, pelos Estados ou pelos Municípios.

A criação de Unidades de Conservação federais teve um aumento significativo nas últimas décadas. Entre 1937, data da criação do Parque Nacional de Itatiaia – primeiro parque no Brasil – e o ano 2000, um período de 63 anos, foram criadas 184

---

incidentes sobre o financiamento do empreendimento, inclusive os relativos às garantias, e os custos com apólices e prêmios de seguros pessoais e reais; e

GI = Grau de Impacto nos ecossistemas, podendo atingir valores de 0 a 0,5%.

[13] Art. 8º – A DILIC calculará o valor da Compensação Ambiental com base no Grau de Impacto definido e no Valor de Referência informado, cabendo recurso no prazo de dez dias, contados da data da ciência do empreendedor.

Unidades de Conservação federais, totalizando uma área aproximada de 38 milhões de hectares.

Depois disso, de 2000 a 2018, ou seja, em apenas 18 anos, foram criadas mais 151 áreas protegidas, acrescentando mais 134 milhões de hectares como área a ser preservada.

De acordo com o Cadastro Nacional de Unidades de Conservação, em julho de 2019 existiam no Brasil 2.352 Unidades de Conservação, totalizando 1.585.176 km². Isto representa, aproximadamente, 18,6% do território nacional, dos quais apenas 5,4% admitem exploração econômica, mesmo assim, mediante limitações administrativas – as Áreas de Proteção Ambiental (APA's).

Um dado importante, muitas vezes desconhecido, é que uma quantidade expressiva destas Unidades de Conservação não foi efetivamente implantada e sequer conta com um número necessário de servidores e equipamentos para a sua manutenção.

Além disso, parcela significativa dos proprietários das terras particulares onde estas áreas protegidas foram implantadas nunca recebeu nenhuma indenização ou pagamento a título de desapropriação.

Em muitos casos, severas limitações administrativas são impostas, inviabilizando as atividades produtivas, sem que seja pago o valor das terras ou das benfeitorias e sem que a proteção da área vá além do simples ato de criação. São os comumente chamados "parques de papel", que só existem nos seus Decretos de criação.

Sem dúvida, nos tempos modernos, o direito ao meio ambiente equilibrado para as futuras gerações deve ser priorizado por qualquer sociedade.

No entanto, o direito de propriedade, também garantido pela Constituição e um dos pilares do nosso Estado Democrático de Direito, não pode ser desrespeitado em nome do primeiro. São garantias constitucionais de igual importância e devem ser tratadas com a mesma seriedade.

Infelizmente, nas últimas duas décadas, a preocupação em proteger espaços territoriais pela sua importância ambiental não foi acompanhada por investimentos proporcionais destinados à sua regularização fundiária, permitindo o questionamento e a resistência à política ambiental do governo.

É imprescindível que a atual gestão, seja ela federal, estadual ou municipal, volte a sua atenção para os inúmeros proprietários rurais que tiveram suas áreas incluídas nos limites de unidades de conservação, impedindo a atividade econômica, sem a devida indenização pelas terras ou benfeitorias afetadas, que lhes permitisse desenvolvê-la em outro local.

Somente quando o direito de propriedade, o direito de exercício da atividade econômica e o direito a um meio ambiente equilibrado forem tratados com igual respeito e utilizados harmoniosamente, teremos efetivamente a garantia de uma sadia qualidade de vida para as futuras gerações.

Mecanismos para isto existem na legislação brasileira. Basta que se tenha vontade de utilizá-los.

8. TABELAS COM AS CARACTERÍSTICAS DAS UNIDADES DE CONSERVAÇÃO

a) Unidades de proteção integral:

Unidades	Posse/Domínio	Visitação	Objetivos
Estação Ecológica (art. 9º)	Domínio Público + desapropriação das áreas particulares	Proibida, salvo com objetivo educacional	Preservação da natureza e pesquisas científicas
Reserva Biológica (art. 10)	Domínio Público + desapropriação das áreas particulares	Proibida, salvo com objetivo educacional	Preservação integral da biota sem interferência humana direta
Parque Nacional (art. 11)	Domínio Público + desapropriação das áreas particulares	Possível, mas sujeita a regulamentação	Preservar ecossistemas naturais e promover o turismo ecológico
Monumento Natural (art. 12)	Pode ser constituído por áreas particulares, as quais podem ser desapropriadas	Possível, mas sujeita a regulamentação	Preservar sítios raros e de grande beleza cênica
Refúgio de Vida Silvestre (art. 13)	Pode ser constituído por áreas particulares, as quais podem ser desapropriadas	Possível, mas sujeita a regulamentação	Preservar ambientes em que há a reprodução de espécies locais e migratórias

b) Unidades de uso sustentável:

Unidades	Posse/Domínio	Visitação	Objetivos
Área de Proteção Ambiental (art. 15)	Áreas públicas ou privadas	Possível	Proteger a diversidade biológica e disciplinar o processo de ocupação
Área de Relevante Interesse Ecológico (art. 16)	Áreas públicas ou privadas	Possível	Preservação dos ecossistemas naturais em áreas com pouca ou nenhuma ocupação
Floresta Nacional (art. 17)	Domínio Público + desapropriação das áreas particulares	Permitida	Uso múltiplo e sustentável dos recursos florestais e pesquisas científicas

Unidades	Posse/Domínio	Visitação	Objetivos
Reserva Extrativista (art. 18)	Domínio Público + desapropriação das áreas particulares	Permitida	Proteger a cultura das populações tradicionais. Proibida a exploração mineral e a caça
Reserva de Fauna (art. 19)	Domínio Público + desapropriação das áreas particulares	Permitida	Preservação de espécies nativas, residentes ou migratórias. Proibida a caça
Reserva de Desenvolvimento Sustentável (art. 20)	Domínio Público + desapropriação das áreas particulares	Permitida	Preservação e utilização racional dos recursos naturais pelas populações tradicionais
Reserva Particular do Patrimônio Natural (art. 21)	Área privada	Permitida, com objetivos turísticos, recreativos e educacionais	Conservar a diversidade biológica

Capítulo XVI
PATRIMÔNIO GENÉTICO E ORGANISMO GENETICAMENTE MODIFICADO – OGM (LEI N. 11.105/05 E DECRETO N. 4.680/03)

Sumário: 1. Introdução. 2. Biossegurança. 2.1. Conselho Nacional de Biossegurança (CNBS). 2.2. Comissão Técnica Nacional de Biossegurança (CTNBio). 2.3. Comissão Interna de Biossegurança (CIBio). 3. Sanções penais. 4. Decreto n. 4.680/03 e rotulagem. 5. ADI 3.510/DF.

1. INTRODUÇÃO

A Lei n. 8.974/95 regulamentou o inciso II do § 1º do art. 225 da Constituição Federal, que trata da preservação da diversidade e da integridade do patrimônio genético nacional, da fiscalização das entidades dedicadas à pesquisa e manipulação de material genético.

A Lei n. 11.105/05 revogou a Lei n. 8.974/95 e estabeleceu outras normas de segurança e fiscalização para as atividades que envolvam organismos geneticamente modificados – OGM e seus derivados. A nova lei menciona a necessidade de observância do princípio da precaução para a proteção do meio ambiente.

Estão abrangidos pela Lei n. 11.105/05 as seguintes atividades que envolvam OGM: construção, cultivo, produção, armazenamento, transporte, transferência, importação, exportação, manipulação, pesquisa, comercialização, consumo, descarte e liberação.

Tais atividades e projetos ficam restritos ao âmbito de entidades de direito público ou privado, **sendo vedados a pessoas físicas em atuação autônoma e independente**, ainda que mantenham vínculo empregatício ou qualquer outro com pessoas jurídicas.

As organizações públicas e privadas financiadoras de atividades que envolvam OGM devem exigir a apresentação de Certificado de Qualidade em Biossegurança, sob pena de se tornarem corresponsáveis pelos eventuais efeitos decorrentes do descumprimento da referida lei.

A Lei n. 11.105/05 traz diversas definições referentes à manipulação do patrimônio genético nacional, tais como OGM, clonagem, células-tronco etc. No entanto, neste capítulo só serão abordadas as questões relacionadas com o meio ambiente.

Assim, entende-se por organismo toda a entidade biológica capaz de reproduzir ou transferir material genético, inclusive vírus. OGM, por sua vez, é o organismo cujo material genético (ADN/ARN) foi modificado por meio de engenharia genética. Derivado de OGM é produto obtido de um OGM e que não possui capacidade autônoma de replicação.

A Lei n. 11.105/05 assinala os *"interesses protegidos, que são 'a vida e a saúde' dos homens, dos animais e das plantas, bem como o meio ambiente. Não se colocou hierarquia nessa proteção. Entretanto, os animais, as plantas e os homens terão tratamento diferente na vedação de atividades do art. 6º da Lei n. 11.105/2005".*[1]

A Resolução CONAMA n. 305/02 dispõe sobre o licenciamento ambiental, o Estudo de Impacto Ambiental e Relatório de Impacto no Meio Ambiente (EIA/RIMA) de atividades e empreendimentos que envolvem Organismos Geneticamente Modificados e seus derivados. A resolução trata da pesquisa em área confinada, em campo, em áreas com restrições e do licenciamento para a liberação comercial.

O plantio de soja transgênica foi liberado no Brasil pelos seguintes instrumentos legais: Lei n. 10.688/03 (safra 2003); Lei n. 10.814/03 (safra 2004), Lei n. 11.092/05 (safra 2005), bem como pelo art. 36 da Lei n. 11.105/05 (safra 2004/2005)[2].

2. BIOSSEGURANÇA

A Lei n. 11.105/05 instituiu o Conselho Nacional de Biossegurança (CNBS), a Comissão Técnica Nacional de Biossegurança (CTNBio) e as Comissões Internas de Biossegurança (CIBio). Vejamos as principais características de cada um deles.

2.1. CONSELHO NACIONAL DE BIOSSEGURANÇA (CNBS)

Este conselho é um órgão vinculado à Presidência da República com a função de *assessorar o Presidente* na implantação da Política Nacional de Biossegurança – PNB. Sua composição é política, como pode ser visto no art. 9º da Lei n. 11.105/05.

---

[1] MACHADO, Paulo Affonso Leme. *Direito ambiental brasileiro*. 27. ed. São Paulo: Malheiros, 2020, p. 1.216.

[2] Para um aprofundamento técnico sobre a soja Roundup Ready como produto comercial oriundo da biotecnologia moderna disponível para a agricultura brasileira, consultar BERGER, Geraldo Ubirajara; FAVORETTO, Luis Roberto Graça. Monitoramento Ambiental soja Roundup Ready. Botucatu: FEPAF, 2014.

Este Conselho é a última e definitiva instância para recursos e decisões, nos termos da Lei. Caberá a ele *"avocar e decidir, em última e definitiva instância, com base em manifestação da CTNBio e, quando julgar necessário, dos órgãos e entidades referidos no art. 16 da lei, no âmbito de suas competências, sobre os processos relativos a atividades que envolvam o uso comercial de OGM e seus derivados".*[3]

Compete ao CNBS fixar princípios e diretrizes; analisar os pedidos de liberação de OGM; decidir, em última instância, sobre os processos relativos a atividades que envolvam o uso comercial de OGM e seus derivados.

O art. 9º, § 3º, da lei afirma que:

> poderão ser convidados a participar das reuniões, em caráter excepcional, representantes do setor público e de entidades da sociedade civil.

Decidiu o Supremo Tribunal Federal que a *"regra de que 'O Estado promoverá e incentivará o desenvolvimento científico, a pesquisa e a capacitação tecnológicas' (art. 218, caput) é de logo complementada com o preceito (§ 1º do mesmo art. 218) que autoriza a edição de normas como a constante do art. 5º da Lei de Biossegurança. A compatibilização da liberdade de expressão científica com os deveres estatais de propulsão das ciências que sirvam à melhoria das condições de vida para todos os indivíduos. Assegurada, sempre, a dignidade da pessoa humana, a Constituição Federal dota o bloco normativo posto no art. 5º da Lei 11.105/2005 do necessário fundamento para dele afastar qualquer invalidade jurídica (Ministra Cármen Lúcia)"* (ADI 3.510, Tribunal Pleno).

2.2. COMISSÃO TÉCNICA NACIONAL DE BIOSSEGURANÇA (CTNBIO)

A CTNBio integra o Ministério da Ciência e Tecnologia e é a instância colegiada multidisciplinar que presta apoio técnico ao governo na implantação da PNB. Ela possui um caráter consultivo e deliberativo. Atua estabelecendo normas de segurança para atividades que envolvam pesquisa e uso comercial de OGM.

A CTNBio é composta por 27 membros com destacada atividade profissional nas áreas de biossegurança, biotecnologia, biologia, saúde humana e animal ou meio ambiente. O mandato é de dois anos, renovável por até mais dois períodos consecutivos.

Aqui também há a possibilidade de participação das reuniões, em caráter excepcional, de representantes da comunidade científica e do setor público e entidades da sociedade civil, mas sem direito a voto.

Leciona Édis Milaré que *"a pressuposição e de que a CTNBio seja permanentemente empenhada na rigorosa observância dos itens constitucionais do art. 225,*

---

[3] MACHADO, Paulo Affonso Leme. *Direito ambiental brasileiro*. 27. ed. São Paulo: Malheiros, 2020, p. 1.225.

que a Lei 11.105/2005 vem declaradamente regulamentar. Se ela saiu fortalecida e valorizada, a contrapartida é uma vigilante amarração de suas atribuições à exigência de uma segurança absoluta nos procedimentos, quer sob o aspecto técnico-científico, quer sob o aspecto ético".[4]

As atribuições da CTNBio estão elencadas no art. 14 da Lei n. 11.105/05 e podem ser assim resumidas:

    a) estabelecer normas e critérios de avaliação dos riscos dos OGM;

    b) estabelecer mecanismos de funcionamento das CIBio;

    c) autorizar, cadastrar e acompanhar as atividades de pesquisa com OGM;

    d) autorizar a importação de OGM para atividades de pesquisa;

    e) emitir decisão técnica sobre a Biossegurança de OGM e Resoluções, com caráter normativo, sobre as matérias de sua competência;

    f) classificar os OGM segundo a classe de risco;

    g) reavaliar decisões técnicas em razão de fatos novos;

    h) informar a sociedade através do Sistema de Informações em Biossegurança (SIB);

    i) prestar apoio técnico a outros órgãos;

    j) prestar consultoria e assessoramento ao CNBS para a formulação da PNB de OGM e seus derivados;

    k) emitir Certificado de Qualidade em Biossegurança (CQB) para o desenvolvimento de atividades com OGM e seus derivados em laboratório, instituição ou empresa.

De acordo com o art. 15 da Lei n. 11.105/05, a CTNBio poderá realizar audiências públicas, garantindo-se a participação da sociedade civil. Em casos de liberação comercial, a audiência pública poderá ser requerida por partes interessadas, as quais podem ser organizações da sociedade civil que comprovem interesse relacionado à matéria.

A CTNBio delibera, em última e definitiva instância, sobre os casos em que a atividade é potencial ou efetivamente causadora de degradação ambiental, bem como sobre a necessidade do licenciamento ambiental (art. 16, § 3º, da Lei n. 11.105/05).

Paulo Affonso Leme Machado ensina que *"o poder de estabelecer normas para uma Comissão, que integra o Ministério de Ciência e Tecnologia, significa primeiramente que esse poder não é ilimitado. A capacidade de inovação dessas normas é relativa, pois devem ajustar-se à Constituição Federal e à legislação relativa à saúde, à agricultura, ao meio ambiente, e às normas legais referentes à Ciência e à Tecnologia".*[5]

Assim, cabe ao órgão competente do Ministério do Meio Ambiente emitir as autorizações e fiscalizar os produtos e as atividades que envolvam OGM, bem como

---

[4] MILARÉ, Édis. *Direito do ambiente*. 11. ed. São Paulo: Thomson Reuters, 2018, p. 1.383.

[5] MACHADO, Paulo Affonso Leme. *Direito ambiental brasileiro*. 27. ed. São Paulo: Malheiros, 2020, p. 1.226.

o licenciamento nos casos em que a CTNBio deliberar que o OGM é potencialmente causador de significativa degradação do meio ambiente (art. 16, § 1º, III, da Lei n. 11.105/05).

Quando houver divergência quanto à decisão técnica da CTNBio de liberação comercial de OGM, os órgãos de fiscalização, no âmbito de suas competências, poderão apresentar recurso ao CNBS, no prazo de até trinta dias, a partir da data de publicação da decisão técnica (art. 16, § 7º, da Lei n. 11.105/05).

2.3. COMISSÃO INTERNA DE BIOSSEGURANÇA (CIBIO)

As CIBios estão voltadas para o estabelecimento de medidas de segurança no interior de cada instituição que manipula OGM. Assim, de acordo com o art. 17 da lei, toda instituição que utilizar técnicas de engenharia genética ou realizar pesquisas com OGM deverá criar uma CIBio e indicar um técnico principal responsável para cada projeto.

As atribuições da CIBio podem ser assim resumidas: a) informar a coletividade e a CTNBio sobre os riscos daquela atividade; b) estabelecer medidas preventivas; c) manter registro dos projetos em andamento; d) investigar acidentes e enfermidades possivelmente relacionados a OGM.

3. SANÇÕES PENAIS

É considerado crime a liberação ou descarte de OGM no meio ambiente em desacordo com as normas estabelecidas pela CTNBio e pelos órgãos e entidades de registro e fiscalização.

Pune-se tal crime com reclusão, de um a quatro anos, e multa. A pena é agravada se: a) resultar dano à propriedade alheia (de 1/6 a 1/3); b) se resultar dano ao meio ambiente (de 1/3 até a metade); c) se resultar lesão corporal de natureza grave em outrem (da metade até 2/3); d) se resultar a morte de outrem (de 2/3 até o dobro).

Também é considerado crime produzir, armazenar, transportar, comercializar, importar ou exportar OGM ou seus derivados, sem autorização ou em desacordo com as normas estabelecidas pela CTNBio e pelos órgãos e entidades de registro e fiscalização. A pena é de reclusão, de um a dois anos, e multa.

4. DECRETO N. 4.680/03 E ROTULAGEM

O Decreto n. 4.680/03 regulamentou o direito à informação do consumidor quanto aos alimentos para o consumo humano ou animal que contenham ou sejam produzidos a partir de OGM.

O consumidor deve ser informado da natureza transgênica do produto caso haja a presença de OGM acima de 1%. Este percentual pode ser diminuído por decisão da CTNBio. O rótulo da embalagem deve conter uma das seguintes expressões: a) "(nome do produto) transgênico"; b) "contém (nome do ingrediente ou ingredientes) transgênico(s)"; c) "produto produzido a partir de (nome do produto) transgênico".

Os alimentos produzidos a partir de animais alimentados com ração contendo ingredientes transgênicos deverão trazer no rótulo uma das seguintes expressões: a) "(nome do animal) alimentado com ração contendo ingrediente transgênico"; b) "(nome do ingrediente) produzido a partir de animal alimentado com ração contendo ingrediente transgênico".

Deve-se ressaltar que, de acordo com o art. 5º do Decreto n. 4.680/03, essas regras não se aplicam à comercialização de alimentos destinados ao consumo humano ou animal que contenham ou tenham sido produzidos a partir de soja da safra colhida em 2003.

O art. 4º do Decreto n. 4.680/03 trata da rotulagem facultativa para os produtos que não contenham transgênico quando existirem produtos similares no mercado que contenham transgênicos. Assim, os alimentos que não contenham nem sejam produzidos a partir de organismos geneticamente modificados podem apresentar no rótulo a frase: "(nome do produto ou ingrediente) livre de transgênicos".

Sobre a rotulagem, decidiu o Supremo Tribunal Federal que *"o estabelecimento de requisitos adicionais para a rotulagem de alimentos geneticamente modificados, quando não contrário ao conjunto normativo federal sobre a matéria, se insere na competência concorrente dos entes federados"* (ADI 4.619, Tribunal Pleno).

5. ADI 3.510/DF

O Plenário do Supremo Tribunal Federal finalizou o julgamento de ação direta de inconstitucionalidade proposta pelo Procurador-Geral da República contra o art. 5º da Lei federal n. 11.105/05 (Lei da Biossegurança), que permite, para fins de pesquisa e terapia, a utilização de células-tronco embrionárias obtidas de embriões humanos produzidos por fertilização *in vitro* e não usados no respectivo procedimento, e estabelece condições para essa utilização.

O Relator julgou improcedente o pedido formulado, no que foi acompanhado pela então Presidente do Tribunal, Ministra Ellen Gracie.

Em seu voto, o Ministro salientou que o artigo impugnado seria um bem concatenado bloco normativo que, sob condições de incidência explícitas, cumulativas e razoáveis, contribuiria para o desenvolvimento de linhas de pesquisa científica das supostas propriedades terapêuticas de células extraídas de embrião humano *in vitro*. Esclareceu, ainda, que as células-tronco embrionárias, pluripotentes, ou seja, capazes de originar todos os tecidos de um indivíduo adulto, constituiriam, por isso, tipologia celular que ofereceria melhores possibilidades de recuperação da saúde de pessoas físicas ou naturais em situações de anomalias ou graves incômodos genéticos.

Também asseverou que as pessoas físicas ou naturais seriam apenas as que sobrevivem ao parto, dotadas do atributo a que o art. 2º do Código Civil denomina personalidade civil, assentando que a Constituição Federal, quando se refere à "dignidade da pessoa humana" (art. 1º, III), "direitos da pessoa humana" (art. 34, VII, b), "livre exercício dos direitos... individuais" (art. 85, III) e "direitos e garantias individuais" (art. 60, § 4º, IV), estaria falando de direitos e garantias do indivíduo-pessoa.

Assim, numa primeira síntese, a Carta Magna não faria de todo e qualquer estádio da vida humana um autonomizado bem jurídico, mas da vida que já é própria de uma concreta pessoa, porque nativiva, e que a inviolabilidade de que trata seu art. 5º diria respeito exclusivamente a um indivíduo já personalizado.[6]

O Ministro relator reconheceu, por outro lado, que o princípio da dignidade da pessoa humana admitiria transbordamento e que, no plano da legislação infraconstitucional, essa transcendência alcançaria a proteção de tudo que se revelasse como o próprio início e continuidade de um processo que desaguasse no indivíduo-pessoa, citando, no ponto, dispositivos da Lei n. 10.406/02 (Código Civil), da Lei n. 9.434/97, e do Decreto-Lei n. 2.848/40 (Código Penal), que tratam, respectivamente, dos direitos do nascituro, da vedação à gestante de dispor de tecidos, órgãos ou partes de seu corpo vivo e do ato de não oferecer risco à saúde do feto, e da criminalização do aborto, ressaltando que o bem jurídico a tutelar contra o aborto seria um organismo ou entidade pré-natal sempre no interior do corpo feminino.

Aduziu que a lei em questão se referiria, por sua vez, a embriões derivados de uma fertilização artificial, obtida fora da relação sexual, e que o emprego das células-tronco embrionárias para os fins a que ela se destina não implicaria aborto.

Afirmou que haveria base constitucional para um casal de adultos recorrer a técnicas de reprodução assistida que incluísse a fertilização *in vitro*, que os arts. 226 e seguintes da Constituição Federal disporiam que o homem e a mulher são as células formadoras da família e que, nesse conjunto normativo, estabelecer-se-ia a figura do planejamento familiar, fruto da livre decisão do casal e fundado nos princípios da dignidade da pessoa humana e da paternidade responsável (art. 226, § 7º), inexistindo, entretanto, o dever jurídico desse casal de aproveitar todos os embriões eventualmente formados e que se revelassem geneticamente viáveis, porque não imposto por lei (CF, art. 5º, II) e incompatível com o próprio planejamento familiar.

Considerou, também, que, se à lei ordinária seria permitido fazer coincidir a morte encefálica com a cessação da vida de uma certa pessoa humana, a justificar a remoção de órgãos, tecidos e partes do corpo ainda fisicamente pulsante para fins de transplante, pesquisa e tratamento (Lei n. 9.434/97), e se o embrião humano de que

---

[6] BELTRÃO, Antônio F. G. *Curso de direito ambiental*. São Paulo: Forense, 2009, p. 344.

trata o art. 5º da Lei da Biossegurança é um ente absolutamente incapaz de qualquer resquício de vida encefálica, a afirmação de incompatibilidade do último diploma legal com a Constituição haveria de ser afastada.

Por fim, acrescentou a esses fundamentos, a rechaçar a inconstitucionalidade do dispositivo em questão, o direito à saúde e à livre expressão da atividade científica.

Frisou, no ponto, que o § 4º do art. 199 da Constituição Federal ("A lei disporá sobre as condições e os requisitos que facilitem a remoção de órgãos, tecidos e substâncias humanas para fins de transplante, pesquisa e tratamento, bem como a coleta, processamento e transfusão de sangue e seus derivados, sendo vedado todo tipo de comercialização") faria parte, não por acaso, da seção normativa dedicada à saúde, direito de todos e dever do Estado (CF, art. 196), que seria garantida por meio de ações e serviços qualificados como de relevância pública, com o que se teria o mais venturoso dos encontros entre esse direito à saúde e a própria Ciência (CF, art. 5º, IX).

Luís Roberto Barroso, em artigo sobre o tema, salientou seu entendimento de que *"a pesquisa com células-tronco embrionárias representa uma perspectiva de tratamento eficaz para inúmeras doenças que causam sofrimento e morte de milhões de pessoas. A Lei n. 11.105/2005 trata da matéria com moderação e prudência, somente permitindo a utilização de embriões remanescentes dos procedimentos de fertilização in vitro".*[7]

Continua seu posicionamento sustentando que *"não há violação do direito à vida, nem tampouco da dignidade humana, porque embrião não se equipara a pessoa e, antes de ser transferido para o útero materno, não é sequer nascituro. A Lei n. 11.105/2005 protege, todavia, a dignidade do embrião, impedindo sua instrumentalização, ao determinar que só possam ser utilizados em pesquisas embriões inviáveis ou não utilizados no procedimento de fertilização".*[8]

A ADI, que pendia de julgamento, em razão do pedido de vista do Ministro Menezes Direito, foi julgada improcedente pelo Tribunal, por maioria e nos termos do voto do relator, ficando vencidos, parcialmente, em diferentes extensões, os Ministros Menezes Direito, Ricardo Lewandowski, Eros Grau, Cezar Peluso e o Presidente, Ministro Gilmar Mendes, em sessão plenária de 29 de maio de 2008.[9]

---

[7] BARROSO, Luís Roberto. A defesa da constitucionalidade das pesquisas com células-tronco embrionárias. Observatório da Jurisdição Constitucional, Brasília, ano 1, maio 2008, p. 24. Disponível em: https://www.portaldeperiodicos.idp.edu.br/observatorio/article/view/133/104.

[8] BARROSO, Luís Roberto. A defesa da constitucionalidade das pesquisas com células-tronco embrionárias. Observatório da Jurisdição Constitucional, Brasília, ano 1, maio 2008, p. 24. Disponível em: https://www.portaldeperiodicos.idp.edu.br/observatorio/article/view/133/104.

[9] Para ter acesso a íntegra do relatório e voto do Ministro Carlos Ayres Britto na Ação Direta de Inconstitucionalidade (ADI 3.510/DF), v. http://www.stf.gov.br/arquivo/cms/noticiaNoticiaStf /anexo/adi3510relator.pdf.

Capítulo XVII

O INSTITUTO BRASILEIRO DO MEIO AMBIENTE E DOS RECURSOS NATURAIS RENOVÁVEIS – IBAMA E O INSTITUTO CHICO MENDES DE CONSERVAÇÃO DA BIODIVERSIDADE – ICMBIO

Sumário: 1. O Instituto Brasileiro do Meio Ambiente e Recursos Naturais Renováveis – IBAMA. 1.1. Criação e estrutura. 1.2. Finalidades. 2. O Instituto Chico Mendes de Conservação da Biodiversidade – ICMBio. 2.1. Atribuições. 2.2. Atividade supletiva do IBAMA. 2.3. Divisão de receitas. 2.4. O SNUC e o ICMBio. 2.5. Destinação e aplicação dos recursos de compensação ambiental.

1. O INSTITUTO BRASILEIRO DO MEIO AMBIENTE E DOS RECURSOS NATURAIS RENOVÁVEIS – IBAMA

1.1. CRIAÇÃO E ESTRUTURA

O IBAMA foi criado pela Lei n. 7.735, de 22 de fevereiro de 1989.

Inicialmente, a autarquia representou a fusão de quatro entidades brasileiras: a Secretaria do Meio Ambiente – SEMA; a Superintendência da Borracha – SUDHEVEA; a Superintendência da Pesca – SUDEPE e o Instituto Brasileiro de Desenvolvimento Florestal – IBDF.

Em 1990, foi criada a Secretaria do Meio Ambiente da Presidência da República – SEMAM, ligada à Presidência da República, que tinha no IBAMA seu órgão gerenciador da questão ambiental, responsável por formular, coordenar, executar e fazer executar a Política Nacional do Meio Ambiente e da preservação, conservação e uso racional, fiscalização, controle e fomento dos recursos naturais renováveis.

A estrutura regimental do IBAMA, aprovada pelo Decreto n. 12.130, de 7 de agosto de 2024 (anteriormente Decreto n. 11.095/22) e pela Portaria n. 92, de 14 de setembro de 2022, estabelece que compete à autarquia (I) – exercer o poder de polícia ambiental; II – executar ações das políticas nacionais de meio ambiente, referentes às atribuições federais, relativas ao licenciamento ambiental, ao controle da qualidade ambiental, à autorização de uso dos recursos naturais e à fiscalização, ao monitoramento e ao controle ambientais, observadas as diretrizes emitidas pelo Ministério do Meio Ambiente e Mudança do Clima; (III) – executar as ações supletivas de competência da União, em conformidade com a legislação ambiental vigente; e (IV) – implementar a Política Nacional de Manejo Integrado do Fogo nas terras indígenas, nos territórios reconhecidos de comunidades quilombolas e outras comunidades, nos assentamentos rurais federais e nas demais áreas da União administradas pela Secretaria do Patrimônio da União do Ministério da Gestão e da Inovação em Serviços Públicos, em parceria com os órgãos e as entidades gestores correspondentes.

Diga-se de passagem, a Portaria n. 92, de 14 de setembro de 2022, foi alterada diversas vezes, a exemplo das Portarias n. 168/23, 173/23, 188/23, 192/23, 193/23, 208/23 e, mais recentemente, pela Portaria n. 80, de 25 de junho de 2024.

O IBAMA é uma entidade autárquica de regime especial, com autonomia administrativa e financeira, dotada de personalidade jurídica de direito público, com sede em Brasília, Distrito Federal, e tem jurisdição em todo o território nacional, sendo vinculado ao Ministério do Meio Ambiente.

Parece-nos inegável – e não estamos sós – que o IBAMA aparece como o órgão ambiental, na estrutura administrativa federal, mais importante de todos os tempos e com mais poder de enfrentamento da degradação e poluição ambiental, inclusive em moldes similares à EPA, norte-americana, criada em 1970.[1]

Sobre a competência do órgão ambiental federal, ficou consignado pelo Superior Tribunal de Justiça que a *"atividade fiscalizatória das atividades nocivas ao meio ambiente concede ao IBAMA interesse jurídico suficiente para exercer seu poder de polícia administrativa, ainda que o bem esteja situado em área cuja competência para o licenciamento seja do município ou do estado"* (AgRg no AREsp 739.253/SC).

O Tribunal Regional Federal da 1ª Região deixou assentado que, de fato, *"ao Instituto Brasileiro de Meio Ambiente e Recursos Naturais Renováveis – IBAMA, órgão integrante do Sistema Nacional do Meio Ambiente – SISNAMA, compete a execução e a fiscalização da política e diretrizes governamentais fixadas para o meio ambiente (art. 6º, inciso IV, da Lei n. 6.938/81, com a redação da Lei n. 8.025/90, c/c o art. 4º da Resolução CONAMA n. 237/97), de que resulta sua legitimidade, interesse de agir e responsabilidade pelo licenciamento ambiental, nos termos do art. 10, inciso I, da referida Resolução, devendo, por isso, integrar a relação processual das ações em que se questiona a realização de etapas do respectivo procedimento, como no caso"* (TRF 1ª Região, Ap. Cív. 200133000057790/BA).

---

[1] SARLET, Ingo Wolfgang; FENSTERSEIFER, Tiago. *Curso de direito ambiental*. 3. ed. Rio de Janeiro: Forense, 2022, p. 513.

Em ilustrativa decisão, o Superior Tribunal de Justiça assegurou que, *"no âmbito administrativo, o Ibama e o Instituto Chico Mendes (ICMBio) possuem poder de polícia para fiscalizar atividades ilícitas contra o meio ambiente, mesmo em área cuja competência para licenciamento ambiental seja do Estado ou do Município. À luz da Lei Complementar n. 140/11, não se confundem competência administrativa ambiental preventiva (licenciamento) e competência administrativa ambiental repressiva (fiscalização e punição). No mesmo sentido, o estatuto dorsal de disciplina dos ilícitos administrativos ambientais confere iguais poderes aos três níveis federativos, ao dispor que 'são autoridades competentes para lavrar auto de infração ambiental e instaurar processo administrativo os funcionários de órgãos ambientais integrantes do Sistema Nacional de Meio Ambiente – SISNAMA, designados para as atividades de fiscalização, bem como os agentes das Capitanias dos Portos, do Ministério da Marinha'* (art. 70, § 1º, da Lei n. 9.605/98, grifo acrescentado). Precedentes do STJ" (REsp 1.397.722/CE).

Diz Paulo de Bessa Antunes que *"a criação do Ibama teve o mérito de congregar, em um único organismo, diversas entidades que não conseguiram jamais atuar em conjunto. Antes da existência do Ibama, havia pelo menos quatro órgãos voltados para as questões ambientais. Deve ser ressaltado, entretanto, que nenhum deles possuía força política ou econômica para desempenhar adequadamente as suas tarefas. O Ibama, sem dúvida, foi um grande progresso em relação à situação anterior"*.[2]

1.2. FINALIDADES

Diz o novo Decreto, de 7 de agosto de 2024, no art. 2º do Anexo I, que o IBAMA, em conformidade com os instrumentos da Política Nacional do Meio Ambiente, instituída pela Lei n. 6.938, de 31 de agosto de 1981, de acordo com as competências previstas na Lei Complementar n. 140, de 8 de dezembro de 2011, e observado o disposto na legislação, possui as seguintes competências em âmbito federal:

I – aplicação da legislação e dos acordos internacionais relativos à gestão ambiental;

II – monitoramento, prevenção e controle de poluição, desmatamentos, queimadas e incêndios florestais;

III – avaliação de impactos ambientais;

IV – licenciamento ambiental de atividades, empreendimentos, produtos e processos considerados efetiva ou potencialmente poluidores, e daqueles capazes de causar degradação ambiental;

V – análise, registro e controle de substâncias químicas, agrotóxicos e de seus componentes e afins;

---

[2] ANTUNES, Paulo de Bessa. *Direito ambiental.* 21. ed. São Paulo: Atlas, 2020, p. 160.

VI – elaboração e estabelecimento de critérios e parâmetros para a classificação, o gerenciamento e a gestão de informações sobre áreas contaminadas;

VII – implementação do Cadastro Técnico Federal de Atividades e Instrumentos de Defesa Ambiental e do Cadastro Técnico Federal de Atividades Potencialmente Poluidoras ou Utilizadoras dos Recursos Ambientais;

VIII – proposição e edição de normas e padrões de qualidade ambiental;

IX – desenvolvimento dos sistemas de informação nacionais e federais para a gestão do uso dos recursos faunísticos, florísticos, florestais e da biodiversidade aquática;

X – disciplinamento, cadastramento, licenciamento, monitoramento e fiscalização dos usos e dos acessos aos recursos ambientais, florísticos e faunísticos;

XI – elaboração e estabelecimento de critérios, padrões e proposição de normas ambientais para a gestão do uso dos recursos faunísticos, florísticos, florestais e da biodiversidade aquática;

XII – fiscalização e controle da coleta e do transporte de material biológico;

XIII – recuperação de áreas degradadas;

XIV – coordenação das atividades do Centro Integrado Multiagência de Coordenação Operacional Federal – Ciman Federal;

XV – fiscalização e aplicação de penalidades administrativas ambientais ou compensatórias pelo não cumprimento das medidas necessárias à preservação ou à correção da degradação ambiental;

XVI – orientação técnica e apoio operacional às instituições públicas e à sociedade em caso de acidentes e emergências ambientais de relevante interesse ambiental;

XVII – promoção da gestão de riscos e da prevenção de acidentes ambientais;

XVIII – apoio à implementação do Sistema Nacional de Informações sobre o Meio Ambiente – Sinima;

XIX – elaboração do Relatório de Qualidade do Meio Ambiente;

XX – execução de programas de educação ambiental; e

XXI – geração, integração e disseminação de informações e conhecimentos relativos ao meio ambiente.

Julgando caso que envolvia impacto regional, por se tratar de licenciamento ambiental de instalação de usina termelétrica, decidiu o Tribunal Regional Federal da 3ª Região nos seguintes termos: *"A Constituição Federal prevê, em seu art. 23, VI, ser competência comum da União, dos Estados, do Distrito Federal e dos Municípios, proteger o meio ambiente e combater a poluição em qualquer de suas formas. A distribuição de atribuições entre os entes públicos encontra-se prevista em lei, notadamente na Lei n. 6.938, de 31 de agosto de 1981. Constata-se, no ordenamento jurídico, ser o IBAMA competente para o licenciamento ambiental, de duas formas distintas: supletiva e privativamente. A competência privativa tem previsão no art. 10, § 4º, da Lei n. 6.938/81, e diz respeito às 'atividades e obras com significativo impacto ambiental, de âmbito nacional ou regional'. O impacto regional está caracterizado pela utilização de recursos hídricos do Rio Piracicaba (rio federal), do gás natural produzido pela GASBOL, cujo projeto está sendo licenciado pelo IBAMA e destina-se a atender cinco estados-membros da federação, e ainda, do potencial de energia da usina hidrelétrica de Salto Grande, igualmente bem da União. Faz-se de rigor o encaminhamento do procedimento ao IBAMA para que se manifeste no sentido de dar prosseguimento ao licenciamento, com o aproveitamento dos atos praticados até a expedição da Licença Prévia pela Secretaria do Meio Ambiente, inclusive"* (TRF 3ª Região, AgI 162.230/SP).

O Tribunal Regional Federal da 1ª Região decidiu ser *"imprescindível a intervenção do IBAMA nos licenciamentos e estudos prévios relativos a empreendimentos e atividades com significativo impacto ambiental, de âmbito nacional ou regional, que afetarem terras indígenas ou bem de domínio da União (artigo 10, caput e § 4º, da Lei n. 6.938/81 c/c artigo 4º, I, da Resolução n. 237/97 do CONAMA)"* (TRF 1ª Região, AgI 200101000306075/PA).

Nota-se, nos julgados acima, que os Tribunais utilizaram o critério da abrangência do impacto (de âmbito nacional ou regional) para fundamentar a decisão no primeiro caso e da especificidade ou dominialidade (terras indígenas ou bem de domínio da União) no segundo. Como visto anteriormente, a competência para o licenciamento está disciplinada pela Lei Complementar n. 140/11, que manteve a especificidade em alguns casos (empreendimentos militares, terras indígenas, material radioativo), mas utiliza preponderantemente o critério da localização do empreendimento.

Demais disso, segundo o art. 3º do Anexo I do Decreto n. 12.130, de 7 de agosto de 2024, o IBAMA apresenta a seguinte estrutura organizacional:

I – órgão colegiado: Conselho Gestor;

II – órgãos de assistência direta e imediata ao Presidente do Ibama:

a) Gabinete;

b) Assessoria de Comunicação Social;

c) Assessoria Parlamentar; e

d) Assessoria de Mudanças Climáticas;

III – órgãos seccionais:

a) Assessoria de Gestão Estratégica;

b) Procuradoria Federal Especializada;

c) Auditoria Interna;

d) Corregedoria;

e) Ouvidoria; e

f) Diretoria de Planejamento, Administração e Logística;

IV – órgãos específicos singulares:

a) Diretoria de Licenciamento Ambiental;

b) Diretoria de Qualidade Ambiental;

c) Diretoria de Biodiversidade e Florestas;

d) Diretoria de Proteção Ambiental; e
e) Centros Nacionais; e
V – órgãos descentralizados: Superintendências.

Em outra passagem, disse o Superior Tribunal de Justiça que "*distinguem-se competência de licenciamento e competência de fiscalização e repressão, inexistindo correlação automática e absoluta entre os seus regimes jurídicos. Segundo a jurisprudência do STJ, atividades licenciadas ou autorizadas (irrelevante por quem) – bem como as não licenciadas ou autorizadas e as não licenciáveis ou autorizáveis – podem ser, simultaneamente, fiscalizadas e reprimidas por qualquer órgão ambiental, cabendo-lhe alçadas de autuação, além de outras, daí decorrentes, como interdição e punição: 'havendo omissão do órgão estadual na fiscalização, mesmo que outorgante da licença ambiental, o IBAMA pode exercer o seu poder de polícia administrativa, porque não se pode confundir competência para licenciar com competência para fiscalizar'*" (AgInt no REsp 1.484.933/CE).

No mesmo sentido: AgRg no REsp 711.405/PR, Rel. Min. Humberto Martins, Segunda Turma; REsp 1.560.916/AL, Rel. Min. Francisco Falcão, Segunda Turma; AgInt no REsp 1.532.643/SC, Rel. Min. Assusete Magalhães, Segunda Turma. Cf. também: "*O poder de polícia ambiental pode ser exercido por qualquer dos entes da Federação atingidos pela atividade danosa ao meio ambiente*" (AgInt no AREsp 1.148.748/RJ, Rel. Min. Mauro Campbell Marques, Segunda Turma, DJe de 24-5-2018, grifo acrescentado)" (REsp 1.802.031/PE).

Como última informação, deve-se atentar para a Tese n. 2 do Superior Tribunal de Justiça, que diz ser "*vedado ao Instituto Brasileiro do Meio Ambiente e dos Recursos Naturais Renováveis (Ibama) impor sanções administrativas sem expressa previsão legal*", bem como o acolhimento de que a jurisprudência daquela Corte Superior "*fixou entendimento de que não é cabível a aplicação de multa ambiental sem a expressa previsão legal em respeito ao princípio da legalidade* (AgRg no REsp 1.164.140/MG, Rel. Min. Humberto Martins, DJe 21-9-2011 (AgRg no REsp 1.144.604/MG, Rel. Min. Hamilton Carvalhido, DJe 10-6-2010)" (AgRg no AREsp 557.714/MG).

2. O INSTITUTO CHICO MENDES DE CONSERVAÇÃO DA BIODIVERSIDADE – ICMBIO

2.1. ATRIBUIÇÕES

A Lei n. 11.516, de agosto de 2007, criou o Instituto Chico Mendes de Conservação da Biodiversidade – ICMBio, cuja natureza jurídica é de autarquia federal, com personalidade jurídica de direito público, autonomia administrativa e financeira, vinculada ao Ministério do Meio Ambiente.

Trata-se, em verdade, de "desmembramento" de atribuições antes conferidas ao IBAMA, apenas com a ressalva feita pelo parágrafo único do art. 1º, no sentido de que o exercício do poder de polícia ambiental para a proteção das unidades de conservação instituídas pela União poderá ser realizado de "modo supletivo" pelo IBAMA. Nesse sentido, o ICMBio passa a cumprir papel que antes era reservado ao IBAMA – fiscalização e exercício do poder de polícia ambiental – em matéria de conservação da biodiversidade, especialmente no tocante à Política Nacional de Unidades de Conservação da Natureza (Lei n. 9.985/00).[3]

Dentre as atividades do ICMBio, destacam-se, no art. 1º:

> I – executar ações da política nacional de unidades de conservação da natureza, referentes às atribuições federais relativas à proposição, implantação, gestão, proteção, fiscalização e monitoramento das unidades de conservação instituídas pela União;
> II – executar as políticas relativas ao uso sustentável dos recursos naturais renováveis e ao apoio ao extrativismo e às populações tradicionais nas unidades de conservação de uso sustentável instituídas pela União;
> III – fomentar e executar programas de pesquisa, proteção, preservação e conservação da biodiversidade e de educação ambiental;
> IV – exercer o poder de polícia ambiental para a proteção das unidades de conservação instituídas pela União; e
> V – promover e executar, em articulação com os demais órgãos e entidades envolvidos, programas recreacionais, de uso público e de ecoturismo nas unidades de conservação, onde estas atividades sejam permitidas.

Registre-se claro que a participação do IBAMA, nos casos de poder de polícia ambiental, não fica excluída mas sim ocorrerá supletivamente, nos termos do parágrafo único do art. 1º.

Não obstante a Lei n. 11.516/07 prever no art. 1º, IV, a competência para o ICMBio *"exercer o poder de polícia ambiental para a proteção das unidades de conservação instituídas pela União"*, não incluiu a Autarquia entre os entes integrantes do Sistema Nacional do Meio Ambiente, o que gerou diversos questionamentos.

Conforme expresso no art. 70, § 1º, da Lei n. 9.605/98 *"são autoridades competentes para lavrar auto de infração ambiental e instaurar processo administrativo os funcionários de órgãos ambientais integrantes do Sistema Nacional de Meio Ambiente – SISNAMA, designados para as atividades de fiscalização, bem como os agentes das Capitanias dos Portos, do Ministério da Marinha"*.

Com efeito, somente com a alteração trazida pela Lei n. 12.856, de 2 de setembro de 2013, que modificou a redação do inciso IV do art. 6º da Lei n. 6.938/81, incluindo o ICMBio na relação dos órgãos executores da Política Nacional do Meio

---

[3] SARLET, Ingo Wolfgang; FENSTERSEIFER, Tiago. *Curso de direito ambiental.* 3. ed. Rio de Janeiro: Forense, 2022, p. 457.

Ambiente, tornou-se inconteste a competência do órgão para lavrar autos de infração por práticas lesivas ao meio ambiente.

É importante observar que o art. 6º, III, da Lei n. 9.985/00 apenas previu o ICMBio como órgão executor do Sistema Nacional do Meio Ambiente – SISNAMA.

Prevaleceu, no entanto, no que diz respeito à competência dos agentes do ICMBio para lavrar autos de infração, o entendimento de que o conteúdo do inciso IV do referido artigo, que considerava os *"órgãos ou entidades da administração pública federal direta e indireta"* como órgãos setoriais do SISNAMA.

2.2. ATIVIDADE SUPLETIVA DO IBAMA

A redação da lei de criação do ICMBio, que altera o art. 2º da Lei n. 7.735/89, deixa clara a participação supletiva do IBAMA, relegando à autarquia federal a finalidade de:

I – exercer o poder de polícia ambiental;

II – executar ações das políticas nacionais de meio ambiente, referentes às atribuições federais, relativas ao licenciamento ambiental, ao controle da qualidade ambiental, à autorização de uso dos recursos naturais e à fiscalização, monitoramento e controle ambiental, observadas as diretrizes emanadas do Ministério do Meio Ambiente; e

III – executar as ações supletivas de competência da União, de conformidade com a legislação ambiental vigente.

Embora nas leis de criação do Instituto Chico Mendes (Lei n. 11.516/07) e do IBAMA (Lei n. 7.735/89), não exista uma definição clara da área atuação de cada um dos órgãos no que se refere à fiscalização, é certo que os servidores do ICMBio atuam quase que exclusivamente dentro dos limites das unidades de conservação, embora nada impeça sua atuação fora delas.

Decidiu o Superior Tribunal de Justiça que *"no âmbito administrativo, o Ibama e o Instituto Chico Mendes (ICMBio) possuem poder de polícia para fiscalizar atividades ilícitas contra o meio ambiente, mesmo em área cuja competência para licenciamento ambiental seja do Estado ou do Município. À luz da Lei Complementar n. 140/2011, não se confundem competência administrativa ambiental preventiva (licenciamento) e competência administrativa ambiental repressiva (fiscalização e punição)"* (REsp 1.397.722/CE).

Continua o Relator *"no mesmo sentido, o estatuto dorsal de disciplina dos ilícitos administrativos ambientais confere iguais poderes aos três níveis federativos, ao dispor que "são autoridades competentes para lavrar auto de infração ambiental e instaurar processo administrativo os funcionários de órgãos ambientais integrantes do Sistema Nacional de Meio Ambiente – SISNAMA, designados para as atividades de fiscalização, bem como os agentes das Capitanias dos Portos, do Ministério da Marinha" (art. 70, § 1º, da Lei n. 9.605/98, grifo acrescentado). Precedentes do STJ"* (REsp 1.397.722/CE).

Como já tivemos oportunidade de tratar, a atribuição do IBAMA, portanto, como órgão executor do SNUC, ocorre apenas em caráter supletivo, sendo, em regra, o Instituto Chico Mendes (ICMBio) o órgão executor do SNUC no âmbito federal.

2.3. DIVISÃO DE RECEITAS

Há previsão legal, também, da repartição dos recursos financeiros oriundos dos preços da concessão florestal de unidades localizadas em áreas de domínio da União, conforme a Lei n. 11.284/06.

Anteriormente, 40% eram repassados ao IBAMA, para utilização restrita nas unidades de conservação de uso sustentável. Agora, segundo o § 1º do art. 39, ficou assim dividido:

> a) Instituto Chico Mendes: 40% (quarenta por cento), para utilização restrita na gestão das unidades de conservação de uso sustentável; (Redação dada pela Lei n. 11.516/2007.)
> b) Estados: 20% (vinte por cento), destinados proporcionalmente à distribuição da floresta pública outorgada em suas respectivas jurisdições, para o apoio e promoção da utilização sustentável dos recursos florestais, sempre que o ente beneficiário cumprir com a finalidade deste aporte;
> c) Municípios: 20% (vinte por cento), destinados proporcionalmente à distribuição da floresta pública outorgada em suas respectivas jurisdições, para o apoio e promoção da utilização sustentável dos recursos florestais, sempre que o ente beneficiário cumprir com a finalidade deste aporte;
> d) FNDF: 20% (vinte por cento).

2.4. O SNUC E O ICMBIO

O Sistema Nacional de Unidades de Conservação da Natureza – SNUC, segundo o art. 6º da Lei n. 9.985/00, passa a ser regido pelos seguintes órgãos, com as respectivas atribuições:

> I. Órgão consultivo e deliberativo: o Conselho Nacional do Meio Ambiente – CONAMA, com as atribuições de acompanhar a implementação do Sistema;
> II. Órgão central: o Ministério do Meio Ambiente, com a finalidade de coordenar o Sistema; e
> III. Órgãos executores: o Instituto Chico Mendes e o Ibama, em caráter supletivo, os órgãos estaduais e municipais, com a função de implementar o SNUC, subsidiar as propostas de criação e administrar as unidades de conservação federais, estaduais e municipais, nas respectivas esferas de atuação (Redação dada pela Lei n. 11.516/2007.)
> Parágrafo único. Podem integrar o SNUC, excepcionalmente e a critério do CONAMA, unidades de conservação estaduais e municipais que, concebidas para atender a peculiaridades regionais ou locais, possuam objetivos de manejo que não possam

ser satisfatoriamente atendidos por nenhuma categoria prevista nesta Lei e cujas características permitam, em relação a estas, uma clara distinção.

Note-se que o parágrafo único do art. 7º admite, excepcionalmente, que o SNUC poderá ser integrado, a critério do CONAMA, por unidades de conservação estaduais e municipais que, concebidas para atender a peculiaridades regionais ou locais, possuam objetivos de manejo que não possam ser satisfatoriamente atendidos por nenhuma categoria prevista na lei do SNUC e cujas características permitam, em relação a estas, uma clara distinção.

Trata-se de um reconhecimento da diversidade de situações ecológicas do país, bem como dos diferentes níveis de organização administrativa dos diversos entes federativos, confirmando a tese de que o SNUC é antes federal do que nacional.[4]

Por último, cabe um comentário sobre matéria que é abordada com mais profundidade em tópico específico, no que se refere à autorização do órgão gestor das unidades de conservação no licenciamento ambiental de empreendimentos que as afetam.

O art. 36, § 3º, da Lei n. 9.985/00 estabelece que quando um empreendimento de significativo impacto ambiental "*afetar unidade de conservação específica ou sua zona de amortecimento, o licenciamento a que se refere o caput deste artigo só poderá ser concedido mediante autorização do órgão responsável por sua administração*".

Para essa autorização é forçoso estabelecer que o órgão gestor das unidades de conservação federais é o Instituto Chico Mendes de Conservação da Biodiversidade – ICMBio e não o Chefe de cada unidade, nem seu Conselho Gestor, quando for o caso.

O ICMBio normatizou a forma de manifestação nos processos de licenciamento por meio da Instrução Normativa n. 7, de 5 de novembro de 2014.

2.5. DESTINAÇÃO E APLICAÇÃO DOS RECURSOS DE COMPENSAÇÃO AMBIENTAL

A Lei n. 13.668, de 28 de maio de 2018, dispõs sobre a destinação e a aplicação dos recursos de compensação ambiental pelo Instituto Chico Mendes de Conservação da Biodiversidade (Instituto Chico Mendes).

A compensação ambiental é instituto que se liga diretamente à questão referente à possibilidade ou não de recuperação dos danos ao meio ambiente.

A Constituição estabelece uma obrigação geral de reparação do dano causado ao meio ambiente. Entretanto, as realidades da vida prática, em não poucas vezes, impedem que haja uma recuperação do dano causado ao meio ambiente.

---

[4] ANTUNES, Paulo de Bessa. *Direito ambiental*. 21. ed. São Paulo: Atlas, 2020, p. 678.

Paulo de Bessa Antunes leciona que *"nas hipóteses em que tal dano é causado por uma atividade lícita, existe uma dificuldade, que é o estabelecimento de um balanço entre as suas diferentes consequências, sejam elas positivas ou negativas. A compensação surge quando se verifica que, em um balanço amplo dos diferentes resultados de uma intervenção humana no meio ambiente, a existência de dano ambiental é compensável e socialmente tolerável. Para que o nosso ponto de vista possa ser mais bem explicitado, passo a classificar os danos ambientais"*.[5]

O art. 14-A autorizou o ICMBio a selecionar uma instituição financeira oficial, dispensando-a de licitação, para criar e administrar um fundo privado a ser integralizado com recursos oriundos da compensação ambiental de que trata o art. 36 da Lei n. 9.985, de 18 de julho de 2000, destinados às unidades de conservação instituídas pela União.

Demais disso, sobre o "momento" da compensação, Édis Milaré parece-nos preciso ao dizer que *"a concretização da exigência da compensação ambiental ocorre na fase do juízo de viabilidade da atividade ou empreendimento capaz de causar significativos impactos negativos e não mitigáveis ao meio ambiente, isto é, por ocasião do licenciamento ambiental, com a apresentação de Estudo de Impacto Ambiental – EIA e seu respectivo Relatório de Impacto Ambiental – RIMA. Por consequência, apenas nessa fase, e não para empreendimentos antigos, é possível exigir-se a compensação"*.[6]

---

[5] ANTUNES, Paulo de Bessa. *Direito ambiental*. 21. ed. São Paulo: Atlas, 2020, p. 716.
[6] MILARÉ, Édis. *Direito do ambiente*. 11. ed. São Paulo: Thomson Reuters, 2018, p. 1.114.

Capítulo XVIII
MUDANÇAS CLIMÁTICAS

Sumário: 1. Introdução às negociações internacionais do clima. 2. O Fundo Nacional sobre Mudança do Clima (FNMC). 3. A Política Nacional sobre Mudança do Clima (PNMC). 4. O Acordo de Paris e a Decisão n. 1 da COP-21. 5. Os casos de litigância climática.

1. INTRODUÇÃO ÀS NEGOCIAÇÕES INTERNACIONAIS DO CLIMA

A Convenção-Quadro das Nações Unidas sobre Mudanças Climáticas (UNFCCC – *United Nations Framework Convention on Climate Change*) foi um tratado celebrado durante a Rio-92 que visava a estabilizar as concentrações de gases de efeito estufa na atmosfera, buscando monitorar seus níveis para impedir uma interferência antrópica perigosa no sistema climático e combater o aquecimento global.[1]

O tratado não estabelecia limites obrigatórios de redução de emissões de gases de efeito estufa (em inglês, GHG) para os países signatários, em vez disso, previa atualizações periódicas.

Édis Milaré ensina que *"os tratados são, em sua essência, um instrumento de cooperação internacional, pois possibilitam a utilização de seus princípios ao promover o desenvolvimento em plano internacional, a conservação ambiental e a melhoria das condições socioeconômicas e da qualidade de vida das populações, especialmente nos países menos desenvolvidos".*[2]

Em 1997 foi assinado no Japão o Protocolo de Quioto. Esse Protocolo estabeleceu obrigações jurídicas para os países desenvolvidos, muitos dos quais precisariam reduzir as suas emissões de gases de efeito estufa. Apesar de ter sido assinado em 1997, o Protocolo de Quioto só entrou em vigor em 2005, depois da adesão da Rússia. De acordo com o Protocolo, os países industrializados, denominados Países

---

[1] NUSDEO, Ana Maria de Oliveira. Mudanças Climáticas e os instrumentos jurídicos adotados pela legislação brasileira para o seu combate. In: NUSDEO, Ana Maria de Oliveira; TRENNEPOHL, Terence (Coords.). *Temas de direito ambiental econômico*. São Paulo: Revista dos Tribunais, 2019, p. 196.

[2] MILARÉ, Édis. *Direito do ambiente*. 11. ed. São Paulo: Thomson Reuters, 2018, p. 1.722.

do Anexo B, obrigaram-se a reduzir em 5% as suas emissões de GEE, tendo como ano-base 1990.

Mesmo com a entrada em vigor do Protocolo e com o primeiro período para o cumprimento dos compromissos assumidos cobrindo os anos de 2008 a 2012, as negociações internacionais e as reuniões dos países signatários, conhecidas como COPs (em inglês, *Conference of the Parties*), continuaram acontecendo regularmente na tentativa de diminuir a dicotomia entre países industrializados e países em desenvolvimento.

Em 2009, a cidade de Copenhague, na Dinamarca, foi palco de um desses encontros globais para discutir ações e os desafios causados pelas mudanças climáticas.

Esse encontro, a 15ª Conferência das Partes, conhecido como COP 15) tinha como objetivo, dentre outras coisas, a discussão de medidas de mitigação e adaptação às mudanças climáticas. A busca por fontes alternativas de energia e transferência de tecnologia são pontos bastante discutidos e, a despeito dos desdobramentos políticos que tenham ocorrido, certamente o encontro assinalou um novo horizonte, em busca de soluções renováveis e menos poluentes.

Neste encontro, alguns países, dentre eles o Brasil, apesar de não possuírem metas de redução obrigatórias estabelecidas pelo Protocolo de Kyoto, apresentaram metas voluntárias de redução de emissão de gases de efeito estufa.

O Brasil se comprometeu a reduzir até 2020 suas emissões projetadas de gases de efeito estufa entre 36,1 e 38,9%, aprovando dois importantes, à época, diplomas legais: a Lei n. 12.114/09 que criou o Fundo Nacional sobre Mudança do Clima e a Lei n. 12.187/09 que estabeleceu a Política Nacional de Mudanças Climáticas, os quais serão tratados com mais detalhes nos próximos itens.

Quanto ao Protocolo de Quioto e ao objetivo de alcançar a redução de emissões globais, foram estabelecidos três principais mecanismos para auxiliar os países a alcançarem suas metas de redução com maior efetividade e menor custo, quais sejam: o Sistema de Comércio de Emissões (em inglês, *Emissions Trading System – ETS*), Implementação Conjunta (em inglês, *Joint Implementation – JI*) e o Mecanismo de Desenvolvimento Limpo (em inglês, *Clean Development Mechanism – CDM*).

O Sistema de Comércio de Emissões, previsto no art. 17 do Protocolo, deve ser adicional às ações domésticas e funciona, basicamente, no estilo *cap-and-trade*, em que uma autoridade estabelece um limite de emissões para determinadas instalações/setores. Assim, caso uma instalação emita mais do que as permissões e extrapole o cap, precisa comprar créditos no mercado. Um dos principais e maiores sistemas de comércio de emissões é o sistema europeu (EU ETS), em operação desde 2005 e que já passou por várias reestruturações ao longo das fases.

Os demais mecanismos, ancorados em projetos, foram utilizados para auxiliar a produção de créditos com características muito semelhantes, diferenciando-se na medida em que o JI era usado para o desenvolvimento de projetos em países com metas obrigatórias e o CDM em países que não possuíam obrigações, como Brasil e

China. Dessa forma, um país industrializado (Anexo B) poderia financiar um projeto de Mecanismo de Desenvolvimento Limpo (MDL) em um país em desenvolvimento (não Anexo B) e, de acordo com o art. 12 do Protocolo, além da obtenção das metas de redução dos GEE, tal mecanismo tinha como um dos seus principais objetivos a promoção do desenvolvimento sustentável nos países em desenvolvimento.

Atualmente, com as mudanças introduzidas pelo Acordo de Paris e as discussões para aumentar cada vez mais a ambição dos países, a operacionalização de novos mecanismos de mercado, como os previstos no artigo 6 do Acordo de Paris, continuam sendo discutidas como uma forma de auxiliar os países a alcançarem suas Contribuições Nacionais Determinadas (em inglês, Nationally Determined Contributions – NDCs).

Um fato é indiscutível, estamos todos num contexto global de sustentabilidade, não mais cabendo a determinados países a alcunha de grandes poluidores, pois as necessidades começam a exigir medidas ambientalmente corretas de abrangência global.

Os professores Ingo Sarlet e Tiago Fensterseifer contribuem ao estudo do tema ao dizerem que *"é o direito ao futuro que está em jogo, podendo-se até mesmo falar de certa sub-representação político-democrática dos interesses das gerações mais jovens no Estado Constitucional contemporâneo, assim como das futuras gerações que ainda estão por nascer, protegidas, por exemplo, pelo caput do art. 225 da CF/1988".*[3]

Continuam aduzindo que *"os exemplos citados dizem respeito ao fenômeno recente da litigância climática, inclusive com inserções políticas e jurídicas cada vez mais importantes, tanto no plano nacional quanto internacional, relacionado à exigência de medidas governamentais para o enfrentamento ao aquecimento global, inclusive com o crescente acionamento do Poder Judiciário diante da omissão ou atuação insuficiente dos entes públicos".*[4]

Em outro trabalho, de mesma autoria, os autores salientam o recente estado de emergência climática mundial, demonstrando que as bruscas alterações do clima são resultantes da atuação do homem.[5]

Vários exemplos podem ser citados no sentido de uma produção normativa mais condizente com as mudanças climáticas extremas, como A Cúpula Mundial sobre Desenvolvimento Sustentável (Rio+20), em 2012, o Acordo de Paris, aprovado na COP 21, que previa que todos empreendessem esforços no combate às mudanças climáticas, o Acordo Regional de Escazú, de 2017, o reconhecimento do direito ao meio ambiente

---

[3] SARLET, Ingo Wolfgang; FENSTERSEIFER, Tiago. *Curso de direito ambiental.* 3. ed. Rio de Janeiro: Forense, 2022, p. 929.

[4] SARLET, Ingo Wolfgang; FENSTERSEIFER, Tiago. *Curso de direito ambiental.* 3. ed. Rio de Janeiro: Forense, 2022, p. 929.

[5] SARLET, Ingo Wolfgang; WEDY, Gabriel; FENSTERSEIFER, Tiago. *Curso de direito climático.* São Paulo: Thomson Reuters Brasil, 2023, p. 57.

como "direito humano" pelo Conselho de Direitos Humanos da ONU, em 2021, o "direito humano ao meio ambiente limpo saudável e sustentável", também reconhecido pela ONU, em Assembléia Geral (Resolução A/76/L.75), em 2022.

Dentre eles, sem dúvida o mais lembrado é o Acordo de Paris, cujo objetivo central era manter o aquecimento global neste século abaixo dos 2 °C acima dos níveis pré-industriais, que entrou em vigor em 4 de novembro de 2016, depois de ser ratificado por 55 países, que representam pelo menos 55% das emissões mundiais.

Até fins de 2023, 196 países haviam ratificado o Acordo.

2. O FUNDO NACIONAL SOBRE MUDANÇA DO CLIMA (FNMC)

A Lei n. 12.114/09 criou o Fundo Nacional sobre Mudança do Clima (FNMC), com o objetivo de assegurar recursos financeiros para projetos ou estudos, bem como para o financiamento de empreendimentos que visassem à mitigação e à adaptação da mudança do clima e seus efeitos.

Os recursos do Fundo serão oriundos dos *royalties* pagos nos contratos de concessão da exploração de petróleo e gás natural, conforme o disposto na Lei n. 9.478/97, bem como de dotações orçamentárias da União, recursos decorrentes de acordos, ajustes, contratos e convênios celebrados com órgãos e entidades da administração pública, e demais fontes, todas previstas no art. 3º da lei, nos seguintes termos:

> Art. 3º Constituem recursos do FNMC:
>
> I – até 60% (sessenta por cento) dos recursos de que trata o inciso II do § 2º do art. 50 da Lei n. 9.478, de 6 de agosto de 1997;
>
> II – dotações consignadas na lei orçamentária anual da União e em seus créditos adicionais;
>
> III – recursos decorrentes de acordos, ajustes, contratos e convênios celebrados com órgãos e entidades da administração pública federal, estadual, distrital ou municipal;
>
> IV – doações realizadas por entidades nacionais e internacionais, públicas ou privadas;
>
> V – empréstimos de instituições financeiras nacionais e internacionais;
>
> VI – reversão dos saldos anuais não aplicados;
>
> VII – recursos oriundos de juros e amortizações de financiamentos; (Redação dada pela Lei n. 13.800, de 2019.)
>
> VIII – rendimentos auferidos com a aplicação dos recursos do Fundo; e (Incluído pela Lei n. 13.800, de 2019;)
>
> IX – recursos de outras fontes. (Incluído pela Lei n. 13.800, de 2019.)

O Fundo é administrado por um Comitê Gestor, vinculado ao Ministério do Meio Ambiente, e composto por 6 (seis) representantes do Poder Executivo federal e 5 (cinco) representantes do setor não governamental. A composição e a competência do Comitê serão estabelecidas posteriormente em decreto, emanado do Poder Executivo.

Esse Comitê cuidará da destinação de recursos. O Fundo, entre outras destinações, contemplará a difusão de tecnologia para a mitigação de emissões de gases de efeito estufa, a formulação de políticas públicas para a solução de problemas relacionados ao tema, o apoio às cadeias produtoras sustentáveis, a recuperação de áreas degradadas e a restauração florestal.[6]

Segundo o § 4º do art. 5º da Lei n. 12.114/09, os recursos do FNMC poderão ser destinados às seguintes atividades:

I – educação, capacitação, treinamento e mobilização na área de mudanças climáticas;
II – ciência do clima, análise de impactos e vulnerabilidade;
III – adaptação da sociedade e dos ecossistemas aos impactos das mudanças climáticas;
IV – projetos de redução de emissões de gases de efeito estufa (GEE);
V – projetos de redução de emissões de carbono pelo desmatamento e degradação florestal, com prioridade a áreas naturais ameaçadas de destruição e relevantes para estratégias de conservação da biodiversidade;
VI – desenvolvimento e difusão de tecnologia para a mitigação de emissões de gases do efeito estufa;
VII – formulação de políticas públicas para solução dos problemas relacionados à emissão e mitigação de emissões de GEE;
VIII – pesquisa e criação de sistemas e metodologias de projeto e inventários que contribuam para a redução das emissões líquidas de gases de efeito estufa e para a redução das emissões de desmatamento e alteração de uso do solo;
IX – desenvolvimento de produtos e serviços que contribuam para a dinâmica de conservação ambiental e estabilização da concentração de gases de efeito estufa;
X – apoio às cadeias produtivas sustentáveis;
XI – pagamentos por serviços ambientais às comunidades e aos indivíduos cujas atividades comprovadamente contribuam para a estocagem de carbono, atrelada a outros serviços ambientais;[7]
XII – sistemas agroflorestais que contribuam para redução de desmatamento e absorção de carbono por sumidouros e para geração de renda;
XIII – recuperação de áreas degradadas e restauração florestal, priorizando áreas de Reserva Legal e Áreas de Preservação Permanente e as áreas prioritárias para a geração e garantia da qualidade dos serviços ambientais.

A lei dispõe que *"cabe ao Comitê Gestor definir, anualmente, a proporção de recursos a serem aplicados em cada uma das modalidades"* previstas no *caput* do art. 5º, que são: a) apoio financeiro reembolsável mediante concessão de empréstimo, por intermédio do agente operador e b) apoio financeiro, não reembolsável, a projetos

---

[6] MILARÉ, Édis. *Direito do ambiente.* 11. ed. São Paulo: Thomson Reuters, 2018, p. 1.454.

[7] Serviços ambientais são aqueles relacionados aos processos ecológicos por meio dos quais a natureza se reproduz e mantém as condições ambientais que são a base de sustentação da vida e do bem-estar das espécies. V. NUSDEO, Ana Maria de Oliveira. *Pagamento por serviços ambientais:* sustentabilidade e disciplina jurídica. São Paulo: Atlas, 2012, p. 17.

relativos à mitigação da mudança do clima ou à adaptação à mudança do clima e aos seus efeitos, aprovados pelo Comitê Gestor do FNMC, conforme diretrizes previamente estabelecidas pelo Comitê.

Vale ressaltar que o Banco Nacional de Desenvolvimento Econômico e Social (BNDES) é o agente financeiro do FNMC.

O Fundo foi inicialmente regulamentado pelo Decreto n. 7.343, de 2010, posteriormente revogado pelo Decreto n. 9.578, de 2018, o qual consolidou as disposições sobre o fundo e a Política Nacional de Mudança do Clima (PNMC).

Em 2020, a operação do Fundo Clima, incluindo a falta de aprovação do plano anual de investimentos do Fundo em 2020, ganhou destaque na Ação de Descumprimento de Preceito Fundamental 708 (ADPF 708) proposta por alguns partidos políticos e que elencou omissões governamentais no combate às mudanças climáticas.

Foram realizadas audiências públicas com diversos especialistas em razão da complexidade do tema.[8]

3. A POLÍTICA NACIONAL SOBRE MUDANÇA DO CLIMA (PNMC)

Em 29 de dezembro de 2009 foi publicada a Lei n. 12.187, instituindo a Política Nacional sobre Mudança do Clima (PNMC) e estabelecendo os seus princípios, objetivos, diretrizes e instrumentos.

A Lei n. 12.187/09, em linha com o cenário normativo internacional, representa a vanguarda legislativa do Direito Ambiental brasileiro, dando conta do estágio mais avançado de aprimoramento da legislação ambiental nacional.[9]

De acordo com a lei, as ações decorrentes dessa Política deverão observar os princípios ambientais da precaução, prevenção, participação cidadã (leia-se, princípio democrático), do desenvolvimento sustentável e da responsabilidade comum, porém diferenciada.

São diretrizes da Política Nacional sobre Mudança do Clima:

> I – os compromissos assumidos pelo Brasil na Convenção-Quadro das Nações Unidas sobre Mudança do Clima, no Protocolo de Quioto e nos demais documentos sobre mudança do clima dos quais vier a ser signatário;
>
> II – as ações de mitigação da mudança do clima em consonância com o desenvolvimento sustentável, que sejam, sempre que possível, mensuráveis para sua adequada quantificação e verificação *a posteriori*;

---

[8] STF, ADPF 708, Arguição de Descumprimento de Preceito Fundamental n. 0024408-68.2020.1.00.0000, Rel. Min. Roberto Barroso.

[9] SARLET, Ingo Wolfgang; FENSTERSEIFER, Tiago. *Curso de direito ambiental*. 3. ed. Rio de Janeiro: Forense, 2022, p. 927.

III – as medidas de adaptação para reduzir os efeitos adversos da mudança do clima e a vulnerabilidade dos sistemas ambiental, social e econômico;

IV – as estratégias integradas de mitigação e adaptação à mudança do clima nos âmbitos local, regional e nacional;

V – o estímulo e o apoio à participação dos governos federal, estadual, distrital e municipal, assim como do setor produtivo, do meio acadêmico e da sociedade civil organizada, no desenvolvimento e na execução de políticas, planos, programas e ações relacionados à mudança do clima;

VI – a promoção e o desenvolvimento de pesquisas científico-tecnológicas, e a difusão de tecnologias, processos e práticas orientados a: a) mitigar a mudança do clima por meio da redução de emissões antrópicas por fontes e do fortalecimento das remoções antrópicas por sumidouros de gases de efeito estufa; b) reduzir as incertezas nas projeções nacionais e regionais futuras da mudança do clima; c) identificar vulnerabilidades e adotar medidas de adaptação adequadas;

VII – a utilização de instrumentos financeiros e econômicos para promover ações de mitigação e adaptação à mudança do clima, observado o disposto no art. 6º;

VIII – a identificação, e sua articulação com a Política prevista nesta Lei, de instrumentos de ação governamental já estabelecidos aptos a contribuir para proteger o sistema climático;

IX – o apoio e o fomento às atividades que efetivamente reduzam as emissões ou promovam as remoções por sumidouros de gases de efeito estufa;

X – a promoção da cooperação internacional no âmbito bilateral, regional e multilateral para o financiamento, a capacitação, o desenvolvimento, a transferência e a difusão de tecnologias e processos para a implementação de ações de mitigação e adaptação, incluindo a pesquisa científica, a observação sistemática e o intercâmbio de informações;

XI – o aperfeiçoamento da observação sistemática e precisa do clima e suas manifestações no território nacional e nas áreas oceânicas contíguas;

XII – a promoção da disseminação de informações, a educação, a capacitação e a conscientização pública sobre mudança do clima;

XIII – o estímulo e o apoio à manutenção e à promoção: a) de práticas, atividades e tecnologias de baixas emissões de gases de efeito estufa; b) de padrões sustentáveis de produção e consumo.

Os instrumentos previstos na Política Nacional sobre Mudança do Clima para mitigar os impactos das emissões de gases de efeito estufa, segundo o art. 6º da Lei n. 12.187/09, são:

I – o Plano Nacional sobre Mudança do Clima;

II – o Fundo Nacional sobre Mudança do Clima;

III – os Planos de Ação para a Prevenção e Controle do Desmatamento nos biomas;

IV – a Comunicação Nacional do Brasil à Convenção-Quadro das Nações Unidas sobre Mudança do Clima, de acordo com os critérios estabelecidos por essa Convenção e por suas Conferências das Partes;

V – as resoluções da Comissão Interministerial de Mudança Global do Clima;

VI – as medidas fiscais e tributárias destinadas a estimular a redução das emissões e remoção de gases de efeito estufa, incluindo alíquotas diferenciadas, isenções, compensações e incentivos, a serem estabelecidos em lei específica;

VII – as linhas de crédito e financiamento específicas de agentes financeiros públicos e privados;

VIII – o desenvolvimento de linhas de pesquisa por agências de fomento;

IX – as dotações específicas para ações em mudança do clima no orçamento da União;

X – os mecanismos financeiros e econômicos referentes à mitigação da mudança do clima e à adaptação aos efeitos da mudança do clima que existam no âmbito da Convenção-Quadro das Nações Unidas sobre Mudança do Clima e do Protocolo de Quioto;

XI – os mecanismos financeiros e econômicos, no âmbito nacional, referentes à mitigação e à adaptação à mudança do clima;

XII – as medidas existentes, ou a serem criadas, que estimulem o desenvolvimento de processos e tecnologias, que contribuam para a redução de emissões e remoções de gases de efeito estufa, bem como para a adaptação, dentre as quais o estabelecimento de critérios de preferência nas licitações e concorrências públicas, compreendidas aí as parcerias público-privadas e a autorização, permissão, outorga e concessão para exploração de serviços públicos e recursos naturais, para as propostas que propiciem maior economia de energia, água e outros recursos naturais e redução da emissão de gases de efeito estufa e de resíduos;

XIII – os registros, inventários, estimativas, avaliações e quaisquer outros estudos de emissões de gases de efeito estufa e de suas fontes, elaborados com base em informações e dados fornecidos por entidades públicas e privadas;

XIV – as medidas de divulgação, educação e conscientização;

XV – o monitoramento climático nacional;

XVI – os indicadores de sustentabilidade;

XVII – o estabelecimento de padrões ambientais e de metas, quantificáveis e verificáveis, para a redução de emissões antrópicas por fontes e para as remoções antrópicas por sumidouros de gases de efeito estufa;

XVIII – a avaliação de impactos ambientais sobre o microclima e o macroclima.

O último e, quiçá, mais importante ponto que deve ser destacado na nova legislação é a menção a metas voluntárias de redução de emissão de gases de efeito estufa. Dessa forma, para alcançar os objetivos da Política Nacional sobre Mudança do Clima (PNMC), o Brasil incluiu na lei o compromisso voluntário, de reduzir entre 36,1 e 38,9% suas emissões projetadas até 2020.

Existe, portanto, no Brasil, uma Política Nacional da Mudança do Clima, necessitando, porém, de formas mais eficazes para implementá-la onde for possível, suprindo suas evidentes omissões, complementando-a.[10]

---

[10] WEDY, Gabriel. O Acordo de Paris e as suas perspectivas. *Revista da Escola da Magistratura* do TRF da 4ª Região n. 12, p. 130. Disponível em: https://papers.ssrn.com/sol3/papers.cfm?abstract_id=3817935.

A projeção de emissões, bem como o detalhamento das ações para alcançar seus objetivos, foram posteriormente detalhados pelo Decreto n. 7.390/10, revogado em 22 de novembro de 2018 pelo Decreto n. 9.578.

O art. 2º do Decreto n. 9.578/18 mantém a previsão de que os princípios, objetivos, diretrizes e instrumentos das políticas públicas e programas governamentais deverão, sempre que for aplicável, compatibilizar-se com os princípios, objetivos, diretrizes e instrumentos da Política Nacional sobre Mudança do Clima.

A projeção das emissões nacionais de gases do efeito estufa para o ano de 2020, de que tratava o parágrafo único do art. 12 da Lei n. 12.187, de 2009, implicaria reduções de emissões para os seguintes setores: (i) Mudança de Uso da Terra, (ii) Energia, (iii) Agropecuária, (iv) Processos Industriais e (v) Tratamento de Resíduos.

4. O ACORDO DE PARIS E A DECISÃO N. 1 DA COP-21

Em 2015, foi realizada a Conferência das Nações Unidas sobre as Mudanças Climáticas (COP-21) em Paris, marcada como um evento histórico graças a um novo pacto global lá firmado.

O Acordo de Paris foi aprovado pelos 195 países participantes que se comprometeram a reduzir emissões de gases de efeito estufa. Em resumo, o Acordo firmado prevê a manutenção da temperatura média da Terra abaixo de 2ºC, acima dos níveis pré-industriais e de limitar o aumento da temperatura até 1,5ºC acima dos níveis pré-industriais.

Diz o seu art. 2º:

> 1. O presente Acordo, no reforço da implementação da Convenção, incluindo seu objetivo, visa a fortalecer a resposta global à ameaça das mudanças climáticas, no contexto do desenvolvimento sustentável e os esforços para erradicar a pobreza, incluindo ao:
>
> (a) Manter o aumento da temperatura média global bem abaixo dos 2ºC acima dos níveis pré-industriais e buscar esforços para limitar o aumento da temperatura a 1,5ºC acima dos níveis pré-industriais, reconhecendo que isso reduziria significativamente os riscos e impactos das mudanças climáticas;
>
> (b) Aumentar a capacidade de adaptar-se aos impactos adversos das mudanças climáticas e fomentar a resiliência ao clima e o desenvolvimento de baixas emissões de gases de efeito estufa, de uma forma que não ameace a produção de alimentos;
>
> (c) Promover fluxos financeiros consistentes com um caminho de baixas emissões de gases de efeito estufa e de desenvolvimento resiliente ao clima.

O Brasil concluiu sua ratificação ao Acordo de Paris em 12 de setembro de 2016, com metas de reduzir as emissões de gases de efeito estufa em 37% abaixo dos níveis de 2005, em 2025, bem como reduzir as emissões de gases de efeito estufa em 43% abaixo dos níveis de 2005, em 2030.[11]

---

[11] Na NDC apresentada pelo governo brasileiro em dezembro de 2020, os percentuais permanecem os mesmos e referem-se ao 3º Inventário de Emissões.

Este pacto teve um conteúdo diferenciado. Os países passaram a adotar ações políticas de baixo para cima, em que declaram suas ações unilateralmente, alterando a perspectiva *top down* do Protocolo de Quioto e assumindo uma abordagem *pledge and review*.[12]

Outro importante avanço diz respeito à suavização do dualismo entre países desenvolvidos e países em desenvolvimento, até então presente em outras declarações e encontros. O princípio da responsabilidade comum, mas diferenciada continua presente, mas a abordagem do Acordo de Paris busca uma atuação *bottom up*, voltada para a participação de vários stakeholders. Tanto a universalização quanto o tratamento mais abrangente das questões climáticas estão previstas no art. 4º do acordo.

Com a nova estrutura do Acordo de Paris, os países apresentam suas contribuições, as chamadas Contribuições Nacionalmente Determinadas (em inglês, *Nationally Determined Contributions* – NDCs), as quais devem refletir o maior nível de ambição possível e devem ser revistas periodicamente. Alguns aspectos operacionais do Acordo de Paris, como por exemplo os novos mecanismos de mercado estabelecidos pelo art. 6, ainda estão sendo estruturados. Não restam dúvidas de que um longo caminho ainda há de ser percorrido para que possamos atender aos desafios elencados nestas conferências ambientais internacionais.[13]

Em 5 de junho de 2023, cinco Decretos foram editados pelo Governo Federal, tratando de mudanças climáticas, na seguinte ordem:

a) Decreto n. 11.546/23 – Instituiu o Conselho Nacional para a 30ª Conferência das Partes da Convenção-Quadro das Nações Unidas sobre Mudança do Clima – COP30, além de definir sua competência e constituição.

b) Decreto n. 11.547/23 – Instituiu o Comitê Técnico da Indústria de Baixo Carbono, com caráter consultivo e destinado a promover a articulação dos órgãos e das entidades, públicas e privadas, para implementar, monitorar e revisar políticas públicas, iniciativas e projetos que estimulem a transição para a economia de baixo carbono no setor industrial do país, também definindo sua competência e constituição.

c) Decreto n. 11.548/23 – Instituiu a Comissão Nacional para Redução das Emissões de Gases de Efeito Estufa Provenientes do Desmatamento e da Degradação Florestal, Conservação dos Estoques de Carbono Florestal, Manejo Sustentável de Florestas e Aumento de Estoques de Carbono Florestal – REDD+, que tem como objetivos coordenar, acompanhar, monitorar e revisar a Estratégia Nacional para REDD+ – ENREDD+ e coordenar a elaboração dos requisitos para o acesso a pagamentos por

---

[12] BORN, Rubens Harry. Mudanças climáticas. In: FARIAS, Talden; TRENNEPOHL, Terence. *Direito ambiental brasileiro*. São Paulo: Revista dos Tribunais, 2019, p. 407.

[13] Para maior detalhamento do Acordo de Paris, *vide* NUSDEO, Ana Maria de Oliveira. Mudanças climáticas e os instrumentos jurídicos adotados pela legislação brasileira para o seu combate. In: NUSDEO, Ana Maria de Oliveira; TRENNEPOHL, Terence (Coords.). *Temas de direito ambiental econômico*. São Paulo: Revista dos Tribunais, 2019, p. 196-214.

resultados de REDD+ no país, reconhecidos pela Convenção-Quadro das Nações Unidas sobre Mudança do Clima.

d) Decreto n. 11.549/23 – Alterou o Decreto n. 9.578, de 22 de novembro de 2018, que dispõe sobre o Fundo Nacional sobre Mudança do Clima e a Política Nacional sobre Mudança do Clima.

e) Decreto n. 11.550/23 – Criou o Comitê Interministerial sobre Mudança do Clima – CIM, de caráter permanente, tem a finalidade de acompanhar a implementação das ações e das políticas públicas no âmbito do Poder Executivo federal relativas à Política Nacional sobre Mudança do Clima – PNMC, sendo um instrumento institucional do Poder Executivo federal para articular ações de governo decorrentes da Convenção-Quadro das Nações Unidas sobre Mudança do Clima – CQNUMC, promulgada pelo Decreto n. 2.652, de 1º de julho de 1998, incluídos o objetivo da neutralidade climática e os instrumentos subsidiários dos quais o país venha a ser parte.

5. OS CASOS DE LITIGÂNCIA CLIMÁTICA

O desafio de controlar alguns aspectos fundamentais para a sobrevivência saudável no planeta ganhou proporções bem maiores nos últimos anos.

Como mitigar o aquecimento global? Como atenuar os desastres climáticos? Quais as formas de impedir (ou diminuir) o desmedido desmatamento na Amazônia e outros importantes biomas globais?

Todas essas questões facilmente surgem diante dos olhos de um observador atento aos erros e acertos cometidos em nossa trajetória ambiental nos últimos anos.

Negacionismos à parte, não há mais dúvidas de que estamos passando por uma reconstrução de paradigmas e de que as mudanças climáticas são uma realidade para a sociedade moderna.

Completamos 60 anos da publicação de *Primavera Silenciosa*, de Rachel Carlson; 50 anos do Encontro de Estocolmo; 35 anos da promulgação de uma Constituição Cidadã; 30 anos da Conferência do Rio; 25 anos do surgimento da Lei dos Crimes Ambientais e 10 anos da chegada de um Novo Código Florestal.

Vivemos um tempo de litigâncias climáticas se avolumando cada vez com maior robustez, dentro e fora do país, com resultados muito mais dimensionáveis do que aqueles vistos há uma década.

Esse tipo de litígio é uma nova modalidade de estratégia para que as leis sejam aplicadas com mais vigor, impulsionando o seu cumprimento para dimensões territoriais nunca imaginadas, pressionando a doutrina, a jurisprudência e o legislador a cumprir o dever fundamental de proteção ambiental.[14]

---

[14] WEDY, Gabriel. *Litígios climáticos*: de acordo com o direito brasileiro, norte-americano e alemão. Salvador: Juspodivm, 2019, p. 33.

Ao lado das ações climáticas movidas em países como Holanda, Alemanha, Austrália e Estados Unidos, também temos tido exemplos dentro de casa.[15]

Recentemente, a Advocacia-Geral da União (AGU) ajuizou uma ação civil pública para cobrar R$ 292 milhões de um único pecuarista, no Estado do Amazonas, acusado de desmatar e queimar, entre os anos de 2003 e 2006, cerca de 5,6 mil hectares de floresta. A ação, que tramita na Justiça Federal de Brasília, busca a compensação financeira pelos danos ambientais causados. Esse valor foi calculado com base em parâmetros da Organização para a Cooperação e Desenvolvimento Econômico (OCDE) e, por ora, trata-se da maior quantia já cobrada em uma ação de danos climáticos.

Nessa esteira de processos, existem outros, nos quais a Advocacia-Geral da União (AGU), através de sua recém-criada Procuradoria Nacional de Defesa do Clima e do Meio Ambiente, busca, mais fortemente, combater o desmatamento através da condenação dos infratores ao pagamento de mais de R$ 4,5 bilhões por prejuízos ambientais, chamados de "custo social do carbono", decorrente da supressão ilegal de vegetação, uma nova tese que passou a ser amplamente acolhida pelo Poder Judiciário.

As ações civis públicas mencionadas abrangem também o Cerrado, o Pantanal, a Caatinga, o Pampa e a Mata Atlântica e refletem as infrações administrativas identificadas pelo IBAMA e pelo ICMBio.

Os Tribunais Superiores já sinalizaram favoravelmente com precedentes do STF e do STJ, a exemplo da ADPF 708 (Fundo Clima), que proibiu o contingenciamento das receitas que integram o Fundo Nacional sobre Mudança do Clima e determinou ao governo federal que adotasse as providências necessárias ao seu funcionamento, com a consequente destinação de recursos e, no âmbito do STJ, a tendência é de que muito em breve isso será uma realidade.

Diga-se de passagem, as ações civis públicas não são os únicos instrumentos aptos à defesa do clima e do meio ambiente com o viés analisado. Também as ações populares, as ações diretas de inconstitucionalidade, as ações diretas de constitucionalidade, o mandado de segurança (individual e coletivo, as ações de descumprimento de preceito fundamental têm esse desiderato.[16]

No final do ano de 2024, a Advocacia-Geral da União (AGU) e o Instituto Chico Mendes de Conservação da Biodiversidade (ICMBio) manejaram uma Ação Civil Pública, na Justiça Federal do Pará, para que sejam reparados danos climáticos resultantes de sucessivas infrações ambientais registradas em 7.075 hectares em área de unidade de conservação federal situada na Floresta Amazônica, cujos custos de repa-

---

[15] SETZER, Joana; CUNHA, Kamyla; FABBRI, Amália Botter (Coords.). Panorama da litigância climática no Brasil e no mundo. *Litigância climática*: novas fronteiras para o direito ambiental no Brasil. São Paulo: Thomson Reuters, 2019, p. 60.

[16] WEDY, Gabriel. *Litígios climáticos*: de acordo com o direito brasileiro, norte-americano e alemão. Salvador: Juspodivm, 2019, p. 82.

ração ambiental foram estimados em R$ 635 milhões, tendo sido calculados a partir do custo social da emissão de gases do efeito estufa resultantes dos danos ambientais.

Na esfera do Poder Executivo também há dezenas de iniciativas dos Ministérios que se enquadram no combate às mudanças climáticas, como a força-tarefa, envolvendo o Ministério da Defesa, que diminuiu em 80% o garimpo ilegal no Território Yanonami em 2023 e o apoio dado pelo Ministério das Cidades para que os municípios atualizem seus planos diretores sob a ótica da adaptação à mudança do clima.

Também houve a criação, pelo Ministério de Minas e Energia, do Programa Combustível do Futuro, o novo Programa Nacional de Agricultura Familiar, trazido pelo Ministério do Desenvolvimento Agrário e Agricultura Familiar, a integração, pelo Ministério do Turismo, do Plano para Prevenção e Controle do Desmatamento da Amazônia (PPCDAm) e do Plano para Prevenção e Controle do Desmatamento do Cerrado (PPCerrado), bem como a ampliação, pelo Ministério Direitos Humanos e da Cidadania, do Programa de Proteção aos Defensores de Direitos Humanos, Comunicadores e Ambientalistas.

Diante de tudo isso, seria correto dizer que atingimos um *"Estado Climático"*?

Se isso ocorreu, qual foi o marco inicial? Se ainda não, do que mais precisamos para tê-lo?

Uma coisa é certa, a exploração desmedida dos recursos naturais ficou no passado e vivemos uma fase de conscientização climática muito mais nítida, com suas matizes e vieses muito claros, chegando ao ponto de já considerarmos o surgimento de um estado climático emergencial.[17]

Não há dúvidas de que vividamente respiramos um novo "Direito" e temos uma suficiência do sistema jurídico-ecológico atual, com enorme efetividade da aplicação das normas ambientais.

Porém, para atingirmos plenamente esse *"Estado Climático"*, e termos um prognóstico alvissareiro de uma disciplina regulatória que traga segurança jurídica para o setor privado, evitando litígios e medidas emergenciais, inclusive sancionatórias, precisaremos remodelar novas formas de atuação, além de colocá-las plenamente em prática com o atendimento a requisitos de estabilização.

Isso nos faria atingir uma "maturidade climática" sem precedentes.

Como critérios para esse reconhecimento de um "Estado Climático", pensamos que deve estar presente, minimamente, (i) uma estabilidade (segurança) jurídica nos processos legislativos que tratam do tema, (ii) o alargamento dos meios jurídicos de proteção do meio ambiente, (iii) a ampliação da legitimidade processual dos atores interessados no processo, (iv) uma especialização do Poder Judiciário para enfrentar

---

[17] BEDONI, Marcelo. *Direito ambiental e direito climático no ordenamento jurídico brasileiro*. Rio de Janeiro: Lumen Juris, 2023, p. 135.

as questões colocadas, (v) uma maior abrangência territorial nas decisões de viés climático e, sobretudo, (vi) incrementos substanciais nos estudos climáticos, a fim de afastar as inconsistentes dúvidas científicas porventura levantadas.

Felizmente, já existe uma maior conscientização e, mesmo, um aprimoramento técnico, na interpretação e aceitação do meio ambiente climático e de sua discussão em âmbito judicial (litigância) em padrões globais, capazes de fazer frente às diversas mudanças ocorridas no clima nos últimos anos, no Brasil e no mundo.[18]

---

[18] SARLET, Ingo Wolfgang; WEDY, Gabriel; FENSTERSEIFER, Tiago. *Curso de direito climático*. São Paulo: Thomson Reuters Brasil, 2023, p. 252.

Capítulo XIX
O MINISTÉRIO PÚBLICO E O PODER JUDICIÁRIO NA PROTEÇÃO DO MEIO AMBIENTE

Sumário: 1. O Ministério Público na defesa do meio ambiente. 1.1. As atribuições constitucionais. 1.2. Atuação extrajudicial. 1.3. Atuação judicial. 2. A participação do Ministério Público e do Poder Judiciário na defesa do meio ambiente e o posicionamento dos Tribunais. 3. Acordo de não Persecução Penal. 4. Súmula 613 do Superior Tribunal de Justiça.

1. O MINISTÉRIO PÚBLICO NA DEFESA DO MEIO AMBIENTE

1.1. AS ATRIBUIÇÕES CONSTITUCIONAIS

A Constituição de 1988 confere um capítulo ao Ministério Público, no qual prevê as atribuições que lhe são inerentes, reservando à lei dispor sobre sua organização e funcionamento. Os membros do Ministério Público, que têm ingresso na carreira por meio de concurso público de provas e títulos, atuam com ampla liberdade funcional, e possuem garantias, prerrogativas, deveres e responsabilidade funcional diferente de outras carreiras públicas.

Ensina Édis Milaré que a *"defesa do meio ambiente, hoje imposição de ordem constitucional, é tarefa nobilitante do 'Parquet'. Com efeito, o Ministério Público, nos termos da definição contida no art. 127 da Lei Básica, promulgada em 05.10.1988, é considerado 'instituição permanente, essencial à função jurisdicional do Estado, incumbindo-lhe a defesa da ordem jurídica, do regime democrático e dos interesses sociais e individuais disponíveis'"*.[1]

O Ministério Público da União compreende o Ministério Público Federal, o Ministério Público do Trabalho, o Ministério Público Militar e o Ministério Público do Distrito Federal.

A cada Estado cabe organizar e coordenar o seu Ministério Público.

---
[1] MILARÉ, Édis. *Direito do ambiente*. 11. ed. São Paulo: Thomson Reuters, 2018, p. 528.

Diz a redação do art. 127 da Constituição Federal que o Ministério Público é instituição permanente, essencial à função jurisdicional do Estado, incumbindo-lhe a defesa da ordem jurídica, do regime democrático e dos interesses sociais e individuais indisponíveis.

Trata-se de instituição permanente em razão de integrar o Estado no exercício de sua soberania, defendendo a ordem jurídica e o Estado Democrático de Direito. Além disso, está a serviço da coletividade e dos interesses da sociedade, principalmente no tocante àqueles difusos e coletivos.[2]

As funções institucionais estão previstas no art. 129 da Constituição Federal, nos seguintes termos:

> Art. 129. São funções institucionais do Ministério Público:
> I – promover, privativamente, a ação penal pública, na forma da lei;
> II – zelar pelo efetivo respeito dos Poderes Públicos e dos serviços de relevância pública aos direitos assegurados nesta Constituição, promovendo as medidas necessárias a sua garantia;
> III – promover o inquérito civil e a ação civil pública, para a proteção do patrimônio público e social, do meio ambiente e de outros interesses difusos e coletivos;

Forte nessa previsão, decidiu, então, o Superior Tribunal de Justiça que a *"ação civil pública é o instrumento processual destinado a propiciar a tutela ao meio ambiente (CF, art. 129, III). Como todo instrumento, submete-se ao princípio da adequação, a significar que deve ter aptidão suficiente para operacionalizar, no plano jurisdicional, a devida e integral proteção do direito material. Somente assim será instrumento adequado e útil".*

No mesmo acórdão, continuou o Ministro, justificando ser *"por isso que, na interpretação do art. 3º da Lei 7.347/85 ('A ação civil poderá ter por objeto a condenação em dinheiro ou o cumprimento de obrigação de fazer ou não fazer'), a conjunção 'ou' deve ser considerada com o sentido de adição (permitindo, com a cumulação dos pedidos, a tutela integral do meio ambiente) e não o de alternativa excludente (o que tornaria a ação civil pública instrumento inadequado a seus fins). É conclusão imposta, outrossim, por interpretação sistemática do art. 21 da mesma lei, combinado com o art. 83 do Código de Defesa do Consumidor ('Art. 83. Para a defesa dos direitos e interesses protegidos por este código são admissíveis todas as espécies de ações capazes de propiciar sua adequada e efetiva tutela') e, ainda, pelo art. 25 da Lei 8.625/93, segundo o qual incumbe ao Ministério Público 'IV – promover o inquérito civil e a ação civil pública, na forma da lei: a) para a proteção, prevenção e reparação dos danos causados ao meio ambiente (...)'"* (REsp 605.323).

---

[2] Para uma análise aprofundada entre os interesses difusos e coletivos, ambos transindividuais, *vide* Marcelo Abelha Rodrigues, *Fundamentos da tutela coletiva*. Brasília: Gazeta Jurídica, 2017.

IV – promover a ação de inconstitucionalidade ou representação para fins de intervenção da União e dos Estados, nos casos previstos nesta Constituição;

V – defender judicialmente os direitos e interesses das populações indígenas;

VI – expedir notificações nos procedimentos administrativos de sua competência, requisitando informações e documentos para instruí-los, na forma da lei complementar respectiva;

VII – exercer o controle externo da atividade policial, na forma da lei complementar mencionada no artigo anterior;

VIII – requisitar diligências investigatórias e a instauração de inquérito policial, indicados os fundamentos jurídicos de suas manifestações processuais;

IX – exercer outras funções que lhe forem conferidas, desde que compatíveis com sua finalidade, sendo-lhe vedada a representação judicial e a consultoria jurídica de entidades públicas.

O *Parquet*, em sua atuação ambiental, instaura procedimentos preparatórios e inquéritos civis, possuindo poderes investigatórios amplos, mas não ilimitados, encontrando balizamento constitucional.[3]

Tanto o Supremo Tribunal Federal quanto o Superior Tribunal de Justiça *"reconhecem que o evidente relevo social da situação em concreto atrai a legitimação do Ministério Público para a propositura de ação civil pública em defesa de interesses individuais homogêneos, mesmo que disponíveis, em razão de sua vocação constitucional para defesa dos direitos fundamentais ou dos objetivos fundamentais da República, tais como: a dignidade da pessoa humana, meio ambiente, saúde, educação, consumidor, previdência, criança e adolescente, idoso, moradia, salário mínimo, serviço público, dentre outros. No caso, verifica-se que há interesse social relevante do bem jurídico tutelado, atrelado à finalidade da instituição, notadamente por tratar de relação de consumo em que atingido um número indeterminado de pessoas e, ainda, pela massificação do conflito em si considerado, estando em conformidade com os ditames dos arts. 127 e 129, III, da Constituição Federal, arts. 81 e 82 do CDC e arts. 1º e 5º da Lei n. 7.347/1985"* (REsp 1.209.633/RS).

Na esfera judicial, o Ministério Público tem legitimidade, entre outras tantas titularidades, para manejar a ação civil pública, na defesa de um meio ambiente equilibrado para a tutela dos interesses públicos.[4]

O Supremo Tribunal Federal decidiu (HC 92.921/BA) que o acordo firmado com o Ministério Público Estadual tem eficácia perante o Ministério Público Federal quando suspendeu ação penal por crime ambiental contra uma empresa de curtume, em face da realização de Termo de Ajustamento de Conduta.[5]

---

[3] MORAES, Rodrigo Jorge. *Produção antecipada de provas na tutela do meio ambiente no processo individual e coletivo.* São Paulo: Thomson Reuters Brasil, 2022, p. 219.

[4] ANTUNES, Paulo de Bessa. *A tutela judicial do meio ambiente.* Rio de Janeiro: Lumen Juris, 2005, p. 8.

[5] Muitos autores chamam de Compromisso de Ajustamento de Conduta. Por todos, v. BELTRÃO, Antônio Figueiredo Guerra. *Manual de direito ambiental.* São Paulo: Método, 2008, p. 259.

O Superior Tribunal de Justiça, de maneira bem didática, explica o que vem a ser um Termo de Ajustamento de Conduta, pois, *"segundo o art. 5º, § 6º, da Lei n. 7.347/1985, c/c o art. 784, XII, do CPC/2015, o TAC ou documento assemelhado possui eficácia de título executivo extrajudicial. Suas cláusulas devem, por conseguinte, ser adimplidas fiel, completa e lealmente no tempo, modo e condições fixados, incumbindo ao compromissário provar a satisfação plena das obrigações assumidas. A inadimplência, total ou parcial, dá ensejo à execução do avençado e das sanções cabíveis. Uma vez celebrado livre e conscientemente, e preenchidas as formalidades legais, constitui ato jurídico perfeito, imunizado contra alterações legislativas posteriores que enfraqueçam obrigações estatuídas em favor da sociedade. Exatamente por reclamar cabal e fiel implementação, impedido se acha o juiz de, a pretexto de existir lei nova, negar execução ao TAC, pois tal constituiria grave afronta à garantia da irretroatividade encapsulada na LINDB e um dos pilares do Estado de Direito. Nessas circunstâncias, desproposito falar em perda de objeto quer do título, quer da demanda. Do título, não, pois preservado perante a lei superveniente; da demanda, tampouco, porque íntegro o interesse processual em executá-lo (CPC/2015, art. 485, VI)"* (AgInt no REsp 1.688.885/SP).

Essa possibilidade de acordo encontra sua explicação em fatores peculiares à realidade social brasileira, e trouxe, com sua implementação, mudanças bastante significativas no jogo de forças dos conflitos vinculados à questão do meio ambiente.[6]

O Superior Tribunal de Justiça decidiu que *"é inquestionável a competência constitucional do* Parquet *para a promoção de Ação Civil Pública em defesa do patrimônio público e social, do meio ambiente e de outros interesses difusos e coletivos (art. 129, III, da CF)"* (REsp 1.661.531/SP).

Resta claro, portanto, que, tratando-se de meio ambiente, depois da Lei n. 7.347/85, efetiva-se a possibilidade de intervenção do Ministério Público Federal ou Estadual na matéria, com a disciplina processual da ação civil pública e do inquérito civil, surgindo *"como procedimento administrativo exclusivo do Órgão Ministerial, que o instaura e preside, com a finalidade de apurar a ocorrência de danos ambientais"*.[7]

1.2. ATUAÇÃO EXTRAJUDICIAL

Diversas são as formas de atuação administrativa do Ministério Público, principalmente de cunho investigatório, conforme enuncia a Lei n. 8.625/93, que dispõe sobre normas gerais para a organização do Ministério Público dos Estados, principalmente aquelas previstas no art. 26:

---

[6] MILARÉ, Édis. *Direito do ambiente*. 11. ed. São Paulo: Thomson Reuters, 2018, p. 528.
[7] MILARÉ, Édis. *Direito do ambiente*. 11. ed. São Paulo: Thomson Reuters, 2018, p. 528.

I – instaurar inquéritos civis e outras medidas e procedimentos administrativos pertinentes e, para instruí-los:

    a) expedir notificações para colher depoimento ou esclarecimentos e, em caso de não comparecimento injustificado, requisitar condução coercitiva, inclusive pela Polícia Civil ou Militar, ressalvadas as prerrogativas previstas em lei;

    b) requisitar informações, exames periciais e documentos de autoridades federais, estaduais e municipais, bem como dos órgãos e entidades da administração direta, indireta ou fundacional, de qualquer dos Poderes da União, dos Estados, do Distrito Federal e dos Municípios;

    c) promover inspeções e diligências investigatórias junto às autoridades, órgãos e entidades a que se refere a alínea anterior;

II – requisitar informações e documentos a entidades privadas, para instruir procedimentos ou processo em que oficie;

III – requisitar à autoridade competente a instauração de sindicância ou procedimento administrativo cabível;

IV – requisitar diligências investigatórias e a instauração de inquérito policial e de inquérito policial militar, observado o disposto no art. 129, inciso VIII, da Constituição Federal, podendo acompanhá-los;

V – praticar atos administrativos executórios, de caráter preparatório;

VI – dar publicidade dos procedimentos administrativos não disciplinares que instaurar e das medidas adotadas;

VII – sugerir ao Poder competente a edição de normas e a alteração da legislação em vigor, bem como a adoção de medidas propostas, destinadas à prevenção e controle da criminalidade;

VIII – manifestar-se em qualquer fase dos processos, acolhendo solicitação do juiz, da parte ou por sua iniciativa, quando entender existente interesse em causa que justifique a intervenção.

Confira-se que, com exceção do inciso VII, todos os demais tangenciam o direito ambiental, no que diz respeito à atuação ainda no âmbito administrativo.

Além disso, ainda existe a titularidade do órgão ministerial naqueles casos previstos na Lei dos Crimes Ambientais e na própria Constituição.[8]

1.3. ATUAÇÃO JUDICIAL

Cabe mencionar as diversas atribuições do Ministério Público perante o Poder Judiciário. Portanto, na esfera judicial.

---

[8] José Kalil de Oliveira e Costa apresenta uma relação mais abrangente, tecendo comentários à lei (Ministério Público e Atuação Ambiental. In: LEITE, José Rubens Morato; DANTAS, Marcelo Buzaglo (Orgs.). *Aspectos processuais do direito ambiental*. 2. ed. Rio de Janeiro: Forense Universitária, 2004, p. 95).

Isso implica quase que repetir o que foi dito quando da leitura da Constituição Federal. Importa mencionar, no entanto, o que diz a lei que dispõe sobre a organização do *Parquet* nos Estados, a de n. 8.625/93, em seu art. 25:

> Art. 25. Além das funções previstas nas Constituições Federal e Estadual, na Lei Orgânica e em outras leis, incumbe, ainda, ao Ministério Público:
> I – propor ação de inconstitucionalidade de leis ou atos normativos estaduais ou municipais, em face à Constituição Estadual;
> II – promover a representação de inconstitucionalidade para efeito de intervenção do Estado nos Municípios;
> III – promover, privativamente, a ação penal pública, na forma da lei;
> IV – promover o inquérito civil e a ação civil pública, na forma da lei:
> *a)* para a proteção, prevenção e reparação dos danos causados ao meio ambiente, ao consumidor, aos bens e direitos de valor artístico, estético, histórico, turístico e paisagístico, e a outros interesses difusos, coletivos e individuais indisponíveis e homogêneos;
> *b)* para a anulação ou declaração de nulidade de atos lesivos ao patrimônio público ou à moralidade administrativa do Estado ou de Município, de suas administrações indiretas ou fundacionais ou de entidades privadas de que participem;
> V – manifestar-se nos processos em que sua presença seja obrigatória por lei e, ainda, sempre que cabível a intervenção, para assegurar o exercício de suas funções institucionais, não importando a fase ou grau de jurisdição em que se encontrem os processos.

Em caso bastante ilustrativo, no qual houve a intervenção do Ministério Público em ação expropriatória, em razão de ter por fundamento a atuação estatal na proteção do meio ambiente, o Ministro José Delgado teve a oportunidade de se manifestar, entendendo, na ocasião, que *"a interpretação contemporânea do art. 82, III, do CPC não pode desviar-se da vontade constitucional (art. 127) de outorgar ao Ministério Público a missão precípua de participar, obrigatoriamente, de todas as causas que envolvam aspectos vinculados à proteção do meio ambiente, por ressaltar a preponderância do interesse público"* (REsp 486.645/SP).

> VI – exercer a fiscalização dos estabelecimentos prisionais e dos que abriguem idosos, menores, incapazes ou pessoas portadoras de deficiência;
> VII – deliberar sobre a participação em organismos estatais de defesa do meio ambiente, neste compreendido o do trabalho, do consumidor, de política penal e penitenciária e outros afetos à sua área de atuação;
> VIII – ingressar em juízo, de ofício, para responsabilizar os gestores do dinheiro público condenados por tribunais e conselhos de contas;
> IX – interpor recursos ao Supremo Tribunal Federal e ao Superior Tribunal de Justiça.

O Superior Tribunal de Justiça já deixou assentado, inúmeras vezes, que *"É inquestionável a competência constitucional do 'Parquet' para a promoção de Ação Civil Pública em defesa do patrimônio público e social, do meio ambiente e de outros interesses difusos e coletivos (art. 129, III, da CF). (...) Conforme jurispru-*

dência pacífica do STJ, é cabível, mesmo contra a Fazenda Pública, a cominação de astreintes como meio executivo para cumprimento de obrigação de fazer ou entregar coisa (arts. 461 e 461-A do CPC)" (REsp 1.661.531/SP).

Toda essa competência alusiva ao Ministério Público, conforme visto, tem relação direta com o direito ambiental em seu aspecto material, bastando, para tanto, excluir o referido no inciso VI, que trata de estabelecimentos prisionais, para que todos os demais se apliquem ao meio ambiente, principalmente o inciso IV, *a*.

Verifica-se, assim, que o ambiente ecologicamente equilibrado, enquanto um dos bens tutelados pela legislação e pertinentes à atuação do Ministério Público, tem ao seu alcance guarida bastante ampla, haja vista os conceitos para sua proteção estarem apresentados de maneira ampla nos textos mencionados.

Outra questão bastante recorrente diz respeito à competência para o manejo da ação civil pública ambiental e o juízo competente para apreciá-la.

Como ficou dito no capítulo no qual se apreciaram as competências ambientais, essa resposta dependerá dos interesses envolvidos. Se da União, em caráter nacional ou regional, ou dos Estados e Municípios, restritos ao âmbito local.

Em trecho extraído de decisão do Superior Tribunal de Justiça, salta aos olhos julgado envolvendo dano ambiental em rios federais e conflito de competência entre *Parquet* Federal e Estadual, que assim decidiu: *"A regra mater em termos de dano ambiental é a do local do ilícito em prol da efetividade jurisdicional. Deveras, proposta a ação civil pública pelo Ministério Público Federal e caracterizando-se o dano como interestadual, impõe-se a competência da Justiça Federal (Súmula 183 do STJ), que coincidentemente tem sede no local do dano. Destarte, a competência da Justiça Federal impor-se-ia até pela regra do art. 219 do CPC. Não obstante, é assente nesta Corte que dano ambiental causado em rios da União indica o interesse desta nas demandas em curso, a arrastar a competência para o julgamento das ações para a Justiça Federal. Precedentes da Primeira Seção: CC 33.061/RJ, Rel. Min. Laurita Vaz, DJ 8-4-2002; CC 16.863/SP, Rel. Min. Demócrito Reinaldo, DJ 19-8-1996"* (CComp 39.111/RJ).

Continua o Ministro, invocando a jurisprudência do Supremo Tribunal Federal ao assentar que: *"Ação civil pública promovida pelo Ministério Público Federal. Competência da Justiça Federal. Art. 109, I e § 3º, da Constituição. Art. 2º da Lei n. 7.347/85. O dispositivo contido na parte final do § 3º do art. 109 da Constituição é dirigido ao legislador ordinário, autorizando-o a atribuir competência (rectius, jurisdição) ao Juízo Estadual do foro do domicílio da outra parte ou do lugar do ato ou fato que deu origem à demanda, desde que não seja sede de Vara da Justiça Federal, para causas específicas dentre as previstas no inciso I do referido artigo 109. No caso em tela, a permissão não foi utilizada pelo legislador que, ao revés, se limitou, no art. 2º da Lei n. 7.347/85, a estabelecer que as ações nele previstas 'serão propostas no foro do local onde ocorrer o dano, cujo juízo terá competência funcional para processar e julgar a causa'. Considerando que o juiz federal também tem competência territorial e funcional sobre o local de qualquer dano, impõe-se a conclusão de que o afastamento da jurisdição federal, no caso, somente poderia dar-se por meio de referência expressa à Justiça Estadual, como a que fez o constituinte na primeira parte do mencionado § 3º em relação às causas de natureza previdenciária, o que no caso não ocorreu. (...)"* (CComp 39.111/RJ).

O precedente citado diz que *"consoante o disposto no art. 109, inciso I, da Carta Magna, a competência para processar e julgar as ações é da Justiça Federal, uma vez que as aludidas obras estão sendo realizadas em rio federal, pertencente à União (art. 20, inciso III, CF), tendo esta manifestado o interesse em integrar a lide, bem assim o IBAMA, autarquia federal. Conflito conhecido para declarar competente a Justiça Federal"* (CComp 33.061/RJ).

Noutra passagem, desta feita de competência da Justiça Estadual, assentou o Superior Tribunal de Justiça que, *"não havendo intervenção da União ou de órgãos da administração federal, nem notícia da repercussão de possível dano ambiental no território ou em outro Estado da Federação, somando-se ao fato de que a ação civil pública partiu do Ministério Público Estadual, verifica-se a falta de interesse da União, exsurgindo a competência da Justiça Estadual"* (CComp 26.367/PR).

Assim também, em outra decisão, entendendo ser *"competente o Juízo Estadual do foro onde ocorreu o fato criminoso que deu origem à lide, desde que não seja sede de Vara da Justiça Federal e constatado o desinteresse da autarquia federal (IBAMA). Na hipótese dos autos, o Município onde ocorreu o dano não integra o foro das Varas Federais, mas tão só o foro estadual da Comarca local (Nova Prata), de ocorrência do dano ambiental. E, apesar de intimado o Instituto Brasileiro de Desenvolvimento Florestal – IBDF, hoje IBAMA, para intervir no feito, não houve qualquer manifestação nos autos quanto ao tema em debate"* (REsp 206.757/RS).

No caso de outros autos, em ação civil pública, entendeu-se ser a causa da competência da Justiça Federal, porque nela figurava como autor o Ministério Público Federal, órgão da União, que está legitimado a promovê-la, porque em discussão bens e interesses federais, no caso, área de manguezal, situada em terrenos de marinha e seus acrescidos, portanto, todos bens da União.

Merece destaque o trecho do acórdão mencionado: *"À luz do sistema e dos princípios constitucionais, nomeadamente o princípio federativo, é atribuição do Ministério Público da União promover as ações civis públicas de interesse federal e ao Ministério Público Estadual as demais. Considera-se que há interesse federal nas ações civis públicas que (a) envolvam matéria de competência da Justiça Especializada da União (Justiça do Trabalho e Eleitoral); (b) devam ser legitimamente promovidas perante os órgãos Judiciários da União (Tribunais Superiores) e da Justiça Federal (Tribunais Regionais Federais e Juízes Federais);*

(c) sejam da competência federal em razão da matéria – as fundadas em tratado ou contrato da União com Estado estrangeiro ou organismo internacional (CF, art. 109, III) e as que envolvam disputa sobre direitos indígenas (CF, art. 109, XI); (d) sejam da competência federal em razão da pessoa – as que devam ser propostas contra a União, suas entidades autárquicas e empresas públicas federais, ou em que uma dessas entidades figure entre os substituídos processuais no polo ativo (CF, art. 109, I); e (e) as demais causas que envolvam interesses federais em razão da natureza dos bens e dos valores jurídicos que se visa tutelar" (REsp 440.002/SE).

O Supremo Tribunal Federal decidiu ser legítima *"a utilização da ação civil pública como instrumento de fiscalização incidental de constitucionalidade, pela via difusa, de quaisquer leis ou atos do Poder Público, desde que a controvérsia constitucional não se identifique como objeto único da demanda, mas simples questão prejudicial, indispensável à resolução do litígio principal"* (RE 424.993/DF).

Esse entendimento foi emanado em Recurso Extraordinário que apreciou pedido formulado em ação civil pública ajuizada pelo Ministério Público do Distrito Federal, fundada na inconstitucionalidade da Lei Distrital n. 754/94, que regulamenta a ocupação de espaços em logradouros públicos em seu território.

2. A PARTICIPAÇÃO DO MINISTÉRIO PÚBLICO E DO PODER JUDICIÁRIO NA DEFESA DO MEIO AMBIENTE E O POSICIONAMENTO DOS TRIBUNAIS

Evidentemente que desempenham um papel importantíssimo tanto o Ministério Público quanto o Poder Judiciário na proteção do meio ambiente, restando estreme de dúvidas que os institutos do processo civil tradicional não mais albergam a defesa de direitos e interesses coletivos.[9]

Diga-se de passagem que talvez ainda mais importância tenha o Poder Judiciário na tutela do ambiente, *"uma vez que é através dele que, basicamente, os direitos da cidadania poderão ser exercidos, na medida em que nenhuma ameaça ou lesão a direito pode ser subtraída de sua apreciação"*.[10]

Isso se evidencia, principalmente, em razão de o desenvolvimento do processo civil ter-se dado em meados do século XIX, quando a tutela dos interesses protegidos era unicamente individual.[11]

---

[9] ARENHART, Sérgio Cruz; OSNA, Gustavo. *Curso de processo civil coletivo.* São Paulo: Revista dos Tribunais, 2019, p. 31.

[10] MILARÉ, Édis. *Direito do ambiente.* 11. ed. São Paulo: Thomson Reuters, 2018, p. 523.

[11] NERY JR., Nelson. *Princípios do processo civil na Constituição Federal.* 6. ed. São Paulo: Revista dos Tribunais, 2000, p. 116.

Hoje existe, muito fortemente impressa na teoria do processo, a defesa dos interesses difusos e coletivos, levada a cabo por legitimações extraordinárias conferidas pela Constituição Federal e por leis esparsas.

A natureza jurídica, portanto, desses direitos coletivos, ou seja, da tutela dos interesses difusos e transindividuais, tem berço constitucional e guarda laço de pertinência com todos os princípios processuais lá albergados, como o contraditório, a ampla defesa, o devido processo legal e o acesso à justiça.[12]

Nessa esteira de pensamento, cumpre tanto ao Poder Judiciário quanto ao *Parquet* atentar para a realização e observância destes direitos, difusos e coletivos, sendo importante a igualdade formal das partes no processo.

O Superior Tribunal de Justiça, no que diz respeito à atuação ministerial, já possui precedentes importantes, inclusive seguindo orientação do Supremo Tribunal Federal, no sentido de legitimar da maneira mais abrangente possível a defesa do meio ambiente: *"O novel art. 129, III, da Constituição Federal habilitou o Ministério Público à promoção de qualquer espécie de ação na defesa do patrimônio público social não se limitando à ação de reparação de danos. Em consequência, legitima-se o Ministério Público a toda e qualquer demanda que vise à defesa do patrimônio público (neste inserido o histórico, cultural, urbanístico, ambiental etc.), sob o ângulo material (perdas e danos) ou imaterial (lesão à moralidade)"* (REsp 493.270/DF). Assim, também, o REsp 728.406/DF.

Seguindo a mesma linha, outras tantas decisões do STJ, a saber: EREsp 303.994/MG; EREsp 327.206/DF; EREsp 303.174/DF; REsp 439.509/SP; REsp 364.380/RO; AGA 290.832/SP; AGREsp 566.862/SP; REsp 373.685/DF; REsp 556.618/DF; REsp 574.410/MG; REsp 557.646/DF.

No mais das vezes, nesses casos, o pedido formulado pelo Ministério Público diz respeito à proteção do meio ambiente e do patrimônio público, cultural, estético, paisagístico, arquitetônico, urbanístico e social.

Como se sabe, o Ministério Público atua como parte ou como fiscal da lei, na defesa dos interesses indisponíveis, seja do indivíduo ou da coletividade, sendo vedada sua atuação fora dos ditames constitucionais e institucionais.[13]

No tocante ao Poder Judiciário, não ocorreu diferente.

De fato, o magistrado assumiu papel ativo na resolução de conflitos massificados, atendendo ao seu compromisso constitucional, deixando para trás sua postura inerte de outrora.[14]

---

[12] ALMEIDA, Gregório Assagra de. *Direito processual coletivo brasileiro*: um novo ramo do direito processual. São Paulo: Saraiva, 2003, p. 18.

[13] MAZZILLI, Hugo Nigro. *A defesa dos interesses difusos em juízo.* 19. ed. São Paulo: Saraiva, 2006, p. 79.

[14] ALMEIDA, Gregório Assagra de. *Direito processual coletivo brasileiro*: um novo ramo do direito processual. São Paulo: Saraiva, 2003, p. 149.

Até mesmo a atenção à complexidade das lides submetidas ao Judiciário foi objeto de estudo, pois as mais recentes reformas processuais incrementaram os institutos e os instrumentos de direito material e processual no sentido de atender aos interesses coletivos.[15]

Essa atenção à atuação do magistrado não se deu exclusivamente no Brasil, mas também nas legislações processuais alteradas recentemente, como a inglesa e a alemã.[16]

Cabe ao magistrado, portanto, sem hesitação, figurar como elemento de suma importância nesse cenário de modificações e transformações sociais com o surgimento da tutela dos interesses coletivos *lato sensu*, sejam eles difusos, coletivos ou individuais homogêneos.[17]

Em Ação Civil Pública movida pelo Ministério Público Federal, no Estado do Rio de Janeiro, e levando-se em conta a necessidade da preservação do meio ambiente diante da inércia da Administração Pública, assim decidiu o Tribunal Regional Federal da 2ª Região no tocante ao Poder Judiciário: "*A Constituição Federal assegura, em seu art. 225, que todos têm direito ao meio ambiente ecologicamente equilibrado, bem de uso comum do povo e essencial à sadia qualidade de vida, impondo-se ao Poder Público e à coletividade o dever de defendê-lo e preservá-lo para as presentes e futuras gerações. Não há qualquer extrapolação do Poder Judiciário em relação às atribuições constitucionais do Poder Executivo, visto que, através do presente feito, o Ministério Público Federal, na qualidade de fiscal da Lei, vem, tão-somente, requerer o cumprimento daquilo que foi deliberado pela Assembleia Nacional Constituinte*" (TRF 2ª Região, Ap. Cív. 208.164/RJ).

Também em sede de Ação Civil Pública, decidiu o Superior Tribunal de Justiça, em recurso interposto contra decisão que limitava os efeitos da coisa julgada à competência do órgão prolator, "*que o comando do art. 16 da Lei da Ação Civil Pública – mesmo com a alteração trazida pela Lei n. 9.494/97, limitando os efeitos da coisa julgada à competência territorial do órgão prolator – não se aplica aos direitos individuais homogêneos, mas apenas, e quando muito, às demandas instauradas em defesa de interesses difusos e coletivos. Isso por força do que dispõem os arts. 93 e 103, III, do CDC, que permanecem inalterados. Essa orientação mostra-se mais consentânea com o escopo da ação coletiva no sentido de evitar a proliferação de demandas desnecessárias, exigindo múltiplas respostas jurisdicionais quando uma só poderia ser suficiente*" (REsp 411.529/SP).

---

[15] YOSHIDA, Consuelo Yatsuda Moromizato. A efetividade da proteção do meio ambiente e a participação do Judiciário. In: KISHI, Sandra Akemi Shimada; SILVA, Solange Teles da; SOARES, Inês Virgínia Prado (Orgs.). *Desafios do direito ambiental no século XXI*. São Paulo: Malheiros, 2005, p. 433.

[16] MOREIRA, José Carlos Barbosa. Uma novidade: o código de processo civil inglês. *Temas de direito processual*. Sétima Série. São Paulo: Saraiva, 2001, p. 179.

[17] RODRIGUES, Marcelo Abelha. *Elementos de direito ambiental*. 2. ed. São Paulo: Revista dos Tribunais, 2005, p. 29.

3. ACORDO DE NÃO PERSECUÇÃO PENAL

O "pacote" anticrime (Lei n. 13.964/19) alterou diversos diplomas normativos, dentre eles o Código de Processo Penal (CPP), a Lei de Execução Penal, a Lei de Organização Criminosa e a Lei de Improbidade Administrativa (LIA).

No texto aprovado, na onda da valorização do consenso, foram inaugurados no nosso sistema punitivo legal, em sentido amplo, os acordos de não persecução penal (ANPP) e não persecução cível (ANPC), ambos negócios jurídicos consensuais já disciplinados pelo Conselho Nacional do Ministério Público (CNMP) por meio das Resoluções n. 181 e n. 179, de 2017.

O cerne do acordo de não persecução é, como a própria nomenclatura sugere, a promessa de não processar ou de não levar ao Judiciário a pretensão, desde que cumpridas certas condições ajustadas entre as partes, dentre as quais algumas têm nítido caráter sancionatório.

Em razão disso, Saulo Mattos, ao discorrer sobre o ANPP, diz que é um *"negócio para punir, e não somente para evitar a existência de um novo processo sobre um fato aparentemente delitivo"*.[18]

O acordo de não persecução penal (ANPP) se deu através da inclusão, no CPP, do art. 28-A cuja redação é a seguinte:

> Art. 28-A. Não sendo caso de arquivamento e tendo o investigado confessado formal e circunstancialmente a prática de infração penal sem violência ou grave ameaça e com pena mínima inferior a 4 (quatro) anos, o *Ministério Público poderá propor acordo de não persecução penal*, desde que necessário e suficiente para reprovação e prevenção do crime, mediante as seguintes condições ajustadas cumulativa e alternativamente: (grifo nosso).

No CPP, o acordo não corresponde a uma inovação propriamente dita e não difere, em sua essência, da colaboração premiada, mas supera a aplicação restrita da justiça penal negociada (legislada) aos crimes de menor potencial ofensivo – através da transação penal ou suspensão condicional do processo descritos na Lei n. 9.099/95 – e às organizações criminosas, abarcando um sem-número de delitos previstos no Código Penal e nas leis penais esparsas, cujas penas mínimas abstratas sejam inferiores a 4 (quatro) anos – consideradas as causas de aumento e de diminuição de pena – e desde que cometidos sem violência ou grave ameaça à pessoa.

Ainda, no ANPP, são necessárias a confissão do investigado e a estipulação das seguintes condições, cumulativa ou alternativamente: reparação do dano causado à vítima, quando houver; renúncia de instrumentos, produto ou proveito do crime; prestação de serviço à comunidade; e pagamento de prestação pecuniária.

---

[18] MATTOS, Saulo. Acordo de não persecução penal: uma novidade cansada. *Revista do Instituto Baiano de Direito Processual Penal*, ano 3, n. 7, p. 11-12, fev. 2020. Disponível em: http://www.ibadpp.com.br/novo/wp-content/uploads/2020/03/TRINCHEIRA-FEVEREIRO-2019.2.pdf.

O viés punitivo do ANPP, a seu turno, exige a presença de justa causa para a ação penal, melhor dizendo, exige a prévia colheita de elementos de prova suficientes da ocorrência do crime (materialidade) e da sua autoria, superando a hipótese de arquivamento da investigação. De tal modo que a confissão formal e circunstanciada (ainda que na fase pré-processual), como requisito expresso, não pode suprir a carência de elementos probatórios da investigação.[19]

Nesse ponto, o acordo não se afasta da regra de que a confissão tem valor probatório relativo e deve ser confrontada com os demais elementos coletados tampouco se elide as normas que regem a coleta de provas (arts. 158 e 197 do CPP).

Calha registrar, tal como na colaboração premiada, que o ANPP deve ser submetido à homologação judicial para o crivo da legalidade e do atendimento ao pressuposto da voluntariedade.

Todavia, nesse ponto, a reforma ainda autorizou a recusa do acordo pelo magistrado quando considerar as condições inadequadas, insuficientes ou abusivas, remetendo-a às partes para que seja reformulado, merecendo as valorosas críticas doutrinárias.

Há quem entenda que *"a necessidade de revisar o conteúdo produzido nas fases antecedentes e de controlar os atos praticados é um sinal inequívoco de que não compreendemos a racionalidade da justiça consensual. Nos países anglo-saxões, o magistrado verifica apenas se o acordo atendeu os requisitos mínimos"*.[20]

Em resumo, a consensualidade no ordenamento jurídico brasileiro veio para ficar, com respaldo na Constituição Cidadã de 1988, não escapando dela o direito sancionador, aí incluídos os sistemas penais e extrapenais de responsabilização pela prática de atos ilícitos.

A guinada para a solução consensual dos conflitos, abandonando a concepção de supremacia da intervenção estatal na resolução dos litígios, não foi repentina, mas construída ao longo das últimas décadas, com raízes nos negócios jurídicos processuais típicos entre particulares e nos compromissos de ajustamento de conduta, tomados pela Administração Pública, com vistas à cessação do ato ilícito e adequação da conduta do infrator às exigências legais.

No direito sancionador a mudança foi mais tardia, influenciada pelos compromissos internacionais assumidos pelo Brasil e impulsionada pela falência do modelo de judicialização (dispendioso e moroso) de toda e qualquer demanda para responsabilização, ainda que desprovidas de gravidade concreta a conduta.

---

[19] A exigência de justa causa para o ANPP visa evitar o que muitos estudiosos chamam de "excesso da acusação" em decorrência das distorções porventura causadas pela obrigatoriedade da confissão.

[20] MARQUES, Leonardo Augusto Marinho. Acordo de não persecução: um novo começo de era(?). *IBCCRIM*, ano 28, n. 331, p. 9-12, jun. 2020. Disponível em: https://www.ibccrim.org.br/media/publicacoes/arquivos_pdf/revista-01-06-2020-13-55-53-567613.pdf. Acesso em: 3 jun. 2022.

Superando os dogmas doutrinários que enxergam no princípio da indisponibilidade do interesse público a impossibilidade de negociação pelo Poder Público, no exercício do seu poder punitivo, do conteúdo das sanções penais, civis, administrativas e de improbidade administrativa, vários diplomas normativos, com supedâneo na Constituição, introduziram instrumentos de composição, os quais se traduzem em negócios jurídicos híbridos, já que tocam o processo em si (provas, prazos, ritos etc.) e também o direito material em jogo.

O conjunto desses diplomas forma o microssistema normativo-constitucional anticorrupção, cujas coerência e atualidade buscam proporcionar efetividade da atuação estatal no tratamento dos atos lesivos à Administração Pública.

Nele se destacam a Lei da Ação Civil Pública, a Lei Anticorrupção, a Lei de Combate às Organizações Criminosas, a Lei de Improbidade e o Código de Processo Penal.

Assim, obtém-se um resultado mais célere, e, uma vez que o acordante de ANPP não pode firmar outro pelos próximos cinco anos[21] e uma vez descumpridas quaisquer das condições estipuladas no acordo de não persecução penal, o Ministério Público deverá comunicar ao juízo, para fins de sua rescisão e posterior oferecimento de denúncia, conforme o § 10 do art. 28-A do CPP.

4. SÚMULA 613 DO SUPERIOR TRIBUNAL DE JUSTIÇA

Em meados de 2018, veio à tona a Súmula 613, enunciando que *"Não se admite a aplicação da teoria do fato consumado em tema de Direito Ambiental"*. A Primeira Seção julgou em 9-5-2018, e o *DJe* publicou em 14-5-2018.

Na verdade, a teoria do fato consumado já era, de longa data, afastada pelos Tribunais Superiores. Admiti-la seria o mesmo que admitir o "direito de poluir". Assim, por exemplo, o Superior Tribunal de Justiça, nas palavras do Ministro Herman Benjamim, entendeu que a *"teoria do fato consumado em matéria ambiental equivale a perpetuar, a perenizar suposto direito de poluir, que vai de encontro, no entanto, ao postulado do meio ambiente equilibrado como bem de uso comum do povo essencial à sadia qualidade de vida"* (AgInt nos EDcl no REsp n. 1.447.071).

Ainda o Superior Tribunal de Justiça, em outra decisão, aplicou a Súmula, nos seguintes termos: *"Ademais, 'Não se admite a aplicação da teoria do fato consumado em tema de Direito Ambiental' (Súmula 613 da Primeira Seção). No mesmo sentido: 'Esta Corte é pacífica no sentido de que não há direito adquirido a poluir

---

[21] "Art. 28-A. (...)
§ 2º O disposto no *caput* deste artigo *não* se aplica nas seguintes hipóteses:
(...)
III – ter sido o agente beneficiado nos 5 (cinco) anos anteriores ao cometimento da infração, em acordo de não persecução penal, transação penal ou suspensão condicional do processo; e".

ou degradar o meio ambiente' (REsp 1.222.723/SC, Rel. Min. Mauro Campbell Marques, Segunda Turma, DJe 17/11/11); 'a concessão de licenciamento ambiental, por si só, não afasta a responsabilidade pela reparação do dano causado ao meio ambiente, mormente quando reconhecida a ilegalidade do aludido ato administrativo'". (AgInt no REsp 1.419.098/MS).

Porém, como toda nova legislação, as súmulas dos Tribunais Superiores devem ser analisadas com cuidado para que não ocorram interpretações literais ou más interpretações que possam prejudicar de forma absoluta situações consolidadas.

Capítulo XX

PERSECUÇÃO PENAL DE CRIMES AMBIENTAIS – ALGUMAS PARTICULARIDADES

Sumário: 1 Introdução. 2. As partes no processo criminal ambiental. 3. A insignificância em crime ambiental. 4. Da possibilidade de inserção de cláusula de *compliance* em Acordo de não Persecução Penal. 5. A prescrição intercorrente em conversão em prestação pecuniária da execução de sentença criminal. 6. Considerações finais.

1. INTRODUÇÃO

No final do século passado mudou-se a visão do homem sobre o meio ambiente, deixando de ser apenas fonte de recursos naturais disponíveis para o consumo humano ou para utilização em processos de produção de bens, para ter uma ótica mais preservacionista, voltada para sua conservação, diante da possibilidade destes bens se tornarem cada vez mais escassos.

Constatou-se que a natureza impõe limites e, não importa quão sofisticado ou rudimentar fosse o agrupamento humano, não haveria sobrevivência se o homem não fosse capaz de manter e transferir do presente para as futuras gerações o mínimo de recursos.[1]

Com a incorporação da preservação do meio ambiente ecologicamente equilibrado nos textos fundamentais de diversos países, isso se tornou um imperativo de sobrevivência e de solidariedade.[2]

Como exaustivamente dito, a Constituição Federal preceitua, no seu art. 225, que todos têm o direito ao meio ambiente ecologicamente equilibrado, impondo-se ao

---

[1] GIANETTI, Eduardo. *O valor do amanhã*: ensaio sobre a natureza dos juros. São Paulo: Companhia das Letras, 2005, p. 36.

[2] TRENNEPOHL, Terence. *Direito ambiental empresarial.* São Paulo: Saraiva, 2010.

Poder Público e à coletividade o dever de defendê-lo e preservá-lo para as presentes e futuras gerações.[3]

Em busca da proteção do meio ambiente, foi necessária a intervenção estatal, para a criação de uma legislação apta a resguardá-lo. Contudo, verificou-se que a atuação em âmbito administrativo e cível, com a legislação até então existente, era insuficiente, surgindo a necessidade de algo também na esfera penal.

O Direito Penal, como se sabe, é regido pelo princípio da intervenção mínima, ou *ultima ratio*, em que o Estado só intervém com seu poder incriminador quando, para o restabelecimento da ordem jurídica violada, as sanções cíveis e administrativas não surtirem o efeito pretendido ou não lhe forem suficientes o bastante para a proteção dos bens jurídicos.[4]

A Lei n. 6.938/81, que trata da Política Nacional do Meio Ambiente, esboçava apenas uma pálida tentativa de estabelecer medidas repressivas, além da obrigação de reparar os danos, faltando-lhe ferramentas de poder coercitivo.[5]

Diante disso, foi necessário um incremento legislativo para resguardar tais bens, que poderiam não estar protegidos apenas com a legislação existente, de âmbito cível ou administrativo.

Assim, a Lei dos Crimes Ambientais, Lei n. 9.605, de 12 de fevereiro de 1998, dispôs sobre as sanções penais e administrativas derivadas de condutas e atividades lesivas ao meio ambiente.

O objetivo dessa lei não foi só reprimir o dano efetivamente causado ao meio ambiente, mas também preveni-lo, colaborando para que não ocorresse.[6]

Porém, a aplicação da lei penal quando há lesão ao meio ambiente possui particularidades, não apenas em razão do bem jurídico ofendido, bem como pelos sujeitos ativos do delito, das penas previstas e das hipóteses de aplicação de medidas despenalizadoras e análise da prescrição.

Em razão disso, buscou-se elencar quais são estes pontos de destaque afetos à persecução penal ambiental, demonstrando-se não só os entendimentos já consolidados, como as questões controversas na atualidade.

---

[3] BRASIL. [Constituição (1988)]. *Constituição da República Federativa do Brasil de 1988*. Brasília, DF: Presidência da República, [2023]. Disponível em: http://www.planalto.gov.br/ccivil_03/constituicao/constituicao.htm. Acesso em: 30 jan. 2024.

[4] BITENCOURT, Cezar Roberto. *Tratado de direito penal*. 29. ed. São Paulo: Saraiva Jur, 2023. E-book, v. 1, p. 176.

[5] TRENNEPOHL, Curt; TRENNEPOHL, Terence. Breves comentários à Lei dos Crimes Ambientais. In: MORAES, Rodrigo Jorge; FARIAS, Talden; DELMANTO, Fábio Machado de Almeida (Coord.). *25 anos da Lei dos Crimes Ambientais*. São Paulo: Thomson Reuters, 2024, p. 359.

[6] BENJAMIN, Antônio Herman V. Crimes contra o meio ambiente: uma visão geral. In: FREITAS, Vladimir Passos de (Coord.). *Direito ambiental em evolução 2*. Curitiba: Juruá, p. 25-34.

2. AS PARTES NO PROCESSO CRIMINAL AMBIENTAL

Segundo Zaffaroni e Pierangeli, a pena jamais pode transcender a pessoa que foi autora ou partícipe do delito[7], tal como previsto no art. 5º, XLV, da Constituição Federal, de que nenhuma pena passará da pessoa do condenado.

No Brasil, são penalmente imputáveis as pessoas maiores de 18 anos, inteiramente capazes de entender o caráter ilícito do fato ou de determinarem-se de acordo com esse entendimento.

Ocorre que, conforme o previsto no § 3º, do art. 225, de forma excepcional, as pessoas jurídicas também podem ser responsabilizadas penalmente. Consoante o primeiro dispositivo, as condutas e atividades consideradas lesivas ao meio ambiente sujeitarão os infratores, pessoas físicas ou jurídicas, a sanções penais e administrativas, independentemente da obrigação de reparar os danos causados.

Já segundo o art. 173, § 5º, vê-se essa possibilidade nos atos praticados contra a ordem econômica e financeira e contra a economia popular.

Apesar da previsão constitucional da responsabilização penal da pessoa jurídica, as divergências doutrinárias e jurisprudenciais acerca de sua possibilidade apenas foram amenizadas com o advento da Lei n. 9.605/98, que expressamente previu, de maneira bem restrita, no seu art. 3º que:

> Art. 3º As pessoas jurídicas serão responsabilizadas administrativa, civil e penalmente conforme o disposto nesta Lei, nos casos em que a infração seja cometida por decisão de seu representante legal ou contratual, ou de seu órgão colegiado, no interesse ou benefício da sua entidade.

Em relação às penas aplicáveis às pessoas jurídicas, há previsão nos arts. 21 a 24 da Lei dos Crimes Ambientais.

Ainda assim, há autores que entendem que há inconstitucionalidade no art. 3º da Lei dos Crimes Ambientais, sob o argumento da inexistência de uma contrapartida robusta no cotejo de elementos mínimos e específicos conformadores de um subsistema ou macrossistema de responsabilidade penal restrito e especial, com regras de processo penal próprias.[8]

Como veremos, essa lei deixou algumas lacunas na instrumentalização da aplicação da pena às pessoas jurídicas.

Inicialmente, a necessidade de litisconsórcio passivo necessário com a pessoa física, também autora do delito, foi uma questão tormentosa perante os tribunais superiores, até que o Superior Tribunal de Justiça decidiu que a responsabilização da pessoa

---

[7] ZAFFARONI, Eugenio Raul; PIERANGELI, José Henrique. *Manual de direito penal brasileiro*: parte geral. 5. ed. São Paulo: Revista dos Tribunais, 2015, p. 76.

[8] PRADO, Luiz Régis. *Direito penal do ambiente*. 3. ed. São Paulo: Revista dos Tribunais, 2011, p. 98.

jurídica é dependente da conduta de uma pessoa física, desde que preenchidos os seguintes critérios:

Critérios explícitos:

1. A violação decorra de deliberação do ente coletivo;
2. O autor material da infração seja ligado à pessoa jurídica;
3. A infração praticada ocorra no interesse ou benefício da pessoa jurídica.

Critérios implícitos:

1. A pessoa jurídica seja de direito privado;
2. O autor do fato tenha agido no amparo da pessoa jurídica;
3. A autuação ocorra na esfera de atividades da pessoa jurídica.[9]

Deve-se deixar claro que é possível a propositura de ação penal apenas em face da pessoa jurídica, ainda que não seja proposta ação penal contra a pessoa física, não sendo imprescindível o litisconsórcio passivo necessário.

Neste sentido, há um julgamento paradigmático do Supremo Tribunal Federal.[10]

Superadas essas questões, de saber se a pessoa jurídica pode ser responsabilizada penalmente e sobre o trâmite da ação penal independentemente de um litisconsórcio passivo necessário, outro ponto que merece abordagem é a extinção dessa pessoa jurídica ou sua incorporação por outra.

Uma vez denunciada em uma ação penal, com o processo em curso ou quando já condenada, paira a dúvida sobre a possibilidade da extinção da punibilidade ou da transferência da responsabilidade penal quando a pessoa jurídica é extinta ou incorporada por outra pessoa jurídica.

O entendimento atual, exarado em julgados do Superior Tribunal de Justiça, é de que, tal como ocorre com a morte de pessoa física, aplica-se o art. 107, I, do Código Penal, com base no princípio da intranscendência da pena[11], ressalvadas as hipóteses de fraude na incorporação ou utilização da incorporação para escapar ao cumprimento de uma pena aplicada em sentença definitiva, em que, nesse caso, haverá a des-

---

[9] SALVADOR NETTO, Alamiro Velludo; SALGADO, Amanda Bessoni Boudoux. 25 anos da Lei 9.605/1998 e a responsabilidade penal da pessoa jurídica: um balanço da jurisprudência dos Tribunais Superiores. In: MORAES, Rodrigo Jorge; FARIAS, Talden; DELMANTO, Fábio Machado de Almeida (Coords.). *25 anos da Lei dos Crimes Ambientais*. São Paulo: Thomson Reuters, 2024, p. 31.

[10] BRASIL. Supremo Tribunal Federal (1ª Turma). Recurso Extraordinário 548.181/PR. Recurso extraordinário. Direito Penal. Crime ambiental. Responsabilidade penal da pessoa jurídica. Condicionamento da ação penal à identificação e à persecução concomitante da pessoa física que não encontra amparo na Constituição da República. Relatora: Min. Rosa Weber, 6 de agosto de 2013. Disponível em: https://redir.stf.jus.br/paginadorpub/paginador.jsp?docTP=TP&docID=7087018. Acesso em: 29 set. 2024.

[11] ZAFFARONI, Eugenio Raul; PIERANGELI, José Henrique. *Manual de direito penal brasileiro*: parte geral. 5. ed. São Paulo: Revista dos Tribunais, 2015, p. 119.

consideração ou ineficácia da incorporação em face do Poder Público, a fim de garantir-se o cumprimento da pena.[12]

Ressalte-se que a extinção da punibilidade não exime a pessoa jurídica incorporadora da responsabilidade civil pelos danos causados ao meio ambiente ou a terceiros, apenas não os atinge na esfera penal.

Também é importante lembrar que, para a responsabilização da pessoa jurídica ou física, é imprescindível a demonstração da culpa ou dolo, nos termos do art. 2º da Lei n. 9.605/98, sob pena de afronta aos elementares pilares do direito punitivo brasileiro, já que a responsabilidade objetiva, que obriga a reparação do dano independentemente da existência de culpa é aquela aplicada no âmbito do Direito Civil.

3. A INSIGNIFICÂNCIA EM CRIME AMBIENTAL

Decorrente do princípio da intervenção mínima e do princípio da fragmentariedade, o princípio da insignificância dispõe que o fato deve ser penalmente punido quando atingir um bem jurídico relevante, que justifique a aplicação da lei penal.

É a ideia decorrente do *minimis non curat praetor*.[13]

Em tese, para a aplicação do princípio da insignificância, considerando-se como atípica uma conduta, faz-se necessário o preenchimento, de forma cumulativa, dos seguintes requisitos mínimos: a conduta minimamente ofensiva, a ausência de periculosidade social da ação, o reduzido grau de reprovabilidade do comportamento e a lesão jurídica inexpressiva.

A ofensa a bem jurídico relacionado ao meio ambiente afasta inicialmente o princípio da insignificância, também conhecido como 'bagatela', por conta do bem ofendido, que tem titularidade difusa, além de sua relevância e o fato de que os danos podem repercutir nas presentes e futuras gerações.

Todavia, em relação aos crimes ambientais, a jurisprudência ainda não é pacífica.

O Superior Tribunal de Justiça admite, excepcionalmente, o princípio da insignificância em crimes ambientais ante a análise do caso concreto.[14]

---

[12] BRASIL. Superior Tribunal de Justiça (5ª Turma). Recurso Especial n. 1.977.172/PR. Penal e processual penal. Recurso especial. Crime de poluição (art. 54, § 2º, V, da Lei 9.605/1998). Conduta praticada por sociedade empresária posteriormente incorporada por outra. Extinção da incorporada. Art. 1.118 do CC. Pretensão de responsabilização penal da incorporadora. Descabimento. Princípio da intranscendência da pena. Aplicação analógica do art. 107, I, do CP. Extinção da punibilidade mantida. Recurso Especial desprovido. Relator: Min. Ribeiro Dantas, 24 de agosto de 2022. Disponível em: https://scon.stj.jus.br/SCON/GetInteiroTeorDoAcordao?num_registro=202103792243&dt_publicacao=20/09/2022. Acesso em: 29 set. 2024.

[13] Tradução literal: o pretor não cuida de coisas pequenas. JUNQUEIRA, Gustavo. *Manual de direito penal*: parte geral. 9. ed. São Paulo: Saraiva Jur, 2023. *E-book*, p. 72.

[14] BRASIL. Superior Tribunal de Justiça (5ª Turma). Agravo em Recurso Especial n. 2.390.530/SC. Agravo regimental no agravo em Recurso Especial. Agravo que não atacou, especificamente, todos os fundamentos da decisão de admissibilidade do Recurso Especial na origem. Aplicabilidade da Súmula 182/STJ. Crime ambiental.

No Supremo Tribunal Federal também não há unanimidade, encontrando-se julgados em ambos os sentidos, que levaram em consideração a análise do caso levado aquele Tribunal.[15]

Não houve, até o momento, o estabelecimento de critérios específicos para a análise da insignificância em crimes ambientais, utilizando-se ainda como parâmetro os mesmos critérios previstos no Superior Tribunal de Justiça e no Supremo Tribunal Federal para a insignificância em qualquer delito, o que resulta em entendimentos casuísticos que depende dos julgadores à época, tendo em vista que não foi a matéria sumulada, nem objeto de repercussão geral.

4. DA POSSIBILIDADE DE INSERÇÃO DE CLÁUSULA DE *COMPLIANCE* EM ACORDO DE NÃO PERSECUÇÃO PENAL

O Direito Penal tem por fundamento a aplicação de uma pena, que é um dos pontos distintivos do Direito Civil ou Direito Administrativo, sendo aplicada uma pena ao autor de um delito por meio do processo penal a ele correspondente.

Havendo então a necessidade de aplicação de uma pena para a proteção de direitos fundamentais, o caminho utilizado é a persecução penal.

Contudo, o princípio da necessidade da aplicação da pena está hoje relativizado e caminha, progressivamente, para uma mitigação lógica do confronto e para a ampliação da lógica negocial.[16]

Pesca em local proibido e com uso de petrechos não permitidos. Princípio da insignificância. Inaplicabilidade. Recurso desprovido. Relator: Min. Reynaldo Soares da Fonseca, 3 de outubro de 2023. Disponível em: https://scon.stj.jus.br/SCON/GetInteiroTeorDoAcordao?num_registro=202302093452&dt_publicacao=11/10/2023. Acesso em: 29 set. 2024.

BRASIL Superior Tribunal de Justiça (6ª Turma). Agravo Regimental no Agravo em Recurso Especial n. 2.315.725/RN. Agravo Regimental no Agravo em Recurso Especial. Crime ambiental. Art. 38-A da Lei n. 9.605/1998. Ausência de comprovação de lesão jurídica expressiva ao meio ambiente. Princípio da insignificância aplicado. Súmula 7 do STJ. Agravo Regimental não Provido. Relator: Min. Rogerio Schietti Cruz, 15 de agosto de 2023. Disponível em: https://scon.stj.jus.br/SCON/GetInteiroTeorDoAcordao?num_registro=202300784940&dt_publicacao=22/08/2023. Acesso em: 29 set. 2024.

[15] BRASIL. Supremo Tribunal Federal (2ª Turma). Agravo Regimental no *Habeas Corpus* 163907/RJ. Agravo Regimental no *Habeas Corpus*. Processual penal. Penal. Crime ambiental (art. 34 C/C art. 36 da Lei n. 9.605/1998). Inaplicabilidade do princípio da insignificância. Pesca com rede de espera de oitocentos metros. Apreensão de aproximadamente oito quilos de pescados. Pedido manifestamente improcedente e contrário à jurisprudência do Supremo Tribunal Federal. Agravo regimental ao qual se nega provimento. Relatora: Min. Cármen Lúcia, 17 de março de 2020. Disponível em: https://redir.stf.jus.br/paginadorpub/paginador.jsp?docTP=TP&docID=752758293. Acesso em: 1º set. 2024.

BRASIL. Supremo Tribunal Federal (2ª Turma). Agravo Regimental no *Habeas Corpus* 181235/SC. Agravo Regimental em *Habeas Corpus*. Penal crime ambiental. Pesca em local proibido. Aplicação do princípio da insignificância. Precedentes. Ordem concedida. Agravo regimental a que se nega provimento. Relator: Min. Ricardo Lewandowski, 29 de maio de 2020. Disponível em: https://redir.stf.jus.br/paginadorpub/paginador.jsp?docTP=TP&docID=753106742. Acesso em: 1º set. 2024.

[16] LOPES JR., Aury. *Direito processual penal*. 19. ed. São Paulo, Saraiva Jur, 2022. E-book, p. 65.

A consensualidade no ordenamento jurídico brasileiro tem respaldo na Constituição de 1988, não escapando dela o direito sancionador, aí incluídos os sistemas penais e extrapenais de responsabilização pela prática de atos ilícitos.[17]

Apesar disso, houve a mudança no perfil punitivo, modificando-o de um viés repressivo para um outro com foco na solução consensual dos conflitos, e abandonando-se a concepção de supremacia da intervenção estatal na resolução dos litígios.

Isso se deu ao longo das últimas décadas, com raízes nos negócios jurídicos processuais típicos entre particulares e nos compromissos de ajustamento de conduta, tomados pela Administração Pública, com o objetivo de cessação do ato ilícito e adequação da conduta do infrator às exigências legais.[18]

Essa mudança também foi impulsionada pelos compromissos internacionais assumidos pelo Brasil e pelo assoberbamento do modelo de judicialização, que não consegue ter um equilíbrio entre o tempo de tramitação da demanda e uma resposta estatal, ainda que desprovidas de gravidade concreta à conduta.

Conforme um levantamento realizado pelo Conselho Nacional de Justiça – CNJ apresentado no Relatório Justiça em Números 2023, ingressaram, no Poder Judiciário, em 2022, 3,1 milhões de novos casos criminais, sendo 2,4 milhões (63,8%) na fase de conhecimento de primeiro grau, 19,4 mil (0,5%) nas turmas recursais, 597,4 mil (16,1%) no segundo grau e 142,3 mil (3,8%) nos Tribunais Superiores.[19]

Diante desse assombroso volume, veio à tona o Acordo de não Persecução Penal (ANPP)[20], mediante alteração legislativa perpetrada no art. 28-A, do Código de Processo Penal, como a promessa de não processar ou de não levar para instrução do Judiciário a pretensão, desde que cumpridas certas condições ajustadas entre as partes, dentre as quais algumas com nítido caráter sancionatório, constituindo um relevante instrumento de aperfeiçoamento da justiça consensual e restaurativa.[21]

Dessa forma, não sendo o caso de arquivamento e havendo o investigado confessado formal e circunstancialmente a prática de infração penal sem violência ou grave

---

[17] CAMPOS, Gabriel Silveira de Queirós. *Plea bargaining* e justiça criminal consensual: entre os ideais de funcionalidade e garantismo. *Custos Legis*, Brasília, v. 4. p. 1-26, 2012. Disponível em: http://www.prrj.mpf.mp.br/custoslegis/revista/2012_Penal_Processo_Penal_Campos_Plea_Bargaining.pdf. Acesso em: 1º set. 2024.

[18] TRENNEPOHL, Anna Karina O. V.; TRENNEPOHL, Natascha. O *compliance* ambiental na responsabilização criminal: possibilidade de sua inclusão em acordo de não persecução penal. In: NASCIMENTO, Juliana Oliveira; CRESPO, Liana Irani Affonso Cunha. *Mulheres em compliance 2*: desde o programa de compliance até seus impactos na sociedade. Curitiba: Íthala, 2023, p. 320.

[19] BRASIL. Conselho Nacional de Justiça (CNJ). Justiça em Números 2023. Brasília, DF: CNJ, 2023. Disponível em: https://www.cnj.jus.br/wp-content/uploads/2023/08/justica-em-numeros-2023.pdf. Acesso em: 1º set. 2024.

[20] Tratado mais amiúde no Capítulo XX.

[21] BUSATO, Paulo C. Responsabilidade penal de pessoas jurídicas no projeto do novo Código Penal brasileiro. *Revista Liberdades*, São Paulo, p. 98-128, 2012. Edição especial. Disponível em: https://www.ibccrim.org.br/publicacoes/redirecionaLeituraPDF/7326. Acesso em: 29 jan. 2024.

ameaça e com pena mínima inferior a 4 (quatro) anos, o Ministério Público poderá propor o ANPP, desde que necessário e suficiente para reprovação e prevenção do crime, mediante condições ajustadas cumulativa e alternativamente.

No tocante aos crimes previstos na Lei n. 9.605/98, há os delitos com pena máxima de até dois anos, considerados de menor potencial ofensivo e assim passíveis de transação penal, uma vez que a pena máxima é de até dois anos, prevista no art. 61, da Lei n. 9.099/95[22], e os delitos com pena mínima inferior a quatro anos, cabendo a esses a análise do preenchimento dos requisitos para a oferta de ANPP.

Assim, tem-se a viabilidade de ANPP nos casos de crime ambiental, inclusive quando cometidos por pessoas jurídicas, dependendo da capacidade econômica da extensão dos danos causados pela conduta, quando deve ser avaliado se as condições impostas encontram-se satisfeitas: a) de reparação do dano causado à vítima, quando houver; b) renúncia de instrumentos, produto ou proveito do crime e; c) pagamento de prestação pecuniária são insuficientes para suscitar os efeitos preventivos e de reprovação deles esperados, para que não se tenha a ideia de que, considerando o custo-benefício, a prática delituosa teria "compensado" para a empresa.[23]

Surge, então, a possibilidade de um acordo que permite a mitigação de riscos jurídicos e econômicos graves para as pessoas físicas e jurídicas, já que permite ao agente infrator não só precisar a extensão da sanção à qual se submeterá, bem como negociar um pacto capaz de preservar o bem ambiental, sem renunciar ao controle do ônus da atividade.[24]

Ressalta-se que, no tocante à reparação do dano consumado contra o meio ambiente, faz-se necessária a junção do art. 28-A, I, do CPP, com o disposto nos arts. 27 e 28 da Lei n. 9.605/98, sendo a reparação efetiva do dano causado a exigência indisponível para a incidência de medidas despenalizadoras do ANPP.

Isso é vantajoso para as partes porque, ao se firmar o ANPP para a pessoa jurídica, impondo-lhe o cumprimento de suas condições, pode ser inserida, dentre essas, a obrigação da implantação ou reforma de um programa de *compliance*, com a descontinuidade de um processo criminal em face daquela.

A inclusão de cláusula envolvendo o *compliance* ambiental no ANPP resulta em um avanço, não somente no que se refere à prevenção de danos, mas também na

---

[22] BRASIL. Lei n. 9.099, de 26 de setembro de 1995. Dispõe sobre os Juizados Especiais Cíveis e Criminais e dá outras providências. Brasília, DF: Presidência da República. Disponível em: https://www.planalto.gov.br/ccivil_03/leis/l9099.htm. Acesso em: 29 jan. 2024.

[23] CANESTRARO, Anna Carolina; JANUÁRIO, Túlio Felippe Xavier. O acordo de não persecução penal como instrumento de promoção de programas de compliance? Boletim IBCCRIM, [s. l.], ano 29, n. 344, p. 23-25, jul. 2021. Disponível em: https://ibccrim.org.br/publicacoes/visualizar-pdf/749/2. Acesso em: 1º set. 2024.

[24] REIS, Antônio Augusto; INDALECIO, Paula Moreira. A responsabilidade criminal ambiental das pessoas jurídicas no 'novo' ANPP. Conjur, [s. l.], 27 maio 2021. Opinião. Disponível em: https://www.conjur.com.br/2021--mai-27/opiniao-responsabilidade-criminal-ambiental-anpp. Acesso em: 1º set. 2024.

estruturação da pessoa jurídica para a incorporação das métricas ambientais, ajustando-se a responsabilidade ambiental e social ao combate à corrupção na atividade empresarial, havendo a imprescindível fiscalização da efetividade do programa de *compliance* por parte do órgão ministerial, o que ocorre perante o juízo de execução penal, conforme disposto no art. 28-A, § 6º.[25]

A fiscalização do cumprimento do ANPP ocorre em sede de execução penal e é acompanhada pelo Ministério Público, sob pena de, em caso de descumprimento, prosseguir-se com a ação penal pelo fato delituoso.

5. A PRESCRIÇÃO INTERCORRENTE EM CONVERSÃO EM PRESTAÇÃO PECUNIÁRIA DA EXECUÇÃO DE SENTENÇA CRIMINAL

O cálculo da prescrição da pretensão punitiva intercorrente considera a pena em concreto, ou seja, após o trânsito em julgado da sentença penal condenatória recorrível, com trânsito em julgado para a acusação ou improvimento de seu recurso.[26]

O Código Penal dispõe sobre a prescrição em âmbito criminal nos arts. 109 a 119.

No entanto, em relação às pessoas jurídicas, contra quem são aplicadas as penas de multa, restritivas de direitos e prestação de serviços à comunidade, previstas no art. 21 da Lei n. 9.605/98, não há uma regulamentação específica, nem no Código Penal, nem em legislação especial.

Em relação à prescrição que considera a pena em abstrato, aplicável às pessoas físicas, não há maiores considerações, porque seu cálculo se dá conforme a pena prevista no tipo penal, em consonância com o art. 109 do Código Penal.

No caso de condenação da pessoa jurídica à pena de multa, aplicar-se-ia o art. 114, I, prescrevendo-se aquela no prazo de dois anos.

Quando se trata de condenação de pessoa jurídica à pena restritiva de direitos ou de prestação de serviços à comunidade, essa situação é distinta de uma pena privativa de liberdade, aplicada a uma pessoa física, convertida em pena restritiva de direitos ou de prestação de serviços à comunidade, motivo pela qual não poderiam ser utilizados os mesmos critérios, sob pena de ofensa ao princípio da legalidade.

Na Lei n. 9.605/98, o legislador não tratou de forma mais densa sobre a aplicação da pena às pessoas jurídicas no que se refere a sua fixação, cálculo e prescrição.

Não houve também previsão de penas e sim previsão de preceitos secundários nas penas privativas de liberdade, que são aplicáveis às pessoas físicas em substituição à pena privativa de liberdade.

---

[25] *Cf.* BRASIL, 1941, art. 28-A.
[26] BITENCOURT, Cezar Roberto. *Tratado de direito penal.* 29. ed. São Paulo: Saraiva Jur, 2023. E-book. v. 1, p. 234.

Alguns autores defendem que deve ser aplicada às penas restritivas de direito e de prestação de serviços à comunidade o mesmo prazo prescricional da pena de multa, mas não há nenhuma previsão sobre isso em texto legal.[27]

Isso decorreria da ausência de previsão no Código Penal e na Lei de Crimes Ambientais de prazo prescricional para os casos em que a pena restritiva de direito é cominada como a pena principal.[28]

Ocorre que, quando a pena de prestação de serviços à comunidade ou restritivas de direitos é aplicada cumulativamente com a pena de multa, o entendimento do Superior Tribunal de Justiça não tem sido uniforme.[29]

Diversos tribunais e turmas recursais têm julgado nos dois sentidos.[30]

Em alguns momentos consideram que a aplicação do art. 114, II, do CP é desfavorável ao réu, por se tratar de analogia, *in malan parten*, tendo em vista que nas penas restritivas de direitos e de prestação de serviços à comunidade não há uma extensão temporal predefinida que sirva de parâmetro ao cálculo da prescrição com base na pena em concreto.

Dessa forma, o inciso II, do art. 114, do Código Penal, refere-se à cumulação de pena de multa com a pena privativa de liberdade, que difere das penas aplicadas à pessoa jurídica, motivo pelo qual jamais pode ser aplicado de forma analógica.

Assim, a prescrição das penas distintas da pena de multa, aplicáveis à pessoa jurídica, seria a bienal.

Em sentido diverso, justifica-se que o prazo prescricional de dois anos é ínfimo para a prevenção e proteção de danos ambientais, motivo pela qual é plenamente aplicável, diante da omissão legislativa.[31]

---

[27] SALVADOR NETTO, Alamiro Velludo; SALGADO, Amanda Bessoni Boudoux. 25 anos da Lei 9.605/1998 e a responsabilidade penal da pessoa jurídica: um balanço da jurisprudência dos Tribunais Superiores. In: MORAES, Rodrigo Jorge; FARIAS, Talden; DELMANTO, Fábio Machado de Almeida (Coords.). *25 anos da Lei dos Crimes Ambientais*. São Paulo: Thomson Reuters, 2024, p. 31.

[28] EDcl no AgRg no REsp n. 1.230.099/AM, relatora Ministra Laurita Vaz, Quinta Turma, julgado em 20-8-2013, DJe de 27-8-2013.

[29] BRASIL Superior Tribunal de Justiça (5ª Turma). Agravo Interno no Recurso em *Habeas Corpus* n. 117.584/RS. Agravo Regimental no Recurso Ordinário em *Habeas Corpus*. Crime ambiental praticado por pessoa jurídica. Prazo prescricional. Multa cumulada com pena restritiva de direitos. Regra do código penal. Agravo desprovido. Relator: Min. Ribeiro Dantas, 26 de novembro de 2019. Disponível em: https://scon.stj.jus.br/SCON/GetInteiroTeorDoAcordao?num_registro=201902649718&dt_publicacao=05/12/2019. Acesso em: 5 fev. 2024.

[30] BRASIL. TRF4. ACR - Apelação Criminal 5011207-36.2013.4.04.7200, João Batista Lazzari, TRF4 - Terceira Turma Recursal de SC, D.E. 28/08/2017. Disponível em: https://jurisprudencia.trf4.jus.br/pesquisa/inteiro_teor.php?orgao=3&documento=6837032. Acesso em: 29 set. 2024.

[31] BRASIL. Tribunal de Justiça de Minas Gerais. Apelação Criminal 1.0000.23.092856-6/001, Relator(a): Des.(a) José Luiz de Moura Faleiros, 1ª Câmara Criminal, julgamento em 11-07-2023, publicação da súmula em 13-07-2023. Disponível em: https://www5.tjmg.jus.br/jurisprudencia/pesquisaNumeroCNJEspelhoAcordao.do?numeroRegistro=1&totalLinhas=1&linhasPorPagina=10&numeroUnico=1.0000.23.092856-6%2F001&tpesquisaNumeroCNJ=Pesquisar. Acesso em: 29 set. 2024.

Ainda sobre a prescrição, há a polêmica sobre a prescritibilidade de títulos executivos decorrentes de ações penais.

Encontra-se em curso no Supremo Tribunal Federal o julgamento do ARE 1352872 RG/SC, em que se discute, em sede de Repercussão Geral, se no caso de sentença penal condenatória por crime ambiental deve prevalecer o princípio da segurança jurídica, que beneficia o autor do dano ambiental, diante da inércia do Poder Público, ou se devem prevalecer os princípios constitucionais de proteção, preservação e reparação do meio ambiente, que beneficiam toda a coletividade, considerando-se as penas aplicáveis imprescritíveis.

No caso em destaque, foi proferida uma sentença penal condenatória com trânsito em julgado para a defesa, nos autos da Ação Penal n. 2002.72.01.028166-9, do Juizado Especial Federal Criminal e Previdenciário da Subseção Judiciária de Joinville/SC, título executivo judicial arrolado no inciso II, do art. 475-N, do Código de Processo Civil (CPC), que condenou o réu pela prática do crime previsto no art. 64, da Lei n. 9.605/98, à pena privativa de liberdade de seis meses de detenção e ao pagamento de dez dias-multa, no valor de 1/30 (um trigésimo) do salário mínimo cada dia-multa, convertida a reprimenda corporal em restritiva de direitos, consistente na obrigação de recuperar a área degradada, retirando o aterro e os muros (e suas fundações) construídos nos fundos e na lateral do terreno, a fim de permitir a regeneração da vegetação nativa no local, por meio da execução de projeto específico – PRAD, a ser aprovado pelo Instituto Brasileiro do Meio Ambiente e dos Recursos Naturais Renováveis (IBAMA).

O apenado alegou não ter condições financeiras de cumprir a obrigação de reparar o dano, razão pela qual o Ministério Público foi instado a determinar o cumprimento da obrigação por terceiro, às custas daquele, nos termos dos arts. 633 e 634, do Código de Processo Civil.

A reparação do dano, por meio da retirada do aterro e do muro, foi executada pela municipalidade e o Ministério Público pugnou pelo ressarcimento ao Erário dos custos do serviço mencionado anteriormente.

Contudo, o juízo de 1º grau proferiu sentença que extinguiu a execução, na forma do art. 924, V, do Código de Processo Civil, pronunciando a prescrição da pretensão executória, sob o argumento que a obrigação se convolou em dívida pecuniária, portanto, passível de prescrição, ainda que oriunda de obrigação reparatória ambiental.

O Ministério Público aduziu que o entendimento sedimentado do Supremo Tribunal Federal de que é "imprescritível a pretensão de reparação civil de dano ambiental", tese oriunda do tema 999 do repertório da repercussão geral.[32]

---

[32] *Cf.* BRASIL, 2022.

Dessa forma, seria inadequada a distinção desse entendimento apenas porque a reparação ambiental foi imposta em processo penal, ou porque teve seu cumprimento realizado por terceiro à conta do condenado, nos termos do art. 249 do Código Civil, arts. 37, § 5º, e 225, § 3º, da Constituição Federal.

Em sentido diverso, de inaplicabilidade do tema 999, defende-se que o caso em questão se refere a prescrição da pretensão executória, e não a prescrição da pretensão de reparação civil do dano ambiental.

O julgamento ainda está pendente de encerramento, afim de decidir pela imprescritibilidade de qualquer obrigação de reparação ambiental, transformada em dívida pecuniária, seja essa ou não decorrente de processo penal, ou se não há que se falar em imprescritibilidade, de dívida de valor, decorrente de conversão em obrigação de reparar o dano em processo penal.

6. CONSIDERAÇÕES FINAIS

O maior benefício trazido pela Lei dos Crimes Ambientais foi suprir a lacuna da inexistência de legislação que embasasse uma atuação do Poder Público e do Ministério Público para a proteção do meio ambiente, em âmbito penal, quando não fossem os meios judiciais e extrajudiciais, cíveis e administrativos, suficientes para esse intento.

A persecução penal ambiental traz distinções porque permite a responsabilização de pessoas jurídicas, o que tem previsão constitucional apenas em relação ao meio ambiente e à ordem econômica.

Nesse ponto, ainda há muito o que ser visto, pois a Lei n. 9.605/98 foi insuficiente no que se refere à aplicação e fixação das penas, que têm um regime diverso das penas privativas de liberdade aplicáveis às pessoas físicas.

Outra discussão em torno do tema que ainda não é pacífica é a aplicação do princípio da insignificância, pois, ainda que se utilizem os parâmetros estabelecidos para a análise da desnecessidade da persecução penal, tratando-se de bem cujo dano pode repercutir para as presentes e futuras gerações, ao que tudo indica, a incidência daquele princípio depende de cada caso concreto.

Tal como tem ocorrido em todo o Direito Penal brasileiro, os crimes contra o meio ambiente também podem ser objeto da aplicação de medidas despenalizadoras, previstas na Lei n. 9.099/95 e no art. 28-A, este último do Código de Processo Penal.

Junto a tudo isso, a particularidade que toca o crime ambiental é a possibilidade da inclusão, nas cláusulas do acordo de não persecução penal, da obrigação de elaboração de um plano de *compliance*, que norteará as ações da pessoa jurídica em caráter ambiental, social e de governança.

Dentre as lacunas existentes na análise do Direito Penal Ambiental vê-se a ausência de previsão acerca da prescrição das penas restritivas de direito e de prestação de serviços à comunidade, quando aplicadas às pessoas jurídicas, o que resulta em divergentes interpretações.

A Lei n. 9.605/98 inovou e oportunizou maior proteção ao meio ambiente ao dispor de ferramentas para a prevenção e repressão de crimes ambientais. Porém, ainda há muitas questões sem regulamentação ou sem unanimidade que precisam ser implementadas para garantir maior segurança jurídica ao direito penal ambiental.

CAPÍTULO XXI
AÇÃO CIVIL PÚBLICA AMBIENTAL

Sumário: 1. Ação civil pública – ACP. 1.1. Legitimados para a propositura da ACP. 1.2. Inquérito civil. 1.3. Foro competente. 1.4. Litisconsórcio facultativo.

1. AÇÃO CIVIL PÚBLICA – ACP

São regidas pela Lei n. 7.347/85, mais conhecida como Lei da Ação Civil Pública, as ações de responsabilidade por danos morais e patrimoniais causados ao meio ambiente; ao consumidor; à ordem urbanística; a bens e direitos de valor artístico, estético, histórico, turístico e paisagístico; por infração da ordem econômica e da economia popular e à ordem urbanística.

Segundo Heline Ferreira, a *"ação civil pública redirecionou o direito processual brasileiro, permitindo que também os interesses metaindividuais fossem devidamente protegidos"*. A autora segue enfatizando a existência de duas formas de tutela processual civil, na medida em que uma está voltada para as lides individuais (regidas pelo Código de Processo Civil) e a outra para as coletivas (regidas pela Lei n. 7.347/85).[1]

O objeto da ação pode ser a condenação em dinheiro ou o cumprimento de obrigação de fazer ou não fazer (art. 3º da Lei). Nestas, ainda que o autor não requeira, o juiz determinará o cumprimento da prestação ou a cessação da atividade nociva, sob pena de execução específica, ou de cominação de multa diária.[2]

Trata-se do instrumento processual adequado para reprimir ou impedir danos ao meio ambiente, ao consumidor, a bens e direitos de valor artístico, estético, histórico, turístico e paisagístico e por infrações da ordem econômica, à ordem urba-

---

[1] FERREIRA, Heline Sivini. Os instrumentos jurisdicionais ambientais e a Constituição Brasileira. In: CANOTILHO, José Joaquim Gomes; MORATO LEITE, José Rubens. *Direito constitucional ambiental brasileiro*. São Paulo: Saraiva, 2007, p. 317.

[2] MACHADO, Paulo Affonso Leme. *Direito ambiental brasileiro*. 27. ed. São Paulo: Malheiros, 2020, p. 461.

nística e à honra e à dignidade de grupos raciais, étnicos e religiosos (art. 1º), protegendo, assim, os interesses difusos, coletivos e individuais homogêneos, desde que socialmente relevantes.[3]

1.1. LEGITIMADOS PARA A PROPOSITURA DA ACP

São legitimados para propor a ação civil pública (art. 5º da Lei):

I – o Ministério Público;

II – a Defensoria Pública;

III – a União, os Estados, o Distrito Federal e os Municípios;

IV – a autarquia, empresa pública, fundação ou sociedade de economia mista;

V – a associação que, concomitantemente:

a) esteja constituída há pelo menos 1 (um) ano nos termos da lei civil;

b) inclua, entre suas finalidades institucionais, a proteção ao meio ambiente, ao consumidor, à ordem econômica, à livre concorrência ou ao patrimônio artístico, estético, histórico, turístico e paisagístico.

O requisito da pré-constituição da sociedade pode ser dispensado pelo juiz quando houver "manifesto interesse social evidenciado pela dimensão ou característica do dano, ou pela relevância do bem jurídico a ser protegido" (art. 5º, § 4º).

O Ministério Público, quando não for parte, atua obrigatoriamente como fiscal da lei. O *Parquet* assume a titularidade ativa da ação nos casos de desistência infundada ou abandono por associação legitimada.

Nos termos do art. 16 da Lei, a sentença civil faz coisa julgada *erga omnes* nos limites da competência territorial do órgão prolator, exceto se o pedido for julgado improcedente por insuficiência de provas. Neste caso, qualquer legitimado poderá intentar outra ação com idêntico fundamento, utilizando-se da nova prova.

Ressalte-se que não há adiantamento de custas, emolumentos, honorários periciais e quaisquer outras despesas nas ações civis públicas. No entanto, "em caso de litigância de má-fé, a associação autora e os diretores responsáveis pela propositura da ação serão solidariamente condenados em honorários advocatícios e ao décuplo das custas, sem prejuízo da responsabilidade por perdas e danos" (art. 17).

A Lei n. 7.347/85 dispõe, ainda, sobre a aplicação dos dispositivos presentes no Título III, da Lei n. 8.078/90, à defesa dos direitos e interesses difusos, coletivos e individuais. O Título III do CDC trata da defesa do consumidor em juízo e abrange a tutela coletiva dos interesses difusos.

---

[3] MEIRELLES, Hely Lopes; WALD, Arnold; MENDES, Gilmar. *Mandado de segurança e ações constitucionais*. 38. ed. São Paulo: Malheiros, 2019, p. 228-229.

1.2. INQUÉRITO CIVIL

A ação civil pública pode ser instaurada pelo Ministério Público a partir de informações apresentadas por qualquer pessoa (art. 6º da Lei n. 7.347/85).

Caso o *Parquet* não possua provas para instruir a inicial, poderá instaurar inquérito civil ou requisitar de qualquer órgão público ou privado certidões, informações, exames ou perícias, concedendo um prazo não inferior a 10 dias úteis (art. 8º, § 1º da Lei) para o órgão responder.

Se o Ministério Público, após as diligências, se convencer da inexistência de fundamentos para a propositura da ação civil pública, providenciará o arquivamento dos autos do inquérito civil ou das peças informativas, fundamentando a decisão (art. 9º da Lei). Tais autos ou peças devem ser remetidos para Conselho Superior do Ministério Público para que este homologue ou rejeite o arquivamento. Se o arquivamento for negado, o Conselho do Ministério Público designará outro promotor para ajuizar a ação.

A jurisprudência entende que a instauração do inquérito civil como antecedente à propositura da ação civil pública é facultativa. Entendemos, junto com outros autores, no entanto, que a fase prévia do inquérito é altamente recomendável, para proporcionar uma chance aos indiciados de apresentarem suas razões do ajuizamento da ação, evitando atitudes açodadas ou irrefletidas por parte do Ministério Público.[4]

Lembre-se, porém, que o inquérito civil não é processo administrativo, inexistindo, portanto, relação jurídico-processual, não se instalando, dessa forma, o dever de absoluto prestígio às garantias constitucionais do contraditório, ampla defesa e devido processo legal.[5]

1.3. FORO COMPETENTE

De acordo com o art. 2º da Lei n. 7.347/85, o foro competente para a proposição da ação civil pública é o do local onde tiver ocorrido o dano. Pode haver a prorrogação de competência em razão da parte (*ratione personae*) para a Justiça Federal quando a União, suas autarquias ou empresas públicas federais forem interessadas na condição de autoras, rés, assistentes ou oponentes (art. 109, I, da CF/88).

Édis Milaré, ao tratar do assunto, ensina que *"o legislador juntou dois critérios fixadores de competência quem normalmente, aparecem separados: um – o local do fato – conduz à chamada competência 'relativa', prorrogável, porque fundada*

---

[4] MEIRELLES, Hely Lopes; WALD, Arnold; MENDES, Gilmar. *Mandado de segurança e ações constitucionais*. 38. ed. São Paulo: Malheiros, 2019, p. 251-252.

[5] MOREIRA, Egon Bockmann; BAGATIN, Andreia Cristina; ARENHART, Sérgio Cruz; FERRARO, Marcella Pereira. *Comentários à Lei de Ação Civil Pública*. 2. ed. ver., atual. e ampl. São Paulo: Thomson Reuters Brasil, 2019, p. 447-448.

no critério território, estabelecida, geralmente, em função do interesse das partes; outro – competência funcional – leva à chamada competência 'absoluta', improrrogável e inderrogável, porque firmada em razões de ordem pública, onde se prioriza a higidez do próprio processo".[6]

O Superior Tribunal de Justiça se manifestou sobre a competência prevista no art. 2º da Lei da Ação Civil Pública, decidindo que a *"regra mater em termos de dano ambiental é a do local do ilícito em prol da efetividade jurisdicional. Deveras, proposta a ação civil pública pelo Município e caracterizando-se o dano como local, impõe-se a competência da Justiça Estadual no local do dano, especialmente porque a ratio essendi da competência para a ação civil pública ambiental, calca-se no princípio da efetividade, por isso que, o juízo do local do dano habilita-se, funcionalmente, na percepção da degradação ao meio ambiente posto em condições ideais para a obtenção dos elementos de convicção conducentes ao desate da lide. Precedente desta Corte: REsp 789.513/SP, DJ de 6-3-2006"* (STJ, REsp 811.773-SP).

1.4. LITISCONSÓRCIO FACULTATIVO

Como já foi visto, a responsabilidade civil em matéria ambiental é objetiva e solidária, podendo ensejar um litisconsórcio facultativo e simples. Assim, a ação civil pública pode ser proposta contra o responsável direto, indireto ou contra ambos.

Apenas para exemplificar, o Estado pode ser considerado responsável indireto nos casos em que não exige o estudo prévio de impacto ambiental de atividades potencialmente causadoras de degradação ambiental e que acabaram resultando em danos ao meio ambiente.

Milaré salienta que é *"inelutável a conclusão de que o dano ambiental, marcado pela responsabilidade civil objetiva e solidária, dá ensejo, como regra, no âmbito processual, ao litisconsórcio passivo facultativo, salvo naqueles casos de afetação da esfera jurídico-patrimonial de terceiros, quando, então, se impõe a formação do litisconsórcio passivo necessário"*.[7]

Sobre a responsabilidade, o Tribunal Regional da 4ª Região manifestou-se entendendo que a *"ação civil pública pode ser proposta contra o responsável direto, o responsável indireto ou contra ambos, pelos danos causados ao meio ambiente, por se tratar de responsabilidade solidária, a ensejar o litisconsórcio facultativo"* (TRF 4ª Região, AG 9604633430/SC).

O Superior Tribunal de Justiça já se manifestou sobre o litisconsórcio facultativo entre os responsáveis direto e indireto por um dano ambiental, entendendo que *"Fixada*

---

[6] MILARÉ, Édis. *Direito do ambiente*. 11. ed. São Paulo: Thomson Reuters, 2018, p. 667.
[7] MILARÉ, Édis. *Direito do ambiente*. 11. ed. São Paulo: Thomson Reuters, 2018, p. 647.

a legitimidade passiva do ente recorrente, eis que preenchidos os requisitos para a configuração da responsabilidade civil (ação ou omissão, nexo de causalidade e dano), ressalta-se, também, que tal responsabilidade (objetiva) é solidária, o que legitima a inclusão das três esferas de poder no polo passivo na demanda, conforme realizado pelo Ministério Público (litisconsórcio facultativo)" (STJ REsp 604.725-PR).

É assente no Superior Tribunal de Justiça *"o entendimento de que nos casos de danos ambientais, a regra geral é o litisconsórcio facultativo, por ser solidária a responsabilidade dos poluidores. Portanto, o autor pode demandar qualquer um dos poluidores, isoladamente, ou em conjunto, pelo todo, não existindo a obrigação de formar litisconsórcio passivo necessário com os adquirentes e possuidores dos lotes. Precedentes: REsp 1.799.449/SP, Rel. Ministro Herman Benjamin, Segunda Turma, DJe 18/6/2019; AgInt no AREsp 1.221.019/SP, Rel. Ministro Francisco Falcão, Segunda Turma, DJe 26/2/2019; REsp 880.160/RJ, Rel. Ministro Mauro Campbell Marques, Segunda Turma, DJe 27/5/2010; AgInt no AREsp 1.148.643/ SP, Rel. Ministra Assusete Magalhães, Segunda Turma, DJe 28/6/2018; REsp 1.358.112/SC, Rel. Ministro Humberto Martins, Segunda Turma, DJe 28/6/2013; AgRg no AREsp 541.229/RJ, Rel. Ministro Og Fernandes, Segunda Turma, DJe 2/12/2014; REsp 1.328.874/SP, Rel. Ministra Eliana Calmon, Segunda Turma, DJe 5/8/2013"* (REsp 1.787.952/RJ).

Ainda, o mesmo Tribunal entendendo que, em danos ambientais, *"a regra geral é o litisconsórcio facultativo, por ser solidária a responsabilidade dos poluidores, de modo que o autor pode demandar qualquer um dos poluidores, isoladamente, ou em conjunto pelo todo, de modo que não há obrigatoriedade de se formar o litisconsórcio passivo necessário com os adquirentes e possuidores dos lotes. Precedentes"* (AgInt no AREsp 1.145.305/SP).

CAPÍTULO XXII

ESG: NOVO INSTRUMENTO PARA A SUSTENTABILIDADE AMBIENTAL

Sumário: 1. Apontamentos iniciais. 2. O movimento ESG nas empresas. 3. ESG e o mercado de carbono. 4. Necessária adesão. 5. ESG e agronegócio. 6. Os princípios de ESG nesse contexto. 7. Áreas protegidas no Brasil. 8. O controle de origem dos produtos agropecuários no Brasil. 9. Considerações finais.

1. APONTAMENTOS INICIAIS

A harmonia entre os elementos econômicos, ambientais e sociais das operações empresariais desempenha um papel crucial na busca por uma sociedade mais justa e sustentável. Empresas que negligenciam tais questões ou estão envolvidas em escândalos de corrupção ou desastres ambientais enfrentam consequências severas, a exemplo da perda de investimentos e de credibilidade no mercado.

O termo ESG (*Environmental, Social and Governance*) está ganhando crescente importância no cenário empresarial e as empresas estão sujeitas a uma análise cada vez mais rigorosa por parte de consumidores e investidores.

Além das medidas comumente associadas ao ESG, como a implementação de ações internas para melhorar a eficiência energética, reduzir o consumo de água, aprimorar o ambiente de trabalho, investir em projetos sociais e promover a diversidade nos conselhos de administração, muitas empresas estão adotando compromissos voluntários, proativos, para reduzir suas emissões de carbono e serem mais sustentáveis.

Além disso, diversas empresas já estão disponibilizando no mercado títulos verdes, títulos sustentáveis, com metas vinculadas a práticas ambientais e com foco no combate às mudanças climáticas.

É importante, nesse momento de crise ambiental, explorar o conceito e as vantagens de práticas de ESG, com foco no seu componente ambiental, e mirar o desenvolvimento de uma visão de investimentos que transcende o mero retorno econômico, baseando-se em uma abordagem mais sustentável dos negócios, que englobe benefícios ambientais e sociais.

Sem dúvida, o momento atual exige o desenvolvimento de posturas empresariais relacionadas às mudanças climáticas e evidencia um crescente interesse na inclusão de metas para a redução de emissões de carbono e ampliação de estratégias com viés sustentável.

2. O MOVIMENTO ESG NAS EMPRESAS

O conceito de ESG (*Environmental, Social, Governance*) está se tornando um ponto central nas discussões estratégicas, abordando a forma como as empresas lidam com uma série de questões, como mudanças climáticas, práticas de trabalho e inovação sustentável.

Em 2004, uma iniciativa liderada pela Organização das Nações Unidas, em colaboração com vinte grandes instituições financeiras de diversas nações, que juntas gerenciavam ativos avaliados em mais de US$ 6 trilhões, buscou estabelecer diretrizes para a integração dos aspectos ambientais, sociais e de governança corporativa na gestão de ativos empresariais. O resultado desse esforço foi o relatório "*Who Cares Wins*", que oferecia recomendações para diferentes partes interessadas, incluindo instituições financeiras, reguladores e empresas, destacando os benefícios de uma abordagem que considera esses elementos.[1]

A partir desse marco, diversas iniciativas surgiram para desenvolver critérios e promover práticas de ESG nas empresas, avançando em direção ao que se convencionou chamar de capitalismo de *stakeholders*, em contraposição ao de *shareholders*, uma vez que, no primeiro, múltiplos interessados, incluindo indivíduos, investidores e consumidores, desempenham um papel ativo, e o foco não está apenas nos acionistas como no segundo.

É crucial que as empresas cada vez mais incorporem esses três aspectos em suas atividades:

a) **Ambiental** (*Environmental*) – Adesão à legislação de proteção dos recursos naturais, controle das emissões de carbono, gestão eficiente dos recursos hí-

---

[1] "*Empresas com melhor desempenho em relação a essas questões podem aumentar o valor para o acionista, por exemplo, gerenciando adequadamente os riscos, antecipando ações regulatórias ou acessando novos mercados, ao mesmo tempo em que contribuem para o desenvolvimento sustentável das sociedades em que atuam. Além disso, essas questões podem ter um forte impacto na reputação e nas marcas, uma parte cada vez mais importante do valor da empresa.*" No original: "*Companies that perform better with regards to these issues can increase shareholder value by, for example, properly managing risks, anticipating regulatory action, or accessing new markets, while at the same time contributing to the sustainable development of the societies in which they operate. Moreover, these issues can have a strong impact on reputation and brands, an increasingly important part of company value.*" UNITED NATIONS, 2004.

dricos e energéticos, adaptação às mudanças climáticas e manutenção da qualidade do ar.

b) **Social** (*Social*) – Obediência às normas trabalhistas, promoção do bem-estar dos funcionários e colaboradores, estímulo à inclusão social e à diversidade de gênero e etnia, além de avaliação do impacto social das operações na comunidade local.

c) **Governança Corporativa** (*Governance*) – Compromisso e transparência por parte dos líderes, conselheiros e equipe em relação às responsabilidades socioambientais, bem como à abertura e integridade nas relações com órgãos públicos e a sociedade.

O aumento de fundos relacionados ao ESG reflete uma tendência marcante.

Em 2021, os ativos ligados ao ESG negociados em bolsa e em fundos mútuos atingiram uma marca impressionante de US$ 2,7 trilhões, conforme estimativas da Bloomberg[2], sinalizando a crescente atratividade desse tipo de investimento. Contudo, identificar uma estratégia de investimento genuinamente ESG tem sido desafiador, dado o atual cenário de falta de consenso sobre o que realmente constituem investimentos rotulados como ESG.[3]

Além dos tradicionais títulos verdes (*Green Bonds*), que têm por objetivo atrair investimentos para projetos com benefícios ambientais, a B3 destaca também os títulos sociais (*Social Bonds*), voltados para iniciativas com impacto social positivo, e os títulos de sustentabilidade (*Sustainability Bonds*), que visam projetos socioambientais.[4]

Adicionalmente, existem os títulos vinculados à sustentabilidade, conhecidos como SLB (*Sustainability-Linked Bonds*), os quais estão atrelados a metas sustentáveis.

Esse crescimento do mercado de títulos verdes e relacionados com os fatores ESG tem sido impulsionado em grande parte por participantes do mercado mais atuantes, novos contextos regulatórios que vem direcionando o desenvolvimento desse segmento.

Antes mesmo de a Comissão Europeia apresentar sua estratégia de financiamento sustentável em 2021, as discussões sobre a harmonização de padrões no mercado de títulos sustentáveis já estavam em andamento na Europa.

Governos, investidores e a sociedade em geral estão buscando ativamente soluções para descarbonizar a economia, com as questões climáticas ocupando um lugar central nas discussões estratégicas.

---

[2] Bloomberg, 2022. Disponível em: https://www.bloomberg.com/news/articles/2022-02-03/esg-by-the-numbers-sustainable-investing-set-records-in-2021.

[3] Mark Uyeda, comissário da agência americana SEC (*U.S. Securities and Exchange Commission*), destaca o crescimento dos investimentos em ESG e os desafios quando se busca a harmonização na abordagem. *Vide* UYEDA, Mark, 2023.

[4] *Vide* B3, Títulos Temáticos ESG.

No Brasil, por exemplo, a mudança no nome do ministério responsável pela política ambiental para Ministério do Meio Ambiente e Mudança do Clima (MMA), como determinado pela Medida Provisória n. 1.154/23, reflete a crescente importância dada ao tema.

Nos Estados Unidos, por sua vez, a *Securities and Exchange Commission* (SEC) vem incentivando a divulgação de informações relacionadas às práticas ESG e aos riscos climáticos.

Ainda é prematuro prever como ocorrerá a efetiva implementação do Acordo de Paris, mas a responsabilidade e o papel das empresas nas ações relacionadas às mudanças climáticas assumiram um novo patamar significativo.

Torna-se evidente que são esperados e requisitados compromissos mais sólidos e eficazes em relação à redução de emissões de carbono, não apenas por parte dos governos, mas também das empresas.

Desde 2021, o Banco Central vem trabalhando em resoluções visando aprimorar a gestão de riscos, incluindo os riscos climáticos, tendo refletido nas mudanças na Política de Responsabilidade Social, Ambiental e Climática (PRSAC) e a expansão das medidas relacionadas ao ESG.

Além disso, em janeiro de 2023, entrou em vigor a Resolução CVM n. 59/21, estabelecendo um novo regime de divulgação de informações para as empresas de capital aberto, mantendo o formato "pratique ou explique", e indicando uma maior transparência em questões climáticas e um alinhamento mais forte com as diretrizes da Força-Tarefa sobre Divulgações Financeiras Relacionadas ao Clima (TCFD).

A TCFD (*Task Force on Climate-related Financial Disclusores*), criada pelo Conselho de Estabilidade Financeira (*Financial Stability Board – FSB*), tem impulsionado análises e transparência nas divulgações financeiras relacionadas aos riscos e impactos climáticos. O relatório de 2017 já categorizava os riscos associados às mudanças climáticas e destacava a necessidade de harmonização nas divulgações financeiras, dado que a falta de padronização dificultava a análise.

Naquele momento, os riscos foram classificados em duas categorias: (i) os da transição para uma economia de baixo carbono, os quais incluiriam os riscos relacionados a mudanças regulatórias, tecnológicas, de mercado e políticas públicas, com potenciais impactos financeiros e reputacionais e (ii) os impactos físicos das mudanças climáticas, os quais englobavam eventos extremos e mudanças de longo prazo.[5]

3. ESG E O MERCADO DE CARBONO

É cada vez mais comum encontrar empresas estabelecendo metas voluntárias de redução de emissões de carbono.

---

[5] TCFD, 2017, p. 5.

Existem diferentes formas de precificação de carbono, seja através da criação de um tributo de carbono, de um sistema de comércio de emissões, ou ainda um sistema híbrido, em que créditos podem ser usados para cobrir tributos.

De acordo com o relatório *Emissions Trading Worldwide 2024*, já existem 36 sistemas de comércio de emissões, cobrindo aproximadamente 18% das emissões globais de gases de efeito estufa. Além desses mercados obrigatórios, existem 22 novos sistemas em fase de discussão ou desenvolvimento, inclusive no Brasil.[6]

Apesar do mercado de carbono regulado no Brasil ser um tópico muito discutido desde 2021, com diversos projetos de lei em tramitação na Câmara dos Deputados e no Senado Federal, ainda não há um mercado de carbono baseado em metas obrigatórias de redução de emissões.

No entanto, há alguns anos, várias ações do setor privado já estão em andamento para reduzir ou compensar emissões através da compra de créditos adquiridos no mercado voluntário de carbono.

Para muitas empresas, participar do mercado voluntário e usar esses créditos para compensar suas emissões de carbono faz parte de uma estratégia de responsabilidade social corporativa ou de uma forma de adquirir experiência em vista de futuras regulamentações.

Em um regime voluntário, a motivação não é impulsionada por uma obrigação legal, mas sim pela demanda, principalmente dos compradores.

O mercado voluntário de carbono tem crescido em todo o mundo, e, em 2019, pela primeira vez, foram emitidos mais créditos no padrão *Verified Carbon Standard* (VCS) do que pelo Mecanismo de Desenvolvimento Limpo (MDL) do Protocolo de Quioto.

De acordo com o Relatório *Voluntary Carbon and the Post-Pandemic Recovery*, as transações no mercado voluntário de carbono acumularam mais de 1 bilhão de toneladas de CO2 entre 2005 e 2019, com investimentos superiores a US$ 5 bilhões e o volume de compensações negociadas em 2019 atingindo o maior nível desde 2010.[7]

Há muito tempo o Brasil tem participado do mercado de compensações (*offsets*), desenvolvendo projetos e comercializando créditos no mercado internacional. No entanto, com as mudanças em nível internacional e o surgimento de novos mecanismos, é crucial se adaptar e desenvolver novos incentivos e mercados. Um desses novos mecanismos em ascensão é o pagamento por serviços ambientais (PSA).

---

[6] ICAP, 2024. p. 9.
[7] DONOFRIO, Stephen; MAGUIRE, Patrick; ZWICK, Steve; MERRY, William, 2020.

O Código Florestal prevê a possibilidade de o poder público instituir programas de apoio e incentivo à conservação do meio ambiente, incluindo o pagamento por serviços ambientais, como a conservação da biodiversidade e a regulação do clima.

A Política Nacional de Pagamentos por Serviços Ambientais, Lei n. 14.119/21, representa um avanço na mudança de paradigma em relação às questões ambientais, passando de uma abordagem punitiva para uma de recompensa pela preservação do meio ambiente.

É certo que ainda existem muitos desafios a serem superados para a estruturação e implementação de um comércio doméstico robusto de créditos de carbono, especialmente de origem florestal. Um dos principais a longo prazo é garantir e manter a demanda por esses créditos, especialmente no contexto de compromissos voluntários do setor privado em relação à redução de emissões de carbono.

No entanto, o aumento das expectativas da sociedade, tanto de consumidores quanto de investidores, para que as empresas adotem práticas de responsabilidade socioambiental que vão além do cumprimento das exigências legais, indica que as pressões por práticas de redução de emissões de carbono estão apenas começando e precisam ser integradas às estratégias ESG das empresas.

Além das demandas dos consumidores nacionais, questões comerciais que consideram a pegada de carbono dos produtos estão ganhando destaque em diversos países e devem influenciar a forma como as empresas envolvidas no comércio internacional incorporam o aspecto "carbono" em seus planos.

Na Europa, desde a apresentação do *European Green Deal*, várias medidas estão sendo discutidas e implementadas para que os países europeus alcancem o objetivo de se tornarem neutros em carbono até 2050.

4. NECESSÁRIA ADESÃO

As iniciativas ligadas à sustentabilidade e que refletem a adesão aos princípios ESG estão se tornando proeminentes em diversos setores econômicos. Observamos cada vez mais práticas sustentáveis sendo implementadas não por imposição legal, mas em resposta às demandas do comércio global e de uma sociedade que valoriza produtos e empresas com compromissos sustentáveis.

Nesse cenário, a busca por parte de investidores e consumidores por empresas que adotam estratégias alinhadas aos princípios ESG, incluindo metas e ações para reduzir e compensar suas emissões de carbono, está apenas começando.

O crescimento dos investimentos em empresas que priorizam a sustentabilidade e possuem uma cultura fundamentada nos pilares ESG indica uma mudança na sociedade e uma transformação no mercado, apresentando desafios para as empresas e evidenciando sua capacidade de compreender e responder às mudanças, especialmente as relacionadas ao clima.

5. ESG E AGRONEGÓCIO

A conformidade com a legislação e com boas práticas nas atividades econômicas e as ações que respeitam o meio ambiente, as relações sociais e a governança passaram a integrar, definitivamente, a preocupação da sociedade global e tornaram-se obrigatórias no planejamento e na prática de qualquer setor, tanto na produção quanto na comercialização de bens.

O agronegócio não foge a regra.

Considerando sua importância no Produto Interno Bruto do país e seu papel de destaque nas exportações brasileiras, este é um dos setores que mais deve se adequar aos novos conceitos de iniciativas sustentáveis, sob pena de perder seu espaço no cenário internacional.

Para ter uma ideia da importância do agronegócio brasileiro, somente o investimento em capital de giro destas atividades (agricultura, pecuária, reflorestamento e aquicultura) está situado em torno de US$ 100 bilhões, sem contar outras demandas, como produção de insumos, logística, industrialização e comercialização.

Isto reflete diretamente nas exportações brasileiras. Para exemplificar, no mês de março de 2020, quando as atividades produtivas no país foram severamente impactadas pelas medidas de restrição impostas em razão da pandemia causada pela Covid-19, as vendas externas de produtos do agronegócio foram de aproximadamente US$ 9 bilhões, com expansão de 13,3% em relação ao mês de março do ano anterior, ou seja, um crescimento em valores absolutos de US$ 1 bilhão, representando 48,3% nas exportações totais brasileiras.[8]

O Brasil ocupa um papel de grande destaque no agronegócio global, liderando a produção e exportação de diversas *commodities* neste setor. E a tendência é que esta participação cresça nos próximos anos.

A safra de grãos de 2029/2030 deverá atingir 318,3 milhões de toneladas, um acréscimo de 26,9% sobre a safra de 2019/2020, segundo projeção do Ministério da Agricultura.[9]

Este incremento na produção representa uma taxa de crescimento de 2,4% ao ano e é importante observar que a área destinada à produção de grãos, estimada pelo mesmo estudo, passaria de 65,6 milhões de hectares em 2019/2020 para 76,4 milhões em 2029/2030, o que representa um acréscimo anual de 1,6% na área convertida para a atividade agrícola. Vale dizer, prevê-se um aumento na produção acima

---

[8] PODESTÀ, Inez de. *Exportações do agronegócio totalizam US$ 9,2 bilhões em março*. Ministério da Agricultura, Pecuária e Abastecimento. Disponível em: https://www.gov.br/agricultura/pt-br/assuntos/noticias/exportacoes-do-agronegocio-totalizam-us-9-2-bilhoes-em-marco.

[9] MAPA, 2020.

da ampliação da área plantada, e essa maior produtividade reflete na preservação de vegetação natural.

De acordo com o Ministério da Agricultura, de 1977 a 2018, a produção de grãos ocupa apenas 22% do território brasileiro e, ainda assim, cresceu 425%, enquanto a área plantada aumentou pouco mais de 40%.[10]

No setor de celulose, nosso país também se destaca, estando previsto para este ano a inauguração da maior fábrica de nova geração com larga escala na América do Sul em Lençóis Paulista, interior do Estado de São Paulo, com capacidade para produzir até 3 milhões de toneladas anuais de celulose solúvel (matéria-prima da viscose) e branqueada de eucalipto (*kraft*), grande parte destinadas à exportação.

Com este crescimento da produção agrossilvipastoril, o Brasil deve se manter como um dos principais *players* do mercado global, com potencial para assumir a liderança em diferentes setores deste importante segmento da economia.

No entanto, muitas vezes – e não se devem descartar interesses comerciais de outros países ou empresas concorrentes –, o setor agropecuário recebe fortes críticas por meio de campanhas e afirmações de supostamente ser um dos principais responsáveis pela destruição do meio ambiente, contribuindo para uma pretensa catástrofe climática.

A proteção do meio ambiente é um dos pilares principiológicos da Constituição Federal de 1988, que consagra sua estreita relação com a dignidade da pessoa humana e da justiça social, cabendo a todos (Poder Público, iniciativa privada e coletividade) o dever de preservá-lo e protegê-lo, para as presentes e futuras gerações (art. 225, CF/88).[11]

O Brasil é pródigo na edição de normas de intervenção diretivas e indutoras da proteção do meio ambiente, com o objetivo de impedir que o mercado perca o rumo e desapegue dos interesses do ser humano neste início do século XXI.[12]

Essa proteção, vinda dos sistemas legislativos e da atuação governamental preocupados com o respeito ao meio ambiente e atentos aos ditames da ordem econômica global, é quem dará suporte ao desenvolvimento sustentável, ao equilíbrio entre o crescimento econômico e a preservação da qualidade de vida das futuras gerações. Mas, certamente, não serão apenas a regulação e a fiscalização dos órgãos estatais os responsáveis pelo crescimento do agronegócio, pois a conscientização dos produtores da necessidade da adoção de estratégias e modelos de negócio estru-

---

[10] MAPA, 2021.

[11] GRAU, Eros Roberto. *A ordem econômica na Constituição de 1988*. 10. ed. São Paulo: Malheiros, 2006, p. 251.

[12] Schoueri, Luís Eduardo. *Normas tributárias indutoras e intervenção econômica*. Rio de Janeiro: Forense, 2005, p. 97.

turados de proteção do meio ambiente e de respeito à dignidade humana, aspirações cada vez mais presentes na sociedade, desempenhará um papel decisivo sobre o futuro da atividade.[13]

6. OS PRINCÍPIOS DE ESG NESSE CONTEXTO

Os princípios de governança ambiental, social e corporativa vêm ganhando cada vez maior destaque nos últimos tempos, a ponto da BlackRock, uma das maiores empresas de investimento do mundo, com mais de 7 trilhões de dólares americanos sob sua gestão, ter anunciado recentemente que não faria mais negócios com empresas que não se adequassem a esses critérios.

De outra banda, como dito anteriormente, a Força Tarefa de Divulgações Financeiras Relacionadas ao Clima (*Task Force on Climate-related Financial Disclusores – TCFD*), criado em 2015 pelo Conselho de Estabilidade Financeira (*Financial Stability Board – FSB*), com o objetivo de coordenar, em nível internacional, o desenvolvimento de políticas regulatórias e de supervisão do setor financeiro, divulga regularmente relatórios de risco de atividades relacionadas ao clima, influenciando o setor financeiro, outra medida com capacidade de impactar os custos das atividades agropecuárias no Brasil pela sua estreita ligação com o financiamento.

Além disso, em razão das crescentes cobranças da sociedade internacional, as regras de ESG têm uma relação cada vez mais estreita com o agronegócio brasileiro, ao ponto de alguns países já trabalharem com a hipótese de exigir uma *due diligence* sobre os produtores das *commodities* que seus países importam.

Para atender às crescentes preocupações que vão desde o setor financeiro e de capitais ao consumidor final, os produtores brasileiros precisam atentar para as mudanças climáticas, o uso racional dos recursos naturais, as condições de trabalho e de segurança de seus funcionários e o estrito cumprimento das normas protetivas do meio ambiente e da dignidade humana como único caminho para se diferenciar no mercado cada vez mais globalizado e garantir as bases para a continuidade de seu crescimento.

Para consolidar e aumentar o papel de destaque que a produção agropecuária ocupa no desenvolvimento do país, é necessário que os *players* nacionais incorporem às suas atividades, cada vez mais, as três diretrizes ESG.

Com estas atitudes e a adoção de medidas para sua internalização, a expansão econômica do agronegócio deixa de ser um fim em si mesmo para se tornar uma condição de redução de disparidades e aproximação de garantia dos direitos funda-

---

[13] Como exemplo ilustrativo, veja-se o caso da "Moratória da Soja", que rende acaloradas discussões envolvendo soberania, competência internacional, mercados regulados, preservação ambiental e agronegócio.

mentais, com a devida observância por todas as partes interessadas, sejam os Estados ou as empresas envolvidas no processo de interação comercial.[14]

É no Direito, principal instrumento de organização da vida em sociedade, que encontramos os principais mecanismos de prevenção e de precaução na proteção efetiva dos bens ambientais e dos recursos naturais,[15] e as normas que regem a preservação ambiental no Brasil são pródigas em garantias para compatibilizar as atividades do agronegócio com o meio ambiente ecologicamente equilibrado.

7. ÁREAS PROTEGIDAS NO BRASIL

Ao contrário de muitas notícias equivocadas – algumas decorrentes de simples desconhecimento, outras talvez com intenções de influenciar a concorrência internacional –, o agronegócio brasileiro não está acabando com os recursos naturais no Brasil, nem promovendo uma desarrazoada substituição das florestas por pastagens ou lavouras.

Para melhor entender o descabimento de certos argumentos, basta uma simples análise das áreas protegidos pela nossa legislação.

O Brasil possui mais de 8 milhões de km^2 e a maior parte desta área não pode ser utilizada para atividades agropecuárias, por expressa disposição de normas ambientais, a exemplo das Unidades de Conservação, criadas pela União, pelos Estados ou pelos Municípios.

De acordo com o Cadastro Nacional de Unidades de Conservação do Ministério do Meio Ambiente, em junho de 2020 existiam no Brasil 2.446 Unidades de Conservação, perfazendo uma área de 1.588.498 km^2 (ou seja, 158.849.800 hectares) o que representa aproximadamente 18,6% do território nacional.

Deste total, 12,29% – algo em torno de 19.061.976 hectares – permite algum tipo de atividade econômica, embora sujeito a limitações administrativas – as Unidades de Conservação de Uso Sustentável. Os demais 139.787.854 hectares não podem ser utilizados, por estarem expressamente protegidos.

Na sequência, as Terras Indígenas, garantidas constitucionalmente aos povos indígenas[16], são igualmente indisponíveis para atividades agropecuárias, pois desti-

---

[14] WILDE, Mark. *Civil Liability for Environmental Damage. A Comparative Analysis of Law and Policy in Europe and the United States.* Hague: Kluwer Law international, 2002, p. 164.

[15] MIRANDA, Francisco Cavalcanti Pontes de. *Sistema de ciência positiva do direito.* Campinas: Bookseller, 2005, p. 55.

[16] *Vide* art. 231 da Constituição Federal: São reconhecidos aos índios sua organização social, costumes, línguas, crenças e tradições, e os direitos originários sobre as terras que tradicionalmente ocupam, competindo à União demarcá-las, proteger e fazer respeitar todos os seus bens.

nam-se à preservação da cultura e dos hábitos dos índios, os quais não possuem estas práticas produtivas.

A Fundação Nacional do Índio (FUNAI) classifica as terras indígenas conforme seu estágio de demarcação. No Brasil, de acordo com o órgão indigenista, atualmente existem 567 Terras Indígenas, com uma superfície de 117.067.410 hectares, além de 6 áreas interditadas, que somam mais 1.080.740 hectares.

Sem levar em consideração que existem mais 117 áreas em estudo, atualmente um total de 118.148.150 hectares estão preservados de atividades agropecuárias por se destinarem aos indígenas.[17]

Somadas as Terras Indígenas e as Unidades de Conservação de proteção integral, todas indisponíveis para a produção de carne, grãos ou para o plantio florestal com fins econômicos, temos uma área aproximada de 257.936.004 hectares.

Porém, não são somente estas as áreas em que a legislação expressamente não permite práticas agrícolas ou pecuárias.

Ainda como instrumentos de proteção dos recursos naturais, temos as Áreas de Preservação Permanente[18], previstas no novo Código Florestal – Lei n. 12.651/12. Nos termos do seu art. 4º, são indisponíveis para uso agropecuário as faixas marginais de cursos d'água, o entorno de nascentes, as encostas com declividade superior a 45°, os topos de morros, montes, montanhas e serras, com altura superior a 100 metros

---

§ 1º São terras tradicionalmente ocupadas pelos índios as por eles habitadas em caráter permanente, as utilizadas para suas atividades produtivas, as imprescindíveis à preservação dos recursos ambientais necessários a seu bem-estar e as necessárias à sua reprodução física e cultural, segundo seus usos, costumes e tradições.

[17] De acordo com a FUNAI, as terras indígenas podem ser classificadas como:
"**Terras Indígenas Tradicionalmente Ocupadas**: São as terras indígenas de que trata o art. 231 da Constituição Federal de 1988, direito originário dos povos indígenas, cujo processo de demarcação é disciplinado pelo Decreto n. 1775/96.
Reservas Indígenas: São terras doadas por terceiros, adquiridas ou desapropriadas pela União, que se destinam à posse permanente dos povos indígenas. São terras que também pertencem ao patrimônio da União, mas não se confundem com as terras de ocupação tradicional. Existem terras indígenas, no entanto, que foram reservadas pelos estados-membros, principalmente durante a primeira metade do século XX, que são reconhecidas como de ocupação tradicional.
Terras Dominiais: São as terras de propriedade das comunidades indígenas, havidas, por qualquer das formas de aquisição do domínio, nos termos da legislação civil.
Interditadas: São áreas interditadas pela Funai para proteção dos povos e grupos indígenas isolados, com o estabelecimento de restrição de ingresso e trânsito de terceiros na área. A interdição da área pode ser realizada concomitantemente ou não com o processo de demarcação, disciplinado pelo Decreto n. 1775/96."
Vide: FUNAI. *Modalidades de Terras Indígenas*. Disponível em: http://www.funai.gov.br/index.php/indios-no-brasil/terras-indigenas.

[18] Vide art. 3º, II, da Lei n. 12.651/12, o qual conceitua Área de Preservação Permanente (APP) como "área protegida, coberta ou não por vegetação nativa, com a função ambiental de preservar os recursos hídricos, a paisagem, a estabilidade geológica e a biodiversidade, facilitar o fluxo gênico de fauna e flora, proteger o solo e assegurar o bem-estar das populações humanas".

e inclinação média maior que 25°, as áreas em altitude superior a 1.800 metros, qualquer que seja a vegetação.

Ademais, outras áreas podem ser declaradas de preservação permanente pelo Poder Executivo, conforme disposto no art. 6º da Lei n. 12.651/12, com o objetivo de conter a erosão, proteger restingas, veredas ou várzeas, fornecer faixa de proteção de rodovias e ferrovias, auxiliar a defesa do território nacional ou outras finalidades.

Não é possível calcular com exatidão as áreas de preservação permanente nas propriedades rurais brasileiras. O Cadastro Ambiental Rural (CAR), criado pela Lei n. 12.651/12 no âmbito do Sistema Nacional de Informação sobre Meio Ambiente (SINIMA) registrava, no início de 2020, um total de 5.669.375 propriedades rurais cadastradas, perfazendo uma área de 548.428.201 hectares[19]. O CAR, no entanto, não individualiza estas áreas de preservação permanente.

Segundo uma análise realizada pela Empresa Brasileira de Pesquisa Agropecuária (EMBRAPA), as áreas protegidas e as preservadas em âmbito rural totalizam 423 milhões de hectares ou 49,8% do território do Brasil. O estudo da EMBRAPA apresenta um quadro comparativo entre o uso do solo em atividades agrossilvipastoris no Brasil e nos Estados Unidos, grande concorrente na produção e exportação de alimentos.

De acordo com este estudo, os Estados Unidos utilizam 74,3% do seu território para atividades agropecuárias, distribuídos em pastagens (29%), lavouras (17,4%) e florestas plantadas e exploradas (27,9%), enquanto o Brasil utiliza 30,2% para as mesmas finalidades, distribuídos em pastagens nativas (8%), pastagens plantadas (13,2%), lavouras (7,8%) e florestas plantadas (1,2%).[20]

Além disso, os Estados Unidos destinam 8,9% de seu território para Unidades de Conservação e 2,3% para terras indígenas, enquanto o Brasil preserva 18,6% do território nacional para Unidades de Conservação e 13,8% para terras indígenas.

Além dessas terras indisponíveis em razão de sua finalidade (preservação, conservação, destinação antropológica), também é importante destacar que a área rural remanescente não é utilizável integralmente para a produção agrícola ou pecuária.

Para a manutenção do equilíbrio ambiental, a legislação nacional obriga os proprietários rurais a manter um percentual de seus imóveis cobertos de vegetação a título de Reserva Legal, com a função de assegurar o uso econômico de modo sustentável dos recursos naturais do imóvel, auxiliar a conservação e a reabilitação dos processos ecológicos e promover a conservação da biodiversidade, bem como o abrigo e a proteção de fauna silvestre e da flora nativa (art. 3º, III, da Lei n. 12.651/12).

---

[19] Dados atualizados até 18 de fevereiro de 2020. Vide SICAR. *Serviço Florestal Brasileiro*. Disponível em: http://www.car.gov.br/publico/imoveis/index.

[20] Vide EMBRAPA. *Síntese ocupação e uso das terras no Brasil*. Disponível em: https://www.embrapa.br/car/sintese.

A reserva legal varia conforme o bioma em que se encontra a propriedade rural, obrigando a manutenção da cobertura da vegetação nativa em 80% (oitenta por cento) nos imóveis situados em área de florestas na Amazônia Legal; 35% (trinta e cinco por cento) nos imóveis situados em área de cerrado; 20% (vinte por cento) nos imóveis situados em área de campos gerais; e 20% nos imóveis rurais localizados nas demais regiões do país (conforme o art. 12, I e II, da Lei n. 12.651/12).

Para melhor entender o quanto a legislação brasileira restringe atividades agropecuárias na Amazônia Legal,[21] basta verificar a tabela a seguir.

Uso e ocupação do solo na Amazônia Legal	Área Total ha
Área total da Amazônia Legal	521.742.300
Unidades de Conservação (UC) e Terras Indígenas (TI)	204.416.393
Área remanescente (sem UC e TI)	317.325.907
Reserva Legal (RL) sobre a área remanescente (80%)	253.860.725
Área disponível na Amazônia Legal (sem UC, TI e RL)	63.465.182

No bioma Mata Atlântica, além da manutenção da reserva legal obrigatória de 20% do imóvel, é proibido o corte e a supressão de vegetação primária ou em estágios avançado e médio de regeneração quando abriga espécies da flora e da fauna silvestres ameaçadas de extinção, exerce a função de proteção de mananciais ou de prevenção e controle de erosão, forma corredores entre remanescentes de vegetação primária ou secundária em estágio avançado de regeneração, protege o entorno das unidades de conservação ou possui excepcional valor paisagístico (art. 11, da Lei n. 11.428/06).

8. O CONTROLE DE ORIGEM DOS PRODUTOS AGROPECUÁRIOS NO BRASIL

Os órgãos ambientais mantêm controle rigoroso sobre a origem de grãos e de carne produzidos no Brasil, em obediência à Lei n. 10.650/03, que determina que os dados e informações sobre pedidos e licenças para supressão de vegetação e autos de infrações e respectivas penalidades (especialmente áreas embargadas por desmatamento ilegal) impostas pelos órgãos ambientais devem ser disponibilizados ao público (art. 4º, II e III, da Lei n. 10.650/03).

---

[21] Amazônia Legal: os Estados do Acre, Pará, Amazonas, Roraima, Rondônia, Amapá e Mato Grosso e as regiões situadas ao norte do paralelo 13° S, dos Estados de Tocantins e Goiás, e ao oeste do meridiano de 44° W, do Estado do Maranhão (art. 3º, I, da Lei n. 12.651/12).

Em atendimento ao comando anterior, o órgão ambiental federal mantém uma relação de todas as áreas rurais que são objeto de autuação por infração ambiental ou de embargo das atividades que pode ser consultada por qualquer pessoa.

Além disso, o Decreto n. 6.514/08 penaliza administrativamente a aquisição ou comercialização de produto ou subproduto de origem animal ou vegetal produzido sobre área embargada[22].

Antes de adquirir gado ou grãos de qualquer propriedade rural, a indústria de processamento ou o exportador desses produtos agropecuários pode consultar se a área em que eles são produzidos está ou não embargada por descumprimento da legislação ambiental.

Vale destacar que a indústria frigorífica é fiscalizada rigorosamente pelo Ministério Público Federal para evitar que compre carne bovina procedente de áreas desmatadas ou que usaram fogo sem autorização ambiental na Amazônia Legal (Acre, Amapá, Amazonas, Maranhão, Mato Grosso, Pará, Rondônia, Roraima e Tocantins), ou, ainda, onde tenham sido constatadas outras irregularidades ambientais e sociais, como invasão de terras públicas ou trabalho escravo.

Frigoríficos e grandes redes de comercialização de carne assinaram um Termo de Ajustamento de Conduta (TAC) com o Ministério Público Federal, amplamente divulgado e conhecido como 'Carne Legal', em que se obrigam a comprovar a origem dos produtos utilizados ou comercializados, com a previsão de penalidades bastante severas em caso de descumprimento.

Estratégias ambientais, sustentabilidade e responsabilidade social passaram a ser elementos indispensáveis para as empresas, pois a onda de globalização exige aspectos diferenciais, mais sustentáveis, em produtos e serviços.

O rigor com o qual o mercado encara essas exigências é enorme e pode ser o tênue liame entre o sucesso e o fracasso de produtos e serviços. Acaso isso não seja feito, os *players* desse cenário, sejam empresas ou países, enfrentarão barreiras ambientais, não tarifárias, no mercado internacional.

A agenda do desenvolvimento sustentável e a adoção de políticas ambientais estão se tornando uma questão de estratégia e competitividade, quiçá de sobrevivência comercial, e figuram entre as principais preocupações da indústria e do comércio nos tempos modernos.[23]

---

[22] Art. 54 do Decreto 6.514/08: Adquirir, intermediar, transportar ou comercializar produto ou subproduto de origem animal ou vegetal produzido sobre área objeto de embargo: Multa de R$ 500,00 (quinhentos reais) por quilograma ou unidade.
Parágrafo único. A aplicação do disposto neste artigo dependerá de prévia divulgação dos dados do imóvel rural, da área ou local embargado e do respectivo titular de que trata o § 1º do art. 18 e estará limitada à área onde efetivamente ocorreu o ilícito.

[23] ELKINGTON, John. *Canibais com garfo e faca*. São Paulo: Makron Books, 2001, p. 43.

Como o próprio gênero de consumidor vem mudando[24], é de se esperar que o comércio de produtos "verdes", ou ambientalmente corretos, também cresça no cenário atual de planificação dos mercados, fazendo despontar uma produção menos impactante e mais responsável, por uma questão de competitividade.[25]

À medida que barreiras tributárias começam a deixar de ser empecilho à circulação de mercadorias, despontam novas formas de impedimentos.

A queda dessas barreiras comerciais e a aproximação dos mercados se deve à globalização, em face da criação de grandes blocos econômicos e da facilitação de circulação de mercadorias e capitais entre os países, ampliando o horizonte dos mercados para um nível global.[26]

O esforço regulatório do Estado está cada vez mais voltado para tentar criar condições de um mercado mais competitivo, com a presença da ampla concorrência.

Somente assim serão atingidos os objetivos de justiça social, equânime distribuição econômica e respeito aos direitos e garantias fundamentais.[27]

Exemplo disso são as barreiras sanitárias que são impostas ao argumento de proteger a vida humana e animal dos países desenvolvidos. A grande dificuldade é saber se, de fato, são legítimos os impedimentos ou representam uma barreira disfarçada de comércio.[28]

Sem margem para dúvidas, essa visão ambiental do mercado internacional passa pelo aspecto regulatório dos Estados, por estar intrinsecamente ligada aos impactos financeiros de crises que envolvem a natureza, implicando análise econômica de contratos, investimentos, operações financeiras, cooperações internacionais e uma série de medidas que devem ser tomadas com foco no planejamento ambiental e nas regras internas dos países envolvidos.[29]

---

[24] GOLEMAN, Daniel. *Ecological Intelligence. Knowing the Hidden Impacts of What We Buy*. London: Penguin Books Ltd. 2009, p. 6.

[25] DIAS, Reinaldo. *Gestão ambiental*: responsabilidade social e sustentabilidade. São Paulo: Atlas, 2006, p. 139.

[26] NESTER, Alexandre Wagner. *Regulação e concorrência (compartilhamento de infraestruturas e redes)*. São Paulo: Dialética, 2006, p. 60.

[27] NESTER, Alexandre Wagner. *Regulação e concorrência (compartilhamento de infraestruturas e redes)*. São Paulo: Dialética, 2006, p. 64.

[28] STIGLITZ, Joseph E. *Globalização*: como dar certo. São Paulo: Companhia das Letras, 2007, p. 182. O autor menciona as barreiras à exportação de carne brasileira para os Estados Unidos, ao fundamento da proteção do mercado interno contra a febre aftosa. Além disso, pode ser utilizado como exemplo o risco científico dos alimentos geneticamente modificados, cujos efeitos e consequências, a longo prazo, ainda são desconhecidos.

[29] RAO, P. K. *International Environmental Law and Economics*. Massachusetts: Blackwell Publishers Inc., 2002, p. 69.

9. CONSIDERAÇÕES FINAIS

Percebe-se que o agronegócio é regulado por severas regras destinadas à proteção do meio ambiente e dos recursos naturais. Unidades de Conservação, Terras Indígenas, Áreas de Preservação Permanente, áreas de Reserva Legal e remanescentes do bioma Mata Atlântica são protegidos. Além disso, existem sanções administrativas, civis e penais para as transgressões ambientais, inclusive quanto à aquisição ou comercialização de produtos oriundos de áreas que desobedeceram a estas normas de proteção.

Desta forma, com exceção das práticas que contrariam a legislação ambiental – e estas devem ser severamente combatidas pelos órgãos de comando e controle –, tem-se que a produção agropecuária do Brasil possui regras internas de proteção ambiental e práticas de sustentabilidade adotadas e exigidas internacionalmente.

É preciso ter cuidado para que o argumento ambiental não seja usado como barreira ao desenvolvimento e ao livre-comércio, uma vez que a não conformidade aos preceitos legais, ou o *compliance* ambiental, não pode ser ancorada em interesses diferentes dos de proteção do meio ambiente e social, tampouco encontrar guarida em motivações econômicas ou ideológicas de países, grupos ou organizações.

A preservação do meio ambiente deve estar acima de qualquer política, ideologia, país ou grupo de empresas, pois se trata de tema inafastável e decisivo para o sucesso ou fracasso desta e das futuras gerações.

A conformidade com as regras de ESG (*Environmental, Social and Governance*) podem fazer a diferença na competitividade internacional e no crescimento econômico da atividade agrossilvipastoril no Brasil, devendo passar a integrar o planejamento estratégico daqueles que produzem, comercializam ou exportam produtos do campo.

Capítulo XXIII

ATIVIDADES MINERÁRIAS

Sumário: 1. Alguns conceitos 2. Segurança de barragens e a Lei n. 12.334/10 (alterada pela Lei n. 14.066/20). 3. Os casos Mariana e Brumadinho.

1. ALGUNS CONCEITOS

Por ser uma atividade que pode causar significativo impacto sobre o meio ambiente, sua exploração está condicionada à expedição das anuências e requisitos do licenciamento ambiental.

Trata-se de uma atividade lícita que gera muitos recursos para o Brasil e deve estar em perfeita consonância com a Política Nacional do Meio Ambiente, obedecendo aos parâmetros estabelecidos para a preservação do meio ambiente, a começar pela obrigação de recuperar o meio ambiente degradado, estabelecida na própria Constituição Federal (art. 225, § 2º).

Nosso Código de Minas,[1] com a nova redação que recebeu por meio do Decreto-lei n. 227, de 28 de fevereiro de 1967, indicava o Departamento Nacional de Produção Mineral – DNPM como órgão responsável pelo controle, autorização e licenciamento da exploração de produtos minerais em suas diferentes modalidades e formas.

Em 28-11-2018, com a publicação do Decreto n. 9.587/18, instalou-se a Agência Nacional de Mineração – ANM, que veio substituir o Departamento Nacional de Produção Mineral – DNPM, que, por 84 anos, fez a gestão dos bens minerais do Brasil.

A Lei n. 6.938/81 estabelece a obrigatoriedade de licenciamento ambiental para atividades efetivas ou potencialmente prejudiciais ao meio ambiente.[2] Por sua vez, a

---

[1] Decreto-lei n. 1.985, de 29 de janeiro de 1940.

[2] Art. 10. A construção, instalação, ampliação e funcionamento de estabelecimentos e atividades utilizadores de recursos ambientais, efetiva ou potencialmente poluidores ou capazes, sob qualquer forma, de causar degradação ambiental dependerão de prévio licenciamento ambiental. (Redação dada pela Lei Complementar n. 140, de 2011.)

Resolução CONAMA n. 237/97 indica, expressamente, as atividades de mineração como sujeitas ao licenciamento ambiental.[3]

A Resolução CONAMA n. 1/86 exige a realização do Estudo de Impacto Ambiental para o licenciamento da extração de minério, e a Lei n. 9.314/96 conceitua os regimes de aproveitamento das substâncias minerais, excetuando especificamente da definição de mineração os trabalhos de movimentação de terras e de desmonte de materiais *in natura*, que se fizerem necessários à abertura de vias de transporte, obras gerais de terraplenagem e de edificações, desde que não haja comercialização das terras e dos materiais resultantes dos referidos trabalhos e ficando o seu aproveitamento restrito à utilização na própria obra.[4]

Recomenda-se a leitura atenta da Lei n. 9.314/96, pois introduziu importantes alterações no Decreto-lei n. 227/67.

A critério da autoridade competente para o licenciamento, se a atividade apresentar características que possam indicar um significativo impacto ambiental, deverá ser exigido o Estudo Prévio de Impacto Ambiental.

Em qualquer dos casos, independentemente de ser exigido o EIA/RIMA, é obrigatório que sejam previstas e assumidas as medidas de recuperação do meio ambiente degradado, conforme exigência do Decreto n. 97.632/89, que, regulamentando disposição da Lei n. 6.938/81, estabelece que o plano de recuperação da área degradada – PRAD deverá ser apresentado juntamente com os estudos ambientais destinados ao licenciamento.

É sabido que o compromisso de recuperação da área degradada dificilmente é cumprido em empreendimentos de pequeno porte, e mesmo nos de maior expressão, quando ocorre a paralisação por falta de viabilidade econômica.

As mais diversas alternativas têm sido adotadas para impedir que, cessada a atividade, permaneçam as *cicatrizes* deixadas pela extração mineral, merecendo citação, pela originalidade, a iniciativa da Prefeitura Municipal de Presidente Figueiredo, no Estado do Amazonas, que criou um fundo municipal para recuperação da área degra-

---

[3] Art. 2º A localização, construção, instalação, ampliação, modificação e operação de empreendimentos e atividades utilizadoras de recursos ambientais consideradas efetiva ou potencialmente poluidoras, bem como os empreendimentos capazes, sob qualquer forma, de causar degradação ambiental, dependerão de prévio licenciamento do órgão ambiental competente, sem prejuízo de outras licenças legalmente exigíveis.

[4] Art. 2º Dependerá de elaboração de estudo de impacto ambiental e respectivo relatório de impacto ambiental – RIMA, a serem submetidos à aprovação do órgão estadual competente, e do IBAMA em caráter supletivo, o licenciamento de atividades modificadoras do meio ambiente, tais como: I – Estradas de rodagem com duas ou mais faixas de rolamento; II – Ferrovias; III – Portos e terminais de minério, petróleo e produtos químicos; IV – Aeroportos, conforme definido pelo inciso I, artigo 48, do Decreto-lei n. 32, de 18-11-66; V – Oleodutos, gasodutos, minerodutos, troncos coletores e emissários de esgotos sanitários; VI – Linhas de transmissão de energia elétrica, acima de 230 KV; VII – Obras hidráulicas para exploração de recursos hídricos, tais como: barragem para fins hidrelétricos, acima de 10 MW, de saneamento ou de irrigação, abertura de canais para navegação, drenagem e irrigação, retificação de cursos d'água, abertura de barras e embocaduras, transposição de bacias, diques; VIII – Extração de combustível fóssil (petróleo, xisto, carvão); IX – Extração de minério, inclusive os da classe II, definidos no Código de Mineração; [...].

dada. De duvidosa legalidade, uma vez que se refere à anuência do Município e não ao licenciamento propriamente dito, a norma obriga os interessados em explorar recursos minerais no município que depositem, previamente à anuência municipal para o licenciamento, os valores previstos no plano de recuperação de áreas degradadas.

Muito mais apropriada para o licenciamento de atividades de mineração seria a exigência de uma caução bancária, de valor compatível com os custos da recuperação da área degradada.

Em sentido contrário, já ouvimos argumentos de que as pequenas empresas (ou pessoas físicas) não teriam as garantias exigidas pelos estabelecimentos bancários para prestar essa *fiança*. Na mesma proporção, o meio ambiente também não tem nenhuma garantia de recuperação quando interrompida a atividade.

Diversos entes da Federação trataram a forma de garantia da recuperação da área degradada pela mineração em instrumentos próprios, a exemplo do Distrito Federal, que normatizou a matéria na Lei n. 1.393/97, exigindo a garantia de reabilitação ou recuperação da área mediante três modalidades – caução em dinheiro ou títulos da dívida pública, seguro-garantia ou fiança bancária.[5]

A penalidade pecuniária aplicável é, em alguns casos, excessivamente branda, pois as consequências negativas para o meio ambiente podem ser muito graves quando a atividade é desenvolvida à revelia dos órgãos ambientais. Portanto, conforme a gravidade dos danos ao meio ambiente, em vez da aplicação da multa prevista nesse artigo, a autoridade ambiental deve optar, motivadamente, pela aplicação da pena do art. 66 do Decreto n. 6.514/08.

Merece atenção que o art. 45 desse mesmo Decreto estabelece sanção pecuniária diferenciada para a extração de minerais de florestas de domínio público ou de áreas de preservação permanente e, nos casos em que a atividade atingir Unidades de Conservação, devem ser observadas as disposições da Subseção VI desse Decreto, que trata das infrações cometidas nessas áreas especialmente protegidas nos arts. 84 a 93.

2. SEGURANÇA DE BARRAGENS E A LEI N. 12.334/10 (ALTERADA PELA LEI N. 14.066/20)

As barragens de rio e de minérios precisam conservar elevados padrões de segurança.[6]

---

[5] Art. 2º A garantia poderá ser efetuada por meio das seguintes modalidades:
I – caução em dinheiro ou títulos da dívida pública;
II – seguro-garantia;
III – fiança bancária.

[6] MACHADO, Paulo Affonso Leme. *Direito ambiental brasileiro*. 29. ed. Salvador: Editora Juspodivm, 2023, p. 549.

A Lei n. 12.334/10 estabelece a Política Nacional de Segurança de Barragens (PNSB) e cria o Sistema Nacional de Informações sobre Segurança de Barragens (SNISB), aplicando-se a barragens destinadas à acumulação de água para quaisquer usos, à disposição final ou temporária de rejeitos e à acumulação de resíduos industriais.

Os objetivos da Política Nacional de Segurança de Barragens (PNSB) são garantir a observância de padrões de segurança de barragens de maneira a reduzir a possibilidade de acidente e suas consequências; garantir a observância de padrões de segurança de barragens de maneira a fomentar a prevenção e a reduzir a possibilidade de acidente ou desastre e suas consequências; regulamentar as ações de segurança a serem adotadas nas fases de planejamento, projeto, construção, primeiro enchimento e primeiro vertimento, operação, desativação e de usos futuros de barragens em todo o território nacional; regulamentar as ações de segurança a serem adotadas nas fases de planejamento, projeto, construção, primeiro enchimento e primeiro vertimento, operação, desativação, descaracterização e usos futuros de barragens; promover o monitoramento e o acompanhamento das ações de segurança empregadas pelos responsáveis por barragens; criar condições para que se amplie o universo de controle de barragens pelo poder público, com base na fiscalização, orientação e correção das ações de segurança; coligir informações que subsidiem o gerenciamento da segurança de barragens pelos governos; estabelecer conformidades de natureza técnica que permitam a avaliação da adequação aos parâmetros estabelecidos pelo poder público; fomentar a cultura de segurança de barragens e gestão de riscos; e definir procedimentos emergenciais e fomentar a atuação conjunta de empreendedores, fiscalizadores e órgãos de proteção e defesa civil em caso de incidente, acidente ou desastre.

Não há quem divirja do entendimento da enorme importância da mineração para o desenvolvimento econômico, social e político de qualquer nação.[7]

O que pode ser um diferencial, no entanto, é o tratamento legal dado aos minerais e a destinação de resíduos dessa atividade.

No Brasil, os instrumentos da Política Nacional de Segurança de Barragens incluem o sistema de classificação de barragens por categoria de risco e por dano potencial associado; o Plano de Segurança de Barragem; o Plano de Segurança da Barragem, incluído o PAE; o Sistema Nacional de Informações sobre Segurança de Barragens (SNISB); o Sistema Nacional de Informações sobre o Meio Ambiente (Sinima); o Cadastro Técnico Federal de Atividades e Instrumentos de Defesa Ambiental; o Cadastro Técnico Federal de Atividades Potencialmente Poluidoras ou Utilizadoras de Recursos Ambientais; o Relatório de Segurança de Barragens; o Sistema Nacional de Informações sobre Recursos Hídricos (SNIRH); o monitoramento das barragens e dos recursos hídricos em sua área de influência e os guias de boas práticas em segurança de barragens.

---

[7] ATAÍDE, Pedro. *Direito minerário*. Salvador: Juspodivm, 2017, p. 36.

Ainda, as barragens serão classificadas por categoria de risco (alto, médio ou baixo), por dano potencial associado (alto, médio ou baixo) e pelo seu volume, com base em critérios gerais estabelecidos pelo Conselho Nacional de Recursos Hídricos (CNRH).

A minudência dos dispositivos legais que regulam a atividade minerária é um ponto deveras importante na integração do direito ambiental com a segurança de barragens e a eventual recuperação do meio ambiente eventualmente degradado.[8]

A Lei n. 12.334/10, a partir do seu art. 17-A, incluído pela Lei n. 14.066/20, também estabelece um rol de infrações e sanções, independente das cominações na esfera penal e da obrigação de reparar os danos causados, com multas que podem variar de R$ 2.000,00 (dois mil reais) a R$ 1.000.000.000,00 (um bilhão de reais), a depender da gravidade do fato, dos antecedentes do infrator quanto ao cumprimento da legislação de segurança de barragens e a sua situação econômica.

3. OS CASOS DE MARIANA E BRUMADINHO

Em 25 de janeiro de 2019, o rompimento de uma barragem de rejeitos da empresa SAMARCO (uma mineradora brasileira fundada em 1977 e desde 2001 controlada através de uma *joint-venture* entre a Vale S.A. e a anglo-australiana BHP Billiton, cada uma com 50% das ações da empresa), localizada no ribeirão Ferro-Carvão, na região de Córrego do Feijão, no município brasileiro de Brumadinho, a 65 km de Belo Horizonte, em Minas Gerais, ocasionou um dos maiores desastres ambientais do Brasil.

Delton Winter de Carvalho, em precisa análise sobre desastres ambientais, pontua que o conceito de desastre pode ser encontrado na própria legislação, a exemplo do Decreto n. 7.257/10, que em seu art. 2°, II, conceitua desastre como *"resultado de eventos adversos, naturais ou provocados pelo homem sobre um ecossistema vulnerável, causando danos humanos, materiais ou ambientais e consequentes prejuízos econômicos e sociais"*.[9]

Continua o autor, mostrando tratar-se de eventos com caráter exponencial quanto a suas consequências, podendo ser decorrentes de fenômenos naturais ou humanos, ocorridos de forma imediata ou continuada.

A ruptura da barragem causou um desastre de enormes proporções, que foi considerado um dos maiores já ocorridos em operações minerárias, com mais de 200 pessoas mortas e outra centena de desaparecidas.

---

[8] ATAÍDE, Pedro. *Direito minerário*. 5. ed. Salvador: Juspodivm, 2024, p. 92.
[9] CARVALHO, Delton Winter de. *Gestão jurídica ambiental*. São Paulo: Revista dos Tribunais, 2017, p. 250.

Este acidente ocorreu três anos depois do rompimento da Barragem do Fundão, em Mariana, também no Estado de Minas Gerais. A ruptura da barragem formou ondas de rejeitos que avançaram sobre pessoas, carros, casas, árvores e animais.

Em razão desses acidentes, o Brasil passa a ser destaque em tragédias desse gênero.

A barragem foi construída em 1976 e, segundo a empresa, desde 2015 não recebia mais rejeitos, estando em processo de descomissionamento (encerramento de atividades). Inclusive um laudo emitido pela empresa de consultoria alemã Tüv Süd, em setembro de 2018, alertava sobre a sua estabilidade.

Também segundo a Secretaria de Meio Ambiente e Sustentabilidade de Minas Gerais (SEMAD), as licenças ambientais estavam em dia, e o Conselho Estadual de Política Ambiental do Estado (COPAM) havia concedido a licença para descomissionamento da barragem.

Capítulo XXIV
CUSTO AMBIENTAL – OBRIGAÇÕES AMBIENTAIS PREVISTAS EM NORMAS ESPECIAIS

Sumário: 1. Introdução. 2. Identificação dos impactos ambientais. 3. A Compensação Ambiental e o Sistema Nacional de Unidades de Conservação. 3.1. Destinação dos recursos da Compensação Ambiental. 3.2. Correção do valor da Compensação por meio da Taxa SELIC. 4. Compensação pela supressão de Mata Atlântica. 5. Compensação por danos a cavidades naturais subterrâneas. 6. Reposição florestal. 7. A anuência do Município. 8. Os órgãos intervenientes. 9. Manifestação da Fundação Nacional do Índio – FUNAI. 10. Manifestação do Instituto do Patrimônio Histórico e Cultural – IPHAN. 11. Manifestação da Fundação Cultural Palmares – FCP. 12. Manifestação do Ministério da Saúde.

1. INTRODUÇÃO

Como foi dito, é inegável que as atividades humanas modificam o ambiente em que são desenvolvidas. Algumas de forma positiva, outras, negativamente, e algumas, ainda, com impactos positivos e negativos ao mesmo tempo. Características físicas, químicas, biológicas, cênicas, sociais ou econômicas podem ser alteradas com maior ou menor intensidade pela intervenção humana, resultando em prejuízos para algumas e, eventualmente, ganhos para outras.

A legislação brasileira é pródiga em dispositivos destinados a proteger os recursos naturais, partindo daqueles que proíbem diretamente determinadas atividades para resguardar integralmente alguns locais ou atributos específicos dos efeitos negativos da intervenção humana, até aqueles que condicionam os impactos sobre o meio ambiente à adoção de medidas para mitigar ou compensar os impactos negativos e potencializar os positivos.

A premissa mais importante está insculpida na Constituição Federal, que declara o meio ambiente ecologicamente equilibrado um bem de uso comum do povo e essencial à sadia qualidade de vida.

Trata-se, na dicção constitucional, de um patrimônio incorpóreo e imaterial, indisponível, que pertence à coletividade e não pode ser apropriado pelo Estado ou pelo particular, pois deve ser preservado para as futuras gerações.

Lecionam os professores Ingo Sarlet e Tiago Fensterseifer que a *"avaliação de impactos ambientais, prevista como instrumento da PNMA no art. 9º, III, foi consagrada originalmente na legislação brasileira pela Lei 6.803/80 (art. 8º), notadamente em vista do combate à poluição industrial. A Lei 6.938/81, no entanto, consagrou o instituto jurídico com caráter mais abrangente, inclusive com o objetivo de concretizar os princípios da prevenção e da precaução. A avaliação ambiental pode ser considerada o gênero do qual são espécies, por exemplo, o estudo prévio de impacto ambiental e o estudo de impacto de vizinhança (art. 4º, VI, do Estatuto da Cidade)"*.[1]

Quem se dedica à educação ambiental costuma utilizar uma definição que expressa bem a realidade: não somos proprietários, mas meros depositários do planeta e, por isso, somos responsáveis pela forma como ele será legado para nossos filhos e netos.

Esta responsabilidade está prevista na Constituição de 1988, que impõe ao poder público e à coletividade o dever de defender e preservar o meio ambiente ecologicamente equilibrado para as presentes e futuras gerações.[2]

Segundo Herman Benjamin, a garantia constitucional tem *"o intuito de assegurar no amanhã um planeta em que se mantenham e se apliquem, quantitativamente e qualitativamente, as condições que proporcionam a vida em todas as formas"*.[3]

Este direito transgeracional foi incluído como um dos princípios aprovados na Conferência das Nações Unidas sobre o Meio Ambiente, realizada entre 5 e 16 de junho de 1972, em Estocolmo:

> 1. O homem tem o direito fundamental à liberdade, à igualdade e ao desfrute de condições de vida adequadas, em um meio ambiente de qualidade tal que lhe permita levar uma vida digna, gozar de bem-estar e é portador solene de obrigação de proteger e melhorar o meio ambiente, para as gerações presentes e futuras.
> 2. Os recursos naturais da Terra, incluídos o ar, a água, o solo, a flora e a fauna e, especialmente, parcelas representativas dos ecossistemas naturais, devem ser preservados em benefício das gerações atuais e futuras, mediante um cuidadoso planejamento ou administração adequada.

Vimos que a legislação ambiental brasileira repousa sobre uma série de princípios, podendo-se destacar: a) a proteção do meio ambiente se sobrepõe aos interesses privados; b) o meio ambiente ecologicamente equilibrado é indisponível e inapropriável;

---

[1] SARLET, Ingo Wolfgang; FENSTERSEIFER, Tiago. *Curso de direito ambiental.* 3. ed. Rio de Janeiro: Forense, 2022, p. 521.

[2] Art. 225. Todos têm direito ao meio ambiente ecologicamente equilibrado, bem de uso comum do povo e essencial à sadia qualidade de vida, impondo-se ao poder público e à coletividade o dever de defendê-lo e preservá-lo para as presentes e futuras gerações.

[3] BENJAMIN, Antonio Herman V. Contitucionalização do ambiente e ecologização da constituição brasileira. In: CANOTILHO, José Joaquim Gomes; LEITE, José Rubens Morato (Org.). *Direito constitucional ambiental brasileiro.* São Paulo: Saraiva, 2007, p. 57-130.

c) a propriedade deve cumprir sua função social e ambiental; d) o desenvolvimento econômico e social deve ocorrer em harmonia com a proteção do meio ambiente.

Para garantia desses princípios, a Constituição Federal estabeleceu o poder/dever do Poder Público para controlar as atividades capazes de causar danos ambientais, exigir os estudos prévios dos impactos ambientais para obras ou atividades potencialmente causadoras de significativa degradação dos recursos naturais, de aplicar sanções penais e administrativas e de obrigar a reparação dos danos causados por práticas em desacordo com as normas de proteção.

Não é raro, no entanto, que alguns princípios ou dispositivos legais sejam interpretados de forma personalíssima, sob a égide da defesa do meio ambiente, gerando conflitos com outras garantias constitucionais ou mesmo servindo a interesses ausentes da intenção dos legisladores.

Este capítulo específico destina-se a analisar os institutos da mitigação e da compensação ambiental previstas na legislação brasileira e alguns dos principais equívocos na sua aplicação por agentes públicos.

Longe de representar a defesa do desenvolvimento a qualquer custo, sem a necessária sustentabilidade, pretendemos contribuir para uma reflexão sobre algumas interpretações imprecisas que, ao invés de fortalecer a legislação ambiental e, por conseguinte, a defesa do meio ambiente ecologicamente equilibrado para as futuras gerações, prejudicam sua eficiência na medida em que são utilizadas com finalidades diversas e estranhas ao espírito das leis, aumentando a imprevisibilidade dos custos de um empreendimento e, em alguns casos, provocando sua inviabilidade.

É evidente que as normas ambientais, imprescindíveis para o equilíbrio da natureza e a qualidade da vida humana, não podem e não devem ser utilizadas pelo Estado ou pelos seus agentes para o atendimento de obrigações que não guardam relação com os objetivos da legislação ambiental, sob o argumento de que qualquer atividade que visa o lucro deve compensar carências ou deficiências dos serviços públicos nas áreas em que se pretende exercê-la.

Em síntese, é necessário diferenciar o impacto ambiental de uma obra ou atividade da falta de estrutura ou equipamentos públicos no local em que será implantada; é fundamental dissociar a obrigação de compensar danos causados ao meio ambiente da exigência de suprir a falta de investimento do Estado em serviços públicos de sua responsabilidade; e, principalmente, é imperativo que se interprete a legislação ambiental conforme sua finalidade e não como uma oportunidade para resolver problemas alheios ao seu objetivo.

A aplicação da legislação ambiental não pode ser exacerbada a ponto de afrontar outros direitos, conforme pontua Luis Carlos Silva de Moraes:

> É inerente à atividade estatal a preservação do interesse público em razão do privado, mas nunca utilizar-se daquele para a supressão unilateral deste. A própria estrutura

da Constituição Federal contrapõe-se a esta ideia, dando-nos a concepção de que o poder estatal, em tese ilimitado, será limitado todas as vezes que atingir direitos e garantias individuais (art. 5º).[4]

Não é outro o entendimento dos nossos tribunais.

O Tribunal Regional Federal da 5ª Região afirmou que *"é defeso ao intérprete ou ao administrador público dar interpretação extensiva da norma para alcançar hipótese que destoa da realidade fática, sobretudo quando esta interpretação causa um gravame ao administrado"* (TRF 5. AC – Apelação Cível – 519.554).

A utilização dos métodos interpretativos não pode ultrapassar os limites que o texto legal tem a finalidade de abranger, à luz do princípio da reserva legal (art. 5º, XXXIX, CF), sendo inadmissível a interpretação extensiva pela administração em desfavor do administrado.

Como vimos no dia a dia, a ampla margem de discricionariedade na avaliação dos estudos ambientais e na emissão das respectivas licenças pode obrigar o administrado a aceitar condições impostas pela administração que, embora travestidas de nobres objetivos, não guardam relação com o impacto sobre o meio ambiente do empreendimento que se pretende instalar ou, quando existe essa relação, não é de responsabilidade do particular o investimento para sua solução, mas sim, do Estado.

É do Estado a obrigação de prover educação, saúde, segurança, saneamento básico e garantir os serviços essenciais para que a coletividade desfrute uma vida com dignidade. E essa assistência deve ser prestada com os recursos advindos dos tributos cobrados da população e não repassada para os empreendedores em troca das licenças ambientais.

Diga-se, de passagem, que *"a tributação ambiental deve carregar duas finalidades essenciais. A fiscal, ou seja, a obtenção de receitas que serão aplicadas em ações que promovam a defesa do meio ambiente, bem como a extrafiscal, com o objetivo de induzir comportamentos tanto de pessoas físicas quanto jurídicas, públicas e privadas, ambientalmente desejáveis ou menos prejudiciais ao meio ambiente (por exemplo, a adoção de subsídios para que as empresas adotem novas tecnologias limpas em determinados setores industriais e o IPTU Ecológico)"*.[5]

Somente os custos destinados a evitar, mitigar ou corrigir danos causados ao meio ambiente devem ser repassados aos responsáveis pela instalação ou operação das atividades sujeitas ao licenciamento ambiental, sendo desproposidata a exigência de investimentos para suprir obrigações do Poder Público, o que, infelizmente, se tornou uma prática bastante comum, como será visto ao longo deste capítulo.

---

[4] MORAES, Luís Carlos Silva de. *Código Florestal comentado*. 3. ed. São Paulo: Atlas, 2002, p. 40.

[5] SARLET, Ingo Wolfgang; FENSTERSEIFER, Tiago. *Curso de direito ambiental*. 3. ed. Rio de Janeiro: Forense, 2022, p. 526.

2. IDENTIFICAÇÃO DOS IMPACTOS AMBIENTAIS

Vimos que um dos instrumentos para defender o meio ambiente ecologicamente equilibrado, previsto na Constituição Federal, é a exigência da apresentação de um estudo prévio dos impactos ambientais para a instalação de qualquer obra ou atividade potencialmente causadora de significativa degradação ambiental.

A Lei n. 6.938/81, anterior à Constituição Federal de 1988, mas integralmente por ela recepcionada, instituiu a Política Nacional do Meio Ambiente, com o objetivo de garantir a preservação ambiental em harmonia com o desenvolvimento socioeconômico, os interesses da segurança nacional e a dignidade da vida humana.

Como se vê, uma das principais preocupações do regramento foi a compatibilização do desenvolvimento econômico e social com a preservação da qualidade do meio ambiente e do equilíbrio ecológico.

Para a consecução de seus objetivos, o art. 9º da Lei n. 6.938/81 previu, entre os instrumentos dessa política, a avaliação dos impactos ambientais e o licenciamento e revisão de atividades efetiva ou potencialmente poluidoras.

A Lei impôs a obrigatoriedade do prévio licenciamento ambiental para obras ou atividades que utilizam recursos naturais ou que são capazes de alterar suas características:

> Art. 10. A construção, instalação, ampliação e funcionamento de estabelecimentos e atividades utilizadoras de recursos ambientais, efetiva ou potencialmente poluidores ou capazes, sob qualquer forma, de causar degradação ambiental, dependerão de prévio licenciamento ambiental.[6]

Não é recente, portanto, a exigência para que todas as atividades humanas das quais resulte alguma modificação adversa que possa causar prejuízo imediato ou em consequência das quais exista risco de ocorrência futura de dano ao meio ambiente, se sujeitem ao controle dos órgãos competentes, seguindo o detalhamento estabelecido nas normas correspondentes.[7]

Na Conferência das Nações Unidas sobre o Meio Ambiente realizada em Estocolmo, em 1972, definiu-se o meio ambiente como *"o conjunto de componentes físicos, químicos, biológicos e sociais capazes de causar efeitos diretos ou indiretos, em um prazo curto ou longo, sobre os seres vivos e as atividades humanas"*.

---

[6] Redação dada pela Lei Complementar n. 140/11. A redação anterior era: "Art. 10. A construção, instalação, ampliação e funcionamento de estabelecimentos e atividades utilizadoras de recursos ambientais, considerados efetiva e potencialmente poluidores, bem como os capazes, sob qualquer forma, de causar degradação ambiental, dependerão de prévio licenciamento de órgão estadual competente, integrante do Sistema Nacional do Meio Ambiente – SISNAMA, e do Instituto Brasileiro do Meio Ambiente e dos Recursos Naturais Renováveis – IBAMA, em caráter supletivo, sem prejuízo de outras licenças exigíveis".

[7] BENJAMIN, Antônio Herman V. Direito constitucional ambiental brasileiro. In: CANOTILHO, José Joaquim Gomes; LEITE, José Rubens Morato (Orgs.). *Direito constitucional ambiental brasileiro*. São Paulo: Saraiva, 2007, p. 58.

A definição mais apropriada na legislação ambiental brasileira é a da Lei n. 6.938/81, que criou a Política Nacional do Meio Ambiente, e que conceituou o meio ambiente como *"o conjunto de condições, leis, influências e interações de ordem física, química e biológica, que permite, abriga e rege a vida em todas as suas formas".*[8]

A Resolução n. 1/86, do Conselho Nacional do Meio Ambiente – CONAMA, considerou impacto ambiental *"qualquer alteração das propriedades físicas, químicas e biológicas do meio ambiente, causada por qualquer forma de matéria ou energia resultante das atividades humanas que, direta ou indiretamente, afetam: I – a saúde, a segurança e o bem-estar da população; II – as atividades sociais e econômicas; III – a biota; IV – as condições estéticas e sanitárias do meio ambiente; V – a qualidade dos recursos ambientais".*

Dessa forma, os estudos ambientais prévios devem abranger diferentes áreas e situações afetadas por uma obra ou empreendimento, pois o meio ambiente é integrado por elementos naturais e artificiais, incluindo os recursos da natureza propriamente ditos, a forma de vida, os valores culturais, sociais e históricos que possam ser afetados e, inclusive, as atividades econômicas existentes na área de influência.

A Resolução CONAMA n. 1/86 enumerou diversas atividades para as quais é exigido o Estudo de Impacto Ambiental e respectivo Relatório – EIA/RIMA, nos seguintes termos:

> Art. 2º Dependerá de elaboração de estudo de impacto ambiental e respectivo relatório de impacto ambiental – RIMA, a serem submetidos à aprovação do órgão estadual competente, e do IBAMA em caráter supletivo, o licenciamento de atividades modificadoras do meio ambiente, tais como:
>
> I – Estradas de rodagem com duas ou mais faixas de rolamento;
>
> II – Ferrovias;
>
> III – Portos e terminais de minério, petróleo e produtos químicos;
>
> IV – Aeroportos, conforme definido pelo inciso I, artigo 48, do Decreto-lei n. 32, de 18.11.66;
>
> V – Oleodutos, gasodutos, minerodutos, troncos coletores e emissários de esgotos sanitários;
>
> VI – Linhas de transmissão de energia elétrica, acima de 230KV;
>
> VII – Obras hidráulicas para exploração de recursos hídricos, tais como: barragem para fins hidrelétricos, acima de 10MW, de saneamento ou de irrigação, abertura de canais para navegação, drenagem e irrigação, retificação de cursos d'água, abertura de barras e embocaduras, transposição de bacias, diques;
>
> VIII – Extração de combustível fóssil (petróleo, xisto, carvão);
>
> IX – Extração de minério, inclusive os da classe II, definidos no Código de Mineração;

---

[8] Lei n. 6.938/81, art. 3º, I.

X – Aterros sanitários, processamento e destino final de resíduos tóxicos ou perigosos;

XI – Usinas de geração de eletricidade, qualquer que seja a forma de energia primária, acima de 10 MW;

XII – Complexo e unidades industriais e agroindustriais (petroquímicos, siderúrgicos, cloroquímicos, destilarias de álcool, hulha, extração e cultivo de recursos hídricos);

XIII – Distritos industriais e zonas estritamente industriais – ZEI;

XIV – Exploração econômica de madeira ou de lenha, em áreas acima de 100 hectares ou menores, quando atingir áreas significativas em termos percentuais ou de importância do ponto de vista ambiental;

XV – Projetos urbanísticos, acima de 100ha ou em áreas consideradas de relevante interesse ambiental a critério da SEMA e dos órgãos municipais e estaduais competentes;

XVI – Qualquer atividade que utilize carvão vegetal, derivados ou produtos similares em quantidade superior a dez toneladas por dia.

XVII – Projetos Agropecuários que contemplem áreas acima de 1000 ha ou menores, neste caso, quando se tratar de áreas significativas em termo percentuais ou de importância do ponto de vista ambiental, inclusive nas áreas de proteção ambiental.

É importante observar, no entanto, que a exigibilidade do estudo de impacto ambiental não se restringe às atividades elencadas, pois todas aquelas que apresentam potencial poluidor ou modificador do meio ambiente estão sujeitas a esses estudos, de acordo com a Lei n. 6.938/81.

Assim, o órgão ambiental licenciador poderá exigir a elaboração do Estudo de Impacto Ambiental e respectivo Relatório (EIA/RIMA) sempre que considerar que determinada obra ou atividade é potencialmente poluidora ou modificadora das condições do meio ambiente, mesmo quando não constar da Resolução CONAMA n. 1/86.

O CONAMA, na Resolução n. 237, de 19 de dezembro de 1997, em seu art. 1º, também define os estudos ambientais como *"todos e quaisquer estudos relativos aos aspectos relacionados à localização, instalação, operação e ampliação de uma atividade ou empreendimento, apresentado como subsídio para a análise da licença requerida, tais como: relatório ambiental, plano de recuperação de área degradada e análise preliminar de risco"*.

Como estudado, além do Estudo de Impacto Ambiental – EIA e respectivo Relatório de Impacto sobre o Meio Ambiente – RIMA, os mais conhecidos, existem estudos ambientais simplificados ou específicos, conforme o grau de impacto ou a especificidade da obra ou atividade. Mesmo esses estudos simplificados devem abordar as inter-relações entre os componentes bióticos, abióticos e antrópicos do sistema afetado pelo empreendimento, obra ou atividade.

Os estudos ambientais, a critério dos órgãos licenciadores, não se restringem aos impactos da obra ou do empreendimento isoladamente, sendo necessária uma avaliação dos efeitos sinérgicos e cumulativos resultantes do conjunto de obras numa determinada área ou do aproveitamento simultâneo dos mesmos recursos naturais. Assim, para o licenciamento de uma nova usina hidrelétrica pode ser exigido o estudo do conjunto dos impactos causados na bacia hidrográfica, ou no licenciamento de uma nova usina termelétrica, pode ser exigida a avaliação da saturação da bacia aérea em conjunto com as fontes poluidoras já existentes.

Paulo de Bessa Antunes ensina que a *"Lei n. 6.938/81 marca uma mudança qualitativa no sistema legal de proteção ambiental, pois busca criar um sistema estruturado e organicamente coerente de medidas a serem adotadas para o alcance dos objetivos fixados naquele texto normativo. A Avaliação de Impacto Ambiental (AIA), por força da Lei n. 6.938/81, foi elevada à condição de um dos instrumentos da PNMA. É de se observar, contudo, que a Lei da PNMA não desceu a minúcias quanto às formalidades que deveriam compor a Avaliação de Impacto Ambiental. Registre-se, por oportuno, que, não tendo sido revogada a Lei n. 6.803/80, as exigências contidas nos artigos 9º e 10 daquele diploma legal permaneceram vigentes".*[9]

Os estudos ambientais devem definir os procedimentos destinados a impedir ou diminuir os impactos negativos provenientes da instalação ou operação das obras ou atividades. Quando se mostrar impossível evitar ou mitigar algum impacto, como prejuízos para a biodiversidade ou a perda de áreas representativas do patrimônio cultural, histórico e arqueológico, a lei exige que sejam compensados.

Portanto, o planejamento para a execução de uma obra ou a instalação de um empreendimento que utiliza recursos naturais como insumo de produção ou que é capaz de causar poluição ambiental de qualquer natureza deve, obrigatoriamente, considerar os custos impostos pela preservação do meio ambiente.

Muitas vezes considerados muito elevados, os investimentos exigidos pela legislação ambiental brasileira podem influir decisivamente na viabilidade econômica de uma obra. Esses gastos se dividem em três grandes grupos: (i) aqueles necessários para impedir ou mitigar os danos diretos e indiretos causados pela instalação e operação da atividade propriamente dita – as medidas mitigadoras; (ii) aqueles destinados a compensar os danos que não podem ser evitados – as medidas compensatórias; e (iii) aqueles previstos expressamente na legislação protetora do meio ambiente – as medidas de compensação previstas em lei.

Os danos ou impactos ambientais decorrentes da instalação ou da posterior operação da obra ou atividade são identificados nos estudos ambientais realizados previamente ao licenciamento ambiental, conforme exigência da Constituição Federal e da lei que instituiu a Política Nacional do Meio Ambiente.

É importante observar que a Constituição exige estudos prévios para a instalação de obra ou atividade *"potencialmente causadora de significativa degradação do meio ambiente"* e a Lei n. 6.938/81 exige o licenciamento ambiental de ativi-

---

[9] ANTUNES, Paulo de Bessa. *Direito ambiental.* 21. ed. São Paulo: Atlas, 2020, p. 447.

dades *"efetiva ou potencialmente poluidores ou capazes, sob qualquer forma, de causar degradação"*.

Portanto, estão sujeitas aos estudos prévios de impacto e ao licenciamento ambiental somente atividades que causam a degradação da qualidade ambiental, que prejudicam a saúde, a segurança e o bem-estar da população, que criam condições adversas às atividades sociais e econômicas, que afetam desfavoravelmente a biota, ou que afetam as condições estéticas ou sanitárias do meio ambiente.

Neste ponto cabem alguns comentários sobre a interpretação do teor das normas no que se refere à intensidade dos impactos.

A Constituição Federal (art. 223, § 1º, IV) determina a exigência do estudo prévio de impacto ambiental para obra ou atividade causadora de significativa degradação do meio ambiente.

A Lei n. 6.938/81 (art. 10), mesmo com a nova redação dada pela Lei Complementar n. 140/11, não prevê a exigência de que o impacto seja significativo para tornar obrigatório o licenciamento de estabelecimentos e atividades capazes, sob qualquer forma, de causar degradação ambiental.

Uma leitura menos atenta pode levar à equivocada interpretação de que não sendo significativo o impacto sobre o meio ambiente –, por conseguinte, dispensada a elaboração do estudo prévio de impacto ambiental –, também seria dispensável o licenciamento ambiental.

Esta leitura parece-nos equivocada, pois a falta de exigência do estudo tradicional previsto na Resolução CONAMA n. 1/86, ou de estudos simplificados, não afasta a exigibilidade das licenças nos casos em que o meio ambiente é afetado.

Por outro lado, a definição do significativo impacto necessário para ensejar a exigência do estudo de impacto ambiental para as atividades modificadoras do meio ambiente, não elencadas expressamente no art. 2º da Resolução CONAMA n. 1/86, deve ser criteriosa e fundamentada.

Uma interpretação muito coerente pode ser encontrada na Orientação Jurídica Normativa n. 51/2015/PFE/IBAMA, aprovada pela Advocacia Geral da União:

> A Constituição impõe uma garantia em prol do meio ambiente, não um mínimo, e sim a exata medida de que o significativo impacto ambiental deve ser tratado pelo EIA. O legislador não pode ser desproporcional. Pecar pelo excesso é descumprir a Constituição, impondo ônus desnecessário em cima não apenas do Estado, mas de seus cidadãos. Herman Benjamin aduz que "é induvidoso que não é toda e qualquer obra ou atividade que exige a elaboração de EIA. Seria um desperdício de recursos humanos e econômicos".[10] As "atividades modificadoras do meio ambiente" do *caput* do artigo 2º da Resolução CONAMA 01, de 1986, e das Leis n. 11.428/06 e Lei

---
[10] BENJAMIN, Antonio Herman V.; MILARÉ, Édis. *Estudo prévio de impacto ambiental.* São Paulo: RT, 1993, p. 112.

n. 7.661/88 estão muito longe da "significativa degradação do meio ambiente" exigida pela Constituição, devendo-se fazer uma leitura conforme a Constituição do instituto.

O conteúdo da orientação normativa é no sentido de que *"há evidente excesso na atuação estatal (desproporcionalidade) na tese de que o EIA poderia ser exigido sem potencialidade de impacto significativo, comprometendo, ao mesmo tempo, a eficiência, a economicidade e o direito fundamental à análise do processo administrativo em tempo razoável"* (CF, art. 5º, LXXVIII) e conclui que:

> Ante todo o exposto, opina-se no sentido de que não se pode exigir EIA sem que haja obra ou atividade potencialmente causadora de significativa degradação do meio ambiente, devendo as previsões normativas que exigem o EIA sem esse critério serem lidas, em conformidade com a Constituição (art. 225, § 1º, IV), como presunções relativas, ou seja, o órgão ambiental pode afastá-la em circunstâncias específicas, no caso, a ausência de significância de impacto.

Instituídas pela Portaria PFE/IBAMA n. 1/12, as Orientações Jurídicas Normativas – OJN representam a consolidação de entendimentos e teses sobre matérias jurídicas relevantes de repercussão nacional ou de recorrência no âmbito das Superintendências do IBAMA nos Estados, visando uniformizar a interpretação da legislação ambiental, sendo sua aplicação obrigatória no âmbito da PFE/IBAMA e das unidades da Procuradoria Geral Federal, quando no exercício de representação da Autarquia em matéria finalística.

Os estudos ambientais identificam e quantificam os impactos adversos sobre os elementos físico e biológico e, na medida do possível, valoram os impactos sobre o meio socioeconômico, para efeito de compensação.

Esta descrição dos impactos, normalmente resumidos numa planilha chamada Matriz de Impactos, contempla: a previsão da magnitude e importância dos prováveis impactos relevantes, a discriminação dos impactos positivos e negativos (benéficos e adversos), diretos e indiretos, imediatos e a médio e longo prazo, se são temporários ou permanentes, o grau de reversibilidade, suas propriedades cumulativas e sinérgicas, a distribuição dos ônus e benefícios sociais.

Na sequência, como forma de comprovar a viabilidade ambiental do empreendimento, os estudos indicam ao órgão licenciador quais medidas mitigadoras serão tomadas e, naqueles que não puderem ser evitados ou ter o efeito adverso diminuído, quais medidas compensatórias serão adotadas.

De igual sorte, medidas de controle de riscos ambientais e de monitoramento da qualidade (por exemplo, dos recursos hídricos ou do ar, conforme cada caso) são apresentadas nos estudos ambientais.

Outro importante custo ambiental, muitas vezes desconsiderado na avaliação da viabilidade econômica de um empreendimento, é o custo de desativação.

Algumas atividades somente podem ser encerradas mediante a execução de um Programa de Recuperação da Área Degradada – PRAD que busca a restauração ambiental da forma mais próxima possível ao *status quo* anterior à sua implantação. No caso de atividades minerárias, por exemplo, a recuperação das alterações causadas é bastante onerosa, pois inclui a recomposição do terreno das cavas e a revegetação do solo.

Apenas para demonstrar o quanto o custo de um programa de recuperação da área degradada, na atividade de mineração, pode ser elevado, podemos citar a legislação do Distrito Federal.

O Decreto Distrital n. 22.139, de 16 de maio de 2011, que regulamenta a Lei n. 1.393/97,[11] estabeleceu as formas de garantia de execução do PRAD exigidas para o licenciamento ambiental de atividades de mineração: a) caução em dinheiro ou títulos da dívida pública; b) seguro-garantia; e c) fiança bancária.[12]

Considerando-se que a exploração de uma mina pode se estender ao longo de várias décadas e que a recuperação da área somente se dará no término das atividades, é fácil calcular o custo extremamente alto dessas garantias, que, em muitos casos, podem ultrapassar o valor das medidas de recuperação propriamente ditas.

O instrumento da compensação mais conhecido está contido no art. 36 da Lei n. 9.985/00,[13] que institui o Sistema Nacional de Unidades de Conservação – SNUC. Além dessa medida compensatória para os danos irreversíveis identificados nos estudos ambientais, outras estão previstas expressamente em normas próprias, a exemplo da compensação pela supressão de Mata Atlântica ou pela supressão de cavidades naturais subterrâneas, como se verá em tópicos específicos.

---

[11] A Lei n. 1.393, de 4 de março de 1997, dispõe sobre a exigência, no processo de licenciamento ambiental da garantia de reabilitação ou recuperação de área degradada, por empreendimentos que exploram recursos minerais no Distrito Federal.

[12] Art. 2º A garantia de que trata o caput do artigo 1º deste Decreto será prestada pelo empreendedor nas seguintes modalidades:
I – caução em dinheiro ou títulos da dívida pública;
II – seguro-garantia;
III – fiança bancária.
§ 1º Para fins deste artigo, considera-se:
I – Caução em dinheiro ou em títulos da dívida pública – toda garantia oferecida em dinheiro ou em títulos da dívida pública, ou seja, reserva de numerário ou de valores que a Administração poderá utilizar para proceder à reabilitação ou recuperação da área degradada, caso o empreendedor venha faltar, nesse sentido, a seus compromissos assumidos;
II – Seguro-garantia – é a prestação de garantia pelo empreendedor, oferecida por uma companhia seguradora, para assegurar a plena execução do empreendimento. Na apólice, a seguradora obrigar-se-á, no caso de não cumprimento por parte do empreendedor, a pagar à Administração o necessário para que esta execute, ou transfira a terceiro, a responsabilidade pela reabilitação ou recuperação da área degradada;
III – Fiança bancária – é a garantia fidejussória fornecida por um estabelecimento bancário, que se responsabilizará perante a Administração pelo cumprimento integral das obrigações assumidas pelo empreendedor no processo de licenciamento ambiental do empreendimento.

[13] Regulamentado pelo Decreto n. 4.340/02, alterado pelo Decreto n. 5.566/05.

3. A COMPENSAÇÃO AMBIENTAL E O SISTEMA NACIONAL DE UNIDADES DE CONSERVAÇÃO

É importante fazer uma retrospectiva sobre a evolução no ideário normativo da compensação ambiental para o apoio à implantação e manutenção de unidade de conservação, previsto na Lei n. 9.985/00, para entender a origem do instrumento e as alterações de sua finalidade ao longo do tempo.

Cumpre ressaltar que a compensação ambiental atualmente exigida não guarda relação próxima com a de sua origem, pois a finalidade da medida original destinava-se à preservação de áreas-testemunho dos ecossistemas afetados por grandes empreendimentos.[14]

A Resolução n. 10, de 3 de dezembro de 1987, do Conselho Nacional do Meio Ambiente – CONAMA, previa a obrigatoriedade da implantação de uma Estação Ecológica[15] como reparação pela destruição de florestas e outros ecossistemas na execução de obras de grande porte:

> Art. 1º Para fazer face à reparação dos danos ambientais causados pela destruição de florestas e outros ecossistemas, o licenciamento de obras de grande porte, assim considerado pelo órgão licenciador com fundamento no RIMA terá sempre como um dos seus pré-requisitos, a implantação de uma estação Ecológica pela entidade ou empresa responsável pelo empreendimento, preferencialmente junto à área.
> Art. 2º O valor da área a ser utilizada e das benfeitorias a serem feitas para o fim previsto no artigo anterior, será proporcional ao dano ambiental a ressarcir e não poderá ser inferior a 0,5% (meio por cento) dos custos totais previstos para a implantação dos empreendimentos.

Como se vê, a Resolução exigia a criação de uma estação ecológica, com valor não inferior a 0,5% (meio por cento) do valor do empreendimento. Vale observar que esta Resolução não tratava diretamente de compensação por impactos causados ao meio ambiente, mas de reparação de danos causados às florestas e outros ecossistemas e tinha como objetivo as grandes obras desenvolvidas ou previstas na Amazônia.

Na sequência, a Resolução n. 2, de 18 de abril de 1996, passou a exigir *"a implantação de uma unidade de conservação de domínio público e uso indireto, preferencialmente uma Estação Ecológica, a critério do órgão licenciador"*. Abriu-se a possibilidade de compensação por meio de outros tipos de unidades e, principalmente, de a compensação ser cumprida com *"o custeio de atividades ou aquisição*

---

[14] É imprescindível registrar o trabalho do Professor Paulo Nogueira Neto, na época titular da Secretaria Especial de Meio Ambiente – SEMA, no desenvolvimento e implantação desse instituto.

[15] Nos termos da Lei n. 9.985/00, a Estação Ecológica é uma unidade de conservação integral que tem como objetivos a preservação da natureza e a realização de pesquisas científicas.

de bens para unidades de conservação públicas definidas na legislação, já existentes ou a serem criadas".[16]

Notam-se três importantes alterações introduzidas pela Resolução CONAMA n. 2/96. Primeiro, ao abrir a possibilidade de compensação por meio de unidade de conservação de uso indireto, não mais exclusivamente uma estação ecológica e, em seguida, por permitir que a compensação fosse realizada com o investimento em custeio de unidades já existentes.

Mas certamente a alteração mais importante foi estabelecer que a compensação devia ser proporcional à alteração e ao dano ambiental a ressarcir, embora mantendo, a exemplo da Resolução n. 10/87, o percentual mínimo de 0,5% (meio por cento) dos custos totais previstos para o empreendimento.[17]

Como vimos, em 18 de julho de 2000 veio a lume a Lei n. 9.985, que criou o Sistema Nacional de Unidades de Conservação – SNUC, categorizando as unidades conforme suas características, objetivos e formas de uso, a qual excluiu a criação de unidades de conservação como forma de compensação e, em seu lugar, determinou o apoio à implantação e manutenção de unidades de conservação de proteção integral já existentes:

> Art. 36. Nos casos de licenciamento ambiental de empreendimentos de significativo impacto ambiental, assim considerado pelo órgão ambiental competente, com fundamento em estudo de impacto ambiental e respectivo relatório – EIA/RIMA, o empreendedor é obrigado a apoiar a implantação e manutenção de unidade de conservação do Grupo de Proteção Integral, de acordo com o disposto neste artigo e no regulamento desta Lei.

Na regulamentação desse dispositivo, o Decreto n. 4.340/02 determinou que a compensação fosse fixada exclusivamente considerando os impactos ambientais negativos e estabeleceu as regras para seu cálculo.

> Art. 31. Para os fins de fixação da compensação ambiental de que trata o art. 36 da Lei n. 9.985, de 2000, o Instituto Brasileiro do Meio Ambiente e dos Recursos

---

[16] Art. 1º Para fazer face à reparação dos danos ambientais causados pela destruição de florestas e outros ecossistemas, o licenciamento de empreendimentos de relevante impacto ambiental, assim considerado pelo órgão ambiental competente com fundamento do EIA/RIMA, terá como um dos requisitos a serem atendidos pela entidade licenciada, a implantação de uma unidade de conservação de domínio público e uso indireto, preferencialmente uma Estação Ecológica, a critério do órgão licenciador, ouvido o empreendedor.

§ 1º Em função das características da região ou em situações especiais, poderão ser propostos o custeio de atividades ou aquisição de bens para unidades de conservação públicas definidas na legislação, já existentes ou a serem criadas, ou a implantação de uma única unidade para atender a mais de um empreendimento na mesma área de influência.

[17] Art. 2º O montante dos recursos a serem empregados na área a ser utilizada, bem como o valor dos serviços e das obras de infraestrutura necessárias ao cumprimento do disposto no artigo 1º, será proporcional à alteração e ao dano ambiental a ressarcir e não poderá ser inferior a 0,50% (meio por cento) dos custos totais previstos para implantação do empreendimento.

Naturais Renováveis – IBAMA estabelecerá o grau de impacto a partir de estudo prévio de impacto ambiental e respectivo relatório – EIA/RIMA, ocasião em que considerará, exclusivamente, os impactos ambientais negativos sobre o meio ambiente.

(...)

Art. 31-A. O Valor da Compensação Ambiental – CA será calculado pelo produto do Grau de Impacto – GI com o Valor de Referência – VR, de acordo com a fórmula a seguir:

CA = VR x GI, onde:

CA = Valor da Compensação Ambiental;

VR = somatório dos investimentos necessários para implantação do empreendimento, não incluídos os investimentos referentes aos planos, projetos e programas exigidos no procedimento de licenciamento ambiental para mitigação de impactos causados pelo empreendimento, bem como os encargos e custos incidentes sobre o financiamento do empreendimento, inclusive os relativos às garantias, e os custos com apólices e prêmios de seguros pessoais e reais; e

GI = Grau de Impacto nos ecossistemas, podendo atingir valores de 0 a 0,5%.

(...)

O Grau de Impacto – GI de uma obra deve ser aplicado sobre o valor do investimento para a instalação do empreendimento, não incidindo sobre os custos de operação da atividade ou sobre os investimentos necessários para a execução dos planos, projetos e programas destinados à mitigação dos impactos ambientais estabelecidos pelo órgão licenciador.

Finalmente, em 5 de abril de 2006, a Resolução CONAMA n. 371/06 determinou que o órgão licenciador aferisse o grau de impacto ambiental com base em avaliação técnica específica dos impactos negativos e não mitigáveis sobre recursos ambientais identificados no processo de licenciamento, de acordo com o Estudo de Impacto Ambiental – EIA/RIMA, além de estabelecer as diretrizes para cálculo, cobrança, aplicação, aprovação e controle de gastos de recursos financeiros advindos da compensação ambiental.[18]

De forma um pouco diferente do Decreto, a Resolução CONAMA n. 371/06 determinou que os custos com a elaboração e execução dos planos, programas e ações,

---

[18] Art. 1º Esta resolução estabelece diretrizes para cálculo, cobrança, aplicação, aprovação e controle de gastos de recursos financeiros advindos da compensação ambiental decorrente dos impactos causados pela implantação de empreendimentos de significativo impacto ambiental, assim considerado pelo órgão ambiental competente, com fundamento em Estudos de Impacto Ambiental – EIA e Relatório de Impacto Ambiental – RIMA, conforme o art. 36 da Lei n. 9.985, de 18 de julho de 2000, e no art. 31 do Decreto n. 4.340, de 22 de agosto de 2002.

Art. 2º O órgão ambiental licenciador estabelecerá o grau de impacto ambiental causado pela implantação de cada empreendimento, fundamentado em base técnica específica que possa avaliar os impactos negativos e não mitigáveis aos recursos ambientais identificados no processo de licenciamento, de acordo com o EIA/RIMA, e respeitado o princípio da publicidade.

não exigidos pela legislação ambiental, mas estabelecidos no processo de licenciamento ambiental para mitigação e melhoria da qualidade ambiental, não integrariam os custos totais para efeito do cálculo da compensação ambiental. No entanto, previu que fossem incluídos os investimentos destinados à melhoria da qualidade ambiental exigidos expressamente pela legislação:

> Art. 3º Para o cálculo da compensação ambiental serão considerados os custos totais previstos para implantação do empreendimento e a metodologia de gradação de impacto ambiental definida pelo órgão ambiental competente.
> § 1º Os investimentos destinados à melhoria da qualidade ambiental e à mitigação dos impactos causados pelo empreendimento, exigidos pela legislação ambiental, integrarão os seus custos totais para efeito do cálculo da compensação ambiental.
> § 2º Os investimentos destinados à elaboração e implementação dos planos, programas e ações, não exigidos pela legislação ambiental, mas estabelecidos no processo de licenciamento ambiental para mitigação e melhoria da qualidade ambiental, não integrarão os custos totais para efeito do cálculo da compensação ambiental.
> § 3º Os custos referidos no parágrafo anterior deverão ser apresentados e justificados pelo empreendedor e aprovados pelo órgão ambiental licenciador.

É importante observar que a Resolução do CONAMA inovou, estabelecendo que os investimentos para atender às exigências expressamente previstas em lei deveriam integrar o custo total do empreendimento para o cálculo da compensação ambiental. Destarte, a norma do colegiado ambiental extrapolou a obrigação imposta pelo Decreto n. 4.340/02, que não previu a inclusão dos investimentos destinados à melhoria da qualidade ambiental e à mitigação dos impactos causados pela atividade no custo total do empreendimento, para efeito do cálculo da compensação ambiental.

Por conseguinte, a Resolução do CONAMA foi objeto de sérios questionamentos, uma vez que não é possível, no sistema jurídico brasileiro, criar esse tipo de obrigação por norma infralegal, aumentando a base de incidência de uma contribuição.

Em bom tempo, o Decreto n. 6.848/09 corrigiu a omissão do Decreto n. 4.340/02 e superou a controvérsia criada pela Resolução do CONAMA, ao incluir o art. 31-A com o objetivo de definir o valor sobre o qual deveria incidir o cálculo da compensação.

Com a nova redação, os investimentos *"destinados à melhoria da qualidade ambiental"*, um conceito extremamente vago e abrangente e *"à mitigação dos impactos causados pelo empreendimento, exigidos pela legislação ambiental"*, que incluíam, por exemplo, a compensação por supressão de Mata Atlântica prevista no art. 17 da Lei n. 11.428/06 ou a compensação por interferência em cavidades naturais subterrâneas, estabelecida no art. 4º do Decreto n. 6.640/08, foram excluídos do Valor de Referência.

Outro dispositivo do Decreto n. 4.340/02, na regulamentação da Lei n. 9.985/00, que também merece comentários, é o § 1º do art. 31, que estabelece que o impacto causado sobre um recurso natural somente poderá ser considerado uma única vez para o cálculo da compensação ambiental devida por determinado empreendimento:

> Art. 31. Para os fins de fixação da compensação ambiental de que trata o art. 36 da Lei n. 9.985, de 2000, o Instituto Brasileiro do Meio Ambiente e dos Recursos Naturais Renováveis – IBAMA estabelecerá o grau de impacto a partir de estudo prévio de impacto ambiental e respectivo relatório – EIA/RIMA, ocasião em que considerará, exclusivamente, os impactos ambientais negativos sobre o meio ambiente.
> § 1º O impacto causado será levado em conta apenas uma vez no cálculo.
> (...)

De acordo com essa determinação, a supressão de vegetação, por exemplo, nas hipóteses em que norma própria exige sua recomposição, não poderá ser utilizada no estabelecimento do grau de impacto que serve de parâmetro para a fixação da compensação ambiental. Por exemplo, se a execução da obra exige a supressão de Mata Atlântica e o art. 17 da Lei n. 11.428/06 estabelece a obrigatoriedade da compensação por meio da reposição florestal em área equivalente à desmatada, na mesma bacia hidrográfica, essa supressão não poderá ser considerada no estabelecimento do grau de impacto que determina o percentual da compensação ambiental prevista no art. 36 da Lei n. 9.985/00.

Certamente uma das exigências que mais causou polêmica nas ações compensatórias foi a do § 1º do art. 36 da Lei n. 9.985/00, que estabelecia um percentual mínimo para esse montante:

> Art. 36. (...)
> § 1º O montante de recursos a ser destinado pelo empreendedor para esta finalidade não pode ser inferior a meio por cento dos custos totais previstos para a implantação do empreendimento, sendo o percentual fixado pelo órgão ambiental licenciador, de acordo com o grau de impacto ambiental causado pelo empreendimento.

Note-se que a compensação não considerava a intensidade ou os efeitos dos impactos ambientais e, mesmo quando estes eram de baixa relevância, estabelecia o limite mínimo de meio por cento (0,5%) do valor do empreendimento.

Como dissemos no Capítulo XV, na Ação Direta de Inconstitucionalidade n. 3.378-6, o Supremo Tribunal Federal decidiu que a expressão *"não pode ser inferior a meio por cento dos custos totais previstos para a implantação do empreendimento"* era inconstitucional, e que o valor da compensação deveria ser fixado proporcionalmente ao impacto ambiental.[19]

---

[19] Supremo Tribunal Federal. ADI 3378/DF.
Decisão: O Tribunal, por maioria, julgou parcialmente procedente a ação direta para declarar a inconstitucionalidade das expressões indicadas no voto reajustado do relator, constantes do § 1º do artigo 36 da Lei n. 9.985/2000, vencidos, no ponto, o Senhor Ministro Marco Aurélio, que declarava a inconstitucionalidade

O Instituto Brasileiro do Meio Ambiente e dos Recursos Naturais Renováveis – IBAMA adotou a Instrução Normativa n. 8, de 14 de julho de 2011, que *"Regulamenta, no âmbito do IBAMA, o procedimento da Compensação Ambiental, conforme disposto nos Decretos n. 4.340, de 22 de agosto de 2002, com as alterações introduzidas pelo Decreto n. 6.848, de 14 de maio de 2009"*, a qual conceitua:

> Art. 3º Para fins desta Instrução Normativa, entende-se por:
> (...)
> III – Valor da Compensação Ambiental – CA: resultado da multiplicação do Grau de Impacto – GI pelo Valor de Referência – VR.
> IV – Grau de Impacto – GI: percentual limitado pelo intervalo de 0 a 0,5%, calculado conforme metodologia constante do Anexo do Decreto n. 4.340, de 22 de agosto de 2002.
> V – Valor de Referência – VR: valor informado pelo empreendedor, constante do somatório dos investimentos necessários para implantação do empreendimento, não incluídos os investimentos referentes aos planos, projetos e programas exigidos no procedimento de licenciamento ambiental para mitigação de impactos causados pelo empreendimento, bem como os encargos e custos incidentes sobre o financiamento do empreendimento, inclusive os relativos às garantias, e os custos com apólices e prêmios de seguros pessoais e reais.

Outro tema polêmico, até hoje, diz respeito à forma para o cumprimento da compensação ambiental.

No apoio a unidades de conservação federais, administradas pelo Instituto Chico Mendes de Conservação da Biodiversidade – ICMBio, até recentemente a aplicação dos recursos podia ser cumprida mediante depósito do valor em contas escriturais abertas na Caixa Econômica Federal, em nome do empreendimento,[20] conforme previsto na parte final do *caput* e no § 2º do art. 11 da Instrução Normativa ICMBio n. 20, de 22 de novembro de 2011:

> Art. 11. Para o cumprimento da compensação ambiental fixada, o empreendedor poderá optar pela execução por meios próprios, podendo, para tanto, utilizar-se de terceiros, inclusive, instituições financeiras, preferencialmente, oficiais, ou ainda depositar em contas escriturais de compensação ambiental junto à CAIXA.
> (...)

---

de todos os dispositivos impugnados, e o Senhor Ministro Joaquim Barbosa, que propunha interpretação conforme, nos termos de seu voto. Votou o Presidente. Ausentes, justificadamente, a Senhora Ministra Ellen Gracie (Presidente) e o Senhor Ministro Cezar Peluso. Presidiu o julgamento o Senhor Ministro Gilmar Mendes (Vice-Presidente). Plenário, 09.04.2008.
EMENTA: AÇÃO DIRETA DE INCONSTITUCIONALIDADE. ART. 36 E SEUS §§ 1º, 2º E 3º DA LEI N. 9.985, DE 18 DE JULHO DE 2000. CONSTITUCIONALIDADE DA COMPENSAÇÃO DEVIDA PELA IMPLANTAÇÃO DE EMPREENDIMENTOS DE SIGNIFICATIVO IMPACTO AMBIENTAL. INCONSTITUCIONALIDADE PARCIAL DO § 1º DO ART. 36.

[20] Esta sistemática foi implantada em 2006, por meio de um convênio entre o Ministério do Meio Ambiente e a Caixa Econômica Federal, que criou o Fundo Nacional de Compensação Ambiental e destinava-se a melhorar a eficiência na aplicação dos recursos e livrar os empreendedores da execução direta das ações compensatórias.

§ 2º Caso o empreendedor faça opção pelo depósito em contas escriturais de compensação em nome de empreendimento, deverá fazê-lo junto à CAIXA, em conta a ser indicada pelo Instituto Chico Mendes, do valor total de sua obrigação à vista ou em até 04 (quatro) parcelas mensais e sucessivas, devidamente corrigidas pelo Índice Nacional de Preços ao Consumidor Amplo Especial – IPCA-E – publicado pelo Instituto Brasileiro de Geografia e Estatística – IBGE – ou outro índice que venha a substituí-lo, do mês imediatamente anterior ao do depósito.
(...)

Essa prática resultou em diversas intervenções e decisões do Tribunal de Contas da União – TCU. Em 2012 a Corte de Contas exarou o Acórdão n. 2650/09, contrário a essa prática, decidindo que não há respaldo legal para arrecadação, cobrança ou exação de qualquer pagamento ou contribuição a esse título.[21]

Em 2012, o TCU reafirmou a natureza privada da compensação ambiental, no Processo TC 014.293/2012-9, ao decidir que *"o que os empreendedores realizam não é um pagamento e sim uma disponibilização de certo montante de recursos a ser alocado nas ações relacionadas à compensação ambiental"*.

Com referência aos valores da compensação ambiental destinados às unidades de conservação federais, administradas pelo Instituto Chico Mendes, o TCU admitiu que *"não se constituem receitas públicas em sentido estrito (orçamentário) mas apenas ingressos extraorçamentários que transitam temporariamente pelas contas escriturais junto à Caixa Econômica Federal até serem aplicados nas ações de compensação ambiental"*.

Diante das reiteradas decisões do Tribunal de Contas da União, o ICMBio, por meio da Instrução Normativa n. 8, de 12 de novembro de 2014, estabeleceu que a compensação ambiental deve ser cumprida através de execução direta pelo empreendedor, mediante a celebração de Termo de Compromisso para Cumprimento da Compensação Ambiental – TCCA:

> Art. 11. O cumprimento da compensação ambiental dar-se-á através da execução direta pelo empreendedor.

---

[21] AUDITORIA DE NATUREZA OPERACIONAL. RECURSOS DA COMPENSAÇÃO AMBIENTAL, LEI N. 9.985/2000. CONTRIBUIÇÃO FINANCEIRA. INEXISTÊNCIA. GESTÃO DE RECURSOS POR ÓRGÃOS PÚBLICOS. IMPOSSIBILIDADE. RECOMENDAÇÕES.
1. O art. 36 da Lei n. 9.985/2000 cria para o empreendedor, nos casos nela previstos, obrigação de fazer, consistente em praticar atos para apoiar a implantação e a manutenção de unidades de conservação.
(...)
4. A Lei não cria para o empreendedor obrigação de pagar ou recolher certa quantia aos cofres públicos, a título de compensação ambiental, nem há respaldo legal para arrecadação, cobrança ou exação de qualquer pagamento ou contribuição a esse título.
5. Não há previsão legal para que recursos, destinados pelo empreendedor para apoiar a implantação e manutenção de unidades de conservação, sejam arrecadados, geridos ou gastos pelos órgãos públicos responsáveis pela fiscalização ambiental ou pela gestão das unidades de conservação.
6. Ao órgão de licenciamento ambiental cabe apenas definir o montante destinado pelo empreendedor a essa finalidade, bem como as unidades de conservação a serem criadas ou apoiadas pelas atividades custeadas por recursos privados.

§ 1º O empreendedor deverá apoiar diretamente as unidades de conservação federais beneficiadas, em conformidade com os Planos de Trabalho de Aplicação dos Recursos de Compensação Ambiental – PTCA, as Solicitações dos Recursos – SAR e os Termos de Referência – TR a serem elaborados pelo ICMBio.
(...)

Em 27 de abril de 2016 o Tribunal de Contas da União, ainda na análise do art. 36 da Lei n. 9.985/00, que trata da compensação ambiental, encerrou a discussão ao decidir que *"A obrigação do empreendedor não pode ser reduzida à obrigação de pagar valor. Cabe a ele apoiar efetivamente a implantação e manutenção de unidades de conservação, destinando a isso recursos próprios, mensuráveis economicamente, até o limite previsto em lei"*.[22]

O princípio da priorização da reparação *in natura* foi incorporado por meio do instituto da compensação ambiental.

Como visto, o art. 36 da Lei n. 9.985/00 prevê, no seu *caput*, que *"nos casos de licenciamento ambiental de empreendimentos de significativo impacto ambiental, assim considerado pelo órgão ambiental competente, com fundamento em estudo de impacto ambiental e respectivo relatório – EIA/RIMA, o empreendedor*

---

[22] TCU – Acórdão n. 1004/16.
Note-se que a norma não cria prestação pecuniária compulsória, decorrente ou não da prática de ato ilícito, nem impõe obrigação de pagar ou recolher qualquer quantia aos cofres dos órgãos de licenciamento ambiental ou das chamadas unidades de conservação, a serem geridos e aplicados pelos órgãos públicos nas finalidades previstas na lei.
Também não confere ao órgão de licenciamento ambiental prerrogativa de promover, a título de compensação ambiental, cobrança, arrecadação, gerenciamento ou aplicação de qualquer valor.
A compensação ambiental a cargo do empreendedor, embora mensurável economicamente, não se confunde com ônus de recolher recursos financeiros a contas geridas pelos gestores das unidades de conservação.
A lei prevê ao agente econômico cuja atividade produz impactos significativos ao meio ambiente uma única obrigação, de fazer, consistente no apoio à implantação e à manutenção de unidade de conservação.
A obrigação do empreendedor não pode ser reduzida à obrigação de pagar valor. Cabe a ele apoiar efetivamente a implantação e manutenção de unidades de conservação, destinando a isso recursos próprios, mensuráveis economicamente, até o limite previsto em lei. Vale dizer, cabe a ele agir diretamente para implantar e/ou manter tais unidades.
Não lhe é facultado repassar recursos financeiros a órgãos estatais para que estes cumpram a obrigação em seu lugar. A obrigação legal deve ser cumprida diretamente pelo empreendedor, destinatário da lei.
Ao órgão de licenciamento ambiental, a lei é bem clara, cabe apenas definir o montante a ser empregado pelo empreendedor e as unidades de conservação que serão beneficiadas, melhor dizer, apoiadas, pelas atividades custeadas pelos recursos privados.
Para tanto, no caso de empreendimentos privados, os valores devidos a título de compensação ambiental não ingressam no erário, permanecendo como recursos privados, a serem geridos pelos próprios empreendedores, com o fim de atender as demandas da Entidade. Em decorrência, por não serem contabilizados como receita pública, entendida nos termos do § 1º do art. 2º do Decreto n. 93.872, de 23 de dezembro de 1986, não se sujeitam às normas que disciplinam a aplicação dos recursos públicos.

é obrigado a apoiar a implantação e manutenção de unidade de conservação do Grupo de Proteção Integral (...)".[23]

Alguns órgãos estaduais de meio ambiente continuam utilizando a aplicação indireta, através de fundos ou contas vinculadas. Isso ocorre porque os órgãos licenciadores estaduais e os gestores dessas unidades de conservação não estão sujeitos à fiscalização e às decisões do Tribunal de Contas da União, cabendo aos Tribunais de Contas dos Estados manifestarem-se sobre a matéria no âmbito de cada Estado.

3.1. DESTINAÇÃO DOS RECURSOS DA COMPENSAÇÃO AMBIENTAL

A Lei n. 9.985/00 delegou ao órgão licenciador a responsabilidade de definir os beneficiários da compensação ambiental.

> Art. 36. (...)
> § 2º Ao órgão ambiental licenciador compete definir as unidades de conservação a serem beneficiadas, considerando as propostas apresentadas no EIA/RIMA e ouvido o empreendedor, podendo inclusive ser contemplada a criação de novas unidades de conservação.
> (...)

Nesse sentido deve-se atentar que a gestão e administração das unidades de conservação federais, à época, eram realizadas pelo IBAMA, órgão licenciador federal que não encontrava dificuldade para definir os beneficiários dos recursos. No entanto, em 28 de agosto de 2007, por meio da Lei n. 11.516, foi criado o Instituto Chico Mendes de Conservação da Biodiversidade – ICMBio, com a finalidade de executar a Política Nacional de Unidades de Conservação referente *"às atribuições federais relativas à proposição, implantação, gestão, proteção, fiscalização e monitoramento das unidades de conservação instituídas pela União".*

Além disso, muitas vezes os empreendimentos afetam unidades de conservação criadas e administradas pelos Estados e mesmo pelos Municípios. Por conseguinte, o órgão licenciador federal não pode definir a destinação dos recursos sem ouvir os gestores dessas áreas protegidas.

O Decreto n. 4.340/02 determinou que fosse criado um organismo para estabelecer as diretrizes para aplicação da compensação ambiental:

> Art. 32. Será instituída câmara de compensação ambiental no âmbito do Ministério do Meio Ambiente, com a finalidade de:
> I – estabelecer prioridades e diretrizes para aplicação da compensação ambiental;

---

[23] SARLET, Ingo Wolfgang; FENSTERSEIFER, Tiago. *Curso de direito ambiental*. 3. ed. Rio de Janeiro: Forense, 2022, p. 612.

II – avaliar e auditar, periodicamente, a metodologia e os procedimentos de cálculo da compensação ambiental, de acordo com estudos ambientais realizados e percentuais definidos;

III – propor diretrizes necessárias para agilizar a regularização fundiária das unidades de conservação; e;

IV – estabelecer diretrizes para elaboração e implantação dos planos de manejo das unidades de conservação.

Em atendimento ao comando do Decreto e com a finalidade de orientar e supervisionar a destinação da compensação ambiental foi criada, no âmbito do Ministério do Meio Ambiente, a Câmara Federal de Compensação Ambiental – CFCA, composta por membros dos setores público e privado, da academia e da sociedade civil, por meio da Portaria MMA n. 416, de 3 de novembro de 2010.

Essa Câmara não trata da destinação propriamente dita dos recursos, pois sua atribuição é deliberar sobre a divisão e a finalidade dos recursos e estabelecer as políticas de aplicação destes.

O órgão encarregado de determinar a destinação dos recursos, no nível federal, é o Comitê de Compensação Ambiental Federal – CCAF, um órgão colegiado integrado por servidores do IBAMA, do ICMBio e do Ministério do Meio Ambiente, criado pela Portaria Conjunta n. 225, de 30 de junho de 2011.

Temos, portanto, que os estudos ambientais necessários para o licenciamento de uma obra ou empreendimento indicam o grau de impacto sobre o meio ambiente, que servirá de base para o cálculo da compensação ambiental devida, o qual é estabelecido, no caso federal, pela Diretoria de Licenciamento do IBAMA.

Os estudos indicam, também, quais unidades de conservação (federais, estaduais ou municipais) estão sendo afetadas direta ou indiretamente.

De posse dessas informações, o CCAF decide sobre a repartição dos recursos, sem descurar das prioridades estabelecidas pelo Decreto n. 4.340/02:

> Art. 33. A aplicação dos recursos da compensação ambiental de que trata o art. 36 da Lei n. 9.985, de 2000, nas unidades de conservação, existentes ou a serem criadas, deve obedecer à seguinte ordem de prioridade:
> I – regularização fundiária e demarcação das terras;
> II – elaboração, revisão ou implantação de plano de manejo;
> III – aquisição de bens e serviços necessários à implantação, gestão, monitoramento e proteção da unidade, compreendendo sua área de amortecimento;
> IV – desenvolvimento de estudos necessários à criação de nova unidade de conservação; e
> V – desenvolvimento de pesquisas necessárias para o manejo da unidade de conservação e área de amortecimento.

A Lei n. 9.985/00 determina que qualquer unidade de conservação específica que for afetada deve ser uma das beneficiárias da compensação ambiental:

Art. 36. (...)
§ 3º Quando o empreendimento afetar unidade de conservação específica ou sua zona de amortecimento, o licenciamento a que se refere o *caput* deste artigo só poderá ser concedido mediante autorização do órgão responsável por sua administração, e a unidade afetada, mesmo que não pertencente ao Grupo de Proteção Integral, deverá ser uma das beneficiárias da compensação definida neste artigo.

Nota-se que a norma determina que a unidade afetada deverá ser uma das contempladas com os recursos da compensação ambiental, mas não que seja a única, isto é, que receba todos os recursos provenientes do empreendimento. Desta forma, ou quando a obra ou empreendimento não interferir em nenhuma área especialmente protegida, a destinação fica a critério do Comitê. Isto, no âmbito federal, tem levado a outra situação questionada pelos empreendedores, qual seja, a pulverização de recursos e consequente aumento dos custos para a execução direta.

É público e notório que a grande maioria das unidades de conservação federais, assim como as estaduais e municipais, certamente sofre de graves problemas de falta de recursos para a regularização fundiária e para sua efetiva implantação.

Em razão dessa carência, a compensação ambiental representa uma excelente oportunidade para dotá-las das condições mínimas de funcionamento, levando os órgãos gestores a buscar a divisão dos valores em benefício do maior número possível de unidades.

A Instrução Normativa n. 8, de 12 de novembro de 2014, do ICMBio, que regula a celebração do Termo de Compromisso para o cumprimento da compensação ambiental, dispõe:

Art. 11. O cumprimento da compensação ambiental dar-se-á através de execução direta do empreendedor.
(...)
§ 2º Para administração da execução dos recursos da compensação ambiental o empreendedor poderá valer-se da contratação de pessoas físicas ou jurídicas, nacionais ou estrangeiras;
§ 3º As despesas administrativas decorrentes da intermediação referida no § 2º deste artigo, correrão à conta do empreendedor, não podendo ser abatidas do valor devido a título de compensação ambiental;
(...)

As atas das reuniões do CCAF estão disponíveis no *site* do IBAMA[24] e na sua consulta se verifica que, em alguns casos, mais de 15 (quinze) unidades de conservação foram beneficiadas com a compensação ambiental de um único empreendimento. Isso obriga, nos termos do art. 11, § 3º, da Instrução Normativa n. 8/14 do ICMBio, que

---

[24] Disponível em: http://www.ibama.gov.br/index.php?option=com_content&view=article&id=816:atas&catid=166&Itemid=738.

o empreendedor estabeleça estruturas administrativas para a execução, acompanhamento e fiscalização dos Planos de Trabalho, em cada unidade beneficiada com os recursos, o que resulta num evidente aumento dos custos.

3.2. CORREÇÃO DO VALOR DA COMPENSAÇÃO POR MEIO DA TAXA SELIC

Outro aspecto da compensação ambiental que tem sido objeto de vários questionamentos diz respeito à correção dos recursos envolvidos.

O valor do empreendimento deve ser informado no início do processo de licenciamento, que pode levar vários anos até a emissão da Licença Prévia, que atesta sua viabilidade ambiental, e outros tantos até a emissão da Licença de Instalação, conforme a complexidade dos estudos ambientais envolvidos.

Portanto, quando o percentual da compensação ambiental é finalmente estabelecido pelo órgão licenciador e encaminhado ao Comitê, o valor do empreendimento possivelmente estará defasado.

O IBAMA utilizava a correção pelo Índice de Preços ao Consumidor Amplo Especial – IPCA-E para corrigir o valor do investimento, que serve de parâmetro para o cálculo da compensação, nos termos da Instrução Normativa n. 8/11:

> Art. 9º A Licença de Instalação – LI indicará o valor da Compensação Ambiental – CA e deverá exigir, na forma de condicionante, o cumprimento das obrigações relativas à Compensação Ambiental, conforme definidas pelo Comitê de Compensação Ambiental Federal – CCAF.
>
> § 1º O Valor da Compensação Ambiental será corrigido pelo IPCA-E – Índice de Preços ao Consumidor Amplo Especial.
>
> § 2º Caso o valor da CA não tenha sido fixado em definitivo por ocasião da LI, o empreendedor será convocado a firmar Termo de Compromisso, cujo objeto consistirá na indicação do valor final da Compensação Ambiental – CA.

Este critério de correção não foi questionado, mas em 5 de junho de 2013 foi publicada a Instrução Normativa IBAMA n. 11, que alterou o § 1º do art. 9º, substituindo a previsão de correção da compensação ambiental por meio do IPCA-E pela correção por meio da Taxa Referencial do Sistema Especial de Liquidação e Custódia – SELIC.

Essa alteração, conforme consta da normativa do IBAMA, foi fundamentada no art. 37-A da Lei n. 10.522/02, combinado com os art. 5º, § 3º, e 61 da Lei n. 9.430/96. Ocorre que nenhum desses dispositivos utilizados com a intenção de dar o necessário suporte legal para a correção da compensação ambiental é aplicável à matéria. Vejamos:

> Art. 37-A. Os créditos das autarquias e fundações públicas federais, de qualquer natureza, não pagos nos prazos previstos na legislação, serão acrescidos de juros e multa de mora, calculados nos termos e na forma da legislação aplicável aos tributos federais.

O dispositivo trata claramente do acréscimo de juros e multa de mora para *"créditos das autarquias e fundações públicas federais"*. No entanto, a compensação ambiental, prevista no art. 36 da Lei n. 9.985/00, não constitui crédito da Autarquia, pois se assim fosse teria que ser recolhida obrigatoriamente ao Caixa Único da União, o que não ocorre.

O Supremo Tribunal Federal já reconheceu, por duas vezes, a natureza privada dos recursos da compensação ambiental. Na Suspensão de Segurança n. 2.875-DF, a Relatora Ministra Ellen Gracie, citando Paulo Affonso Leme Machado, diz que *"o dever legal do empreendedor de efetuar o pagamento da compensação ambiental deriva do fato de seu empreendimento ter a potencialidade de causar impacto significativo ao meio ambiente, independente de atribuição de culpa (Direito Ambiental Brasileiro, São Paulo: Malheiros, 13. ed., 2005, p. 788)"*.[25]

Na Ação Direta de Inconstitucionalidade n. 3.378-6, o Relator afirmou que *"...não há outro meio eficaz para atingir essa finalidade constitucional senão impondo ao empreendedor o dever de arcar, ao menos em parte, com os custos da prevenção, controle e reparação dos impactos negativos ao meio ambiente (...) porque o encargo financeiro imposto (a compensação ambiental) é amplamente compensado pelos benefícios que sempre resultam de um meio ambiente ecologicamente garantido em sua higidez"*.[26]

O Instituto Chico Mendes de Conservação da Biodiversidade – ICMBio há muito tempo vem ressaltando que os recursos da compensação ambiental não caracterizam receita pública. Tanto é assim que não devem ser recebidos por meio da Conta Única do Tesouro.

A Procuradoria Federal Especializada junto ao ICMBio, no Parecer 042/2009/PFE/ICMBio/Gabin[27] (Processo 02001.004925/2005-65) emitiu o seguinte entendimento:

> 25. Portanto, pela sua natureza jurídica diferenciada, pode-se concluir que os recursos da compensação ambiental são entradas diversas da receita pública e não deverão ser depositados e movimentados exclusivamente por intermédio dos mecanismos da conta única do Tesouro Nacional.
> 26. Em síntese: os recursos de compensação ambiental não se caracterizam como receita pública, razão pela qual não há obrigação de os recolher à conta única do Tesouro Nacional (como destacado, até o próprio empreendedor pode executar diretamente a obrigação legal).

Outro não é o entendimento do Tribunal de Contas da União – TCU, manifestado no Acórdão n. 2650/09:

---

[25] STF – SS 2875/DF.

[26] STF – ADI 3378/DF.

[27] Disponível em: http://www.consultaesic.cgu.gov.br/busca/dados/Lists/Pedido/Attachments/439801/RESPOSTA_PEDIDO_PARECER%20042-2009%20(1).pdf.

AUDITORIA DE NATUREZA OPERACIONAL. RECURSOS DA COMPENSAÇÃO AMBIENTAL, LEI N. 9.985/2000. CONTRIBUIÇÃO FINANCEIRA. INEXISTÊNCIA. GESTÃO DE RECURSOS POR ÓRGÃOS PÚBLICOS. IMPOSSIBILIDADE. RECOMENDAÇÕES.

1. O art. 36 da Lei n. 9.985/2000 cria para o empreendedor, nos casos nela previstos, obrigação de fazer, consistente em praticar atos para apoiar a implantação e a manutenção de unidades de conservação.

(...)

4. A Lei não cria para o empreendedor obrigação de pagar ou recolher certa quantia aos cofres públicos, a título de compensação ambiental, nem há respaldo legal para arrecadação, cobrança ou exação de qualquer pagamento ou contribuição a esse título.

5. Não há previsão legal para que recursos, destinados pelo empreendedor para apoiar a implantação e manutenção de unidades de conservação, sejam arrecadados, geridos ou gastos pelos órgãos públicos responsáveis pela fiscalização ambiental ou pela gestão das unidades de conservação.

6. Ao órgão de licenciamento ambiental cabe apenas definir o montante destinado pelo empreendedor a essa finalidade, bem como as unidades de conservação a serem criadas ou apoiadas pelas atividades custeadas por recursos privados.

Em 2012, o Tribunal de Contas da União reafirmou a natureza privada da compensação ambiental, no Processo TC 014.293/2012-9, afirmando que *"o que os empreendedores realizam não é um pagamento e sim uma disponibilização de certo montante de recursos a ser alocado nas ações relacionadas à compensação ambiental"*.

Com referência aos valores da compensação ambiental destinados às unidades de conservação federal, administradas pelo Instituto Chico Mendes, o TCU afirmou que *"...não se constituem receitas públicas em sentido estrito (orçamentário) mas apenas ingressos extraorçamentários que transitam temporariamente pelas contas escriturais junto à Caixa Econômica Federal até serem aplicados nas ações de compensação ambiental"*.[28]

Ainda o TCU, no Acórdão n. 1004, de 27-4-2016,[29] que analisou o art. 36 da Lei n. 9.985/00 que trata da compensação ambiental, é de clareza inquestionável:

Note-se que a norma não cria prestação pecuniária compulsória, decorrente ou não da prática de ato ilícito, nem impõe obrigação de pagar ou recolher qualquer quantia aos cofres dos órgãos de licenciamento ambiental ou das chamadas unidades de conservação, a serem geridos e aplicados pelos órgãos públicos nas finalidades previstas na lei.

Também não confere ao órgão de licenciamento ambiental prerrogativa de promover, a título de compensação ambiental, cobrança, arrecadação, gerenciamento ou aplicação de qualquer valor.

---

[28] Disponível em: http://portal3.tcu.gov.br/portal/page/portal/TCU/imprensa/noticias/noticias_arquivos/014.293-2012-9%20(Compensacao%20Ambiental).pdf.

[29] Disponível em: https://contas.tcu.gov.br/juris/SvlHighLight?key=41434f5244414f2d434f4d504c45544f2d31353835363431&sort=RELEVANCIA&ordem=DESC&bases=ACORDAO-COMPLETO;&highlight=&posicaoDocumento=0&numDocumento=1&totalDocumentos=1.

A compensação ambiental a cargo do empreendedor, embora mensurável economicamente, não se confunde com ônus de recolher recursos financeiros a contas geridas pelos gestores das unidades de conservação.

A lei prevê ao agente econômico cuja atividade produz impactos significativos ao meio ambiente uma única obrigação, de fazer, consistente no apoio à implantação e à manutenção de unidade de conservação.

A obrigação do empreendedor não pode ser reduzida à obrigação de pagar valor. Cabe a ele apoiar efetivamente a implantação e manutenção de unidades de conservação, destinando a isso recursos próprios, mensuráveis economicamente, até o limite previsto em lei. Vale dizer, cabe a ele agir diretamente para implantar e/ou manter tais unidades.

Não lhe é facultado repassar recursos financeiros a órgãos estatais para que estes cumpram a obrigação em seu lugar. A obrigação legal deve ser cumprida diretamente pelo empreendedor, destinatário da lei.

Ao órgão de licenciamento ambiental, a lei é bem clara, cabe apenas definir o montante a ser empregado pelo empreendedor e as unidades de conservação que serão beneficiadas, melhor dizer, apoiadas, pelas atividades custeadas pelos recursos privados.

(...)

Para tanto, no caso de empreendimentos privados, os valores devidos a título de compensação ambiental não ingressam no erário, permanecendo como recursos privados, a serem geridos pelos próprios empreendedores, com o fim de atender as demandas da Entidade. Em decorrência, por não serem contabilizados como receita pública, entendida nos termos do § 1º do art. 2º do Decreto n. 93.872, de 23 de dezembro de 1986, não se sujeitam às normas que disciplinam a aplicação dos recursos públicos.

Considerar a compensação ambiental como *"crédito da autarquia federal"* seria reconhecer sua natureza de receita pública e, consequentemente, a obrigatoriedade de seu recolhimento ao Caixa Único da União.

Portanto, resta claro que não se pode atribuir aos valores da compensação ambiental a natureza de crédito da autarquia federal e, por conseguinte, não se pode aplicar ao referido recurso o art. 37-A da Lei n. 10.552/02, para efeito de acréscimo de juros e multa de mora.

De igual sorte é descabida a aplicação do art. 5º, § 3º, e 61 da Lei n. 9.430, de 27 de dezembro de 1996, que *"Dispõe sobre a legislação tributária federal, as contribuições para a seguridade social, o processo administrativo de consulta e dá outras providências"*, usado como fundamentação da Instrução Normativa n. 11/13 do IBAMA.

O citado art. 5º trata de imposto de renda e o § 3º refere-se à correção pela SELIC das parcelas do referido tributo:

> Art. 5º O imposto de renda devido, apurado na forma do art. 1º, será pago em quota única, até o último dia útil do mês subsequente ao do encerramento do período de apuração.

§ 1º À opção da pessoa jurídica, o imposto devido poderá ser pago em até três quotas mensais, iguais e sucessivas, vencíveis no último dia útil dos três meses subsequentes ao de encerramento do período de apuração a que corresponder.

§ 2º Nenhuma quota poderá ter valor inferior a R$ 1.000,00 (mil reais) e o imposto de valor inferior a R$ 2.000,00 (dois mil reais) será pago em quota única, até o último dia útil do mês subsequente ao do encerramento do período de apuração.

§ 3º As quotas do imposto serão acrescidas de juros equivalentes à taxa referencial do Sistema Especial de Liquidação e Custódia – SELIC, para títulos federais, acumulada mensalmente, calculados a partir do primeiro dia do segundo mês subsequente ao do encerramento do período de apuração até o último dia do mês anterior ao do pagamento e de um por cento no mês do pagamento.

Já o art. 61 da Lei n. 9.430/96, também utilizado na Instrução Normativa, refere-se especificamente a débitos decorrentes de tributos e contribuições administrados pela Secretaria da Receita Federal:

Art. 61. Os débitos para com a União, decorrentes de tributos e contribuições administrados pela Secretaria da Receita Federal, cujos fatos geradores ocorrerem a partir de 1º de janeiro de 1997, não pagos nos prazos previstos na legislação específica, serão acrescidos de multa de mora, calculada à taxa de trinta e três centésimos por cento, por dia de atraso.

Sobejamente comprovado que a compensação ambiental não é receita pública e não é crédito de qualquer natureza das autarquias e fundações públicas federais, ela não pode ser corrigida pela SELIC, como dispõe a Instrução Normativa do IBAMA.

Ademais, a Constituição Federal estabelece ser competência do Congresso Nacional, por meio de lei, dispor sobre matéria financeira:

Art. 48. Cabe ao Congresso Nacional, com a sanção do Presidente da República, não exigida esta para o especificado nos arts. 49, 51 e 52, dispor sobre todas as matérias de competência da União, especialmente sobre:

(...)

XIII – matéria financeira, cambial e monetária, instituições financeiras e suas operações;

O Supremo Tribunal Federal já sacramentou o princípio da separação dos poderes, assegurado pelo art. 2º da Constituição Federal, impedindo que a competência do Poder Legislativo para instituir índices de correção monetária seja apoderada pelo Poder Executivo, principalmente por um ato infralegal como uma Instrução Normativa de uma Autarquia.

Não há qualquer lei que delegue ao IBAMA poderes para fixar critérios de correção monetária para os valores relativos à compensação ambiental. Tanto é assim que nem a Instrução Normativa n. 8/11 nem a Instrução Normativa n. 11/13 fizeram referência a qualquer diploma legal com este conteúdo.

É pertinente que se destaque e traga à análise excertos do Acórdão n. 1004/16[30] – Plenário do Tribunal de Contas da União, que tratou justamente da compensação ambiental:

> Nos termos da teoria de Hans Kelsen, toda a legislação em vigor de dado País deve extrair seu fundamento de validade da Constituição, que estabelece encadeamento normativo em que a norma de grau superior dá suporte de validade à norma inferior. Nesses termos, o decreto, a resolução, a instrução normativa e todos os demais atos normativos da Administração devem guardar estrita consonância com a lei, seu fundamento de validade, cuja obediência é pressuposto fundamental para a própria validez jurídica do sistema legítimo de atuação estatal.

Portanto, não há fundamento legal para que a correção desses valores seja feita pela taxa SELIC.

O art. 37-A da Lei n. 10.522/09 prevê essa atualização de valores para *"créditos das autarquias federais"*, o que a compensação ambiental não é, conforme fartamente demonstrado pelas decisões do Supremo Tribunal Federal, pelos Acórdãos do Tribunal de Contas da União e até mesmo pelas manifestações da Procuradoria Federal Especializada, junto ao ICMBio.

O ICMBio, por meio da Instrução Normativa n. 20, de 22 de novembro de 2011, que regula os procedimentos administrativos para o cumprimento das obrigações de compensação ambiental, prevê a correção do valor somente em dois casos: a) no parcelamento do pagamento; b) no atraso no pagamento:

> Art. 11. Para o cumprimento da compensação ambiental fixada, o empreendedor poderá optar pela execução por meios próprios, podendo, para tanto, utilizar-se de terceiros, inclusive, instituições financeiras, preferencialmente, oficiais, ou ainda depositar em contas escriturais de compensação ambiental junto à CAIXA.
> (...)
> § 2º Caso o empreendedor faça opção pelo depósito em contas escriturais de compensação em nome de empreendimento, deverá fazê-lo junto à CAIXA, em conta a ser indicada pelo Instituto Chico Mendes, do valor total de sua obrigação à vista ou em até 04 (quatro) parcelas mensais e sucessivas, devidamente corrigidas pelo Índice Nacional de Preços ao Consumidor Amplo Especial – IPCA-E – publicado pelo Instituto Brasileiro de Geografia e Estatística – IBGE – ou outro índice que venha a substituí-lo, do mês imediatamente anterior ao do depósito.
> (...)
> § 5º Caso não seja aceita a justificativa para a prorrogação do prazo de cumprimento da compensação ambiental por meios próprios, será aplicada atualização do valor devido, pelo IPCA-E do mês imediatamente anterior ao fim do prazo estabelecido.
> (...)

---

[30] Código eletrônico para localização na página do TCU na Internet: AC-1004-14/16-P.

Art. 16. Os valores devidos a título de compensação ambiental serão atualizados pelo Índice Nacional de Preços ao Consumidor Amplo Especial – IPCA-E –, emitido pelo Instituto Brasileiro de Geografia e Estatística – IBGE – ou outro índice que venha a substituí-lo.
Parágrafo único. A atualização será realizada "pro-rata tempore" pelo IPCA-E do mês anterior ao atraso e deverá ser paga juntamente com o valor nominal da obrigação de compensação ambiental.

É importante observar que a Instrução Normativa ICMBio n. 20/11 foi apresentada na 5ª Reunião Ordinária da Câmara Federal de Compensação Ambiental – CFCA, realizada em 1º de dezembro de 2011,[31] oportunidade em que o próprio Coordenador de Compensação Ambiental do ICMBio esclareceu que a correção do valor da compensação somente seria devida no caso de pagamento parcelado:

> Se a opção for por conta escritural de compensação ambiental, deverá fazê-lo junto à CEF na forma de pagamento à vista ou em quatro parcelas mensais sucessivas, corrigidas pelo Índice Nacional de Preços ao Consumidor Amplo Especial (IPCA-E).

Portanto, é certo que compete ao IBAMA definir o *quantum* da compensação ambiental devida no caso do licenciamento ambiental federal, a ser suportado pelo empreendedor de acordo com a decisão do CCOMP, que indica quais unidades de conservação devem ser beneficiárias destes recursos.

Considerando o tempo normalmente transcorrido entre a abertura do processo de licenciamento ambiental e a fixação do percentual de compensação ambiental por ocasião da Licença de Instalação, entendemos que o valor do empreendimento, informado naquela primeira fase, deve ser corrigido, mas pelo Índice Nacional de Preços ao Consumidor e não pela Taxa Referencial do Sistema Especial de Liquidação e Custódia – SELIC.

4. COMPENSAÇÃO PELA SUPRESSÃO DE MATA ATLÂNTICA

Outra forma de compensação ambiental, que atinge principalmente os empreendimentos minerários e aqueles localizados nas áreas litorâneas do Brasil, é o que se destina a proteger os remanescentes da Mata Atlântica.

Inicialmente, faz-se necessária uma rápida contextualização para melhor entendimento do objetivo deste instrumento.

A Mata Atlântica sofreu grande ação antrópica desde os primórdios da colonização do país, transformando-a num dos biomas mais ameaçados até o último quartel do século passado. Estima-se que os remanescentes da vegetação primária ou em estágio médio ou avançado de regeneração sejam pouco mais de 7% (sete por cento) da cobertura original.

---

[31] Disponível em: http://www.meioambiente.gov.br/images/arquivo/80111/ATA_5_RO_CFCA.pdf.

Em resposta à significativa redução da área originalmente ocupada pela Mata Atlântica, em 10 de fevereiro de 1993 foi editado o Decreto n. 750, que proibiu "*o corte, a exploração e a supressão de vegetação primária ou nos estágios avançado e médio de regeneração da Mata Atlântica*" (art. 1º), excepcionando apenas a possibilidade de autorização para o corte dessa vegetação "*quando necessária à execução de obras, planos, atividades ou projetos de utilidade pública ou interesse social, mediante aprovação de estudo e relatório de impacto ambiental*" (art. 1º, parágrafo único).

É dispensável discorrer sobre os questionamentos resultantes das disposições do Decreto n. 750/93, que impediram a supressão de vegetação primária ou de vegetação secundária em estágio médio ou avançado de regeneração para as atividades não enquadradas como de utilidade pública ou interesse social. Ressalte-se que a proibição total de utilização era, até então, inexistente para qualquer ecossistema.

O principal argumento contrário à proibição estabelecida no Decreto referia-se à limitação do direito de propriedade imposta por ato do Poder Executivo, a qual, na opinião dos críticos, feria o art. 5º, II, da Constituição Federal, por extrapolar o disposto no art. 14 da Lei 4.771/65, o Código Florestal em vigor na época.[32]

As restrições ao uso da propriedade impostas pelo Decreto n. 750/93 – que praticamente impediu, a partir de sua edição, qualquer tipo de uso alternativo do solo coberto com remanescentes florestais, em função da especial preservação do ecossistema – foram muito atacadas sob o argumento de que estabelecia limitações que somente a Lei, em sentido estrito, poderia instituir. A controvérsia chegou a termo em 22 de dezembro de 2006, com a Lei n. 11.428, que estabeleceu as regras para a utilização e proteção da vegetação nativa do Bioma Mata Atlântica.

A Constituição Federal de 1988 trata, em diversos dispositivos de igual orientação, das limitações ao direito de propriedade.

O conceito de que o interesse particular se sobrepõe ao coletivo – o *jus utendi, fruendi et abutendi* – foi substituído pela concepção de que a função social da propriedade só é cumprida quando os recursos naturais são utilizados de forma adequada e racional e o meio ambiente é preservado.[33]

---

[32] Art. 14. Além dos preceitos gerais a que está sujeita a utilização das florestas, o Poder Público Federal ou Estadual poderá:
a) prescrever outras normas que atendam às peculiaridades locais;
b) proibir ou limitar o corte das espécies vegetais consideradas em via de extinção, delimitando as áreas compreendidas no ato, fazendo depender, nessas áreas, de licença prévia o corte de outras espécies;
(...)

[33] Art. 186. A função social é cumprida quando a propriedade rural atende, simultaneamente, segundo critérios e graus de exigência estabelecidos em lei, aos seguintes requisitos:
I – aproveitamento racional e adequado;
II – utilização adequada dos recursos naturais disponíveis e preservação do meio ambiente;

As controvérsias diminuíram significativamente com o advento da Lei n. 11.428/06, mais conhecida como a "Lei da Mata Atlântica".

A própria Lei definiu sua abrangência:

> Art. 2º Para os efeitos desta Lei, consideram-se integrantes do Bioma Mata Atlântica as seguintes formações florestais nativas e ecossistemas associados, com as respectivas delimitações estabelecidas em mapa do Instituto Brasileiro de Geografia e Estatística – IBGE, conforme regulamento: Floresta Ombrófila Densa; Floresta Ombrófila Mista, também denominada de Mata de Araucárias; Floresta Ombrófila Aberta; Floresta Estacional Semidecidual; e Floresta Estacional Decidual, bem como os manguezais, as vegetações de restingas, campos de altitude, brejos interioranos e encraves florestais do Nordeste.

Os mapas das áreas de aplicação da nova legislação, localizando as formações florestais e os ecossistemas associados que integram a Mata Atlântica para efeitos da Lei n. 11.428/06, estão disponíveis para consulta no *site* do Ministério do Meio Ambiente[34] – MMA e do Instituto Brasileiro de Geografia e Estatística – IBGE.

Durante algum tempo persistiram dúvidas sobre a aplicabilidade das regras da Lei da Mata Atlântica às espécies de Floresta Estacional e Floresta Estacional Semidecidual presentes nos biomas Savana e Cerrado, principalmente, à necessidade de anuência do IBAMA e da compensação no caso de supressão da vegetação desses biomas.

Essas dúvidas foram definitivamente afastadas pelo Serviço Florestal Brasileiro – SBF, órgão integrante da estrutura do Ministério do Meio Ambiente, na análise do Parecer Técnico n. 2/2014/GEFLOC/SFB/MMA, aprovado pelo referido Ministério e em que se concluiu que:

> Dado o acima exposto, considera-se que as formações florestais do tipo Florestal Estacional e Florestal Estacional Semidecidual, ocorrentes na área definida como do Bioma Cerrado no mapa do IBGE, previsto na Lei n. 11.428/2006 pertencem ao próprio Bioma Cerrado, não à Mata Atlântica, conforme os termos da lei.

Restou estabelecida, destarte, a posição do Ministério no sentido de que a área de abrangência desta norma (Lei n. 11.428/06) se restringe aos limites indicados pelo mapa temático do IBGE e não às ocorrências florestais inseridas em outros biomas.

Isto posto, passamos à análise da compensação exigida para a supressão da vegetação primária e nos estágios médio e avançado de regeneração da Mata Atlântica.

A Lei n. 11.428/06 estabeleceu, no art. 2º, que *"somente os remanescentes de vegetação nativa no estágio primário e nos estágios secundário inicial, médio e*

III – observância das disposições que regulam as relações de trabalho;

IV – exploração que favoreça o bem-estar dos proprietários e dos trabalhadores.

[34] Registre-se que, em 1º de janeiro de 2023, o Ministério do Meio Ambiente passou a se chamar Ministério do Meio Ambiente e de Mudança do Clima, por meio da Medida Provisória n. 1.154/23. Tempos depois, a Lei n. 14.600, de 19 de junho de 2023, confirmou o novo nome do antigo Ministério do Meio Ambiente.

avançado de regeneração na área de abrangência definida no caput deste artigo terão seu uso e conservação regulados por esta Lei".

Embora a vegetação secundária em estágio inicial de regeneração esteja incluída nas medidas de proteção e conservação previstas na norma, esta tipologia não está sujeita à compensação ambiental.

A mesma Lei n. 11.428/06 determinou ao Conselho Nacional do Meio Ambiente – CONAMA a definição dos estágios de regeneração da vegetação:

> Art. 4º A definição de vegetação primária e de vegetação secundária nos estágios avançado, médio e inicial de regeneração do Bioma Mata Atlântica, nas hipóteses de vegetação nativa localizada, será de iniciativa do Conselho Nacional do Meio Ambiente.
>
> § 1º O Conselho Nacional do Meio Ambiente terá prazo de 180 (cento e oitenta) dias para estabelecer o que dispõe o *caput* deste artigo, sendo que qualquer intervenção na vegetação primária ou secundária nos estágios avançado e médio de regeneração somente poderá ocorrer após atendido o disposto neste artigo.
>
> § 2º Na definição referida no *caput* deste artigo, serão observados os seguintes parâmetros básicos:
>
> I – fisionomia;
>
> II – estratos predominantes;
>
> III – distribuição diamétrica e altura;
>
> IV – existência, diversidade e quantidade de epífitas;
>
> V – existência, diversidade e quantidade de trepadeiras;
>
> VI – presença, ausência e características da serapilheira;
>
> VII – sub-bosque;
>
> VIII – diversidade e dominância de espécies;
>
> IX – espécies vegetais indicadoras.

O CONAMA publicou resoluções específicas para cada Estado em que ocorre a Mata Atlântica, definindo as principais características da vegetação que identificam os respectivos estágios de regeneração. Essas resoluções estão disponíveis para *download* no *site* do Ministério.

Para exemplificar a análise, utilizaremos a Resolução CONAMA n. 392/07, que fixou os critérios para a definição de vegetação primária e secundária no Estado de Minas Gerais.[35]

A Resolução n. 392/07 definiu a vegetação da Mata Atlântica conforme seu estado de conservação ou estágio de regeneração:

> Art. 1º Para fins do disposto nesta Resolução, entende-se por:
>
> I – Vegetação primária: aquela de máxima expressão local com grande diversidade biológica, sendo os efeitos das ações antrópicas mínimos ou ausentes a ponto de não afetar significativamente suas características originais de estrutura e espécies.

---

[35] As resoluções aplicáveis aos outros Estados mantêm a mesma estrutura técnica, diferindo apenas em detalhes referentes a particularidades locais.

II – Vegetação secundária, ou em regeneração: aquela resultante dos processos naturais de sucessão, após supressão total ou parcial da vegetação primária por ações antrópicas ou causas naturais, podendo ocorrer arvores remanescentes da vegetação primária.

O art. 2º da Resolução descreve as características da estrutura fitofisionômica e as espécies de ocorrência mais comum para identificar o estágio da vegetação, ressaltando, no art. 3º, que a ausência de uma ou mais espécies indicadoras não descaracteriza o respectivo estágio sucessional.

A Lei n. 11.428/06 proibiu o corte e a supressão de vegetação primária ou nos estágios médio e avançado de regeneração em alguns casos de especial importância ecológica, tais como a presença de espécies de flora ou fauna ameaçados de extinção, quando necessárias para proteção de mananciais ou na hipótese de especial valor paisagístico.[36]

Na sequência, porém, excepcionou a proibição para os empreendimentos reconhecidos como de utilidade pública ou interesse social.[37]

---

[36] Art. 11. O corte e a supressão de vegetação primária ou nos estágios avançado e médio de regeneração do Bioma Mata Atlântica ficam vedados quando:
I – a vegetação:
a) abrigar espécies da flora e da fauna silvestres ameaçadas de extinção, em território nacional ou em âmbito estadual, assim declaradas pela União ou pelos Estados, e a intervenção ou o parcelamento puserem em risco a sobrevivência dessas espécies;
b) exercer a função de proteção de mananciais ou de prevenção e controle de erosão;
c) formar corredores entre remanescentes de vegetação primária ou secundária em estágio avançado de regeneração;
d) proteger o entorno das unidades de conservação; ou
e) possuir excepcional valor paisagístico, reconhecido pelos órgãos executivos competentes do Sistema Nacional do Meio Ambiente – SISNAMA;
(...)

[37] Art. 14. A supressão de vegetação primária e secundária no estágio avançado de regeneração somente poderá ser autorizada em caso de utilidade pública, sendo que a vegetação secundária em estágio médio de regeneração poderá ser suprimida nos casos de utilidade pública e interesse social, em todos os casos devidamente caracterizados e motivados em procedimento administrativo próprio, quando inexistir alternativa técnica e locacional ao empreendimento proposto, ressalvado o disposto no inciso I do art. 30 e nos §§ 1º e 2º do art. 31 desta Lei.
§ 1º A supressão de que trata o caput deste artigo dependerá de autorização do órgão ambiental estadual competente, com anuência prévia, quando couber, do órgão federal ou municipal de meio ambiente, ressalvado o disposto no § 2º deste artigo.
§ 2º A supressão de vegetação no estágio médio de regeneração situada em área urbana dependerá de autorização do órgão ambiental municipal competente, desde que o município possua conselho de meio ambiente, com caráter deliberativo e plano diretor, mediante anuência prévia do órgão ambiental estadual competente fundamentada em parecer técnico.
§ 3º Na proposta de declaração de utilidade pública disposta na alínea b do inciso VII do art. 3º desta Lei, caberá ao proponente indicar de forma detalhada a alta relevância e o interesse nacional.

A própria Lei da Mata Atlântica conceituou o que vem a ser a utilidade pública e o interesse social que permitem a autorização para suprimir esse tipo de vegetação.[38]

Vale dizer, para a implantação de empreendimentos ou execução de obras declaradas de utilidade pública ou de interesse social, a supressão de vegetação primária ou em estágio médio ou avançado de regeneração pode ser autorizada.

No entanto, a Lei n. 11.428/06 instituiu a obrigatoriedade de uma compensação para a autorização de corte ou supressão dessa vegetação, estabelecendo a área, as características e sua localização:

> Art. 17. O corte ou a supressão de vegetação primária ou secundária nos estágios médio ou avançado de regeneração do Bioma Mata Atlântica, autorizados por esta Lei, ficam condicionados à compensação ambiental, na forma da destinação de área equivalente à extensão da área desmatada, com as mesmas características ecológicas, na mesma bacia hidrográfica, sempre que possível na mesma microbacia hidrográfica, e, nos casos previstos nos arts. 30 e 31, ambos desta Lei, em áreas localizadas no mesmo Município ou região metropolitana.
>
> § 1º Verificada pelo órgão ambiental a impossibilidade da compensação ambiental prevista no *caput* deste artigo, será exigida a reposição florestal, com espécies nativas, em área equivalente à desmatada, na mesma bacia hidrográfica, sempre que possível na mesma microbacia hidrográfica.
>
> § 2º A compensação ambiental a que se refere este artigo não se aplica aos casos previstos no inciso III do art. 23 desta Lei ou de corte ou supressão ilegais.

Portanto, temos, como regra geral, que a autorização de supressão de vegetação primária ou secundária nos estágios médio ou avançado de regeneração, para a implantação de empreendimentos ou execução de obras declaradas de utilidade pública ou de interesse social, exige a destinação de uma área equivalente à área desmatada, com as mesmas características (vegetação primária ou em estágio médio ou avançado de regeneração), preferencialmente na mesma microbacia hidrográfica e obrigatoriamente na mesma bacia hidrográfica.

---

[38] Art. 3º Consideram-se para os efeitos desta Lei:
(...)
VII – utilidade pública:
a) atividades de segurança nacional e proteção sanitária;
b) as obras essenciais de infraestrutura de interesse nacional destinadas aos serviços públicos de transporte, saneamento e energia, declaradas pelo poder público federal ou dos Estados;
VIII – interesse social:
a) as atividades imprescindíveis à proteção da integridade da vegetação nativa, tais como: prevenção, combate e controle do fogo, controle da erosão, erradicação de invasoras e proteção de plantios com espécies nativas, conforme resolução do Conselho Nacional do Meio Ambiente – CONAMA;
b) as atividades de manejo agroflorestal sustentável praticadas na pequena propriedade ou posse rural familiar que não descaracterizem a cobertura vegetal e não prejudiquem a função ambiental da área;
c) demais obras, planos, atividades ou projetos definidos em resolução do Conselho Nacional do Meio Ambiente.

Essa é a exigência geral, para qualquer tipo de empreendimento, sendo exigíveis o Estudo de Impacto Ambiental e respectivo Relatório (EIA/RIMA) somente no caso de empreendimentos capazes de causar significativo impacto ambiental.

No entanto, a Lei n. 11.428/06 estabeleceu exigências específicas, para atividades minerárias, bem mais restritivas que aquelas previstas para outros tipos de empreendimentos.

Exigiu, por exemplo, a elaboração de EIA/RIMA independentemente da avaliação preliminar do impacto pelo órgão ambiental,[39] além de manter a exigência da compensação prevista no precitado art. 17, enfatizando que essa compensação não afasta a obrigação, prevista na Lei n. 9.985/00, de apoiar a implantação ou manutenção de unidades de conservação:

> Art. 32. A supressão de vegetação secundária em estágio avançado e médio de regeneração para fins de atividades minerárias somente será admitida mediante:
> I – Licenciamento ambiental, condicionado à apresentação de Estudo Prévio de Impacto Ambiental/Relatório de Impacto Ambiental – EIA/RIMA, pelo empreendedor, e desde que demonstrada a inexistência de alternativa técnica e locacional ao empreendimento proposto;
> II – Adoção de medida compensatória que inclua a recuperação de área equivalente à área do empreendimento, com as mesmas características ecológicas, na mesma bacia hidrográfica e sempre que possível na mesma microbacia hidrográfica, independentemente do disposto no art. 36 da Lei n. 9.985, de 18 de julho de 2000.

Vê-se, claramente, que a exigência de compensação pela supressão de vegetação de Mata Atlântica (art. 32 da Lei n. 11.428/06) é cumulativa com a obrigação de apoiar a implantação ou manutenção de unidade de conservação (art. 36 da Lei n. 9.985/00).

O art. 17 da Lei n. 11.428/06 impõe a medida compensatória de *"destinação de área equivalente à extensão da área desmatada, com as mesmas características ecológicas, na mesma bacia hidrográfica, sempre que possível na mesma microbacia hidrográfica"* e o art. 32 repetiu a exigência de *"recuperação de área equivalente à área do empreendimento, com as mesmas características ecológicas, na mesma bacia hidrográfica e sempre que possível na mesma microbacia hidrográfica"*. Essas exigências, no entanto, não são cumulativas.

Para fundamentar a afirmativa de que as exigências dos arts. 17 e 32 da Lei n. 11.428/06 não são cumulativas, valemo-nos do Decreto n. 6.660/08, que regulamentou a referida Lei da Mata Atlântica.

---

[39] Repetindo a exigência do art. 2º da Resolução CONAMA n. 1/86 para extração de minérios.

É de clareza inquestionável que o cumprimento da compensação ambiental pode ser satisfeito pela *"destinação de área equivalente"*[40] (art. 17) ou pela *"reposição florestal com espécies nativas, em área equivalente à desmatada"* (art. 32).

Diz o Decreto:

> Art. 26. Para fins de cumprimento do disposto nos arts. 17 e 32, inciso II, da Lei n. 11.428, de 2006, o empreendedor deverá:
>
> I – Destinar área equivalente à extensão da área desmatada, para conservação, com as mesmas características ecológicas, na mesma bacia hidrográfica, sempre que possível na mesma microbacia hidrográfica e, nos casos previstos nos arts. 30 e 31 da Lei n. 11.428, de 2006, em áreas localizadas no mesmo Município ou região metropolitana; ou
>
> II – Destinar, mediante doação ao Poder Público, área equivalente no interior de unidade de conservação de domínio público, pendente de regularização fundiária, localizada na mesma bacia hidrográfica, no mesmo Estado e, sempre que possível, na mesma microbacia hidrográfica.
>
> § 1º Verificada pelo órgão ambiental a inexistência de área que atenda aos requisitos previstos nos incisos I e II, o empreendedor deverá efetuar a reposição florestal, com espécies nativas, em área equivalente à desmatada, na mesma bacia hidrográfica, sempre que possível na mesma microbacia hidrográfica.
>
> § 2º A execução da reposição florestal de que trata o § 1º deverá seguir as diretrizes definidas em projeto técnico, elaborado por profissional habilitado e previamente aprovado pelo órgão ambiental competente, contemplando metodologia que garanta o restabelecimento de índices de diversidade florística compatíveis com os estágios de regeneração da área desmatada.

Fica claro que existem duas maneiras, alternativas e não cumulativas, de cumprir a compensação: (i) a destinação de área já florestada, com a mesma extensão e na mesma bacia hidrográfica ou a regularização fundiária em unidade de conservação; (ii) a reposição florestal, se o órgão ambiental constatar que não existe área com tais características na área definida.

Antes de passar para a análise da atuação do IBAMA, no que se refere à compensação, torna-se necessário um rápido comentário sobre a Lei Complementar n. 140/11, que fixou normas para a atuação dos entes federados no exercício da competência comum prevista no art. 23 da Constituição Federal.

Apesar de a Lei Complementar n. 140/11 não tratar especificamente da Mata Atlântica, ao definir as áreas de competência de cada nível de Poder recepcionou, expressamente, a legislação existente:

> Art. 19. O manejo e a supressão de vegetação em situações ou áreas não previstas nesta Lei Complementar dar-se-ão nos termos da legislação em vigor.

---

[40] A área destinada na forma de que tratam o inciso I e o § 1º do art. 26 poderá constituir Reserva Particular do Patrimônio Natural, nos termos do art. 21 da Lei n. 9.985/2000.

Portanto, continua em pleno vigor a exigência da anuência do IBAMA (prevista no art. 14 da Lei n. 11.428/06) para a supressão de vegetação da Mata Atlântica primária ou em estágio médio ou avançado de regeneração nas hipóteses elencadas no Decreto n. 6.660/08:

> Art. 19. Além da autorização do órgão ambiental competente, prevista no art. 14, da Lei n. 11.428, de 2006, será necessária a anuência prévia do Instituto Brasileiro do Meio Ambiente e dos Recursos Naturais Renováveis – IBAMA, de que trata o § 1º do referido artigo, somente quando a supressão de vegetação primária ou secundária em estágio médio ou avançado de regeneração ultrapassar os limites a seguir estabelecidos:
>
> I – cinquenta hectares por empreendimento, isolada ou cumulativamente; ou
>
> II – três hectares por empreendimento, isolada ou cumulativamente, quando localizada em área urbana ou região metropolitana.

O IBAMA normatizou a concessão da anuência para a supressão dessa vegetação especialmente protegida por meio da Instrução Normativa n. 22/14, que estabeleceu *"critérios e procedimentos para solicitação, análise e concessão de anuência prévia à supressão de vegetação primária ou secundária nos estágios médio ou avançado de regeneração no Bioma Mata Atlântica, nos termos do art. 19 do Decreto n. 6.660, de 2008"* (art. 1º).

Não obstante ser de competência do IBAMA a anuência para a supressão da vegetação primária ou secundária nos estágios médio ou avançado de regeneração, incumbe ao órgão que detém a competência para o licenciamento manifestar-se sobre a proposta de compensação:

> Art. 4º Para a emissão de parecer técnico conclusivo do IBAMA, serão considerados:
>
> I – dimensão, em hectares, da área a ser suprimida objeto da solicitação de anuência;
>
> II – avaliação do estágio sucessional da vegetação, com base em critérios e indicadores técnico-científicos disponíveis em Resoluções do Conama e/ou na literatura;
>
> (...)
>
> VIII – manifestação do órgão ambiental licenciador acerca da proposta de compensação ambiental e, na hipótese específica do art. 3º, § 4º, acerca da observância das restrições impostas pelos artigos 11 e 12, da Lei 11.428, de 2006;
>
> (...)

Em outras palavras, o órgão licenciador deve analisar e emitir manifestação acerca da proposta de compensação.

A Instrução Normativa n. 22/14 do IBAMA é taxativa apenas na proibição de incluir, nas áreas indicadas para a destinação ou para a recomposição florestal, as áreas de preservação permanente ou de reserva legal estabelecidas por lei:

> Art. 3º (...)
>
> (...)
>
> § 8º No cômputo da área de compensação, devem ser excetuadas outras áreas especialmente protegidas, como áreas de preservação permanente, áreas de reserva legal e demais áreas estabelecidas na forma da lei.
>
> (...)

Os órgãos ambientais dos Estados têm adotado o mesmo critério constante do art. 26 do Decreto n. 6.660/08, no que se refere às alternativas para cumprir a compensação pela supressão de vegetação da Mata Atlântica.

Tomando novamente como exemplo o Estado de Minas Gerais, pela grande concentração de atividades minerárias, vemos que o Instituto Estadual de Florestas – IEF estabeleceu "*diretrizes e procedimentos para o cumprimento da compensação ambiental decorrente do corte e da supressão de vegetação nativa pertencente ao bioma Mata Atlântica*" por meio da Portaria IEF n. 30, de 3 de fevereiro de 2015.

Essa norma estadual também admite duas formas de compensação: (i) a destinação de área para a constituição de Reserva Particular do Patrimônio Natural – RPPN ou Servidão Ambiental ou a doação ao Poder Público de área pendente de regularização ambiental no interior de unidade de conservação; ou, (ii) recuperação de área mediante o plantio de espécies nativas análogas à fitofisionomia suprimida:

> Art. 2º A compensação ambiental decorrente do corte ou da supressão de vegetação nativa pertencente ao bioma Mata Atlântica implica na adoção das seguintes medidas, à critério do empreendedor:
>
> I – Destinação de área para conservação com as mesmas características ecológicas, localizada na mesma bacia hidrográfica e, sempre que possível, na mesma microbacia hidrográfica e, para os casos previstos nos art. 30 e 31 da Lei n. 11.428/2006, em áreas localizadas no mesmo município ou região metropolitana;
>
> II – Destinação, mediante doação ao Poder Público, de área localizada no interior de Unidade de Conservação de domínio público, pendente de regularização fundiária, localizada na mesma bacia hidrográfica, no mesmo Estado e, sempre que possível, na mesma microbacia;
>
> III – Recuperação de área mediante o plantio de espécies nativas análogas à fitofisionomia suprimida em área localizada na mesma bacia hidrográfica e, sempre que possível, na mesma microbacia.
>
> § 1º A medida compensatória estabelecida no inciso III somente será admitida quando comprovada pelo empreendedor, ao Escritório Regional do IEF competente, a impossibilidade de atendimento das medidas estabelecidas nos incisos I e II, por meio de Estudo Técnico que demonstre a inexistência de áreas que atendam ao disposto nos referidos incisos.
>
> § 2º Na hipótese prevista no inciso I, o empreendedor poderá constituir, na área destinada à conservação e mediante aprovação do Instituto Estadual de Florestas, Reserva Particular do Patrimônio Natural – RPPN e/ou Servidão ambiental de que tratam, respectivamente, o Decreto Federal n. 5.746, de 5 de abril de 2006 e o Art. 9º-A da Lei Federal 6.938, de 31 de agosto de 1981, em caráter permanente.
> (...)

Diferentemente do Decreto n. 6.660/08, que admite a alternativa de recomposição florestal somente quando constatada, pelo órgão ambiental, que não existem na mesma bacia hidrográfica áreas com características ecológicas semelhantes (art. 26,

§ 1º), a norma mineira deixa a critério do empreendedor a escolha da modalidade de compensação (art. 2º, *caput*).

É importante observar que a legislação estadual foi alterada.

A Deliberação Normativa COPAM n. 73/04, editada ainda sob a égide do Decreto n. 750/93, previa a compensação ou recuperação do dobro da área desmatada:

> Art. 4º Ficam proibidos o corte, a exploração e a supressão de vegetação primária ou nos estágios avançado e médio de regeneração da Mata Atlântica, em áreas rurais e urbanas.
>
> (...)
>
> § 4º O IEF determinará, nos processos autorizativos e de licenciamento ambiental, medidas compensatórias e mitigadoras, relativas à supressão de vegetação, que contemplem a implantação e manutenção de vegetação nativa característica do ecossistema, na proporção de, no mínimo, duas vezes a área suprimida, a ser feita, preferencialmente, na mesma bacia hidrográfica e Município, e, obrigatoriamente, no mesmo ecossistema.

Essa Deliberação Normativa COPAM n. 73/04 foi motivo de inúmeros questionamentos, principalmente em razão de exigir uma compensação não prevista em lei em sentido estrito.

O advento da Lei n. 11.428/06 e do Decreto n. 6.660/08, que a regulamentou, derrogaram a exigência da compensação em dobro prevista na Deliberação Normativa COPAM n. 73/04, uma vez que a norma geral exauriu toda a matéria referente à compensação de Mata Atlântica e estabeleceu que a área a ser destinada ou recomposta deve ser equivalente à área desmatada:

> **Lei n. 11.428/06**
>
> Art. 17. O corte ou a supressão de vegetação primária ou secundária nos estágios médio ou avançado de regeneração do Bioma Mata Atlântica, autorizados por esta Lei, ficam condicionados à compensação ambiental, na forma da destinação de ***área equivalente à extensão da área desmatada***, com as mesmas características ecológicas, na mesma bacia hidrográfica, sempre que possível na mesma microbacia hidrográfica, e, nos casos previstos nos arts. 30 e 31, ambos desta Lei, em áreas localizadas no mesmo Município ou região metropolitana.
>
> § 1º Verificada pelo órgão ambiental a impossibilidade da compensação ambiental prevista no *caput* deste artigo, será exigida a reposição florestal, com espécies nativas, em ***área equivalente à desmatada***, na mesma bacia hidrográfica, sempre que possível na mesma microbacia hidrográfica.
>
> **Decreto n. 6.660/08**
>
> Art. 26. Para fins de cumprimento do disposto nos arts. 17 e 32, inciso II, da Lei n. 11.428, de 2006, o empreendedor deverá:
>
> I – destinar ***área equivalente à extensão da área desmatada***, para conservação, com as mesmas características ecológicas, na mesma bacia hidrográfica, sempre que possível na mesma microbacia hidrográfica e, nos casos previstos nos arts. 30 e 31 da Lei n. 11.428, de 2006, em áreas localizadas no mesmo Município ou região metropolitana; ou

II – destinar, mediante doação ao Poder Público, *área equivalente no interior de unidade de conservação* de domínio público, pendente de regularização fundiária, localizada na mesma bacia hidrográfica, no mesmo Estado e, sempre que possível, na mesma microbacia hidrográfica.

§ 1º Verificada pelo órgão ambiental a inexistência de área que atenda aos requisitos previstos nos incisos I e II, o empreendedor deverá efetuar a reposição florestal, com espécies nativas, em área equivalente à desmatada, na mesma bacia hidrográfica, sempre que possível na mesma microbacia hidrográfica.

(...)

Não obstante o entendimento de que a legislação estadual pode ser mais restritiva que as normas gerais na proteção do meio ambiente, um Estado não pode impor uma obrigação que contrarie uma Lei Federal específica, exigindo uma compensação em dobro.

Demais disso, a norma federal suspendeu a eficácia da DN COPAM n. 73/04, em obediência à competência legislativa concorrente prevista na Constituição Federal:

Art. 24. Compete à União, aos Estados e ao Distrito Federal legislar concorrentemente sobre:

(..)

§ 4º A superveniência de lei federal sobre normas gerais suspende a eficácia da lei estadual, no que lhe for contrário.

Para aumentar ainda mais os questionamentos contra essa obrigação de compensação em dobro de área, tal exigência foi estabelecida numa norma infralegal editada *ad referendum* do Conselho, o que lhe emprestava pouca consistência jurídica.

Diante do novo cenário jurídico trazido pela Lei n. 11.428/06, a Portaria IEF n. 30/2015 aboliu a exigência de compensação em dobro, prevalecendo as disposições da norma geral federal, isto é, a área a ser compensada ou recuperada deve ser equivalente, em tamanho e importância ecológica, à área desmatada.

No que diz respeito à aplicação do inciso II do art. 32 da Lei n. 11.428/06, vemos que este apresenta uma redação que pode ensejar interpretações diversas.

Note-se que o art. 17 da mesma lei é claro ao impor a obrigação de compensação de *"área equivalente à extensão da área desmatada"*, no caso de *"corte ou supressão de vegetação"*, podendo-se concluir que, como regra geral, somente a área efetivamente desmatada deve ser compensada.

Já o inciso II do art. 32, que trata especificamente das atividades minerárias, traz redação diferente, prevendo a *"recuperação de área equivalente à área do empreendimento"*:

Art. 32. A supressão de vegetação secundária em estágio avançado e médio de regeneração para fins de atividades minerárias somente será admitida mediante:

(...)

II – Adoção de medida compensatória que inclua a recuperação de área equivalente à área do empreendimento, com as mesmas características ecológicas, na mesma bacia hidrográfica e sempre que possível na mesma microbacia hidrográfica, independentemente do disposto no Art. 36 da Lei n. 9.985, de 18 de julho de 2000.

As disposições aplicáveis à matéria utilizam, de forma geral, as expressões *corte, supressão e exploração*.

O inciso II do art. 32, acima transcrito, determinou a *"recuperação de área equivalente à área do empreendimento"*. No entanto, o *caput* deixa claro que a medida compensatória refere-se à *"supressão de vegetação"*.

Isto nos remete à Resolução CONAMA n. 1/86, que estabelece como uma das diretrizes para o Estudo de Impacto Ambiental e respectivo Relatório (EIA/RIMA) a definição das áreas direta ou indiretamente afetadas:

Art. 5º O estudo de impacto ambiental, além de atender à legislação, em especial os princípios e objetivos expressos na Lei de Política Nacional do Meio Ambiente, obedecerá às seguintes diretrizes gerais:
(...)
III – Definir os limites da área geográfica a ser direta ou indiretamente afetada pelos impactos, denominada área de influência do projeto, considerando, em todos os casos, a bacia hidrográfica na qual se localiza;
(...)

Nos estudos ambientais, a área de influência de um empreendimento é delimitada pelo espaço geográfico direta ou indiretamente afetado por ele, podendo ser caracterizados em três níveis: Área Diretamente Afetada (ADA), Área de Influência Direta (AID) e Área de Influência Indireta (AII).

A ADA corresponde à área que recebe os impactos diretos da implantação e operação do empreendimento proposto.

Para definir as áreas diretamente afetadas, nos estudos ambientais, são considerados os meios físico, biótico e socioeconômico. Dessa forma, uma área pode ser diretamente afetada por impactos que não guardam nenhuma relação com a vegetação da Mata Atlântica que esta norma busca proteger, como os impactos sobre a socioeconomia, e que podem ampliar a delimitação da ADA no estudo de impacto ambiental para além dos espaços efetivamente ocupados pelo empreendimento na sua implantação e operação sem, no entanto, implicar em prejuízos para a vegetação.

Assim, a área a ser compensada não pode ser calculada com base na área de concessão de lavra e nem com base na área em que efetivamente serão realizadas atividades de mineração, pois a compensação prevista na Lei n. 11.428/06, tanto no art. 17 quanto no art. 32, é devida pela supressão da vegetação. Inexistindo vegetação primária ou secundária em estágio médio ou avançado de regeneração, não existe a obrigação de compensar.

A área a ser compensada, ainda no que se refere à atividade de mineração, resume-se àquela em que ocorrerão os impactos diretos sobre a vegetação de Mata Atlântica.

Esses impactos podem ser causados pela mina propriamente dita ou por outros fatores inerentes, tais como a construção de barragens, de usinas de processamento, a abertura de vias de acesso, ou utilização de locais para deposição de estéril, a instalação de unidades administrativa e de suporte ou outras atividades relacionadas com a mineração.

Entendemos, portanto, que a obrigação de compensar a *"área equivalente à área do empreendimento"*, imposta pelo inciso II do art. 32 da Lei n. 11.428/06, deve ser interpretada como obrigação de compensar a área de vegetação de Mata Atlântica primária ou secundária em estágio médio ou avançado de regeneração, cortada, suprimida ou que de alguma forma sofre impactos ambientais adversos significativos, imediatos ou futuros, pela obra ou atividade.

A finalidade da Lei n. 11.428/06 é proteger a Mata Atlântica, e tem o objetivo de compensar eventual prejuízo para a vegetação deste Bioma, por meio da compensação por área equivalente em área e importância ecológica.

A outra forma de compensação, devida pela instalação de empreendimento de significativo impacto ambiental, é aquela prevista no art. 36 da Lei n. 9.985/00.

Portanto, podemos concluir que as compensações previstas no art. 17 – para a supressão de vegetação primária ou secundária no estágio médio de regeneração da Mata Atlântica, para a instalação de qualquer tipo de empreendimento – e no art. 32 – para a supressão de vegetação secundária em estágio médio e avançado de regeneração para atividades minerárias – não são cumulativas, aplicando-se somente a compensação prevista no art. 32 às atividades minerárias, excetuando-se a compensação prevista no art. 36 da Lei n. 9.985/00.

5. COMPENSAÇÃO POR DANOS A CAVIDADES NATURAIS SUBTERRÂNEAS

Inicialmente é importante tratar, mesmo que rapidamente, da competência para licenciar atividades que impactam cavidades naturais subterrâneas, antes de adentrar nos comentários sobre a compensação propriamente dita, prevista na legislação brasileira, pois esta é uma questão que ainda suscita muitas dúvidas inclusive entre os órgãos ambientais.

Durante muitos anos proliferaram no país discussões acerca da competência para o licenciamento ambiental, em razão da falta de regulamentação do parágrafo único do art. 23 da Constituição Federal.[41]

---

[41] Art. 23. É competência comum da União, dos Estados, do Distrito Federal e dos Municípios:
(...)

De acordo com a Constituição de 1988, as cavidades naturais subterrâneas pertencem à União:

> Art. 20. São bens da União:
> (...)
> X – as cavidades naturais subterrâneas e os sítios arqueológicos e pré-históricos;
> (...)

Essa dominialidade sustentava a tese, abraçada por muitos doutrinadores, de que os órgãos estaduais ou municipais de meio ambiente não podiam licenciar empreendimentos ou atividades que resultassem em impactos a um bem que pertencesse à União.

A Lei Complementar n. 140/11, em seus arts. 7º, 8º e 9º, afastou as diferentes correntes de interpretação (dominialidade, abrangência do impacto, interesse predominante etc.) fixando a competência para o licenciamento ambiental pelo critério da localização do empreendimento ou atividade, com as exceções expressamente elencadas nos citados dispositivos.[42]

Essa Lei Complementar determinou, também, que o licenciamento ambiental fosse efetuado por um único ente federado, ressalvando, no entanto, a necessidade de manifestação, sem efeito vinculante, de outros órgãos com atribuições específicas, conforme o recurso natural afetado:

> Art. 13. Os empreendimentos e atividades são licenciados ou autorizados, ambientalmente, por um único ente federativo, em conformidade com as atribuições estabelecidas nos termos desta Lei Complementar.
> § 1º Os demais entes federativos interessados podem manifestar-se ao órgão responsável pela licença ou autorização, de maneira não vinculante, respeitados os prazos e procedimentos do licenciamento ambiental.

Temos, portanto, que a competência para definir os tipos de licença cabíveis para cada empreendimento, estabelecer o conteúdo para a elaboração e analisar os estudos ambientais necessários, avaliar e estabelecer as medidas destinadas a evitar, mitigar ou compensar os impactos ambientais negativos e potencializar os positivos, é do órgão ambiental competente para emitir as licenças previstas em lei.

Os órgãos intervenientes, respeitadas suas respectivas áreas de atuação e competências específicas, manifestam-se ao órgão licenciador, que pode, se julgar per-

---

Parágrafo único. Lei complementar fixará normas para a cooperação entre a União e os Estados, o Distrito Federal e os Municípios, tendo em vista o equilíbrio do desenvolvimento e do bem-estar em âmbito nacional.

[42] O Decreto n. 8.437/15 regulamentou o inciso XIV, alínea "h" e parágrafo único da Lei Complementar n. 140/11, estabelecendo as tipologias de empreendimentos e atividades cujo licenciamento é de competência da União, não incluindo empreendimentos minerários ou relacionados com cavidades naturais subterrâneas.

tinente, incluir medidas de proteção para bens naturais ou culturais específicos apontadas por eles.[43]

Decidiu o Superior Tribunal de Justiça que o *"patrimônio espeleológico (e o habitat a ele associado) integra, como espécie, o gênero patrimônio ambiental, já que compõe ecossistema planetário dos mais delicados, repositório de milhões de anos da história geológica e da evolução de formas de vida, muitas delas endêmicas, daí submeter-se ao regime da Lei da Política Nacional do Meio Ambiente (Lei 6.938/1981). Em conformidade com o que dispõe o art. 20, X, da Constituição Federal, as Grutas de Botuverá, por estarem conceitualmente enquadradas entre as 'cavidades naturais subterrâneas e os sítios arqueológicos e pré-históricos', são bens da União, como reconhecido pelo Tribunal de origem. A antecedência irrenunciável do dever de conservar, defender e restaurar o bem público ambiental e cultural, inclusive com exercício do poder de polícia, corresponde, primariamente, ao titular do domínio, o que não implica excluir a corresponsabilidade de outros órgãos e de particulares, em regime de solidariedade, sendo irrelevante se o imóvel ou o móvel integram Unidade de Conservação criada por ente federativo diverso. Necessário não confundir titularidade de domínio do bem público com titularidade de gestão ambiental, incapaz esta de eximir de responsabilidade civil, penal e administrativa o sujeito daquela"* (REsp 1.389.107/SC).

Resta claro para a melhor doutrina que as normatizações internas dos órgãos intervenientes não surtem efeito no órgão licenciador, exceto se praticadas ou manifestadas por quem tem poder normativo sobre eles, a exemplo do IBAMA, acaso a ordem ou o ato viesse da Presidência da República ou do respectivo Ministério.[44]

Note-se, por oportuno, que o Centro Nacional de Pesquisa e Conservação de Cavernas – CECAV, órgão integrante da estrutura do ICMBio, não está relacionado, pela Portaria Interministerial n. 60, de 24 de março de 2015, como órgão interveniente no processo de licenciamento ambiental.

Portanto, não existe exigência legal para que o CECAV manifeste anuência para que uma atividade seja licenciada.

Destarte, o licenciamento de atividades que impactam as terras ou a cultura de povos indígenas requer a oitiva da Fundação Nacional do Índio – FUNAI; no caso de impacto sobre unidades de conservação, deve ser ouvido o órgão gestor da área protegida; para obras em áreas de risco ou endêmicas para malária é solicitada a manifestação da Agência Nacional de Vigilância Sanitária – ANVISA; constatada a ocorrência de bens culturais acautelados o Instituto do Patrimônio Histórico e Artístico Nacional – IPHAN deve ser consultado e, se o empreendimento localizar-se em terra quilombola, a manifestação compete à Fundação Cultural Palmares – FCP.

---

[43] No âmbito federal, a manifestação dos órgãos intervenientes (FUNAI, FCP, IPHAN e ANVISA) é regulamentada pela Portaria Interministerial n. 60, de 24 de março de 2015.

[44] BIM, Eduardo. *Licenciamento ambiental.* 4. ed. Belo Horizonte: Fórum, 2018, p. 155.

Não se caracterizando impacto sobre unidades de conservação, terras indígenas ou comunidades quilombolas ou a existência de bens culturais acautelados ou áreas endêmicas de malária, não existe previsão legal sobre a necessidade de manifestação de nenhum outro órgão específico para o licenciamento de obras ou atividades em área de cavernas.

Cabe ressaltar, como faz Paulo de Bessa Antunes, que, nas hipóteses de empreendimento que *"ocasione impacto negativo irreversível em cavidade natural subterrânea com grau de relevância médio, o empreendedor deverá adotar medidas e financiar ações, nos termos definidos pelo órgão ambiental competente, que contribuam para a conservação e o uso adequado do patrimônio espeleológico brasileiro, especialmente das cavidades naturais subterrâneas com grau de relevância máximo e alto. Quando se tratar de empreendimento que ocasione impacto negativo irreversível em cavidade natural subterrânea com grau de relevância baixo, o empreendedor não estará obrigado a adotar medidas e ações para assegurar a preservação de outras cavidades naturais subterrâneas"*.[45]

Nesse sentido cabe ressaltar que a Resolução CONAMA n. 347/04 previa a necessidade da anuência prévia do IBAMA para o licenciamento de empreendimentos e atividades que afetassem cavidades naturais subterrâneas relevantes ou suas áreas de influência,[46] porém essa exigência foi expressamente revogada pela Resolução CONAMA n. 428/10:

> Art. 8º Ficam revogadas as Resoluções Conama n. 10, de 14 de dezembro de 1988, Conama n. 11, de 3 de dezembro de 1987, Conama n. 12, de 14 de dezembro de 1988, Conama n. 13, de 6 de dezembro de 1990; bem como o inciso II, do art. 2º e § 1º do art. 4º da Resolução Conama n. 347, de 10 de setembro de 2004, e o parágrafo único do art. 3º da Resolução Conama n. 378, de 19 de outubro de 2006.

Hoje a matéria está regulada no Decreto n. 10.935, de 22 de janeiro de 2022, que dispõe sobre a proteção das cavidades naturais subterrâneas existentes no território nacional.

É claro, portanto, que a competência para realizar o licenciamento de empreendimentos que afetem cavidades naturais subterrâneas não é determinada pela existência destes acidentes geológicos, nos termos da regulamentação do art. 23 da

---

[45] ANTUNES, Paulo de Bessa. *Direito ambiental*. 21. ed. São Paulo: Atlas, 2020, p. 921.

[46] Art. 4º A localização, construção, instalação, ampliação, modificação e operação de empreendimentos e atividades, considerados efetiva ou potencialmente poluidores ou degradadores do patrimônio espeleológico ou de sua área de influência dependerão de prévio licenciamento pelo órgão ambiental competente, nos termos da legislação vigente.
§ 1º As autorizações ou licenças ambientais, na hipótese de cavidade natural subterrânea relevante ou de sua área de influência, na forma do art. 2º inciso II, dependerão, no processo de licenciamento, de anuência prévia do IBAMA, que deverá se manifestar no prazo máximo de noventa dias, sem prejuízo de outras manifestações exigíveis.

Constituição Federal pela Lei Complementar n. 140/11, mas pela localização da obra ou atividade. A legislação de proteção às cavidades naturais subterrâneas no Brasil ensaiou seus primeiros passos com a Lei n. 3.924, de 26 de julho de 1961, promulgada sob a égide da Constituição Federal de 1946, que submeteu os monumentos arqueológicos e pré-históricos à proteção do Poder Público.[47]

A principal finalidade dessa primeira norma era preservar o testemunho da cultura dos paleoameríndios do Brasil e tornou-se comum sua utilização para a conservação de cavernas sempre que algum registro histórico dessa natureza era encontrado em grutas, lapas e abrigos sob as rochas.

Em 6 de agosto de 1987, o Conselho Nacional do Meio Ambiente – CONAMA, em face da inexistência de lei específica de proteção das cavernas, por meio da Resolução n. 5/87[48], aprovou o Programa Nacional de Proteção ao Patrimônio Espeleológico e determinou o estabelecimento de "... *critérios, diretrizes e normas de uso que permitam indicar as áreas do Patrimônio Espeleológico Nacional, merecedoras de uma intervenção imediata, especialmente aquelas cujo o perigo de destruição é iminente*".

Na sequência, com respaldo nos arts. 20 e 216 da Constituição Federal de 1988[49] e na Lei n. 6.938/81, que estabeleceu a Política Nacional de Meio Ambiente e definiu como recursos ambientais "*a atmosfera, as águas interiores, superficiais e subterrâneas, os estuários, o mar territorial, o solo, o subsolo e os elementos da biosfera, a fauna e a flora*" (art. 3º, V), foi editado o Decreto n. 99.556/90, especificamente para a proteção das cavidades naturais subterrâneas.

Esse Decreto definia as cavidades naturais subterrâneas como patrimônio cultural brasileiro e tornava obrigatória a elaboração de estudo de impacto ambiental prévio à implantação de empreendimentos de qualquer natureza "*previstos em áreas de ocorrência de todas as cavidades naturais subterrâneas ou de potencial espeleológico*".[50]

---

[47] Constituição Federal de 1946 Art. 175 As obras, monumentos e documentos de valor histórico e artístico, bem como os monumentos naturais, as paisagens e os locais dotados de particular beleza ficam sob a proteção do Poder Público.

[48] Revogada pela Resolução n. 347, de 10 de setembro de 2004.

[49] Art. 20. São bens da União:
(...)
X – as cavidades naturais subterrâneas e os sítios arqueológicos e pré-históricos;
Art. 216. Constituem patrimônio cultural brasileiro os bens de natureza material e imaterial, tomados individualmente ou em conjunto, portadores de referência à identidade, à ação, à memória dos diferentes grupos formadores da sociedade brasileira, nos quais se incluem:
(...)
V – os conjuntos urbanos e sítios de valor histórico, paisagístico, artístico, arqueológico, paleontológico, ecológico e científico.

[50] Art. 3º É obrigatória a elaboração de estudo de impacto ambiental para as ações ou os empreendimentos de qualquer natureza, ativos ou não, temporários ou permanentes, previstos em áreas de ocorrência de cavidades naturais subterrâneas ou de potencial espeleológico, os quais, de modo direto ou indireto, possam ser

Como se vê, na vigência do Decreto n. 99.556/90, independentemente da classificação de sua importância ou potencial espeleológico, a simples localização de empreendimentos ou atividades em área de ocorrência de cavidades naturais subterrâneas, capazes de afetar a integridade delas, tornava obrigatório o Estudo de Impacto Ambiental e respectivo Relatório (EIA/RIMA), para o licenciamento.

Mais do que isso, o artigo vestibular do Decreto impedia qualquer atividade que interferisse negativamente numa caverna, pois determinava a sua preservação e conservação para *"permitir estudos e pesquisas de ordem técnico-científica, bem como atividades de cunho espeleológico, étnico-cultural, turístico, recreativo e educativo"*.

As disposições do Decreto n. 99.556/90 implicavam, na prática, na preservação integral de toda e qualquer caverna, impossibilitando, por exemplo, a mineração em áreas de ocorrência de quaisquer cavidades naturais subterrâneas ou o alagamento delas para fins hidrelétricos.

Essas normas gerais extremamente restritivas permaneceram em vigor até o surgimento do Decreto n. 6.640, em 7 de novembro de 2008, que inseriu profundas alterações no controle de atividades potencialmente causadoras de impacto negativo sobre cavidades naturais.

O Decreto n. 6.640/08, embora traga na ementa que sua finalidade é dar nova redação a artigos do Decreto n. 99.556/90, na verdade reescreveu e modificou totalmente a norma anterior.[51]

Inicialmente, excluiu o *status* de patrimônio cultural brasileiro previsto no art. 216 da Constituição Federal, concedido às cavidades naturais subterrâneas pelo Decreto n. 99.556/90.[52]

De igual sorte, afastou a obrigatoriedade da elaboração do EIA/RIMA para o licenciamento de toda e qualquer obra ou empreendimento na área de ocorrência de cavernas.[53]

---

lesivos a essas cavidades, ficando sua realização, instalação e funcionamento condicionados à aprovação, pelo órgão ambiental competente, do respectivo relatório de impacto ambiental.

[51] A Procuradoria Geral da República ajuizou Ação Direta de Inconstitucionalidade (ADI n. 4218) contra o Decreto n. 6.640/08, por permitir impactos negativos irreversíveis em cavidades naturais subterrâneas, pretendendo a declaração de sua inconstitucionalidade. O Ministro Luiz Fux, em decisão monocrática, entendeu que a referida ADI é inadmissível, uma vez que o referido Decreto é ato normativo secundário. Após interposição e negativa de provimento a Agravo Regimental interposto contra a mencionada decisão, ocorreu o trânsito em julgado da decisão e o arquivamento dos autos.

[52] Art. 1º As cavidades naturais subterrâneas existentes no território nacional constituem patrimônio cultural brasileiro, e, como tal, serão preservadas e conservadas de modo a permitir estudos e pesquisas de ordem técnico-científica, bem como atividades de cunho espeleológico, étnico-cultural, turístico, recreativo e educativo.

[53] Art. 3º É obrigatória a elaboração de estudo de impacto ambiental para as ações ou os empreendimentos de qualquer natureza, ativos ou não, temporários ou permanentes, previstos em áreas de ocorrência de cavidades naturais subterrâneas ou de potencial espeleológico, os quais, de modo direto ou indireto, possam ser lesivos a essas cavidades, ficando sua realização, instalação e funcionamento condicionados à aprovação, pelo órgão ambiental competente, do respectivo relatório de impacto ambiental.

A alteração mais importante, no entanto, foi a previsão da classificação das cavernas de acordo com seu grau de relevância:

> Art. 2º A cavidade natural subterrânea será classificada de acordo com seu grau de relevância em máximo, alto, médio ou baixo, determinado pela análise de atributos ecológicos, biológicos, geológicos, hidrológicos, paleontológicos, cênicos, histórico-culturais e socioeconômicos, avaliados sob enfoque regional e local.

A nova ordem jurídica, ao prever tratamento diferenciado para as cavidades naturais, conforme a importância de seus atributos, corrigiu a intransigência do Decreto n. 99.556/90, que exigia o EIA/RIMA para qualquer atividade *"em área de ocorrência de cavidades naturais"*.

As cavidades naturais subterrâneas, de acordo com o novo Decreto (art. 2º, *caput*), classificadas pelos seus atributos ecológicos, biológicos, geológicos, hidrológicos, paleontológicos, cênicos, histórico-culturais e socioeconômicos, são enquadradas nos graus de relevância *máximo, alto, médio e baixo*.

O Decreto tratou, também, de estabelecer o parâmetro a ser utilizado na aferição do grau de relevância de uma caverna, utilizando a comparação com cavidades da mesma formação litológica existentes no local e na região:

> Art. 2º (...)
> § 1º A análise dos atributos geológicos, para a determinação do grau de relevância, deverá ser realizada comparando cavidades da mesma litologia.
> § 2º Para efeito deste Decreto, entende-se por enfoque local a unidade espacial que engloba a cavidade e sua área de influência e, por enfoque regional, a unidade espacial que engloba no mínimo um grupo ou formação geológica e suas relações com o ambiente no qual se insere.
> (...)

Portanto, a classificação do grau de importância de uma cavidade natural subterrânea deve considerar: (a) a análise dos atributos da caverna e de sua área de influência isoladamente; (b) a análise dos seus atributos como integrante de um grupo de cavernas localizadas na mesma área.

Os §§ 4º a 8º do art. 2º do Decreto n. 6.640/08 enumerou os atributos que devem ser considerados para a definição do grau de relevância das cavidades naturais subterrâneas (máximo, alto, médio e baixo).

Na sequência, a referida norma remeteu ao Ministério do Meio Ambiente a definição da metodologia para a classificação do grau de relevância das cavidades naturais subterrâneas.[54]

---

[54] Art. 5º A metodologia para a classificação do grau de relevância das cavidades naturais subterrâneas, considerando o disposto no art. 2º, será estabelecida em ato normativo do Ministro de Estado do Meio Ambiente, ouvidos o Instituto Chico Mendes, o Instituto Brasileiro do Meio Ambiente e dos Recursos Naturais Renováveis – IBAMA e demais setores governamentais afetos ao tema, no prazo de sessenta dias, contados da data de publicação deste Decreto.

Em obediência ao disposto no art. 5º, o Ministério do Meio Ambiente estabeleceu a metodologia para a classificação do grau de relevância das cavernas por meio da Instrução Normativa n. 2, de 20 de agosto de 2009, que trouxe, no seu Anexo I, uma Tabela com os atributos e conceitos para a classificação do grau de relevância *máximo* e uma Tabela com os atributos e conceitos para a classificação dos graus de relevância *alto, médio e baixo*.

A Instrução Normativa MMA n. 2/09 repetiu, textualmente, os critérios do Decreto n. 6.640/08 para a classificação do grau de relevância das cavidades naturais subterrâneas.[55]

Merece destaque especial, para a melhor compreensão do conteúdo da Instrução Normativa MMA 2/09, a definição do que representa *enfoque local e enfoque regional* constantes do Decreto n. 6.640/08: a) enfoque local é *"a unidade espacial que engloba a cavidade e sua área de influência"* e b) enfoque regional é *"a unidade espacial que engloba no mínimo um grupo ou formação geológica e suas relações com o ambiente no qual se insere"*, uma vez que a classificação do grau de relevância das cavidades utiliza, concomitantemente, sua importância nos dois cenários (local e regional).

A Instrução Normativa MMA n. 2/09, nos arts. 7º a 10, estabeleceu as configurações para a definição da importância local e regional das cavernas, classificação utilizada para o estabelecimento do seu grau de relevância.

Quando os atributos de uma cavidade, sob enfoque local ou regional, não forem considerados de importância acentuada ou significativa, serão, por exclusão, considerados de importância baixa e de baixa relevância (arts. 11 e 12).

Atualmente, o Decreto n. 10.935, de 22 de janeiro de 2022, em seu art. 2º, define o grau de relevância da cavidade natural subterrânea como máximo, alto, médio ou baixo, de acordo com a análise de atributos ecológicos, biológicos, geológicos, hidrológicos, paleontológicos, cênicos, histórico-culturais e socioeconômicos, avaliados sob enfoque regional e local.

6. REPOSIÇÃO FLORESTAL

Outra exigência que costuma causar polêmica no licenciamento de obras ou empreendimentos, em razão da interpretação equivocada do objetivo da legislação, é a *reposição florestal*.

De plano, torna-se necessário diferenciar esse instituto da reparação de danos causados à vegetação identificados nos estudos ambientais e da compensação por supressão de Mata Atlântica prevista na Lei n. 11.428/06.

Enquanto estas últimas têm um objetivo claramente ambiental, a reposição de que trata o Código Florestal tem uma conotação eminentemente economicista.

---

[55] Art. 2º, §§ 4º a 8º, do Decreto, arts. 3º a 6º da Instrução Normativa.

A reposição florestal é um instrumento econômico destinado a restituir os recursos florestais utilizados nas atividades produtivas, visando à recomposição futura dos estoques desse insumo, e não pode ser confundida com recuperação de área degradada, pois têm *"objetivos diametralmente opostos"*.[56]

O Setor Florestal do IBAMA não diverge dessa interpretação.

Em Relatório Técnico de 1996, o órgão ambiental já deixava claro que era o abastecimento de matéria-prima e não a preservação da vegetação a finalidade da reposição florestal:[57]

> Conjunto de ações desenvolvidas que visam fortalecer a continuidade do abastecimento de matéria-prima florestal aos diversos segmentos consumidores, através da obrigatoriedade de repor o volume explorado, mediante o plantio de espécies florestais, preferencialmente nativas, compatíveis com a atividade desenvolvida, devendo ser efetuado na Unidade Federal de origem da matéria-prima florestal consumida.

Basta uma visita rápida ao *site* do IBAMA para verificar que esse enfoque econômico da reposição florestal é evidente e persiste até hoje:

> Conceito de Reposição Florestal – É a compensação do volume de matéria-prima florestal extraído de vegetação natural pelo volume de matéria-prima resultante de plantio florestal para geração de estoque ou recuperação de cobertura florestal.

Outro não é o entendimento jurídico do IBAMA sobre a diferença entre reposição florestal e recuperação de dano ambiental. Portanto, a reposição florestal é um instrumento econômico, destinado a restituir à natureza os recursos florestais utilizados nas atividades produtivas, visando à recomposição futura dos estoques desse insumo. Exigi-la como obrigação legal no processo de licenciamento ambiental é um equívoco sem nenhum fundamento jurídico.

A reposição florestal não se destina à reparação de danos causados ao meio ambiente, nem pode ser confundido com este instrumento de defesa ambiental. Trata-se de uma obrigação imposta pelo Estado ao consumidor da matéria-prima, de repor os estoques de produtos florestais para utilização futura, não de recuperar ou restaurar o *status quo* do meio ambiente.

A Lei n. 12.651/12, o novo Código Florestal, prevê uma compensação florestal para o uso alternativo do solo:

> Art. 3º Para os efeitos desta Lei, entende-se por:
> (...)

---

[56] SABBAG, Sidney Carlos. *Caminho para o desenvolvimento sustentável da silvicultura tropical*. Disponível em: http://repositorio.unb.br/bitstream/10482/8869/3/2010_SidneyCarlosSabbag.pdf.

[57] BRASIL. Instituto Brasileiro do Meio Ambiente. Coordenadoria de Monitoramento e Controle dos Recursos Florestais. Relatório Técnico de Coordenação. Brasília. 1996, apud SABBAG em *Caminho para o desenvolvimento sustentável da silvicultura tropical*.

> VI – uso alternativo do solo: substituição de vegetação nativa e formações sucessoras por outras coberturas do solo, como atividades agropecuárias, industriais, de geração e transmissão de energia, de mineração e de transporte, assentamentos urbanos ou outras formas de ocupação humana;
> (...)
> Art. 27. Nas áreas passíveis de uso alternativo do solo, a supressão de vegetação que abrigue espécie da flora ou da fauna ameaçada de extinção, segundo lista oficial publicada pelos órgãos federal ou estadual ou municipal do Sisnama, ou espécies migratórias, dependerá da adoção de medidas compensatórias e mitigadoras que assegurem a conservação da espécie.

A errônea interpretação da exigibilidade da reposição florestal no licenciamento ambiental se origina no Capítulo VII da Lei n. 12.651/12, que trata especificamente da exploração florestal e dispõe:

> Art. 33. As pessoas físicas ou jurídicas que utilizam matéria-prima florestal em suas atividades devem suprir-se de recursos oriundos de:
> I – florestas plantadas;
> II – PMFS de floresta nativa aprovado pelo órgão competente do Sisnama;
> III – supressão de vegetação nativa autorizada pelo órgão competente do Sisnama;
> IV – outras formas de biomassa florestal definidas pelo órgão competente do Sisnama.
> § 1º São obrigadas à reposição florestal as pessoas físicas ou jurídicas que utilizam matéria-prima florestal oriunda de supressão de vegetação nativa ou que detenham autorização para supressão de vegetação nativa.

Está claro, portanto, que a reposição florestal prevista nos arts. 31 a 34 da Lei n. 12.651/12 não é exigível no licenciamento ambiental. As medidas compensatórias e mitigadoras para a supressão da vegetação, de que trata o art. 21, é específica para as áreas que abrigam espécies da flora ou da fauna ameaçadas de extinção ou espécies migratórias, e são estabelecidas na forma de condicionantes das licenças ambientais.

O Decreto n. 5.975/06 destaca claramente a diferença entre a reposição florestal e a exigência de medidas compensatórias ou mitigadoras em razão da supressão de vegetação para uso alternativo do solo, no caso de empreendimentos submetidos ao licenciamento ambiental:

> Art. 16. Não haverá duplicidade na exigência de reposição florestal na supressão de vegetação para atividades ou empreendimentos submetidos ao licenciamento ambiental nos termos do art. 10 da Lei n. 6.938, de 31 de agosto de 1981.

No mesmo sentido dispôs a Instrução Normativa n. 6, de 15 de dezembro de 2006, do Ministério do Meio Ambiente:

> Art. 7º Não haverá duplicidade na exigência de reposição florestal na supressão de vegetação para atividades ou empreendimentos submetidos ao licenciamento ambiental nos termos do art. 10 da Lei n. 6.938, de 31 de agosto de 1981, e do art. 16 do Decreto n. 5.975, de 2006.

Parágrafo único. A recuperação ambiental imposta como condicionante para o licenciamento ambiental será considerada reposição florestal para os fins do disposto nesta Instrução Normativa.

Vê-se, claramente, que as medidas mitigadoras ou compensatórias impostas como condicionantes da licença ambiental substituem a reposição florestal. Vale dizer, os custos ambientais decorrentes da supressão de vegetação, apontados pelo estudo de impacto ambiental, são compensados pelas medidas estabelecidas como condicionantes da respectiva licença.

Na contramão dos dispositivos legais citados, alguns órgãos estaduais de meio ambiente buscam cobrar a reposição florestal nos processos de licenciamento ambiental com base no Capítulo VII da Lei n. 12.651/12, além, evidentemente, das medidas mitigadoras e compensatórias impostas pela supressão da vegetação.

Voltamos a tomar como exemplo a legislação do Distrito Federal, em que o Decreto n. 14.783/93 declara algumas espécies arbóreas e arbustivas como patrimônio ecológico e determina tratamento diferenciado para estas:

> Art. 1º Estão tombadas como Patrimônio Ecológico do Distrito Federal as seguintes espécies arbóreo-arbustivas: copaíba (Copaifera langsdorffii Desf.), sucupira-branca (Pterodon pubescens Benth), pequi (Caryocar brasiliense Camb), cogaita (Eugenia dysenterica DC), buriti (Mauritia flexuosa L.f.), gomeira (vochysia thyrshoidea Polh), pau-doce (Vochysia tucanorum Mart.), aroeira (astromium urundeuva (Fr.All), Engl.) embiriçu (Pseudobombax longiflorum (Mart.,et Zucc.) a. Rob), perobas (Aspidosperma spp.), jacarandás (Dálbergia spp.) e ipês (Tabebuia spp.).
>
> Parágrafo único. Patrimônio Ecológico consiste na reunião de espécies tombadas imunes ao corte em áreas urbanas, ficando a Secretaria do Meio Ambiente, Ciência e Tecnologia SEMATEC – responsável por autorizar as exceções para execução de obras, planos, atividades ou projetos de relevante interesse social ou de utilidade pública.
>
> Art. 2º Ficam ainda imunes ao corte os espécimes arbóreo-arbustivo que apresentam as seguintes características:
>
> I – as espécies lenhosas nativas ou exóticas raras, porta-sementes;
>
> II – as espécies lenhosas de expressão histórica, excepcional beleza ou raridade;
>
> III – todas as espécies lenhosas em terreno cuja declividade seja superior a 20%;
>
> IV – todas as espécies lenhosas localizadas em áreas de preservação permanente, de reserva ecológica e de instabilidade geomorfológica sujeitas à erosão.
>
> Parágrafo único – Os espécimes contemplados no presente artigo só poderão sofrer remanejamento em situação de excepcional interesse público, com autorização prévia da SEMATEC.

A supressão dessas espécies, em área urbana, está sujeita à aprovação por parte do órgão urbanístico do Distrito Federal – NOVACAP, de acordo com a mesma norma:

> Art. 3º O corte, a erradicação, o transplantio e a poda de espécies arbóreo-arbustivas situadas em zona urbana ou de extensão urbana, em área pública ou privada, não

incluídas no disposto dos arts. 1º e 2º do presente instrumento, só poderão ser executados mediante autorização concedida:

I – pela NOVACAP na Região Administrativa I;

II – pelas Administrações Regionais, ouvida a NOVACAP, nas demais Regiões Administrativas.

No caso de zona rural, no entanto, não existe a exigência da autorização do órgão urbanístico, restando plena a competência do Instituto Brasília Ambiental – IBRAM para autorizar a supressão da vegetação necessária para a implantação e/ou operação de empreendimentos licenciados pelo referido órgão.

É importante repetir que o Decreto n. 14.783/93 trata de vegetação situada em área urbana e que a referida norma estabelece a compensação de mudas nestes casos, diante da impossibilidade de transferência delas:

Art. 8º Nos casos de impossibilidade técnica de transplantio, adotar-se-ão medidas de compensação de cada espécimen suprimido.

§ 1º A compensação dar-se-á mediante plantio de mudas nativas em local a ser determinado:

I – pela NOVACAP na Região Administrativa I;

II – pelas Administrações Regionais, ouvida a NOVACAP, nas demais Regiões Administrativas.

§ 2º A erradicação de um espécimen nativo acarretará o plantio de 30 (trinta) mudas de espécies nativas.

§ 3º A erradicação de um espécimen exótico acarretará o plantio de 10 (dez) mudas de espécies nativas.

§ 4º Nos casos de insucesso de transplantio, tal como determinado no art. 8° do presente decreto, aplicar-se-ão os critérios de compensação de replantio definidos no *caput* deste artigo.

§ 5º A data de replantio será arbitrada segundo os critérios técnicos adotados pela NOVACAP, que informará aos interessados a localização dos espécimes transplantados, uma vez concluída a operação.

§ 6º Os custos de replantio – tal como os de transplantio definidos no parágrafo único do art. 5º serão estabelecidos pela NOVACAP, que recolherá as importâncias arbitradas à sua tesouraria.

No entanto, o Decreto n. 37.646, de 20 de setembro de 2016, criou o Programa de Recuperação do Cerrado no Distrito Federal. Nesta norma consta expressamente que sua criação destina-se a possibilitar a compensação florestal prevista no Decreto n. 14.783, de 17 de junho de 1993:

Art. 2º Os objetivos do programa serão alcançados por intermédio da realização de compensação florestal, nos termos do definido no Decreto n. 14.783, de 17 de junho de 1993, e nos critérios e procedimentos definidos por este Decreto.

Conforme dito antes, o Decreto n. 14.783/93 trata de compensação pela supressão de vegetação situada em área urbana, não se aplicando, portanto, a atividades licenciadas em área rural.

Somente as medidas compensatórias e mitigadoras preconizadas pelo art. 27 da Lei n. 12.651/12 para a supressão de vegetação que abrigue espécie da flora ou da fauna ameaçada de extinção podem ser estabelecidas pelo órgão licenciador, devendo ser inseridas como condicionantes das licenças e não como obrigação de reposição florestal.

Exigir uma reposição florestal em razão da supressão de vegetação para uso alternativo do solo além daquelas previstas como medidas compensatórias ou mitigadoras, afronta o Decreto n. 5.975/06, que veda expressamente a duplicidade dessa exigência no caso de empreendimentos submetidos ao licenciamento ambiental.[58]

Por fim, deve-se salientar que a *"isenção da obrigatoriedade da reposição florestal não desobriga o interessado da comprovação perante a autoridade competente da origem do recurso florestal utilizado (art. 33, § 3º). A reposição florestal será efetivada no Estado de origem da matéria-prima utilizada, mediante o plantio de espécies preferencialmente nativas, conforme determinações do órgão competente do SISNAMA (art. 33, § 4º). O dispositivo privilegia a proteção do ecossistema que sofreu diretamente o impacto ambiental, ao estabelecer que a reposição florestal será efetivada no Estado de origem da matéria-prima utilizada. Tal entendimento está de acordo, inclusive, com os fundamentos que norteiam o regime da responsabilidade civil ambiental, priorizando-se sempre que possível a reparação integral e* in natura. *Se há condições para assegurar a proteção do ecossistema diretamente atingido pela extração de recursos florestais, com toda a razão que tal prática deve ser privilegiada em detrimento de outras medidas compensatórias (em outras localidades)"*.[59]

7. A ANUÊNCIA DO MUNICÍPIO

Outra forma de compensação exigida indevidamente em muitos casos de licenciamento para instalação de empreendimentos com significativo impacto ambiental, que não tem previsão legal, foi criada a partir da necessidade de manifestação da Prefeitura Municipal.

De forma totalmente equivocada e, repetimos, sem nenhuma previsão legal, muitos Prefeitos costumam exigir investimentos no reforço da infraestrutura urbana e em programas sociais para conceder o que consideram uma autorização municipal para a emissão de licenças ambientais.

---

[58] Art. 16. Não haverá duplicidade na exigência de reposição florestal na supressão de vegetação para atividades ou empreendimentos submetidos ao licenciamento ambiental nos termos do art. 10 da Lei n. 6.938, de 31 de agosto de 1981.

[59] SARLET, Ingo Wolfgang; FENSTERSEIFER, Tiago. *Curso de direito ambiental*. 3. ed. Rio de Janeiro: Forense, 2022, p. 876.

A Política Nacional do Meio Ambiente "*tem por objetivo a preservação, melhoria e recuperação da qualidade ambiental propícia à vida, visando assegurar, no país, condições ao desenvolvimento socioeconômico, aos interesses da segurança nacional e à proteção da dignidade da vida humana*" (art. 2º da Lei n. 6.938/81).

Para a consecução desse objetivo, um de seus principais instrumentos é o licenciamento ambiental de atividades causadoras de significativo impacto sobre os recursos naturais.

O licenciamento ambiental, como já mencionado, é realizado num único nível de competência, estabelecido pela Lei Complementar n. 140/11 – que regulamentou o art. 23 da Constituição Federal, e prevê a manifestação dos demais entes interessados de forma não vinculante.[60]

Na Resolução CONAMA n. 237/97, que estabelece os procedimentos para o licenciamento ambiental, está prevista a manifestação da Prefeitura Municipal somente sobre a compatibilidade do empreendimento com a legislação aplicável ao uso e ocupação do solo.[61]

A mesma previsão constou na Instrução Normativa n. 184, de 17 de julho de 2008, do IBAMA, que estabeleceu os procedimentos para o licenciamento ambiental federal, a qual prevê a Certidão Municipal referente ao uso e ocupação do solo.[62]

A manifestação da Prefeitura restringe-se, conforme claramente expresso nas normas, à conformidade do empreendimento com a legislação municipal de uso e ocupação do solo. Não há nenhuma previsão legal para a ingerência de um ente federado na análise e decisão sobre as condicionantes e medidas de proteção ao meio ambiente de competência de outro.

O Estudo de Impacto Ambiental – EIA, como é sabido, identifica os impactos decorrentes do empreendimento e propõe as medidas para evitar, minimizar ou compensar seus efeitos negativos. Essas medidas são detalhadas nos Projetos Básicos

---

[60] Art. 13. Os empreendimentos e atividades são licenciados ou autorizados, ambientalmente, por um único ente federativo, em conformidade com as atribuições estabelecidas nos termos desta Lei Complementar.
§ 1º. Os demais entes federativos interessados podem manifestar-se ao órgão responsável pela licença ou autorização, de maneira não vinculante, respeitados os prazos e procedimentos do licenciamento ambiental.
(...)

[61] Art. 10. O procedimento de licenciamento ambiental obedecerá às seguintes etapas:
(...)
Parágrafo 1º No procedimento de licenciamento ambiental deverá constar, obrigatoriamente, a certidão da Prefeitura Municipal, declarando que o local e o tipo de empreendimento ou atividade estão em conformidade com a legislação aplicável ao uso e ocupação do solo e, quando for o caso, a autorização para supressão de vegetação e a outorga para o uso da água, emitidas pelos órgãos competentes.

[62] Art. 25. Para a emissão da Licença Prévia, o empreendedor deverá apresentar ao Ibama, quando couber, a Certidão Municipal, a qual declara que o local de instalação do empreendimento está em conformidade com a legislação aplicável ao uso e ocupação do solo ou documento similar.

Ambientais – PBAs, analisados e aprovados antes da emissão da Licença Prévia, pois esta atesta a viabilidade ambiental do empreendimento.

A Instrução Normativa n. 184/08 do IBAMA estabeleceu claramente que o Projeto Básico Ambiental – PBA é o instrumento a ser considerado para avaliar as medidas necessárias para a emissão da Licença de Instalação.[63]

Como está claro, o cumprimento das condicionantes estabelecidas numa Licença Prévia representa a medida exigível para a emissão da Licença de Instalação. E a execução do Programa Básico Ambiental referente a cada impacto identificado nos estudos ambientais é parte integrante dessa obrigação. Os referidos programas, apresentados nos estudos ambientais, guardam uma estreita relação de causa e efeito com os impactos que buscam minorar ou compensar.

Bessa Antunes, ao analisar a grande quantidade de órgãos intervenientes no processo de licenciamento ambiental, diz ser *"bastante comum que entre eles se estabeleçam conflitos interadministrativos não referentes às atribuições legais de cada um deles, bem como sobre o mérito das intervenções. Figure-se a hipótese de que o órgão gestor de uma unidade de conservação vete a implantação de determinado projeto, por supostos danos irreversíveis à unidade de conservação sob sua tutela e que, contrariamente, o órgão licenciador entenda que o impacto é mitigável. Quando se tratar de uma controvérsia entre órgãos de diferentes níveis político-administrativos, o nosso regime jurídico não possui um mecanismo institucional apto a dirimir a controvérsia que, assim, sai do nível técnico e passa para o campo das diversas pressões políticas, com prejuízo para todas as partes envolvidas".*[64]

A competência para avaliar as medidas destinadas a evitar, mitigar ou compensar os impactos ambientais negativos é do órgão ambiental competente para emitir as licenças previstas em lei. Vale dizer, o órgão licenciador – e tão somente ele –, por disposição legal e constitucional, pode e deve decidir sobre as propostas apresentadas nos programas básicos ambientais.

É público e notório que diversos Municípios enfrentam sérias dificuldades financeiras, muitas vezes pouco ou nada sobrando do orçamento anual para investimento em infraestrutura ou programas sociais.

Em razão disso, também não é novidade que muitos Prefeitos vislumbram, na implantação de grandes empreendimentos nos seus municípios, a oportunidade de sanar

---

[63] Art. 27. A concessão da Licença de Instalação – LI é subsidiada pelo Projeto Básico Ambiental – PBA, Plano de Compensação Ambiental e quando couber o PRAD e Inventário Florestal para emissão de autorização de supressão de vegetação.
§ 1º O PBA, o Plano de Compensação Ambiental e o Inventário Florestal deverão ser elaborados em conformidade com os impactos identificados no EIA e com os critérios, metodologias, normas e padrões estabelecidos pelo Ibama, bem como aos fixados nas condicionantes da LP.

[64] ANTUNES, Paulo de Bessa. *Direito ambiental.* 21. ed. São Paulo: Atlas, 2020. p. 180.

problemas ou resolver pendências que, muitas vezes, não guardam nenhum nexo de causalidade com as obras que se pretende executar.

É compreensível a preocupação de um líder político municipal em buscar soluções para os problemas de sua comunidade. O que não é aceitável, porém, é que a solução desses problemas, quando não apresentam nenhuma relação com o empreendimento que se pretende implantar, seja transformada em exigência para a emissão de uma suposta anuência ao licenciamento que não consta em nenhuma norma.

Não existe previsão legal para que um segundo ente federado, no caso, o Município, atue supletivamente ao órgão competente para a condução do processo, concordando ou não com o licenciamento. De igual sorte, não existe razão para que o órgão licenciador abra mão de sua competência legal para delegar a outro ente federado a análise de programas ou medidas exigidas como condicionantes, delegando-lhe a decisão sobre a possibilidade de emitir licenças ou não.

A competência para decidir sobre os aspectos técnicos do licenciamento ambiental é do órgão indicado na Lei Complementar n. 140/11 e não pode estar subordinado às aspirações dos Municípios, pois estes podem confundir obrigações de Estado com medidas destinadas a evitar, mitigar ou compensar impactos ambientais, inviabilizando assim empreendimentos de interesse nacional.

Os órgãos licenciadores não emitem as licenças ambientais sem a declaração de conformidade com a legislação de uso e ocupação do solo, temerosos de ações propostas pelo Ministério Público, deixando muitas vezes os administrados à mercê de exigências absurdas apresentadas pelos municípios.

Por essa razão, muitas licenças ambientais trazem como condicionante a implantação de Programas de Reforço à Infraestrutura e Equipamentos Sociais que não guardam nenhuma relação com os impactos ambientais do empreendimento e não se destinam a evitar, mitigar ou compensá-los.

Entendemos que a Certidão da Prefeitura não possui efeito vinculante, mas a realidade demonstra que é capaz de inviabilizar a emissão das licenças ambientais.

A Resolução CONAMA n. 237/97 é clara ao exigir a anuência do Município:

> Art. 10. O procedimento de licenciamento ambiental obedecerá às seguintes etapas:
> (...)
> § 1º No procedimento de licenciamento ambiental deverá constar, obrigatoriamente, a certidão da Prefeitura Municipal, declarando que o local e o tipo de empreendimento ou atividade estão em conformidade com a legislação aplicável ao uso e ocupação do solo e, quando for o caso, a autorização para supressão de vegetação e a outorga para o uso da água, emitidas pelos órgãos competentes.

Deduz-se, de pronto, que o município deve ter uma legislação própria de uso e ocupação do solo.

No entanto, sabe-se que essa legislação deve se restringir ao perímetro urbano, aplicando-se para a área rural as normas gerais (áreas de preservação permanente, manejo de vegetação, utilização de recursos hídricos etc.).

A Constituição Federal legitima o Município a legislar sobre o ordenamento do uso e ocupação do solo urbano:

> Art. 30. Compete aos Municípios:
> (...)
> VIII – promover, no que couber, adequado ordenamento territorial, mediante planejamento e controle do uso, do parcelamento e da ocupação do solo urbano;
> (...)

Por conseguinte, se o empreendimento não atingir o perímetro urbano, entendemos dispensável a manifestação do Município.

A Instrução Normativa IBAMA n. 184/08, estabeleceu:

> Art. 25. Para a emissão da Licença Prévia, o empreendedor deverá apresentar ao Ibama, quando couber, a Certidão Municipal, a qual declara que o local de instalação do empreendimento está em conformidade com a legislação aplicável ao uso e ocupação do solo ou documento similar.

No entanto, os argumentos de que se valem os municípios para condicionar a emissão do documento que atesta a conformidade do empreendimento com a legislação de uso e ocupação do solo são os mais variados, indo do aumento da população em decorrência das obras até a necessidade de incremento do atendimento à saúde, que representam obrigações do Poder Público e que são, destarte, repassados para o empreendedor.

Entendemos que somente as medidas para evitar, mitigar ou compensar os impactos ambientais devem ser estabelecidas pelo órgão licenciador. Exigências dos municípios de investimentos em programas de reforço da infraestrutura e de equipamentos sociais são obrigações do Poder Público para fazer frente à atração populacional em decorrência das obras e ao próprio crescimento do município.

No entanto, como destacado acima, mesmo não tendo efeito vinculante e, muitas vezes, nenhuma interferência na área urbana do Município, a falta da Certidão do Município paralisa o processo de licenciamento.

8. OS ÓRGÃOS INTERVENIENTES

A manifestação dos órgãos intervenientes é, sem sombras de dúvidas, a parte mais controversa do processo de licenciamento ambiental, principalmente porque geralmente agrega custos elevados aos empreendimentos para solucionar carências que não tem nenhuma conotação ambiental.

A legislação utiliza o termo anuência dos órgãos responsáveis pela proteção de áreas ou recursos específicos – o que nos parece inapropriado, pois passa a impressão de que eles têm poder de decisão sobre o licenciamento. O mais correto seria o uso do termo "manifestação".

A manifestação do órgão gestor de unidades de conservação afetadas pelo empreendimento está prevista na Lei n. 9.985/00, que criou o Sistema Nacional de Unidades de Conservação, tratada em tópico específico.[65]

Além dessa manifestação, no entanto, outras anuências são exigidas no licenciamento ambiental que, embora não sejam vinculantes, nos termos da Lei Complementar n. 140/11, podem retardar ou mesmo inviabilizar a emissão das licenças.[66]

Destarte, no processo de licenciamento ambiental federal, o órgão licenciador deve ouvir a Fundação Nacional do Índio – FUNAI (quando o empreendimento impactar terras indígenas), a Fundação Cultural Palmares – FCP (quando afetar comunidades quilombolas), o Instituto do Patrimônio Histórico e Artístico Nacional – IPHAN (quando afetar bens culturais acautelados) e o Ministério da Saúde (quando localizado em áreas endêmicas de malária), além, evidentemente, do órgão responsável pela gestão das Unidades de Conservação afetadas.

A Portaria Interministerial n. 60, de 24 de março de 2015, dos Ministérios do Meio Ambiente, da Justiça, da Cultura e da Saúde, aos quais os referidos órgãos estão subordinados, define as respectivas atuações na esfera federal quando o IBAMA é competente para o licenciamento.[67]

Inicialmente, essa Portaria Interministerial definiu as hipóteses que obrigam a anuência para o licenciamento, presumindo a interferência (art. 3º, § 2º):

> Art. 3º No início do procedimento de licenciamento ambiental, o IBAMA deverá, na FCA,[68] solicitar informações do empreendedor sobre possíveis intervenções em terra

---

[65] Art. 36. (...)
§ 3º Quando o empreendimento afetar unidade de conservação específica ou sua zona de amortecimento, o licenciamento a que se refere o *caput* deste artigo só poderá ser concedido mediante autorização do órgão responsável por sua administração, e a unidade afetada, mesmo que não pertencente ao Grupo de Proteção Integral, deverá ser uma das beneficiárias da compensação definida neste artigo.

[66] Art. 13. Os empreendimentos e atividades são licenciados ou autorizados, ambientalmente, por um único ente federativo, em conformidade com as atribuições estabelecidas nos termos desta Lei Complementar.
§ 1º Os demais entes federativos interessados podem manifestar-se ao órgão responsável pela licença ou autorização, de maneira não vinculante, respeitados os prazos e procedimentos do licenciamento ambiental.

[67] A Portaria Interministerial n. 60, de 24 de março de 2015, substituiu a Portaria Interministerial n. 419, de 26 de outubro de 2011.

[68] Art 2º (...)
III – FCA – Ficha de Caracterização da Atividade – documento apresentado pelo empreendedor em conformidade com o modelo indicado pelo IBAMA, em que são descritos:
a) os principais elementos que caracterizam a atividade ou o empreendimento;
b) a área de localização da atividade ou empreendimento, com as coordenadas geográficas e o shapefile;
c) a existência de intervenção em terra indígena ou terra quilombola, observados os limites definidos pela legislação;

indígena, em terra quilombola, em bens culturais acautelados e em áreas ou regiões de risco ou endêmicas para malária.
(...)

§ 2º Para fins do disposto no *caput*, presume-se a intervenção:

I – em terra indígena, quando a atividade ou o empreendimento submetido ao licenciamento ambiental localizar-se em terra indígena ou apresentar elementos que possam ocasionar impacto socioambiental direto na terra indígena, respeitados os limites do Anexo I;[69]

II – em terra quilombola, quando a atividade ou o empreendimento submetido ao licenciamento ambiental localizar-se em terra quilombola ou apresentar elementos que possam ocasionar impacto socioambiental direto na terra quilombola, respeitados os limites do Anexo I;

III – quando a área de influência direta da atividade ou o empreendimento submetido ao licenciamento ambiental localizar-se em área onde foi constatada a ocorrência dos bens culturais acautelados referidos no inciso II do *caput* do art. 2º; e

IV – quando a atividade ou o empreendimento localizar-se em municípios pertencentes às áreas de risco ou endêmicas para malária.

§ 3º – Em casos excepcionais, desde que devidamente justificados e em função das especificidades da atividade ou do empreendimento e das peculiaridades locais, os

---

d) a intervenção em bem cultural acautelado, considerada a área de influência direta da atividade ou do empreendimento;

e) a intervenção em unidade de conservação, compreendendo sua respectiva zona de amortecimento;

f) as informações acerca da justificativa da implantação do projeto, de seu porte, da tecnologia empregada, dos principais aspectos ambientais envolvidos e da existência ou não de estudos, dentre outras informações; e

g) a existência de municípios pertencentes às áreas de risco ou endêmicas para malária;
(...)

[69] Anexo I da Portaria Interministerial n. 60/15 – Distância de terras indígenas para presumir a intervenção nelas.

Tipologia	Distância (KM)	
	Amazônia Legal	Demais Regiões
Empreendimentos lineares (exceto rodovias):		
Ferrovias	10 km	5 km
Dutos	5 km	3 km
Linhas de transmissão	8 km	5 km
Rodovias	40 km	10 km
Empreendimentos pontuais (portos, mineração e termoelétricas):	10 km	8 km
Aproveitamentos hidrelétricos (UHEs e PCHs):	40 km* ou reservatório acrescido de 20 km à jusante	15 km* ou reservatório acrescido de 20 km à jusante

* medidos a partir do(s) eixo(s) do(s) barramento(s) e respectivo corpo central do(s) reservatório(s).

limites estabelecidos no Anexo I poderão ser alterados, de comum acordo entre o IBAMA, o órgão ou entidade envolvido e o empreendedor.

A Portaria Interministerial n. 60/15 estabeleceu, em síntese, os seguintes procedimentos para a manifestação dos órgãos intervenientes no licenciamento ambiental federal:

a) O IBAMA, no início do processo de licenciamento, solicita ao empreendedor interessado que declare se a atividade vai interferir em terra indígena, terra quilombola, em bens culturais acautelados, em unidades de conservação ou em áreas ou regiões de risco ou endêmicas para malária (art. 3º).

b) Ocorrendo uma das interferências acima, o IBAMA inclui, no Termo de Referência, as exigências de estudos específicos solicitadas pelo órgão responsável, com o conteúdo estabelecido nos Anexos III-A, III-B, III-C e III-D, da Portaria (art. 4º).

c) No prazo de 15 (quinze) dias, prorrogável por mais 10 (dez) dias em casos excepcionais, os órgãos envolvidos no licenciamento devem se manifestar sobre o Termo de Referência (art. 5º, § 2º).

d) Após a apresentação dos estudos ambientais, os órgãos envolvidos dispõem de um prazo de 90 (noventa) dias, no caso de EIA/RIMA, e de 30 (trinta) dias nos demais casos, para apresentar manifestação conclusiva sobre os impactos e as medidas mitigatórias ou compensatórias propostas (art. 7º), considerando:

> I) no caso da FUNAI, a avaliação dos impactos provocados pela atividade ou pelo empreendimento em terras indígenas e a apreciação da adequação das propostas de medidas de controle e de mitigação decorrentes desses impactos;
>
> II) no caso da FCP, a avaliação dos impactos provocados pela atividade ou pelo empreendimento em terra quilombola e a apreciação da adequação das propostas de medidas de controle e de mitigação decorrentes desses impactos;
>
> III) no que diz respeito ao IPHAN, a avaliação dos impactos provocados pela atividade ou pelo empreendimento nos bens culturais acautelados de que trata esta Portaria e a apreciação da adequação das propostas de medidas de controle e de mitigação decorrentes desses impactos; e
>
> IV) no caso do Ministério da Saúde, a avaliação e a recomendação acerca dos impactos sobre os fatores de risco para a ocorrência de casos de malária, na hipótese de a atividade ou o empreendimento localizar-se em áreas de risco ou endêmicas para malária.

É importante observar que os órgãos envolvidos não são órgãos de licenciamento ambiental, pois, ao contrário do que consta da Instrução Normativa n. 1, de 9 de janeiro de 2012, da Fundação Nacional do Índio – FUNAI,[70] nenhum deles é integrante do Sistema Nacional do Meio Ambiente – SISNAMA, criado pela Lei n. 6.938/81.

---
[70] Considerando que a Fundação Nacional do Índio – FUNAI deve ser enquadrada como órgão setorial, integrante do SISNAMA, de acordo com inciso III, do artigo 6º, da Lei n. 6.938/81, pois é órgão da Administração total ou parcialmente associada às atividades de preservação da qualidade ambiental ou de disciplinamento do uso de recursos naturais (Instrução Normativa n. 1/12 da FUNAI).

Essa Instrução Normativa n. 1/12 foi publicada pela FUNAI para estabelecer normas sobre a participação do órgão indigenista no processo de licenciamento, mas, equivocadamente, extrapola e conflita com a Portaria Interministerial n. 60/15, por estabelecer um licenciamento ambiental paralelo, o que é vedado pelo art. 13, *caput* e § 1º da Lei Complementar n. 140/11.

A Portaria Interministerial não incluiu o Instituto Chico Mendes de Conservação da Biodiversidade – ICMBio entre os órgãos intervenientes porque a Lei n. 9.985/00 já estabelece a necessidade de anuência desse órgão.[71]

O ICMBio regulamentou, através da Instrução Normativa n. 5, de 2 de setembro de 2009, a anuência para realização de obras ou atividades que afetem unidades de conservação federais, e na Instrução Normativa n. 10, de 5 de dezembro de 2014, estabeleceu os procedimentos administrativos para a celebração dos termos de compromisso para o cumprimento da obrigação de compensação ambiental de que trata o art. 36 da Lei n. 9.985/00.[72]

Com respeito à manifestação dos órgãos interessados (na definição do art. 13, § 1º, Lei Complementar n. 140/11) ou envolvidos (na definição do art. 1º, VI, da Portaria Interministerial n. 60/15), deve-se observar que a Portaria repete várias vezes que as manifestações devem ser conclusivas.

Nesse pormenor, reside um dos principais motivos da judicialização das licenças emitidas, pois, muitas vezes, as análises técnicas são vagas ou meramente opinativas e carecem da manifestação conclusiva dos dirigentes dos respectivos órgãos, ensejando o questionamento judicial por parte do Ministério Público.

A Portaria Interministerial n. 60/15 estabelece os prazos para a manifestação dos órgãos intervenientes.

Sobre o Termo de Referência, os órgãos devem se manifestar em 15 (quinze) dias, sugerindo a inclusão de conteúdos ou abordagens específicas nos estudos ambientais:

> Art. 5º A participação dos órgãos e entidades envolvidos no licenciamento ambiental, para a definição do conteúdo do TR de que trata o art. 4º, ocorrerá a partir dos TREs constantes do Anexo II.
>
> § 1º O Ibama encaminhará para a direção do setor responsável pelo licenciamento ambiental do órgão ou entidade envolvido, no prazo de até dez dias consecutivos, contado da data do requerimento de licenciamento ambiental, a solicitação de manifestação e disponibilizará a FCA em seu sítio eletrônico.
>
> § 2º Os órgãos e entidades envolvidos deverão manifestar-se ao Ibama no prazo de quinze dias consecutivos, contado da data do recebimento da solicitação de manifestação.

---

[71] O Instituto Chico Mendes de Conservação da Biodiversidade – ICMBio é uma autarquia vinculada ao Ministério do Meio Ambiente, criada pela Lei n. 11.516, de 28 de agosto de 2007, responsável pelo Sistema Nacional de Unidades de Conservação federais, até então de responsabilidade da Diretoria de Ecossistemas – DIREC, do IBAMA.

[72] Disponíveis na íntegra no *site*: http://www.icmbio.gov.br/portal/legislacao1/instrucoes-normativas.

§ 3º Em casos excepcionais e mediante requerimento justificado do órgão ou entidade, o Ibama poderá prorrogar em até dez dias o prazo para a entrega da manifestação.

Após o recebimento dos estudos ambientais pelo IBAMA, estes são encaminhados aos órgãos intervenientes para manifestação conclusiva, ainda de acordo com a Portaria Interministerial.

Nesta fase, os órgãos sugerem a inclusão de programas específicos para evitar ou compensar eventuais impactos adversos, que podem ser transformados em condicionantes da licença:

> Art. 7º Os órgãos e entidades envolvidos no licenciamento ambiental deverão apresentar ao IBAMA manifestação conclusiva sobre o estudo ambiental exigido para o licenciamento, nos prazos de até noventa dias, no caso de EIA/RIMA, e de até trinta dias, nos demais casos, contado da data de recebimento da solicitação, considerando:
>
> (...)
>
> § 11. A manifestação dos órgãos e entidades deverá ser conclusiva, apontar a existência de eventuais óbices ao prosseguimento do processo de licenciamento e indicar as medidas ou condicionantes consideradas necessárias para superá-los.
>
> § 12. As condicionantes e medidas indicadas na manifestação dos órgãos e entidades deverão guardar relação direta com os impactos identificados nos estudos apresentados pelo empreendedor, decorrentes da implantação da atividade ou empreendimento, e deverão ser acompanhadas de justificativa técnica.

É importante observar que o § 12 desse artigo exige que as condicionantes sugeridas pelos órgãos intervenientes guardem relação direta com os impactos identificados pelos estudos.

Vale dizer, problemas ou carências alheias ao empreendimento que está sendo licenciado não podem ser corrigidos por meio da imposição de condicionantes na licença ambiental.[73]

---

[73] Art. 16. As solicitações ou exigências indicadas nas manifestações dos órgãos e entidades envolvidos, nos estudos, planos, programas e condicionantes, deverão guardar relação direta com os impactos identificados nos estudos desenvolvidos para o licenciamento da atividade ou do empreendimento, devendo ser acompanhadas de justificativa técnica.

§ 1º O Ibama, na qualidade de autoridade licenciadora, conforme disposto no art. 13 da Lei n. 11.516, de 28 de agosto de 2007, realizará avaliação de conformidade das exigências apontadas no *caput* e os impactos da atividade ou do empreendimento objeto de licenciamento, e deverão ser incluídas nos documentos e licenças pertinentes do licenciamento somente aquelas que guardem relação direta com os impactos decorrentes da atividade ou empreendimento.

§ 2º Caso o Ibama entenda que as exigências indicadas nas manifestações referidas no *caput* não guardam relação direta com os impactos decorrentes da atividade ou do empreendimento, comunicará à direção máxima do órgão ou entidade envolvido para que esta justifique ou reconsidere sua manifestação no prazo de cinco dias consecutivos.

§ 3º Findo o prazo referido no § 2º, com ou sem recebimento da justificativa, o Ibama avaliará e decidirá motivadamente.

Infelizmente, muitas vezes não é isso que ocorre.

Tomemos por exemplo a construção ou duplicação de uma rodovia que passa ao largo das ruínas de um casario, igreja ou aqueduto acautelado, sem interferir com o conjunto arquitetônico nem causar nenhum impacto que afete seus atributos históricos ou culturais.

Trata-se de pedido completamente desarrazoado, como medida compensatória para a anuência, a construção de acessos ou de mirantes para apreciar esse bem protegido.

Não termina aí, no entanto, a participação desses órgãos.

Emitida a Licença Prévia – LP, que atesta a viabilidade ambiental do empreendimento e estabelece as condicionantes que devem ser cumpridas para o efetivo início das atividades, os órgãos se manifestam novamente, antes da emissão da Licença de Instalação – LI e da Licença de Operação – LO, para atestar se essas obrigações foram cumpridas.

> Art. 8º No período que antecede a emissão das licenças de instalação e operação, o Ibama solicitará, no prazo de até quinze dias consecutivos, contado da data de recebimento do documento pertinente, manifestação dos órgãos e entidades envolvidos quanto ao cumprimento das medidas ou condicionantes das licenças expedidas anteriormente e quanto aos planos e programas pertinentes à fase do licenciamento em curso.
> § 1º O prazo para manifestação dos órgãos e entidades envolvidos será de, no máximo, sessenta dias, contado da data de recebimento da solicitação do Ibama.
> (...)

Deve-se atentar para essa anuência dos órgãos envolvidos não se transformar num licenciamento complementar.

A propósito, a Lei Complementar n. 140/11, ao fixar a competência para o licenciamento ambiental e estabelecer diretrizes para o exercício do poder de polícia administrativa, buscou harmonizar a atuação dos órgãos públicos em busca de maior segurança jurídica para afastar os constantes conflitos entre os diferentes órgãos ou níveis de poder.

Para evitar a duplicidade de atuação nos casos em que as atividades estão sujeitas à anuência do Estado, a nova ordem foi precisa em limitar o licenciamento ambiental a uma única instância, sem descurar, no entanto, de resguardar o direito dos demais órgãos interessados de se manifestar, repetimos, de maneira não vinculante, respeitados os prazos e procedimentos do licenciamento ambiental:

> Art. 13. Os empreendimentos e atividades são licenciados ou autorizados, ambientalmente, por um único ente federativo, em conformidade com as atribuições estabelecidas nos termos desta Lei Complementar.
> § 1º Os demais entes federativos interessados podem manifestar-se ao órgão responsável pela licença ou autorização, de maneira não vinculante, respeitados os prazos e procedimentos do licenciamento ambiental.

A Lei Complementar definiu e fixou também as hipóteses de atuação supletiva e atuação subsidiária dos entes federativos, delimitando a intervenção de um órgão na atividade de outro:

> Art. 2º Para os fins desta Lei Complementar, consideram-se:
> (...)
> II – atuação supletiva: ação do ente da Federação que se substitui ao ente federativo originariamente detentor das atribuições, nas hipóteses definidas nesta Lei Complementar;
> III – atuação subsidiária: ação do ente da Federação que visa a auxiliar no desempenho das atribuições decorrentes das competências comuns, quando solicitado pelo ente federativo originariamente detentor das atribuições definidas nesta Lei Complementar.

A atuação supletiva está prevista para os casos em que determinado nível de Poder não dispõe de órgão ambiental capacitado e a atuação subsidiária pode ocorrer por meio de cooperação solicitada pelo ente originalmente detentor da atribuição (arts. 15 e 16 da Lei Complementar n. 140/11).

Qualquer interferência no processo de licenciamento ambiental por órgão diferente do detentor da competência, além das hipóteses de atuação supletiva ou subsidiária, previstas nos arts. 15 e 16 da Lei Complementar n. 140/11, é indevida e ilegal, ferindo os princípios e postulados do Direito Público, especialmente aqueles que impõem à Administração parâmetros morais e técnicos de comportamento, sejam ligados à legalidade/justiça, seja à segurança jurídica.[74]

E qualquer exigência, por parte dos órgãos interessados, que não guarde relação direta com impactos ambientais decorrentes da atividade licenciada, é indevida e ilegal.

9. MANIFESTAÇÃO DA FUNDAÇÃO NACIONAL DO ÍNDIO – FUNAI

A Fundação Nacional do Índio – FUNAI é o órgão responsável pela execução da política indigenista do Brasil.

Vinculada ao Ministério da Justiça, a FUNAI foi criada pela Lei n. 5.371/67, com a finalidade institucional de proteger e promover os direitos dos povos indígenas, promover estudos de identificação e delimitação, demarcação, regularização fundiária e registro das terras tradicionalmente ocupadas pelos povos indígenas.

Sem nenhuma dúvida, os direitos dos povos indígenas são pontos nevrálgicos no licenciamento de obras de grande porte, principalmente na Amazônia, pois a Consti-

---

[74] O Direito é, por excelência, acima de tudo, instrumento de segurança. Ele é que assegura a governantes e governados os recíprocos direitos e deveres, tornando viável a vida social. Quanto mais segura a sociedade, tanto mais civilizada. Seguras são as pessoas que têm certeza de que o Direito é objetivamente um e que os comportamentos do Estado ou dos demais cidadãos dele não discreparão (ATALIBA, Geraldo. *República e Constituição*. 2. ed. São Paulo: Malheiros, 1998, p. 184).

tuição Federal assegura a eles os direitos de manter seus usos e costumes e o direito de posse das terras que tradicionalmente ocupam.[75]

Por conseguinte, todo e qualquer obra ou empreendimento que possa causar impacto sobre as terras indígenas ou os hábitos culturais dos povos que nelas habitam é polêmica e pode resultar em discussão judicial.

Diga-se de passagem, em 21 de setembro de 2023, o Supremo Tribunal Federal rejeitou a tese do marco temporal para a demarcação de terras indígenas.

Por 9 votos a 2, o Plenário decidiu que a data da promulgação da Constituição Federal (5-10-1988) não pode ser utilizada para definir a ocupação tradicional da terra por essas comunidades.

A decisão foi tomada no julgamento do Recurso Extraordinário (RE) 1.017.365, com repercussão geral (Tema 1.031).

O Plenário fixou a tese que servirá de parâmetro para a resolução de, pelo menos, 226 casos semelhantes que estão suspensos à espera dessa definição.

O julgamento começou em agosto de 2021 e é um dos maiores da história da Corte.

Ele se estendeu por 11 sessões, as seis primeiras por videoconferência, e duas foram dedicadas exclusivamente a 38 manifestações das partes do processo, de terceiros interessados, do Advogado-Geral da União e do Procurador-Geral da República.

---

[75] Art. 231. São reconhecidos aos índios sua organização social, costumes, línguas, crenças e tradições, e os direitos originários sobre as terras que tradicionalmente ocupam, competindo à União demarcá-las, proteger e fazer respeitar todos os seus bens.

§ 1º São terras tradicionalmente ocupadas pelos índios as por eles habitadas em caráter permanente, as utilizadas para suas atividades produtivas, as imprescindíveis à preservação dos recursos ambientais necessários a seu bem-estar e as necessárias a sua reprodução física e cultural, segundo seus usos, costumes e tradições.

§ 2º As terras tradicionalmente ocupadas pelos índios destinam-se a sua posse permanente, cabendo-lhes o usufruto exclusivo das riquezas do solo, dos rios e dos lagos nelas existentes.

§ 3º O aproveitamento dos recursos hídricos, incluídos os potenciais energéticos, a pesquisa e a lavra das riquezas minerais em terras indígenas só podem ser efetivados com autorização do Congresso Nacional, ouvidas as comunidades afetadas, ficando-lhes assegurada participação nos resultados da lavra, na forma da lei.

§ 4º As terras de que trata este artigo são inalienáveis e indisponíveis, e os direitos sobre elas, imprescritíveis.

§ 5º É vedada a remoção dos grupos indígenas de suas terras, salvo, *ad referendum* do Congresso Nacional, em caso de catástrofe ou epidemia que ponha em risco sua população, ou no interesse da soberania do País, após deliberação do Congresso Nacional, garantido, em qualquer hipótese, o retorno imediato logo que cesse o risco.

§ 6º São nulos e extintos, não produzindo efeitos jurídicos, os atos que tenham por objeto a ocupação, o domínio e a posse das terras a que se refere este artigo, ou a exploração das riquezas naturais do solo, dos rios e dos lagos nelas existentes, ressalvado relevante interesse público da União, segundo o que dispuser lei complementar, não gerando a nulidade e a extinção direito a indenização ou a ações contra a União, salvo, na forma da lei, quanto às benfeitorias derivadas da ocupação de boa-fé.

§ 7º Não se aplica às terras indígenas o disposto no Art. 174, §§ 3º e 4º.

O Brasil tem uma extensão territorial de 8.511.965 km², ou seja, 851.196.500 hectares.

As terras indígenas totalizam 693 áreas, ocupando uma extensão total de 113.190.570 hectares (1.131.906 km²).

Assim, 13,3% das terras do país são reservadas aos povos indígenas, embora seus integrantes representem menos de 0,5% da população brasileira.

Nessa área, superior à de numerosos países, vivem menos de 900 mil índios, de diversas etnias. Segundo o IBGE, a população indígena no Censo de 2010 somava 893.064 habitantes, das quais somente 516.015 residiam em terras indígenas e 377.049 viviam fora dessas áreas reservadas.[76]

Tínhamos, portanto, por ocasião do censo, uma média nacional de 126 hectares de terras destinados a cada indígena, considerando aqueles que vivem em aldeias e os que vivem fora das terras indígenas, geralmente na periferia das cidades.

O mesmo Censo de 2010 indicou a totalidade da população brasileira em 190.732.694 habitantes, número que já ultrapassara os duzentos milhões, segundo o próprio órgão oficial na Resolução n. 10, de 28 de agosto de 2013, publicada no Diário Oficial da União em 29-8-2013, que apontou uma população de 201.032.714 pessoas em 1º de julho de 2013.

Portanto, nos 113.190.570 hectares de terras indígenas viviam efetivamente 516.015 pessoas, em 2010.

Nos outros 86,7% do território brasileiro, considerando os dados do Censo de 2010, viviam 190.216.679 de pessoas.

A FUNAI, criada pela Lei n. 5.371/67, tem como finalidade garantir o cumprimento da política indigenista baseada nos princípios de garantia à posse permanente das terras que habitam e ao usufruto exclusivo dos recursos naturais e de todas as utilidades nela existentes (art. 1º, I, b) e o resguardo à aculturação espontânea do indígena, de forma a que sua evolução socioeconômica se processe a salvo de mudanças bruscas (art. 1º, I, d).[77]

O processo de demarcação de terras indígenas no Brasil, principalmente no que se refere à sua extensão, é muito controversa.

Ives Gandra da Silva Martins tratou da finalidade dessas áreas:

> Estou convencido de que não foi intenção do constituinte criar um "museu vivo de índios", habitando eternamente em condições primitivas. Afinal, são seres humanos,

---

[76] Disponível em: ftp://ftp.ibge.gov.br/Censos/Censo_Demografico_2010/Caracteristicas_Gerais_dos_Indigenas/pdf/Publicacao_completa.pdf.

[77] A FUNAI sucedeu e assumiu as funções do Serviço de Proteção ao Índio – SPI, criado pelo Decreto-Lei n. 8.072, de 20 de junho de 1910, o primeiro órgão do Governo Federal encarregado de executar a política indigenista.

iguais a nós, com os mesmos direitos! Não podem as reservas indígenas ter o mesmo tratamento de preservação dos parques nacionais da África, em que os animais são mantidos segregados[78].

Os direitos dos povos indígenas são garantidos pela Constituição Federal:

> Art. 231. São reconhecidos aos índios sua organização social, costumes, línguas, crenças e tradições, e os direitos originários sobre as terras que tradicionalmente ocupam, competindo à União demarcá-las, proteger e fazer respeitar todos os seus bens.
>
> § 1º São terras tradicionalmente ocupadas pelos índios as por eles habitadas em caráter permanente, as utilizadas para suas atividades produtivas, as imprescindíveis à preservação dos recursos ambientais necessários a seu bem-estar e as necessárias a sua reprodução física e cultural, segundo seus usos, costumes e tradições.
>
> § 2º As terras tradicionalmente ocupadas pelos índios destinam-se a sua posse permanente, cabendo-lhes o usufruto exclusivo das riquezas do solo, dos rios e dos lagos nelas *existentes*.
>
> (...)

Nesse sentido valemo-nos do Julgamento do Supremo Tribunal Federal na Petição 3.388-RR, Relator Ministro Luís Roberto Barroso, que apreciou embargos de declaração sobre o Acórdão do Tribunal Pleno que julgou ação popular sobre a validade da Portaria n. 534, de 13-4-2005, do Ministério da Justiça, e o Decreto de 15-4-2005, o qual homologou a demarcação da Terra Indígena Raposa Serra do Sol.

O Acórdão do Tribunal Pleno trazia na Ementa importantes definições sobre a ocupação tradicional, citadas no art. 231 e parágrafos da Constituição Federal como condição para assegurar os direitos dos indígenas:

> 11.1. O marco temporal de ocupação. A Constituição Federal trabalhou com data certa – a data da promulgação dela própria (5 de outubro de 1988) – como insubstituível referencial para o dado da ocupação de um determinado espaço geográfico por essa ou aquela etnia aborígene; ou seja, para o reconhecimento, aos índios, dos direitos originários sobre as terras que tradicionalmente ocupam.
>
> 11.2. O marco da tradicionalidade da ocupação. É preciso que esse estar coletivamente situado em certo espaço fundiário também ostente o caráter da perdurabilidade, no sentido anímico e psíquico de continuidade etnográfica. A tradicionalidade da posse nativa, no entanto, não se perde onde, ao tempo da promulgação da Lei Maior de 1988, a reocupação apenas não ocorreu por efeito de renitente esbulho por parte de não-índios.

De acordo com essa decisão do Pleno do Supremo Tribunal Federal, somente as terras ocupadas pelos índios na data da promulgação da Constituição Federal (5 de outubro de 1988) garantem o reconhecimento dos direitos originários, excetuando-se os casos em que essa ocupação tenha sido esbulhada por não-índios.

---

[78] MARTINS, Ives Gandra da Silva. Latifúndios Indígenas e o MST, *Diário do Comércio*, 28 abril 2014, p. 3.

Embora o julgamento não tenha efeito vinculante, esse entendimento do marco temporal para o estabelecimento da tradicionalidade da ocupação indígena para garantir os direitos constitucionais dos indígenas vem sendo seguido pelo Supremo Tribunal Federal.[79]

Às discussões sobre a definição de ocupação tradicional das terras, a Lei n. 6.001/73, o Estatuto do Índio, junta outra definição polêmica, a de *índios isolados*.

De acordo com a Lei n. 6.001/73, são índios isolados:

> Art. 4º Os índios são considerados:
> I – Isolados – Quando vivem em grupos desconhecidos ou de que se possuem poucos e vagos informes através de contatos eventuais com elementos da comunhão nacional;
> (...)

É evidente que se os grupos são desconhecidos ou se a seu respeito existem poucos e vagos informes, é praticamente impossível concluir desde quando ocupam determinada área em caráter permanente e qual a extensão ocupada. Nesse caso, busca-se suprir essa falta de informação com a exigência de realização de estudos e de expedições para confirmar a existência desses índios isolados.

Atenta contra a lógica e o bom senso paralisar por tempo indeterminado um empreendimento, muitas vezes de importância estratégica para todo o país, en-

---

[79] RMS 29087-DF, Relator Ricardo Lewandowski:
DEMARCAÇÃO DE TERRAS INDÍGENAS. O MARCO REFERENCIAL DA OCUPAÇÃO É A PROMULGAÇÃO DA CONSTITUIÇÃO FEDERAL DE 1988. NECESSIDADE DE OBSERVÂNCIA DAS SALVAGUARDAS INSTITUCIONAIS. PRECEDENTES. 1. A configuração de terras tradicionalmente ocupadas pelos índios, nos termos do art. 231, § 1º, da Constituição Federal, já foi pacificada pelo Supremo Tribunal Federal, com a edição da Súmula 650, que dispõe: os incisos I e XI do art. 20 da Constituição Federal não alcançam terras de aldeamentos extintos, ainda que ocupadas por indígenas em passado remoto. 2. A data da promulgação da Constituição Federal (5.10.1988) é referencial insubstituível do marco temporal para verificação da existência da comunidade indígena, bem como da efetiva e formal ocupação fundiária pelos índios (RE 219.983, DJ 17-9-1999; Pet. 3.388, DJe 24-9-2009). 3. Processo demarcatório de terras indígenas deve observar as salvaguardas institucionais definidas pelo Supremo Tribunal Federal na Pet 3.388 (Raposa Serra do Sol). 4. No caso, laudo da FUNAI indica que, há mais de setenta anos, não existe comunidade indígena e, portanto, posse indígena na área contestada. Na hipótese de a União entender ser conveniente a desapropriação das terras em questão, deverá seguir procedimento específico, com o pagamento de justa e prévia indenização ao seu legítimo proprietário. 5. Recurso ordinário provido para conceder a segurança.
ARE-AgR 803462, Relator Teori Zavascki:
Ementa: CONSTITUCIONAL E ADMINISTRATIVO. TERRA INDÍGENA "LIMÃO VERDE". ÁREA TRADICIONALMENTE OCUPADA PELOS ÍNDIOS (ART. 231, § 1º, DA CONSTITUIÇÃO FEDERAL). MARCO TEMPORAL. PROMULGAÇÃO DA CONSTITUIÇÃO FEDERAL. NÃO CUMPRIMENTO. RENITENTE ESBULHO PERPETRADO POR NÃO ÍNDIOS: NÃO CONFIGURAÇÃO. 1. O Plenário do Supremo Tribunal Federal, no julgamento da Pet 3.388, Rel. Min. CARLOS BRITTO, DJe de 1º-7-2010, estabeleceu como marco temporal de ocupação da terra pelos índios, para efeito de reconhecimento como terra indígena, a data da promulgação da Constituição, em 5 de outubro de 1988. 2. Conforme entendimento consubstanciado na Súmula 650/STF, o conceito de "terras tradicionalmente ocupadas pelos índios" não abrange aquelas que eram possuídas pelos nativos no passado remoto. Precedente: RMS 29.087, Rel. p/ acórdão Min. GILMAR MENDES, Segunda Turma, DJe de 14-10-2014. 3. Renitente esbulho não pode ser confundido com ocupação passada ou com desocupação forçada, ocorrida no passado. Há de haver, para configuração de esbulho, situação de efetivo conflito possessório que, mesmo iniciado no passado, ainda persista até o marco demarcatório temporal atual (vale dizer, a data da promulgação da Constituição de 1988), conflito que se materializa por circunstâncias de fato ou, pelo menos, por uma controvérsia possessória judicializada. 4. Agravo regimental a que se dá provimento.

quanto se realizam demoradas expedições em busca de indícios concretos da existência de índios isolados.

Como consequência da falta de estrutura e da carência de recursos financeiros e humanos da FUNAI e, também, pelas vastas áreas ainda inexploradas na Amazônia que podem abrigar grupos de índios isolados, muitas vezes a manifestação do órgão indigenista sobre a existência desses povos é vaga e inconclusiva, resultando não só em demora da emissão das licenças como em questionamentos sobre a sua higidez.

No caso da ADPF 760, em que entidades da sociedade civil pedem que o Supremo Tribunal Federal determine a retomada do cumprimento de metas estabelecidas pela legislação nacional e acordos internacionais assumidos pelo Brasil sobre mudanças climáticas, um dos argumentos dos autores é que, apesar do aumento de 34% nas taxas de desmatamento em 2019 e de estimados outros 34% em 2020, verifica-se queda no número de autuações nesse período.

Segundo a ação, em 2019, o IBAMA autuou 31% menos do que em 2018. Em 2020, a queda é ainda maior, de 43%. Diante da proliferação da ilegalidade ambiental na Amazônia, sustentam que incumbiria à União atuar de maneira efetiva, com a ampliação das ações de poder de polícia ambiental. Outros pontos questionados são a inexecução do orçamento disponível e o congelamento do financiamento da política pública.

Os autores também alegam que há um esforço da União para inviabilizar a atuação do IBAMA, do ICMBio e da FUNAI, por meio da fragilização orçamentária, da execução do orçamento disponível muito abaixo do que praticam historicamente e do déficit significativo de servidores.

Por fim, requerem a redução efetiva dos índices de desmatamento na Amazônia Legal e em terras indígenas e unidades de conservação, conforme dados oficiais disponibilizados pelo Instituto Nacional de Pesquisas Espaciais (INPE), entre outros pontos.[80]

Outro motivo de constantes controvérsias e, muitas vezes, questionamentos judiciais das licenças emitidas diz respeito à manifestação dos povos indígenas no processo de licenciamento.

O Decreto n. 7.747/12 instituiu a Política Nacional de Gestão Territorial e Ambiental de Terras Indígenas – PNGATI, com o objetivo de garantir e promover a proteção, a recuperação, a conservação e o uso sustentável dos recursos naturais das terras e territórios indígenas, assegurando a integridade do patrimônio indígena, a melhoria da qualidade de vida e as condições plenas de reprodução física e cultural das atuais e futuras gerações dos povos indígenas, respeitando sua autonomia sociocultural.

---

[80] SARLET, Ingo Wolfgang; FENSTERSEIFER, Tiago. *Curso de direito ambiental*. 3. ed. Rio de Janeiro: Forense, 2022, p. 921.

O art. 3º do Decreto prevê a garantia da consulta aos povos indígenas, nos termos da Convenção n. 169 da Organização Internacional do Trabalho – OIT, promulgada pelo Decreto n. 5.051, de 19 de abril da 2004. Seu art. 4º estabelece a obrigatoriedade de consulta aos povos indígenas no processo de licenciamento ambiental.[81]

Esta oitiva das comunidades indígenas no processo de licenciamento restringe-se, como fica perfeitamente claro no art. 4º, aos casos de atividades e empreendimentos que afetam diretamente os povos e as terras indígenas.

A manifestação, no entanto, não tem efeito vinculante, nos termos do art. 13, § 1º da Lei Complementar n. 140/11 e possui a mesma conotação e eficácia jurídica das audiências públicas de que trata a Resolução CONAMA n. 9/87.[82]

Nesse sentido é importante observar que em muitas ações judiciais se têm deferido pedido de tradução dos estudos ambientais para a linguagem nativa dos indígenas, para facilitar sua compreensão.

Além disso, é dispensável registrar que nessas reuniões com os povos indígenas é indispensável a presença da FUNAI.

10. MANIFESTAÇÃO DO INSTITUTO DO PATRIMÔNIO HISTÓRICO E CULTURAL – IPHAN

O Instituto Brasileiro do Patrimônio Cultural – IPHAN sucedeu a Secretaria do Patrimônio Histórico e Artístico Nacional – SPHAN, criada em 13 de janeiro de 1937, por meio da Lei n. 378,[83] com as competências estabelecidas pelo Decreto-Lei n. 25/37.

---

[81] Art. 3º São diretrizes da PNGATI:
(...)
XI – garantia do direito à consulta dos povos indígenas, nos termos da Convenção n. 169 da Organização Internacional do Trabalho – OIT, promulgada pelo Decreto n. 5.051, de 19 de abril de 2004.
Art. 4º Os objetivos específicos da PNGATI, estruturados em eixos, são:
(...)
f) realizar consulta aos povos indígenas no processo de licenciamento ambiental de atividades e empreendimentos que afetem diretamente povos e terras indígenas, nos termos de ato conjunto dos Ministérios da Justiça e do Meio Ambiente;
(...)

[82] Art. 1º A Audiência Pública referida na Resolução CONAMA n. 1/86, tem por finalidade expor aos interessados o conteúdo do produto em análise e do seu referido RIMA, dirimindo dúvidas e recolhendo dos presentes as críticas e sugestões a respeito.

[83] Art. 46. Fica criado o Serviço do Patrimônio Histórico e Artístico Nacional, com a finalidade de promover, em todo o País e de modo permanente, o tombamento, a conservação, o enriquecimento e o conhecimento do patrimônio histórico e artístico nacional.

A Lei n. 8.113/90 atribuiu ao Instituto a natureza de Autarquia, vinculada ao Ministério da Cultura.

Atualmente, o IPHAN conta com 27 Superintendências (uma em cada Unidade Federativa); 27 Escritórios Técnicos, a maioria deles localizados em cidades que são conjuntos urbanos tombados, as chamadas Cidades Históricas; e, ainda, cinco Unidades Especiais, sendo quatro delas no Rio de Janeiro: Centro Lucio Costa, Sítio Roberto Burle Marx, Paço Imperial e Centro Nacional do Folclore e Cultura Popular; e uma em Brasília, o Centro Nacional de Arqueologia.

Nos termos do art. 13 da Lei Complementar n. 140/11, o IPHAN é um ente interessado no licenciamento ambiental quando a atividade afetar bens: I – tombados, nos termos do Decreto-Lei n. 25, de 30 de novembro de 1937; II – arqueológicos, protegidos conforme o disposto na Lei n. 3.924, de 26 de Julho de 1961; III – registrados, nos termos do Decreto n. 3.551, de 4 de agosto de 2000; e IV – valorados, nos termos da Lei n. 11.483, de 31 de maio de 2007. A relação de bens tombados e dos processos de tombamento em andamento pode ser consultada no site do IPHAN.[84]

A Instrução Normativa n. 1 do Instituto, de 25 de março de 2015, estabelece os procedimentos para atender à Portaria Interministerial n. 60, de 24 de março de 2015, que trata dos órgãos intervenientes no processo de licenciamento ambiental.[85]

Essa norma, em seu Anexo I, classifica os empreendimentos em quatro níveis, conforme sua caracterização e estabelece os procedimentos exigidos para cada caso e, no Anexo II, elenca 157 tipos de atividades e sua distribuição nos citados níveis.

Em síntese, a normativa do IPHAN estabelece a seguinte rotina de participação no processo de licenciamento:

a) Recebe a comunicação da abertura de processo de licenciamento e a Ficha de Caracterização da Atividade – FCA ou equivalente, conforme o órgão licenciador (art. 3º), ou solicita, por ofício, a participação no processo caso não ocorra a comunicação citada e seja constatada a existência de bens protegidos na área do empreendimento (art. 8º);

b) No prazo máximo de 15 (quinze) dias o IPHAN elabora o Termo de Referência Específico – TER, com as exigências, estudos ou medidas destinadas à proteção dos bens culturais acautelados que lhe compete proteger, encaminhando-o ao órgão licenciador (art. 10);

c) Após a apresentação dos estudos contendo as exigências incluídas pelo IPHAN no Termo de Referência, este se manifesta conclusivamente no prazo de 30 (trinta)

---

[84] Disponível em: http://portal.iphan.gov.br/uploads/ckfinder/arquivos/Lista%20Bens%20Tombados%20Dez%202015.pdf.

[85] Disponível na íntegra em: http://portal.iphan.gov.br/uploads/ckfinder/arquivos/Instrucao_normativa_01_2015.pdf.

dias, por meio do Relatório de Avaliação de Impacto aos Bens Culturais Tombados, Valorados e Registrados (art. 27).

Note-se que esta Instrução Normativa n. 1/15 prevê a manifestação do IPHAN nos processos de licenciamento ambiental federal, estadual ou municipal em razão da existência de bens culturais na Área de Influência Direta – AID, isto é, a área que recebe os impactos diretos da implantação e operação dos empreendimentos.

Ocorre que o art. 6º da Resolução CONAMA n. 1/86, que estabelece as diretrizes para o Estudo de Impacto Ambiental e respectivo Relatório (EIA/RIMA) e indica os estudos mínimos que estes devem conter, determina que o diagnóstico ambiental da área de influência contemple o meio físico, o meio biológico e o meio socioeconômico.

Assim, uma área pode ser diretamente afetada por impactos que não guardam nenhuma relação com bens culturais, como os impactos sobre a socioeconomia, que podem ampliar a delimitação da AID, no estudo de impacto ambiental, para além dos espaços efetivamente ocupados pelo empreendimento na sua implantação e operação sem, no entanto, implicar em prejuízos para bens protegidos.

Por último, a normativa do IPHAN estabelece que a manifestação conclusiva poderá: (I) recomendar o prosseguimento do processo de licenciamento sob o aspecto dos bens acautelados ou (II) apontar a existência de eventuais óbices ao prosseguimento do processo de licenciamento, sob aspecto dos bens acautelados em âmbito federal, indicando, quando viável, as medidas ou condicionantes consideradas necessárias para superá-los (art. 37).

Portanto, muito coerentemente a Instrução Normativa do IPHAN deixa claro que a manifestação do órgão não tem o poder de paralisar o processo de licenciamento ou de vetar a emissão das licenças, mas, sim, de estabelecer condicionantes na sua emissão.

Trata-se de manifestação não vinculante, nos termos da Lei Complementar n. 140/11, ao contrário do que estabelece equivocadamente a Instrução Normativa n. 1/12 da FUNAI, que prevê um inexistente poder de decisão do órgão sobre a emissão da licença.[86]

---

[86] Art. 16. Após a aceitação dos estudos do componente indígena, a CGGAM/DPDS analisará o seu mérito através de parecer técnico, considerando:
a) o cumprimento do Termo de Referência;
b) a interpretação da matriz de impactos considerando a eficácia das medidas propostas;
c) a relação de causa-efeito do empreendimento nas comunidades e pertinência das ações propostas para mitigar e compensar os impactos identificados;
d) se os impactos apontados possuem medidas condizentes para mitigação ou compensação;
e) a viabilidade do empreendimento, do ponto de vista do componente indígena.
(...)
Art. 18. Ouvidas as comunidades indígenas, a FUNAI manifestar-se-á, conclusivamente, sobre a concessão da licença prévia, por meio de ofício dirigido ao órgão licenciador competente instruído com o parecer técnico da análise prevista no artigo 15 da presente instrução normativa.

11. MANIFESTAÇÃO DA FUNDAÇÃO CULTURAL PALMARES – FCP

A Lei n. 7.668/88 autorizou o Poder Executivo a constituir a Fundação Cultural Palmares – FCP, com a finalidade de promover a preservação dos valores culturais, sociais e econômicos decorrentes da influência negra na formação da sociedade brasileira.

A Constituição Federal, no Ato das Disposições Constitucionais Transitórias, reconhece a propriedade definitiva das terras ocupadas por remanescentes das comunidades dos quilombos:

> Art. 68. Aos remanescentes das comunidades dos quilombos que estejam ocupando suas terras é reconhecida a propriedade definitiva, devendo o Estado emitir-lhes os títulos respectivos.

Na regulamentação do dispositivo constitucional, o Decreto n. 4.887/03 definiu remanescentes das comunidades de quilombos *"os grupos étnico-raciais, segundo critérios de autoatribuição, com trajetória histórica própria, dotados de relações territoriais específicas, com presunção de ancestralidade negra relacionada com a resistência à opressão histórica sofrida"*, atestada *"mediante autodefinição da própria comunidade"* (art. 2º), remetendo ao Instituto Nacional de Colonização e Reforma Agrária – INCRA, os procedimentos necessários para sua instituição.

Portanto, a identificação, reconhecimento, delimitação, demarcação, desintrusão, titulação e registro das terras ocupadas por remanescentes das comunidades quilombolas é efetuado pelo INCRA, seguindo os procedimentos previstos na Instrução Normativa n. 57/09.

Existem aproximadamente 3.000 comunidades quilombolas certificadas pela Fundação Cultural Palmares no país e a listagem completa, dividida por Estado da Federação, pode ser consultada no *site* do órgão.[87]

De acordo com o art. 7º da Portaria Interministerial n. 60, de 24 de março de 2015, compete à Fundação Cultural Palmares a manifestação sobre os impactos provocados pela atividade ou empreendimento em terra quilombola e a apreciação da adequação das medidas de controle e de mitigação necessárias.

Da mesma forma que os demais órgãos intervenientes (segundo a Portaria Interministerial n. 60/15) ou interessados (de acordo com a Lei Complementar n. 140/11), a Fundação Cultural Palmares também elaborou um Manual de Procedimentos para regular sua participação no processo de licenciamento ambiental, disponível no seu endereço eletrônico.[88]

---

[87] Disponível em: http://www.palmares.gov.br/wp-content/uploads/2017/04/CERTIDÕES-EXPEDIDAS-ÀS-COMUNIDADES-REMANESCENTES-DE-QUILOMBOS-10-04-2017.pdf.

[88] Disponível em: http://www.palmares.gov.br/wp-content/uploads/2015/03/FLUXOGRAMA-LICENCIAMENTO--AMBIENTAL-VFINAL.pdf.

12. MANIFESTAÇÃO DO MINISTÉRIO DA SAÚDE

Outro órgão interveniente no processo de licenciamento ambiental é o Ministério da Saúde.

A Portaria Interministerial n. 60/15 estabelece a obrigatoriedade da sua manifestação para obras ou atividades localizadas em áreas ou regiões de risco ou endêmicas para malária.[89]

É público que os Estados da região norte e alguns da região nordeste, como Acre, Amapá, Amazonas, Maranhão, Mato Grosso, Pará, Rondônia, Roraima e Tocantins apresentam aproximadamente 99% (noventa e nove por cento) dos casos autóctones, sendo consideradas áreas endêmicas da doença.[90]

O Ministério da Saúde disponibiliza a listagem dos municípios pertencentes às áreas de risco ou endêmicas para malária, sendo importante observar que na atualização de 30 de maio de 2016 já constam registros de áreas do Piauí, Ceará, Pernambuco, Alagoas, Minas Gerais, Espírito Santo e Rio de Janeiro.[91]

Com respeito à interveniência do Ministério da Saúde cabem os mesmos comentários acerca da transferência de obrigações de Estado para os particulares já apresentados anteriormente.

Muitas vezes o aparecimento de surtos de malária não guarda nenhuma relação com o empreendimento licenciado, sendo descabida a imposição de medidas preventivas ou corretivas ao responsável pela obra.

Note-se que todos os municípios da região norte do país estão inseridos na área em que a doença é endêmica. Logo, todo e qualquer empreendimento nessa região está sujeito à manifestação do Ministério da Saúde, que pode exigir a execução de planos ou campanhas contra a proliferação dos agentes transmissores muito além da área de influência direta daquele, partindo do pressuposto de que a obra atrairá grande número de migrantes em busca de trabalho.

---

[89] Art. 7º Os órgãos e entidades envolvidos no licenciamento ambiental deverão apresentar ao Ibama manifestação conclusiva sobre o estudo ambiental exigido para o licenciamento, nos prazos de até noventa dias, no caso de EIA/Rima, e de até trinta dias, nos demais casos, contado da data de recebimento da solicitação, considerando:
IV – no caso do Ministério da Saúde, a avaliação e a recomendação acerca dos impactos sobre os fatores de risco para a ocorrência de casos de malária, na hipótese de a atividade ou o empreendimento localizar-se em áreas de risco ou endêmicas para malária.
§ 1º O Ministério da Saúde publicará anualmente, em seu sítio eletrônico oficial, os Municípios pertencentes às áreas de risco ou endêmicas para malária.
§ 2º O Ibama consultará o Ministério da Saúde sobre os estudos epidemiológicos e os programas destinados ao controle da malária e seus vetores propostos e a serem conduzidos pelo empreendedor.

[90] Nos últimos anos a malária foi diagnosticada nas regiões Sudeste e Centro-Oeste, não caracterizando uma endemia, mas com taxa de letalidade bem mais elevada.

[91] Disponível em: http://portalarquivos.saude.gov.br/images/pdf/2016/maio/31/Munic--pios-risco-ou-end---micos-IPA2015-2016-05-30.pdf.

Se a busca por emprego causa um aumento na migração para as áreas dos empreendimentos, possibilitando, em tese, o recrudescimento dos casos de malária, é certo que cabe ao Poder Público se fazer presente nessas regiões, pois é sua a função de prover atendimento de saúde para a população, independentemente dos motivos de sua concentração ou deslocamento.

Também nesse caso, muitas vezes, erroneamente o Estado transfere para o empreendedor o investimento necessário para a execução de ações que são de sua responsabilidade.

REFERÊNCIAS

ALMEIDA, Fernando Dias Menezes de. *Formação da teoria do direito administrativo no Brasil*. São Paulo: Quartier Latin, 2015.

ALMEIDA, Gregório Assagra de. *Direito processual coletivo brasileiro:* um novo ramo do direito processual. São Paulo: Saraiva, 2003.

ANTUNES, Paulo de Bessa. *Direito ambiental*. 9. ed. Rio de Janeiro: Lumen Juris, 2006.

_____. *Direito ambiental*. 20. ed. São Paulo: Atlas, 2019.

_____. *Direito ambiental*. 21. ed. São Paulo: Atlas, 2020.

_____. *Direito ambiental*. 23. ed. São Paulo: Atlas, 2023.

_____. A demarcação das terras indígenas e a constitucionalidade do Decreto 22/91. *Revista da Procuradoria-Geral da República*, n. 8, jan./jun. 1996.

_____. *A tutela judicial do meio ambiente*. Rio de Janeiro: Lumen Juris, 2005.

ARENHART, Sérgio Cruz; OSNA, Gustavo. *Curso de Processo Civil Coletivo*. São Paulo: Revista dos Tribunais, 2019.

ATAÍDE, Pedro. *Direito minerário*. Salvador: Juspodivm, 2017.

_____. *Direito minerário*. 5. ed. São Paulo: Editora Juspodivm, 2024.

ATALIBA, Geraldo. *República e Constituição*. 2. ed. São Paulo: Malheiros, 1998.

ÁVILA, Humberto. *Teoria dos princípios:* da definição à aplicação dos princípios jurídicos. 18. ed. São Paulo: Malheiros, 2018.

_____. *Teoria da indeterminação no direito:* entre a indeterminação aparente e a determinação latente. São Paulo: Juspodivm, 2022.

AYALA, Patryck de Araújo. A Proteção jurídica das futuras gerações na sociedade de risco global: o direito ao futuro na ordem constitucional brasileira. In: FERREIRA, Heline Sivini; LEITE, José Rubens Morato (Orgs.). *Estado de Direito Ambiental:* tendências, aspectos constitucionais e diagnósticos. Rio de Janeiro: Forense Universitária, 2004.

AVZARADEL, Pedro Curvello Saavedra. *Novo Código Florestal:* enchentes e crise hídrica no Brasil. Rio de Janeiro: Lumen Juris, 2016.

BARROSO, Luís Roberto. *Interpretação e aplicação da Constituição*. 2. ed. São Paulo: Saraiva, 1998.

_____. *Curso de direito constitucional contemporâneo*. 6. ed. São Paulo: Saraiva, 2017.

_____. *Curso de direito constitucional contemporâneo*. 9. ed. São Paulo: Saraiva, 2020.

_____. *A dignidade da pessoa humana no direito constitucional contemporâneo*: a construção de um conceito jurídico à luz da jurisprudência mundial. Belo Horizonte: Forum, 2016.

BEDONI, Marcelo. *Direito ambiental e direito climático no ordenamento jurídico brasileiro*. Rio de Janeiro: Lumen Juris, 2023.

BELTRÃO, Antônio Figueiredo Guerra. *Aspectos jurídicos do estudo de impacto ambiental (EIA)*. São Paulo: MP Editora, 2008.

_____. *Curso de direito ambiental*. São Paulo: Forense, 2009.

_____. *Manual de direito ambiental*. São Paulo: Método, 2008.

BENJAMIN, Antonio Herman V. Contitucionalização do ambiente e ecologização da constituição brasileira. In: CANOTILHO, José Joaquim Gomes; LEITE, José Rubens Morato (Org.). *Direito constitucional ambiental brasileiro*. São Paulo: Saraiva, 2007.

_____. Crimes contra o meio ambiente: uma visão geral. In: FREITAS, Vladimir Passos de (Coord.). *Direito ambiental em evolução 2*. Curitiba: Juruá, 2000.

_____. Direito constitucional ambiental brasileiro. In: CANOTILHO, José Joaquim Gomes; LEITE, José Rubens Morato (Orgs.). *Direito constitucional ambiental brasileiro*. São Paulo: Saraiva, 2007.

_____. Responsabilidade civil pelo dano ambiental. *Revista de Direito Ambiental*. São Paulo: Revista dos Tribunais, ano 3, n. 9, jan./mar. 1998.

_____; MILARÉ, Édis. *Estudo prévio de impacto ambiental*. São Paulo: RT, 1993.

BERGER, Geraldo Ubirajara; FAVORETTO, Luis Roberto Graça. *Monitoramento ambiental soja Roundup Ready*. Botucatu: FEPAF, 2014.

BIM, Eduardo. *Licenciamento ambiental*. 4. ed. Belo Horizonte: Fórum, 2018.

_____. *Licenciamento ambiental*. 6. ed. Belo Horizonte: Fórum, 2024.

BITENCOURT, Cezar Roberto. *Tratado de direito penal*. 29. ed. São Paulo: Saraiva Jur, 2023. v.1. *E-book*.

BLOOMBERG, 2022. ESG by the Numbers: Sustainable Investing Set Records in 2021. Disponível em: https://www.bloomberg.com/news/articles/2022-02-03/esg-by-the-numbers-sustainable-investing-set-records-in-2021. Acesso em: 1º dez. 2022.

BOMFIM, Thiago. *Os princípios constitucionais e sua força normativa*: análise da prática jurisprudencial. Salvador: Juspodivm, 2008.

BORN, Rubens Harry. Mudanças Climáticas. In: FARIAS, Talden; TRENNEPOPHL, Terence. *Direito Ambiental Brasileiro*. São Paulo: Revista dos Tribunais, 2019.

BRAGA NETTO, Felipe Peixoto. *Responsabilidade civil*. São Paulo: Saraiva, 2008.

_____. *Novo Manual de Responsabilidade Civil*. Salvador: Juspodivm, 2019.

_____. *Manual de Responsabilidade Civil do Estado*. Salvador: Juspodivm, 2018.

BURMANN, Alexandre. *Fiscalização ambiental*: teoria e prática do processo administrativo para apuração de infrações ambientais. 2. ed. Londrina: Thoth, 2024.

BUSATO, Paulo C. Responsabilidade penal de pessoas jurídicas no projeto do novo Código Penal brasileiro. *Revista Liberdades*. São Paulo, p. 98–128, 2012. Edição especial. Disponível em: https://www.ibccrim.org.br/publicacoes/redirecionaLeituraPDF/7326. Acesso em: 29 jan. 2024.

B3. Títulos temáticos ESG. Disponível em: http://www.b3.com.br/pt_br/b3/sustentabilidade/produtos-e-servicos-esg/green-bonds/. Acesso em: 19 out. 2024.

CABRAL, Flávio Garcia. *Medidas cautelares administrativas*: regime jurídico da cautelaridade administrativa. Belo Horizonte: Fórum, 2021.

CAMPOS, Gabriel Silveira de Queirós. *Plea bargaining* e justiça criminal consensual: entre os ideais de funcionalidade e garantismo. *Custos Legis*, Brasília, v. 4. p. 1-26, 2012. Disponível em: http://www.prrj.mpf.mp.br/custoslegis/revista/2012_Penal_Processo_Penal_Campos_Plea_Bargaining.pdf. Acesso em: 1º set. 2024.

CANESTRARO, Anna Carolina; JANUÁRIO, Túlio Felippe Xavier. O acordo de não persecução penal como instrumento de promoção de programas de *compliance*? *Boletim IBCCRIM*, [s. l.], ano 29, n. 344, p. 23-25, jul. 2021. Disponível em: https://ibccrim.org.br/publicacoes/visualizar-pdf/749/2. Acesso em: 29 set. 2024.

CAPELLI, Silvia. Responsabilidade penal da pessoa jurídica em matéria ambiental: uma necessária reflexão sobre o disposto no art. 225, § 3º, da Constituição Federal. *Revista de Direito Ambiental*, São Paulo: Revista dos Tribunais, n. 1, 1996.

CAPRA, Fritoj; MATTEI, Ugo. *A Revolução ecojurídica*: o direito sistêmico em sintonia com a natureza e a comunidade. São Paulo: Cultrix, 2018.

CARNEIRO, Ricardo. *Direito ambiental:* uma abordagem econômica. Rio de Janeiro: Forense, 2001.

CARVALHO, Delton Winter de. *Dano ambiental futuro: a responsabilização civil pelo risco ambiental*. 2. ed. Porto Alegre: Livraria do Advogado, 2013.

_____. *Gestão jurídica ambiental*. São Paulo: Revista dos Tribunais, 2017.

CASTRO E COSTA, Nicolao Dino de; CASTRO E COSTA, Flávio Dino de; BELLO FILHO, Ney de Barros. *Crimes e infrações administrativas ambientais*. Brasília: Brasília Jurídica, 2000.

CAUBET, Christian Guy. *A água, a lei, a política... e o meio ambiente?* Curitiba: Juruá, 2004.

CONAB (2020): a*companhamento da safra brasileira – grãos*, v. 7 – Safra 2019/2020, n. 9. Brasília: Conab, jun. 2020.

COSTA, Gustavo de Freitas Cavalcanti. *Federalismo e ICMS:* reflexos tributários. Curitiba: Juruá, 1999.

CUNHA, Paulo. A globalização, a sociedade de risco, a dimensão preventiva do direito e o ambiente. In: FERREIRA, Heline Sivini; LEITE, José Rubens Morato (Orgs.).

Estado de Direito Ambiental: tendências, aspectos constitucionais e diagnósticos. Rio de Janeiro: Forense Universitária, 2004.

CUNHA JR., Dirley. *Terras devolutas nas constituições republicanas.* Disponível em: http://www.jfse.gov.br/obras%20mag/artigoterrasdevdirley.html. Acesso em: jan. 2008.

DIAMOND, Jared. *Armas, germes e aço:* os destinos das sociedades humanas. São Paulo: Record, 2005.

_____. *Colapso:* como as sociedades escolhem o fracasso ou o sucesso. São Paulo: Record, 2005.

DIAS, Reinaldo. *Gestão ambiental*: responsabilidade social e sustentabilidade. São Paulo: Atlas, 2006.

ELKINGTON, John. *Canibais com garfo e faca.* São Paulo: Makron Books, 2001.

EMBRAPA. Síntese ocupação e uso das terras no Brasil. Disponível em: https://www.embrapa.br/car/sintese. Acesso em: 19 out. 2024.

FARIAS, Talden. *Introdução ao direito ambiental.* Belo Horizonte: Del Rey, 2009.

_____. *Licenciamento ambiental:* aspectos teóricos e práticos. 5. ed. Belo Horizonte: Fórum, 2015.

_____. *Licenciamento ambiental:* aspectos teóricos e práticos. 7. ed. Belo Horizonte: Fórum, 2019.

_____. *10 Anos da Lei Complementar 140: desafios e perspectivas.* Andradina: Meraki, 2022.

FERRAZ, Sérgio. Responsabilidade civil por dano ecológico. *Revista de Direito Público*, São Paulo, v. 49-50, 1979.

FERREIRA, Heline Sivini. Os instrumentos jurisdicionais ambientais e a Constituição Brasileira. In: CANOTILHO, José Joaquim Gomes; MORATO LEITE, José Rubens. *Direito constitucional ambiental brasileiro.* São Paulo: Saraiva, 2007.

FINK, Daniel Roberto; ALONSO JR.; Hamilton; DAWALIBI, Marcelo. *Aspectos jurídicos do licenciamento ambiental.* 3. ed. Rio de Janeiro: Forense Universitária, 2004.

FIORILLO, Celso Antônio Pacheco. *Princípios do processo ambiental.* São Paulo: Saraiva, 2003.

_____. *Curso de direito ambiental brasileiro.* 4. ed. São Paulo: Saraiva, 2003.

_____. *Curso de direito ambiental brasileiro.* 7. ed. São Paulo: Saraiva, 2006.

_____. *Curso de direito ambiental brasileiro.* 16. ed. São Paulo: Saraiva, 2015.

_____. *Curso de direito ambiental brasileiro.* 20. ed. São Paulo: Saraiva, 2020.

_____. *Estatuto da cidade comentado.* São Paulo: Revista dos Tribunais, 2005.

FRANKOPAN, Peter. *O Coração do Mundo: uma nova história universal a partir da Rota da Seda, o encontro do Oriente com o Ocidente.* São Paulo: Planeta, 2019.

FREITAS, Vladimir Passos de. *A Constituição Federal e a efetividade das normas ambientais.* 2. ed. São Paulo: Revista dos Tribunais, 2002.

FRIEDMAN, Shari et. al. *Farms Here, Forests There*. Tropical Deforestation and U.S. Competitiveness in Agriculture and Timber. https://www.dgardiner.com/wp-content/uploads/2019/02/farms-here-forests-there-report-5-26-10.pdf. Acesso em: 19 out. 2024.

FUNAI. *Modalidades de terras indígenas*. Disponível em: http://www.funai.gov.br/index.php/indios-no-brasil/terras-indigenas.

GIANETTI, Eduardo. *O valor do amanhã*: ensaio sobre a natureza dos juros. São Paulo: Companhia das Letras, 2005.

GOLDIN, Ian; KUTARNA, Chris. *A idade das descobertas*. Lisboa: Temas e Debates (Bertrand), 2019.

GOLEMAN, Daniel. *Ecological Intelligence. Knowing the Hidden Impacts of What We Buy.* London: Penguin Books Ltd. 2009.

GOMES, Caio Brilhante. *O direito a gerir florestas*: no Brasil e em Portugal. Rio de Janeiro: Lumen Juris, 2023.

GRAEBER, David; WENGROW, David. *O despertar de tudo: uma nova história da humanidade*. São Paulo: Companhia das Letras, 2022.

GRANZIERA, Maria Luiza Machado. *Direito ambiental*. São Paulo: Atlas, 2009.

GRAU, Eros Roberto. *A ordem econômica na Constituição de 1988*: (interpretação e critica). 19. ed. São Paulo: Malheiros, 2018.

GUERRA, Sidney; GUERRA, Sérgio. *Intervenção estatal ambiental: licenciamento e compensação de acordo com a Lei Complementar n. 140/11*. São Paulo: Atlas, 2012.

HABER, Lilian Mendes. *Código Florestal Aplicado:* Lei Federal n. *12.651/12*. Rio de Janeiro: Lumen Juris, 2018.

HAMMERSCHMIDT, Denise. O risco na sociedade contemporânea e o princípio da precaução no direito ambiental. *Revista de Direito Ambiental*, São Paulo: Revista dos Tribunais, ano 8, n. 31, jul./set. 2003.

HARARI, Yuval Noah. *Uma breve história da humanidade*. 18. ed. Porto Alegre: L&PM, 2016.

HOLANDA, Sérgio Buarque de. *Monções e capítulos de expansão paulista*. 4. ed. São Paulo: Companhia das Letras, 2014.

ICAP (2024): Emissions Trading Worldwide. Status Report 2024. International Carbon Action Partnership. Berlin. Disponível em: https://icapcarbonaction.com/en/publications/emissions-trading-worldwide-2024-icap-status-report. Acesso em: 19 out. 2024.

JESUS, Damásio de. *Direito penal*: parte geral. São Paulo: Saraiva, 1991.

JUNQUEIRA, Gustavo. *Manual de direito penal*: parte geral. 9. ed. São Paulo: Saraiva Jur, 2023. *E-book*.

KIANEK, Alessandra. Agronegócio atinge recorde de 55,8% do total exportado pelo Brasil. *Veja*, 15 maio 2020. Disponível em: https://veja.abril.com.br/economia/agronegocio-atinge-o-recorde-de-558-do-total-exportado-pelo-brasil/. Acesso em: 19 out. 2024.

KRELL, Andreas Joachim. Concretização do dano ambiental: objeções à teoria do "risco integral". *Jus Navigandi*, Teresina, ano 2, n. 25, jun. 1998. Disponível em: http://jus2.uol.com.br/doutrina/texto.asp?id=1720. Acesso em: 6 set. 2006.

_____. *Discricionariedade administrativa e proteção ambiental.* Porto Alegre: Livraria do Advogado, 2005.

_____. *Leis de normas gerais, regulamentação do Poder Executivo e cooperação intergovernamental em tempos de reforma federativa.* Belo Horizonte: Fórum, 2008.

_____. O licenciamento ambiental no SISNAMA: competência e controle. In: BENJAMIN, Antonio Herman V. (Org.). *Paisagem, natureza e direito.* São Paulo: Instituto O Direito por um Planeta Verde.

_____. *O município no Brasil e na Alemanha.* São Paulo: Oficina Municipal, 2003.

_____. Ordem jurídica e meio ambiente na Alemanha e no Brasil. *Revista de Direito Ambiental*, São Paulo, n. 31, 2003.

LANFREDI, Geraldo Ferreira. *Política ambiental:* busca de efetividade de seus instrumentos. 2. ed. São Paulo: Revista dos Tribunais, 2007.

LEITE, José Rubens Morato. *Dano ambiental:* do individual ao coletivo extrapatrimonial. 2. ed. São Paulo: Revista dos Tribunais, 2003.

_____; AYALA, Patrick de Araújo. *Direito ambiental na sociedade de risco.* Rio de Janeiro: Forense Universitária, 2002.

LOPES JR., Aury. *Direito processual penal.* 19. ed. Saraiva: São Paulo. *E-book.*

MACHADO, Paulo Affonso Leme. *Direito ambiental brasileiro.* 14. ed. São Paulo: Malheiros, 2006.

_____. *Direito à informação e meio ambiente.* São Paulo: Malheiros, 2006.

_____. *Direito ambiental brasileiro.* 24. ed. São Paulo: Malheiros, 2016.

_____. *Direito ambiental brasileiro.* 26. ed. São Paulo: Malheiros, 2018.

_____. *Direito ambiental brasileiro.* 27. ed. São Paulo: Malheiros, 2020.

_____. *Direito ambiental brasileiro.* 29. ed. Salvador: Editora Juspodivm, 2023.

_____. *Direito do saneamento básico.* Salvador: Juspodivm, 2021.

_____; SARLET, Ingo Wolfgang; FENSTERSEIFER, Tiago. *Constituição e legislação ambiental comentadas.* São Paulo: Saraiva, 2015.

MAPA (Ministério da Agricultura, Pecuária e Abastecimento). *Projeções do agronegócio 2019-20 a 2029-30.* Brasília, 2020. Disponível em: https://www.gov.br/agricultura/pt-br/assuntos/politica-agricola/todas-publicacoes-de-politica-agricola/projecoes-do-agronegocio/projecoes-do-agronegocio_2019_20-a-2029_30.pdf/view. Acesso em: 19 out. 2024.

_____. Agro brasileiro é boa alternativa para investimento em títulos verdes. 19 mar. 2021. Disponível em: https://www.gov.br/agricultura/pt-br/assuntos/noticias/agro-brasilei-ro-e-boa-alternativa-para-investimento-em-titulos-verdes-diz-ministra. Acesso em: 19 out. 2024.

MARQUES, Leonardo Augusto Marinho. Acordo de não persecução: um novo começo de era(?). *IBCCRIM*. Boletim – Ano 28 – n. 331 – jun./2020, p. 9-12. Disponível em: https://www.ibccrim.org.br/media/publicacoes/arquivos_pdf/revista-01-06-2020-13-55-53-567613.pdf. Acesso em: 3 jun. 2022.

MARTINS, Ives Gandra da Silva. Latifúndios Indígenas e o MST, *Diário do Comércio*, 28 abril 2014.

MASI, Domenico de. *O trabalho no século XXI*. Rio de Janeiro: Sextante, 2022.

MATTOS, Saulo. Acordo de não persecução penal: uma novidade cansada. *Revista do Instituto Baiano de Direito Processual Penal*, ano 3, n. 7, p. 11-12, fev. 2020. Disponível em: http://www.ibadpp.com.br/novo/wp-content/uploads/2020/03/TRINCHEIRA-FEVEREIRO-2019.2.pdf. Acesso em: 1º jun. 2022.

MAZZILLI, Hugo Nigro. *A defesa dos interesses difusos em juízo*. 19. ed. São Paulo: Saraiva, 2006.

MEDAUAR, Odete; ALMEIDA, Fernando Dias Menezes de (Coords.). *Estatuto da Cidade*: Lei n. 10.257/01. São Paulo: Revista dos Tribunais, 2002.

MEIRELLES, Hely Lopes. *Direito administrativo brasileiro*. 24. ed. São Paulo: Malheiros, 1999.

_____; WALD, Arnold; MENDES, Gilmar. *Mandado de segurança e ações constitucionais*. 38. ed. São Paulo: Malheiros, 2019.

MELLO, Celso Antônio Bandeira de. *Curso de direito administrativo*. 8. ed. São Paulo: Malheiros, 1996.

MILARÉ, Édis. *Direito do ambiente*. 5. ed. São Paulo: Revista dos Tribunais, 2007.

_____. *Direito do ambiente*. 8. ed. São Paulo: Revista dos Tribunais, 2013.

_____. *Direito do ambiente*. 9. ed. São Paulo: Revista dos Tribunais, 2015.

_____. *Direito do ambiente*. 11. ed. São Paulo: Revista dos Tribunais, 2018.

_____. *Direito do ambiente*. 12. ed. São Paulo: Revista dos Tribunais, 2020.

_____. *Dicionário de direito ambiental*. São Paulo: Revista dos Tribunais, 2015.

_____. Tutela jurídico-civil do ambiente. *Revista Direito Ambiental*, São Paulo, n. 0, 1995.

MIRANDA, Francisco Cavalcanti Pontes de. *Sistema de ciência positiva do direito*. Campinas: Bookseller, 2005.

MIRRA, Álvaro Luiz Valery. O controle judicial do conteúdo dos estudos de impacto ambiental. In: FREITAS, Vladimir Passos de (Coord.). *Direito ambiental em evolução 4*. Curitiba: Juruá, 2006.

_____. Princípios fundamentais do direito ambiental. *Revista de Direito Ambiental*, ano 1, v. 2, abr./jun. 1996.

MORAES, Bernardo Ribeiro de. *Compêndio de direito tributário*. 2. ed. São Paulo: Forense, 1994, v. 2.

MORAES, Luís Carlos Silva de. *Código Florestal comentado*. 3. ed. São Paulo: Atlas, 2002.

MORAES, Rodrigo Jorge. *Produção antecipada de provas na tutela do meio ambiente no processo individual e coletivo*. São Paulo: Thomson Reuters Brasil, 2022.

MOREIRA, Egon Bockmann; BAGATIN, Andreia Cristina; ARENHART, Sérgio Cruz; FERRARO, Marcella Pereira. *Comentários à Lei de Ação Civil Pública*. 2. ed. ver., atual. e ampl. São Paulo: Thomson Reuters Brasil, 2019.

MOREIRA, José Carlos Barbosa. Uma novidade: o código de processo civil inglês. In: _____. *Temas de direito processual*, sétima série. São Paulo: Saraiva, 2001.

MUKAI, Toshio. *Direito ambiental sistematizado*. 2. ed. Rio de Janeiro: Forense, 1994.

NADER, Paulo. *Introdução ao estudo do direito*. 34. ed. rev. e atual. Rio de Janeiro: Forense: 2012.

NASCIMENTO E SILVA, Geraldo Eulálio do. *Direito ambiental internacional*. Rio de Janeiro: Thex, 2002.

NERY JR., Nelson. *Princípios do processo civil na Constituição Federal*. 6. ed. São Paulo: Revista dos Tribunais, 2000.

NESTER, Alexandre Wagner. *Regulação e concorrência (compartilhamento de infraestruturas e redes)*. São Paulo: Dialética, 2006.

NUSDEO, Ana Maria de Oliveira. *Pagamento por serviços ambientais*: sustentabilidade e disciplina jurídica. São Paulo: Atlas, 2012.

_____. *Direito ambiental e economia*. Curitiba: Juruá, 2018.

_____. Mudanças Climáticas e os instrumentos jurídicos adotados pela legislação brasileira para o seu combate. In: NUSDEO, Ana Maria de Oliveira; TRENNEPOHL, Terence (Coords.). *Temas de Direito Ambiental Econômico*. São Paulo: Revista dos Tribunais, 2019.

OLIVEIRA E COSTA, José Kalil de. Ministério Público e atuação ambiental. In: LEITE, José Rubens Morato; DANTAS, Marcelo Buzaglo (Orgs.). *Aspectos processuais do direito ambiental*. 2. ed. Rio de Janeiro: Forense Universitária: 2004.

PIETRO, Maria Sylvia Zanella Di. *Direito administrativo*. 18. ed. São Paulo: Atlas, 2005.

_____. *Direito administrativo*. 31. ed. Rio de Janeiro: Forense, 2018.

_____. *Direito administrativo*. 35. ed. Rio de Janeiro: Forense, 2022.

PINKER, Stephen. *O novo Iluminismo*: em defesa da razão, da ciência e do humanismo. São Paulo: Companhia das Letras, 2018.

PODESTÀ, Inez de. *Exportações do agronegócio totalizam US$ 9,2 bilhões em março*. Ministério da Agricultura, Pecuária e Abastecimento. Disponível em: https://www.gov.br/agricultura/pt-br/assuntos/noticias/exportacoes-do-agronegocio-totalizam-us-9-2-bilhoes-em-marco. Acesso em: 19 out. 2024.

PRADO, Luiz Régis. *Direito penal do ambiente*. 3. ed. São Paulo: Revista dos Tribunais, 2011.

RAO, P. K. *International Environmental Law and Economics*. Massachusetts: Blackwell Publishers Inc., 2002.

REGIS, André. *O novo federalismo brasileiro*. Rio de Janeiro: Forense, 2009.

REIS, Antônio Augusto; INDALECIO, Paula Moreira. A responsabilidade criminal ambiental das pessoas jurídicas no 'novo' ANPP. *Conjur*, [s. l.], 27 maio 2021. Opinião. Disponível em: https://www.conjur.com.br/2021-mai-27/opiniao-responsabilidade-criminal-ambiental-anpp. Acesso em: 1º jan. 2024.

REIS, Jair Teixeira dos. *Resumo de direito ambiental*. 2. ed. Niterói: Impetus, 2007.

RODRIGUES, Marcelo Abelha. *Proteção Jurídica da Flora*. Salvador: Juspodivm, 2019.

_____. *Elementos de direito ambiental*. 2. ed. São Paulo: Revista dos Tribunais, 2005.

_____. *Processo civil ambiental*. 3. ed. São Paulo: Revista dos Tribunais, 2011.

_____. *Fundamentos da tutela coletiva*. Brasília: Gazeta Jurídica, 2017.

RODRIGUES, Silvio. *Direito Civil*. 16. ed. São Paulo: Saraiva, 1986.

SABBAG, Sidney Carlos. *Caminho para o desenvolvimento sustentável da silvicultura tropical*. Disponível em: http://repositorio.unb.br/bitstream/10482/8869/3/2010_SidneyCarlosSabbag.pdf. Acesso em: 19 out. 2024.

SALVADOR NETTO, Alamiro Velludo; SALGADO, Amanda Bessoni Boudoux. 25 anos da Lei 9.605/1998 e a responsabilidade penal da pessoa jurídica: um balanço da jurisprudência dos Tribunais Superiores. In: MORAES, Rodrigo Jorge; FARIAS, Talden; DELMANTO, Fábio Machado de Almeida (Coords.). *25 anos da Lei dos Crimes Ambientais*. São Paulo: Thomson Reuters, 2024, p. 25-38.

SAMPAIO, Francisco José Marques. *Responsabilidade civil e reparação de danos ao meio ambiente*. Rio de Janeiro: Lumen Juris, 1998.

SARLET, Ingo Wolfgang. *Dignidade da pessoa humana e direitos fundamentais na Constituição Federal de 1988*. 5. ed. Porto Alegre: Livraria do Advogado, 2007.

_____; FENSTERSEIFER, Tiago. *Direito ambiental*. Introdução, fundamentos e teoria geral. São Paulo: Saraiva, 2014.

_____; _____. *Curso de direito ambiental*. 3. ed. Rio de Janeiro: Forense, 2022.

_____; _____. *Curso de direito ambiental*. 4. ed. Rio de Janeiro: Forense, 2023.

_____; _____. *Princípios do direito ambiental*. 2. ed. São Paulo: Saraiva, 2017.

_____; _____. *Direito Constitucional Ambiental*. São Paulo: Revista dos Tribunais, 2017.

_____; _____. *Direito Constitucional Ecológico*. 7. ed. São Paulo: Revista dos Tribunais, 2021.

_____; _____; WEDY, Gabriel. *Curso de direito climático*. São Paulo: Thomson Reuters Brasil, 2023.

SCHOUERI, Luís Eduardo. *Normas tributárias indutoras e intervenção econômica*. Rio de Janeiro: Forense, 2005.

SETZER, Joana; CUNHA, Kamyla; FABBRI, Amália Botter (Coord.). Panorama da litigância climática no Brasil e no mundo. *Litigância climática*: novas fronteiras para o direito ambiental no Brasil. São Paulo: Thomson Reuters, 2019.

SICAR. *Serviço Florestal Brasileiro.* Disponível em: http://www.car.gov.br/publico/imoveis/index. Acesso em: 19 out. 2024.

SILVA, Flavia Regina Ribeiro da. *Ação popular ambiental.* São Paulo: Saraiva, 2008.

SILVA, José Afonso da. *Direito ambiental constitucional.* 4. ed. São Paulo: Malheiros, 2002.

_____. *Curso de direito constitucional positivo.* 18. ed. rev. atual. São Paulo: Malheiros Editores, 2000.

SILVA FILHO, Carlos Roberto Vieira; SOLER, Fabricio Dorado. *Gestão de Resíduos Sólidos*: o que diz a lei. São Paulo: Trevisan, 2012.

SILVEIRA, Patrícia Azevedo da. *Competência ambiental.* Curitiba: Juruá, 2003.

SIRVINSKAS, Luís Paulo. *Manual de direito ambiental.* 14. ed. São Paulo: Saraiva, 2016.

_____. *Manual de direito ambiental.* 16. ed. São Paulo: Saraiva Educação, 2018.

_____. Noções introdutórias da tutela civil e penal do patrimônio genético. In: FIGUEIREDO, José Guilherme Purvin de (Coord.). *Direito ambiental em debate.* Rio de Janeiro: Esplanada, 2004, v. 1.

SOARES, Inês Virgínia Prado; PRAGMÁCIO, Mário. *Tutela Jurídica e Política de Preservação do Patrimônio Cultural Imaterial.* Salvador: Juspodivm, 2018.

_____; CUREAU, Sandra (Org.). *Bens Culturais e Direitos Humanos.* São Paulo: Edições SESC, 2015.

SOARES, Guido Fernando Silva. *A proteção internacional do meio ambiente.* São Paulo: Manole, 2003.

STEIGLEDER, Annelise Monteiro. *Responsabilidade Civil Ambiental:* as dimensões do dano ambiental no direito brasileiro. 3. ed. Porto Alegre: Livraria do Advogado, 2017.

STIGLITZ, Joseph E. *Globalização*: como dar certo. São Paulo: Companhia das Letras, 2007.

TCFD (2017): *Recommendations of the Task Force on Climate-related Financial Disclosures.* Task Force on Climate-related Financial Disclosures. Disponível em: https://assets.bbhub.io/company/sites/60/2020/10/FINAL-2017-TCFD-Report-11052018.pdf. Acesso em: 19 out. 2024.

TORRES, Heleno Taveira. Da relação entre competências constitucionais tributária e ambiental – os limites dos chamados "tributos ambientais". In: TORRES, Heleno Taveira (Org.). *Direito tributário ambiental.* São Paulo: Malheiros, 2005.

TRENNEPOHL, Anna Karina O. V.; TRENNEPOHL, Natascha. O compliance ambiental na responsabilização criminal: possibilidade de sua inclusão em acordo de não persecução penal. NASCIMENTO, Juliana Oliveira; CRESPO, Liana Irani Affonso Cunha. *Mulheres em compliance 2*: desde o programa de compliance até seus impactos na sociedade. Curitiba: Íthala, 2023.

TRENNEPOHL, Curt. *Infrações contra o meio ambiente*: multas e outras sanções administrativas. Belo Horizonte: Fórum, 2009.

_____. *Infrações contra o meio ambiente*: multas, sanções e processo administrativo – comentários ao Decreto n. 6.514/2008. 2. ed. Belo Horizonte: Fórum, 2009.

_____. Do cadastro ambiental rural. In: MILARÉ, Édis; MACHADO, Paulo Affonso Leme. *Novo Código Florestal*: Comentários à Lei 12.561, de 25 de maio de 2012, à Lei 12.727, de 17 de outubro de 2012 e do Decreto 7.830, de 17 de outubro de 2012. São Paulo: Revista dos Tribunais, 2013.

TRENNEPOHL, Curt; TRENNEPOHL, Terence. Breves comentários à Lei dos Crimes Ambientais. In: MORAES, Rodrigo Jorge; FARIAS, Talden; DELMANTO, Fábio Machado de Almeida (Coords.). *25 anos da Lei dos Crimes Ambientais*. São Paulo: Thomson Reuters, 2024.

_____; _____. *Licenciamento ambiental*. 2. ed. Niterói: Impetus, 2008.

_____; _____. *Licenciamento ambiental*. 7. ed. São Paulo: Revista dos Tribunais, 2018.

_____; _____. *Licenciamento ambiental*. 9. ed. revista, atualizada e ampliada. São Paulo: Revista dos Tribunais, 2022.

_____; _____; _____. *Infrações ambientais*: comentários ao Decreto 6.514/2008. 3. ed. rev., atual. e ampl. São Paulo: Thomson Reuters Brasil, 2019.

_____; _____; _____. *Infrações ambientais*: comentários ao Decreto 6.514/2008. 4. ed. rev., atual. e ampl. São Paulo: Thomson Reuters Brasil, 2022.

TRENNEPOHL, Natascha. *Seguro ambiental*. Salvador: Juspodivm, 2007.

TRENNEPOHL, Terence. *Incentivos fiscais no direito ambiental*. São Paulo: Saraiva, 2008.

UNITED NATIONS (2004): Who Cares Wins: Connecting Financial Markets to a Changing World. 58p. Disponível em: https://www.ifc.org/wps/wcm/connect/topics_ext_content/ifc_external_corporate_site/sustainability-at-ifc/publications/publications_report_whocareswins__wci__1319579355342. Acesso em: 19 out. 2024.

UYEDA, Mark. ESG: Everything Everywhere All at Once. Disponível em: https://www.sec.gov/news/speech/uyeda-remarks-california-40-acts-group#_ftn4. Acesso em: 19 out. 2024.

VIEIRA, Oscar Vilhena. *Direitos Fundamentais*: uma leitura da jurisprudência do STF. 2. ed. São Paulo: Malheiros, 2017.

VITTA, Heraldo Garcia. *Responsabilidade civil e administrativa por dano ambiental*. São Paulo: Malheiros, 2008.

WEDY, Gabriel. O Acordo de Paris e as suas perspectivas. *Revista da Escola da Magistratura* do TRF da 4ª Região n. 12, p. 130. Disponível em: https://papers.ssrn.com/sol3/papers.cfm?abstract_id=3817935. Acesso em: 1º set. 2022.

_____. *Litígios climáticos*: de acordo com o Direito brasileiro, Norte-Americano e Alemão. Salvador: Juspodium, 2019.

WILDE, Mark. *Civil Liability for Environmental Damage. A Comparative Analysis of Law and Policy in Europe and the United States*. Hague: Kluwer Law international, 2002.

YOSHIDA, Consuelo Yatsuda Moromizato. A efetividade da proteção do meio ambiente e a participação do Judiciário. In: KISHI, Sandra Akemi Shimada; SILVA, Solange Teles da; SOARES, Inês Virgínia Prado (Orgs.). *Desafios do direito ambiental no século XXI*. São Paulo: Malheiros, 2005.

ZAFFARONI, Eugenio Raúl; PIERANGELI, José Henrique. *Manual de direito penal brasileiro*: parte geral. 5. ed. São Paulo: Revista dos Tribunais, 2015.